عباس سماکار

من یک شورشی هستم

خاطرات زندان

یادمان

خسرو گلسرخی و کرامت دانشیان
و
گروه دوازده نفره

من یک شورشی هستم

خاطرات زندان

نویسنده : عباس سماکار

ناشر : شرکت کتاب

چاپ اول : بهار ۱۳۸۰، لس آنجلس

Man Yek Shooreshi Hastam
Abbass Samakar

Spring 2001

ISBN: 1-883819-60-1 - © 2001, Copyright Ketab Corp.

Publisher: Ketab Corp.
Distributor: Ketab Bookstore
1419 Westwood Blvd.
Los Angeles, CA 90024 U.S.A.
Tel: (310) 477-7477
Fax: (310) 444-7176

Website: www.Ketab.com
e-mail: Ketab@Ketab.com

فهرست

به یاد،
خسرو گلسرخی، کرامت دانشیان، و به یاد هزاران زندانی سیاسی و جانباخته‌ای که نام‌شان را نمی‌دانم، ولی خاطره سوزان، هستی درخشان، مبارزه، مقاومت و آرمان‌های انسانی‌شان قلبم را به تپش وا می‌دارد.

پیش گفتار

نوشتن این خاطرات سال ها مشغولیت خاطر من بوده است؛ ولی، تازه اکنون که بیش از بیست و پنج سال از تاریخ َدستگیری گروه ما می گذرد به نگارش آن دست زده ام. این که چرا پیش از این به این کار نپرداختم، برای خودم نیز کاملاً روشن نیست. فقط همین قدر می دانم که بارها و بارها بر آن بودم تا این خاطرات را بنویسم، ولی هر بار، چیزی مرا از نوشتن باز می داشت.
بارها و بارها، می دیدم که هرگاه گوشه ای از این خاطرات را برای دوستانم بازگو می کنم، با چه اشتیاقی خواستار آگاه شدن از چگونگی ماجرا، و به ویژه آگاهی از نقش خسرو گلسرخی و کرامت دانشیان در آن هستند؛ بارها و بارها به مواردی برمی خوردم و می دیدم که چگونه مردم کوچه و بازار از خسرو و کرامت اسطوره ساخته اند و از مسائلی سخن می گویند که حتی روح من و دیگر هم رزمانم نیز از آن ها خبر ندارد. حتی در چند نمونه از خاطرات زندانیان زمان شاه دیدم که در رابطه با خسرو و کرامت از مسائلی سخن گفته اند که خیالپردازی ست تا واقعیت. و من همهٔ این ها را می دیدم و شوق نوشتن می یافتم؛ ولی زمانی که آغاز به نوشتن می کردم باز چیزی مرا باز می داشت. سرانجام هم در نیافتم که علت اساسی و بازدارندهٔ من از نوشتن این خاطرات چه بود.
به هر حال، در این مدت، به برداشتن یادداشت های بسیاری دست زدم که

رویدادها را از خاطر نبرم. تا این که سرانجام یک باره چنان میلی مرا به نوشتن واداشت که دیگر آن مقاومتِ مرموز درونی نتوانست در برابرش پایداری کند و من توانستم در مدت کوتاهیَ این کار را به سرانجام برسانم، و طبعاً به تناسب علاقه ام به ادبیات، نوشته ام رنگ و روی داستانی نیز به خود گرفت و کوشیدم از این طریق، در درونهٔ ناپیدای رابطه هائی که با حس و عاطفه مبارزات آن دوران پیوند داشت کنکاشی کرده باشم.

همچنین کوشیدم، در تشریح موقعیت هائی که این ماجرا در آن پیش آمد، بیش از تکیه بر یک رویدادگرائی ناب، بر روانشناسی فضائی انگشت بگذارم که به عنوان یک جوان روشنفکر و هنرمند در آن قرار داشتم و بیشتر آن شور و حال و رابطه های اجتماعی ای را بیان کنم که انگیزه و مولد این گونه حرکت ها و گرایش های سیاسی بود. با این حال، شکل داستانی این خاطرات، به معنی بی اعتنائی به سندیت رویدادها نیست، و من کوشیده ام در بیانم به واقعیت وفادار باشم.

در مورد افراد هم، تا آن جا که موردها عام بوده و یا ذکر نام ها و رابطه ها نمی توانسته برای کسی و یا کسانی شُبه برانگیز باشد، نام های واقعی را آورده ام. غیر از این، دیگر نام ها مستعار است.

هم چنین، هنگام نگارش، به برخی از یارانم رجوع کردم و از آن ها در مورد رویدادهائی که حافظه ام شرح تمامی آن ها را یاری نمی کرد، آگاهی ها و یادآوری های لازم را دریافتم. و سر آخر، تا آنجا که خواستم و توانستم، این نوشته را به دیگران نیز دادم که بخوانند و نقد و ویرایش خود را بر آن بگویند، تا در پیراستنش از آن ها سود ببرم.

به هر حال، یادآوری ها و اصلاحات دیگران، ذره ای از مسئولیت من در این نوشته نمی کاهد، و اگر در ذکر رویدادها، باز همچنان موضوع و یا نامی به اشتباه آمده و یا نام کسانی نابجا ذکر شده و یا از قلم افتاده، سوء نیتی در کار نبوده است

اینک نوشته حاضر، با همهٔ کمی ها و کاستی ها پیش روی شما ست. و امید من آن که توانسته باشم به گوشه های تاریک این ماجرا پرتوئی بیفکنم.

دستگیری

■ جمعه، ۳۰ شهریور ۱۳۵۲ شمسی، مشهد

ساعت حدود دوازده ظهر بود و من هرگز نمی‌دانستم که تا چند لحظهٔ دیگر دستیارم به سراغم می‌آید تا مرا به محلی ببرد که دو مأمور ساواک در آنجا منتظر دستگیریم هستند و من بی‌خبر از همه چیز، با پای خود به محل گرفتاری‌ام خواهم رفت.

برای نهار در خانهٔ عظیم جوانروح، یکی از دوستان فیلمبردارم که در تلویزیون مشهد کار می‌کرد مهمان بودم و داشتم غذا می‌خوردم که زنگ در به صدا درآمد. عظیم در را باز کرد و من شنیدم که جلوی در با کسی گفتگو می‌کند. او بعد از چند لحظه برگشت و به من گفت:

«با تو کار دارند.».

گفتم:

«با من؟».

تعجب کرده بودم که چه کسی ممکن است به دنبال من به خانهٔ عظیم جوانروح که فقط برای چند ساعت آن جا مهمان بودم آمده باشد؟ رفتم و دیدم دستیارم خسرو سهامی، جلوی در ایستاده است. یادم آمد که هنگام خروج از تلویزیون به او گفته بودم که برای نهار به خانهٔ عظیم می‌روم.

پرسیدم:
«چطور شد آمدی این جا، با من کار داری؟».
رنگ و رویش پریده بود.
گفت:
«نه، خانم سمیعی مرا فرستاده و گفته است که مهندس کامل با تو یک کار بسیار لازم دارد.».
مهندس کامل رئیس تلویزیون مشهد و پروانه سمیعی، تهیه کنندهٔ برنامه ای بود که من آن را در قوچان فیلمبرداری کرده بودم و بدون آن که این برنامه را به پایان برسانم، بقیه فیلمبرداری را که قرار بود در شهر سرخس در مرز ایران و شوروی به انجام برسد، به همین دستیارم خسرو سهامی سپرده و خود عازم تهران بودم تا روز بعد، یعنی شنبه ۳۱ شهریور، به دو قرار ملاقاتی که با بچه ها داشتم برسم. یکی از این قرارها، تحویل گرفتن اسلحه از طیفور بطحائی بود و قرار دیگر، انجام یک برنامهٔ فیلمبرداری برای یک فیلم داستانی به اتفاق فرهاد صبا و داود یوسفیان.
به خسرو گفتم:
«تو که می دانی من ساعت دو پرواز دارم؛ پس چه طوری وقت می کنم که مهندس کامل را ببینم. او اصلاً با من چکار دارد و کجا هست؟»
خسرو بلافاصله گفت:
«مهندس کامل در تلویزیون است، و کار بسیار لازمی با تو دارد که چند دقیقه بیشتر طول نمی کشد. پروانه سمیعی هم اصرار داشت که حتماً بیائی. برای رفتن به فرودگاه هم ماشین تلویزیون تو را می رساند.»
گفتم:
«از این جا تا تلویزیون را چه جوری برویم؟ من که ماشین ندارم.»
گفت:
«من با ماشین آمده ام.»
دیدم بهتر است به جای جر و بحث هرچه زودتر به تلویزیون که چندان دور از آن محل نبود بروم و مهندس کامل را ببینم و بعد بلافاصله عازم فرودگاه شوم. خواستم از عظیم خداحافظی کنم، ولی او گفت که همراه من به تلویزیون خواهد آمد. هر دو به سرعت به سوی اتومبیل تلویزیون و راننده ای که جلوی در منتظر ما بود روانه شدیم. در راه، باز متوجه پرید گی رنگ چهرهٔ خسرو شدم و از او پرسیدم:
«چرا این قدر رنگت پریده است؟».
و او بدون آن که به من نگاه کند پاسخ داد:
«حالم زیاد خوب نیست. دل پیچه دارم.».
بعدها، وقتی در سلول زندان اوین به رنگ پرید گی خسرو فکر می کردم،

فهمیدم که او از ماجرا خبر داشت؛ ولی ترسیده بود چیزی در اینباره به من بگوید. گویا رانندهٔ همراه او، از مأموران ساواک بود. در سال ۵۷ وقتی از زندان آزاد شدم و دوباره خَسرو را دیدم، از او پرسیدم که آیا از ماجرایِ حضور ساواکی‌ها در تلویزیون آگاه بوده است یا نه؟ او تصدیق کرد که موضَوع را، البته بطور ضمنی، فهمیده بوده ولی جرأت نداشته است به من چیزی بگوید.

مسافت بین خانهٔ جوانروح تا تلویزیون را به سرعت طی کردیم و همین که از در شیشه‌ای و بزرگ ساختمان تلویزیون وارد شدیم، چشم من به دو مرد درشت هیکل که کت و شلوار تیره به تن داشتند افتاد که هر دو بر مبلی روبروی میز اطلاعات ساختمان نشسته بودند و در آن فضای بسته عینک دودی به چشم داشتند. من که به دلیل ارتباطِ کاری‌ام با این تیپ‌ها کاملاً آشنائی داشتم بلافاصله دریافتم که با پای خودَم به دامی گریزناپذیر قدم نهاده‌ام.

آن دو، به محض دیدن ما از جا برخاستند و به عظیم جوانروح که جلوی من حرکت می‌کرد گفتند:

«آقای سماکار؟».

هردو ایستادیم و عظیم به من اشاره کرد و گفت:

«من سماکار نیستم. ایشان است.».

ساواکی‌ها به سوی من آمدند و گفتند:

«آقای سماکار؟».

و من که می‌کوشیدم تغییری در لحن صدایم پدید نیاید گفتم:

«بله!».

یکی از آن‌ها گفت:

«لطفاً برای چند سئوال و جواب همراه ما به سازمان امنیت بیائید.».

با این که می‌دیدم دارند دستگیرم می‌کنند، ولی باز از شنیدن این حرف جا خوردم و حس کردم که در بد هچلی افتاده‌ام. نگاهی به اطراف کردم و دیدم مأمور اطلاعات ساختمان در پشت میز کارش، و یکی دو نفر از کارمندان تلویزیون در کنار او و عظیم جوانروح که نزدیک ما ایستاده بود مبهوت به ما نگاه می‌کنند. احساس کردم چاره‌ای جز رفتن با آن‌ها ندارم.

ولی با وجود این گفتم:

«من ساعت دو به تهران پرواز دارم، فکر نمی‌کنید که دیرم بشود.».

یکی از آن‌ها پاسخ داد:

«نترسید، چند دقیقه بیشتر طول نمی‌کشد، ما خودمان شما را به فرودگاه می‌رسانیم.».

برای یافتن یک امید تازه، تلاش کردم هرچقدر که می‌توانم بیشتر در آنجا باقی بمانم و همان دم با آن‌ها نروم.

گفتم:

«پس اجازه بدهید آقای مهندس کامل رئیس تلویزیون را که با من کار دارد ببینم.».

آن ها با خونسردی گفتند:

«اشکالی ندارد. بفرمائید.».

از مأمور اطلاعات ساختمان پرسیدم:

«آقای کامل کجاست؟».

او با دست سالنی را در ته راهرو نشان داد و گفت:

«آن جا، در سالن کنفرانس.».

به سوی سالن راه افتادم و آن دو مأمور هم با فاصله ای چسبیده به من دنبالم آمدند و با این حرکت ساده به من نشان دادند که نمی توانم از دست شان فرار کنم. دریافتم که وضعم نباید خوب باشد، و گوئی مسئله سر دراز دارد و در سطح طرح چند سؤال و جواب نیست.

وقتی به سالن کنفرانس رسیدیم، مهندس کامل مشغول امتحان گرفتن از تعدادی متقاضی استخدام در تلویزیون بود. او همین که مرا دید به سویم آمد و ساکت روبرویم ایستاد.

پرسیدم:

«ببخشید، با من کار داشتید؟».

نگاهی به دو مأمور پشت سرم انداخت و با لحن خشکِ یک آدم بی طرف گفت:

«من کاری با شما نداشتم، این آقایان با شما کار داشتند.».

با این که می دانستم فقط برای وقت تلف کردن به نزد او آمده ام، اما از این که حرف زدن با او هم نتوانست احساس پشتیبانی ای را در من زنده کند، و بخصوص از حالت بیگانهٔ او که لحن و گفتارش هرگونه آشنائی با من را انکار می کرد مأیوس شدم. دو شب قبل از آن، او گروه فیلمبرداری ما را که از تهران آمده بودیم به مهمانی شام به رستوران استخر مشهد دعوت کرده بود، و طی آن، طوری رفتار می کرد که گوئی از آشنائی با من بسیار خشنود است. اما در آن لحظه، پیدا بود که به شدت ترسیده و دلش نمی خواهد هیچگونه آشنائی ای را با من برملا کند.

مأموران ساواک که دیدند من بلاتکلیف ایستاده ام، با همان لحن خونسرد گفتند:

«اگر کار دیگری ندارید، بفرمائید.»

و با دست مرا به جلو راهنمائی کردند و خودشان به دنبالم راه افتادند. طول همان راهروئی را که رفته بودیم برگشتیم و من صدای پای آن دو نفر را پشت سرم می شنیدم و احساس می کردم که واقعاً گیرافتاده ام.

خسرو هنوز جلوی میز اطلاعات ایستاده و نگران بود. اما از عظیم جوانروح

خبری نبود. یکی دو کارمند دیگر نیز آنجا بودند و با کنجکاوی و همدردی به من نگاه می کردند.

به سوی مأمورها برگشتم و گفتم:

«ببخشید، اجازه بدهید من به دستیارم سفارش های لازم را برای فرستادن فیلم ها به تهران بکنم.»

آن ها با خونسردی و با لبخندی که نشان می داد به کوشش من در وقت کُشی پی برده اند گفتند:

«اشکالی ندارد.»

همراه خسرو به اتاقی که وسائل فیلمبرداری مان در آن جا بود رفتیم و من قوطی فیلم های گرفته شده را به خسرو نشان دادم و با تاکید گفتم:

«حتما همین امروز این ها را به تهران بفرست. چون رئیس سازمان تربیت بدنی، شخصاً اصرار دارد که هرچه زودتر فیلم ها را برای شان بفرستیم تا زودتر آماده اش کنند و برای فدراسیون بین المللی کُشتی بفرستند.»

بعد ادامه دادم:

«اعلیحضرت شخصاً دستور داده اند که این فیلم هرچه زودتر تهیه و به فدراسیون بین المللی کُشتی فرستاده شود، تا کُشتی باچوخه جزو ورزش های رسمی المپیک در آید.»

البته این حرف واقعیت داشت، ولی تأکید من به خسرو فقط به این منظور بود که به مأموران ساواک حالی کنم که مشغول انجام مأموریت مهمی در مشهد بوده ام که به دستور مستقیم شاه انجام گرفته است. اما آن ها با شنیدن این حرف واکنشی نشان ندادند. فقط یکی از آن ها گفت:

«خُب، اگر کار دیگری ندارید برویم؟»

به ناچار گفتم:

«نه، کاری ندارم.»

و آن ها مرا به جلو راهنمائی کردند و خودشان به دنبالم راه افتادند. این بار جلوی میز اطلاعات عظیم را هم دیدم که با من حرفی نزد و فقط در سکوت مرا نظاره کرد. جلوی در شیشه ای ساختمان، یک ماشین شورلت ایران با راننده ای پشت فرمان منتظر ما بود. ابتدا مرا در صندلی عقب نشاندند و بعد آن دو مأمور، از دو سو در طرفین من جا گرفتند و با بدن های گُنده و چاق شان به من فشار آوردند.

وقتی راه افتادیم راننده نگاهی از آینه به من انداخت و پرسید:

«شما فیلمبردار تلویزیون هستید؟»

با حالتی خودمانی گفتم:

«بله.»

دوباره نگاهی به من انداخت و چیزی نگفت. در ذهنم به دنبال حرفی

می گشتم که بزنم. اما آن قدر پریشان بودم که نمی توانستم روی موضوعی متمرکز بشوم. فقط پرسیدم:

«ببخشید، می دانید که با من چه کار دارند؟»

مأمور دست راستی ام پاسخ داد:

«هیچی...، حتماً کسی در بارهٔ شما گزارشی چیزی داده. ولی شما که از خود ما هستید. چند سئوال از تان می کنند و بعد مرخص می شوید.»

راننده پرسید:

«شما چند روز پیش در استادیوم نبودید؟»

از این سئوال خوشحال شدم و بلافاصله پاسخ دادم:

«چرا!»

تمام امیدم آن بود که علت دستگیریم فعالیت گروهی ما برای طرح گروگان گیری نباشد. و حدس این که ممکن است فیلمبرداری من از اغتشاشی که در استادیوم قوچان رخ داد سبب دستگیرم شده باشد موضوع امیدوار کننده ای بود.

راننده گفت:

«من هم آن جا بودم. شما را دیدم که داشتید فیلمبرداری می کردید. حتی مثل این که از من هم فیلم برداشتید. این فیلم کی پخش می شود.»

فرصت را مناسب دیدم و باز شرح مفصلی در مورد اهمیت فیلمی که تهیه کرده بودیم، و دستور مقامات بالا، و حساسیت شاه به موضوع و غیره، دادم و برای اطمینان بیشتر گفتم:

«می دانید، ما مجبوریم از همه چیز فیلمبرداری کنیم. البته این به این معنی نیست که هرچه را فیلمبرداری کرده ایم پخش هم خواهیم کرد. بسیاری از فیلم هائی که ما می گیریم برای تکمیل کردن آرشیو است.»

کسی در پاسخ من حرفی نزد. به نظر نمی رسید که آن ها شخصاً با من دشمنی داشته باشند و یا از من بدشان بیاید؛ ولی در مقابل وضعیتی که برای من پیش آمده بود بی خیال بودند.

مأمور سمت راست من، در یکی از خیابان های پر درخت مشهد گفت:

«سرت را پائین بیانداز و به مسیری که می رویم نگاه نکن.»

سرم را پائین انداختم و از تغییر لحن ناگهانی او که مرا دیگر «شما» خطاب نمی کرد پی بردم که به ساواک نزدیک می شویم. لحظه ای بعد، ماشین ایستاد و من از زیر چشم دیدم که درِ آهنی و بزرگی به صورت کشوئی گشوده شد و ما وارد حیاط بزرگی شدیم. مأموران از طرفین من پیاده شدند و پس از چند لحظه از من هم خواستند که پیاده شوم. پیاده شدم و نگاهی به حیاطی که در آن بودیم انداختم. یک حوض بزرگ سنگی در وسط حیاط بود و کنار آن یکی دو درخت کهن سال بید به چشم می خورد که نک شاخه های آویزان شان تا روی آب

می رسید. و روبروی ما یک ساختمان دو طبقه، و سمت چپ ما نیز چند اتاقک چسبیده به دیوار وجود داشت. مرا به ساختمان دو طبقهٔ روبروئی بردند و در سالن ورودی بزرگی که یک پلکان مارپیچ آن را به طبقهٔ دوم وصل می کرد روی یک نیمکت نشاندند و رفتند.

با رفتن مأمورها و تنها شدن در فضای خالی و گرم سالن، سکوت سنگینی حاکم شد که در آن هزار جور فکر و خیال به سرم هجوم آورد که من نمی توانستم روی هیچ یک از آن ها متمرکز شوم. کف سالن، از سطح حیاط اندکی پائین تر بود و از آن جا که نشسته بودم، فقط تنهٔ شاخ و برگ درخت ها پیدا بود. چند دقیقه در همان حال ماندم و کوشیدم روی مسئلهٔ دستگیری و حرف هائی که باید در بازجوئی بزنم فکر کنم. اما مطلب بخصوصی به ذهنم نمی رسید. فقط امیدوار بودم که موضوع چندان مهمی در کار نباشد.

بعد از چند لحظه، یک نفر آمد و بدون آن که حرفی بزند پهلوی من روی نیمکت نشست. به نظر نمی آمد که او جزو مأموران باشد. ولی از این که بدون همراهی هیچ نگهبانی از در وارد شد و کنار من نشست، حالتش غیرعادی به نظر می رسید. او بدون نگاه کردن به من و در حالی که به صورتی مصنوعی حیاط و در ورودی را می پائید، مثل کسی که حرفش را از بر کرده باشد گفت:

«همه شان مادر قحبه اند.»

من پاسخ ندادم، و او که همچنان به من نگاه نمی کرد ادامه داد:

«برای چی دستگیر شده ای؟»

باز پاسخ ندادم.

چند لحظه بعد یک مأمور آمد و او را با خود برد. بعد همان مأمور آمد و مرا به حیاط و به اتاقک های چسبیده به دیوار برد. اتاقک ها از داخل به هم راه داشت و حکم دفتر ثبت نام و کارهای اولیهٔ اداری را بازی می کرد. همین که وارد شدم مردی که پشت یک میز بود به من گفت:

«اسم؟»

جلوی میز او ایستادم و گفتم:

«عباس سماکار.»

«سن؟»

«۲۷ سال.»

«محل تولد؟»

«تهران؟»

«شغل؟»

«فیلمبردار.»

او این اطلاعات را روی ورقه ای یادداشت کرد و به من گفت که روی نیمکتی در کنار دیوار بنشینم و منتظر باشم. نشستم و نگاهی به در و دیوار

کردم. به نظرم نمی رسید که آن مأمور بداند مرا برای چه دستگیر کرده اند. نفس بلندی کشیدم و خود را در آن حالت بلاتکلیف رها کردم تا عذاب نکشم. و گفتم؛ «هرچه می خواهد پیش بیاید، بیاید. از مرگ که بالاتر نداریم.»

چند لحظه بعد، مردی با لباس شخصی وارد شد و مأمور پشت میز، به احترام او از جا برخاست و با لحن چاپلوسانه ای گفت:

«سلام جناب سرگرد.»

من هم از جا برخاستم. سرگرد مستقیم به سوی من آمد و با من دست داد و پرسید:

«آقای سماکار فیلمبردار تلویزیون؟»

گفتم:

«بله.»

لحنش خودمانی بود. گفت:

«شما باید با استوار محبی به شهربانی بروید.»

گفتم:

«ولی، به من گفتند فقط چند سئوال می کنند و بعد من می توانم ساعت دو به پروازم در فرودگاه برسم.»

او خنده ای کرد و با انداختن نگاهی به ساعت مچی اش با خونسردی گفت:

«فعلاً که ساعت دو است. اما اشکال ندارد، زیاد طول نمی کشد. من خودم فردا برایت بلیط جور می کنم که با هواپیما به تهران بروی.»

دیدم کارم واقعاً گیر دارد. نرسیدن به پرواز ساعت دو، و خونسردی آن ها در مقابل عقب ماندن من از پرواز نشانه های امیدوارکننده ای نبود. چند لحظه بعد، مرد دیگری وارد شد که سرگرد او را استوار محبی معرفی کرد. استوار محبی به سوی من آمد و پس از برانداز کردن قد و بالا و وضعیت ظاهریِ من گفت:

«با من بیا.»

به دنبال او روانه شدم. جلوی در که رسیدم سرگرد با صدای بلند از من خداحافظی کرد. اما لحنش بیشتر به شوخی و طنز شبیه بود. برگشتم و از او خداحافظی کردم و از در بیرون آمدم. این بار، همراه استوار سوار یک جیپ استیشن شدیم که خود استوار آن را می راند. او مرا تا شهربانی برد و در آن جا در اتاقی که نیمکت هائی دور تا دورش قرار داشت نشاند و پرسید که آیا ناهار خورده ام یا نه؟ رفتارش خوب بود. گفتم که ناهار خورده ام. دربارهٔ شغل و وضعیت و علت آمدنم به مشهد پرسید و من هم با دقت همه چیز را برایش شرح دادم. او به من دلداری داد که حتماً اشتباه شده و یا در اثر گزارش سوء یک نفر از همکارانم مرا دستگیر کرده اند و به من قول داد که حتماً آزادم خواهند کرد. بعد از من خواست که با خیال راحت روی یکی از نیمکت ها دراز بکشم و تا

ساعت چهار که سرهنگ رئیس بازپرسی می آید منتظر بمانم. و بعد مرا تنها گذاشت و رفت.

به نظر می رسید که آنجا اتاق انتظار بازپرسی شهربانی باشد. چند در بسته این اتاق را به اتاق های دیگر وصل می کرد و بر یک پوستر روی دیوار، تَصویر یک جاسوس با کلاه شاپو و بارانی گشاد سیاه نقش بسته بود که پشت ستونی پنهان شده و مشغول گوش دادن به گفتگوی دیگران است. و زیر آن نوشته بودند؛ «اَسرار خود را از دستبرد دیگران حذف کنید.»

آمدن به شهربانی برایم عجیب بود و نمی توانستم بفهمم چرا مرا به آن جا آورده اند؟ اگر گروه ما لو رفته بود، طبعاً می بایست مرا در ساواک نگاه می داشتند و بلافاصله زیر شکنجه می بردند. با حضور در شهربانی، بعید می دانستم که گروه ما لو رفته باشد. و امیدوار بودم که مرا فقط بر سر رفتارم در استادیوم قوچان و فیلمبرداری از شورشی گرفته باشند که هنگام انجام مراسم کُشتیِ باچوخه روی داد.

اصَل موضوع فیلمبرداری از کشتی باچوخه از این قرار بود که من عصر روز دو شنبه ۲۷ شهریور به تلویزیون تهران رفتم تا در قسمت فیلمبرداری، در کمد مخصوص خودم که وسائل فیلمبرداری تلویزیون را در آن نگه می داشتم امکان پنهان کردن اسلحهٔ کلتی را که قرار بود از طیفور بطحائی تحویل بگیرم بررسی کنم. هر یک از فیلمبرداران واحد تولید تلویزیون، دوربین فیلمبرداری و وسائل مربوطهٔ دیگری در اختیار خود داشتند که به هنگام کار از آن ها استفاده می کردند. و هر کس، در قسمت انبار فیلمبرداری، کمد فلزیِ محکمی داشت که قفل و بستش درست و حسابی بود و احتمال دسترسی کسَی به وسائل آن نمی رفت. کمد من سه کلید داشت که یکی در اختیار خودم بود، یکی در اختیار دستیارم و یکی هم در اختیار رئیس واحد فیلمبرداری تلویزیون. من به هر کلکی شده بود، کلید مسئول واحد را بلند کرده بودم و برای اطمینان کامل از در اختیار داشتن کمد، دستیارم را عوض کرده و قصد داشتم کلید کمد را به دستیار جدیدی که انتخاب می کنم هم ندهم. به این ترتیب هر سه کلید در اختیار خودم بود و می توانستم مطمئن باشم که امن ترین محل ممکن را برای مخفی کردن اسلحه دارم، و حدس می زدم حتی اگر به طور اتفاقی دستگیر بشویم و تمام خانهٔ مرا را هم زیر و رو کنند به محل اختفای اسلحه پی نخواهند برد. زیرا هیچ کس فکرش را هم نمی کرد که من در تلویزیون، و در کمد وسائل فیلمبرداری ام یک اسلحه پنهان کرده باشم. به همین دلیل آن روز عصر، به انبار فیلمبرداری رفته بودم تا در آرامش یک جاسازی در کمدم برای مخفی کردن اسلحه درست کنم. قرار بود طیفور بطحائی ابتدا یک اسلحه برای من بیاورد تا من تمرین تیراندازی کنم و بعد اسلحه های دیگری بیاورد تا من آن ها را در اختیار رضا علامه زاده و ایرج جمشیدی و فرهاد قیصری بگذارم و همگی با این

اسلحه ها تمرین کنیم تا برای روز اجرای مراسم آماده شویم. محل انبار طوری بود که برای بردن وسائل سنگین و بزرگ می توانستیم از یک در فلزی در پشت ساختمان، بدون آن که مجبور باشیم از راهروهای ساختمان عبور کنیم و با مأمور اطلاعات جلوی در بربخوریم از آن جا خارج شویم.

وقتی از محل اختفائی که به کمک یک ورقه فلزِ همرنگ در کمدم درست کرده بودم احساس خشنودی کردم و می خواستم از انبَار خارج شوم، ناگهان با امیر عباسی، منشی واحد فیلمبرداری روبرو شدم و از دیدن او که اصلاً متوجه آمدنش نشده بودم جا خوردم. نمی دانستم او همان لحظه وارد انبار شده و یا قبلاً در آن جا بوده، و آیا متوجه ور رفتن من به کمدم شده است یا نه؟ او با تعجب از من پرسید:

«این جا چه کار می کنی؟»

گفتم:

«داشتم وسائل فیلمبرداریم را تمیز می کردم. حالا هم کارم تمام شده است.»

گفت:

«خیلی خوب شد دیدمت. دو ساعت است دنبال یکی از بچه ها می گردیم که برود یک مأموریتِ فوری.»

گفتم:

«من وقت مأموریت رفتن ندارم. کار دارم.»

«ولی این مأموریت خیلی مهم است. و من هم هرچه گشته ام کسی را گیر نیاورده ام. بدبختی هیچکدام از بچه ها تلفن ندارند. بنابراین تو تنها کسی هستی که الان در دسترسی و باید بروی.»

دوباره تاکید کردم:

«گفتم که، من کار دارم و نمی توانم به مأموریت بروم.».

عباسی با لحن ملتمسانه ای گفت:

«ولی این دستور پیمان است. پیمان از من خواسته هر کس را که گیر آوردم بفرستم. موضوع خیلی مهم است. شاه به قطبی تلفن زده و گفته که همین امروز یک نفر را بفرستید قوچان. چون فردا مراسم کشتی باچوخه در آن جا شروع می شود. شاه دلش می خواهد که هرچه زودتر یک فیلم از این مراسم تهیه و به فدراسیون بین المللی کشتی فرستاده شود که این کُشتی را جزو ورزش های رسمی المپیک قرار بدهند. قطبی هم به پیمان مدیر تولید تلویزیون تلفن زده و گفته است، هر فیلمبرداری را گیرآوردید همین الان بفرستید قوچان. تو هم تنها کسی هستی که در این دوساعتی که ما داریم می گردیم، گیرآورده ایم.»

گفتم:

«خب یک فیلمبردار از بخش خبری بفرستید. آن جا که همیشه دو سه نفر کشیک دارند.»

عباسی گفت:

«همین فکر را هم کردیم؛ ولی، فقط یک نفر آن‌جا ست. بقیه رفته‌اند فیلمبرداری. پیمان گفت، آن یک نفر هم باید آن‌جا بماند تا اگر موردی فوری پیش آمد کسی آن‌جا باشد. تو واقعاً چاره‌ای جز رفتن نداری.»

بعد سکوت کرد تا من پاسخ بدهم. من مکثی کردم و با خونسردی پرسیدم:

«مدت مأموریت چند روز است؟»

«ده روز، ولی تو می توانی اگر بخواهی دو روزش را بروی. همین الان بلیط هواپیما و چک حق مأموریت و هر چیز دیگری هم که بخواهی آماده است. یک نفر هم در قسمت اداری نشسته تا اسم کسی را که می‌رود روی بلیط و حکم مأموریت و برگهٔ چک بنویسد.»

گفتم:

«یعنی، فقط امروز و فردا؟»

گفت:

«نه بابا، امروز که تمام شده. برای فردا و پس فردا. یعنی سه شنبه و چهارشنبه. فردا صبح مسابقات در قوچان شروع می شود و پس فردا عصر تمام خواهد شد. و تو باید از همهٔ مراسم، یعنی هم گشایش و هم مسابقات و هم مراسم پایانی فیلمبرداری کنی. کلی هم میهمان دعوت کرده‌اند.»

گفتم:

«ولی من الان چطوری یک دستیار پیدا کنم؟ خودم که دستیار ندارم و بدون دستیار هم که نمی شود فیلمبرداری کرد.»

گفت:

«خسرو سهامی، دستیار فیلمبردار گروه آموزش روستائی الان این جاست. می توانی او را همراه ببری. گروه آن‌ها بعد از این مراسم در سرخس برای یک هفته بعدش فیلمبرداری دارند. خانم سمیعی، سرپرست گروه آموزش روستائی هم با شما می‌آید. تو فقط باید اُوکِی بدهی و حرکت کنی.»

دیدم بهتر است رفتن به اینِ مأموریت را رد نکنم. برای اجرای طرح گروگان گیری رضا پهلوی، لازم بود که حداکثر اعتماد به من وجود داشته باشد. البته گرچه ترجیح می‌دادم که چند روز باقی مانده تا موعد تحویل اسلحه را در تهران بمانم و در دسترس طیفور بطحائی باشم تا اگر خطری پیش آمد بتواند با من تماس بگیرد، ولی چاره‌ای نبود و حساب می کردم که چون می توانم جمعه، یعنی یک روز قبل از موعد به تهران برگردم، این غیبت چند روزه مسئله‌ای نخواهد بود. به همین منظور گفتم:

«ولی من فیلمبرداری سرخس را هم انجام نخواهم داد. چون باید جمعه برگردم.»

«آن فیلمبرداری مهم نیست. خود سهامی می تواند به تنهائی انجامش بدهد.

بنابراین تو می توانی جمعه برگردی.»

«بلیط برگشتم برای روز جمعه چه می شود؟»

«آن را هم درست می کنم. همین الان به مشهد زنگ می زنم که یک بلیط برایت رزرو کنند.»

«بسیار خوب. پس تو خسرو سهامی را صدا بزن که بیاید و من هم یکی دو تلفن می زنم و آماده می شوم. در ضمن به قسمت اداری هم تلفن بزن و بگو که اسم مرا در آن ورقه ها بنویسند.».

بفکر افتادم که فوراً موضوع را به طیفور بطحائی در شیراز اطلاع بدهم. به همین منظور فوراً به اتاق فیلمبردارها رفتم و به تلویزیون شیراز تلفن زدم. ما یک خط تلفنی آزاد برای تماس با مراکز تلویزیونی شهرستان ها داشتیم که تنها با یک کُد و گرفتن سه شماره با مرکز تلویزیونی هر شهری که می خواستیم تماس می گرفتیم.

طیفور در تلویزیون نبود. فکر کردم که برایش پیغام بگذارم، ولی از این کار منصرف شدم. زیرا با هم قرار گذاشته بودیم که به خاطر مسائل امنیتی، از هرگونه ارتباط با هم در انظار عمومی بپرهیزیم. حتی جلوی دیگران یک مشاجرهٔ ساختگی هم راه انداخته بودیم تا همه فکر کنند که ما با هم ارتباطی نداریم. بنابراین مجبور بودم بدون این که کسی از بچه های گروه اطلاع داشته باشد به این مأموریت بروم. و ساعتی بعد، پس از آماده کردنِ وسائل فیلمبرداری در فرودگاه بودیم و عازم مشهد شدیم تا از آن جا با ماشینَ به قوچان برویم.

ناگهان صدای چرخیدن کلیدی در قفل در بگوش رسید و با ورود یک پاسبان رشتهٔ افکار من پاره شد. پاسبان که از بودن من در آن جا جا خورده بود پرسید:

«شما این جا چه کار می کنید؟»

گفتم:

«مرا این جا آورده اند و گفته اند همین جا باشم.»

پاسبان مکث کرد، چندبار در را باز کرد و بست و پس از برانداز کردن دوبارهٔ من، در را بست و از پشت قفل کرد و رفت. حالت پاسبان شبیه همان مردی بود که به عنوان جاسوس تصویرش را روی پوستر انداخته بودند. نگاهی به پوستر کردم و خنده ام گرفت. پوسترِ احمقانه و اغراق آمیزی بود که فقط می شد یک آدم پشت کوهیِ پوستر ندیدهَ را با آن متقاعد کرد. جاسوس روی پوستر، با آن کلاه سیاه شاپو، و پالتوی بلند تیره و ژست احمقانه اش شبیه ساواکی ها بود تا یک جاسوس. کمی که دقت کردم، دیدم واقعاً شبیه رئیس ساواک قوچان است. با همان طرز نگاه و همان نوع جلوه فروشی مرموز احمقانهٔ خود. او در تمام دو روزی که من در استادیوم فیلمبرداری می کردم مرتب مراقبم

بود. بطوری که فکر کردم نکند نسبت به من ظنین شده است. روز اول هم، آمد و بدون مقدمه به من گفت:

«ببینید، اسم شما چیه؟...»

من با تعجب نگاهش کردم.

گفت:

«من رئیس ساواک قوچان هستم.»

و با من دست داد.

گفتم:

«اسم من سماکار است.»

گفت:

«ببینید، آقای سماکار، مواظب باشید که از قسمت های خراب استادیوم فیلمبرداری نکنید. البته استاندار دستور داده است که برای مراسم پایانیِ فردا، هرچه سریع تر بقیه روکاریِ قسمت جایگاه تمام شود. ولی، حالاَ که هنوز روکاری ها تمام نشده از آن هَا فیلمبرداری نکنید.»

نگاهی به او انداختم و گفتم:

«من کارم را بلدم و می دانم که نباید از قسمت های خراب این استادیوم فیلمی نشان بدهیم. اگر هم فیلمبرداری بکنم، موقع مونتاژ فیلم آن ها را حذف خواهیم کرد.»

«ولی، از آن قسمت ها فیلمبرداری هم نکنید. من دوست ندارم در مشهد ببینند که ما تا روز شروع مسابقات هم نتوانسته ایم کار بنای استادیوم را به پایان برسانیم.»

گفتم:

«من فیلمبردار تلویزیون مشهد نیستم. از تهران آمده ام و این فیلم را هم به دستور اعلیحضرت برای فدراسیون جهانی کُشتی می گیرم.»

گفت:

«دیگر بدتر. پس حتماً از قسمت های ناتمام استادیوم فیلمبرداری نکنید.»

من به بحث ادامه ندادم و سرم را به نشانه تائید تکان دادم. و او که آدم کارکُشته ای بود، فوراً دلخوریِ مرا از دخالت در کارم دریافت و گفت:

«البته من قصد ندارم در کار شما دخالت کنم، ولی همیشه تذکر برخی نکات لازم است.»

در تمام دو روزی که من در استادیوم فیلمبرداری می کردم، هر وقت سر دوربینم را به سوی جایگاه استادیوم که دارای سقف و چند ردیف نیمکت و یکی دو ردیف صندلی برای استفادهٔ مقامات شرکت کننده در مراسم بود برمی گرداندم، او را می دیدم که مانند همان جاسوسِ توی پوستر، خودش را پشت ستون قایم می کند تا من نفهمم که تمام مدت مواظب من بوده است. او

می‌خواست هر طور شده بداند که من از چه فیلمبرداری می کنم.

غروب همان روز اول، بعد از فیلمبرداری به اتفاق بقیه اعضای گروه فیلمبرداری به شهر رفتیم تا هم شامی بخوریم و هم گشتی در شهر بزنیم. آن شب، عطاء الله بهمنش که به عنوان گزارشگر رادیو قبل از ما به قوچان آمده بود، در وقت شام برای ما توضیح داد که پیش از این، هرساله مراسم کُشتی باچوخه که یکی از مهم ترین مراسم سنتی این منطقه است، در یکی از بزرگ ترین میدان های شهر برگزار می شده است. بطوری که مردم در چنین روزی، از تمام شهرها و روستاهای اطراف به قوچان می آمده اند تا این مسابقات را که طی آن پهلوان منطقه انتخاب می شود تماشا کنند. اما امسال مردم از این که این مراسم در استادیوم برگزار می شود ناراضی هستند و اعتراض دارند که چرا اکنون باید برای دیدن مراسم محلی شان که تماشای آن پیش از این برای کسی خرجی نداشته است، بلیط ورودی استادیوم را بخرند. در واقع از ابتدا قصد این نبوده که مراسم امسال را در این استادیوم برگزار کنند، ولی چون شاه می خواهد هر طور شده این کُشتی هم جزو المپیک به حساب بیاید، مقامات محلی هم تصمیم گرفته اند تا هرچه سریع تر استادیوم ناتمام قوچان را که ساختمان آن تقریباً رو به پایان بود برای این مسابقات آماده کنند و مسابقات را در محیطی آبرومند برگزار کنند، و بی اعتنا به اعتراض مردم، برای ورود به استادیوم و تماشای مسابقات هم بلیط ورودی گذاشته اند.

روز بعد که برای ادامهٔ کار فیلمبرداری به محل مسابقات می رفتیم جلوی در ورودی استادیوم جمعیت انبوهی جمع شده بود که دلشان می خواست مسابقه ها را تماشا کنند؛ ولی، نه پولش را داشتند و نه عادتشان بود حتی اگر پولش را داشتند بلیط بخرند. برخی از آن ها که دوربین و وسائل فیلمبرداری ما را دیدند شروع کردند به فریاد زدن و اعتراض کردن، و می خواستند جلوی دوربین از این که مجبورند برای دیدن مسابقات محلی شان بلیط بخرند شکایت کنند. من هم فوراً دوربینم را راه انداختم و از آن ها فیلمبرداری کردم. عده ای هم رفته بودند روی درخت ها و دیوار استادیوم تا شاید از آنجا موفق به دیدن مسابقات بشوند. برخی از آن ها بالای دیوار ادا واطوار در می آوردند و می رقصیدند. پائینی ها هم برایشان سوت می کشیدند و دست می زدند. پاسبان ها هم که عده شان زیاد نبود، نمی دانستند با این وضع چه بکنند. معلوم بود علی رغم دستوری که مبنی بر پراکندن مردم به آن ها داده اند، از پراکندن جمعیت رضایتی ندارند و با بی تفاوتی مردم را از آنجا می رانند. چه بسا بسیاری از آن ها بستگان و خویشانی در میان مردم داشتند. و چه بسا کار خود آن ها هم به خاطر جمع شدن مراسم از درون شهر و متمرکز شدن آن در استادیوم کساد و کاسبی شان کور شده بود. به هر علت، همین که سرِ فرماندهٔ خود را دور می دیدند، علاقه ای به پراکندن مردم نشان نمی دادند و جلوی دوربین هم لبخندهائی حاکی از مسخره

بودن اوضاع می‌زدند. من هم از تمام این صحنه ها فیلم می گرفتم.

داخل استادیوم هم وضع بهتر از آن نبود. یک ورقهٔ بزرگ پلاستیک بر روی زمین خاکی استادیوم که هنوز نرسیده بودند درستش کنند پهن کرده و روی آن چند دشک کُشتی انداخته بودند که مسابقات روی شان انجام می شد. بجز چند میهمان از شهرهای اطراف، استاندار خراسان، رئیس لشکر منطقه، رؤسای ساواک و شهربانی و چند ادارهٔ دیگر، تعدادی پاسبان و ژاندارم هم در جایگاه بودند و خبرنگاران روزنامه های محلی که انگار بزرگ ترین فرصت زندگی شان را پیدا کرده بودند، چلَق و چلَق از آن ها عکس می گرفتند و با زدن لبخند، احساس خشنودی خود را نشان می دادند. در عوض، تک و توکی از نیمکت های استادیوم توسط تماشاگران محلی اشغال شده بود و بقیه از جمعیت خالی بود. در واقع، جمعیت اصلی پشت در استادیوم و یا بالای دیوارها بود. و جالب این که هیچ کدام از مقامات محلی و حتی استاندار برایش اهمیت نداشت که چرا مردم در استادیوم نیستند. طبعاً آن ها به هنگام ورود، جمعیت را جلوی در دیده بودند و یا حداقل، بسیاری از آن ها را بر بالای دیوار استودیوم می دیدند. ولی چنان با مسائل این مردم بیگانه بودند که هرگز بفکرشان نمی رسید حالا که مردم امکان خرید بلیط را ندارد و یا هنوز به خریدن آن عادت نکرده اند، درها را باز بکنند و بگذارند آن ها مجاناً به تماشای مسابقات بیایند. اما علی رغم این وضع، مسابقات همچنان ادامه داشت و هرچه به مراحل حساس و نهائی نزدیک تر می شد، بر تعداد تماشاگران بالای دیوار و سر و صدای تشویق و داد و بی داد آن ها افزوده می شد. آن ها که بالای دیوار بودند برای پائین دیواری ها وضع مسابقه را گزارش می دادند و با هر زمین خوردن و بلند شدنی، اول صدای تشویق و هیاهوی بالا دیواری ها به گوش می رسید، و سپس صدای تشویق و هیاهوی پائین دیواری ها. این وضعیت عملاً همه چیز را تحت تاثیر خود قرارداده بود. به طوری که کُشتی گیران که در واقع مشوقان اصلی خود را سردیوار و پشت دیوار می دیدند، به هنگام پیروزی و تشویق مردم، به سوی دیوارها برمی گشتند و برای آن ها که آن بالا بودند دست تکان می دادند و یا بسوی شان تعظیم می کردند. با اوج گرفتن هیجان مسابقات، و از شدت فشارهائی که به پایه های تازه ساز دیوارها وارد می آمد، ناگهان یکی از دیوارها فرو ریخت و جمعیتی که از دیوار به پائین افتاده بودند، همراه پشت دیواری ها به داخل محوطه خاکی استادیوم و به سوی دشک های مسابقات هجوم آوردند. مأموران شهربانی و ژاندارم ها هم به فرمان فرماندهان خود بسوی آن ها هجوم آوردند. میدان شلوغی بود و مأموران نظمیه از پس جمعیت برنمی آمدند. بسیاری از کسانی که به استادیوم هجوم آورده بودند در محوطه می دویدند، و از چنگ مأموران می گریختند و خودشان را به اطراف دشک ها و یا به ردیف نیمکت ها می رساندند. در اثر هجوم جمعیت، گرد و خاک عظیمی بر پا شده بود و صحنه

بیشتر به یک میدان جنگ شباهت پیدا کرده بود تا یک استادیوم ورزشی. و من طبعاً تحت تاثیر این واقعه، مسابقات را رها کرده بودم و از آن میدان جنگ و گریز فیلم می گرفتم.

بالاخره، بعد از کلی اغتشاش و هیاهو و سر و صدا و برپا شدن گرد و خاک، و پس از این که مسابقات در اثر این هجوم و هیاهو متوقف شد، استاندار دستور داد که بگذارند مردم بدون بلیط به داخل استادیوم بیایند. پس از این دستور، در چشم به هم زدنی نه تنها تمامی نیمکت ها و صندلی ها از جمعیت پر شد، بلکه عدهٔ زیادی نیز اطراف دشک ها بر روی زمینِ خاکی نشسته بودند و استادیوم شور و حال سنتی و واقعیِ هرسالهٔ مسابقات کُشتی باچوخه را به خود گرفته بود.

در پایان مسابقات، وقتی ما داشتیم وسائل مان را جمع می کردیم که به مشهد برگردیم، باز رئیس ساواک را دیدم. این بار او بدون هیچ لبخندی به سوی من آمد و گفت:

«فیلمبرداری تان را کردید؟ از همه چیز فیلم گرفتید؟»

من که او را فراموش کرده بودم، تقریباً جا خوردم و فهمیدم که مرا هنگام فیلمبرداری از هجوم پاسبان ها به مردم و برپا شدن آن افتضاحات دیده است و این حرف را هم به عنوان تهدید می زند تا من چیزی از این صحنه ها را در موقع مونتاژ استفاده نکنم. احتمالاً او نمی دانست که آدم هائی امثال من، در پخش این جور فیلم ها هیچ نقشی ندارند، و تا مسئولینِ بازبینی و سانسور تلویزیون اجازه ندهند هیچ فیلمی پخش نخواهد شد. و شاید هم می دانست، ولی خودش را به ندانستن می زد تا مطابق شغل و موقعیتش- که مرا یاد آن جاسوس پشت ستون می انداخت- در هر حال تذکرش را داده باشد. البته خوبی قضیه این بود که مرا همان جا دستگیر نکرد. ولی بعید نمی دیدم که دستگیری کنونی ام به همین خاطر باشد. اما چرا مرا به شهربانی آورده بودند؟ از این موضوع واقعاً سر در نمی آوردم. به هرحال، امیدوار بودم که واقعاً علت دستگیریم، همان ظن و شک رئیس ساواک قوچان باشد. زیرا در این صورت فرار از آن مخمصه کار آسانی بود. من یک بار دیگر هم با چنین مخمصه ای در شیراز و در یک پادگان نظامی گیر کرده بودم که به آسانی توانستم از شر آن رها شوم. آن بار برای فیلمبرداری از یک مراسم نظامی به پایگاه یکم هوابرد شیراز رفته بودم. ضمن اجرای مراسم، وقتی که سرود شاهنشاهی می زدند، من این سو و آن سو می رفتم و مشغول کارم بودم و از صحنه فیلمبرداری می کردم. بعد از پایان مراسم، وقتی که می خواستم همراه دستیارم به تلویزیون برگردم، یک استوار به سراغم آمد و به من گفت:

«لطفاً همراه من بیائید.»

پرسیدم:

«کجا؟»

استوار خیلی مؤدب و جدی گفت:

«تیمسار با شما کار دارد.»

من که فکر نمی کردم مسئله ای غیرعادی در میان باشد، و قصد داشتم بعد از این مراسم، وقت برگشتن به تلویزیون، به خانه ام هم سری بزنم، به دستیارم گفتم:

« پس تو با ماشین برو و فیلم ها را هم با خودت ببر و به لابراتوار بده تا زودتر بتوانند برای اخبار ساعت هفت شب آماده اش کنند. من پس از این که کارم این جا تمام شد، خودم به خانه می روم و بعداً به تلویزیون می آیم.»

بعد همراه استوار به دفتر تیمسار سرتیپ جوادی رفتم. تیمسار در دفترش تنها بود و داشت روی یک ورقه چیزی می نوشت. من چون با رسم و رسوم پادگان ها و محیط های نظامی آشنائی داشتم، مدتی همانجا ساکت ماندم تا تیمسار کارش تمام شود. ولی کار او خیلی طول کشید، و من که فکر کردم شاید او متوجه حضور من در اتاق نشده است با صدای ملایمی گفتم:

« ببخشید تیمسار...»

تیمسار جوادی سرش را با غضب از روی یادداشتش برداشت و نگاه تندی به من کرد و گفت:

« صبر کنید آقا!»

از این برخورد به شدت جا خوردم. تا آن موقع ندیده بودم که کسی در محیط های نظامی با من با این لحن حرف زده باشد. نظامی ها و حتی مأموران ساواک، فیلمبرداران تلویزیون را به نوعی از خودشان می دانستند و به ما اعتماد بسیاری داشتند. از این رو حرکت ما در محیط های ممنوع نظامی همیشه آزاد بود و من بخصوص، از هر چه که می خواستم در این جور جاها فیلمبرداری می کردم. حتی یکبار که هنگام پرواز با هلیکوپتر از بالای آشیانهٔ هواپیماهای جنگی فیلمبرداری می کردم، خلبان هلیکوپتر فقط تذکر دوستانه ای به من داد که به دلیل ممنوعیت اکید، از هواپیماهای جنگی فیلمبرداری نکنم. به همین دلیل، از برخورد آن روز آن تیمسار جا خوردم و گفتم:

«تیمسار من کار دارم.»

این بار سرش را با خشم بیشتری از روی ورقهٔ یادداشتش برداشت و گفت:

« شما بازداشت هستید آقا.»

پرسیدم:

«برای چه تیمسار؟»

گفت:

«شما چند سالت است؟»

گفتم:

«بیست و پنج سال.»

«حتماً تحصیل کرده و دانشگاه دیده هم هستید.»

«بله.»

«پس چرا موقعی که سرود شاهنشاهی نواخته می شد حرکت می کردید؟ هنوز بعد از این همه سن و سال و تحصیلات نفهمیده اید که موقع نواختن سرود شاهنشاهی باید خبردار ایستاد؟»

خودداری کردم که از حرف او خنده ام نگیرد. ولی او که گوئی پوزخندی را در چهرهٔ من مشاهده کرده بود، قبل از این که من فرصت توضیحی را پیدا کنم، زنگ زد و به استواری که بی درنگ وارد شد گفت:

«ایشان بازداشت است!»

گفتم:

«تیمسار...»

با تندی نظامی واری رو به استوار گفت:

«گفتم، ایشان بازداشت است!»

و استوار با عجله مرا از اتاق بیرون آورد و دستور داد در گوشه ای از راهرو بایستم و رفت. مدتی آن جا ایستادم تا برگشت. گفتم:

«ببخشید، سرکار استوار!»

جواب نداد و وارد یکی از اتاق های راهرو شد. قبلاً آن استوار را در همین پادگان دیده بودم. خوش برخورد و مهربان به نظر می رسید. ولی در آن لحظه، تحکم تیمسار طوری او را ترسانده بود که دیگر جرأت نداشت به خوش رفتاریش با من ادامه بدهد. مدتی آن جا ایستادم و به حماقت تیمسار و وضعی که پیش آمده بود فکر کردم. باید راهی می یافتم که به رئیس تلویزیون زنگ بزنم. در آن زمان، سیروس هدایت مدیر تلویزیون شیراز بود، و من مطمئن بودم که او به محض اطلاع از موضوع بازداشت من، با یک تلفن مشکل را حل خواهد کرد. همین طور هم شد. افسری که از یکی از اتاق ها بیرون آمده بود، بدون این که علت حضور من در آن راهرو را سئوال کند، اجازه داد که از اتاقش به تلویزیون زنگ بزنم و ماجرا را به سیروس هدایت اطلاع بدهم. برای هدایت توضیح دادم که چگونه به خاطر فیلمبرداری در پادگان به هنگام نواخته شدن سرود شاهنشاهی، از سوی تیمسار سرتیپ جوادی مورد توبیخ قرار گرفته و بازداشت شده ام. هدایت گفت که فوراً به سرلشگر قره باغی رئیس لشگر دو شیراز زنگ می زند و مسئله را حل می کند.

ده دقیقه بعد، استوار آمد و دوباره مرا به اتاق تیمسار برد. این بار تیمسار جوادی جلوی پای من برخاست و با من دست داد و یک صندلی در کنار میزش به من تعارف کرد و گفت:

«آقا جان، شما چرا برای من توضیح ندادید که موقع نواختن سرود شاهنشاهی

داشتید فیلمبرداری می کردید؟»

از این حرف خنده ام گرفت. معلوم بود که تیمسار قره باغی به او توپیده و احتمالاً از این که نفهمیده است من به چه علت هنگام نواخته شدن سرود حرکت می کرده ام مسخره اش کرده است. هم‌چنین از این که می دیدم که تیمساری در موقعیت او، چقدر محافظه کار و بی شخصیت است و چگونه وقتی احساس می کند قدرت دارد، حتی اجازهٔ صحبت به کسی نمی‌دهد، و وقتی بالادستی هایش به او می توپند، از منی که قبلاً اجازهٔ دادن توضیح را از سوی او نیافته ام می پرسد که چرا به او توضیح نداده ام.

با لحن بی تفاوتی گفتم:

« تیمسار، شما مسلماً با کار ما آشنائی دارید، و می دانید که اگر ما هم موقع نواخته شدن سرود مثل شما خبردار بایستیم، کسی نمی تواند نواخته شدن سرود را در این گونه مراسم در تلویزیون تماشا کند. ما که نمی توانیم بدون تکان خوردن و حرکت کردن فیلمبرداری کنیم.»

خندهٔ ماست مالی کننده ای تحویل من داد و گفت:

«آقا جان، من نظامی ام، از هنر و این جور حرف ها چه سررشته ای دارم.»

بهتر دیدم که ساکت بمانم و پاسخش را ندهم. بعد برای من سفارش چای داد و بعد مرخصم کرد.

بنابراین، اگر این بار هم علت دستگیری ام بر سر فیلمبرداری و شک و تردید رئیس ساواک قوچان بود، نگرانی ای نداشتم و مطمئن بودم که بزودی آزاد خواهم شد. ولی، قرائن نشان می داد که موضوع باید عمیق تر از این حرف ها باشد.

بازگشت به ساواک

ساعت شش بعد از ظهر استوار محبی آمد و از من خواست که همراهش بروم. گذشت آن چند ساعت به نظرم مثل چند روز طول کشیده بود. در سکوت به دنبالش راه افتادم. قلبم به تندی می‌زد و فکر می‌کردم که تا لحظاتی دیگر بازجوئی‌ام آغاز خواهد شد و نمی‌دانستم چه بر سرم خواهد آمد. اما بر خلاف تصورم، استوار مرا به اتاق بازجوئی نبرد؛ بلکه، گفت که باید به ساواک برگردیم. وقتی پرسیدم که برای چه به آن جا برمی‌گردیم، حرفی نزد. او بدون این که به من دستبند بزند مرا با خود از شهربانی بیرون آورد و با هم در کنار خیابان منتظر تاکسی ایستادیم. نداشتن دستبند و ایستادن بدون هیچ بند و مانعی در کنار مأموری که اگر از دستش می‌گریختم بعید بود بتواند مرا بگیرد، بفکرم انداخته بود. آیا باید فرار می‌کردم؟ آیا علت دستگیری‌ام واقعاً طوری بود که لازم باشد فرار کنم؟ اگر فرار می‌کردم در آن شهر غریبه کجا را می‌شناختم و چه کسی را داشتم که به او پناه ببرم؟ مسلماً نمی‌توانستم به خانهٔ دوست تلویزیونی‌ام عظیم جوانروح پناه ببرم. زیرا خانهٔ او اولین مکانی بود که ساواک به جستجویم به آن جا می‌آمد. و اگر بی خود دستگیر شده بودم، آیا با فرارم، وضعم را بدتر نمی‌کردم؟

بدون این که بتوانم تصمیمی بگیرم، همراه استوار سوار تاکسی‌ای شدم که

پیش پایمان توقف کرد. چنان غرق افکار پریشان بودم که حتی نفهمیدم او چه آدرسی به رانندهٔ تاکسی داد. مسیر به سرعت طی شد و ما به ساختمان ساواک رسیدیم. در آن جا، استوار مرا تحویل داد و از من خداحافظی کرد و رفت.

نگهبان تازهٔ ساواک که مرد عبوس و لاغری بود، نگاهی به من انداخت و پرسید:

«برای چه دستگیر شده ای؟»

گفتم:

«نمی دانم؟»

پوزخندی زد و مرا در حیاط تنها گذاشت و بدرون اتاقک ها رفت. حیاط کاملاً خلوت بود و در آن روز جمعه رفت و آمدی در آن دیده نمی شد. بعید می دانستم که آنجا زندان و یا محل شکنجه ساواک باشد. ساختمان، دارای اتاق های متعددی بود که نه حالت زندان داشت و نه حالت اتاق شکنجه. اگر کسی را در آن جا شکنجه می کردند، مسلماً سرو صدایش به خیابان می رسید و مردم را متوجه می کرد. از این رو، حدس می زدم که آنجا محل اداری ساواک باشد که به خاطر روز تعطیل کسی در آن نیست. وضع حیاط و دیوار کوتاه، و دار و درخت و گلکاری ها هم نشان می داد که آن جا نباید زندان باشد. آفتاب پریده بود و نسبت به ظهر هوا خنک بود و باد ملایمی می وزید که شاخه های دراز و آویختهٔ درخت بید را بر فراز آب حوض تاب می داد. پیراهن نازکی به تن داشتم و ازخنکی هوا مور مورم شده بود. اما احساس می کردم این مور مور بیشتر از احساس تلخ دستگیری ام سرچشمه می گیرد تا از سرمای هوا. نگاهی به ساختمان روبرو که در نور دلگیر غروب، خفه و دارای پنجره های تاریک بود انداختم و بدون آن که قدرت تفکر در بارهٔ موضوع مشخصی را داشته باشم بازوانم را در بغل گرفتم. ظاهراً گروه ما در شرایطی نبود که امکان دستگیریش مطرح باشد. ما نه شروع به عملیاتی کرده بودیم و نه هنوز اسلحه ای رد و بدل شده بود. هیچ نشانه ای وجود نداشت که در آن لحظه، من حتی بتوانم حدس بزنم که سه روز است که تمام گروه ما در شیراز و تهران دستگیر شده اند و اگر من هم در تهران بودم، و یا اگر ساواک تهران و شیراز اطلاع داشتند که من در سه روز گذشته کجا بوده ام، در آن لحظه، مانند بقیهٔ رفقایم شکنجه ها و بازجوئی های بسیاری را در زندان اوین پشت سر گذاشته بودم. با این حال، من امیدوار بودم که دستگیری ام به خاطر مسائل ساده و پیش پا افتاده باشد.

نگهبان که مردی عبوس و ساکت بود آمد و مانند آن که فراموش کرده باشد که من آن جا هستم، از دیدنم جا خورد و بعد اشاره کرد که دنبالش بروم. به دنبال او راه افتادم و بعد از پائین رفتن از پلکان کوتاه و نمناکی، از یک در کوچک به یک انباری که در زیر اتاقک ها بود وارد شدم. او مرا در آن جا باقی گذاشت و در را از پشت قفل کرد و رفت. انباری، اتاق خفه ای بود پر از میز و

صندلی شکسته و چوب و میله که از یک پنجرهٔ کوچک با میله های عمودی فلزی در جلویش روشنائی می گرفت. همه چیز در آن جا پر از کارتُنک بود. خاک روی یک میز را با دست جارو کردم و لبهٔ آن نشستم. معلوم نبود برای چه مرا به آن محل آورده اند. ظاهراً یا منتظر کسی بودند که بیاید و بازجوئی از من را آغاز کند و یا می خواستند مرا به جائی دیگر ببرند. لحظه ها به کندی می گذشت و بیش از هر چیز همین انتظارِ بی پایان مرا عذاب می داد. در آن بی خبری، کارم تنها قفل کردن بازوانم بر سَینه و مات شدن به یک نقطه بود.

با شنیدن صدای پائی در حیاط، از لبهٔ میز برخاستم و روی پنجهٔ پا بلند شدم و از پنجره نگاهی به حیاط انداختم. اما کسی را در حیاط ندیدم. فقط باد تندتر شده بود و شاخ های آویختهٔ درخت بید به شدت تاب می خورد. برگشتم سرجایم، و دیگر روی میز ننشستم. لبهٔ تیز میز، یک خط باریک دردناک روی باسنم جا گذاشته بود.

حدود یک ساعت بعد، یک مأمور تازه آمد و مرا از زیر زمین به ساختمان کنار دیوار برد. پرسید:

«شام چی میل دارید؟»

جواب ندادم. معلوم بود مسخره ام می کند. لبخندی زد و گوشی تلفن را برداشت و تلفن زد و بعد از حال و احوال پرسی با یک نفر گفت:

«یک مهمان برای امشب داریم. از خودمان است، فیلمبردار تلویزیون....، اسمش؟... (روی یک کاغذ را نگاه کرد)، سماکار... بله. (نگاهی به من انداخت) نه نه... فکر نمی کنم... . شام جوجه کباب است؟ به به. (باز به من نگاه کرد.) بسیار خب می فرستمش.»

گوشی را گذاشت و با لبخند به من گفت:

«شانس داری آقا، شام جوجه کباب است.»

من لبخند ملایمی زدم. گفت:

« پا شو برویم.»

برخاستم و همراه او بیرون رفتم. در حیاط یک جیپ ارتشی منتظر ما بود. تا سوار شدیم یک سرباز به من چشم بند زد و بدون آن که حرفی بزند، دستش را پس گردنم گذاشت و سرم را به پائین فشار داد. تمام طول راه را همان طور که سرم پائین بود و دست سرباز پس گردنم را فشار می داد طی کردیم. عاقبت ماشین ایستاد و دری آهنی باز شد و ما وارد محوطه ای شدیم و سرباز دستش را برداشت و گفت:

«بلند شو.»

سرم را بالا آوردم و نشستم. چشم بندم را برداشت و دستم را گرفت و از ماشین پیاده ام کرد. در گاراژ سرپوشیده ای قرار داشتیم که چند اتاقک نگهبانی در سمت چپ آن بود. مرا به یک اتاقک بردند و پس از بازرسی بدنی و گرفتن

کمربند و بند کفش و پول و دفترچهٔ تلفنم، به محوطهٔ دیگری که چند سلول انفرادی در آنَ قرار داشت بردند و در یکی از سلول ها جادادند.

با گرفته شدن وسائلم، حالت یک آدم دزد زده را پیدا کرده بودم. تا آن لحظه هرگز پیش نیامده بود که جیب هایم آنقدر خالی باشد. ته جیب هایم را کاویدم و کرک های تیره رنگی را که معمولاً بین درز پارچه جا می گیرد بیرون آوردم و نگاهشان کردم. در سلولم بجز یک زیلو و یک پتو چیز دیگری وجود نداشت. روی زمین نشستم و به دیوار تکیه دادم. سلول ابعادی در حدود یک و نیم متر در دو متر داشت که نور ضعیفی از یک پنجرهٔ کوچک مشبک بر بالای در سلول آن را روشن می کرد. چنین به نظر می رسید که در این اتاق خالی هیچ کاری نمی توان کرد و با آن که سر شب بود، اضطراب، دغدغهٔ خاطر، بی خبری، اندیشه های گنگ و مبهم، و تاریکی خسته ام می کرد و میل فراوانی به خوابیدن را در من به وجود می آورد. دیگر برایم مسجل شده بود که مسئلهٔ دستگیری من نباید به این ساده گی ها باشد. گرفتن دفترچه تلفنم توسط مأمورین هم، مرا به این فکر انداخت که آن ها حتماً نام تمام افرادی که در آن نوشته شده است را کنترل می کنند و از این طریق می کوشند روابط مرا با دیگران کشف کنند. بعید نمی دانستم که طیفور بطحائی به خاطر فعالیت های دیگری که داشته است دستگیر شده و آن ها از طریق دفتر تلفنش ارتباط مشکوکی را پیدا کرده و از آن راه به کشف فعالیت گروه ما رسیده باشند. اما این که چه چیزهائی لو رفته روشن نبود. بنابراین لازم بود که حساب کنم که در موقع بازجوئی چه باید بگویم. اما خسته بودم و نمی توانستم فکرم را متمرکز کنم و احساس می کردم که یکی پایم را می کشد و کسی ناگهان دارد با یک سطل حلبی توی سرم می زند.

نگهبان چفت فلزی سلول را با سر و صدا کشید و در را باز کرد و من از جا پریدم و متوجه شدم که خوابم برده است. او یک کاسه کوچک فلزی بدرون سلول انداخت که تویش عدس پلو بود. نگاهی به پلو کردم و بدون آنکه میلی به غذا خوردن داشته باشم، پتو را رویم کشیدم و خوابیدم.

پرواز به سوی اوین و آغاز شکنجه

صبح روز بعد، در لحظه ای که چشم گشودم همه چیز یادم رفته بود، و وقتی دوباره دریافتم که در زندان هستم احساس تلخی به من دست داد. بدنم احساس کوفته گی داشت و خواب نتوانسته بود خسته گی ام را در کند. دست به سینه به دیوار تکیه دادم تا نگهبان آمد و در را گشود و اجازه داد که به دستشوئی بروم.

ساعت ده مرا به شهربانی بردند. در آن جا، در حیاط شهربانی، جلوی پله های یک عمارت بزرگ، یک سروان پاکتی را که در دست داشت به سوی من دراز کرد و گفت:

«این مال شماست!»

پاکت را گرفتم و دیدم محتویات جیبم که شب قبل در زندان مشهد از من گرفته بودند در آن است.

سروان پرسید:

«همه چیز سرجایش است؟»

با حرکت سر حرف او را تصدیق کردم.

با لحن تمسخرآمیزی گفت:

«دفترچهٔ تلفنت هم که دست نخورده، هان؟»

دوباره توی پاکت را نگاه کردم که نشان بدهم که متوجه طعنهٔ او نشده ام.
سروان بلافاصله گفت:

«با رضا علامه زاده چه فعالیتی می کردی؟»

از شنیدن این حرف به شدت جا خوردم. اما با حالت بی تفاوتی گفتم:

«ما با هم فیلم می سازیم.»

گفت:

«همین؟»

پاسخ دادم:

«بله.»

ولی لحنم طوری بود که دریافتم او فهمیده است که جا خورده ام.

با قاطعیت و اطمینانی دوزخی گفت:

«حالا می روی اوین و می فهمی فیلم ساختن یعنی چه!»

فهمیدم اوضاع خیلی خراب است. فکر همه چیز را می کردم جز این که کسی از دستگیری رضا علامه زاده حرف بزند. علامه زاده گرچه به همراه من طراح اصلی ماجرا بود، ولی به هیچ وجه از چگونگی مسائلی که تا آن لحظه پیش آمده بود و تاریخ و چگونه گی تحویل اسلحه، و حتی نام و وابسته گی سیاسی و یا سازمانی کسانی که قرار بود اسلحه را به ما بدهند خبر نداشت. به همین دلیل دستگیری او، و نه کسی دیگر، تنها می توانست نشانهٔ یک بی احتیاطی از جانب خود او بوده باشد. من و علامه زاده از پیش با هم قرار گذاشته بودیم تا اگر در اثر یک رابطهٔ مبارزاتی فرعی و یا به طور اتفاقی دستگیر شدیم و ناچاراً نام هر کدام از ما برای ساواک مطرح شد، رابطهٔ خود را ابتدا در سطح فعالیت مشترک هنری و فیلم سازی مطرح کنیم و در صورتی که آن ها به گرایش و یا رابطه ای سیاسی بین ما پی برده بودند، نهایتاً موضوع طرح ترور پرویز نیک خواه را به عنوان همکاری مشترک عنوان کنیم و واقعاً تا آن جا که جان داریم و می توانیم کتک بخوریم مقاومت کنیم و از موضوع گروگان گیری رضا پهلوی حرفی نزنیم.

سروان مرا به استوار محبی که همان لحظه با برگه ای در دست از ساختمان شهربانی بیرون آمد تحویل داد و استوار هم در مقابل، ورقه را امضاء کرد و به او سپرد. سروان نگاه خشک و رسمی ای به من انداخت و با حالتی فرا دستانه به استوار گفت:

«زندانی در اختیار شما ست.»

استوار هم تحت تاثیر فضا و حالت رسمی ای که وجود داشت، چنان رفتار کرد که گوئی روز قبل با من برخورد نکرده و مرا نمی شناسد.

بلافاصله سوار یک جیپ ارتشی شدیم و به فرودگاه رفتیم. ولی مثل بقیه مسافران برای چک کردن بلیط در صفِ انتظار نایستادیم؛ بلکه مرا از درِ

مخصوص مأموران امنیتی به محوطه باند هواپیماها بردند و قبل از دیگران سوار کردند. من کنار پنجره قرار گرفتم و استوار هم کنار من نشست. قبل از این که دیگران سوار شوند، استوار که در غیاب بالا دستی هایش حالت رسمی و بیگانه اش را از دست داده بود آهسته به من گفت:

«ناراحت نباش، من می دانم تو بی گناهی. خیلی پیش می آید که الکی به آدم مظنون می شوند. ولی شماها از خود ماها هستید. ناراحت نباش.»

برایم روشن بود که استوار نقش بازی نمی کند. لحن و حالت چهره اش نشان می داد که واقعاً با من همدلی می کند و مرا به عنوان فیلمبردار تلویزیون از خودشان می داند و فکر می کند اشتباهاً دستگیر شده ام. با لبخندی از او تشکر کردم و ظاهراً به تماشای اولین مسافرانی که سوار می شدند پرداختم؛ اما درونم آشوب بود و در واقع چیزی را نمی دیدم. و فقط به فکر حرفی بودم که باید در اوین بزنم. و فکر می کردم چه موضوعی ممکن است پیش آمده باشد که رضا علامه زاده را دستگیر کرده اند؟

رضا دوست قدیمی و یکی از هم کلاسی های من در مدرسهٔ سینما بود. ما با هم رفاقت ها و همکاری های بسیاری را چه در زمینهٔ فیلم سازی و چه در زمینهٔ همدلی های سیاسی و فعالیت سیاسی - فرهنگی پشت سر گذاشته بودیم. ولی وقتی درس مان تمام شد، مدتی همدیگر را ندیدیم. من مدتی در تلویزیون شیراز بودم، و رضا هم مشغول فیلم سازی در بخش کارگردانان تلویزیون تهران شده و مدتی را هم در جنگل های شمال به ساختن فیلم های مستند گذرانده بود. تقریباً یک سال و نیم بعد، زمانی که هم من به تلویزیون تهران باز گشته بودم و هم علامه زاده از فیلم سازی هایش برای مدتی خلاص شده بود، در یک روز آفتابی اواسط اردیبهشت ماه، همدیگر را در محوطهٔ تلویزیون که معروف به «جام جم» بود دیدیم و کلی با هم گپ زدیم و یاد روزهای پر شور و شر دانشجوئی را کردیم و از این که خیلی از بچه ها به قول معروف «چوخ بختیار» و مشغول فراهم کردن خانه و زندگی شده اند گلایه کردیم و نسبت به هم همدلی نشان دادیم. رضا برای من گفت که به خاطر این که خواسته است یک دست مبل برای خانه شان بخرد از خودش شرمنده است. و من هم برای او شرح دادم که چون قصد داشته ام یک موکت برای اتاقم بخرم همین احساس را دارم. من در آن زمان به اتفاق دو تن دیگر از بچه های تلویزیون یک آپارتمان در خیابان پهلوی، نزدیک محل کارمان کرایه کرده بودیم که یک اتاق آن مال من بود. در این اتاق فقط یک دست لحاف و تشک، یک قفسه کتاب و یک رخت آویز بزرگ برای لباس هایم داشتم و بفکر افتاده بودم که کف اتاقم را که کاشی کاری بود و با فرارسیدن زمستان طبعاً سرد می شد با موکت بپوشانم. البته از نظر مالی توانائی خریدن بسیاری وسائل دیگر زندگی را برای خانهٔ خود داشتم، ولی «آلوده شدن به خانه و زندگی» را شایسته نمی دیدم و فکر می کردم که این جور

دل بستگی ها مرا از فکر مردم و مبارزه دور خواهد کرد.

آن روز، ما دو نفر در بارهٔ خیلی از مسائل حرف زدیم و نتیجتاً به این رسیدیم که باید یک کار اساسی انجام بدهیم. زیرا دیگر فیلم ساختن و سپردن آن به آرشیو تلویزیون دردی از ما دوا نمی کرد. فیلم هائی که ما می ساختیم، یا جنبه یک کار معمولی را داشت و در ردیف برنامه های تلویزیونی قرار می گرفت که به انگیزه های مبارزاتی و فرهنگی ما پاسخ نمی داد، و یا اگر طوری بود که خودمان در طرح ریزی و ساختن آن نقش اصلی را داشتیم، خلاف میل بازبین های تلویزیونی قرار می گرفت و بدون این که پخش شود راهیِ آرشیو می شد. از این رو، از نظر ما، فیلم سازی نوعی اتلاف وقت بود که نیرو و انرژیِ جوانی و مبارزاتی ما را هدر می داد. حتی رضا علامه زاده با این که دو فیلم برایَ «کانون پرورش فکری کودکان» ساخته بود که یکی از آن ها در پرتقال برنده جایزهٔ اول یک فستیوال شده بود، باز از کار فیلم سازی احساس خشنودی نمی کرد و به دنبال آن می گشت که از راه دیگری مبارزه را ادامه بدهد و کاری کند که حسِ جوانی و انگیزهٔ مبارزاتی او را پاسخ گو باشد.

بخصوص که در آن شرایط که هرگونه مبارزهٔ آشکار اجتماعی با خطر دستگیری و زندانی شدن همراه بود، و جنبش چریکی، تنها راه نجات از بن بستِ دیکتاتوری حاکم جلوه می کرد، میل به عمل مستقیم سیاسی و بی هودگی وَ بی ثمری مبارزات فرهنگی تمام تار و پود وجود ما را گرفته بود. عنصر چریک، با شهامت و از جان گذشتگی خود به شدت بر تمامی عاطفه و احساس جوانی ما تاثیر می گذاشت و مدام ما را از خواب راحت و غرق شدن در یک زندگی آسوده و دور از مردم بر حذر می داشت. بخصوص که ما به عنوان فیلمبردار و فیلم ساز به اقصی نقاط کشور می رفتیم، و گذرمان به ده کوره ها و بیغوله ها می افتاد، و دستگاه ها و ادارات و پادگان ها و قصرها و هتل های با شکوه را نیز زیر پا می گذاشتیم. ما هم کاخ ها را از نزدیک می دیدیم و با زندگی مجلل و پر شکوه و بیگانه با مردم سردمداران کشور آشنا می شدیم و هم زندگی فلاکت بار مردمی که گاه برای سیر کردن شکم خود، برای نمونه، ناچار می شدند به بهداری روستا و یا شهرک خود رجوع کنند و با تمارض به سرما خورده گی، یک شیشه شربت سینه بگیرند تا بتوانند نان ظهر خود را در آن ترید کنند و آن را به عنوان غذا بخورند آشنا بودیم. این تضاد وحشتناک، و پی بردن به دسیسه ها و توطئه هائی که بخش مهمی از بودجهٔ کشور را به حیف و میل می کشید و یا صرف خرید تسلیحات سنگین نظامی می کرد و به یک بوروکراسی عریض و طویل منجر می شد؛ ما را به تفکر برای ضربهٔ اساسی زدن به بدنه و عامل اصلی تداوم این تضاد وا می داشت. به ویژه که بیشتر سران کشوری و لشکری به شکلی در تیررس ما بودند و ما به تناسب کاری، خیلی از آن ها را از نزدیک می دیدیم. ما می دانستیم که تا جوانیم، قادریم به این مبارزه ادامه بدهیم و

کارساز باشیم و انگیزه های مباراتی مان دوام پیدا کند. و اگر زود نجنبیم، و خودمان را شکل ندهیم، در فضای روشنفکری و هنرمندیِ رایج، آلودگی به یک زندگی مرفه ما را به فساد خواهد کشید.

یکی از کسانی که در آن روزها خیلی توی ذوق ما می زد، پرویز نیک خواه بود. او که در اثر سازش با پلیس سیاسی و ساواک، ارج و قرب و مقام و مرتبتی برای خود در تلویزیون و دستگاه های سیاسی و فرهنگی پیدا کرده بود، گه گاه به تلویزیون می آمد و برنامه هائی را کنترل و یا اجرا می کرد و ما که می دیدیم حتی مهندس شهرستانی، شهردار تهران مانند یک کارمند دون پایه جلوی او دولا و راست می شود، پی می بردیم که خدمات او به دستگاه دولتی باید خیلی ارزشمند باشد که چنین موقعیتی را برایش فراهم کرده است. از این رو، او اولین نفری بود که به نظر ما از میان رفتنش، هم می توانست ضربه ای به ساواک و خیانت کارانی نظیر خودش باشد و هم سبب تقویت روحیهٔ مبارزین شود.

ما مدتی روی این طرح فکر کردیم. دسترسی به نیک خواه آسان بود. می توانستیم او را پس از یکی از آمد و شدهایش به تلویزیون تعقیب کنیم و در یک موقعیت مناسب ترتیب کارش را بدهیم. برای این کار احتیاج به اسلحهٔ گرم نداشتیم؛ بلکه یک اسلحهٔ سرد هم می توانست کارساز باشد. ولی چند روز بعد رضا تغییر عقیده داد و گفت:

«ما که دست مان به آدم های بالاتر از نیک خواه هم می رسد، چرا او را بزنیم؟... -او پس از مکثی نگاهی به من انداخت و ادامه داد- فکر نمی کنی اگر یکی از بالا بالائی ها را بزنیم بهتر باشد؟»

من که خودم سرم برای این جور کارها درد می کرد و تا آن زمان بارها به موضوع از میان بردن شاه فکر کرده بودم گفتم:

«چرا که نه؟»

رضا با خوشحالی گفت:

«ببین، من یک طرح دارم. لیلی امیر ارجمند (مدیر عامل کانون پرورش فکری کودکان و نوجوان) پیشنهاد کرده است که جایزه ای را که من در فستیوال پرتقال برده ام روز گشایش جشنوارهٔ فیلم کودکان تهران به محل جشنواره بیاورد و من آن را در طی آن مراسم از فرح بگیرم. امیر ارجمند فکر می کند که این کار هم به نفع کانون است و هم این که اگر فیلم من در این جشنواره هم برندهٔ جایزه شود؛ که او حدس می زند که این طور بشود، موقعیت من به عنوان یک فیلم ساز درجه اول تضمین خواهد شد. این بهترین موقعیت است که ما فرح را به گروگان بگیریم و از این طریق بخواهیم که زندانیان سیاسی را آزاد کنند.»

با شنیدن این حرف من سکوت کردم. طرح بزرگی بود که در همان لحظهٔ اول اجرایش بسیار دشوار و سنگین به نظر می رسید. من که خودم بارها و بارها، در مراسم رسمی و در حضور شاه و فرح و نخست وزیر و غیره شرکت

داشتم و اقدامات شدید امنیتی را از نزدیک مشاهده کرده بودم، اجرای این طرح را بسیار دشوار می‌دیدم. مشکل اینجا نبود که ما نتوانیم در چنین مراسمی حضور پیدا کنیم؛ بلکه مسئلهٔ اصلی این بود که چگونه گروگان خود را در میان آن همه مأمور و اقدامات امنیتی به بیرون از محوطه بیاوریم و فرضاً به فرودگاه و یک کشور خارجی ببریم تا زندانیان آزاد شوند؟

رضا گفت:

«فکر نمی کنی که این طرح عملی باشد؟»

گفتم:

«چرا، ولی باید روی همه چیزش فکر کرد و قبل از همه باید به فکر تهیهٔ اسلحه بود.»

رضا پرسید:

«آیا تو می توانی در مراسم پایانی جشنواره شرکت کنی؟»

گفتم:

«فکر نمی کنم مشکل باشد. به کمک برادرم این مسئله را حل می کنم. می توانم طرح ساختن یک فیلم مستند از مراسم جشنواره را به کانون بدهم و کسی که باید این طرح را تصویب کند، ابراهیم فروزش و حسین سماکار است. بنابراین کافی ست من از حسین بخواهم که این کار را برای من انجام بدهد.»

رضا گفت:

«ولی نباید طرح گروگان گیری را با او در میان بگذاری.»

گفتم:

«مسلم است که در این باره چیزی به او نخواهم گفت. اصلاً لازم نیست. بعد هم آن شب ما می توانیم اسلحه های لازم را در دوربین فیلمبرداری جاسازی کنیم و به درون سالن مراسم ببریم. من بارها به این جور مراسم رفته ام و هیچ وقت هم دوربین مرا بازرسی نکرده اند؛ چون اگر در دوربین را باز کنند، فیلم ها نور خواهد خورد. از این رو، بهترین جا برای قایم کردن اسلحه توی دوربین است.»

رضا گفت:

«ولی اسلحه از کجا بیاوریم؟»

گفتم:

«نمی دانم. باید فکرش را بکنیم.»

البته من به همراه طیفور بطحائی در یک گروه سیاسی فعالیت می کردم. ولی نمی دانستم که آیا این گروه امکان تهیهٔ اسلحه دارد یا نه. ولی مسئلهٔ اصلی این جا بود که من فکر می کردم پای هر آدم سومی که بخواهد به این طرح باز شود، امکان ضربه خوردن و لو رفتن طرح را پیش خواهد آورد. از این رو، فکر می کردم تا آن جا که ممکن است نباید با کسی در این باره سخن گفت و اگر هم لازم شد با کسی برای تهیه اسلحه تماس گرفته شود، نباید از خود طرح

حرفی به میان آورد؛ زیرا، این تنها ما بودیم که امکان اجرای چنین طرحی را داشتیم. این پای طلائی باید حفظ می شد و به هیچ قیمتی لو نمی رفت. بنابراین، به فکر افتادم که نه تنها موضوع را با گروهی که کار می کنم در میان نگذارم، بلکه رابطه ام را نیز به بهانهٔ این که می خواهم به دنبال زندگی ام بروم با آن ها قطع کنم.

بلندگوی هواپیما اعلام کرد:
«خانم ها و آقایان، تا چند لحظهٔ دیگر ما در فرودگاه مهرآباد تهران به زمین خواهیم نشست. هوای تهران آفتابی و گرمای آن ۲۵ درجهٔ سانتیگراد است. لطفاً سیگارهای تان را خاموش کنید و کمربندها را ببندید.»

با شنیدن صدای بلندگو دوباره به یاد اوین، شکنجه ای که در انتظارم بود و آماده گی برای روبرو شدن با بازجوها افتادم. نگاهی به استوار که داشت با زبانش فضای بین لب ها و دندان ها را می کاوید تا آن جا را از خرده های غذائی را که در هواپیما خورده بود پاک کند انداختم. وقتی مهمان داران هواپیما غذا می دادند، من چیزی نگرفتم. حالت سنگین و بستهٔ معده ام تحت تاثیر آشوب درونی طوری بود که هرگونه اشتهائی به خوردن را در من نابود می ساخت. در اثر نخوردن غذا از ظهر روز قبل تا آن لحظه، ضعف بدنیِ گنگی را حس می کردم که چه بسا برای من در زیر شکنجه مفید بود و احتمالاً سبب می شد که زود زیر کتک بیهوش شوم.

وقتی رسیدیم، استوار با اشاره گفت باید هم چنان بنشینیم تا مسافران دیگر پیاده شوند. آخر سر، بعد از خالی شدن هواپیما از جا برخاستیم و راه افتادیم. حتی مهمانداران هواپیما هم پیاده شده بودند. ولی دو نفر دیگر در ته هواپیما روی صندلی نشسته بودند که معلوم بود از مأمورین مخفی ساواک هستند که همراه مان آمده اند و مواظب ما هستند. همین که از جلوی آن ها گذشتیم، آن دو نیز از جای شان برخاستند و به دنبال ما راه افتادند.

پائین هواپیما یک جیپ ارتشی منتظر بود. سوار شدیم و راه افتادیم. جیپ مسیر کوتاهی را طی کرد و جلوی یک در فلزی که شبیه در انبار بود و رویش یک مثلث زرد رنگ با یک حرف **p** قرمز نقش بسته بود ایستاد. از همین در به راهروئی خلوت وارد شدیم که به چند اتاق ختم می شد. به یکی از این اتاق ها رفتیم که چند مأمور ساواک با لباس شخصی در آن بودند. یکی از آن ها با بی سیم اطلاع داد:

«از عقاب به فوزیه، سوژه را تحویل گرفتیم. حرکت می کنیم، تمام.»

از این به بعد رفتارها خشن شد. از همان جا به من چشم بند زدند و با سرعت مرا در راه روها به دنبال خود کشیدند. جائی را نمی دیدم و مرتب تعادلم را از دست می دادم. با این حال آن ها مرا می کشیدند و با فحش و بد و بیراه با

خود می بردند. یکی از آن ها مرتب می گفت:

«عجله کنید، دیر می شود.»

معلوم نبود این عجله به خاطر چیست؟ ولی به هر خاطری که بود در من ایجاد اضطراب بسیاری می کرد. در محلی توقف کردیم و دستی سر مرا گرفت و به پائین فشار داد تا سوار یک ماشینم کند. سوار شدم و چند نفر در طرفینم جا گرفتند و ماشین به سرعت راه افتاد. مسیر تقریباً طولانی بود. ماشین مرتب به چپ و راست می پیچید. و من در موقعیتی نبودم که بتوانم به موضوعی فکر کنم.

همین که رسیدیم، پیاده شدیم و مرا در مسافت کوتاهی با خود بردند و روی یک سکو نشاندند. از پشت چشم بند تابش آفتاب را روی صورتم احساس می کردم. مدتی کسی به سراغم نیامد. بعد صدای تنفس کسی را در نزدیکی خودم احساس می کردم. او پرسید:

«تا حالا این جا بوده ای؟»

نمی دانستم کجا هستیم. ولی فقط گفتم:

«نه.»

او رفت و بعد از یکی دو دقیقه آمد و گفت:

«بلند شو.»

برخاستم. دستم را گرفت و همراه خود برد. جلوتر گفت:

« مواظب باش. پله است. یواش بیا پائین.»

از پلکانی که بوی نا، به همراه بوهای نامطبوع دیگر از آن می آمد پائین رفتم. از زیر چشم بند کمی جلوی پایم را تشخیص می دادم. پائین پله ها دست مأمور سرم را به پائین فشار داد و مرا از یک درگاهی گذراند و وارد یک فضای بسته شدیم.

کسی که مرا آورده بود رفت و سپس دستی از پشت چشم بندم را برداشت و قبل از آن که بتوانم آدم های درشت هیکل و بدهیبتی را که دورم را مانند یک دیوار گوشتی گرفته بودند به درستی ببینم، دست سنگین یکی از آن ها سیلی محکمی توی صورتم زد و گیجم کرد. سپس سیلی های بعدی و مشت و لگد های پیاپی بر سر و صورت و بدنم باریدن گرفت. از این حملهٔ ناگهانی چنان گیج شدم که تعادلم را از دست دادم و به زمین افتادم. صدائی از پشت دیوار گوشتی شنیدم، و مرد میان قامتی را دیدم که دیگران را عقب زد و آمد و بالای سرم نشست و به آن ها گفت:

«چرا می زنیندش؟ شما که هنوز از این بدبخت چیزی نپرسیده اید. شاید خودش بخواهد حرف بزند.»

بعد رو به من ادامه داد:

«ببین، به نفعت است حرف بزنی.»

گفتم:

«چه چیز را باید بگویم؟ نمی دانم شما از من چه می خواهید.»

او که بعداً فهمیدم نامش «دادرس» است، به آن ها گفت:

«فایده ندارد. هرکار دلتان می خواهد با او بکنید.»

بعد باران مشت و لگد بر سر و رویم فرود آمد و در همان حالت مرا بلند کردند و روی تخت کوبیدند و با بستن دست و پایم به سرعت بر تخت مصلوبم ساختند. روی دیوار چندین کابل نازک و کلفت آویزان بود که درشت هیکل ترین بازجوها به سمت آن ها رفت و یک کابل کلفت برداشت و به سوی من آمد. احساس می کردم که پوستم می پرد و تمام تنم در انتظار و التهاب فرود آمدن ضربه های سنگین آن کابل متشنج شده است. با اولین ضربه از جا پریدم و تا استخوان زانوهایم از درد تیر کشید و سوخت و فریادم به آسمان رفت. حتی تصور هم نمی کردم که درد کابل آن چنان شدید باشد و مرا چنان به جلز و ولز و داد و بیداد وا دارد. ضربه های بعدی، بلافاصله و بی امان در پی آن فرود می آمد و با هر ضربه درد از استخوان ها و اسکلتم بالا می آمد و تا مغزم را می سوزاند. ضربه ها چنان سنگین بود که بدنم را تکان می داد. هر چه بر تعداد ضربه ها افزوده می شد درد هم شدت می یافت و غیرقابل تحمل تر می شد. تنها کاری که در مقابل آن شکنجهٔ پی در پی می توانستم بکنم، فریاد زدن و با تمام وجود تکان خوردن بود. صدائی که از من در می آمد، صدای آدم نبود، صدای حیوان بود. صدای گاوی بود که از اعماق تاریخ نعره می کشید و از دردی ستمگرانه بر خود می پیچید. درد را واقعاً نمی شد تحمل کرد. و من فقط فریاد می زدم. تمام بدنم به تنوره ای شباهت یافته بود که فریادی به همان کلفتی از سوراخ بالایش به بیرون فوران می زد، و چنان نیروی دفاعی فوق العاده ای در من پدیدمی آورد که تخت را به شدت تکان می داد و در یکی از این تکان ها، با پاره شدن یکی از بندها، یک دستم آزاد شد و من با همان دست چنگ انداختم تا هرچه را که می شود در هوا بگیرم. کمتر انسانی هست که ببیند یک انسان دیگر چنین از درد فریاد می کشد و او باز بر آن باشد که هم چنان با ضربه های پیاپی بر درد و فریاد و نعره او بیافزاید. نه، این شایستهٔ انسان نیست که چنین شکنجه شود و شکنجه گرانش چون دیوان پلید بر فراز سر او چنان مرگ بیافرینند و زبانش را بکام خشک کنند و درد را در تار و پود او بپیچانند و نابودش سازند. درد در هوا می پیچد و ذرات وجود همهٔ عالم را در می نوردید و به آسمان می رسید و بر زمین کوبیده می شد وَ باز هَم چنان و همچنان ادامه می یافت. در اوج آن نعره ها که به صدای هیچ انسانی شباهت نداشت، در اوج آن درد مهیب و طاقت فرسا دستم را گرفتند و دوباره بستند و یکی از آن ها مشت بزرگی از پنبهٔ کثیف و بویناک در دهانم چپاند و با بالشی روی صورتم را پوشاند. برای لحظاتی خفه شدم و تمام بدنم در دفع این خفگی به تلاطم درآمد. چنان تکان های

شدیدی می‌خوردم که سرم چندین بار به میلهٔ بالای تخت خورد. ناگهان رهایم کردند و پنبه‌ها را از دهانم بیرون کشیدند و تمام آن‌ها با هم رویم خم شدند. من فقط صورت‌هائی را که گوئی با نقش‌هائی کابوسی بر سر و رویم قرار گرفته بودند می‌دیدم و هنوز از التهاب درد می‌سوختم که دادرس پرسید:

«حرف می‌زنی یانه؟»

گفتم:

«آخر چه باید بگویم؟ شما که از من چیزی نپرسیده‌اید.»

دوباره گفت:

«پس نمی‌خواهی حرف بزنی!»

در تردید بودم که چه بگویم که به دیگران اشاره کرد و دوباره ضربه‌ها شروع شد. منتهی این بار درد دیگر واقعاً طاقت فرسا بود. زیرا در اثر همان توقف کوتاه، پوست و گوشت پاهایم چنان خود را بست و به هم فشرده شد که با اولین ضربه‌های مجدد حس کردم پوستش ترکید. این بار سوزشِ تیزی بر درد افزوده شده بود و حس می‌کردم استخوان‌هایم را با تیغ می‌بُرند. آن‌ها می‌زدند و من نعره می‌کشیدم. دادرس هم کنارم ایستاده بود و با کابل نازکتری که در دست داشت مرتب به سر و صورتم می‌کوبید و من برای فرار از ضربه‌های او، سرم را مرتب به چپ و راست می‌پیچاندم و می‌کوشیدم چشمانم را از ضربه‌هایش در امان نگه دارم. اما درد همواره رو به افزایش بود و ضربه‌ها سر پایان یافتن نداشتند.

روشن بود که آن‌ها از موضوع اطلاع دارند. ولی بدبختی این جا بود که نمی‌دانستم چقدر از ماجرا را می‌دانند و اگر به فعالیت خودم با رضا علامه‌زاده اشاره کنم تا چه حد از موضوع را باید بگویم؟ تمام وحشتم از این بود که طرح اصلی لو برود.

عاقبت دادرس که معلوم بود رئیس آن‌های دیگر است، با حرکت دست، دستور قطع شکنجه را داد و بدون آن که به من فرصت تفکر بدهد پرسید:

«یعنی تو با رضا علامه‌زاده هیچ فعالیتی نداشتی؟»

با صدائی که به زحمت از پس تارهای خلط گرفتهٔ گلویم بیرون می‌آمد گفتم:

«چرا!»

«خُب!»

«ما می‌خواستیم با هم فعالیت سیاسی کنیم. ولی هنوز هیچ کاری نکرده بودیم.»

او به دیگران نگاه کرد و خندید:

«خُب.»

«ما واقعاً هیچ کاری نکرده‌ایم.»

«چه فعالیتی می‌خواستید بکنید که هنوز به جائی نرسیده بود.»
با دو دلی گفتم:
«ما می‌خواستیم پرویز نیک خواه را بزنیم.»
دادرس از شنیدن این حرف جا خورد و صورتش برجسته و بزرگ شد:
«چی؟ می‌خواستید همکار ما را بکشید؟»
سکوت کردم. او طوری تعجب کرده بود که فهمیدم بی‌خود از این موضوع حرف زده‌ام. پیدا بود که برای بار اول است که چنین چیزی را می‌شنوند.
گفت:
«خُب، خُب، جالب است؛ برای چه می‌خواستید او را بکشید؟»
گفتم:
«نمی‌خواستیم بکشیم. می‌خواستیم بزنیم.»
«خُب، برای چه می‌خواستید او را بزنید؟»
«چون خیانت کرده بود.»
«به کی؟»
در جواب سکوت کردم. پیدا بود که ادامهٔ این پرسش و پاسخ به ادامهٔ کتک منجر خواهد شد. دوباره پرسید:
«پرسیدم به کی خیانت کرده بود؟»
من باز سکوت کردم. گفت:
«با چی می‌خواستید بزنیدش؟»
«با چاقو.»
خندید و با کابلی که در دست داشت محکم کوبید توی صورتم:
«از کی می‌خواستید اسلحه بگیرید که بزنیدش؟»
«ما با اسلحه نمی‌خواستیم بزنیم.»
دادرس اشاره کرد که دوباره شکنجه را شروع کنند و آن‌ها هم شروع کردند.
بر سر یک دوراهی بودم و طبعاً نمی‌بایست حرفی راجع به اسلحه می‌زدم. زیرا ما اسلحه را برای کار دیگری می‌خواستیم و گروهی هم که قرار بود اسلحهٔ گرم در اختیار ما بگذارد نمی‌بایست لو می‌رفت. در غیر این صورت، اگر پای آن‌ها به جریان کشیده می‌شد، احتمال زیاد وجود داشت که طرح اصلی لو برود. بنابراین تصمیم گرفتم تا آن‌جا که جان دارم مقاومت کنم. اما ضربه‌های سنگینی که بر کف پاهایم وارد می‌آمد طاقتم را می‌برید و مرا به وحشت اعتراف می‌انداخت. در واقع، من نمی‌دانستم که نه تنها طرح اصلی و گروه تحویل دهندهٔ اسلحه لو رفته؛ بلکه، ساواک حتی به جزئیات مسائل نیز آگاه است. ولی من فقط زیر ضربه‌ها فریاد می‌زدم و به خودم می‌پیچیدم و قسم و آیه می‌خوردم که «نمی‌خواسته‌ایم از کسی اسلحه بگیریم.» و آن‌ها هم بدون درنگ، فقط می‌زدند. دادرس، در حینی که با کابل مرتب به صورتم می‌زد، ناگهان

دست از زدن برداشت و به یک اشارهٔ او ضربه های دیگران هم قطع شد:

«خیلی خوب. احتیاج نیست بگوئی که برای کشتن نیک‌خواه از کی می‌خواستید اسلحه بگیرید؛ ولی بگو برای کشتن کسان دیگر از کی می‌خواستید اسلحه بگیرید؟»

با شنیدن این حرف، تمام بدنم ناگهان سرد شد و حس کردم که تمام نیرویم را از دست داده‌ام. آیا منظورش از کسان دیگر، اشاره به ماجرای گروگان‌گیری بود؟ آیا همه چیز را می‌دانستند؟ با تمام تردیدی که داشتم، باز راضی به حرف زدن از طرحمان نشدم و گفتم:

«ما واقعاً کسی را نمی‌خواستیم بکشیم و اصلاً اسلحه‌ای برای این کار نداشتیم.»

دادرس به دیگران نگاه کرد و خندید.

«این حتی با این که این قدر کمکش می کنیم نمی‌خواهد حرف بزند. (بعد رو به من ادامه داد.) مگر قرار نبود در فستیوال یک کارهائی بکنید؟»

این بار با شنیدن این حرف واقعاً همهٔ امیدم را از دست دادم و دریافتم که آن‌ها همه چیز را می‌دانند.

دادرس فریاد زد:

«مگر از تو سئوال نمی کنم؟ گفتم از کی می‌خواستید اسلحه بگیرید؟»

گفتم:

«شما که خودتان همه چیز را می‌دانید.»

خندید و گفت:

«فقط آدم‌های احمقی مثل تو کتک می‌خورند. بقیه آمدند راحت حرف‌شان را زدند و رفتند. تو هم حرف‌هایت را بزن و خودت را خلاص کن.»

تلاش دادرس برای بدبین کردن من نسبت به رفقایم برایم آشکار بود. به همین دلیل، از حیرتی که در لحظهٔ شنیدن حرف‌های او به من دست داده بود کاسته شد و حس کردم باز هم باید مقاومت کنم و همه چیز را نگویم.

با لحنی که نشانهٔ تسلیم و در هم شکستن مقاومتم بود گفتم:

«هرچه می‌خواهید بپرسید، می گویم.»

دادرس با تمسخر گفت:

«خیلی زرنگ است، می گوید بپرسید می گویم.»

دوباره خندید و با کابل دستی‌اش کوبید توی صورتم:

«خودت باید حرف بزنی.»

گفتم:

«بسیار خوب، می گویم.»

«یا الله.»

گفتم:

«ا... پنج ماه پیش... من و رضا علامه زاده با هم صحبت کردیم...»
دادَرس با کابل زد توی صورتم و گفت:
«آقا بزنید، این نمی خواهد آدم بشود. دارد برای ما داستان تعریف می کند.»
شروِع کردند به زدن و من با فریاد گفتم:
«خُب دارم می گویم دیگر.»
کتک قطع شد.
«داستان نگو؛ بگو اسلحه را از کی می خواستید بگیرید؟»
«اسلحه؟ ما اسلحه نداشتیم.»
«ولی قرار بود اول مهر ماه از یک گروه اسلحه بگیرید، درست است؟»
«بله.»
«چه گروهی بود؟»
«نمی دانم. من اسم گروه را نمی دانم.»
«بگو کدام شان را می شناختی؟»
از آن گروه فقط طیفور بطحائی را می شناختم و حس می کردم که او باید دستگیر شده باشد؛ زیرا رضا علامه زاده از ماجرای اسلحه خبر نداشت و نمی دانست چه زمانی اسلحه به دست ما خواهد رسید. البته یک نفر دیگر به نام ایرج جمشیدی را هم از این گروه می شناختم، ولی بعید می دانستم که او از ماجرای اسلحه خبر داشته باشد.
دادرس دوباره زد توی صورتم و فریاد زد:
«چرا حرف نمی زنی؟»
زبانم گشوده شد و گفتم:
«طیفور بطحائی.»
«آهاه، جان بکن! خُب. -نگاه پیروزمندانه ای به دیگران کرد و ادامه داد- دیگر چه کسی را می شناسی؟»
«من فقط بطحائی را می شناسم.»
ضربه ای به صورتم زد و گفت:
«یعنی، کسی را که می خواست اسلحه ها را تحویل بگیرد نمی شناسی؟»
«نه.»
«ایرج جمشیدی را چی؟»
«جمشیدی؟... من فقط یک بار او را دیدم.»
«چه کسی او را به تو معرفی کرد.»
«بطحائی.»
«چه جوری؟»
«یعنی چه «چه جوری»؟»
«یعنی آمد گفت، این جمشیدی است؟»

«نه. برای من یک قرار گذاشت و من او را دیدم.»
«کجا و چه جوری؟»
«سر چار راه صبا-تخت جمشید، جلوی سینما. جمشیدی یک روزنامه دست راستش بود و قرار بود شصت دست دیگرش در جیب جلیقه اش باشد.»
«دیگر چه کسی را می شناسی؟»
با قاطعیت گفتم:
«هیچکس را.»
بدون این که علامتی بدهد آن های دیگر شروع کردند به زدن و باز فریاد مرا در آوردند. دادرس ضمن زدن گفت:
«تا حالا هرچه کمکت کردیم بس است. از حالا به بعد باید خودت هر چه می دانی بگوئی. ما دیگر سئوال نمی کنیم.»
و بلافاصله شدت ضربه ها افزایش یافت و مرا دوباره به فریادهای رعدآسا واداشت. دیگر نمی توانستم فکر کنم و فقط فریاد می‌زدم. عاقبت دادرس ضربه ها را قطع کرد و پرسید:
«کسی که قرار بود از کانون پرورش فکری در عملیات شرکت کند کی بود؟»
با حیرتی وصف ناپذیر و صدائی بلند گفتم:
«فرهاد قیصری را می گوئید؟»
«بله، جان بکن!»
حتی تصور هم نمی کردم که آن ها از وجود فرهاد قیصری در میان ما مطلع باشند. فرهاد تا آن لحظه یکی از افراد فرعی گروه ما به شمار می آمد که از طرح و موضوع گروگان گیری و حتی این که ما می خواهیم عملیات بخصوصی را انجام دهیم نیز اطلاعی نداشت. ولی من در نظر داشتم از او برای انجام عملیات استفاده کنم. زیرا او تمایلات سیاسی چپ داشت و در جریان اعتصاب اتوبوسرانی سال ۱۳۴۸، در یک عملیات نیز شرکت کرده و امتحان خودش را داده بود. در عین حال او در کانون پرورش فکری کودکان کار می کرد و من می توانستم با استفاده از موقعیت برادرم حسین سماکار که مدیر اداری کانون بود، او را به عنوان دستیار فیلمبردار در مراسم همراه ببرم. طیفور از من خواسته بود که اگر بتوانم یکی دو نفر از بچه های سیاسی را که حاضر به فعالیت در این طرح باشند و در ضمن بتوانند به طریقی در مراسم رسمی جشنواره حضور پیدا کنند را بیابم تا تیم عملیات از نظر پشتیبانی تقویت شود. طبق نقشهٔ عملیاتی که من و او ریخته بودیم، قرار بود من عامل اصلی اجرای طرح باشم و با اسلحه ای که از پیش در دوربینم پنهان کرده ام به رضا پهلوی نزدیک شوم و او را به ناگهان بغل کنم و اسلحه را روی سر او بگیرم و رضا علامه زاده و دو نفر دیگر به عنوان محافظان من، با تیراندازی هوائی و ایجاد ارعاب، نیروهای امنیتی و

بقیه را از سالن بیرون کنند و ما بخواهیم که یک هلی کوپتر بر سقف سینما بنشیند و ما را به فرودگاه ببرد و از آن جا با هواپیما عازم یک کشور خارجی که ما را بپذیرد بشویم و در آن جا، یک لیست پنج نفره شامل معروف ترین زندانیان سیاسی، مثل بیژن جزنی، صفر قهرمانی و دیگران را بدهیم که آزاد شوند و به آن کشور بیایند، و بعد، آن ها در آن جا یک لیست پنجاه نفره از مهم ترین زندانیان سیاسی تهیه کنند تا ما خواستار آزادی آنان نیز بشویم و سپس گروگان خود را آزاد کنیم.

طبعاً اجرای چنین طرح پیچیده ای نیازمند خیلی از امکانات و خوش بیاری ها بود. ولی من و طیفور با توجه به امکانات بی نظیرمان برای نزدیک شدن به رضا پهلوی در این مراسم، که در واقع مهم ترین بخش امکان اجرائی این عملیات را تشکیل می داد، به موفقیت کار خود یقین داشتیم. البته برای این کار باید در مدت کوتاهی پیش از اجرای مراسم، تمرین های زیادی می کردیم و آماده می شدیم. ما روی امکان و احتمال این که هنگام سوار شدن به هلی کوپتر و هواپیما توسط تیراندازان دورزن، مورد اصابت گلوله واقع شویم نیز حساب می کردیم و می خواستیم برای آن فکری بکنیم. حتی احتمال داشت که با توجه به اهمیت موضوع، هیچ کشوری حاضر نشود که ما را بپذیرد. ولی با توجه به اهمیت وجود رضا پهلوی به عنوان تنها وارث تاج و تخت شاه، اطمینان داشتیم که شاه برای دور کردن خطر از وجود ولیعهد خود به کشورهای دیگر علامت خواهد داد که آن ها ما را بپذیرند. در ضمن، ما قرارگذاشته بودیم که به هر شکلی که شده از کشته شدن رضا پهلوی جلوگیری کنیم؛ زیرا، اولاً با پیش آمدن چنین وضعی، همهٔ ما درجا کشته می شدیم و مهم تر از آن، کشته شدن رضا پهلوی می توانست یک انتقام گیری وسیع را سبب شود و بسیاری از زندانیان سیاسی ایران، بخصوص مهم ترینِ آن ها که به نظر ما وجودشان برای جنبش ضروری بود به قتل برسند. در واقع ما با آن که می دانستیم که فرح پهلوی هم در مراسم شرکت می کند، ولی قصد گروگان گرفتن رضا پهلوی را داشتیم. زیرا فکر می کردیم که وجود او از اهمیت بیشتری برای آزادی زندانیان سیاسی برخوردار باشد. ما روی افراد و موقعیت هایشان، و روی امکان تداوم کاری آن ها نیز صحبت کرده بودیم. انتخاب فرهاد قیصری از طرف من، در ابتداً برای طیفور چندان خشنود کننده نبود. ولی من برای او شرح دادم که چگونه فرهاد قیصری در سال ۴۸، با خونسردی تمام، یک نفر پلیس را جلوی کلانتریِ خیابان کالج آتش زده و با آرامش تمام از محوطهٔ خطر دور شده و خودش را به دوستانش رسانده است. طیفور با شنیدن این موضوع، رضایت داده بود که او در این عملیات شرکت کند. از این رو، من روزی با فرهاد در خانه ام قرار گذاشتم تا با او گفتگو کنم. البته در آن زمان مدتی بود که از او خبر نداشتم. آن روز برای احتیاط، از موضوع های عام مبارزاتی با هم حرف زدیم. و من دیدم که

علی رغم گذشت یک زمان سه چهار ساله و دوری او از حرکت های مشخص سیاسی، هنوز گرایش به فعالیت در او موجود است. از آن روز به بعد، رابطهٔ خود را با فرهاد گسترش دادم و مرتب او را می دیدم تا هرچه بیشتر نسبت به آماده گی های او آگاه شوم. در این مدت، طیفور بارها از من خواست که چون زمان چندان زیادی تا تاریخ عملیات که ۴ آبان همان سال بود نداشتیم، آزمایش را تمام کنم و موضوع گروگان گیری را با فرهاد در میان بگذارم. اما من هنوز تردید داشتم. عاقبت، در مقابل اصرار طیفور مجبور شدم به دروغ به او بگویم که موضوع را با فرهاد در میان گذاشته ام. به این وسیله می خواستم فرصت کافی برای مطالعه روی وضعیت فرهاد را داشته باشم. من مطمئن بودم که هنوز وقت کافی برای تمرین های لازم را داریم، و در ضمن درست تر می دیدم که اصولاً، فقط در زمان کوتاهی قبل از اجرای مراسم، مسائل را با فرهاد در میان بگذارم تا احتمال لو رفتن ماجرا کاهش یابد.

دادرس پرسید:

«فرهاد قیصری چه نقشی در این عملیات داشت؟»

گفتم:

«فرهاد قیصری از هیچ چیز اطلاع ندارد.»

دادرس گفت:

«ولی تو به او گفته ای که می خواهید رضا پهلوی را گروگان بگیرید.»

«به هیچ وجه. او هیچ اطلاعی از این موضوع ندارد.»

«پس تمام مدتی که او را می دیدی، چه می گفتید؟»

«از چیزهای عادی حرف می زدیم. من مطمئن نبودم که او آماد گی شرکت در این کار را داشته باشد.»

«ولی خود او گفته است که همه چیز را می داند.»

«این طور نیست. من حتی کلمه ای در این باره با او صحبت نکرده ام.»

«چرا کرده ای!»

«به هیچ وجه!»

«طرح ترور ولیعهد را هم به او نگفته ای؟.»

«ما به هیچ وجه نمی خواستیم کسی را بکشیم.»

«عجب!! تو گفتی و ما هم باور کردیم!!»

«باور کنید که عین حقیقت است.»

«چرا نمی خواستید بکشید؟»

«برای این که می دانستیم که شما انتقامش را از زندانی ها می گیرید.»

خندید:

«خوب است که این ها را می دانید و با این حال دست به این کارها می زنید.

خبُ، ترور اعلیحضرت چی؟ این یکی را که نمی توانی انکار کنی. چون خودت طراح اصلی اش بوده ای.»

«من؟ من از هیچ چیز خبر ندارم و هرگز هم طراح ترور کسی نبوده ام.»

«نگذار بی خود کتک بخوری. خودت حرف هایت را بزن.»

«من به هیچ وجه از چنین طرحی خبر ندارم.»

با اشارهٔ دادرس دوباره ضربه ها شروع شد.

«این را بدان تا زمانی که بخواهی مقاومت کنی، شکنجه هم ادامه خواهد داشت.»

با داد و فریاد گفتم:

«باور کنید من هرگز با هیچ کس در این باره حرفی نزده ام.»

«بزنید آقا. این آدم نیست.»

باز زدند و باز فریاد من به آسمان رسید. مطمئن بودم که آن ها می خواهند این حرف را بزور از دهان من بیرون بکشند که قصد ترور شاه را داشته ام. در حالی که در طول این مدت ما هرگز بر سر این موضوع کلامی هم با هم رد و بدل نکرده بودیم. البته زمانی من به این موضوع فکر کرده، و آن را با کرامت دانشیان در میان گذاشته بودم. ولی این فقط در سطح حرف و بحث بود. زمانی که ما در مدرسهٔ سینما دانشجو بودیم، به اتفاق کرامت و یوسف آلیاری که دانشجوی دانشگاه ملی بود و گاه به گاه از محل دانشکده اش در اوین، به مدرسهٔ ما که در یکی از خیابان های محمودیه بود می آمد، ما با هم بحث می کردیم. یک روز صحبت بر سر امکان تغییرات سیاسی در ایران بود. در آن زمان، یعنی در سال ۴۸ که هنوز جنبش چریکی آغاز نشده و جامعه در نوعی سرکوب و خفقان دیکتاتوری شاه دست و پا می زد، هیچ امیدی به یک حرکت وسیع اجتماعیَ وجود نداشت. و من معتقد بودم که تنها راه ممکن برای هرگونه تغییری ترور شاه است. دانشیان و آلیاری مخالف چنین نظری بودند. بخصوص دانشیان اظهار می داشت که با ترور شاه، جامعهٔ ایران در هم خواهد ریخت و با توجه به ضعف جنبش کمونیستی و در خلائی که هیچ کس نمی تواند از آن استفاده کند، احتمال کودتای نظامی بیش از هرچیز است. یعنی ایران مثل ترکیه خواهد شد. ولی من متعقد بودم که در هر صورت، حتی با کودتای نظامی نیز وضع از آن چه که هست بهتر خواهد شد؛ زیرا هیچ کس دیگر، قادر نخواهد بود به این سادگی موقعیتی مثل شاه به دست آورد و چنین سرکوب و خفقانی در جامعه ایجاد کند.

صحبت های ما در این باره در همین محدوده بود و بعید می دانستم که کرامت در این باره حرفی به ساواک زده باشد. البته یک مورد دیگر هم وجود داشت که من در مورد احتمال ترور شاه با کرامت صحبت کرده بودم که آن هم نه به صورت یک طرح عملی؛ بلکه به مثابهٔ شرح موقعیتی که من طی برخورد با

شاه که در جریان زلزلهٔ قیر و کارزین در سال ۱۳۵۱ داشتم مطرح شده و بدون نتیجه رها شده بود. اما اصرار دادرس روی موضوع ترور شاه، به مسئله ای جدی تر از این حرف ها اشاره داشت که مرا به خاطرش آن چنان زیر ضربه های کابل گرفته بودند. در واقع آن ها در پی این بودند که مسئلهٔ ترور شاه را که به نوعی در ارتباط با خسرو گلسرخی و شکوه فرهنگ در گروه ما مطرح کرده بودند و من از آن هیچ اطلاعی نداشتم، توسط اقرار من به طرح ترور، غلیظ تر کنند و پرونده ما را برای افکار عمومی طرح بزرگی نشان بدهند که قصد داشته تمامی اساس مملکت را به هم بزنند. آن ها در واقع می خواستند با این کار، شاه را شکست ناپذیر و تحت حمایت نیروهای آسمانی جلوه دهند.

به هر شکل، تنها راه من انکار ماجرا بود، و با شدت یافتن درد ناشی از ضربه های کابل، عاقبت وضع من به آنجا رسید که از خود بی خود شدم و یک حالت اعتراضی در من جوشید و شروع کردم به داد و هوار زدن گفتن حرف های بی ربط:

«بله، من شاه را کشتم. بعد از این هم می کُشم... بله من....»

در اثر این حالت یکباره احساس کردم که از ضربه ها درد نمی کشم. دادرس با ملاحظهٔ حالت غیر ارادیِ من، با اشاره ای شکنجه را قطع کرد و رو به من هجوم آورد:

«چرا این جوری حرف می زنی؟»

«آخر برای چه می زنید؟»

«برای این که حرفت را نمی زنی. مگر شما نمی خواستید در نوشهر اعلیحضرت را ترور کنید؟»

«در نوشهر؟! من روحم هم از این ماجرا خبر ندارد.»

دادرس نگاهی به دیگران کرد و گفت:

«خیلی خوب... حالا یکبار دیگر موضوع را از نو بررسی می کنیم. گفتی که پنج ماه پیش با کی در مورد گروگان گیری حرف زده ای؟»

«با رضا علامه زاده.»

«او قرار بود چه نقشی در عملیات روز مراسم داشته باشد؟»

«نمی دانم، ما هنوز در این باره با هم صحبت نکرده بودیم.»

«مگر قرار نبود او از تو حمایت نظامی بکند؟»

«من با خود رضا در این باره حرف نزده ام.»

«پس این حرف از کجا در آمده است؟»

«من خودم فکر کرده بودم که او چنین نقشی داشته باشد.»

«یعنی تو در این باره با کسی حرف نزده بودی؟ پس ما چطور از چنین چیزی خبر داریم؟»

«چرا، با دیگران در این باره حرف زده بودم، ولی با خود رضا نه.»

«با کی؟»

« با طیفور بطحائی.»

«دیگر با کی؟»

«با کس دیگری در این باره حرف نزده بودم.»

«چه کسی و به چه شکلی قرار بود اسلحه ها را به تو برساند؟»

«در این باره هم هنوز صحبت مشخصی نکرده بودیم. فقط طیفور گفته بود که شاید در مهرماه بتواند اسلحه به من بدهد.»

«چه اسلحه هائی قرار بود بدهد؟»

«نمی دانم. در این باره هم هنوز صحبت نکرده بودیم.»

«یعنی تو هیچ چیز نمی دانی؟»

سکوت کردم. دادرس گفت:

«بازش کنید.»

بعد رو به من ادامه داد:

«همه چیز را با شرح تمام جزئیات می نویسی. اگر یک کلمه دروغ بنویسی و یا حرف هائی را که زده ای انکار کنی دوباره این رو درازت می کنیم. قشنگ می نویسی که از کی، و با کی، چه حرف هائی زده ای و به خصوص در مورد برادرت و این که قَرار بوده از او اجازهٔ فیلمبرداری در مراسم گشایش جشنواره را بگیری هم می نویسی. همه چیز را باید بنویسی.»

دست هایم را باز کردند و من با بدنی کوفته و درهم ریخته روی تخت نشستم و دیدم هر دو ناخن شصت پاها و ناخن های کناری آن ها از گوشت شان کنده شده و مثل کاپوت ماشین ها رو به هوا ایستاده و پاهایم نیز شبیه دو خیکِ باده کرده و خون آلود است. یکی از بازجوها گفت:

«بلندش کنید بدود.»

از تصور دویدن روی آن پاهای مجروح و باد کرده درد در تمام وجودم پیچید. ولی دادرس نگاهی به من کرد و گفت:

«بگذارید اول بنویسد، بعد اگر جفتک اندازی کرد، آن وقت با شلاق می دوانیمش.»

بعد به سربازی که دم در ایستاده بود گفت:

«بگو حبیبی بیاید این ناخن هایش را بکند که بتواند راه برود.»

سرباز رفت و چند لحظه بعد یک سرباز بهداری با یک جعبهٔ پانسمان آمد و نگاهی به ناخن های من انداخت و منتظر ماند:

دادرس به او گفت:

«چرا معطلی؟»

سرباز گفت:

«این ها را بکَنَم، خون راه می افتد.»

دادرس گفت:

«پس رویشان را ببند که بعداً بیفتند.»

همین که سرباز ناخن هایم را گرفت و سرجایشان برگرداند. از سوزش و دردی که تا استخوان سرم رسید اشک به چشمانم آمد. او روی زخم ها کمی مرکورکرم زد و روی ناخن هایم را بست. و بعد دست مرا گرفت که از روی تخت بلند شوم. همین که پا بر زمین گذاشتم، از شدت درد به زمین افتادم. واقعاً ممکن نبود که بتوانم روی آن پاها بایستم و راه بروم. اما مجبور بودم این کار را بکنم. به هر جان کندنی بود، بدون این که بتوانم دیگر کفشی به پا کنم، بر روی زمینی که پر از خون و خاک و کثافت بود راه افتادم و از زیرزمین بیرون آمدیم و به یک اتاق که در بالای آن بود رفتیم. آن جا اتاقی بود با چند صندلی ارج و چند میز. مرا نشاندند و بازجوئی تازه ای به صورت پرسش و پاسخ کتبی شروع شد. در طی این بازجوئیِ تازه، از نو در بارهٔ این که چه کسان دیگری از گروه پشتیبانی را می شناسم از مَن سئوال شد. من کسی را نمی شناختم و آن ها نام شکوه فرهنگ، مریم اتحادیه، خسرو گلسرخی، و مرتضی سیاهپوش را گفتند و خواستند اگر از نقش آن ها در عملیات پشتیبانی اطلاعی دارم و یا آن ها را می شناسم و یا حتی اگر نامشان را شنیده ام را در پاسخ بنویسم. من نمی دانستم که این افراد چه کسانی هستند و چه ارتباطی با پروندهٔ ما دارند. تنها نام شکوه فرهنگ و خسرو گلسرخی را به عنوان نویسنده و شاعر شنیده و از آن ها چیزهائی خوانده بودم و همین را هم نوشتم. بعد آن ها نام یک سری کارمندان تلویزیون، نویسندگان و شاعران و افرادی که من بعضاً آن ها را دورا دور می شناختم و یا آن که فقط نام شان را شنیده بودم و یا حتی کسانی که هیچ اطلاعی از وضعیت شان نداشتم و نمی دانستم که چه کاره اند را جلویم ردیف کردند تا اطلاعاتم را دربارهٔ آن ها بنویسم. و من هم چون ضمن این سئوال و جواب ها دریافته بودم که هرگونه آشنائی که نسبت به یک نفر می دهم به پرسش های تازه تری در باره او منجر می شود، از ابراز آشنائی با تمام افرادی که حتی می شناختم نیز خودداری کردم.

بازجوئی مجدد تا ساعت نُه شب به درازا کشید. بعد از آن همه اضطراب و فشار شکنجه و بهت و غافلگیری، دیگر قادر نبودم روی صندلی بنشینم و یکی دوبار تعادلم را از دست دادم و داشتم به زمین می افتادم. عاقبت بازجو که یکی از همان شکنجه گران توی زیر زمین بود از اتاق خارج شد و من از پنجره دیدم که به اتاق روبروئی رفت و با دادرس که در آن جا بود صحبتی کرد و برگشت. اما به اتاقی که من در آن بودم نیامد. مدتی همانطور در سکوتی که طی آن قادر نبودم که حتی فکر کنم بی حرکت نشستم تا یک سرباز آمد و گفت:

«پا شو.»

بلند شدم. همراه با جریان یافتن خون، رگ و عضله پاهایم که در آن مدت

سرِ شده بودند به شدت درد گرفت. سرباز به من چشم بند زد و دستم را گرفت و به دنبال خود کشاند. با هر قدمی که بر می‌داشتم، به نظرم می‌رسید که زخم‌ها و جراحت پاهایم روی خاک و کلوخ راه مالیده می‌شود و سر باز می‌کند و خون از آن‌ها جاری می‌شود و با هر فشاری، درد و سوزشی جان کاه تا بالای زانوهایم را به درد می‌آورد. با هر زحمتی بود تا محوطهٔ سلول‌ها را که مسافت کمی هم نبود طی کردم و عاقبت وارد محوطه‌ای شدم که صدا در آن می‌پیچید. سرباز چشم بندم را برداشت و من دیدم در راهروئی هستم که یک سری سلول در یک طرف آن قرار دارد که درهای‌شان سبز است. دریافتم که احتمالاً این‌ها باید همان «سلول‌های سبز»ی باشد که شرح آن را پیش از آن از کرامت دانشیان که مدتی زندانی بود شنیده بودم.

وقتی سرباز مرا به درون سلول فرستاد و در آهنی و سنگین سلول را پشت سرم با سر و صدا بست، فضا چنان خفه شد و نَفَسم چنان گرفت که احساس کردم در آن سلولِ تنگ خواهم مرد. سلولم فضائی تنگ و کوچک و دیوارهای صاف داشت که هیچ در و پنجره و روزنی در آن به چشم نمی‌خورد و احساس بدی از زندانی بودن را به من منتقل می‌کرد. در واقع آن جا یک مقبره بود تا یک سلول. و تنها روزن آن، سوراخ چهارگوشی در بالای در بود که از پشت توری ضخیمش نور زرد و ضعیف یک لامپ به درون می‌تابید. تنها امکان رسیدن هوا نیز همان سوراخ بود. و من، در آن لحظه که هنوز نه می‌دانستم زندان یعنی چه و نه می‌دانستم انفرادی چه معنائی دارد، با حال نزاری که داشتم، از قرارگرفتن در آن سلول خفه وحشت کرده بودم.

با احتیاط هرچه تمام‌تر نشستم و به پاهای ورم کرده، خون‌های خشکیده و جراحت‌هایم که در طول راه گلی و کثیف شده بود خیره شدم. پاهایم به شدت تا استخوان درد می‌کرد و چنانَ حال سنگین و کوفته‌ای داشتم که حتی قادر نبودم گِل‌های روی آن را پاک کنم. دراز شدم و پتوی کثیف و شق و رقی را که آنجا بودَ رویم کشیدم. حس می‌کردم که ابعاد در و دیوار و روزنهٔ هواگیر و زیلو و پتو و تصویرهائی که در چشمم می‌گذرد کج و کوله و ناپایدارند. در دو روز گذشته برای اولین بار فرصتِ یافته بودم که به آنچه که بر سر من و بچه‌های گروه آمده بود بیندیشم و در بُهتی ناشی از درد و گیجی و خستگیِ مفرط، به خوابی که دلم می‌خواست سال‌ها به درازا بکشد فرو غلطم.

صبح روز بعد، همین که چشم گشودم، از دریافت این که در زندان هستم احساس تلخی به من دست داد. سرم درد می‌کرد. صورتم پر از برآمدگی و ورم بود. مچ دست‌هایم به خاطر بسته شدن به میله‌های تخت شکنجه کبود شده و می‌سوخت، و از زیر ناخنِ پاهایم نیز خونابهٔ کمرنگی به روی باند آمده و خشک شده بود. همین که باَند روی زخم را با انگشت گرفتم و با احتیاط کشیدم، زخم زیر آن چنان سوخت که باند را ول کردم و به دیوار تکیه دادم و فهمیدم که

خون زیر ناخن هایم جاری شده است.

احساس می کردم که واقعیت زندان بسیار سنگین تر از آن چیزی ست که قبلاً فکر می کردم. البته روزهای بعد این حالت از بین رفت و من وقتی از خواب برمی خاستم، دیگر مانند روز اول از بودن در زندان جا نمی خوردم؛ ولی آن روز صبح، در لحظهٔ بیدار شدن و درست در همان لحظه، تلخیِ جانکاهی را حس می کردم که مدتی مرا در یک سکوت سنگین فرو برد. بعد، با دست زدن به زخم هایم، چندین بار آب دهانم را فرو دادم و به همراه آن، واقعیت را هم در دلم جاگزین کردم و به خودم قبولاندم که آن جا زندان است و به هر حال من در آن هستم.

در طول آن شب، خوابی دیده بودم که در آن موقعیت، دیدن آن خیلی عجیب بود. خواب دیده بودم که سالم و سرِ حال در کنار دختر زیبائی هستم که مینو نام داشت و یکی از دانشجویان مدرسهٔ ما بود. من مینو را خیلی دوست داشتم. ولی هرگز دلبستگی ام را به او بیان نکرده بودم. اما آن شب، مینو آمد و مرا در آغوش گرم خود گرفت. در خواب، ضمن سلامت کامل، بیمار هم بودم و مینو تمام مدت مواظبم بود. و جالب است که سال ها بعد، زمانی که از دست دژخیمان جمهوری اسلامی گریخته بودم و در اروپا به سرمی بردم، یک شب در پاریس به طور غافل گیر کننده ای، مینو را بعد از ۱۷ سال دیدم و فرصت پیش آمد که از خواب آن شب برایش حرف بزنم، و او هم بگوید که مرا در آن زمان دوست می داشته است، و من از شنیدن این حرف احساس کنم که دیگر عاشق او نیستم.

این احساس عجیب در اروپا، به شگفتی همان احساسی بود که آن روز صبح بعد از آن خواب در سلول زندان داشتم. بعدها فکر می کردم که این خواب، نوعی پناه جوئی بوده است که مرا واداشته که در آن شبِ بی دفاعی و درد، به امن ترین مکانی که در ناخودآگاهم می شناختم پناه ببرم و صبح با نیروی تازه ای برخیزم. و واقعاً هم همین طور بود. زیرا من که شبِ قبل از آن احساس کرده بودم که در آن سلول خواهم مرد، صبح روز بعد زنده بودم و علی رغم تلخی جانکاهی که از آن یاد کردم، درمی یافتم که می توانم آن دردها و شکنجه ها را پشت سر بگذارم و مقاومت کنم و زنده بمانم.

آن چه من از زندان شنیده بودم، مسائل ابتدائی و گنگی بود که تصوراتی غیرواقعی راجع به این مکان در من پدید آورده بود. آن سلول های سبز، در بیرون از زندان و در آن لحظه که در درونش بودم مفاهیم متفاوت و کاملاً گوناگونی برایم داشت. شنیده های من بیشتر اطلاعات کلی و شعارگونه ای بود که هرگز بدرد کسی که در آن شرایط دشوار قرار می گرفت نمی خورد و نمی توانست کمک کند تا او از پس بازی های روانی و شکنجه های بدنی برآید. ساواک چنان بازی های روانی و جسمی مهلکی با زندانی به پیش می برد

که من وقتی با آن روبرو شدم تازه فهمیدم که چیزی در این باره نمی دانم و باید روش مقابله با این بازی ها را کشف کنم و بکار بگیرم. و اولین کشفی که در اوج آن لحظه های بی دفاعی و ذلت، در زیر شکنجه به آن رسیدم این بود که اگر موقع شکنجه اعتراض کنم موثر واقع می شود. در اثر حالت تعرضی ای که روز قبل در لحظهٔ پرسش دربارهٔ ترور شاه در زیر شکنجه به خود گرفته بودم، دریافتم که ساواک مواظب است که شکنجه را به جائی نرساند که زندانی حالت تعرضی به خود بگیرد. زیرا از آن پس دیگر هر چقدر هم که شدت ضربه ها افزایش یابد، درد دیگر قادر نخواهد بود که روحیه زندانی را در هم بشکند. این درس کوچک سبب شده بود که آن روز صبح دیگر چندان وحشتی از شکنجهٔ مجدد نداشته باشم. به همین خاطر، درد بدنی و شکنجه ای که دیده بودم دیگر چندان برایم مطرح نبود. حتی وقتی دست به سر و رویم زدم و دیدم که تماماً پر از برآمدگی های دردناک و ورم کرده ای ست که چیزی جز اثرات ضربه های کابلی که دادرس به سر و رویم می نواخت نبود، باز روحیه ام خوب بود. ولی از این که نمی دانستم که اصولاً چه اتفاقی افتاده و ما چگونه و چرا دستگیر شده ایم به شدت در فکر بودم. همچنین تحمل تنهائی برایم خیلی سخت بود. زیرا زندان فقط به شکنجه جسمی ختم نمی شود. جدا از شکنجه جسمی، مسئلهٔ سنگینِ دیگر، تنهائی در سلول انفرادی ست که گاهی حتی کشنده به نظر می رسد. هیچ وسیله ای در سلول وجود نداشت که بتوان با آن سرگرم شد. تنها وسائل موجود عبارت بود از یک لیوان و یک قاشق و یک کاسهٔ پلاستیک و یک پتو و یک زیلو. دورا دورم را نیز چهار دیوار گچی و بدون تاقچه و صاف می پوشاند و در سبز رنگ آهنی تصور هرگونه رابطهٔ را با بیرون قطع می کرد. روی در، سوراخ کوچکی به شکل دایره وجود داشت که ورقهٔ گردی از آهن به رنگ سبز بر بالای آن پیچ شده بود که فقط از بیرون امکان حرکَت دادنش وجود داشت و نگهبان می توانست بدون باز کردن در، با کنار زدن این درپوش رفتار زندانی را در سلول، بدون آن که خود زندانی متوجه شود مورد نظارت قرار دهد.

آن روز صبح، پس از رفتن به دست شوئی و خوردن چای و نانی که به عنوان صبحانه دادند، به دیوار تکیه دادم و فکر کردم که به هیچ وجه نمی توانم با وسائل موجودِ در سلول خودم را سرگرم کنم و از شدت عذاب این تنهائی و بی خبری بکاهَم. از همان لحظات اولیه دریافته بودم که سر کردن در این تنهائی که انسان هیچ کاری برای انجام دادن در آن ندارد حتی از خود شکنجه سهمگین تر است. معلوم نبود تا کی باید در آن سلول بمانم. تصور این که این مدت بخواهد طولانی باشد سبب یأسم می شد.

علت دستگیری

اساسی ترین پرسش این بود که، ما به چه دلیل و چگونه دستگیر شده ایم؟ من اصلاً اعضای گروه پشتیبانی و چگونه گی روابط بین آن ها و تهیه اسلحه را نمی دانستم و آگاه نبودم که افرادی که روز گذشته نام شان را در اتاق بازجوئی به من گفته اند چه نقشی در گروه و در رابطه با دستگیری ما به عهده داشته اند. تنها رابط من با گروه پشتیبانی، طیفور بطحائی بود. در واقع پس از آن که من با رضا علامه زاده به دنبال اسلحه گشتیم و از دستیابی به آن مأیوس شدیم، من به طیفور رجوع کردم که او با توجه به ارتباطی که با یک گروه سیاسی داشت برایمان اسلحه تهیه کند. البته پیش از آن، من و رضا علامه زاده به اندازه کافی تلاش خود را کرده بودیم که بدون ارتباط با دیگران، اسلحهٔ لازم را بدست آوریم. به همین دلیل هم طرحی ریختیم تا با حمله به یک پاسبان، اسلحهٔ او را مصادره کنیم. پس از چند بار گفتگو در این باره، و بررسی چگونه گی عملیات لازم، به این نتیجه رسیدیم که خطر این کار بیش از شانس موفقیت در آنَ است. احتمال زیاد داشت که ما طی عملیات مصادرهٔ اسلحه دستگیر شویم و طرح مان لو برود. البته، فکر این را هم کردیم که یک محمل و نوعی توجیه عملیاتی برای مصادرهٔ اسلحه از این طریق، پیدا کنیم تا اگر دستگیر شدیم

بتوانیم به توجیه آن، طرح اصلی را از خطر افشاء و لو رفتن نجات دهیم. ولی مسئله این جا بود که با دستگیر شدن ما، به هر صورت دیگر طرح مان قابل اجرا نبود. علاوه بر این، ما به چند اسلحه احتیاج داشتیم. و حتی اگر یک بار در عملیات مصادرهٔ اسلحه موفق می‌شدیم، امکان داشت که در عملیات بعدی برای به دست آوردن بقیهٔ اسلحه‌های لازم دستگیر شویم. از این رو از قید چنین نقشه‌ای گذشتیم و در پی آن بودیم که راه دیگری پیدا کنیم. یک بار هم من پیشنهاد کردم که به کردستان برویم که شاید بتوانیم یک قاچاقچی اسلحه پیدا کنیم و آن چه را لازم داریم از او بخریم. ولی ما تا آن زمان هرگز به کردستان نرفته بودیم و نمی‌دانستیم که از چه راهی باید یک قاچاق چی اسلحه را یافت. اگر بدون هیچ آشنائی و مطالعه‌ای به آن جا می‌رفتیم، چه بسا به تور یکی از آدم فروشانی می‌خوردیم که صاف دست ما را در دست ساواک می‌گذاشت. بنابراین، این راه بیش از شیوه قبلی احتمال خطر و لو رفتن را در برداشت.

من و علامه زاده مدتی روی موضوع فکر کردیم تا شاید یک راه مطمئن دیگر پیدا کنیم. عاقبت یک روز علامه زاده اعلام کرد که می‌تواند اسلحهٔ یکی از خویشاوندانش را که مأمور ساواک بود و در یکی از شهرهای مازندران زندگی می‌کرد بلند کند. من از وجود چنین امکانی خوشحال شدم. زیرا بدون این که ما مجبور باشیم کسی را بزنیم، می‌توانستیم با بلند کردن اسلحهٔ این ساواکی که خطر چندانی هم در بر نداشت یک قدم بزرگ به مقصود خود نزدیک شویم. البته با این که ما به بیش از یک اسلحه نیاز داشتیم، ولی باز یافتن تنها یک اسلحه هم غنیمت بود و چه بسا به کمک آن می‌توانستیم اسلحه‌های لازم دیگر را هم گیر بیاوریم. قرار شد رضا روی موضوع کار کند و اطلاعات لازم را به دست آورد تا یکبار دیگر مسئله را به طور جدی بررسی کنیم و اگر امکان عملی شدن داشت اجرایش کنیم. بعد از یک هفته، رضا آمد و اظهار داشت که این کار نیز خطرات زیادی را در بر دارد. زیرا برای این که او بتواند از محل اسلحه آن ساواکی آگاه شود لازم است با او تماس بگیرد. و این تماس، بعد از سال‌ها بی خبری آن‌ها از هم، می‌تواند بعد از گم شدن اسلحه، ذهن ساواک را متوجه حضور رضا علامه زاده در این موضوع سازد و احتمال دستگیری و لو رفتن ما را فراهم آورد. حتی با هم بررسی کردیم که ببینیم آیا امکان این موجود است که بدون آفتابی شدن رضا و تماس غیر مستقیم او با آن ساواکی، بتوانیم از محل اسلحهٔ او آگاه شویم و با ترفندی آن را به دست آوریم، که در این مورد نیز موفق نشدیم. عاقبت بعد از مدتی به این نتیجه رسیدیم که در آن لحظه امکان تهیه اسلحه را نداریم. و به این ترتیب، مدتی ماجرا را به همان شکل رها کردیم تا بررسی بیشتری بکنیم.

در مدتی که از آغاز این طرح گذشته بود من خیلی روی موضوع فکر کرده بودم. و از آن جا که نتیجهٔ تلاش‌های ما تقریباً به بن بست رسیده بود و اصولاً

چون فکر می کردم که ما آدم های با تجربه ای در امور چریکی نیستیم، اجرای این طرح با نیروی اندکی که ما داشتیم، یعنی با یک نیروی دو نفره و بدون حمایت کسان دیگر و پشتیبانی یک گروه مقتدر سیاسی احتمال پیروزی اندکی دارد، تقریباً از ادامه کار دلسرد شده بودم. ما هرگز قصد نداشتیم که به یک ترور کور دست بزنیم. ما فقط می خواستیم با زور در مقابل اعمال زور، امکان آزادی زندانیان سیاسی را بدون آن که خونی در این میان ریخته شود فراهم آوریم. البته ممکن بود ضمن این عملیات خونی ریخته شود و حتی خود ما کشته شویم. ولی اگر ما به نتیجه کار مطمئن می شدیم، دیگر این احتمالات نمی توانست جلوی ما را بگیرد. ولی در آن لحظه که برای تهیهٔ اسلحه تقریباً به بن بست رسیده بودیم، واهمهٔ بسیار داشتم که این طرح را به همان صورت اجرا نشده رها کنیم. از این می ترسیدم که این موضوع به نوعی –نمی دانستم چگونه- جائی درز کند و ما را در خطر قرار دهد. در واقع بار سنگین روانی ای که اقدام برای اجرا و حتی فکر کردن به این طرح سیاسی برای ما به وجود آورده بود، خود به خود ما را دچار نوعی احساس عدم امنیت می ساخت. این طرح از نظر امنیتی آنقدرسنگین بود که در صورت اجرا نشدن می توانست ما را تمام عمر در وحشت لو رفتن قرار دهد.

با این حال در مدتی که قرار بود راه دیگری پیدا کنیم، بارها به خودم گفتم که بروم و احساسم را با رضا علامه زاده در میان بگذارم و بخواهم که از اجرای طرح منصرف شویم. اما غرورم مانع از چنین مراجعه ای بود. حتی یک بار موقعیتی پیش آمد که بتوانم به یک مأموریت خارج از کشور بروم و به این ترتیب از مسئولیت اجرای طرح بیرون بیایم، ولی آن را نیز مورد استفاده قرار ندادم. این مأموریت مربوط به یک برنامهٔ کوهنوردی بود که فیلمبردار می خواست. در ویترین آگهی های رستوران جام جم در محوطهٔ تلویزیون، یادداشت گروه برنامه سازی ورزش تلویزیون را دیدم که به دنبال یک فیلمبردار که حاضر باشد از سفر یک گروه کوهنورد به قلهٔ اورست فیلمبرداری کند می گشت. من به کوهنوردی علاقه داشتم و خودمان در مدرسهٔ سینما گروهی داشتیم که مرتب با هم به کوهنوردی می رفتیم. این گروه فقط مخصوص کوهنوردی نبود، و ما در مسائل دیگر مثل فیلم سازی و فعالیت های عام دانشجوئی نیز با هم همکاری داشتیم و در ضمن روزهای تعطیل و یا به هنگام تعطیلات دانشجوئی به مسافرت و کوهنوردی هم می رفتیم. عظیم جوانروح، همان فیلمبرداری که در مشهد در خانه اش دستگیر شدم و بر و بچه های دیگری مثل، حسین جعفریان، رضا جلالی، فرهاد صبا، فرخ مجیدی، و کرامت دانشیان (برای مدتی کوتاه) از جمله افراد گروه کوهنوردی ما بودند. به همین دلیل فکر کردم بد نیست به همراه این گروه که موعد حرکت شان اواخر شهریور همان سال بود به اورست بروم و از آن جا هم عازم اروپا شوم و به این وسیله عملاً اجرای طرح را منتفی سازم. ولی این ها

فقط فکرهائی بود که وجدان من مانع از تأمل طولانی روی شان می شد. بنابراین در پی راه تازه ای برای تهیه اسلحه برآمدم، و برای این کار دو راه بیشتر پیش پایم نبود؛ یا مراجعه به کرامت دانشیان و یا مراجعه به طیفور بطحائی. من مطمئن بودم که کرامت در آن زمان با یک گروه سیاسی مشغول فعالیت است. کرامت بعد از یک سال که در مدرسهٔ سینما به همراه ما درس خواند، ادامهٔ کار را در آن جا بیهوده دید و از مدرسه بیرون آمد. ما در آن یک سال بارها با هم دربارهٔ این که کدام شکل مبارزاتی تاثیر بیشتری بر توده های مردم دارد و درست تر است گفتگو کرده بودیم. در بیشتر این گفتگوها یوسف آلیاری که یکی از رفقای همیشگی کرامت بود نیز حضور داشت. کرامت در آن شرایط شدیداً تحت تاثیر صمد بهرنگی بود، و اعتقاد داشت که فیلم سازی، با توجه به سانسور و کنترل همه جانبه بر رادیو تلویزیون بی فایده است، و باید مانند صمد به دل روستاها رفت و به بچه های مردم درس داد. به همین دلیل او به درس های مدرسه سینما بی توجهی می کرد، و به ندرت به مدرسه می آمد و حتی در امتحانات نیز شرکت مرتبی نداشت. آخر سال هم یک فیلم آشکارا سیاسی ساخت که عملاً موجب اخراجش از مدرسه شد. البته او ظاهراً نمرات کافی برای قبول شدن در سال اول را به دست نیاورد؛ ولی، هرکس که با مدرسهٔ ما، دانشجویان آن جا و روحیه، توان ذهنی و هوش و تمایلات سیاسی کرامت آشنائی داشت می توانست به راحتی بفهمد که قبول شدن در امتحانات برای او کار ساده ای بود. به ویژه، از آن جا که مدرسهٔ ما به مانند دیگر مدارس عالی، به هدف یک سیاست کلیِ آموزشی به وجود نیامده؛ بلکه به خاطر تامین پرسنلِ فنی و حرفه ای برای گسترش شبکهٔ تلویزیونی که بتازگی در ایرانَ تأسیس شده بود، امتحانات درس های شفاهی از آن اهمیتی برخوردار نبود که کارهای عملی ما در زمینهٔ فیلم سازی داشت. و چون فیلم کرامت نسبت به بسیاری از فیلم های موجود از نظر کمی و کیفی دارای ارزش بیشتری بود، اخراج او از مدرسهٔ سینما عملاً راه حلی بود که مسئولین مربوطه در مقابل یک فیلم ساز آشکارا سیاسی، و کم کردن شر او از سر تشکیلات بی در و پیکر تلویزیون یافته بودند. رضا قطبی، با این که به نظر من شخصاً آدم دمکرات و نجیبی بود، ولی مأموریت ادارهٔ سازمانی را به عهده داشت که یکی از پراهمیت ترین نهادهای کشور به شمار می آمد. بنابراین چاره ای نداشت که در اجرای سیاست هائی بکوشد که حداقل با توجه به نرمش او، ادامهٔ بی دردسر کارِ تلویزیون را فراهم کند. او در برخورد با اولین نشریهٔ دانشجوئی که از جانبِ ما، و در واقع، از طرف رضا علامه زاده، من، حسین جعفریان، کرامت دانشیان، پدرام اکبری و یکی دو نفر دیگر (نام آن ها را فراموش کرده ام) در سال اول فعالیت مان در آن مدرسه می خواست انتشار یابد، همین سیاست را انتخاب کرد. قطبی که خود سال ها در خارج کشور تحصیل کرده بود و با چند و چون چنین نشریه های دانشجویی

آشنائی و به نقش سازمان گر آن آگاهی داشت، از طریق گیتی حکیمی، مدیر مدرسهٔ ما پیغام داد که با انتشار این نشریه مخالف است و از کار ما جلوگیری خواهد کرد. او به این ترتیب جلوی کار ما را که در این گونه امور تجربه ای نداشتیم و به دلیل محدود بودن تعداد دانشجویان مدرسه و در اقلیت بودن دانشجویان فعال، و نداشتن هیچ گونه تجربهٔ مبارزاتی فکر نمی کردیم که بدون چنین اجازه هائی هم می شود نشریهٔ دانشجوئی را منتشر کرد و از سوی ساواک هم دستگیر نشد گرفت. او ظاهراً علیه ما اقدام تندی انجام نداد، و شاید فکر می کرد با جلوگیری از انتشار آن نشریه، هم خود و هم سازمان تلویزیون را از خطر اعتراض های دانشجوئی و تلاطم در محیط کار نجات داده و هم ما را به راه معقول کارمندی و ترفیعات حقوقی متقاعد کرده است. ولی او درنمی یافت که با این کار ما را از هرگونه تاثیرگذاری بر روند حرکت هائی که در پیش داریم محروم می کند و سبب رشد گرایشاتی در ما می شود که ناچار شویم در مقابل زور، فقط زور بکار ببریم. البته گیتی حکیمی، مدیر مدرسه ما، شخصاً زن مهربانی بود که در طول مدیریت کوتاهش در آن مدرسه برای ما منشاء خیر بود و حتی یک بار مرا از خطر یک دستگیری توسط ساواک نجات داد و بسیاری یاری های دیگر کرد و در مقابل کرامت هم، پس از تصمیم هیئت استادان مدرسه مبنی بر اخراج او، به کمکش آمد و با امکانات و روابطی که داشت برای او شغل معلمی در مسجد سلیمان را دست و پا کرد. کرامت هم که چنین موقعیتی را در آسمان ها می جست و در زمین یافته بود، فوراً عازم مسجد سلیمان شد و در ادامهٔ نقش صمد بهرنگی به کوششی دلخواه و خستگی ناپذیر پرداخت. دانشیان اصولاً آدم با شخصیت و بسیار مؤثری در اطرافیانش بود. زمانی که او در مدرسهٔ ما درس می خواند، چنان رفتار و سکناتی داشت که مثلاً، همه برایشان مهم بود که او هم مانند بقیه به حرف یک استاد و یا خوشمزه گی یک دانشجو بخندد. بدون استثناء همه برای او احترامی بیش از حد یک دانشجوی هم ردیف خود قائل بودند و او را بسیار باشخصیت تر و با سَوادتر از بقیه می دیدند. کرامت اصلاً آدم خشکی نبود. در جنگی که در آن زمان بین ما به عنوان جبههٔ «هنر متعهد»ی ها، و با دیگران به عنوان جبهه «هنر برای هنر»ی ها وجود داشت و او هم جزو جبهه ما به شمار می آمد، من بارها دیده بودم که برخوردش در این زمینه فارغ از هرگونه خشک اندیشی و حرکت های قالبی ست. برای نمونه در برخورد با «مرگ یک قصه» که فیلمی از نصیب نصیبی بود و به برخی از مسائل اجتماعی با دیدی سوررئالیستی اشاره داشت، بر خلاف من و چند تن از دیگر بچه ها از فیلم استقبال کرد و به نصیبی خوش آمد بسیاری گفت.

من و کرامت، همدیگر را خیلی زود در محیط مدرسه یافته و مورد اعتماد متقابل قرار داده بودیم. هر دو گرایشات سیاسی نسبتاً مشابهی داشتیم و در

خیلی از بحث‌ها هم نظر می‌شدیم. اصولاً در آن موقعیت، ضمن این که ساواک بر تمامی جو سیاسی موجود سلطه داشت و وحشت از خود را به شکل مؤثری در جامعه گسترش داده بود؛ ولی، جوانان و به ویژه دانشجویانِ هم دل و هم رأی به سرعت یکدیگر را می‌یافتند و با هم اُخت می‌شدند. ما همَ در مدرسهٔ خودمان به سرعت دریافته بودیم که کی، چگونه فکر می‌کند و با چه کس می‌شود از چه مسائلی حرف زد و چه کسانی ظرفیت تغییر دارند و می‌شود روی‌شان کار کرد و به مبارزات و یا حداقل به هم‌دلی‌های سیاسی کشیدشان. در میان همین کنکاش‌ها و جستجوها بود که ما؛ من، رضا علامه زاده، طیفور بطحائی، کرامت دانشیان، مهشید روحانی، پدرام اکبری، منیژهٔ عراقی زاده، داود یوسفیان، حسین زندباف، و یکی دوتای دیگر، هم دیگر را یافته و به شکل‌های مختلف با هم روابطی مجزا و یا جمعی برقرار کرده بودیم. البته دایرهٔ روابط دوستانهٔ ما در مدرسه بسیار گسترده‌تر از این بود، ولی همهٔ این روابط به گرایشات و هم‌دلی‌های مشترک سیاسی و یا فعالیت در این زمینه ختم نمی‌شد. ما با برخی از بچه‌ها فیلم می‌َساختیم، با برخی به کوهنوردی می‌رفتیم، و با برخی دیگر روابطی در سطح رفت و آمدهای دوستانه و عرق‌خوری و گشت گذار داشتیم. شانسی که ما داشتیم این بود که تقریباً تمام کارکنان و مدیریت مدرسهٔ ما را آدم‌های روشن فکر و بعضاً چپ تشکیل می‌دادند و خیال ما از جهت آن‌ها راحت بود. به جز گیتی حکیمی که البته من هرگز گرایشات سیاسی او را درنیافتم و فقط رفتار انسانی و دلسوزی مادرانهٔ او را متوجه خودمان می‌دیدم، کسانی مثل مرتضی رضوان (نویسندهٔ «قصهٔ باغ مریم») به عنوان مدیر دروس مدرسه، علی مراد فدائی نیا (نویسندهٔ «حکایت هیجدهم اردیبهشت ۱۳۲۵»)، شهین وفائی، و دیگرانی که نام‌شان را فراموش کرده‌ام در مدرسهٔ ما کار می‌کردند، و در میان استادان ما هم آدم‌هائی مثل، فریدون رهنما (استاد زیبائی شناسی فیلم)، آربی آوانسیان (استاد تاریخ تئاتر و تحلیل فیلم)، هژیر داریوش (استاد کارگردانی)، دکتر هوشنگ کاووسی (استاد سناریو نویسی)، دکتر محجوب استاد ادبیات فارسی، دکتر احمد اشرف (برادر حمید اشرف، استاد جامعه شناسی)، دکتر نادر افشار (استاد مردم شناسی)، دکتر باستانی پاریزی (استاد تاریخ جهان)، دکتر منظور (استاد طراحی و تاریخ هنر)، دکتر داریوش صفوت (استاد تاریخ موسیقی)، دکتر محمدیون (استاد فیزیک هندسی) مهندس سیروس هدایت (استاد سانسیتومتری و لابراتوار)، و خیلی‌های دیگر که سرشان به تنشان می‌ارزید نیز وجود داشتند. طبعاً در چنین محیطی، ما که یک دیگر را یافته بودیم به شدت به هم دل بستیم و به همکاری‌هائی دست زدیم. در همان یک سالی که کرامت با ما بود، و جنبش سیاهکل نیز آغاز شده بود، چندتن از ما، با یاری کرامت که جزوات و اعلامیه‌های چریک‌ها را برای‌مان می‌آورد، دست به تکثیر و بازنویسی و پخش این جزوه‌ها و اعلامیه‌ها می‌زدیم. ما با ترس و لرز در خانهٔ

یکی از بچه ها جمع می شدیم و در یک اتاق که درش را می بستیم و با صدای آهسته در آن حرف می زدیم می نشستیم و یکی از ما یک جزوه و یا اعلامیه را دیکته می کرد و بقیه می نوشتیم. چنین کاری در آن زمان به نظر ما، یکی از انقلابی ترین، مؤثرترین و در عین حال خطرناک ترین فعالیت های سیاسی محسوب می شد که به شدت گرم مان می کرد و بر شدت همبستگیِ مان می افزود. معمولاً یوسف آلیاری نیز در چنین جمع هائی حضور داشت و بیش از دیگران در این زمینه کوشا بود. یوسف آلیاری کسی بود که بعد ها وقتی به همراه کرامت دانشیان و چند نفر دیگر برای مدت یک سال به زندان افتاد، دفاعیهٔ شکرالله پاک نژاد را ریزنویسی کرد و آن را در یک ورقهٔ پلاستیک فرو بلعید و با خودش از زندان بیرون آورد. او بعداً این اعلامیه را به ما هم داد تا آن را دست نویس کنیم. و ما هم این کار را کردیم. در آن زمان دفاعیهٔ شجاعانهٔ شکرالله پاک نژاد بر جو سیاسی و به ویژه در میان دانشجویان تاثیری طوفانی برجا گذاشته بود. بطوری که بعدها، شاه در یکی از سخنرانی هایش که از تلویزیون پخش می شد با اشاره به دفاعیهٔ پاک نژاد غیظ خود را از تاثیری که او در جنبش باقی گذاشته بود نشان داد. عصبانیت شاه از این موضوع، و لحن طعن و شکایتی که تا آن زمان در سخنرانی هایش سابقه نداشت، نشان می داد که رژیم وی تا چه حد در مقابل این گونه مبارزات آسیب پذیر است.

پس از رفتن کرامت دانشیان به مسجد سلیمان، ارتباط من با او کم شد. ولی برخی از بچه ها رابطه خود را با او حفظ کردند. برخی از ما به او نامه نیز می نوشتیم. از جمله حسین جعفریان گزارش مفصلی از جریان اعتصاب اتوبوس رانی برای او نوشت و شرح داد که چگونه ما به اتفاق در این اعتصاب و تظاهرات مربوط به آن شرکت کرده ایم و از جمله هر کدام چند شیشهٔ اتوبوس شکسته ایم.

اعتصاب اتوبوس رانی، به دنبال دوبرابر شدن ناگهانی قیمت بلیط اتوبوس های شهری در تهران رخ داد. این گرانیِ ناگهانی، بیش از همه، فشار بزرگی بر پول توجیبیِ دانش آموزان و دانشجویانِ و بودجهٔ اقشار کم درآمد وارد می آورد. بطوری که بخش های وسیعی از آن ها را در ابتدا به تحریم اتوبوس ها و سپس به یک مبارزهٔ رودر رو با رژیم کشاند. ابعاد عظیم جمعیت دانشجوئی و دانش آموزی در سطح شهر تهران و بیش از هرجا در خیابان شاهرضا و در محدودهٔ دانشگاه گرد می آمد و با حمله به اتوبوس های شرکت واحد که مشغول به کار و در حال شد آمد بودند، و شکستن شیشهٔ آن ها عملاً فعالیت را در شهر فلج می کردند.

طی چند روز، تعداد زیادی از دانشجویان و دانش آموزان دستگیر و یا توسط شلیک های پلیسِ زخمی و روانهٔ زندان و بیمارستان ها شدند. هر چه بر تعداد زخمی ها و دستگیرشدگان افزوده می شد، تظاهرات و جنبش اعتراضی نیز شدت

و گسترش بیشتری می یافت. ما نیز از دامنهٔ تاثیر این مبارزات بر کنار نبودیم. مدرسهٔ ما گرچه در محوطهٔ دانشگاه نبود و به همین دلیل دامنهٔ اعتراضی جنبش مستقیماً به آن نمی رسید، ولی در پی تماس ها و مشاهدات عمومی و روزمرهٔ با این جنبش، ما نیز به شرکت در آن کشیده شده و همراه دیگران به شکستن شیشه اتوبوس ها می پرداختیم. مسئلهٔ اساسی، بخصوص از نظر ما این بود که دستگاه دولت چنان با مسائل اجتماعی بیگانه بود که که هرگز فشار وارده بر بودجه ضعیف دانشجویان و دانش آموزان و زحمت کشان را در اثر این گرانیِ ناگهانی به حساب نمی آورد و در ماهیتش نبود که اعتراض موجود را دریابد. در واقع، هر سیاست و حرکت دولت، حتی اگر بار کمرشکنی بر مردم وارد می کرد، و در نتیجه اعتراضات گسترده ای را هم به دنبال خود می آورد؛ باز باید پیش می رفت و اجرا می شد. سیاست رژیم در مقابل هر نوع اعتراض عمومی، بدون توجه به واقعیت های اجتماعی، بدون توجه به شرایط مردم برای پذیرش آن، و متاثر از بیگانگی دستگاه حکومتی با مردم، پافشاری و سرکوب بود و به هر نوع کوتاه آمدن و اعتراف به غلط بودن سیاست ها چنان ابعادی حیثیتی می بخشید که صرف نظر کردن از آن سیاست ها، به معنی نابودی رژیم تلقی می شد. در نتیجه، مردم حتی برای تغییرات جزئی در سیاست هایِ روزمره نیز چاره ای جز مقاومت تا پای جان و به زانو در آوردن حاکمان نداشتنَد. حکومت شاه، جزو عقب مانده ترین نوع سرمایه داری موجود در جهان بود که سیاست هایش بر مبنای قدرت مطلقهٔ فردی و بدون توجه به واقعیت ها و توان های اجتماعی تدوین می شد و به اجرا در می آمد.

رضا علامه زاده نیز در جریان این مبارزات همراه ما بود. یک روز، من و او تصمیم گرفتیم که از مبارزات مردم و دانشجویان دانشگاه تهران فیلمی مستندی تهیه کنیم و به خارج از کشور بفرستیم. ما یک دوربین فیلمبرداری را در یک جعبهٔ مقوائی جاسازی کردیم و تنها یک سوراخ برای بیرون کشیدن لنز دوربین در روی جعبه به وجود آوردیم و از زیر نیز دریچه ای برای این جعبه ساختیم که بتوان از آن جا دوربین را بکار انداخت و فیلمبرداری کرد. رضا، یک ماشین سواری از یک شرکت اجاره کرد و ما به سوی محل تظاهرات دانشگاه به راه افتادیم. من در صندلی عقب ماشین نشسته بودم و او رانندگی می کرد. پلیس دور دانشگاه را گرفته بود. ما پس از آن که یکی دوبار دانشگاه را با ماشین دور زدیم و از چند صحنه فیلم گرفتیم، در خیابان پشت دانشگاه موسوم به ۱۶ آذر، شروع به فیلمبرداری از پلیس هائی که دانشگاه را محاصره کرده بودند و دانشجویانی که در داخلِ دانشگاه شعار می دادند کردیم.

من نمی توانستم عملاً چشمم را به چشمی دوربین بگذارم و از آن جا فیلمی را که می گرفتم کنترل کنم. بلکه ناچار بودم جعبهٔ مقوائی را طوری در دست بگیرم و آن را لب پنجرهٔ ماشین قرار دهم که توجه را جلب نکند. با این حال اگر

کسی دقت می کرد می توانست لنز دوربین را که جسمی براق بود، در تاریکیِ سوراخ جعبهٔ مقوائی تشخیص بدهد. و همین اتفاق هم افتاد. وقتی که مشغولِ فیلمبرداری در خیابان ۱۶ آذر بودیم، ناگهان یکی از مأموران ساواک که در کنار مأموران شهربانی قدم می زد لنز دوربین ما را دید و ماشین ما را به یکی از پلیس ها نشان داد و چیزهائی به او گفت.

من در حالی که برگشته بودم و ساواکی را که مرتب به ماشین ما اشاره می کرد می دیدم، با عجله به رضا که متوجهٔ چنین موضوعی نشده بود گفتم:

«رضا برو که دستگیر شدیم. فکر می کنم یارو ساواکیه ما را دید.»

رضا هم که آماده واکنش بود به شدت گاز داد و با افزودن بر سرعت خود به شکل دیوانه واری در خیابان ها راند. او چند خیابان را به صورت متقاطع طی کرد، و ما پس از آن که مسافتی را طی کردیم و دیدیم کسی نتوانسته است به دنبال مان بیاید و یا اگر هم آمده ما را گم کرده است، ماشین را در یک خیابان فرعی نگه داشتیم. هر دو حسابی ترسیده بودیم و رنگ به چهره نداشتیم. تمام دلهرهٔ ما این بود که ساواک شمارهٔ ماشین را برداشته باشد و از این طریق بتواند به ما دست رسی پیدا کند. قرار گذاشتیم که اگر به سراغ مان آمدند، سرعت ناگهانی (یا در واقع فرارمان) را نوعی ماجراجوئیِ رانند گی جلوه دهیم. بعد، من دوربین را از جعبه اش در آوردم و پیاده شدم تا به تلویزیون برگردم و رضا هم رفت تا ماشین را تحویل بدهد.

فیلم هائی که گرفته بودم یک حلقهٔ صد فیتی (دو دقیقه و نیم) بیشتر نمی شد. در طول راه با خودم فکر می کردم که با این کار به یک خریت بزرگ دست زده ایم. تصمیم گرفتم همین که به تلویزیون برسم فیلم ها را از دوربین درآورم و از بین ببرم تا هیچگونه مدرک جرمی در میان نباشد. اما وقتی حلقهٔ فیلم را درآوردم دلم نیامد آن را نابود کنم. با گذشت همان یک ساعت توانسته بودم بر ترسم غلبه کنم و به فکر حفظ فیلم بیفتم. از این رو دوربین را در کمدی که در مدرسه داشتم گذاشتم، و حلقهٔ فیلم را به تاریک خانهٔ لابراتوار تلویزیون که عصرها در آن کارآموزی می کردم بردم و گوشه ای پنهان کردم تا بعداً به سراغش بروم و در یک فرصت مناسب آن را ظاهر کنم. حُسن تاریک خانه لابراتوار تلویزیون برای پنهان کردن فیلم در آن جا این بود که کسی معمولاً در آن جا چراغ روشن نمی کرد تا بتواند فیلم مرا پیدا کند. با این حال، از سر احتیاط، حلقهٔ کوچک فیلم را روی تاق یک کمد فلزی که مخصوص نگه داری قوطی های خالی فیلم بود گذاشتم تا در صورت روشن شدن چراغ هم دیده نشود.

تا چند روز، ما هم چنان در اضطراب و نگرانی به سرمی بردیم. ولی علی رغم آن، به شرکت مان در تظاهرات دانشجوئی ادامه می دادیم. اما از پی گیری ساواک خبری نبود. یک روز که از تظاهرات برمی گشتم، به فکر افتادم که فیلم را ظاهر کنم و آن را از محوطه تلویزیون بیرون ببرم. آن روز، من به تنهائی در لابراتوار

کشیک داشتم و به همین خاطر توانستم فیلم را در دستگاه ظهور بگذارم و بشویم. اما بعد از ظهور، دیدم که تمام فیلم سیاه است و چیزی روی آن ضبط نشده. فهمیدم که ترس و شتاب ما به هنگام فیلمبرداری، سبب شده که مقوای جعبه ای که درست کرده بودیم جلوی لنز دوربین قرار گیرد و ما نفهمیم که چیزی بر فیلم ضبط نمی شود. من ضمن این که از این ماجرا متأسف شدم، ولی خودم را با این حرف دل خوش کردم که اگر دستگیر می شدیم هم، ساواک مدرکی علیه ما نداشت و ما می توانستیم همه چیز را انکار کنیم.

عاقبت، گسترش و شدت تظاهرات و از کار افتادن عملی رفت و آمد اتوبوس های شرکت واحد در بخش شمالی شهر تهران، رژیم را به زانو در آورد و هویدا را مجبور ساخت که از طریق رادیو اعلام کند که قیمت بلیط اتوبوس ها به سطح پیشین برگشته است.

آن شب، شب پیروزی ما بود. تمام خیابان های جلوی دانشگاه پر بود از چهره های خندان و پیروزمند دانشجویان. ما به آبجوفروشی چهار راه کالج رفتیم و آبجوی مفصلی، همراه با سوسیس کباب و لوبیا خوردیم و تصمیم گرفتیم که در سفر دانشجوئی نوروز که بیش از چند روزی به آن باقی نبود و ما قبلاً به خاطر درگیر بودن با ماجرای اعتصاب اتوبوسرانی قصد داشتیم از رفتن به آن خودداری ورزیم، ثبت نام کنیم. حسین جعفریان هم شرح مفصلی از رویدادها را برای کرامت دانشیان نوشت.

چندی بعد از آن پیروزی، چند نفر از بچه ها که از این مبارزات به شعف آمده بودند و انگیزه های مبارزاتی شان تقویت شده بود به محل زندگی کرامت دانشیان در مسجد سلیمان رفتند. البته من در جریان این سفر نبودم. ولی بعداً خبر آن را شنیدم. چند هفته بعد از این سفر، بچه هائی که به دیدار کرامت رفته بودند دستگیر شدند و به زندان افتادند. آن ها که عبارت بودند از؛ یوسف آلیاری، مرتضی و حسن فخار، حسین زندباف و خود کرامت دانشیان می خواستند در ابتدا با تشکیل یک گروه سیاسی، به مطالعات مارکسیستی بپردازند و سپس با گسترش خود و پذیرفتن اعضای تازه فعالیت های دیگر را آغاز کنند. اما گویا به علت زیرنظر بودن رفت و آمد کرامت در دهی که معلم بود، ساواک به آن ها مشکوک می شود و دَستگیرشان می کند. طبعاً ساواک مطابق شیوهٔ غیرانسانی خود هیچگونه خبری مبنی بر دستگیری این افراد به خانوادهٔ آن ها نداد و یک روز عصر، من که از دستگیری بچه ها خبر نداشتم، با خواهر حسین زندباف که به جستجوی برادرش به تلویزیون آمده بود برخوردم و از گم شدن او اطلاع یافتم. طبعاً با سوابقی که از زندباف می شناختم، فوراً دریافتم که علت گم شدن او چیزی جز دستگیریش توسط ساواک نیست. با این حال، برای مطمئن شدن خودم، و دادن اطمینان خاطر به خانوادهٔ زندباف به همراه یکی دیگر از دانشجویان مدرسه که نیک رَوش نام داشت و ما او را «نیکی» صدا

می زدیم، به دفتر قطبی رفتیم تا از او بخواهیم که از طریق اداری به جستجوی زندباف در بیمارستان ها و هرجای ممکن دیگر بپردازد. اما دکتر جهانبانی رئیس دفتر قطبی که فردی ساواکی بود، به جای آن که ما را به نزد قطبی بفرستد، پیش محمود جعفریان معاون او فرستاد. جعفریان نیز که رئیس ساواکی های تلویزیون بود، وقتی از نگرانی ما نسبت به گم شدن زندباف مطلع شد، از ما خواست که به نمایندگی از سوی دانشجویان مدرسه نامه ای به قطبی بنویسیم و نگرانی خود را از گم شدن زندباف در آن ابراز داریم و از قطبی بخواهیم که برای یافتن او اقدام کند. ما هم همین کار را کردیم. اما به جای گرفتن خبری از زندباف، نتیجه این بود که چند روز بعد من و نیک رَوش توسط دکتر جهانبانی مورد بازجوئی قرار گرفتیم و در مورد تشکیلات دانشجوئی (که عملاً فاقد آن بودیم) و علت نوشتنِ نامه به نمایندگی از سوی بقیه دانشجویان به او توضیح بدهیم. در واقع این دامی بود که محمود جعفریان که از دستگیری زندباف اطلاع داشت ریخت تا پای ما را نیز به نوعی به ماجرا بکشاند.

پس از آزادی زندباف از زندان، دریافتیم که محمود جعفریان، آن نامه را به عنوان فعال بودن و محبوب بودن زندباف در مدرسه سینما به ساواک فرستاده، تا پروندهٔ او که ظاهراً در دیدار با کرامت، موافقت چندانی با تشکیل گروه نداشته است سنگین شود و دادگاه بتواند او را به زندان محکوم کند. در جریان این دستگیری، زندباف به شش ماه و بقیه بچه ها بخاطر یک دیدار و گفتگوی ساده به یک سال زندان محکوم شدند. سلول های سبز نیز که من در آن قرارداشتم، اولین مکانی بود که این بچه ها را در آن زمان پس از شکنجه به آن جا آورده بودند.

آن روز بار دیگر مرا به بازجوئی بردند تا پرسش های ناتمام روز قبل را ادامه دهند. باز چشم مرا بستند و با پای برهنه تا اتاق بازجوئی روی خاک و خُل به دنبال خود کشیدند و در ابتدا روی تخت بستند و همانطور به صورت چشم بسته، چند ضربهٔ کابل کف پایم زدند. من که جا خورده بودم و انتظار چنین برخوردی را نداشتم دوباره داد و فریادم به هوا رفت. در همین وقت دادرس به درون اتاق شکنجه آمد و چشم بند مرا باز کرد و گفت:

«کی گفت این را روی تخت ببندید؟ بازش کنید!»

دریافتم که چنین برنامه ای یک بازی بیش نیست و آن ها خواسته اند مزه کتک ها را به من یادآوری کنند تا موقع نوشتن سرسختی نشان ندهم. ظاهراً آن ها دیگر نیازی به زدن من نداشتند. زیرا همه چیز برایشان روشن بود و تمام روابط ما از پیش آشکار شده بود. با این حال، من فکر می کردم که ساواک فقط برای اعتراف گرفتن نیست که کسی را شکنجه می کند. بلکه برای خرد کردن روحیه و سلطهٔ روانی بر زندانی نیز او را شکنجه می دهد.

من ضمن آن که با خودم قرار گذاشته بودم که اگر دوباره مرا زدند اعتراض کنم، ولی در عمل دیدم که این کار سخت است. زیرا در عین حال حساب می کردم که ساواک فقط وقتی در مقابل اعتراض من کوتاه می آید که بخواهد بعد از حد معینی از شکنجه جلوی روحیه تعارضی و از کوره در رفتن مرا بگیرد. و اگر من می خواستم از همان ابتدا چنان روحیه ای نشان بدهم، آن ها هم حتماً می کوشیدند که با شکستن روحیه ام بر این حالت غلبه کنند. البته، با همان چند ضربه کابل کف پاهای بادکرده ام پاره شد و بخون افتاد.

یکی از بازجوها که «خیاطی» نام داشت دست و پای مرا باز کرد و مرا به اتاق بالای زیرزمین برد و در آن جا کاغذ و قلم جلویم گذاشت و سئوال ها را روی آن نوشت.

باز از افراد مختلف نام برده شده بود و می خواستند که من شرح مفصلی در رابطه با برادرم حسین سماکار که مدیر امور اداری «کانون پرورش فکری کودکان» و در واقع تامین کنندهٔ اجازهٔ فیلمبرداری من برای جشنوارهٔ فیلم کودکان بود و چند تن از کارمندان تلویزیون بنویسم. من اصلاً نمی دانستم که ساواک برادرم را هم دستگیر کرده و در واقع به عنوان گروگان، در مقابل دستگیری من در زندان اوین نگه داشته است. گوئی در آن سه روز اول که دیگران را دستگیر کرده و نتوانسته بودند به من دسترسی پیدا کنند این تصور برای شان پیش آمده بود که من از چنگ شان گریخته ام.

بازجوئی تا ساعت دو بعد از ظهر به درازا کشید. باز خسته و گرسنه به سلول آمدم. برای نهار، در کاسه ام که کف سلول قرار داشت، مقدار کمی برنج ویک تکه بادمجان پخته و بد بو گذاشته بودند که میلی به خوردن آن نداشتم. روی زمین نشستم و نگاهی به پاهایم انداختم. باید فکری به حال زخم هایم می کردم. نمی دانستم اگر آن ها را با آب و صابون بشویم چرک می کند و یا خوب خواهد شد؟ به هرحال تمیز کردن شان بهتر به نظر می رسید. وقتی نوبتم برای رفتن به دست شوئی رسید، کفش هایم را هم که صندل تابستانی و بنددار بود به دست گرفتم و همراه بردم.

در دستشوئی آینه ای وجود نداشت. با دست کشیدن به سر و صورتم دیدم که برآمد گی ها و ورم های آن هنوز درد می کند. روی فرق سرم نیز دسته ای موی شکسته نافرمانی می کرد. هرچه آن را مالیدم نخوابید و همچنان شق و رق ایستاده بود. غذای توی کاسه را خالی کردم و آن را شستم و به کناری گذاشتم تا بتوانم پاهایم را هم بشویم. اما این کار ساده نبود. زیرا دستشوئی از زمین فاصلهٔ زیادی داشت و عضلات من هم آن قدر درد می کرد که نمی توانستم پای مجروحم را تا سطح آن بالا بیاورم. به ناچار، دِستم را صابونی کردم و چند بار کف پاهایم کشیدم و سعی کردم تمیزشان کنم. وقتی صابون را برداشتم دیدم که یکی از زندانی ها با ناخن پشت آن نوشته است: «قوی باش». دیدن این

کلمه، واقعاً در آن لحظه به من روحیه داد و شادم کرد. احساس کردم دیگرانی هم در این جا هستند که نه تنها روحیهٔ خود را نباخته اند، بلکه به بقیه هم روحیه می دهند. درر واقع، علی رغم فشار و شکنجه، انسان می توانست در آن محیط قوی باشد.

بعد از شستن پاها، چون نمی توانستم صندل هایم را بپوشم، روی آن ها ایستادم و با سراندن شان بروی زمین خودم را به سلولم رساندم. سربازی که در راهرو نگهبانی می داد، با تمسخر به نوع راه رفتن من نگاه می کرد و لبخند می زد. همین که به سلول رسیدم، با تنها پارچهٔ نرمی که در اختیار داشتم، یعنی پیراهنم که روز قبل در اثر تقلای روی تخت شکنجه پاره شده بود پاهایم را خشک کردم. سرباز نگهبان تمام مدت با همان حالت تمسخر جلوی در ایستاده بود و مرا برانداز می کرد. ولی وقتی بی اعتنائی مرا دید در را بست و رفت.

در اثر شستشو و فشار بروی زخم هایم، احساس کردم درد افزایش یافته است، اما روحیه ام بهتر شده بود. این که توانسته بودم بر آن حالت غلبه کنم و در پی آن برآمده بودم تا زخم هایم را بشویم و بهبود بخشم، نشانه به دست گرفتن کنترل و ادارهٔ روح و روانم بود. چند لحظه بعد از آن نیز صدای یکی از زندانیان را به هنگام رفتن به دست شوئی شنیدم که گویا از غیبت کوتاه نگهبان استفاده کرده بود و با صدای بلند دادمی زد:

«این جا قصر تابستانی من است!»

این صدا واقعاً امید بخش بود. حدس می زدم صاحب آن باید پیش از آن زندان کشیده باشد که چنان بر خود مسلط بود. این ها نشان می داد که با گذر زمان، زندان انفرادی قابل تحمل و عادی می شود. تحت تاثیر این حالت، به زخم هایم دست کشیدم و کوشیدم از جا بلند شوم و بر کف پاهایم بایستم. بلند شدم و ایستادم. پاهایم درد می کرد؛ ولی حس می کردم با تحمل درد و ایستادن بر روی زخم ها، روحیه ام بهتر می شود و من خود را که در آن لحظه های اول از دست داده بودم باز می یابم. اما پاهایم واقعاً درد می کرد. به دیوار تکیه دادم تا تعادلم را نگه دارم، و در همان حالت زیر دستم زبری خاصی را احساس کردم که در واقع یک گنجینهٔ پنهان بود. روی دیوار پر از نوشته بود. منتهی این نوشته ها به وسیله صابون بر روی گچ ایجاد شده بود که اگر تحت زاویهٔ خاصی به آن ها نگاه می کردم قابل رؤیت می شدند. و در واقع لمس چربی صابون بر روی دیوار بود که مرا موفق به کشف این گنجینه ساخت. اولین جمله ای که توانستم روی دیوار بخوانم عبارت بود از: «این نیز بگذرد.» و این یک جملهٔ جادوئی و به شدت امیدبخش بود. آری، شرایط سخت سلول من نیز حتماً مسئله ای گذشتنی بود. جملات دیگری هم روی دیوار وجود داشت که با پس و پیش شدن و قرارگرفتن در زاویه ای که می شد نور چراغ را روی آن ها منعکس دید موفق به خواندشان شدم: «من حالم خوب است.»، «زنده باد خلق ایران»، «دلاور

باش»، «نصرمن الله و فتحُ قریب» و یک جدول حروف فارسی که در چهار ردیف عمودی و هشت ردیف افقی نوشته شده بود. افزون بر این با دُم قاشق بر روی دیوار خط های بسیاری در کنار هم کشیده بودند که نشان می داد ساکنین قبلی آن سلول به آن وسیله روزهای زندانی بودن خود را حساب کرده اند. بیشترین تعداد خطی که می شد در کنار هم شمرد از سی و سه تا تجاوز نمی کرد. پیدا بود که کسی را بیش از سی و سه روز در آن سلول نگه نداشته اند. البته ضابطهٔ نگه داشتن زندانیان در آن سلول ها معلوم نبود، و نمی شد فهمید روی چه حسابی مدت ماندن زندانی را در آن جا تعیین می کنند. اما آنچه بر دیوارها نوشته شده بَود، احتمالاً می توانست قواعد نانوشتهٔ آن زندان به حساب آید. کمترین خط های کنار هم از عدد ۷ کمتر نبود. و من پیش خود حساب می کردم که گذراندنَ سی و سه روز (یعنی حداکثر روزهای ممکن انفرادی) در چنان سلولی خیلی سنگین خواهد بود. اگر شانس مِی آوردم، ممکن بود همان هفت روز را آن جا باشم. و اگر ساواک می خواست بیشتر اذیتم کند، باید سی و سه روز و شاید هم بیشتر (که روی بیشترش دلم نمی خواست چندان تاکیدی داشته باشم) در آن انفرادی بمانم. در آن لحظه های ناآشنائی با شیوه های سرکوب و شکنجه، هرگز تصور هم نمی کردم که این ها به هیچ وجه قاعده نیست و ساواک گاهی تا چندین سال کسانی را در سلول تنها نگه داشته و مرتب هم آن ها را شکنجه کرده است. ولی همین حساب های خیالی، امیدی را در من به وجود می آورد که در آن شرایط به آن نیاز داشتم.

در هر حال در آن لحظه، تنها وسیلهٔ سرگرمی ای که واقعاً هم چون گنجینه ای از وسائل ارتباطی با دیگرانی که زمانی در آن سلول به سربرده بودند به نظرم می رسید، همان نوشته های روی دیوار بود. از راه این نوشته ها با کولبار ارزشمندی از تجربه ها و مقاومت ها آشنا شدم و بعدها در سلول های دیگر، به تاریخی شکسته و کوتاه، اما الهام بخش و امیدوار کننده از مقاومت زندانیانی که جان خود را در راه آرمان شان گذاشته بودند برخوردم. همین نوشته های به ظاهر ناچیز، این خط های کوتاه و اندک، آن شعارهای مختصر که با دست های لرزان و دور از چشم نگهبان ها نوشته شده بود، تاریخ مبارزات میهن مرا در موزه ای به وسعت درونهٔ دنیای تنهای انسان های شکنجه شده به نمایش می گذاشت و روح و روان مرا سرشار تحیر و تأمل می کرد. با خواندن آن گنجینهٔ کتیبه های دیواری، می توانستم با روح و روان تمام کسانی که پیش از من ساکن آن سلول بوده اند ارتباط برقرار کنم، با آن ها حرف بزنم، از آن ها چیز یاد بگیرم و به رمز و راز زندان دست بیابم.

تا فرارسیدن شب، بیش از ده بار، تمام جزئیات روی دیوارها را که برای دیدن شان باید خود را مرتب در زوایای گوناگون قرار می دادم تا نور لامپ روی آن ها بتابد خواندم. تمام آن نوشته ها برایم جالب بود و به راحتی مقصود

نویسندگان خود را آشکار می ساخت. اما هرچه اندیشیدم نتوانستم به راز آن جدول حروف الفباء که روی دیوار کشیده شده بود پی ببرم. بعید به نظر می رسید که ترسیم آن جدول به نیت آموزش حروف الفباء باشد. زیرا کسی که توانسته بود آن حروف را بنویسد، دیگر نیازی به فراگیری آن ها نداشته است.

با فرارسیدن شب، از نتیجهٔ مطالعات آن روز، و از روحیه ام و احساس خستگی خوش آیندی که بجسم و جانم راه یافته بود خشنود بودم. بعد از خوردن شام که همچنان چیزی کوفتی و بد مزه و مزخرف بود، آرام به زیر پتو لغزیدم و همین که حرارت بدنم گرمای مطبوعی را زیر پتو فراهم کرد، اسب اندیشه ام را رها کردم تا در عالم خیال بتازد، به پرواز درآید، از زندان بیرون برود، و مانند یک موجود نامرئی انتقام مرا از شکنجه گرانم بگیرد.

از آن پس، تنها دلخوشی من در طول روز، فرارسیدن شب، تکرار آن گرمای خوش آیند و خیال انگیز و جدا شدن از آن دنیای تنها و پر مرارت و ناگوار بود. اسب خیالم پرواز می کرد و مرا به گسترهٔ رویاها و آرزوها می برد. آن جا دیگر نه تنها دست کسی به من نمی رسید؛ بلکه آن موجودات پلید شکنجه گر از وحشت قدرت من بر خود می لرزیدند و زیر ضربه های انتقام من به خاک می افتادند و التماس می کردند. و من تمام زندانیان را آزاد می کردم و با فروتنی به هلهلهٔ شادی مردم که برای من هورا می کشیدند پاسخ می دادم و برای مردم دست تکان می دادم و دنیای شادی را که در به وجود آمدنش نقش اصلی داشتم با خشنودی نظاره می کردم. این تنها وسیله ای بود که در آن، زخم های درون، و بیم ها و ناتوانی هایم را مداوا می کردم و بر جسم و جانم سلطه ای دوباره می یافتم. اما همین که صبح می شد، واقعیت تلخ زندان خود را به نمایش می گذاشت و بازجوئی های چندین باره آغاز می گشت و من به این اندیشه فرومی رفتم که واقعاً خطای کار ما کجا بود و آیا پیش از دستگیری می توانستیم با در پیش گرفتن رویه ای دیگر از این دستگیری پیش گیری کنیم؟ آیا بهتر نبود من به جای مراجعه به طیفور بطحائی، برای به دست آوردن اسلحه به کرامت دانشیان رجوع می کردم؟ آیا تصور این که کرامت تحت تعقیب سیاسی ست خطا نبود؟

روابط من با کرامت بعد از آن که او از زندان بیرون آمد تا مدتی هم چنان قطع بود و من از او خبری نداشتم. همزمان با برگزاری جشن های دوهزار و پانصد سالهٔ شاهنشاهی، یعنی در تابستان سال هزار و سیصد و پنجاه، عازم شیراز شدم تا به عنوان فیلمبردار در تلویزیون این شهر به کار مشغول شوم. در آن شرایط، ساواک، از ترس عملیات چریکی در جریان این جشن ها، اقدام به دستگیری بسیاری از افرادی که به آن ها بدگمان بود کرده بود و تمام زندانیان سیاسی سابق را نیز دستگیر می کرد و به زندان می انداخت. حسین زندباف که همراه کرامت دانشیان دستگیر و پس از شش ماه از زندان آزاد شده بود، به من اطلاع داد که ساواک دوباره کرامت را گرفته و او اکنون در زندان کریم خان

در شیراز به سر می برد. زندباف، که در اثر زندانی شدن قبلی اش از مدرسهٔ ما اخراج شده بود، و بیم آن را داشت که ساواک دوباره دستگیرش کند، مدتی از رفتن به خانهٔ خود خودداری کرد و هم زمان با عزیمت من به شیراز، از من خواست که همراهم به آن جا بیاید. استدلالش هم این بود که اگر ساواک بخواهد به دنبال او بگردد، تنها جائی که به دنبالش نخواهد گشت همان شهر شیراز است؛ زیرا، مسلماً هرگز تصور نخواهد کرد که وی در لانهٔ زنبور، یعنی در شیراز که محل برگزاریِ مراسم جشن های دوهزار و پانصد ساله است باشد. او به این ترتیب، همراهِ من به شیراز آمد و در خانهٔ من اقامت گزید تا آب ها از آسیاب بیفتد و خطر دستگیری مجددش برطرف شود. زندباف نزدیک یک ماه در شیراز ماند و بعد از مدتی سراغ کرامت را گرفت و فهمید که او از زندان آزاد شده است، و رابطهٔ من و کرامت به این وسیله دوباره برقرار شد. من این بار قصد داشتم که در ارتباط با کرامت به فعالیت مشخص سیاسی بپردازم و از تجربهٔ او برای حرکات سیاسی لازم استفاده کنم. به همین خاطر من و کرامت مدتی یک دیگر را می دیدیم. اما در آن شرایط که او تازه از زندان بیرون آمده بود و حدس می زد که تحت تعقیب باشد، بعد از مدتی پیشنهاد کرد که یکدیگر را کمتر ببینیم تا اوضاع به صورت عادی در آید. به این ترتیب ما مدتی یک دیگر را ندیدیم. یکی دوبار دیگر که پس از مدت ها او را دیدم برایم شرح داد که به شدت تحت تعقیب قرار دارد و ساواک مأمورانش را حتی تا جلوی خانه و یا موقع رفتن به حمام عمومی تا توی حمام به سراغ او می فرستد تا به این وسیله به او حالی کند که شدیداً مراقب او ست و هیچ امکانی به وی نمی دهند که بتواند به فعالیت سیاسی دست بزند. ساواک قصد داشت به این وسیله نه تنها کرامت را از هرگونه فعالیت سیاسی ناامید کند، بلکه می کوشید تا وسائلی فراهم آورد که او را به همکاری بکشاند. کرامت برایم شرح داد که در یکی از این تعقیب ها، مأموری که با او به حمام عمومی آمده بود، کنارش قرار گرفته و به نوعی زمزمهٔ کرده است که او متوجه بشود که ساواک خواهان همکاری اوست. کرامت که حتی هنگام بازگو کردن این موضع عصبانی شده بود و گیلاس های عرقی را که با هم در یک رستوران می نوشیدیم تند تند می نوشید گفت:

«اگر یارو یک کلمهٔ بیشتر گفته و یا کمی واضح تر مقصودش را بیان کرده بود، با همان مشت کف آلودم محکم می کوبیدم توی دماغش.»

و من که می دانستم کرامت آنقدر رک و جسور بود که اگر طرف پایش را از حد خود فراتر می گذاشته، او را گوشمالی می داده است، از عصبانی شدنش خنده ام گرفت و گفتم:

«خب، آن وقت ساواک هم دوباره تو را بازداشت می کرد و به زندان می انداخت.»

کرامت بلافاصله و جدی پاسخ داد:

«اصلاً این طور نیست. ساواک مرا خوب می شناسد و هوشیارتر از آن است که با کتک خوردن مأمورش از دست من، وابستگی او را به خودش رو کند. ساواک اگر از واکنش من در مقابل پیشنهاد علنیِ همکاری واهمه نداشت، کسی را بسراغ من نمی فرستاد تا غیرمستقیم چنین پیشنهادی بدهد.»

و واقعاً هم همین طور بود. زیرا بعدها وقتی ما با هم دستگیر شدیم، او در مقابل توهین یکی از بازجوها، چنان او را کتک زد که علی رغم آن که ساواک با وحشی گری تمام انتقام این عمل را از او گرفت، ولی دیگر کسی در زندان جرأت نیافت به کرامت توهین کند.

در آن دیدار، کرامت بار دیگر از من خواست که برای حفظ سلامت خودم، باز مدتی طولانی همدیگر را نبینیم، تا اگر اوضاع تغییر کرد خود او به سراغ من بیاید. و به این ترتیب باز رابطهٔ ما قطع شد. بعد از آن، من بفکر افتادم که راه دیگری برای ارتباط با یکی از گروه های موجود سیاسی و یا سازمان چریک های فدائی بیابم. البته محیط تلویزیون طوری نبود که برقرار کردن چنین ارتباط هائی آسان باشد. معمولاً افراد فعال سیاسی در این محیط یافت نمی شدند و اطمینان ساواک به کارکنان رادیو تلویزیون هم از همین موضوع سرچشمه می گرفت. ولی این مسئله از سوی دیگر مرتب در من هیجان و شور دست زدن به عمل سیاسی را برمی انگیخت. از یک سو حضور من در سطح سری ترین جایگاه ها و نهادهای نظامی و امنیتی، و از سوی دیگر آگاهی من از زد و بندها و کثافت کاری های مسئولین کشور و فساد موجود در میان آن ها، و امکان روبرو شدنم با مهم ترین شخصیت های کشوری سبب می شد که مدام در فکر انجام کاری برای تغییری ناگهانی در اوضاع باشم. در یکی از این برخوردها موقعیتی پیش آمد که شدیداً مرا به فکر واداشت.

یک روز صبح حدود ساعت ۹ که تازه به سر کار می آمدم و داشتم از جلوی میز اطلاعات تلویزیون رد می شدم، کارمندی که آن پشت بود مرا صدا زد و گفت:

«آقای سماکار، یک نفر از استانداری پشت تلفن است و می خواهد با آقای هدایت مدیر تلویزیون گفتگو کند. ولی آقای هدایت نیست، می خواهید شما جواب بدهید؟»

گوشی را گرفتم و خودم را معرفی کردم. کسی که تلفن می زد، فوراً گوشی را به مهندس پیروز استاندار فارس داد و او با عجله گفت که همان روز ساعت شش صبح در «قیر و کارزین» از توابع فیروزآباد فارس زلزله آمده و تلفات بسیاری در پی داشته است. و از من خواست تا هرچه سریع تر خودم را برای تهیه یک گزارش تلویزیونی، و جلب توجه همگانی از طریق این گزارش به فاجعه ای که پیش آمده بود به آن محل برسانم. استاندار گفت که ارتباطات تلفنی با این منطقه قطع است، ولی خوشبختانه شرکت هلی کوپتر سازی بِل، که در همان

محل مشغول نقشه برداری برای یک موسسهٔ نظامی است توانسته با بی سیم هلی کوپتر به استانداری خبر بدهد و کمک بخواهد.

من بلافاصله آمادهٔ حرکت شدم و به همراه دستیارم، یک صدابردار و یک راننده به سوی محل حرکت کردم. فاصلهٔ قیر و کارزین تا شیراز بیش از صد و هشتاد کیلومتر بود؛ ولی، نصف این راه، یعنی تا فیروزآباد را یک جادهٔ شوسه تشکیل می داد و از آن به بعد، یعنی ۹۰ کیلومتر بقیه تا قیر و کارزین جاده ای مال رو و کوهستانی بود. و ما که با آن عجله در ساعت ۱۰ صبح از شیراز با یک جیپ لَند رُور به سوی محل حرکت کرده بودیم، به زحمت توانستیم ساعت دو بعد از ظهر به قیر برسیم. و در آن جا با یک فاجعهٔ واقعی روبرو شدیم. شدت زلزله بقدری بود که برای نمونه حتی یک ساختمان سالم نمانده بود. در همان لحظهٔ ورود، استوار مسئول گروهان ژاندارمری قیر را دیدم که خود را به محل رسانده بود و بر فَراز خاک ها زار می زد. او از شدت اندوه از دست دادن تمامی افراد گروهانش در زلزله، سنگی را برداشت و بر سر بی مَوی خود زد و خون را از آن جاری ساخت و سپس بی هوش بر روی زمین افتاد. من که داشتم از او فیلم می گرفتم، با دیدن این صحنه دوربینم را به تندی زمین گذاشتم و استوار را از زمین بلند کردم و به کمک دستیارم و آدم های دیگر که فوراً به بالای خاک ها آمدند او را پائین آوردیم و به تنها ماشین بهداری که تا آن لحظه از فیروزآباد به محل زلزله آمده بود رساندیم.

زلزله در ساعتی آمده بود که هنوز مردم از خواب بیدار نشده بودند و بیشترین تلفات به همین خاطر بود. اهالیِ زنده مانده که جمعیت چندانی را تشکیل نمی دادند، حدس می زدند که نزدیک به پنج هزار نفر زیر آوار مانده باشند. و هر کدام با شیون و زاری می کوشیدند با هر وسیله ای که می یابند خاک و کلوخ را پس بزنند و عزیزان خود را از زیر آوار بیرون بکشند. در آن لحظه ها، که نزدیک به ده ساعت از وقوع زلزله می گذشت، هنوز از کمک های دولتی خبری نبود و تنها مردم منطقه، از فیروزآباد و بخش ها و دهات اطراف با بیل و کلنگ به یاری زلزله زدگان شتافته بودند و تلاش می کردند زخمی ها و کشته شده گان را از زیر خاک بیرون بکشند. اما بیش از هرچیز، کمبود دکتر و دارو و کمک های اولیهٔ پزشکی به چشم می خورد. انبوهی از زخمی هائی که نجات یافته بودند، اعم از بچه و بزرگ روی زمین افتاده و از درد و التهاب و هراس ناله می کردند و یا در حال اغماء به سر می بردند. اما تنها امکان پزشکی موجود همان آمبولانس فیروزآباد بود که یک پزشک و یک پزشکیار و مقادیری دارو بیشتر نداشت و نمی توانست به آن همه زخمی و مجروح برسد. از این رو بسیاری از زخمی ها به کمک این و آن، با بستن پارچه لباس بر زخم های خود از خونریزی جلوگیری کرده بودند و بسیاری از آنان فقط زار می زدند. عده ای از مردم نیز نعش عزیزان خود را در مقابل شان گذاشته بودند و می گریستند. یک

زن و مرد سالخورده، جسد پسر جوان و بلند قد خود را در پارچهٔ سفیدی به عنوان کفن پیچیده و در برابر خود قرار داده بودند و بدون آن که زاری و شیون کنند، مانند سحرشدگان چشمان خود را به افق دوخته بودند و در دنیائی دیگر به سرمی بردند. به هر ساختمانی که می نگریستم شکسته و در هم پاشیده بود و تیرهای چوبی و سنگ و کلوخ و خاک از آن تپهٔ کوچکی می ساخت. سر و روی مردم تمام خاک آلود بود و در آن آفتاب بعد از ظهر آخر شهریور، همه چیز در گرد و غبار و خاک و خرابی غرق بود و از همه چیز بوی مرگ به مشام می رسید.

تا غروب آنقدر مرگ و زاری و شیون و بهت و زخم و خون دیدم و آنقدر از صحنه های دلهره آور و ترسناک فیلم گرفتم که گیج شده بودم. یکی از بچه هائی که ساعت ۹ همان شب فیلم مرا از شبکه سراسری تلویزیون دیده بود می گفت که از نوع فیلمبرداری من خیلی خوشش آمده است و شرح داد که بیشترین صحنه های من، اضطراب و وحشت زلزله را در حرکت های مداوم دوربین و رفتن به صحنه های مختلف بازگو می کرده است. ولی برای خود من این طور نبود. من بنا به یک زیبائی شناسی آگاهانه، آن آشفتگی را بازگو نمی کردم، بلکه بی تابی درونم، در یک حرکت ناآگاه با واقعیت بیانی آن صحنه ها هماهنگی یافته بود.

دلگیرترین صحنه ای که آن روز دیدم، به هنگام غروب و بر سر یک نهر آب بود. زنی تنها، چهار کودک خردسال خود را که در زلزله کشته شده بودند از زیر آوار بیرون کشیده و آن ها را کنار آب روی زمین ردیف کرده و لباس شان را درآورده بود و یکی یکی می شست و باز به ردیف در کنار هم قرار می داد. دیگران چنان مشغول کار خود بودند که حتی به کمک وی نیز نمی آمدند. رنگ آبی-خاکستری غروب، آب نهر که بر اثر خفگی روز به لاجوردی می زد، هوائی که انگار پر از غباری خفه و بنفش رنگ بود، و سکوت عظیمی که زن و کودکان مرده و لخت او را که به ردیف بر کنار نهر در آرامشی ابدی خفته بودند، زمین و زمان را به هم می دوخت و دندان های مرا در دیرباوری بهتی ژرف بر هم می فشرد. دوربین را در دست داشتم و بی آن که بتوانم فیلم بگیرم، به زن که نگاهم نمی کرد خیره شده بودم. عاقبت توانستم بر بهتم غلبه کنم و از او و کودکان مرده اش دور شوم.

پیش از دیدن این صحنه، حدود ساعت چهار بعد از ظهر، یک هواپیمای یک نفرهٔ سسنا بر ساحل شنی رودخانهٔ قیر نشست و خلبانش به سراغ من آمد و گفت که سیروس هدایت مدیر تلویزیون شیراز او را فرستاده تا فیلم های گرفته شده را برای پخش در اخبار تلوزیون با خود ببرد. من فیلم ها را همراه یادداشتی مبنی بر دستورالعمل مونتاژ صحنه ها به او سپردم و بعد مشغول ادامه کارم شدم.

آن شب آن فیلم، یک بار ساعت هفت بعد از ظهر از تلویزیون شیراز، یک بار

ساعت ۹ شب از شبکهٔ سراسری تلویزیون و یک بار هم ساعت دوازده شب از طریق ماهواره برای شبکه جهانی ارسال و پخش شد و مردم بسیاری را تحریک کرد تا هرکمکی که می توانند به زلزله زده گان بکنند. ولی این فیلم نتوانست تاثیر چندانی روی مقامات کشوری بگذارد و آن ها را به بسیج به موقع برای نجات مردم از درد و زخم و مرگ وادارد. دوری راه، جادهٔ کوهستانی، وقت گذرانی و بی توجهی مسئولان کشوری به سرنوشت مردم بلازدهٔ منطقه سبب تلفات بسیاری شد. کمک های ارتش تازه بعد از سه روز به منطقه رسید و بعد از چهار روز اولین بیمارستان صحرائی در آن جا برپا شد تا به هنگام بازدید شاه که قرار بود در روز پنجم از محل وقوع زلزله صورت بگیرد، همهٔ عوامل تبلیغاتی برای رسانه های داخلی و خارجی فراهم باشد.

بنا به آمار بیش از هشت هزار نفر در این زلزله جان سپردند و تقریباً تمامی اهالی باقی مانده بی خانمان شدند. مردم شانس آورده بودند که زلزله در اواخر شهریور که هنوز هوا گرم بود به وقوع پیوست و این امکان را به آن ها داد که تا فرارسیدن فصل سرد کوهستانی در آن منطقه، فرصت بنای سرپناهی را برای خود بیابند.

در آن چند روز، مشاهدهٔ این بی توجهی به سرنوشت مردم بیش از پیش مرا از سیستم حاکم متنفر کرده بود. روز پنجم که قرار بود شاه به آن جا بیاید، عکسم را برای ساواک فرستادم تا کارت مخصوص فیلمبرداری در مراسم رسمی را برایم صادر کنند. آن روز به اتفاق یکی دیگر از همکارانم رضا رضی فیلم می گرفتیم و با سیستم دو دوربینه کار می کردیم. از این رو من بیشتر، صحنه های از نزدیک را فیلمبرداری می کردم و رضی صحنه های عمومی و دور را. شاه لباس نظامی پوشیده بود و شخصاً هلی کوپترش را در فرودگاه موقتی که ظرف روز قبل ساخته بودند بر زمین نشاند. مأموران ژاندارمری و ساواک، قبلاً چند نفر از اهالی را برای خوش آمد گوئی آماده کرده و بقیهٔ جمعیت را که از کمبود خدمات و بهداشت و امکانات به شدت ناراضی بودند، با تهدید به منطقه دیگر و یا دور از صحنه فرستاده بودند. در واقع ارتش یک خط فاصل بین مردم و بازدید کنند گان و خبرنگاران داخلی و خارجی ایجاد کرده بود و تنها یک عده آدم دست چین شده به صورت نمایشی اجازه حضور در صحنهٔ مورد بازدید را داشتند. وقتی شاه می خواست از بیمارستان صحرائی که عبارت بود از چادرهائی با دو تخت بیمارستانی و یک فضای خالی در بین تخت ها بازدید کند؛ من فوراً به درون دومین چادر بیمارستان صحرائی رفتم و آمادهٔ فیلمبرداری شدم. به تجربه دریافته بودم که معمولاً شاه برای بازدید سراغ اولین محل دم دست نمی رود، و من حدس می زدم او از چادر دوم و یا سوم بازدید کند. و همان طور که انتظار داشتم، شاه یک سر به سراغ همان چادری آمد که من در آن آماده نشسته بودم. همین که او بال چادر را کنار زد و وارد شد، از دیدن من که با

دوربینم بر زمینِ بین تخت ها نشسته و لنز دوربینم را به سوی او نشانه رفته بودم یک لحظه جا خورد. ولی فوراً متوجه موضوع شد و حالتش عادی شد. دوربین من در آن زمان از نوع دوربین های اکلر ۱۶ میلیمتری و دارای لنز زوم بلند و سیاه رنگی بود که شکل و شمایل یکَ مسلسل را به آن می داد. بارها، افراد مختلف، بخصوص در محیط های نظامی به من گفته بودند که دوربینم شبیه مسلسل است. از این رو دریافتم که شاه نیز در ابتدا به تصور این که من با مسلسل رو به او نشانه گرفته ام جا خورده است. شاه سپس با دو بیماری که روی دو تخت موجود در چادر دراز کشیده بودند به گفتگو پرداخت و من مشغول فیلمبرداری شدم. فرح پهلوی نیز در آن بازدید همراه شاه و در آن لحظه در کنار او بود. و در ردیف پشت آن ها، شاهپور غلامرضا پهلوی در لباس ارتشی، هویدا نخست وزیر، ارتشبد ازهاری رئیس ستاد ارتش، سرلشگر قره باغی فرماندهٔ لشکرِ دو شیراز، و عده ای از امرای ارتش و ژاندارمری و هوانیروز و استاندار فارس و دیگران قرار داشتند که از توی چادر به درستی دیده نمی شدند. من که در آن چند روز به طور شگفت آوری نفرتم از وضع موجود شدت یافته بود، در همان حالتی که شاه و دیگران را در لنز دوربین خود داشتم و از آن ها فیلم می گرفتم به این موضوع فکر می کردم که اگر مقداری مواد منفجره در دوربینم جاسازی کرده بودم، می توانستم با یک عمل انفجاری همهٔ آن ها را روی هوا بفرستم و خیلی چیزها را در مملکت تغییر بدهم. در همان آن که این فکرها را می کردم، شاه دوباره نگاهی به من و در واقع نگاهی به درون لنز دوربینم انداخت. و من پیش خود گفتم؛ نکند فکر مرا خوانده باشد. و بعد از این فکر خنده ام گرفت. واقعیت این بود که تبلیغات ساواک، چنان تصویر مرعوب کننده ای از شاه ساخته و ساواک چنان دستگاهی جهنمی و مخوفی به وجود آورده بود که حتی گذشتن چنین افکاری در ذهن نیز آدم را به هراس می انداخت.

مدتی بعد از این حادثه، یک روز کرامت دانشیان به من زنگ زد و خواست که به دیدنش بروم. ما یکدیگر را در یک رستوران پرت و دورافتاده دیدیم و عرقی خوردیم و گپ زدیم. کرامت می خواست که به من اطلاع بدهد که همچنان باید مدتی از دیدارش پرهیز کنم. ولی چون فکر کرده بود که بی خبری من از او حمل بر فراموشی و بی توجهی او نسبت به من شود، این دیدار را ترتیب داده است. من در آن دیدار از آن چه که در قیر پیش آمده و ماجرای آن بازدید و افکاری که داشتم برای او حرف زدم. کرامت بعد از شنیدن این حرف ها به من گفت:

«به این ترتیب ما واقعاً نباید یک مدت همدیگر را ببینیم. زیرا این امکاناتی که تو داری، حیف است، و نباید همین طور و در اثر بی احتیاطی و این نوع دیدارهای ساده از میان برود.»

معلوم بود که نظر کرامت دربارهٔ زدن شاه و تاثیر آن بر شرایط سیاسی نسبت

به گذشته فرق کرده است. از این رو من امیدوار شدم. اما باز برای مدتی او را ندیدم. البته قرار شد که او موعد دیدار بعدی را به من اطلاع بدهد.

مدتی را به همین شکل و بدون هیچ ارتباط سازمانی با کسی گذراندم. در آن مدت کوشیدم با فعالیت های فرهنگی خودم را سرگرم کنم. از این رو با انجمن فیلم دانشگاه شیراز تماس گرفتم و قرار شد که فیلم های آرشیو تلویزیون و فیلم های آرشیو کانون پرورش فکری را برای نمایش عمومی در اختیارشان بگذارم. البته من به فیلم های موجود در کانون بیشتر علاقه مند بودم. کانون مجموعه ای از بهترین فیلم های جشنواره جهانی فیلم کودکان تهران را در اختیار داشت که غالباً ساخت کشورهای بلوک شرق بود، و بیشتر آن ها دارای جوایز متعددی از جشنواره های گوناگون بودند. به همین خاطر نمایش این فیلم ها به صورت عمومی، بجز در محیط جشنواره تهران که طبعاً تماشاگران خاصی داشت، چندان مورد رضایت ساواک نبود. من برای تهیهٔ این فیلم ها ماهی یک بار به تهران می رفتم و در تماس با بچه های آرشیو تلویزیون و برادر کوچکم مهدی سماکار که آن موقع مسئول آرشیو فیلم کانون بود فیلم ها را تهیه می کردم و به شیراز برمی گشتم و آن ها را به دست بچه های انجمن فیلم دانشگاه می رساندم. اما با آن ها قرار گذاشته بودم که منبع تهیه این فیلم ها را در جائی ذکر نکنند.

همچنین در یک فعالیت دیگر، برای بچه های تئاتر فرهنگ و هنر شیراز کلاس سینما تشکیل داده بودم. این فعالیت ها به ویژه جَلسات نمایش فیلم در دانشگاه که شلوغ می شد و بر سر فیلم ها بحث های جالبی در می گرفت سبب دلگرمی من بود. بچه های فرهنگ و هنر هم به کلاس ها علاقهٔ زیادی نشان می دادند و مرتب در آن شرکت می کردند. بعد از چندی بچه های دانشگاه شیراز به من اطلاع دادند که حفاظت دانشگاه از آن ها در بارهٔ منبع تهیه فیلم ها سئوال کرده و آن ها توانسته اند به شکلی موضوع را ماست مالی کنند، ولی اگر بخواهند به نمایش آن فیلم ها ادامه بدهند، حتماً با پرسش های جدی تری در بارهٔ منبع تهیه فیلم ها مواجه خواهند شد. آن ها می خواستند بدانند آیا من صلاح می دانم که آن ها در این باره حرفی بزنند و یا این که ترجیح می دهم نمایش فیلم ها قطع شود؟ تصمیم گیری در این مورد دشوار بود. از یک سو نمی خواستم دیگران، یعنی بچه های آرشیو تلویزیون و آرشیو کانون را که آن فیلم ها را به صورت غیرمجاز در اختیار من می گذاشتند، در خطر مواخذهٔ ساواک قرار دهم و از سوی دیگر هم دلم نمی آمد که آن جلسات پربار فیلم دانشگاه به هم بخورد. ولی در واقع، چاره ای جز قطع نمایش فیلم ها نبود.

در مورد کلاس سینما هم همین وضع پیش آمد. مسئول بخش آموزشی فرهنگ و هنر یک روز مرا خواست و راجع به تشکیل کلاس های سینما و این که آیا جواز تشکیل این کلاس ها را دارم و یا این که این کلاس ها را از سوی تلویزیون تشکیل می دهم، از من پرس و جو کرد. او پس از این که فهمید من شخصاً

چنین کلاس هائی را می گذارم، با لحنی حاکی از تعجب و تهدید، از من دربارهٔ انگیزه ام از تشکیل کلاس ها سئوال کرد. خیلی ساده برایش شرح دادم که چون علاقه مند به سینما هستم و بچه های تئاتر آن جا هم در این مورد علاقه نشان می دهند اقدام به برگزاری این کلاس ها کرده ام. او در حالی که نشان می داد که حرف مرا باور کرده، ولی پیدا بود که این فقط یک ظاهرسازی ست، از من خواست که چون مجاز به این کار نیستم از تشکیل کلاس ها خودداری کنم.

من از این موضوع بسیار دلخور شدم. هردو فعالیتم به بن بست رسیده بود. در پی راه دیگری برای ادامهٔ تشکیل کلاس ها برآمدم و بچه های فرهنگ و هنر را به استودیوی تمرین تلویزیون بردم و کلاس هایم را در آن جا برگزار کردم. ولی در طولانی مدت ادامهٔ این کار نیز ممکن نبود؛ زیرا بچه ها برای ورود به تلویزیون باید اجازهٔ مخصوص می گرفتند. و برای این موضوع من باید به سیروس هدایت رجوع می کردم و در باره کلاس ها به او توضیح می دادم. اما از ترس این که او با تشکیل این کلاس ها مخالفت کند، از این کار خوداری کردم. زیرا در آن صورت او نیز نسبت به رفتارهایم حساس می شد و در اثر آن، عملاً در شرایطی قرار می گرفتم که آن آزادی بی نظیری که در محیط کار داشتم و امکانات سیاسی ویژه برایم فراهم می کرد از بین می رفت. البته سیروس هدایت شخصاً آدم خوش مشرب و دمکرات منشی بود. او از خانوادهٔ صادق هدایت، و صاحب کارخانهٔ «یک و یک» در دشت مرغاب شیراز بود که قبلاً به عنوان مسئول لابراتوار تلویزیون تهران کار می کرد و بعداً رئیس تلویزیون شیراز شد. زمانی که من دانشجو بودم، او به ما درس سانسیتومتری و لابراتوار می داد و برای این کار، هر دو هفته یک بار برای دو روز کامل، با هواپیما به تهران می آمد و تمام آن دو روز را ما با او درس داشتیم. وقتی من به عنوان فیلمبردار به تلویزیون شیراز آمدم، او که روابط خوبی با ما در مدرسهٔ سینما داشت، و حتی سر کلاس های طولانیش اجازه می داد که بچه ها سیگار هم بکشند، از من استقبال کرد و دستم را تا حدودی در تلویزیون باز گذاشت. او حتی وسائل عکاسی شخصی اش را در اختیار من گذاشت تا با آن ها عکاسی کنم. و من هم بارها و بارها، از وسائل منحصر به فرد عکاسی او استفاده کردم و عکس هائی گرفتم که مجموعه ای از آن ها را در یک نمایشگاه عکاسی در دانشگاه شیراز به نمایش گذاشتم.

پس از به هم خوردن برنامهٔ فعالیتم در کلاس درس سینما و انجمن فیلم دانشگاه، کوشیدم با چیزهای کوچک هم که شده دل گرم شوم. اما روزها می گذشت و همچنان وضعیت من ثابت بود.

در یکی از روزهای بسیار سرد زمستان سال ۵۱، که برف سنگینی آمده بود، از استانداری خبر دادند که در سرحدات شیراز تا ارتفاع چهار متر برف باریده و راه های ارتباطی بسیاری از دهات آن منطقه را مسدود ساخته و بسیاری از

اهالی را در خطر بیماری و گرسنگی و سرما قرارداده است. من فوراً به اتفاق پیروز استاندار فارس برای بازدید و تهیه گزارش عازم منطقه شدم، و چون زمان حرکت‌مان بعد از ظهر بود، و هلی کوپترها نمی توانستند در هوای طوفانی آن روز طولانی مدت پرواز کنند، ناچار شب را در آباده ماندیم، تا روز بعد به بازدید خود از سرحدات بپردازیم. فاصله آباده تا شیراز حدود صد و هشتاد کیلومتر بود و سرحدات فارس از توابع این مرکز فرمانداری به شمار می‌آمد. آن شب، فرماندار آباده مهمانی تشریفاتی بزرگی به افتخار استاندار ترتیب داد که چشم را خیره می کرد. بر سر میز شام که جمعی از مقامات محلی آباده نیز بر آن حضور داشتند، غذاهای فراوانی وجود داشت که واقعاً بسیار بیش از حد نیاز مهمانان بود و مشروبات بسیاری عرضه می شد. پیش از آن نیز، من مهمانی های رسمی و بزرگی دیده بودم که ولخرجی زیادی از بودجه عمومی در آن ها صورت می گرفت. و شاید این یکی نیز یکی در ردیف آن‌ها به شمار می‌آمد. ولی آنچه که در روز بعد رخ داد، و بیانگر خست فرماندار آباده در مصرف چنین بودجه‌ای برای مردم محروم منطقه بود، فریاد مرا نسبت به این نوع ولخرجی‌ها به آسمان رساند.

فردای آن شب، با هلی کوپتر به بازدید از منطقه پرداختیم. از بالا فقط برف دیده می شد و سرشاخهٔ درختانی که این جا و آن جا از زیر برف بیرون بود. بعضی جاها برف را روبیده و محوطه ای را پاک کرده بودند که نشان می‌داد در آن جا دهی وجود دارد. ولی بسیاری از دهات، حتی امکان همین برف روبی را نیز نیافته بودند. معلوم نبود که اگر کسی در آن شرایط بیمار شود، مردم چگونه می توانند او را به شهر و بیمارستان برسانند. در دهات آن منطقه نه تلفن یافت می شد و نه کسی می توانست در آن راه بندان خود را به شهر برساند و کمک بطلبد.

دو هلی کوپتر دیگر که در کنار ما پرواز می کردند با دیدن محل هائی که از برف روبیده شده بود، بسته های مواد غذائی را که همراه داشتند به پائین می انداختند. برخی از آن بسته ها در میان انبوه برف ها فرو می رفت و ناپدید می شد. و برخی دیگر در محوطه های روبیده شده می افتاد و ما می دیدیم که مردم که از آن فاصله مانند نقطه های سیاه به نظر می رسیدند، به سوی بسته ها هجوم می برند. من از همهٔ این صحنه ها فیلم می گرفتم تا همان شب به عنوان عملیات نجات مردم از شر قهر طبیعت در تلویزیون به نمایش درآید.

عاقبت هلی کوپتر ما در یکی از دهات بزرگ که دارای بولدوزر بود و مردم در آن جا توانسته بودند محوطه بزرگی را از برف پاک کنند، نشست و مردم به سوی ما هجوم آوردند. ما همگی پیاده شدیم و استاندار با عینکی آفتابی که بر چشم داشت در جلو قرار گرفت و یکی از اهالی که ظاهراً کدخدای ده بود پیش آمد و با شناختن وی، فریاد زد:

«زنده باد استاندار کل ایران.»

ظاهراً هیچ کس از این حرف خنده‌اش نگرفت و استاندار با حالتی جدی شروع به پرسش از مردم کرد. یک مریض در آن ده وجود داشت که به خواهش اهالی، استاندار دستور داد که یکی از هلی‌کوپترها او را همراه ما به آباده بیاورد. عده‌ای از مردم نیز برای خویشان خود در آباده و شهرهای اطراف نامه نوشته بودند و چون هیچ وسیله‌ای برای رساندن آن نامه‌ها وجود نداشت، فرماندار آباده آن‌ها را گرفت تا در آباده به پست بسپارد. در مدتی که استاندار با بعضی از مردم صحبت می‌کرد، من کمی فیلم گرفتم و بعد به سرعت از آن جمع دور شدم تا کمی پائین‌تر از مردمی که آن‌جا بودند و ظاهراً از اوضاع خشنود نبودند و می‌خواستند حرف خود را به «گوش مقامات» برسانند فیلم بگیرم. مردم که دوربین را دیدند شروع به اعتراض کردند. اما ناگهان، با پیدا شدن سر و کلهٔ یکی دو نفر از خود اهالی ده، حرف خود را خوردند و سکوت اختیار کردند. فوراً دریافتم که تازه واردین از «از ما بهتران» محل هستند و مردم ابا دارند جلوی آن‌ها ناراحتی‌های خود را ابراز دارند. به ناچار به سوی هلی‌کوپترها برگشتم و همراه بقیه که بازدیدشان خاتمه یافته بود به آباده برگشتیم. در آباده، وقتی داشتم در دفتر فرماندار از نقشهٔ منطقه و سرحدات که به دیوار آویزان بود فیلم می‌گرفتم تا موقع مونتاژ برای نشان دادن موقعیت دهات محاصره شده در برف از آن استفاده کنم، دیدم که فرماندار مشغول شمارش نامه‌هائی‌ست که مردم آن ده به او سپرده بودند. او پس از شمارش نامه‌ها با قُرقُر گفت:

«عجب مکافاتی‌ست‌ها! آخر ما که برای این جور کارها بودجه نداریم.»

بعد رو به من که با تعجب به او می‌نگریستم ادامه داد:

«می بینید آقا جان! ما واقعاً با این مردم مکافات داریم. من حالا از کدام بودجه، پول پست این نامه‌ها را بپردازم؟ چهل تا یک ریال می‌شود چهل ریال که هیچ محلی برای پرداخت آن وجود ندارد. حالا اگر برای خاله خان باجی‌های‌شان نامه نمی‌نوشتند نمی‌شد؟»

از شنیدن این حرف‌ها واقعاً تعجب کرده بودم و در سکوت به فرماندار نگاه می‌کردم. فرماندار متوجهٔ سنگینی نگاه من شد و گفت:

«البته می‌توانم این پول را از جیبم بپردازم، ولی می‌خواهم به شما که یک خبرنگار هستید بگویم که فکر نکنید اگر من فرماندار این جا هستم هیچ مشکلی ندارم. بعضی وقت‌ها آدم نمی‌داند برای این مردم چه بکند؟»

بعد سرش را با تاسف تکان داد و دوباره شروع به شمارش نامه‌ها کرد. دست کردم توی جیبم و پاکت سیگارم را بیرون کشیدم و فشارش دادم که ببینم آیا سیگاری در آن هست یا نه. پاکت در دستم مچاله شد و من که به آن خیره مانده بودم متوجه شدم که فرماندار گوشی تلفن را برداشت و به شهربانی زنگ

زد و خواست که فوراً یک پاسبان به فرمانداری بفرستند.

چند لحظه بعد یک پاسبان به فرمانداری آمد. فرماندار سه چهار نامه را که باید به شهرهای دیگر فرستاده می شد از میان آن نامه ها جدا کرد و بقیه را به پاسبان داد و از او خواست که با دوچرخه ای که در فرمانداری بود، آن نامه ها را به خانهٔ مردم در شهر آباده برساند. من که از این کار فرماندار جاخورده بودم، از شدت عصبانیت خنده ام گرفت و از اتاق بیرون آمدم و در راهرو بر یک نیمکت نشستم. پاسبان هم با نامه ها بیرون آمد و چون دریافته بود که من هم از این کار فرماندار خوشم نیامده لبخند تمسخری زد و گفت:

«مثلاً آقا فرماندار این شهر است!!»

خندیدم و یک پنج تومانی از جیبم درآوردم و به پاسبان دادم و گفتم:

«بیا، نمی خواهد دو ساعت دور شهر بگردی. این را بگیر نامه ها را پست کن برود.»

پاسبان لبخندی زد و پنج تومان را گرفت و گفت:

«البته بین خودمان بماند، من هم که احمق نیستم؛ اگر محض گل روی شما نبود، این نامه ها را همین طور دسته ای می انداختم توی سطل آشغال. ولی حالا، می روم و آن ها را به خانه های مردم می رسانم.»

گفتم:

«نمی خواهد بی خودی زحمت بکشی. پست شان بکن، فردا پس فردا به دست شان می رسد.»

نگاهی به پنج تومانی که در دست داشت کرد و گفت:

«حیف است که سه چهار تومان از این را بدهم ادارهٔ پست بخورد. نامه ها را می رسانم و بعد می روم با این پنج تومان یک دست چلوکباب حسابی می زنم به بدن.»

خنده ام گرفت. یک پنج تومانی دیگر از جیبم درآوردم و به سوی او دراز کردم و گفتم:

«پس این را هم بگیر و خانمت را هم ببر با هم چلوکباب بخورید.»

خندید و گفت:

«ای آقا، ما چهار تا بچه داریم، چطوری دست زنم را بگیرم ببرم چلوکبابی؟»

و تا دید من باز دستم به جیبم رفت گفت:

«نه نه، قربان شما. شما بیش از این زحمت نکشید. آن ها توی خانه یک جوری شکمشان سیر می شود. من فعلاً بروم این نامه ها را برسانم که بعد چلوکباب به ام مزه بدهد.»

بعد باز خندید و نامه ها را در دستش تکان داد و خداحافظی کرد و رفت.

پس از رفتن پاسبان نگاهی به در اتاق فرماندار انداختم و بلند شدم بروم وسائلم را از اتاق او جمع کنم و به شیراز برگردم. و با خودم می گفتم؛ طبعاً این

فرماندار احمق نمونهٔ تیپیک فرمانداران دیگر نیست، و چه بسا دیگران در همین مناسبات اداری و کشوری کردار اجتماعی او را نمی پسندند و شایسته نمی دانند. ولی مشکل این جا ست که اگر تو از دست همین فرماندار الاغ به کسی شکایت کنی، مناسبات حاکم و سیستم موجود طوری ست که به جای آن که مشکل را حل بکنند، فوراً تو را به عنوان یک «اجنبی پرست» می گیرند و می اندازند توی زندان. مشکل در واقع سیستمی ست که به دزدان و چپاولگران اموال عمومی و آدم های کثافتی مثل این فرماندار امکان می دهد که تا بالاترین رده های ادارهٔ امور کشور پیش بروند. توی دلم می گفتم، چریک ها واقعاً حق دارند این ها را به رگبار می بندند. و واقعاً آن روزها، روزهای حساسی بود و حوادثی که پیش می آمد مرا به شدت تحت تاثیر قرار می داد. مرتب بین چریک ها و پلیس برخوردهای نظامی پیش می آمد و مبارزان بسیاری طی زد و خوردها کشته می شدند و یا به زندان می افتادند. جامعه در مجموع ملتهب بود. و من که مدت ها بود از کار و زندگی ام احساس خشنودی نداشتم خودم را گم کرده بودم و حس می کردم یواش یواش دارم به نوعی خزنده گی در زندگی خو می گیرم. من کار خوب داشتم، درآمدم بد نبود و طبعاً دیوانه نبودم که خودم را عذاب بدهم و می توانستم خوش بگذرانم و از زندگی لذت ببرم. ولی نبود آزادی و یک درد عمومی، مرا عذاب می داد و مانع از هرگونه خوشگذرانی ام می شد. بخش بزرگی از کودکی و نوجوانی من در فقری سوزاننده گذشته بود و من فقر عمومی و درد مشترکی را که در چهرهٔ جامعه جلوه داشت می فهمیدم و نمی توانستم تنها به خوشی زندگی خود فکر کنم. آن درد عمومی ریشه های مرا می سوزاند و حتی اگر می کوشیدم نیز نمی توانستم فارغ از تاثیرات آن زندگی کنم.. پدر من یک کارگر ساده بود و توانائی سیر کردن شکم ما را نداشت. اما در خانهٔ ما روح اعتراض نسبت به آن وضعیت همیشه موجود بود. برادرم حسین که شش سال از من بزرگتر بود، مجبور شده بود برای فرار از مخارج درس و مشق به محیط شبانه روزی دبیرستان نظام پناه ببرد تا بتواند دیپلمش را بگیرد. ولی محیط خشک و غیرانسانیِ نظامی با روحیهٔ او جور نبود و او از آن نفرت داشت. از این رو وقتی توانست در امتحان نهائی کلاس ششم موفق شود، به این دلهره دچار شده بود که مبادا مجبور شود به دانشگاه افسری برود و تا آخر عمر را در شغلی نظامی بماند. او بفکر افتاد که استعفاء بدهد. ولی تمام دانش آموزان دبیرستان نظام تعهد ادامهٔ خدمت در ارتش را داده بودند و اگر در امتحانات دانشگاه افسری قبول می شدند مجبور بودند به آن محیط بروند. و مشکل این جا بود که مسئولان دانشکده افسری، امتحان ورودی را برای فارغ التحصیلان دبیرستان نظام آن قدر آسان می گرفتند و چنان ارفاق هائی به آن ها می کردند که حتی خنگ ترین فارغ التحصیلان این دبیرستان نیز در این امتحانات قبول می شدند. از این رو برادرم می ترسید که اگر کاری کند که در

این امتحانات رد شود، با توجه به نمرات خوبی که در امتحانات کلاس ششم به دست آورده بود، مسئولان دانشکده به نیت او برای فرار از ارتش پی ببرند و اذیتش کنند. اما علی رغم این ها، او کاری کرد که در امتحانات رد شود. مقداری هم کلک زد و چشم خود را ضعیف نشان داد و از طریق رد شدن در آزمایش پزشکی، و تمارض به بیماری چشم توجیه لازم را برای رد شدن در آن امتحانات به دست آورد. مسئولان دانشکده افسری که از نمرات و موفقیت های قبلی او راضی بودند، و فکر می کردند که این عدم موفقیت تازه برای برادرم ضربه ای به شمار می آید، دلشان سوخت و با دادن برگ معافی از خدمت سربازی به او از آن محیط مرخصش کردند. برادرم که هم از خدمت در ارتش رهائی یافته و هم برگ معافی از سربازی را به دست آورده بود، از شادی در پوستش نمی گنجید. او زمانی که به دبیرستان نظام می رفت، شب های جمعه که برمی گشت، در خانه تبلیغات ضدمذهبی می کرد و از این طریق سبب می شد که من هم در خانه نسبت به خدا و پیغمبر اعتقادی نداشته باشم. البته پدرم هم آدمی غیرمذهبی بود و تنها کسی که در خانهٔ ما نماز می خواند مادرم بود. ولی افشاگری های برادرم علیه مذهب، چشم مرا به واقعیات جهان باز می کرد و سبب می شد من با دید انتقادی نسبت به روابط هستی و جهان بنگرم. من تحت تاثیر آموزش های او، در کلاس درس دبیرستان که تازه به آن قدم گذاشته بودم نیز بحث های ضد مذهبی می کردم و در میان بچه ها برای خودم کلی هوادار پیدا کرده بودم. بحث های من در کلاس و در میان بچه ها حالتی به وجود آورده بود که بچه های مذهبی را به شدت برمی انگیخت و آن ها که منطق بحث با من را فاقد بودند به دشمنی با من می پرداختند. یک روز، یکی از آن ها که خیلی خشک مقدس و فرزند یک آخوند بود، به من گفت:

«اگر یک روز پا به مسجد بگذاری، مسلمان ها تو را تکه تکه می کنند.»

و من از شنیدن چنین حرفی به خود لرزیدم. البته نه به خاطر آن که تهدید او مرا ترسانده باشد؛ بلکه به خاطر آن که چگونه یک بچه می توانست در مقابل بحث و اظهار نظر یک بچهٔ هم سن و سال خودش چنین افکار پلیدی را در سر بپروراند؟ من آن روزها فکر می کردم که واقعاً چنین بچه ای و چنین تفکری یک استثناء ست و جز نشانه ای از یک روحیه مریض و نادر چیزی بیش نیست. و هرگز تصور نمی کردم که روزی در زندان سیاسی این مملکت، با نمونه های دیگری از چنین تفکر ارتجاعی روبرو خواهم شد.

بعد از این که برادرم حسین از ارتش بیرون آمد، و دیگر واهمه ارتشی بودن را نداشت، از آن پس به جای مخالفت با مذهب، بیشتر به مخالفت با شرایط سیاسی موجود می پرداخت. او که از بحث های ضدمذهبی من در مدرسه خبرداشت به من گفت:

«بهتر است که از این به بعد بیشتر علیه شاه و وضعیت سیاسی ایران حرف

بزنی تا علیه مذهب. چون این دستگاه حکومت است که باعث می شود مذهب در جامعه ما تقویت شود و به حیات انگلی خود ادامه بدهد.»

از آن پس، او بیشتر از مسائل سیاسی با من حرف می زد و کتاب های مختلفی را برای خواندن به من معرفی می کرد. اولین کتابی که به من توصیه کرد که بخرم و بخوانم، «الجزایر و مردان مجاهد» نوشته حسن صدر بود که قرار شد پولش را از مادرم قرض بگیرم تا او از کرمانشاه که در آن زمان در آن جا کاری گیر آورده بود و زندگی می کرد برگردد و مبلغ آن را بپردازد. این کتاب با این که غیرمستقیم از مذهب دفاع می کرد، با این حال شور و حالی مبارزاتی داشت که به شدت روی من تاثیر گذاشت. و من، بدون آن که تحت تاثیر بخش های مذهبی آن قرار گیرم، بحث های مبارزاتیش را با کمی تغییرات رونویسی می کردم و به عنوان انشاء در کلاس می خواندم. معلم ما هم که گوئی نمی دانست من این ها را از کجا می آورم، به من نمره های خوب می داد و من تشویق می شدم که به کارم ادامه بدهم و یواش یواش عادت کردم که از خودم هم چیزهائی به آن مطالب اضافه کنم و نظراتم را بنویسم و برای بچه ها بخوانم.

برادرم اول خیلی چپ بود، ولی بعد سوسیال دمکرات شد و مرا که دیگر دورانی را گذرانده بودم و عقاید ویژه ای برای خودم داشتم به مناظره می طلبید. من به او ایراد می گرفتم که به خاطر شغل پُردرآمد و موقعیت ممتازی که پیدا کرده، عقاید کمونیستی اش رقیق شده و به سوسیال دمکراسی روی آورده است. به او ایراد می گرفتم که اگر می تواند نمونه ای از یک نیروی اجتماعی که نماینده سوسیال دمکراسی ایرانی باشد برای من بیاورد و او جناح چپ جبههٔ ملی را مثال می آورد. و به این ترتیب بین من و او فاصله می افتاد. در آن زمان، او مدیر امور اداری و مالی کانون پرورش فکری و لیلی امیرارجمند مدیر عامل آن جا بود که یکی از دوستان نزدیک فرح پهلوی به شمار می آمد.

با این حال من همواره به او، به عنوان کسی که مرا به تفکری نو سوق داده بود احترام می گذاشتم و برایش ارزش قائل بودم و روابط ما صمیمانه بود. و در آن موقعیت، در این فکر بودم که ببینم به وسیله امکانات او چه کاری می توانم بکنم. در واقع در آن حالت بلاتکلیفی ای که در شیراز داشتم، به فکر افتاده بودم برای کانون پرورش فکری و جشنواره کودکان تهران فیلم بسازم. به همین منظور فیلم نامه ای را که تهیه کرده بودم و قصد داشتم به فیلم تبدیل کنم با خود به تهران بردم تا به بخش سینمائی کانون بدهم و با امکانات آن جا از آن یک فیلم بسازم. وقتی به تهران رفتم، در برخوردی که با طیفور بطحائی داشتم، او به من پیشنهاد فعالیت در یک گروه سیاسی را که خودش هم در آن فعالیت داشت داد، و من درجا آن پیشنهاد را قاپیدم.

سابقهٔ دوستی من و طیفور به دورهٔ دانشجوئی ما در مدرسهٔ سینما می رسید. چون می دانستم که او کُرد است، و رفتار و سکناتش هم خیلی جدی و هوشیار

بود، حدس می زدم که گرایشات سیاسی چپ داشته باشد. در آن زمان، در میان جوانان دانشجو چنین بود که برخی حرکات بلافاصله ماهیت و گرایشات آدم ها را برای ما برملا می کرد و ما فوراً درمی یافتیم که طرف چه طرز تفکری دارد. آشنائی و دوستی من و او، در طی یک سفر نوروزی دانشجوئی که موعدش بعد از آن اعتصاب اتوبوسرانی بود آغاز شد. در طی آن سفر، هنگام ورود به بندرعباس ما به هنگام صرف غذا در یک رستوران با هم سر یک میز نشستیم و برای اولین بار کلی در بارهٔ سیاست حرف زدیم. آن شب ما مهمان مدیر مرکز تلویزیونی بندرعباس که مبشری نام داشت بودیم که از همان لحظه ورود بین ما پیچید که ساواکی ست. ما در حیاط رستوران مجلل و شیکی که در آن دعوت داشتیم زیر درخت ها نشسته بودیم و چراغ های پایه دار مدل قدیمی زیبائی فضا را روشن می کرد. هوای بندر عباس در آن روزهای بهاری آنقدر گرم بود که درخت ها مانند تابستان برگ های درشت و سبز داشتند. و ما که در فصل بهار از گرمای دلپذیر هوا و محیط تابستانی حیاط رستوران دچار هیجان و خوشحالی شده بودیم به سختی مشغول خنده و گفتگو بودیم. بعد از شام، یکی از بچه ها، یکی از دوستان قدیمی اش به نام عبدالله را در رستوران دید که او نیز برای خوردن غذا به آن جا آمده بود. عبدالله از بچه های بروجرد بود که در گمرک بندرعباس کار می کرد و با اولین کلماتی که از دهانش خارج شد دریافتیم که او هم مثل خود ما آدمی سیاسی و ضد رژیم است. آن شب، بچه هائی که سر آن میز بودیم با عبدالله گرم گرفتیم و او در پایان خطاب به ما گفت:

«اگر دلتان می خواهد، می توانید امشب به منزل ما بیائید تا با هم عرق ناب بندر عباسی بخوریم.»

بچه های میز ما هم بلافاصله دعوت او را پذیرفتند و قرار شد بعد از آن که بچه های دیگر به خوابگاهی که در یک مدرسه شبانه روزی پرستاری برای اقامت ما در نظرگرفته بودند رفتند، ما به منزل عبدالله برویم و آخر شب به خوابگاه برگردیم. در همین بین، دیدیم که مبشری مدیر تلویزیون بندرعباس که بر سر میزی در کنار ما نشسته و گویا قول و قرارهای ما را شنیده بود، نزد ما آمد و خطاب به عبدالله گفت:

«شما به اجازهٔ چه کسی به این رستوران آمدید؟ این رستوران امشب فقط در اختیار ماست و قرار نبوده مشتری دیگری داشته باشد.»

عبدالله که از این پرسش جا خورده و جلوی ما خجالت کشیده بود گفت:

«من این جا غذا خورده ام و پول غذایم را هم پرداخته ام و به شما هم ربطی ندارد که من به اجازهٔ چه کسی به این جا آمده ام.»

مبشری که انتظار چنین جوابی را نداشت، به حالت عصبانی گفت:

«حالا می بینیم که به من مربوط است یا نه.»

و با عجله از آن جا دور شد. عبدالله بلافاصله برای ما توضیح داد که به

وسیلهٔ یک رفیقش که در آن رستوران کار می کند از مهمانی آن شب ما آگاه شده و به همین دلیل هم یواشکی به آن جا آمده تا بتواند دوستش را که از دانشجویان مدرسهٔ ما بود ببیند، و نگران بود که بخاطر این موضوع رفیق او را از رستوران اخراج کنند. من بلافاصله گفتم:

«اصلاً مهم نیست. یک جوری حلش می کنیم.»

مبشری با مدیر رستوران که لباس رسمی به تن و پاپیون مشکی بر گردن داشت به سوی ما برگشت و سر میز ما ایستاد و عبدالله را به او نشان داد و گفت:

«ایشان است.»

مدیر رستوران از عبدالله پرسید:

«ما امشب جلوی رستوران نوشته ایم که در این جا مهمانی خصوصی ست و دیگران اجازه ورود ندارند. شما به اجازهٔ چه کسی وارد شدید و چه کسی برای شما غذا سرو کرد؟»

قبل از آن که عبدالله حرفی بزند، من بلافاصله گفتم:

«ایشان دوست من است و به دعوت من به این جا آمده است.»

مدیر رستوران که نمی‌دانست در جواب چه بگوید، رو به مبشری کرد و شانه هایش را بالا انداخت. مبشری پرخاشگرانه به عبدالله گفت:

«ولی تو گفتی که خودت به این جا آمده ای و غذا خورده ای و پول غذایت را هم داده ای.»

من باز دخالت کردم و گفتم:

«آقای مبشری، ایشان مهمان من هستند. حالا اگر پرداخت پول غذائی که ایشان خورده برای تان سنگین است من خودم آن را خواهم پرداخت.»

مبشری که انتظار این حرف را از سوی من نداشت و جلوی چندتا از کارمندانش که در آن جا حضور داشتند خیط شده بود، خطاب به من گفت:

«آقا، مسئلهٔ پول غذا نیست.»

«پس مسئلهٔ چیست؟»

«مسئله این است که این آقا بدون اجازه آمده و دو قورت و نیمش هم باقی ست.»

من که سعی می کردم بر اعصابم در مقابل چنین آدم بی ظرفیتی غلبه کنم و حرف تندی نزنم گفتم:

«به هر حال ایشان به خاطر ما آمده واز دوستان ماست.»

مبشری که برای لحظه ای نمی‌دانست چه بگوید، نگاهی به مدیر رستوران کرد و گفت:

«لطفاً از این آقا بخواهید که هرچه زودتر این محل را ترک کند و بیش از باعث تشنج نشود.»

من رو به عبدالله گفتم:

«خیلی خوب، آقا جان پا شو برویم همان خانهٔ شما. فکر می کنم آن جا بتوانیم بی مزاحمت کسی عرق مان را بخوریم.»

بعد از جا برخاستم و بچه های دیگر هم همراه من از سر جایشان بلند شدند. در این مدت عده ای از بچه ها هم که متوجه موضوع شده و به طرف میز ما آمده بودند، با شنیدن حرف من و به عنوان دهن کجی به مبشری گفتند:

«ما هم با شما می آئیم. مگر ما بد عرق می خوریم.»

مبشری که دید مهمانی اش دارد به هم می خورد گفت:

«شما مهمان من هستید، و من به خاطر شما حضور ایشان را در این جا ندیده می گیرم و ایشان را می بخشم. ولی این را بدانید، که اگر همراه ایشان بروید، شب اجازه نخواهید داشت به خواب گاه برگردید. -بعد رو به عبدالله ادامه داد- شما هم بدانید که ما بعداً همدیگر را در این شهر خواهیم دید.»

ما که از گفتار و وقاحت مبشری جا خورده بودیم برآشفتیم، و اعتراض کردیم. یکی از بچه ها گفت:

«مگر دوست ما جنایت کرده که شما می خواهید او را ببخشید؟»

و من هم بلافاصله گفتم:

«شما اصلاً چطور به خودتان اجازه می دهید برای ما تعیین تکلیف کنید؟ ما هر جا دلمان بخواهد می رویم - و بعد با نگاهی به بچه ها ادامه دادم- و هم همین فردا از این جا می رویم. از مهمان نوازی شما هم بسیار متشکریم!!»

و بلافاصله راه افتادم و از آن میز دور شدم. بچه های دیگر هم به دنبال من آمدند. شهین وفائی که معاون مدیر مدرسهٔ ما بود و در آن سفر به عنوان سرپرست دانشجویان ما را همراهی می کرد خودش را به من رساند و با عجله در گوشم زمزمه کرد:

«عباس جان، جان من برنامهٔ سفر را به هم نزنید. خواهش می کنم همین الان یک جوری سر و ته قضیه را هم بیاور. من خودم با مبشری صحبت می کنم و از رفتارش انتقاد خواهم کرد.»

شهین وفائی با ما دوست بود و ما به صورت یکی از خودمان با او حرف می زدیم تا به صورت سرپرست دانشجویان. ایستادم و به او گفتم:

«ببین عزیز من، این مرد که اصلاً حالیش نیست. فکر می کند چون ساواکی ست هر گُهی دلش خواست می تواند بخورد. ولی ما پوزه اش را به خاک می مالیم.»

وفائی که دید نمی تواند مرا قانع کند، یقهٔ فرهاد صبا را گرفت و گفت:

«خواهش می کنم این را آرامش کن و نگذار درد سر درست کند.»

در همین موقع چندتا از بچه های دیگر که موضوع را فهمیده بودند به سوی ما آمدند و گفتند:

«تصمیم شما چیست؟ می خواهید فردا برگردید؟»

گفتم:

«هنوز تصمیم جمعی نگرفته ایم. من همین طور به یارو گفته ام برمی گردیم. ولی می توانیم برویم خوابگاه در این مورد صحبت کنیم.»

بچه ها موافقت کردند که به خوابگاه برویم، و بلافاصله اتوبوس ها آماده شدند و همهٔ ما را که حدود صد و ده بیست نفر بودیم به خوابگاه بردند. در راه، شهین وفائی کنار دست من نشست و گفت:

«واقعاً می خواهید فردا برگردید؟»

گفتم:

«نمی دانم. این بستگی به رأی بچه ها دارد. ولی اگر تو به جای ما بودی چنین کاری نمی کردی؟»

گفت:

«ببین، بچه گی نکنید. یارو می تواند کلی دردسر برای ما درست کند.»

«یعنی می تواند صد و ده نفر آدم را به خاطر آن که نخواسته اند دیگر مهمان او باشند به زندان بیندازند؟»

«نه نه، ولی می توانند برای تو و چند تای دیگر پاپوش درست کند. قطبی هم حتماً از این کار شماها ناراحت خواهد شد.»

اتوبوس به خوابگاه رسید و حرف من و وفائی ناتمام ماند.

صحنه ای هیجانی به وجود آمده بود. همگی در سالن خواب گاه جمع شدیم و این سئوال مطرح شد که آیا همه حاضرند روز بعد به تهران برگردند یا نه؟ بچه ها یک پارچه رأی به برگشتن به تهران دادند. شهین وفائی که اوضاع را خراب می دید و فکر می کرد که این موضوع برای او به عنوان مسئول گروه دردسرهائی پدید خواهد آورد گفت:

«ولی اگر آقای مبشری از ما عذر بخواهد، بر نمی گردیم، هان؟!»

همگی با حرف او موافقت کردیم و بچه ها به اتاق هایشان رفتند. من هم از آن جا بیرون آمدم و به سراغ عبدالله که همراه ما آمده بود و بچه ها او را به یکی از اتاق ها برده بودند رفتم و گفتم:

«احتمال دارد که مبشری برای صحبت با ما به این جا بیاید. بنابراین فکر می کنم بهتر باشد که او ترا در این جا نبیند. البته در حال حاضر نمی تواند هیچ غلطی بکند، ولی حتماً بعداً به پر و پایت خواهد پیچید.»

عبدالله هم حرف مرا قبول کرد و از بچه ها خداحافظی کرد و رفت. بعد من به اتاق شهین وفائی رفتم که با او در بارهٔ حالت های احتمالی که ممکن بود پیش بیاید حرف بزنم. از صحبتی که او دربارهٔ پاپوش های بعدی کرده بود کمی به فکر افتاده بودم.

وفائی در اتاقش نبود. به دنبالش به حیاط رفتم ودیدم که دارد با فرهاد صبا

گفتگو می کند. در کنار آن ها قرار گرفتم و گفتم:

«فکر می کنید که یارو بیاید معذرت خواهی بکند؟»

فرهاد صبا گفت

«بعید است.»

وفائی گفت:

«ممکن است یکی از کارمندانش را بفرستد. ولی اگر کسی را فرستاد، خواهش می کنم سر و ته موضوع را هم بیاورید و نگذارید کار به جاهای باریک بکشد.»

گفتم:

«ولی این یارو، عبدالله را تهدید کرد که بعداً حسابش را خواهد رسید. برای من این موضوع مهم تر از رفتار توهین آمیزش نسبت به خود ما ست.»

وفائی گفت:

«من در این باره با مرتضی رضوان صحبت می کنم و از او می خواهم که با مبشری صحبت کند که پاپی دوست شما نشود.»

مرتضی رضوان که قبلاً، مدیر دروس مدرسهٔ ما بود، در آن زمان به بندر عباس منتقل شده و به عنوان معاون اداری مبشری کار می کرد. برای ما روشن بود که خود او هم از مبشری دلخور است و احتمالاً مورد بی مهری اوست. به همین دلیل گفتم:

«یکی باید سفارش خود مرتضی را به مبشری کند که بلائی به سرش نیاورد، حالا تو می خواهی او را واسطه کنی که نظر مبشری را نسبت به یکی دیگر جلب کند؟»

وفائی خندید و گفت:

«شوخی نکن توأم.»

گفتم:

«باور کن شوخی نمی کنم. حالا ببین کِی مبشری به خاطر شعارهائی که موقع آمدن به نفع مرتضی رضوان دادیم زهرش را به او بریزد.»

وفائی گفت:

«توأم خیلی بدبینی!»

گفتم:

«حالا می بینیم.»

ما موقع ورود، با دیدن مرتضی رضوان که به همراه مبشری و چند نفر دیگر به استقبال مان آمده بود از توی اتوبوس های مان شعار می دادیم؛ «کی بود کی بود، رضوان. دلمو ربود، رضوان. کی بود کی بود، رضوان. دلمو ربود، رضوان...» و آنقدر این شعار را دادیم که رضوان خودش را به من رساند و آهسته در گوشم گفت:

«عباس ترا به خدا به بچه ها بگو ول کنند. این یارو ساواکیه به این چیزا خیلی حساس است. فکر می کند من در مدرسه سینما رهبر شما بوده ام.»

البته من هم در آن لحظه فکر کردم که رضوان خیلی به ساواکی ها بدبین است، ولی واقعیت این است که مبشری که به او حساس شده بود، بالاخره زهرش را به او ریخت و من یک سال بعد از آن شنیدم که او را به خاطر داشتن تمایلات چپی، تقلیل مقام داده و به یک کارمند اندیکاتور نویس تبدیلش کرده است. فقط شانس آورد که یدالله رویائی که در آن موقع مدیر حسابداری تلویزیون بود، به داد رضوان رسید و او را به قسمت خودش برد و مقام اداری درخورش را به او برگرداند.

بچه ها آمدند و ما را صدا کردند که به اتاق ها برویم و در جشنی که گرفته بودند و عرق خوری به راه انداخته بودند شرکت کنیم. ما به سالن همگانی برگشتیم و چند لحظهٔ بعد همان طوری که وفائی حدس می زد، مبشری، رضوان و حسین فرجی را فرستاد که با ما صحبت کند. آن ها اول با وفائی صحبت کردند و بعد به سراغ ما آمدند و گفتند:

«مبشری از ما خواسته که از قول او به شما بگویم که از آن چه پیش آمده است متأسف است و می خواهد که شما فردا به تهران برنگردید و به سفر نوروزی تان ادامه بدهید و همچنان مهمان او باشید.»

یکی از بچه ها گفت:

«ما مهمان تلویزیون بندرعباس ایم، نه مهمان ایشان.»

بچه ها خندیدند. یکی دیگر از بچه ها گفت:

«رضوان جان، چرا آقای مبشری خودش نیامد که این حرف ها را بزند. تا وقتی خود ایشان نیاید، ما سر حرف مان ایستاده ایم.»

وفائی سقلمه ای به پهلوی من زد که چیزی بگویم و نگذارم موضوع به بن بست برسد. ولی من حرفی نزدم. زیرا درست نمی دیدم که وقتی یک نفر چنان حرفی زده، من برخلافش را بگویم. رضوان و فرجی هم که از مأموریتی که داشتند خشنود نبودند گفتند:

«در هر صورت ما وظیفه داشتیم که این حرف ها را بزنیم و خودمان در این ماجرا هیچ نفعی نداریم.»

و رفتند. من خودم را به رضوان رساندم و گفتم:

«یک هو فکر نکنید که ما با شما دوتا طرفیم. ضمناً می بخشی که من در جمع حرفی نزدم و حالت خیلی رسمی داشتم.»

رضوان گفت:

«نه نه، متوجه هستم.»

به سالن برگشتم و با بچه ها به گفتگو پرداختم که اگر باز مبشری کس دیگری را فرستاد، زیاد سخت نگیریم و به خاطر عواقبی که این کار احتمالاً

برای عبدالله در بر خواهد داشت، کمی کوتاه بیائیم و معذرت خواهی غیرمستقیم او را بپذیریم. عده ای با این نظر موافقت کردند و عده ای دیگر مخالف آن بودند. نیم ساعت بعد، مبشری به همراه یکی دوتن دیگر از کارمندانش به خواب گاه آمد و همراه شهین وفائی یک سر به اتاق ما که حدود سی چهل نفری در آن بودیم وارد شد. او نگاهی به ما که به احترامش از جای خود برنخاسته بودیم انداخت و گفت:

«دوستان عزیز، من خیلی متأسفم که چنین برخوردی بین ما پیش آمد. شما مهمان من هستید و من به هیچ وجه نمی خواهم که شادی سفر نوروزی تان به هم بخورد. به همین خاطر از این که این تصور برای شما پیش آمده که من می خواهم در کار شما دخالت کنم، معذرت می خواهم.»

ما به هم نگاه کردیم و یکی از بچه ها به من اشاره کرد که چیزی در پاسخ او بگویم. من از جا برخاستم. بقیه نیز همراه من از جایشان بلند شدند. حرکت بچه ها چنان هماهنگ بود که انگار ما قبلاً همه چیز را سازماندهی کرده بودیم. خود من هم، تحت تاثیر استحکام قامت های بچه ها که در حالت ایستاده ابهت بیشتری از زمان نشستهٔ آن ها داشت قرار گرفتم و با لحن آرامی گفتم:

«آقای مبشری، ما خیلی متشکریم که شما کوشش کردید که این مسئله را حل کنید. به همین خاطر ما هم قدم مقابل را برمی داریم و من از سوی همه اعلام می کنم که به سفرمان ادامه خواهیم داد و مهمان تلویزیون بندرعباس خواهیم ماند.»

مبشری که از حل شدن ماجرا خیالش راحت شده بود جلو آمد و با من دست داد و گفت:

«در ضمن خواستم به اطلاع تان برسانم که فردا شب مهمان باشگاه نیروی دریائی در لب دریا هستید. و الآن هم بیش از این مزاحم شما نمی شوم. چون می دانم که خسته هستید و حتماً می خواهید استراحت کنید.»

بچه ها با لبخند تشکر کردند و آن ها به همراه وفائی از اتاق ما رفتند.

فردای آن روز شهین وفائی برایم شرح داد که مبشری بعد از این که از ما جدا شده برای او توضیح داده است که واقعاً از رفتاری که با ما داشته متأسف است و خودش هم اصلاً علت چنین رفتار ناگهانی را از طرف خودش در نیافته است. و ادامه داد که با او دربارهٔ عبدالله حرف زده و مبشری به او اطمینان داده که اصلاً موضوع عبدالله را فراموش کرده است. شب بعد از آن هم، مبشری در باشگاه نیروی دریائی خیلی با ما گرم گرفت و در صحبت های خصوصی کوشید دلخوری شب پیش را از دل ما در آورد.

مهمانی نیروی دریائی در هوای آزاد و در محوطه چمن باشگاه در لب دریا که نور چراغ های پایه دار فضای آن را دلپذیر می ساخت برگزار شده بود. هوا گرم بود و میزهای غذا و مشروب، انبوه دانشجویان دختر و پسر که از

دانشکده های مختلف در آن شب مهمان نیروی دریائی بودند، غمزه آمدن برخی از دختران، و مستی الکل حسابی مبشری را شنگول کرده بود. او مرتب می رفت و می آمد و مرتب لیوانش را به افتخار ما بلند می کرد و سعی می کرد با لبخند هایش از دخترها دلبری کند. آخرهای شب، او دیگر واقعاً مزاحم ما بود. هرجا می رفتیم به دنبالمان می آمد و بخصوص اگر دختری در کنار ما بود او خودش را به وی می چسباند و مزاحم می شد. ما که می خواستیم بی سر خر برویم لب دریا بنشینیم و حال کنیم، با حضور او عیش مان ناقص می شد و نمی توانستیم راحت با هم حرف بزنیم. یکی از بچه ها گفت:

«واقعاً که این ساواکی ها، هم دعوا مرافعه شان باعث دردسر است، و هم دوستی کنه وارشان. با این ها حتی نمی شود یک چای خورد.»

عاقبت یکی از دخترها من را کنار کشید و نقطه ای دور در ساحل را نشان داد و گفت:

«شما بروید آن ته مه های لب دریا، من هم این یارو را می برم آن پشت مشت ها، بعد قالش می گذارم می آیم. فکر نمی کنم دیگر بتواند ما را پیدا کند.»

ما به دستور او عمل کردیم و و یواش یواش از آن دو دور شدیم. آن ها هم به سوی ساختمان ها و محلی که جشن برقرار بود رفتند.

دریا، آن شب در زیر نور ماه آرام بود و رویائی و افسون کننده به نظر می رسید. آن قدر قدم زدیم تا دختری که مبشری را برده بود، سر او را به تاق کوبید و برگشت. بعد همگی لب آب، روی شن های خیس و در کنار عروس های لزج دریائی که از آب بیرون مانده بودند نشستیم و به آوای وحش دریا، که همراه هوهوی باد از دوردست های نقره فام آب می آمد و با خود رمز و راز طبیعتی شگفت انگیز را داشت گوش سپردیم. موج های خرد، بر دوردست های تاریک و آرام دریا می غلطید و به ساحل که می رسید مانند لوحی کاغذین باز می شد و سطح نازکی از نقرهٔ ماه را بر شن ها باقی می گذاشت. به نظر می رسید که عروس های دریائی با موج ها زنده می شوند و ژلهٔ لغزان شان تکان می خورد. و ما در سکوت، صدای غلطیدن موج های بعدی را که از دور می آمد و از دل سیاهی، گاهی برق سپیدشان دیده می شد می شنیدیم. و دریا مدام ما را می ربود و مستی، رؤیا و آوای وحشی که پیش از آن هرگز نشنیده بودیم محصورمان می کرد و جسم و روح جوان و پرشورمان را برمی انگیخت و نشان مان می داد که زندگی چقدر می تواند شگفت انگیز و محسور کننده باشد.

وقتی از بندر عباس برمی گشتیم، احساس می کردم با دنیای تازه ای آشنا شده ام. و این دنیای تازه، فقط مناظر و فضا و حالت مردم جنوب ایران نبود. گرچه، گرمای هوا، شرایط خاص جغرافیائی، دریای بی کران و آب های شور وآوای وحش موجوداتش، و رنگ پوست و زندگی ویژهٔ مردم جنوب برایم تازگیِ

بسیار داشت و مرا با گوشه های ناشناخته ای از سرزمینی که خود را جزئی از مردمش می دانستم آشنا می کرد؛ ولی جدا از آن؛ شناختن فضا و روحیهٔ جمعی خودم و دانشجویانی که با آن ها به سفر رفته بودم، برایم کشف تازه ای به شمار می آمد. من بیش از دوسال با این بچه ها در مدرسهٔ سینما و تلویزیون سر کرده بودم، و بارها پیش آمده بود که در تجمعاتی با آن ها شرکت کنم. ولی تا آن زمان هرگز آن چنان پی به قدرت جمعی و روحیهٔ شورشی همگانی و گرایشات تند و همبستهٔ آن ها نبرده بودم. نمایش ناگهانی قدرت و هماهنگی ما در آن شب در برابر مبشری، آن هماهنگی در بی اعتنائی اولیه به او، و سپس برخاستن هماهنگ همگانی و آن استواری در تصمیم به قطع سفر نوروزی و بازگشت به تهران به خاطر توهینی که فقط به چند نفر از ما شده بود، همه و همه مرا به کشف و شهودی تازه می رساند و آوای وحش و منظر نقره فام آن رویاهای دریائی شبانه آنرا کامل می ساخت. واقعیت این بود که در آن زمان، روح و شور ویژه ای در میان نسل جوان و به ویژه دانش آموزان و دانشجویان میهن ما وجود داشت که گرچه به یک حرکت سازمان یافتهٔ مخالف منتهی نشده بود؛ ولی، این تودهٔ سامان نیافته، هرجا و در هر زمان که می توانست، روح شورشی و درگیری عمیق خود را با استبداد حاکم سیاسی و بی عدالتی های اجتماعیِ موجود ابراز می کرد و توان خود را در سامان یابی سریع، نشان می داد.

هنگام بازگشت از بندر عباس، یک حادثهٔ دیگر و پیروزی در آن، دوباره روح نسل شورشی ما را در درون من به یقین بدل ساخت و آن را جزو وجودم کرد. ما همگی اجناسی از بندرعباس و جزایر قشم و هرمز خریده بودیم که به خاطر حذف حقوق گمرکی، ارزان تر از اجناس مشابه در تهران بود. ما شنیده بودیم که سر راه بازگشت به تهران پاسگاه های ژاندارمری ماشین ها را بازرسی می کنند و اگر کسی جنسی بیش از حد مجاز داشته باشد، حقوق گمرکی آن را دریافت می کنند. البته کسی از ما پول آن چنانی با خود نداشت که بتواند اجناس و دستگاه های گران قیمتی بخرد و چیزهائی که ما خریده بودیم حداکثر از یکی دو شلوار جین و یا یک دوربین عکاسی تجاوز نمی کرد. ولی ایستادن جلوی پاسگاه، و پیاده کردن تمام چمدان ها و بازرسی طولانی ای که معمولاً در چنین مواقعی پیش می آید باعث شد که ما به فکر چاره ای برای فرار از این مقررات برآئیم.

یکی از بچه ها پیشنهاد کرد که اگر جلوی پاسگاه به ما ایست دادند نایستیم. این پیشنهاد ابتدا با استقبال چندانی مواجه نشد و برخی از بچه ها گفتند که ممکن است به این خاطر به اتوبوس های ما تیراندازی بکنند. ولی عده ای دیگر استدلال کردند که چون ما دوتا اتوبوس هستیم و به در و دیوار اتوبوس های مان هم پارچه و پلاکات های مختلف چسبانده و روی شان نوشته ایم «سفرِ نوروزی دانشجویان مدرسهٔ عالی سینما و تلویزیون» به ما تیراندازی

نخواهند کرد و ما می توانیم از دستشان در برویم و بی خود چند ساعت در آن جا معطل نشویم. بحث در گرفت و موافق و مخالف صحبت های شان را کردند و چون ما تا رسیدن به هتلی در شیراز که قرار بود شب را در آن بگذرانیم و آخرین جشن سفرمان را در آن برگزار کنیم راه زیادی داشتیم همگی با آن پیشنهاد موافقت کردند. تنها شهین وفائی به خاطر مسئولیت اداری اش از این تصمیم دلخور بود که بچه ها او را هم راضی و با خود هماهنگ کردند. ما قرار گذاشتیم همین که جلوی پاسگاه رسیدیم همه با سر و صدای بلند ترانه ای را با هم دم بگیریم و برای ژاندارم ها دست تکان بدهیم و این طور وانمود کنیم که متوجهٔ فرمان ایست آن ها نشده ایم. همین کار را هم کردیم. جلوی پاسگاه یکی دو ماشین شخصی ایستاده بود و ژاندارم ها تمام وسائل آن ها را بیرون ریخته بودند و بازدید می کردند. ژاندارمی که کنار جاده ایستاده بود، با دیدن اتوبوس های ما کمی به داخل جاده آمد و با ورقه دسته دار فلزی که در دست داشت به ما فرمان ایست داد. ولی ما همان طور که قرار گذاشته بودیم، با سر و صدا و ترانه خوانی برای او دست تکان دادیم و اتوبوس های مان به سرعت از جلوی پاسگاه گذشت و به دنبال آن جیغ شادی بچه ها به هوا بلند شد و همه هورا کشیدند. اما بچه هائی که در صندلی های عقب نشسته بودند گزارش دادند که ژاندارم ها با موتور سیکلت به تعقیب ما پرداخته اند و به سرعت به دنبال ما می آیند. ما با سر و صدا و شور و هیجان راننده را تشویق می کردیم که هر چه می تواند تندتر برود. و او هم که عاقل مردی بود که تقریباً دو برابر ما سن داشت، و به شدت تحت تاثیر ما قرار گرفته بود و همراه ما سر و صدا می کرد و جیغ می کشید، بر پدال گاز فشار می داد و با سرعت هرچه تمام تر می راند. اتوبوس عقبی هم عیناً از ما تبعیت می کرد و به سرعت به دنبال ما می آمد. اما علی رغم این سرعت، بچه ها مرتب گزارش می دادند که موتور سیکلت ژاندارم ها مرتب دارد به ما نزدیک می شود، تا عاقبت آن ها توانستند از ما جلو بزنند و با پیچیدن جلوی اتوبوس، ما را ناچار به توقف کنند.

با توقف اتوبوس، بچه ها که تا آن لحظه مشغول جیغ و داد و فریاد بودند ساکت شدند و منتظر ماندند تا ژاندارم ها به درون اتوبوس بیایند. چهار ژاندارمی که به دنبال ما آمده بودند، از موتورهایشان پیاده شدند و دوتا از آن ها با تفنگ های شان رو به ما زانو زدند و نشانه رفتند و دو تن دیگر آن ها به درون اتوبوس ما آمدند. یکی از آن ها استوار و دیگر یک سرباز بود و هر دو اسلحه داشتند. استوار نگاهی به جمعیت توی اتوبوس انداخت و با لحن تندی خطاب به راننده گفت:

«چرا توقف نکردی؟ مگر ندیدی که ایست دادم؟»

راننده که ترسیده بود مِن مِن کرد و یکی از بچه ها که آن جلو ایستاده بود فوراً گفت:

«سرکار ما ندیدیم که شما فرمان ایست بدهید.»
استوار با عصبانیت رو به او برگشت و گفت:
«مگر چشم نداشتید که ببینید؟»
بچه ها با شنیدن این توهین بُراق شدند و علی تدین، یکی از بچه هائی که درس فنی می‌خواند و بچه ها همیشه به خاطر خودکار طلائی و شیک و ژست‌هایش او را «دکتر» خطاب می کردند، از جا برخاست و با لحن پروفسورمابانه و با ژست و ادا گفت:
«مثل این که شما متوجه نیستید با چه کسانی طرف هستید!»
استوار که آدم لاغری بود نگاهی به تدین انداخت و ژست او را تحویل نگرفت و گفت:
«ما از این حرف ها خیلی شنیده ایم.»
تدین این بار با عصبانیت خودکار و دفترچهٔ معروفش را در آورد و پس از نگاهی به پلاک روی سینهٔ استوار شروع به یادداشت کردن نام او کرد و سر او فریاد زد:
«چپق شما را که کشیدند می فهمید با کی طرف هستید.»
قبل از آن که استوار فرصت پاسخی پیدا کند، یکی از بچه ها که کنار صندلی علی تدین ایستاده بود گفت:
«آقای دکتر خواهش می کنم شما ناراحت نشوید. من موضوع را حل می کنم.»
بعد رو به استوار گفت:
«آقا بی‌خود دردسر درست نکن، ما امشب مهمان استاندار شیراز هستیم و باید هرچه زودتر برسیم. حرف شما چیست؟»
استوار که از این وضعیت اندکی جا خورده بود گفت:
«من فقط می‌خواهم بدانم که شما چرا توقف نکردید؟ همین.»
«به‌خاطر این که شما به ما ایست ندادید.»
«چرا ایست دادم.»
«ندادید.»
«دادم.»
بچه ها ناگهان با آهنگی ریتمیک دم گرفتند:
در غروب سرد پائیز ئیز   با نوای فتنه انگیز گیز
در کنار هم می نشستیم تیم   عقدهٔ دل می گشودیم دیم...
علی تدین، در میان آن سر و صدا رو به استوار که از این ترانه خوانی ناگهانی و همگانی جا خورده بود کرد و گفت:
«آقا به شما گفتند که ما امشب مهمان استانداریم، فهمیدید؟»
استوار نگاهی به بچه ها کرد و رو به راننده گفت:

«شماره ات را به ژاندارمری می دهم تا تصدیقت را باطل کنند.»
علی تدین با تشر به استوار گفت:
«من هم می دهم آن درجه هایت را بکنند. برو پائین تا نگفته ام بیاندازنت بیرون!»

استوار که معلوم بود دیگر ترسیده است نگاهی به ما کرد و پیاده شد. و اتوبوس ها، در میان هیاهو و هورا و جیغ بچه ها راه افتاد. ما تا مدت ها بعد از آن، منتظر بودیم که استوار از دست مان شکایت کند. ولی هرگز از این موضوع خبری نشد.

آن سفر نوروزی، همبستگی بین ما را بیش از گذشته محکم کرد و بخصوص کسانی که با هم رفیق بودیم از آن پس احساس رفاقت بیشتری می کردیم. رابطه من و طیفور هم در طی این سفر حسابی جور شد و با هم اخت شدیم. و بعد از آن، دیگر به خانهٔ هم نیز رفت و آمد می کردیم. و در طی این دیدارهای خانگی بود که یکی دو بار کسان دیگری را در خانهٔ او دیدم که حدس می زدم با او روابط سیاسی دارند.

در طی فیلمبرداری یک فیلم از طیفور هم که منیژهٔ عراقی زاده در آن بازی می کرد روابط من و طیفور و من و منیژه خیلی محکم شد. منیژه دانشجوی مدرسهٔ ما و همکلاس طیفور بود و بعد از آن در بسیاری از فیلم هائی که من و علامه زاده ساختیم هم بازی کرد. رابطهٔ من و منیژه پیش رفت و تا آن جا گسترش یافت که خواستیم با هم ازدواج کنیم. ولی، گیج سری ها و بی قراری های من، مانع از آن بود که به عنوان یک شوهر، علاقهٔ لازم را نشان بدهم و به صورت واقعی به دنبال تشکیل خانواده باشم. در واقع قرار ازدواج، حرکتی بود که پیش آمده و هردوی ما به نوعی به آن تن داده بودیم. این قرار، در حالی که هیچ کدام برای آن آمادگی نداشتیم، بعدها حتی رابطه طبیعی ما را به هم زد. یک روز هم وقتی با هم در هال مدرسه نشسته بودیم و من محو تماشای مینو، همان دختری که به شکلی اثیری دوستش داشتم شده بودم، منیژه که گوئی متوجهٔ حالت من شد، به حالت اعتراض از کنارم برخاست و رفت. بعد از آن، مدتی روابط ما سرد شد و بعداً به قطع ارتباط رسید. و من، گیج حالت های ناپایدار، در حالی که به دنبال رویاهای سیاسی ام در آسمان ها به دنبال امکان یک فعالیت می گشتم، ناگهان در روی زمین و در رابطه با طیفور بطحائی و پس از یک سال و هفت هشت ماه آشنائی با او آن را یافتم. با پیشنهاد طیفور، مبنی بر فعالیت مشترک سیاسی جان تازه ای گرفتم و با امید بسیار به شیراز برگشتم.

در دیدار بعدی که با کرامت داشتم، از ارتباط جدیدم با طیفور سخنی نگفتم. و این بار، من هم می خواستم که او را کمتر ببینم، زیرا می ترسیدم تحت تعقیب بودن او، به من و به گروهی که با آن ارتباط پیدا کرده بودم سرایت کند و به ما ضربه بزنند. همین امر هم باعث شد که وقتی در رابطه با طرح

گروگان گیری به دنبال اسلحه می گشتم، ابا داشته باشم که به کرامت رجوع کنم. زیرا فکر می کردم که اگر او هم چنان تحت نظر ساواک باشد، نه تنها ما ضربه خواهیم خورد، بلکه امکان طلائی مان که کس دیگری از آن برخوردار نبود هم در اثر یک بی مبالاتی ساده از میان برود.

در دیدار بعدی با طیفور که در سفرم به تهران رخ داد، می خواستم از موضوع گروهی که عضو آن شده بودم بیشتر بدانم. من غیر از طیفور کس دیگری از بچه های آن گروه را نمی شناختم. البته روابط سیاسی و نوع ارتباط در آن زمان، به خاطر حفظ مسائل امنیتی، غالباً به این شکل بود که در تشکیلات ارتباط به شکل زنجیری برقرار می شد تا در صورت پیش آمدن خطر، ضربه ها به آسانی به همه منتقل نشود. از این رو، ما خود بخود می دانستیم که صلاح در آن است که تا وقتی ضرورتی ایجاب نکرده، راجع به تعداد افراد و هویت آن ها و امکاناتی که در گروه موجود است گفتگوئی به میان نیاوریم و در این باره پرسشی را مطرح نسازیم. ولی من می خواستم به هرحال چیز بیشتری از آن رابطهٔ سادهٔ یک نفره بدانم. ولی به نظرم می آمد که زمان برای چنین درخواستی هنوز زود است. اما بار بعد که به تهران برگشتم، در دیدار با طیفور که پیشنهاد مطالعه برخی متون را می داد، به بحث پرداختم و گفتم:

«من واقعاً نمی دانم که ما چند نفریم و چه کسانی در گروه ما هستند و چه برنامه هائی در دستور کار است. اما من در حال حاضر به دنبال آن نیستم که وقتم را صرف بحث و حرکت های مطالعاتی بکنم. هدف من از فعالیت در این گروه، انجام برنامه های کاملاً مؤثر است. من می خواهم با انجام عملیات مشخص چریکی به شکستن این بن بست کمک کنم. به همین دلیل اگر برنامهٔ عمل خاصی در دستور-هست، به من بگو، و الی من به دنبال یک ارتباط ساده مطالعاتی نیستم.»

طیفور که خود نیز گرایشات چریکی مشخصی داشت، در پاسخ گفت:

«گروه ما، یک گروه چریکی ست و در پیِ انجام عملیات هم هست. ولی موضوع به همین سادگی نیست که تا یکی به عضویت گروه درآمد، فوراً به او اسلحه بدهند و بگویند برو فلانی را بزن. طبعاً هرکس باید یک دورهٔ آزمایشی را بگذراند و طی آن توانائی های عملی و هوشیاری سیاسی و توان نظری خود را نشان دهد.»

بلافاصله پاسخ دادم:

«من آزمایش و این جور چیزها را قبول دارم. و به هرگونه مطالعه ای هم علاقه مندم، ولی مجموعه این ها باید در خدمت عملیات مشخص باشد.»

طیفور گفت:

«همین طور هم هست.»

و قرار شد که روز بعد او یک اعلامیه که تازه از سوی چریک ها پخش

شده بود به من بدهد. روز بعد طیفور اعلامیه را آورد. این موضوع از نظر من خیلی مهم بود. شرایط آن قدر سنگین و امکان برقراری ارتباط آن قدر دشوار بود که به دست آوردن اعلامیهٔ چریک ها، خود، کاری در سطح یک عملیات چریکی به شمار می آمد و به نوعی نشانهٔ ارتباط دارندهٔ اعلامیه با چریک ها بود. در آن شرایط، چریک برفراز سر ذهنیت ما قرار داشت، و بر روح و روان ما حکم می راند. چریک عنصر نامرئی ای بود که قدرتی افسانه ای داشت. قدرتی تهیج کننده و برانگیزنده. و من که اعلامیهٔ چریک ها را به عنوان سندی محکم از پیوند با دنیائی تازه در دست گرفته بودم، امیدوار بودم که پس از آن بتوانم خیلی کارها بکنم.

در دیدار بعدی، طیفور از من خواست که به هر شکل که می توانم یکی از اعلامیهٔ چریک ها را که در بارهٔ مسئله گرانی مسکن و فشاری که از این طریق بر گُردهٔ زحمت کشان وارد می آمد بود را تکثیر کنم. تعداد لازم تکثیر اعلامیه پانصد نسخه بود که تهیهٔ آن به صورت دست نویس کار آسانی نبود. راه دیگر تکثیر آن اعلامیه این بود که آن را با کاغذ کپی در نسخه های پنج صفحه ای با ماشین تحریر تایپ کنم که آن هم کار آسانی نبود و افزون بر آن، من هنوز ماشین نویسی بلد نبودم. در آن زمان، هنوز دست گاه فتوکپی در ایران وجود نداشت و تنها امکان غیرچاپی تکثیر یک اعلامیه، دستگاه کپی استنسیل بود. برای کار با این دستگاه هم، بایَد مطلب مورد نظر روی یک ورقهٔ زینک نرم با مداد آهنی نوشته می شد و بعد این زینک آهنی در دستگاه استنسیل قرارمی گرفت تا با مالیده شدن مرکب بر نوشته های برجستهٔ آن، بتوان آن را کپی کرد. چنین دستگاهی آنقدر بزرگ و سنگین و گران قیمت بود که تنها در اختیار شرکت های بزرگ و یا مؤسسه های آموزشی قرار داشت و ساواک بر خرید و فروش این دستگاه نظارت می کرد. اما من می دانستم که یک نمونه از چنین دستگاهی در مدرسهٔ ما وجود دارد. ولی دسترسی به آن آسان نبود و اتاقی که این دستگاه در آن قرارداشت، همیشه درش قفل بود و برای کار با آن باید اجازه می گرفتیم و یک نفر برای نظارت آن چه کپی می شد با ما می آمد. با این حال کوشیدم تا از طریقی، کلید آن اتاق را کش بروم تا شاید بتوانم در مواقعی که مدرسه تعطیل است به آن جا بروم و کپی های لازم را انجام بدهم. اما هرچه کوشیدم نتوانستم کلید را به دست بیاورم.

از این رو طیفور پیشنهاد کرد که اگر می توانم، اقدام به شناسائیِ امکان مصادرهٔ یکی از این دستگاه ها که در یک کودکستان موجود بود بکنم. و من در آن چند روزی که مرخصی داشتم و در تهران بودم، با ترفندی، به آن کودکستان رفتم و به بهانهٔ ساختن فیلمی از محیط آن جا، اقدام به شناسائی همه جانبهٔ محل آن دستگاه، ساعات کار کودکستان، و این که در مواقع تعطیل چگونه می توانم برای کارهای لازم فیلمبرداری به آن محیط رفت و آمد بکنم و هم چنین این که

در چنان روزهائی چه کسی در کودکستان هست که بتواند به من در کارهایم کمک بکند، اطلاعات لازم را به دست آوردم و راه هائی را که بتوان وارد اتاقی که دستگاه کپی در آن بود شد و دستگاه را از آن جا خارج کرد را بررسی کردم. بعد همهٔ این اطلاعات را در اختیار طیفور گذاشتم تا او بتواند به کمک دیگر اعضای گروه که ظاهراً در تهران بودند در موقع مناسب دستگاه را مصادره کنند و به یک محل امن ببرند.

وقتی به شیراز برگشتم، تمام مدت در انتظار بودم که طیفور به طریقی به من در مورد آن چه در پیش بود اطلاع بدهد و بگوید که آیا موفق به انجام مصادرهٔ دستگاه کپی شده اند یا نه؟ این عملیات از آن رو برای من اهمیت مخصوص داشت که اولین فعالیت مشخص عملیاتی من به شمار می آمد و پیروز شدن در آن می توانست در روحیه ام تاثیرات بسیار مثبتی داشته باشد. اما طیفور در آن مدت به من زنگ نزد و اطلاعی نداد. من خودم نیز زنگ نزدم و در این مورد پرسشی نکردم. زیرا نمی دانستم که آیا اصولاً پرس و جو در این مورد از طریق تلفن درست هست یا نه، و آیا این کار جزو بی مبالاتی های من به شمار نخواهد آمد؟

وقتی برای بار بعد به تهران آمدم و به سراغ طیفور رفتم، متوجه شدم که مصادرهٔ ماشین کپی با موفقیت همراه نبوده و رفقای ما ضمن عملیات با مورد مشکوکی برخورد می کنند که آن ها را از ادامهٔ کار بازمی دارد و آن ها مجبور می شوند ماشین کپی را جلوی در ساختمان رها کنند و از آن جا بگریزند. این شکست، در روحیهٔ من تاثیر منفی داشت و مرا نسبت به ادامهٔ کار با گروه دلسرد کرد. به نظر من چنین اقدامی می توانست به آسانی همراه موفقیت باشد. طبق برآوردهائی که من کرده بودم، واقعاً مصادرهٔ آن دستگاه کار دشوار و پیچیده ای نبود. و اگر این کار را به عهدهٔ خود من می گذاشتند می توانستم از پسش برآیم. ولی چون گروه ما نتوانسته بود این کار آسان را به ثمر برساند، مرا نسبت به توانائی ها و کارآمدی هایش مأیوس کرده بود. بنابراین، حدس زدم که آن گروه، نباید اعضای چندانی هم داشته باشد. اما در این باره با طیفور سخنی نگفتم و احساسم را از او پنهان داشتم و تا وقتی در تهران بودم دیگر به سراغش نرفتم و خیلی زود به شیراز برگشتم.

در شیراز، در این فکر بودم که در پی تماس دیگری باشم و راه دیگری برای ارتباط با یک گروه درست و حسابی پیدا کنم.

چند هفته بعد طیفور به شیراز آمد و سراغ مرا گرفت. من از آمدن او به آن جا تعجب کردم. طیفور برایم شرح داد که چون متوجه ناخشنودی روحیه من شده به سراغم آمده است. او چند روزی را پیش من ماند و چون نتوانست تغییری در وضع من به وجود آورد به تهران برگشت. در واقع آمدن طیفور و بازگشت بی نتیجهٔ او و این که کار دیگری پیشنهاد نکرد برای من به نشانهٔ

درست بودن حدسم در مورد ضعف عملیاتی گروه مان بود و مرا بیش از پیش از ادامهٔ کار دلسرد کرد.

هوا داشت گرم می شد و عید نوروز نزدیک بود. در یکی از برنامه هائی نمایش فیلم انجمن فیلم دانشگاه، با دختری به نام نگار آشنا شدم. نگار دختری بود که در بیشتر انجمن های دانشکده اش فعالیت می کرد و من به وسیلهٔ او، چند دانشجو دیگر را که تمایلات سیاسی چپ داشتند شناختم. آن ها محفل کوچکی داشتند که مطالعه می کردند و به من نیز پیشنهاد دادند که به جمع شان بپوندم. یکی دوبار به خاطر نگار به جمع آن ها رفتم و چون علاقه ام را جلب نکرد، دیگر سراغ شان را نگرفتم. نگار از این موضوع کمی ناراحت شد و تصور می کرد که من اصولاً اهل فعالیت سیاسی نیستم. او خیلی احساساتی و مُقَید بود. با این که می گفت که فقط به خاطر مسائل سیاسی با من رابطه برقرار کرده است، ولی چندی نگذشت که بدون مقدمه از من خواست با او ازدواج کنم. وقتی برایش شرح دادم که من فقط به خاطر مسائل جنسی به سویش رفته ام ولی در عین حال از او خوشم هم می آید، رفتارش سرد شد و مدتی از من کناره گرفت.

عید نوروز فرا رسید و من در آن شرایط که گیج و منگ بودم و دلم از همه چیز گرفته بود، و بخصوص از سردی روابطم با نگار دلخور بودم، به فکر مسافرت افتادم و قصد کردم سفری به بندر عباس بکنم. در واقع، آن آوای وحش دریا دوباره مرا به سوی خود می خواند و احساس می کردم که به گردشی در یک شب آرام و گرم، بر آن ساحل نقره فام نیاز دارم و می خواهم دوباره خود را به دست آن افسون غریب بسپارم. خبر داشتم که مبشری نیز از مسئولیت ادارهٔ تلویزیون بندرعباس برکنار شده و فرد دیگری جای او را گرفته است، و من می توانستم با خیال راحت به آن جا بروم و تعطیلات عید را پیش حسین جعفریان که در آن زمان در مرکز تلویزیونی بندرعباس کار می کرد بمانم.

پس از این که شامم را که باز غذای بدمزه ای بود که دیگر نوعاً به آن عادت کرده بودم خوردم، به زیر پتو خزیدم تا رویاهای شبانهٔ آن شب مهتابی ساحل بندر را در خاطرم مرور کنم و با این خاطرات و گرمائی ملایم پتو و سرگیجه ای که در اثر گرما و پر شدن شکم به سراغم می آمد در رؤیاهای زندانی ام غرقه شوم. در زندان به نوعی از رؤیا و خاطره رسیده بودم که با رؤیاهای بیرونی ام فرق داشت. این رؤیاها، همه دور دست و سرگیجه آور بودند و به هیچ وجه قابلیت تحقق نداشتند. اما خاصیت عجیب شان در آن بود که مرا به شدت گرم می کردند و بکلی از زندان و سختی هایش جدایم می ساختند و فشار تنهائی و بیهوده گی سلول را از بین می بردند. اما هنوز تنم درست گرم نشده بود که نگهبان با سر و صدا در سلول را گشود. از جا پریدم و از زیر پتو بیرون آمدم.

استوار بخشی، که معمولاً کارش پخش سیگار و رسیدگی به امور سررشته داری بود، جلوی در ایستاده بود. اما نه آن موقع، وقت پخش سیگار بود و نه او جعبهٔ سیگارهایش را همراه داشت. او با لحن خشکی از من خواست که سریع بلند شوم و به دنبالش بروم. هوای بیرون سرد بود و من که از زیر پتوی گرم بیرون آمده بودم، و به خاطر آن که فقط پیراهن پاره ای به تن داشتم مور مورم می شد. درآن دو هفته، هیچ امکانی برای دوختن پیراهنم نیافته بودم. کفش صندلم نیز که دیگر می توانستم آن را بپوشم، پاهای بهبود یافتهٔ و بی جورابم را گرم نمی کرد. در آن تاریکی و هوای خنک پائیز، با چشم بندی که بویناک بود به دنبال استوار کشیده می شدم و می لرزیدم. استوار که دست مرا در دست داشت و متوجه لرزیدنم شده بود گفت:

«تو که این قدر می ترسی چرا از این کارها می کنی؟»

در برابر طعنهٔ آزاردهنده اش ساکت ماندم و از این که ترسیدم جوابش را بدهم احساس حقارت کردم. او مرا به یک اتاق تازه که تا آن لحظه آنجا را ندیده بودم برد و در را بست و رفت. آنجا اتاقی بود که برخلاف دیگر اتاق های بازجوئی که خالی و سرد و تاریک بودند، دارای فرش و مبل و آینهٔ دیواری بود و افزون بر لوستر سقف، یک آباژور پایه دار نیز فضای آن را با نور نارنجی روشن می کرد.

اتاق آینه یکی دو مبل چهارگوش نرم و سنگین داشت ولی پایه های بقیه مبل هایش نازک و لق لقو بود. گوشه باسنم را روی یکی از مبل های لق لقو گذاشتم و یک وری نشستم. به این شکل آماده بودم اگر صدای پائی بشنوم از قبل از جا برخیزم؛ زیرا، نه دلم می خواست جلوی پای بازجوها بلند شوم و نه این که با برنخاستن جلوی آن ها، نسبت به خودم حساس شان کنم. مدتی در اتاق ماندم، ولی کسی به سراغم نیامد. بعد استوار آمد و مرا به زیرزمین شکنجه برد و دست و پایم را به تخت بست و باز رفت.

نیم ساعت در همان حالت باقی ماندم و هزاران فکر از ذهنم گذشت، نمی توانستم دریابم که برای چه ابتدا مرا به آن اتاق، و بعد به زیرزمین آورده اند. طی آن چند روز بارها مرا به بازجوئی برده و هر بار از من خواسته بودند که تمام ماجرای فعالیت خود را از ابتدا تا آخر بنویسم. هربار هم این بازنویسی ها چندین ساعت متوالی به درازا کشیده و هدف از آن هم برایم من روشن نبود. از این بازجوئی های تکراری، تنها، این را دریافته بودم که دیگر نکتهٔ مجهول و ناشناخته ای از پروندهٔ ما برای آن ها باقی نمانده است و از همین رو، احتمال این که باز کتک بخورم را تقریباً منتفی می دانستم؛ به همین دلیل، به تخت بسته شدن دوباره ام را نمی فهمیدم. و این، مرا به فکر واداشته بود. زیر زمینِ شکنجه، اتاقی بود در حدود چهار در پنج متر و با دیوارهای آجری و کثیف کهَ نور ضعیفی فضای آن را روشن می کرد و بر دیوارهایش انواع کابل های کلفت

و نازک برای شکنجه آویزان بود. یک تخت دونفرهٔ فنری، با یک دشک پنبه ای پاره پوره نیز در آن قرار داشت که دست های زندانی را بر کمان بالای تخت می بستند، و پاهای او را بر کمان پائینی تخت طوری طناب پیچ مَی کردند که بتوانند بدون مزاحمت لبهٔ تخت، بر کف پاها شلاق بزنند. استوار نیز مرا به همین حالت، یعنی به شکل بره ای که بخواهند کبابش کنند بر تخت بسته بود. و من می دیدم که در آن حالت بی دفاع، در دستان آن ها اسیرم و آن ها به هر شکل که دل شان می خواهد، بدون آن که وجدانی قانون مند داشته باشند، بدون در نظر گرفتن ذره ای معیار انسانی، هر رفتاری که می خواهند می کنند؛ و در مقابل، این من بودم که ضمن آن که باید منتظر شکنجه می ماندم، مجبور بودم مدام با خودم نیز بجنگم و از ترسی که بر وجودم سایه انداخته بود شرمنده باشم. گوئی این حق قانونی آنان بود که مرا شکنجه و تحقیر کنند و اعصاب و احساسم را به بازی بگیرند. و من نمی بایست هرگز به ذهنم برسد که در مقابل آن رفتار اعتراض کنم، و می بایست به این راضی باشم که هرروز کتکم نزنند. گوئی قاعدهٔ این بازی وحشیانه، هم از سوی شکنجه گر و هم از سوی شکنجه شونده پذیرفته شده بود. روی تخت، گوشم بیش از هر عضوی حساس شده بود و با شنیدن هر صدای پائی بر پله ها می گفتم؛ آمدند!

صدای پای کسی را بر پله های زیرزمین شنیدم و حدس زدم که «داودی» ست. زیرا او چنان هیکل گُنده ای داشت که وقتی با آن گام های سنگینش از پله های آجری زیرزمین پائین می آمد پنجره و تخت اتاق شکنجه را به لرزه وامی داشت. داودی به همراه صانعی، که بازجوئی «چهره سفید» بود و جزو عقاب ها به شمار نمی آمد، در آستانهٔ درِ شکنجه گاه ظاهر شد. ولی داودی ناگهان از همان جا برگشت و فقط صانعی به سَوی من آمد و با لبخندی حاکی از پیروزی بر کسی که در مقابلش بی دفاع بر تخت بسته شده بود گفت:

«حالت خوب است؟!»

در مقابل نیشخند او که در آن احوال پرسی مسخره، هدفی جز قدرت نمائی نداشت لبخند مأیوسانه ای زدم. او که به حالتی پیروزمند بالای سر من ایستاده بود پرسید:

«هنوز هم می خواهی انکار کنی که می خواستید به جان اعلیحضرت سوء قصد کنید؟»

چشمانم را تنگ کردم و گفتم:

«این موضوع که برای شما روشن شده است و من تا حالا چند بار گفته ام که چنین طرحی نداشته ایم.»

گفت:

«ولی همهٔ بچه های شما می گویند که می خواسته اید چنین کاری را بکنید، ولی تو یکی انکار می کنی؟»

«همهٔ بچه ها چه کسانی هستند؟ من فقط با طیفور و رضا علامه زاده و جمشیدی در بارهٔ گروگان گرفتن صحبت کرده ام و این را هم تاحالا بیش از پنج بار در بازجوئی های کتبی ام نوشته ام.»

«همه این هائی که می گوئی به این طرح اعتراف کرده اند و حتی کرامت دانشیان هم می گوید که تو به او گفته ای که قصد ترور شاه را داشته ای.»

از شنیدن نام دانشیان جا خوردم و حس کردم که آن ها برای به میان کشیدن پای او به این پرونده توطئه کرده اند. با قاطعیت گفتم:

«کرامت هرگز جزو گروه ما نبوده و من هم هرگز با او در این مورد صحبت نکرده ام.»

صانعی خندید و گفت:

«دانشیان همین الآن در همین سلول ها در نزدیکی شماها ست و او هم در کنار شما جزو توطئه گران بوده است.»

از میان پلک های به هم فشرده ام در سکوت نگاهش کردم. تصور این که کرامت هم با ما دستگیر شده باشد برایم باور کردنی نبود. صانعی که می دید نگاه من به او از سر ناباوری است گفت:

«به هر حال این موضوعی ست که باید روشن کنی. در این جا کسی نمی تواند حرف هایش را نزند.»

«من، در این باره حرفی برای زدن ندارم.»

«بسیار خوب!»

لحنش تهدید کننده بود. یکی از کابل های روی دیوار را برداشت و به سوی من آمد. من که فکر نمی کردم که او هم جزو بازجوهای شکنجه کننده باشد، جاخوردم و عضلات بدنم حالت دفاعی گرفت و برای کتک خوردن منقبض شد. در همان وقت کسی از بیرون او را صدا زد. صانعی که داشت کابل را در دست می چرخاند و خود را آمادهٔ زدن می کرد، نگاهی به سوی در انداخت و کابل را لبهٔ تخت گذاشت و بیرون رفت. چند لحظه بعد شنیدم که به کسی گفت:

«فعلاً ببرش تا کار من تمام بشود.»

استوار وارد زیرزمین شد و مرا باز کرد و چشم بند زد و به سلول بازگرداند. پیدا بود که صانعی را عمداً در آن لحظهٔ صدا زده اند. از این که در آن لحظه ترسیده بودم از خودم خجالت کشیدم. حس می کردم که آن ها به آسانی می توانند با من بازی کنند و با یک ترفند ابتدائی مرا به وحشت بیندازند. مسلماً ترس عاملی انسانی ست و من فکر نمی کنم که کسی در دنیا پیدا شود که از کتک خوردن واهمه نداشته باشد. اما من، بیشتر از این که از بازی آن ها گول خورده و ترسیده بودم خودم را سرزنش می کردم. ماجرای کرامت هم گیجم کرده بود. آیا واقعاً او را هم دستگیر کرده بودند؟ آیا او هم جزو گروه ما بود؟ و آیا در بارهٔ

ترور شاه هم چیزی به آن ها گفته بود؟

تا یک هفته کسی به سراغم نیامد. ولی با این حال، من منتظر بودم که باز مرا به زیرزمین ببرند و دوباره به تخت ببندند و در بارهٔ طرح ترور شاه مورد بازجوئی قرار دهند. در طی این مدت کوشیدم، راهی برای تماس با بچه ها پیدا کنم. اگر صانعی راست می گفت و کرامت هم در همان سلول ها بود پس باید می کوشیدم که او را به هنگام رفتن به دستشوئی از درز سوراخ درِ سلول ببینم. از اواخر هفتهٔ اول که زخم پاهایم رو به بهبودی رفته و روحیه ام بهتر شده بود. روزها برمی خاستم و در سلول راه می رفتم. ناخن های کنده شده ام هنوز نیفتاده بودند ولی در جایشان لق می خوردند و وقتی آن ها را تکان می دادم درد نمی گرفتند. با این حال، کمی با احتیاط راه می رفتم و در سلولم آرام قدم می زدم. یکی دو بار هم جرأت کرده بودم که دایرهٔ فلزی روی سوراخ در را به بیرون فشار بدهم و از فاصله ای که بین آن و درِ سلول ایجاد می شد، به قسمتی از راهرو که در دیدم قرار می گرفت نگاهی بیَندازم. البته از آن درز باریک نمی توانستم محل نشستن نگهبان را که معمولاً بر یک صندلی و در نزدیکی در بود ببینم و مطمئن باشم که او مرا غافل گیر نخواهد کرد. ولی با این حال، همین که به خودم آمده بودم، با شنیدن صدای پای بچه هائی که به دستشوئی می رفتند به سوی در می رفتم و می کوشیدم ببینم شاید یک آشنا از آن جا رد شود. اما تا آن لحظه هیچ کدام از بچه های خودمان را ندیده بودم. در آن راهرو دو دستشوئی وجود داشت و من حدس می زدم که بچه های ما احتمالاً در سلول های طرفی هستند که به دستشوئی مقابل می روند و من نمی توانم آن ها را ببینم. با این حال بیشتر وقت ها را قدم می زدم و همواره آماده بودم که به سوی درز سوراخ در بروم واز آن جا بیرون را نگاه کنم. قدم زدن حسن دیگری هم داشت و آن این بود که مرا حسابی خسته می کرد تا هرشب بتوانم بعد از غذا به زیر پتو بخزم و در آرامش و گرما و رخوت به رویاهای خود فرو بروم. من روزی پانزده هزار قدم می زدم. از صبح ساعت هفت، بعد از آن که صبحانه را می خوردم شروع می کردم. ولی تعداد قدم ها را نمی شمردم؛ بلکه تعداد طی شدن های طول سلول را که حدوداً به دومتر می رسید و من در چهار قدم آن را طی می کردم می شمردم و در یک جهت هم دور می زدم که در اثر تکرار، نوعی سر گیجهٔ کیف آور برایم تولید می کرد و سبب می شد که گاهی تعادلم را به شکل خوش آیند و مستانه ای از دست بدهم و دوباره بر خود مسلط شوم و به قدم زدن بپردازم. به این ترتیب، روزی نزدیک به هفت هشت کیلومتر راه می رفتم و این مقدار را در دو نوبت، یعنی یک بار قبل از ظهر و یک بار هم در دو ساعت بعد از غذا انجام می دادم. در آن بین نیز به استراحت به حالت نشسته می پرداختم. این برنامه، بجز در روزهائی که به بازجوئی می رفتم هر روز انجام می گرفت و نه تنها ورزش به حساب می آمد و مرا سرحال نگه می داشت، و خسته ام می کرد که شب بتوانم

غرق رویاهای انتقام گیرنده ام شوم؛ بلکه سبب می شد که گذشت زمان را نفهمم و تنهائی و بیکاری کشندهٔ سلول را پشت سر بگذارم و ذره ذره به آن عادت کنم و دریابم که در جهنم هم می توان زنده ماند و خود را حفظ کرد. و من به این ترتیب توانستم پنج هفته را در آن سلول به تنهائی سر کنم. در واقع من دیگر آن جا تنها نبودم. شب ها از زندان بیرون می زدم و هرجا دلم می خواست می رفتم. می دانستم که مادرم بیش از همه نگران من است. بارها به سراغش می رفتم و دلداریش می دادم. می دانستم که خیلی ها دلشان برایم شور می زند. به آرامی به سراغ همهٔ آن ها می رفتم و و غافلگیرشان می کردم. می گفتم ببینید؛ صحیح و سالمم و هیچ اتفاقی برایم نیفتاده است. و بعد می رفتم سر بند و یکی دو استکان عرق خنک می زدم و کمی شنگول برمی گشتم به سلولم و می خوابیدم.

یک شب که بیش از اندازه عرق خورده بودم، تصمیم گرفتم برای عید بروم بندرعباس. سفر به بندر عباس می توانست در آن شرایط برایم خیلی لذت بخش باشد. هوای نوروزی بندر، مثل عید دو سال پیش که برای اول بار به آن جا رفته بودم، گرم بود. منتهی این بار تنها بودم. حسین جعفریان اتاقی در خوابگاه خودشان در تلویزیون برایم گرفت و من روزها که او مشغول به کار بود، به تنهائی به لب دریا و بازار و این ور و آن ور و یا به جزایر قشم و هرمز می رفتم و می کوشیدم در میان مردم بندر، بخصوص در میان سیاهان آن جا که احساس می کردم به نوعی در این کشور احساس غریبی می کنند و گوئی همیشه دل شان می خواهد به سرزمین اجداد خود، به افریقا برگردند، خود را گم کنم و همان حس غریبه گی در سرزمین خودم به من دست بدهد و گرمای سرگیجه ای عجیب را در وجودم احساس کنم.

یک روز در قشم، وقتی از لنج پیاده شدم، هوا گرم و آب مثل شیشه بود و جلبک های دریائی مانند سبزی گندیده در ته آب، با حرکت موج هائی که زورشان به آن ها نمی رسید به آرامی تکان می خورند. از همان فاصله می شد فهمید که آب شور و غلیظ ست. پایه های چوبی اسکله، آهک بسته و گره دار بود و در عمق آب، رنگ سبز تیره داشت و در محل تماس با موج های ساحل، به سفیدی می زد. در ساحل، در سایه تراس یک رستوران محلی که شبیه قهوه خانه بود و میز و صندلی های آبی رنگ و چوبیِ لکنته داشت نشستم و غذا خوردم و به مردمی که در رفت و آمد بودند، به مسافران نوروزی، و به دسته های دانشجو خیره شدم. آفتاب با رنگ زرد تندی می تابید و بر سفیدی ساختمان رستوران و زردی سنگ و شن ساحل منعکس می شد و به صورت لکه های نور بر بدنهٔ لنج ها بازی می کرد. ولنگاری حضور در تعطیلات عید، نه تنها دانشجوها، بلکه مردم عادی را هم فراگرفته بود و آن ها با بی قیدی دست شان را در اجناس بساطی ها که از شلوار جین و زیرپیراهن و شورت و جوراب گرفته، تا دوربین عکاسی و ضبط صوت و باطری و ناخن گیر و سنجاق داشتند فرومی بردند و

همه چیز را به هم می‌زدند، و بدون آن که چیزی بخرند می‌رفتند. کار اصلی پسرهای لاغر و تیره پوست فروشنده، خیره شدن به دختران دانشجوئی بود که از ذوق گرمای زودرس جنوب، برجسته گی های بدن خود را بیرون انداخته بودند. آن دسته های دانشجوئیِ دختر و پسر، با ولوله و خنده و شوخی با هم حرکت می کردند، و سر هر دکان و بساط، اجناس را با بی خیالی زیر و رو می کردند و به بساط بعدی می رفتند.

چند بار به یاد نگار افتادم. وقتی به او گفته بودم که برای مسائل جنسی به او نزدیک شده ام، چنان در چشمان من خیره شده بود که انگار آدم جانی و خطرناکی هستم. از هیچ چیز خشنود نبودم. درآن گرما، لب هایم را بر هم می فشردم و حس می کردم حوصله ام از آن سفر تنها سر رفته است. دلم می خواست برگردم. حس می کردم زندگی برایم سنگین شده است. به مرد پیری خیره شده بودم که به کرامت دانشیان شبیه بود.

به همین دلیل، هرطور بود دلم می خواست در آن شرایط باز کرامت را ببینم. صانعی طوری از دستگیری او حرف زده بود که فکر نمی کردم دروغ گفته باشد؛ ولی هرچه از درز درِ سلول نگاه می کردم، نه او و نه هیچ کدام دیگر از بچه ها را نمی دیدم.

شب بعد، باز همین که به زیر پتو خزیدم تا تخیلاتم را آغاز کنم، درِ سلول با سر و صدا باز شد و یک سرباز مرا به اتاق بازجوئی برد. دریافتم که عَمداً مرا در آن وقت شب به بازجوئی می برند تا لرزِ سرما روحیه ام را تضعیف کند و من نتوانم در مقابل بازجوهایم چهره ای مطمئن به خود داشته باشم. این بار هم تا اتاق بازجوئی از سرما لرزیدم. منتهی سربازی که مرا چشم بسته به دنبال خود می کشید، نسبت به لرزش من واکنشی نداشت. او مرا مستقیم به اتاق بازجوئی برد و چشم بندم را برداشت، و من برای اولین بار یکی از بچه های گروه خودمان را دیدم. ایرج جمشیدی بر یک صندلی و در مقابل او دادرس بر یک صندلی دیگر نشسته بود. از دیدن او خیلی خوشحال شدم؛ ولی او سرش را پائین انداخته بود و مرا نگاه نمی کرد. دادرس از من خواست که به آن ها نزدیک شوم و بر یک صندلی در برابرشان بنشینم. جلو رفتم و سلام کردم و نشستم. اما فقط دادرس جواب سلام مرا داد و ایرج هم چنان سر به پائین داشت و به من نگاه نمی کرد. دادرس نگاهی به من انداخت و پرسید:

«باز هم می خواهی انکار کنی و بگوئی قصد ترور اعلیحضرت را نداشته اید؟»

من با لبخندی از سرناچاری، گفتم:

«من که چندین بار در این باره حقیقت ماجرا را به شما گفته ام.»

دادرس در جواب من رو به جمشیدی کرد و گفت:

«می توانی بگوئی که در بازجوئی چه گفته ای!»

جمشیدی بدون آنکه به من نگاه کند گفت:
«سماکار به من گفته است که گروه ما قصد ترور اعلیحضرت را دارد.»
من مانند جرقه از جا جهیدم و به او گفتم:
«من؟ من به تو چنین حرفی زده ام؟»
دادرس با هجوم به سوی من گفت:
«اجازه نداری با این حرفی بزنی، با من حرف بزن.»
رو به او گفتم:
«این حرف واقعیت ندارد. من چنین حرفی به جمشیدی نزده ام.»
دادرس گفت:
«من نمی فهمم که تو چرا دوست داری کتک بخوری؟ چرا نمی خواهی مثل بقیه راحت حرفت را بزنی؟ ما این جا کسانی داشته ایم که حتی یک چک نخورده اند و همهٔ حرف های شان را زده اند- رو به جمشیدی ادامه داد- درست است؟»
جمشیدی همانطور که سرش پائین بود جواب نداد.
بعد دادرس رو به من گفت:
«ولی تو که بیشتر از همه کتک خورده ای، هنوز داری مقاومت می کنی و حرف نمی زنی!»
آشکار بود که می خواهد با تحقیر جمشیدی، به غرور من میدان بدهد و مرا به این نتیجه برساند که دیگر مقاومتی لازم نیست. با لحنی که غرور در آن نبود گفتم:
«چه مقاومتی؟ نگفتن این حرف که تخفیفی در اتهام سنگین ما نمی دهد.»
دادرس گفت:
«مسئلهٔ ما روشن شدن حقیقت است.»
از حرف او خنده ام گرفت ولی خودداری کردم که او متوجه تمسخر من نشود. دادرس گفت:
«بنابراین انکار بی فایده است.»
من فقط نگاهش کردم. او از جا برخاست و از در بیرون رفت. بلافاصله یک سرباز آمد و جمشیدی را که هم چنان سرش پائین بود همراه خود بیرون برد. پیدا بود که جمشیدی شدیداً احساس آزرده گی کرده است و من نگرانش بودم. از او خداحافظی کردم. برگشت و لبخندی زد و رفت.
دادرس دوباره وارد شد و این بار رضا علامه زاده را همراه آورد. با دیدن رضا از جا جهیدم و او را در آغوش گرفتم. دادرس که انتظار چنین برخورد سرحال و شادی را از سوی ما نداشت، ما را برانداز کرد و گفت:
«آقایان قهرمان بفرمایند بنشینند.»
هردو نشستیم. دادرس بدون این که به ما نگاه کند گفت:

«یک چیزهائی هست که باید روشن کنید و حرف شما دوتا یکی شود. این یکی - به علامه زاده اشاره کرد- می گوید ما می خواستیم شهبانو فرح را گروگان بگیریم، تو می گوئی می خواستیم والاحضرت ولیعهد را گروگان بگیریم. کدام تان راستش را می گوئید؟»

من و رضا به هم نگاه کردیم و رضا علامه‌زاده بلافاصله گفت:

«خود همین موضوع نشان می‌دهد که ما حتی هنوز فرصت نکرده بودیم در این باره حرف بزنیم. در واقع ما فقط با هم حرف زده‌ایم. آن‌هم به صورت ناقص و هرکدام‌مان تصورهای جداگانه از موضوع داشته‌ایم.»

دادرس گفت:

«بسیار خوب، بسیار خوب. آقایان یک چیزی هم طلبکار هستند. اصلاً لازم نیست حرف های‌تان یکی باشد.»

از روحیه و حاضر جوابی رضا در آن شرایط دشوار خیلی خوشم آمد. او سرحال به نظرمی‌رسید و کت چرمی و شلوار تمیزی به پا داشت. دادرس نگاهی به هردوی ما انداخت و گفت:

«تو چرا هیچ چیز تنت نیست؟ چرا پیراهنت این قدر پاره است؟»

خودشان زیر شکنجه پیراهنم را پاره کرده و در طول این مدت که بیش از یک ماه و نیم از دستگیری ما می گذشت و هوا کاملاً سرد شده بود، هیچ گونه لباسی در اختیار من نگذاشته بودند و بعد چنین سئوالی می کردند. در جواب او سکوت کردم.

دادرس رو به رضا علامه زاده گفت:

«خُب تو که ملاقات داشته‌ای، چرا یک پیراهنی چیزی نمی‌دهی این بپوشد.»

رضا با شتابی که بی‌تقصیری‌اش را نشان می‌داد گفت:

«من که نمی‌دانستم این کجاست. همین الان که برگشتم هرچه لازم داشته باشد به او می‌دهم.»

دادرس پرسید:

«هردوی شما در انفرادی هستید؟»

و ما هردو بلافاصله جواب مثبت دادیم. از تصور این که رضا را بعد از این همه تنهائی پیش من بگذارند در پوست خود نمی گنجیدم و مطمئن بودم که دادرس این کار را خواهد کرد.

دادرس به حالتی که گوئی دیگر به دنبال بهانه گیری از ما نیست و می خواهد به ما امتیاز بدهد گفت:

« می گویم شما را به عمومی ببرند.»

شاد و سرحال به سلولم بازگشتم. در طول راه دیگر سرمای هوا را حس نمی کردم. سرباز که در را برویم بست، دو سه تا مشت محکم کاراته ای توی

هوا زدم و گفتم «هی!». گرمِ گرم بودم و تند تند راه می‌رفتم. این بار طول سلول بیش از سه قدمم نبود. با هر باز و بسته شدن دری می ایستادم و گوش تیز می کردم که صدای پائی را به سوی سلولم بشنوم. نیم ساعتی به همان سرعت و حدت راه رفتم و ایستادم. دلم نمی خواست غذایم را که حتی برخلاف همیشه خوش خوراک هم به نظر می‌رسید و در غیابم آورده و در سلول گذاشته بودند بخورم. اما خبری نبود. باز به راه رفتن ادامه دادم. دیگر آهنگ قدم هایم به شدت قبل نبود. عاقبت درِ سلولم باز شد و نگهبان چند لباس تا شده را به سویم دراز کرد و گفت:

«این ها مال تو است.»

لباس ها را داد و در را بست و رفت. جا خورده بودم. اعصابم از بازی پلید آن ها گُر گرفته بود. نشستم و لباس ها را روی زانوهایم گذاشتم. رضا برایم یک پیراهن، یک جفت جوراب و یک پلیور فرستاده بود. احساس خستگی می کردم. گرسنه ام شده بود. شامم را در سکوت مطلق خوردم و بدون هیچ رویائی خوابیدم.

شب بعد مرا به یکی از سلول های ردیف وسط بردند. ایرج جمشیدی و یک از همکاران شاعرش در روزنامهٔ کیهان در آن سلول بودند. هردوی آن ها خیلی محتاط رفتار می کردند. بخصوص ایرج که هنوز تحت تاثیر حادثهٔ شب قبل بود و انتظار نداشت که من با او گرم برخورد کنم با صدائی فروخورده جواب سلام مرا داد. ولی من او را در آغوش گرفتم و بوسیدم. سلول جدید به نسبت سلول قبلی من بزرگتر، و دیوارهایش از بتون بود و رنگ روغن شکلاتی بر خود داشت و سه چهار نفر می توانستند در آن بخوابند. نگاهی به دیوارهای سلول که هیچ گونه نوشته ای بر سطح بتونی خود نداشت انداختم و از ایرج پرسیدم:

«چند وقته که تو این سلولی؟»

«تازه آمده ام.»

«قبلا تو انفرادی بودی؟»

«آره یَک چند روزی. بعد آمدم این جا.»

پرسیدم:

«کی دستگیر شدی؟»

مکثی کرد و گفت:

«چهارشنبه ۲۹ شهریور.»

«چطور شد که دستگیر شدی؟ می دانی ما از کجا لو رفته ایم؟»

شانه ها و دست هایش را از هم گشود و گفت:

«نمی دانم. وقتی مرا گرفتند، همه چیز را می دانستند.»

«نمی دانی اول چه کسی را دستگیر کرده اند؟»

«نه. ولی وقتی مرا گرفتند همه چیز را می دانستند.»

«تو را کجا گرفتند؟»

«در تهران.»

«همین طوری آمدند تو را گرفتند؟ در خانه تان؟»

«نه، من رفته بودم همدان. از همدان که برگشتم جلوی خانه مان منتظرم بودند و مرا گرفتند.»

«پس تو هم مسافرت بودی.»

«آره، رفته بودم همدان...- کمی مکث کرد و بعد ادامه داد- تهران که بودم، قرار بود دو شنبه اش بروم اسلحه ها را تحویل بگیرم.»

با هیجان پرسیدم:

«پس قرار بود تو اسلحه ها را تحویل بگیری؟ چی شد، گرفتی؟»

«نه.»

«چرا؟»

«روزی که به سر قرار رفتم، ترسیدم. تا آن لحظه موضوع برایم آن قدر جدی نبود. ولی سر آن قرار، وقتی فکر کردم که لحظه ای دیگر اسلحه ها را تحویل خواهم گرفت به تردید افتادم. موضوع کاملاً جدی و سنگین شده بود و من حس می کردم توان انجام این کار را ندارم. قرار بود اول یک علامت سلامتی بر یک تیر چراغ برق بزنم و حدود نیم ساعت بعد، از همان جا بگذرم و ببینم آیا طرفِ مقابل هم علامت سلامتی زده است یا نه. بعد اگر علامت طرف هم مثبت بود، باید به محل تحویل اسلحه ها می رفتم و آن ها را می گرفتم.»

کمی مکث کرد. آهنگ صدایش پائین بود و می شد فهمید که تمایل چندانی ندارد که همه چیز را شرح دهد. با این حال گفتم:

«خُب بعد؟»

«هیچی... ، علامت نزدم. از همانجا برگشتم. رفتم همدان.»

«همدان؟ برای چی همدان؟»

«... آن جا فامیل داشتیم. فکر کردم اگر بخواهند ما را بگیرند، کسی به دنبالم به آن جا نمی آید.»

«چرا بگیرند، مگر چیز مشکوکی دیده بودی؟»

«نه. ولی،... ترسیده بودم.»

«خُب بعد؟»

«بعدش هیچی، برگشتم تهران.»

«هیچ خبر داشتی که کسی را گرفته اند یا نه؟»

«نه، خبر نداشتم.»

«چرا برگشتی؟»

«نمی دانم. فکر کردم که خبری نشده و من بی خود فرار کرده ام. فکر کردم فرارم می تواند موجب لو رفتنِ ما بشود.»

«وقتی رفتی همدان، اصلاً به کسی خبر دادی؟»

«نه.»
«به هیچ کس؟»
«به هیچ کس چیزی نگفتم...»
«بعد از تحویل اسلحه ها، قرار بود آن ها را به چه کسی بدهی؟ به طیفور؟ -و بلافاصله اضافه کردم- البته مجبور نیستی به این سئوال جواب بدهی.»

برای لحظه ای فکر کرده بودم که ممکن است او بعضی حرف ها را به ساواک نگفته باشد و صلاح هم نباشد که همه چیز را جلوی شاعر که نمی دانستم چه جور آدمی ست از او بپرسم. ولی جمشیدی گفت:

«نه، مسئلهٔ پنهانی در میان نیست. ساواک همه چیز را می داند. قبل از آمدنِ من همه چیز را می دانست.»
«حتی می دانست که تو به همدان رفته ای؟»
«نه این را نمی دانست.»
«پس تو تحت تعقیب نبوده ای.»
«فکر می کنم که تحت تعقیب نبوده ام.»
«پس در این فاصله چه پیش آمده و چه کسی اول دستگیر شده است؟»
«من فکر می کنم طیفور به عنوان اولین نفر دستگیر شده است.»
«از کجا این را می گوئی، مگر طیفور را دیده ای؟»
«نه، ولی...»
«ولی چی؟»
«دادرس می گفت که طیفور نفر اول بوده است.»
«خودش گفت؟»
«نه، یک طوری حرف می زد که من فهمیدم طیفور نفر اول بوده.»
«نمی دانی طیفور چطور دستگیر شده است؟»
«نه.»

بعید می دانستم که طیفور نفر اول دستگیرشده باشد. گفتم:

«فکر نمی کنی که دادرس عمداً موضوع را طوری گفته که تو فکر کنی طیفور اول دستگیر شده و همه را لو داده است؟»

ساکت شد. معلوم بود می ترسد و نمی خواهد جلوی شاعر در این جور مسائل اظهار نظر کند. با حالتی بی تفاوت گفت:

«نمی دانم.»

گفتم:

«نمی دانی آن های دیگر...، شکوه فرهنگ، مرتضی سیاه پوش یا کسان دیگر...، کِی دستگیر شده اند؟ اصلاً چند نفر توی گروه ما بوده اند؟»

«من نمی دانم چند نفر در گروه بوده اند. من فقط شکوه، مریم، و سیاه پوش را می شناسم. نمی دانم آن ها کِی دستگیر شده اند.»

«مریم دیگر کیست؟»

«مریم اتحادیه. تو کیهان کار می کرد. دوست شکوه و من بود.»

«خُب...، قرار بود اسلحه ها را به کی بدهی؟ فکر نکردی اگر به همدان رفتنت را به کسی خبر ندهی بچه ها ممکن است نگران شوند و فکر کنند که تو موقع تحویل اسلحه دستگیر شده ای؟»

«نه...»

«عجب...، یعنی قرار بود به بچه ها خبر بدهی و ندادی و رفتی همدان؟»

«آره.»

«خُب، شاید همین موضوع باعث دستگیری بچه ها شده باشد. اگر خبر می دادی شاید خودشان را جمع و جور می کردند.»

جمشیدی ساکت شد. فکر می کردم اگر با چنین آدمی در عملیات شرکت می کردیم، حتماً با شکست مواجه می شدیم.

پرسیدم:

«اسلحه ها را از چه کسی قرار بود بگیری؟»

«فکر می کنم از چریک ها.»

«پس آن ها هم دستگیر شده اند؟»

«نمی دانم.»

«پس چه جوری با آن ها قرار گذاشته بودی؟»

«من قرار نگذاشته بودم. طیفور با آن ها رابطه داشت.»

«یعنی تو با کسی تماس نمی گرفتی؟»

«نه، قرار بود بعد از این که آن ها علامت سلامتی را زدند، من به چند خیابان آن طرف تر بروم و کیف اسلحه ها را از یک ماشین که صندوق عقبش باز بود بردارم.»

«حتماً ماشین هم دزدی بوده.»

«فکر می کنم.»

معلوم بود که چریک ها حساب دقیقی برای تحویل اسلحه کرده اند که تماس های غیرضروری را به حداقل برسانند. دلم می خواست باز دربارهٔ جزئیات مسائل مختلف از او سئوال کنم؛ ولی، هم جمشیدی و هم شاعر حوصله شان سر رفته بود. بخصوص شاعر حال چندان مساعدی نداشت و در خودش فرو رفته بود. او از این که با کسانی که پروندهٔ سنگینی داشتند در یک سلول قرار گرفته بود احساس وحشت می کرد. بعید نمی دانستم که او را برای خبر گرفتن از وضع ما به آن سلول آورده باشند. از نحوهٔ برخورد جمشیدی با او نیز دریافتم که آن ها یک دیگر را به خوبی می شناسند، ولی گوئی هر دو از سخن گفتن نزد هم ابا دارند. البته من از شاعر چندان توقعی نداشتم. او به شکلی اتفاقی در مسیر ما قرار گرفته بود. ولی از جمشیدی کاملاً دلخور بودم. معلوم بود او به محض

دستگیر شدن خودش را باخته و تمام جزئیات روابطش را شرح داده است. طبعاً با وحشتی که هنگام تحویل گرفتن اسلحه دچارش شده است، رفتاری غیر از این نیز از او بعید بود. در واقع، از طیفور دلخور بودم که چنین آدمی را برای شرکت در عملیاتیِ به آن مهمی به من معرفی کرده بود.

رابطهٔ من و طیفور تا مدتی قطع بود. در سفر بعدیم به تهران، طیفور را دیدم و او از طرحی برای انفجار آنتن تلویزیون شیراز در زمان برگزاری جشن هنر حرف زد. با بی میلی به حرف های او گوش کردم و قول هیچ گونه همکاری ندادم. زیرا نمی دانستم که آیا واقعاً گروه توان انجام عملیاتی را دارد و یا نه؟ اما طیفور با حرارت شرح می داد که اگر بتوانیم به هنگام افتتاح مراسم جشن هنر، و در حالی که خبرنگاران داخلی و خارجی مشغول تهیه گزارش از گشایش مراسم در حضور فرح هستند آنتن تلویزیون را منفجر کنیم و سبب قطع برنامه های مربوطه بشویم، ضربهٔ بزرگی به حیثیت سیاسی رژیم وارد خواهد آمد. او معتقد بود که هم زمان با این عملیات، باید یک گروه تبلیغی نیز اعلامیه ای را در شهر و در میان مردمی که در مراسم شرکت کرده اند پخش کند و هدف افشاگرانهٔ عملیات را توضیح بدهد. در این اعلامیه می بایست به فقر و فلاکت زندگی مردم و همچنین به مخارج هنگفتی که صرف برگزاری جشن هنر می شود نیز اشاره شود. وبخصوص با اشاره به برگزاری جشن های دوهزار و پانصد ساله که سال قبل از آن در شیراز برگزار شده و آثار و عواقبش هنوز باقی بود و با اشاره به جشن هنر جاری و بودجه های هنگفت آن و مقایسهٔ آن با بودجه و امکانات زیستی و رفَاهیِ زندگی مردم و عدم تامین حداقل احتیاجات اولیهٔ آن ها، بخصوص در مناطِق خشک و بی بر جنوب کشور، زمینهٔ رسوائی هرچه بیشتر رژیم شاه را فراهم آورد. طبعاً اجرای چنین طرحی سر و صدای زیادی بر پا می کرد و به عنوان پاسخی به سانسور و بستن دهان مخالفین، ضربه ای اساسی به رژیم محسوب می شد. به ویژه با توجه به سرکوب و کشتاری که رژیم از چریک ها کرده بود، این حرکت می توانست سبب ایجاد روحیهٔ تازه ای برای جنبش باشد. با تمام این ها من در تردید بودم که در این طرح شرکت داشته باشم. اما دو روز بعد، وقتی به شیراز بر می گشتم، پذیرفته بودم که هرطور شده نقشهٔ تلویزیون شیراز را برای کمک به انجام این عملیات فراهم کنم. و اولین اقدامم در شیراز این بود که توجیه لازم را برای به دست آوردن نقشه ساختمان تلویزیون بیابم.

ساختمان مراکز تلویزیونی در ایران، مثل ساختمان تلویزیون بندرعباس و شیراز، از طرح و شکلی زیبا برخوردار بود و نشان می داد که معمار طراح این ساختمان ها به زیبائی شناسی سنتی توجه داشته و طرح خود را با توجه به روحیه و آب و هوای محلی ریخته اند. تلویزیون شیراز، از چهار بازوی بلند که

سه تای آن ها یکدیگر را در یک محل با زوایای نود درجه قطع می کردند تشکیل شده بود و بازوی اولی، که بلافاصله بعد از سالن ورودی به سمت راست می پیچید به این مجموعه اضافه می شد. در دو طرف این بازوها، به تناسب، اتاق های بزرگ و کوچکی ساخته شده بود و ساختمان استودیوها نیز به شکل چند ضلعی های بزرگ، طرح غیرقرینه ای را با زیبائی ای به چشم آمدنی در ترکیب حجم های موجود در مجموعهٔ بنا ایجاد می کرد. این نقشه در کل شکل یک حرف H بدون بازوی چپ بالا را داشت و استودیوها، هردو در انتهای بازوی راست بالا، و با ابعاد مختلف ساخته شده بود و فضاهای خالی، به صورت حیاط های چمن کاری بین آن ها و بین راهروها قرار داشت که پنجرهٔ اتاق های متعددی به آن ها باز می شد و از آن ها نور می گرفت. بر بالای ورودی اصلی ساختمان نیز، چند اتاق به عنوان دفتر مدیر مرکز ساخته بودند. این مجموعه، با یک آنتن بزرگ به ارتفاع شصت متر که پشت ساختمان و تقریباً در سمت راست آن قرار داشت تکمیل می شد.

یک روز که فرصت لازم را گیرآوردم، چندبار به همهٔ گوشه و کنار ساختمان و هم چنین به محل آنتن تلویزیون سرک کشیدم، تا در درجهٔ اول امکان عملی بودن طرح را بررسی کنم. پس از بررسی های اولیه که انجام طرح را به نظرم عملی نشان می داد، کوشیدم تا اطلاعات لازم را فراهم کنم. قرار بود نقشه تلویزیون را به دست آورم و آن را در اختیار بچه ها قرار دهم تا عملیات توسط آن ها انجام شود. افزون براین، قرار بود قطر پایه های فلزی آنتن را نیز حساب کنم تا مواد منفجرهٔ مورد نیاز برای آن محاسبه شود.

با پرسش های غیرمستقیمی که از این و آن در بارهٔ معمار و طراح ساختمان می کردم تا جستجوی مرا برای به دست آوردن نقشه لو ندهد، متوجه شدم که اصل نقشه قابل دسترسی ست. اما من باید طوری آن را به دست می آوردم که توجه هیچ کس جلب نشود. اما نقشه ساختمان در یکی از اتاق های بخش اداری قرار داشت که هیچ وقت خالی از جمعیت نبود. برای توجیه رفت و آمدم به آن جا با یکی از کارمندان آن اتاق گرم گرفتم. در یکی از رفت و آمدها، کلید کمدی را که نقشه در آن بود بلند کردم ودر اولین فرصت یکی از روی آن ساختم و بعد آن را سرجایش برگرداندم. سپس، در بعد از ظهر یک روز پنج شنبه به آن اتاق رفتم و موقع خروج، به طوری که دوستم متوجه نشود یک پنجرهٔ رو به حیاط پشتی را باز گذاشتم تا بعداً بتوانم از راه آن وارد اتاق شوم. بخش اداری روزهای جمعه تعطیل بود، ولی من به دلیل کار فیلمبرداری و پخش برنامهٔ تلویزیون در هر ساعت از شب و روز به تلویزیون رفت و آمد می کردم. صبح روز بعد، خیلی زودتر از معمول به تلویزیون رفتم. درِ اصلیِ ساختمان باز بود، ولی هنوز در آن روز جمعه کسی از مأموران اطلاعات پشَت میزَ کارش حضور نداشت. حدس می زدم که مأمور کشیکِ آن روز، در را باز کرده تا اگر کسی کار داشت

بتواند داخل شود، و خودش، احتمالاً نزد دوستانش به قسمت اتاق نگهبانی که پشت کیوسک جلوی زنجیر ورودیِ پارکینگ قرارداشت رفته است. اصولاً موقعیت داخلی تلویزیون و بخصوصِ رفت و آمد من که به صورت مرتب انجام می‌شد توجه و حساسیت کسی را جلب نمی کرد. و من با اطمینان از این موضوع، فوراً به اتاق فیلمبرداری رفتم و با کلیدی که همواره در اختیار داشتم در را باز کردم واز پنجرهٔ آن به محوطهٔ چمن کاری بین راهروها پا گذاشتم و به حالتی عادی شروع به قدم زدن کردم و خودم را به پنجرهٔ مربوطه رساندم. هوا نسبتاً خنک بود و صدای گنجشک هائی که در میان شاخ و برگ به هم فشردهٔ درخت ها بال و پر می زدند، در آن سکوت صبح گاهی روز جمعه به گوش می رسید. نگاهی به اطراف انداختم و با ظاهری آسوده و مطمئن، مانند کسی که می خواهد از هوای خوب و آفتابی لذت ببرد، دور و برم را وارسی کردم. وقتی مطمئن شدم که کسی در آن حوالی نیست، به پنجره تکیه دادم و و آن را به داخل فشار دادم. ولی پنجره باز نشد. فوراً دستگیرهٔ آن را که خنک بود و ذرات شبنم ملایمی را بر خود داشت گرفتم و چرخاندم؛ اما دستگیره هم حرکت نکرد. نگاهی به پنجرهٔ بعدی انداختم و دیدم که اشتباه نکرده ام و درست مقابل همان پنجره ای قرار دارم که روز قبل از داخل بازش کرده بودم. از پنجره نگاهی به درون انداختم. همه چیز سر جای خودش قرار داشت و سکوتی مطلق فضای اتاق را انباشته بود. با این حال به سراغ پنجرهٔ بعدی رفتم و دستگیرهٔ آن را هم امتحان کردم. آن هم بسته بود. فهمیدم که کسی پنجره را بسته است. هنگامی که برمی گشتم که به اتاقم بروم، ناگهان با نگهبان که داشت مرا از پنجرهٔ اتاق خودم نگاه می کرد روبرو شدم و به شدت جا خوردم. او تا مرا دید گفت:

«ببخشید، آمدم ببینم اگر می خواهید به استودیو بروید در را برای تان باز کنم.»

من که نفس های عمیق می کشیدم و داشتم خودم را کنترل می کردم گفتم:

«نه نه، با استودیو کار ندارم. امروز فیلمبرداری داریم، آمدم باطری ها را بگذارم شارژ شوند. دیروز یادم رفته بود.»

بعد برای آن که رفتنم را به حیاط توجیه کنم گفتم:

«ولی عجب هوائی ست! آدم هوس می کند روی این چمن ها دراز بکشد.»

نگهبان گفت:

«بله هوای خوبی ست.»

بعد که حضور خود را در آن جا اضافه دید گفت:

«اگر با من کاری ندارید، با اجازه می روم.»

و رفت. از پنجره به اتاق رفتم و تا مدتی از غافلگیر شدنم گیج بودم. با این حال بعید بود که او به چیزی مشکوک شده باشد. دیدم عاقلانه تر بود که به هنگام ورود می گذاشتم نگهبان مرا ببیند تا خود را موظف نبیند به دنبالم بیاید.

در دیدار با بطحائی در تهران، به او اطلاع دادم که به دست آوردن نقشه می تواند با خطر همراه باشد، و بهتر است راه دیگری برای حل مسئله پیدا کنم. و پیشنهاد کردم که خودم یک نقشه از مجموعهٔ ساختمان بکشم و به او بدهم. طیفور این فکر را پسندید و گفت که در ضمن، باید محل های نگهبانی و تعداد نگهبان ها و مسیری را که آن ها قدم می زنند و مدت و حرکت تناوبی پاس آن ها را، تماماً بررسی کنم و در اختیار او بگذارم.

این بار با کلی کار به شیراز برگشتم. تهیهٔ نقشهٔ ساختمان تلویزیون، در مقابلِ بررسی وضعیت نگهبان ها کار بسیار ساده ای به نظر می رسید. و من در انجامِ همان کار ساده هم موفق نشده بودم. اما برای بررسی وضع نگهبان ها لازم بود اقدامات گوناگونی انجام دهم.

مدتی را در کمال آرامش به بررسی موضوع گذراندم و عاقبت یک روز دوربین فیلمبرداری ام را برداشتم و ضمن قدم زدن در محوطهٔ چمن تلویزیون، و فیلمبرداری از گل و گیاه و ساختمان، به محل نگهبانی نزدیک شدم و به گفتگو و خوش و بش با نگهبان ها که جزو گروهان ژاندارمری بودند پرداختم. آن ها مرا به خوردن چای در اتاقک خود دعوت کردند. بلافاصله پذیرفتم و وارد اتاق شدم. فرصت مناسبی بود که از کار و وضعیت و گرفتاری و سختی نگهبانی و این که در دل شب آدم ناچار است هر چند ساعت به چند ساعت برخیزد و به نگهبانی و قدم زدن در هوای تابستان و زمستان بپردازد صحبت کردم. اتاق نگهبان ها دو ردیف تخت سه طبقه داشت که با پتوهای سربازی آنکادر شده بود، اما رسمیت و نظم پادگانی را به خاطر محیط غیرنظامیِ کار فاقد بود و بر یک چراغ والور، یک کتری و قوری وز وز می کرد و به آن جا منظرهٔ یک اتاق روستائی می داد.

از سختی کار خودمان که شب و روز باید حاضر به کار باشیم نیز سخن گفتم و برای نگهبان ها شرح دادم که در زمان سربازی، مثل خود آن ها نگهبانی داده ام و طعم نگهبانی در هوای سرد و گرم را چشیده ام و به سختی کارشان واقفم. همدلی من با آن ها هرگونه حساسیتی را نسبت به پرس و جوهایم از بین می برد. به این ترتیب دریافتم که شب ها مواعد نگهبانی و مسیر حرکت آن ها چگونه است و کلاً چند نگهبان در آن محوطه کشیک می دهند. برای تهیه نقشهٔ ساختمان نیز مجبور بودم ابعاد واقعی آن را در نظر داشته باشم، به همین نیت، روزها به قدم زدن در اطراف و در درون ساختمان می پرداختم تا اندازه ها دستم بیاید. بعد از مدتی عاقبت توانستم نقشهٔ نسبتاً تر و تمیز و مرتبی در بُعدی قابل قبول بکشم. اما باز از نتایج کار خشنود نبودم. به همین خاطر، این بار به بهانهٔ مطالعهٔ روی نوع معماری ساختمان تلویزیون و فراهم کردن مواد اولیه برای ساختن یک فیلم مستند، دوربین عکاسی ام را راه انداختم و از همهٔ زوایای ساختمان، از محل نگهبانی، از خود نگهبان ها و از آنتن، و از بالای آنتن از همهٔ محوطه،

عکس های فراوان در نورهای مختلف انداختم و همهٔ آن ها را به اضافهٔ اطلاعات مربوط به امور نگهبانی با خودم به تهران بردم.

طیفور از نتایج کار خشنود شد. اما پس از مطالعه همه چیز مسئله ای را مطرح کرد که من خود نیز بارها به آن فکر کرده بودم. او معتقد بود که در صورت انجام عملیات، طبعاً ساواک متوجهٔ کارمندان تلویزیون خواهد شد و می کوشد در میان آن ها سر نخی از عاملین انفجار پیدا کند و من اولین نفری هستم به او شک خواهند برد. زیرا نسبت به دیگران، از هر نظر شرایطم برای شرکت در چنین کاری بیشتر است. بنابراین امکان دارد که حتی مرا بگیرند و به زیر شکنجه ببرند. به این ترتیب احتمال آن هست که همه چیز لو برود و نه تنها من، بلکه از طریق من، پای طیفور و بعد دیگران به میان کشیده شود. از این رو پیشنهادش این بود که من بلافاصله بعد از عملیات، زندگی مخفی در پیش بگیرم.

من راضی به این کار نبودم و زندگی مخفی را مانند مرگ می دانستم و پایان خوشی در آن برایم متصور نبود. گرچه خودم را حتی برای کشته شدن نیز آماده کرده بودم؛ ولی، کشته شدن یک آن بود؛ در حالی که، هول و هراس زندگی مخفی می توانست روزی صدبار مرا بکُشد.

به همین دلیل، برای فرار از شر چنین پیشنهادی گفتم که می توانم برای شبِ عملیات، برنامه فیلمبرداری در یکی از مراسم جشن هنر بگذارم و به این ترتیبِ یک سپر ایمنی برای خودم بسازم و اثبات کنم که به هنگام انفجار در تلویزیون حضور نداشته ام. افزون بر این، مخفی شدن من بعد از عملیات به مثابهٔ آن بود که به دست خودم، شرکتم در عملیات را اعلام کرده باشم. ولی عاقبت نتوانستم در مقابل خطر دستگیری و استدلالی که در این زمینه وجود داشت مقاومت کنم و باید در این باره تصمیم عاقلانه ای می گرفتم. به همین دلیل، پاسخ به این پیشنهاد را به مدتی بعد موکول کردم.

این بار وقتی به شیراز برمی گشتم، کاملاً گیج بودم و می بایست مهم ترین تصمیم زندگی ام را می گرفتم. مرتب این جملهٔ معروف را که «عمر چریک کوتاه است» تکرار می کردم و می کوشیدم خودم را قانع کنم که چاره ای جز پذیرش آن ندارم. اما می دیدم که پیش از آن، هرگز واقعیت تا آن حد برایم سنگین نبوده است.

دو هفته نگذشته بود که سر و کلهٔ طیفور در شیراز پیدا شد. او ظاهراً نتوانسته بود تا پایان ماه که موعد قرار ما بود صبر کند وزودتر آمده بود تا از تصمیم من در این مورد آگاه شود. و پس از آن که فهمید که من با موضوع توافق دارم از خوشحالی انگشتان مرا مدتی چلاند.

چند هفته بعد، باز طیفور به شیراز آمد و گفت که با توجه به خطیر بودن موقعیت و آشنا نبودن بچه ها به محیط تلویزیون شیراز، گروه به این نتیجه رسیده

است که این کار خطرات زیادی در بَر دارد، و بنابراین، یا خود من باید انجام آن عملیات را به عهده بگیرم و یا از آن صرف نظر کنیم.

این بار در مقابل این پیشنهاد و برای پذیرش انجام عملیات توسط خودم، نیاز چندانی به فکر کردن نداشتم. و حتی قبلاً بطور ضمنی می خواستم این پیشنهاد را بکنم. زیرا، در زمانی که به زندگی مخفی می اندیشیدم، با خود می گفتم که اصلاً چه نیازی هست که دیگران برای انجام آن عملیات، خود را در یک محیط ناآشنا به خطر بیندازند. طبعاً وقتی با انجام این عملیات، زندگی من در خطر قرارمی گرفت، دیگر چه نیازی بود که دیگر اعضای گروه در خطر قرار گیرند، و بخاطر ناآشنائی آن ها با محیط، احتمالاً عملیات نیز با شکست مواجه شود. به این ترتیب، انجام عملیات را پذیرفتم و طیفور از شادی پیشنهاد کرد که شب مهمان او باشم و یک عرق خوری حسابی راه بیندازیم.

من آن نقشه را بعداً از میان بردم، اما عکس ها و فیلم هائی که از ساختمان تلویزیون گرفته بودم، در کمد وسائلم در تلویزیون تهران نگه داشتم که تماماً به دست ساواک افتاد و بار بعد که به بازجوئی رفتم، موضوع بر سر کشف رمز و راز همین محتویات کمد من در تلویزیون بود. گویا این مدارک، در بازدیدی که مسئولین قسمت فیلمبرداری بعد از دستگیری من از کمد وسائلم کرده بودند، کشف و به آگاهی ساواک رسیده بود. به همین دلیل دوباره مرا به بازجوئی بردند تا از علت وجود آن عکس ها و فیلم ها در کمد من سردرآورند. البته ساواک متوجه موضوع خاصی در آن عکس ها نشده بود، ولی می خواستند بدانند که من به چه نیتی آن چیزها را در کمدم نگه داشته ام. به همین دلیل، بعد از این که بار دیگر مرا به تخت شکنجه بستند، به شکلی غافل گیر کننده ای موضوع عکس ها و فیلم ها را مطرح کردند و علت وجود چنان چیزهائی را در کمدم پرسیدند.

اما من که در طول آن روزها احتمال کشف محتویات کمدم را می دادم پاسخ آماده ای داشتم و فوراً گفتم که آن عکس ها بخشی از مطالعات من در بارهٔ معماری ست و فیلم ها هم متعلق به برنامه ای ست برای بچه ها که من در شیراز به اتفاق یکی از تهیه کنندگان آن جا می ساختم. و همان طور که روی تخت بسته شده بودم، اطلاعات فنی و شرح مفصلی هم راجع به نوع فیلمبرداری و تهیه برنامه های تلویزیونی دادم و حسابی بازجویم را که داود خیاطی بود گیج کردم و او قانع شد که موضوع مهمی در جریان نبوده است. حتی به حالتی نیمه معترض گفتم که چرا برای هر پرسش و پاسخی مرا به تخت شکنجه می بندند؟ و آخر سر خشنود بودم که موضوع لو نرفته است.

یک ماه بعد، برای همه چیز آماده بودم. فقط سه هفته تا شروع جشن هنر وقت داشتیم. و من منتظر بودم که طبق قرار، دو هفته پیش از شروع جشن ها

وسائل انفجار در اختیارم قرار گیرد.

اما ناگهان اجرای طرح به هم خورد. طیفور چند روز زودتر از موعد به شیراز آمد و در یک دیدار اضطراری برایم شرح داد که بچه های گروهی که قرار بوده مواد منفجره را به ما بدهند دستگیر شده اند و به این ترتیب امکان اجرای طرح وجود ندارد.

من که از چنین پیش آمدی جاخوردم، خواهان اطلاعات بیشتری شدم و خواستم مطالب بیشتری دربارهٔ آن گروه به من گفته شود تا اگر ضربه به ما هم منتقل شد، توجیه های لازم را برای ارتباط های مان داشته باشم. اما طیفور به من اطمینان داد که هیچ کس از اعضای آن گروه از وجود من، و از طرح انفجار آنتن تلویزیون شیراز اطلاع ندارد، و آن گروه فقط قرار بوده مواد را برای یک انفجار نامشخص در اختیار یک رابط و از آن طریق در اختیار گروه ما قرار دهد. از این رو، هیچ گونه خطری ما را تهدید نمی کند.

تا چند روز حالم گرفته بود. طیفور که رفت، به مجموعهٔ روابطی که تا آن زمان با او داشتم فکر کردم و کوشیدم یک ارزیابی از حاصل فعالیت های آن مدت بکنم. اما اطلاعات من برای آن ارزیابی کافی نبود و من واقعاً نمی دانستم اشکالاتی که به وجود آمده بود تا چه حد قابل اجتناب بوده است. نتیجه این که در اثر بررسی های خود فقط داغ می کردم و بیشتر گیج می شدم. آن چند هفته خیلی زود گذشت، و جشن هنر با همهٔ ظواهر و عواقبش آغاز گشت و شلوغی و هیاهوی آن برای مدتی مرا به خود مشغول داشت و سبب شد تا از ملالم بیرون بیایم.

شیراز خود را برای جشن هنر مهیا می کرد و در تلویزیون، به عنوان ستاد تبلیغاتی آن غلغله ای برپا بود. بخش تولید تلویزیون تهران هرساله به کمک تلویزیون شیراز می آمد و افراد و وسایل بسیاری را برای فیلمبرداری و ضبط تلویزیونیِ مراسم جشن هنر به شیراز می فرستاد. بسیاری از دوستان و هم شاگردی های پیشین من نیز به شیراز آمده بودند تا در اجرای برنامه ها شرکت کنند. در مدت جشن هنر، هتل های شهر برای اقامت هنرمندان مهمان که از نقاط مختلف دنیا به شیراز می آمدند رزرو می شد و خوابگاه دانشگاه نیز که معمولاً در ماه های مرداد و شهریور خالی از دانشجو بود برای سکونت خبرنگاران و کارکنان رادیو تلویزیون در اختیار جشن هنر قرار می گرفت.

در یک کلام، از یک هفته پیش از آغاز جشن هنر، چهرهٔ شهر تغییر می کرد و در هر کوی و برزن می شد با چهره های تازه واردین روبرو شد. رستوران ها و مراکز تفریحی شیراز نیز خود را برای برخورد با این جشن آماده می کردند. مردم عادی نیز خواه ناخواه به این موج مهمانان برمی خوردند و از آنان متأثر می شدند؛ زیرا، محل اجرای نمایش ها، تماماً سالن های دربسته و محیط های ویژه نبود؛ بلکه سازمان جشن هنر، از تمام امکانات و محل های ممکن، مثل

حافظیه و سعدیه، بناهایِ تاریخی و کوچه و بازار برای اجرای مراسم استفاده می کرد. و جشن ها عملاً در معرض دید و قضاوت مردم محل نیز واقع می شد.

طبعاً در رابطه با جشن هنر، بخصوص در میان روشنفکران و دانشجویان عقاید مخالف بسیاری وجود داشت که هیچ کدام یارای اظهار وجود نمی کردند و گروه های مخالف، اگر هم در درون خفیه گاه های خویش به بحث و اظهار نظر دربارهٔ آثار و نتایج این جشن می پرداختند، ولی امکان هیچ گونه اظهار نظر علنی نداشتند و از ترس زندان و شکنجه ناچار به سکوت بودند. در مقابل، میدان برای جلوه فروشی های موافقان و عاشقان سینه چاک جشن هنر باز بود. و تحت تاثیر تبلیغات و سر و صداها و شلوغی جشن هنر، جمعیت های تماشاگر و هنرمند و آرتیست، در تب مدهای تازه، خود را مجاز می دانستند به هر شکلی که می خواهند دربیایند و به سر و گردن شان دستمال های رنگی ببندند و گل های درشت پُر برگ بزنند و شلوارهای جین شان را تا زانو جر بدهند و پا برهنه راه بروند و ولَع خود را در شیراز با سرک کشیدن به تمام سوراخ سنبه های بازار و مسجد و بناهای قدیمی، و خریدن خرمُهره و گلوبند چرمیِ کُجی دار و نعل اسب و افسار خر ارضاء کنند.

دورهٔ عجیبی بود. یک طرف، فقر و گرسنگی بیداد می کرد، جنگ و قحطی و بی عدالتی دنیا را گرفته بود و به خاطر جنگ ویتنام، اعتراض و غوغا بپا بود و تظاهرات، حتی شهرهای شلوغ آمریکا را هم درمی نوردید؛ و یک طرف دیگر، تب مدرنیسم در و دیوار و زمین و زمان را در تسخیر خود داشت و نسبت به سرنوشت بشر دهن کجی می کرد. در این دوره، «هنر برای هنر»ی ها با احساسی از پیروزی و رونق بازار، راه خود را سرافرازانه از «هنر متعهد»ی ها جدا می کردند و از سوی رژیم ها تقویت می شدند. نمایش های «نو»، موسیقی «نو»، شعبده بازی های «نو»، کاباره های «نو» و همهٔ چیزهای نوِ دیگر با خود موجی می آورد که خیلی ها را هوائی کرده بود.

هنرمندان غربی که به عنوان مهمان می آمدند، بسیار مغرور بودند و چاپلوسان ایرانیِ خود را که دور و برشان می پلکیدند آدم های بی مایه ای می دانستند. در مقابلِ، مسابقهٔ عجیبی بین خیلی ها برای نزدیک شدن به آن ها وجود داشت، و در این راه به هر رفتار عجیب و غریبی دست می زدند که خودشان را مانند این هنرمندان مدرن نشان بدهند. اشتوک هاوزن را از آن سر دنیا آورده بودند که با دیگ و کماجدان و خاک انداز و کف گیر موزیک بزنند. او بساطش را توی بازار شیراز پهن می کرد و جماعت مبهوت، دور و برش را می گرفتند و او با اسباب و آلاتی که به نظر تماشاچیانَش مسخره می آمد موزیک عجیب و غریبش را اجرا می کرد. تماشاچی هایش فقط آدم های نظام فتیله و هنرمندان گیوه و عرق گیرپوش نبودند. گاری چی ها و خرک چی های بازار، پسربچه های بپای دکان ها، حاجی های ریشو و شکم گنده که دم دکان ها می نشستند و با بادبزن

خودشان را باد می‌زدند هم مشتری‌های او به شمار می‌آمدند. زن‌هائی که با زنبیل برای خرید آمده بودند می‌ایستادند و با حیرت به حرکات محیرالعقول و سر و صداهای عجیبی که نوازنده‌های ارکستر اشتوک هاوزن با وسائل آشپزخانهٔ آن‌ها ایجاد می‌کردند گوش می‌دادند و زیر چادر از خنده تکان می‌خوردند. شاگرد خیاط‌ها برای اشتوک هاوزن سوت می‌کشیدند و دست می‌زدند. حتی کهنه جمع کن‌ها و حمال‌ها لحظه‌ای توقف می‌کردند و زیر بار سنگین‌شان لبخند می‌زدند و چانه‌هایشان را در سکوت به سوی او تکان می‌دادند؛ معلوم بود در دل‌شان چیزهائی راجع به او می‌گویند. دورهٔ آخر زمان بود و همه چیز مسخره به نظر می‌آمد. مردم به خنده می‌افتادند و کیف می‌کردند. اشتوک هاوزن هم از همهٔ این‌ها کیف می‌کرد. در این میان تنها مداحان و هنرمندان نوجو بودند که از این همه بی فرهنگی و تمسخرِ شرنده پرنده پوش‌ها، و از نیشخند حمال‌ها آزرده می‌شدند.

آمریکائی‌ها هم بیکار نبودند. در یکی از نمایش‌ها که فکر می‌کنم مال آن‌ها بود، یک مشت آدم آبی پوش، با کلاه‌های لبه تخت کشتی مانند، و واکسیل و یراق و دکمه‌های طلائی، تفنگ‌هائی به دوش داشتَنَد که دود سفیدی از آن‌ها خارج می‌شد و عده‌ای دیگر که حسابی صورت‌هایشان را سفیداب مالیده بودند و لب‌های قرمز رنگ کرده داشتند، دست را روی قلب‌شان می‌گذاشتند و خود را به زمین می‌انداختند و در یک نمایش بی سر و صدا، ادای صحنه‌های جنگ داخلی را در می‌آوردند. بعد طبل و شیپور کوتاهی می‌نواختند و توجه همه را به پایان صحنه جلب می‌کردند.

پیتر بروک، و تاتر «عروسک‌ها» از لهستان غوغا می‌کردند. منتها عروسک‌ها، اجرائی از تاتر بود که بیش‌تر از همه غوغا می‌کرد و تاتر پیتر بروک با آن همه مدرنیسم‌اش، با آن همه حرکت‌های کُند و طولانی‌اش در رقابت هرگز به پای آن نمی‌رسید و نمی‌توانست آن چنان «هنری» به نظر آید. این تئاتر از همه رقم تماشاچی داشت، چون هنرپیشه‌هایش که بیشتر زن بودند، لختِ مادرزاد وسط صحنه می‌دویدند و همهٔ نقاط ممنوعه را با دست و دلبازی در معَرض نگاه جماعتِ مشتاق می‌گذاشتند. قرار شده بود این تئاتر جلوی فرح پهلوی در استودیویَ تلویزیون شیراز به اجرا درآید و ضبط تلویزیونی شود که من هم یکی از مسئولین دوربین‌های آن بودم.

روز دوم بعد از شروع جشن هنر، وقتی از فیلمبرداری یک صحنهٔ خبری به تلویزیون برمی‌گشتم، جلوی ورودی اصلی ناگهان به مینو، همان دختری که از زمان دانشجوئی به شکلی اثیری دوستش داشتم و دختر رویاهایم بود برخوردم. از دیدن او دست و پایم را گم کردم و زبانم بند آمد. گرچه در طول آن روزها بسیاری از دانشجویان هم مدرسه‌ای قبلی‌ام را دیده بودم، ولی هرگز انتظار نداشتم با مینو روبرو شوم. او چمدانی جلوی پایش بود و تا مرا دید با شادی به

سویم آمد و گفت:

«سلام عباس جان.»

من مات و منگ جلویش ایستاده بودم. ناگهان به خودم آمدم و گفتم:

«سلام، تو این جا چه کار می کنی؟»

«یک ساعت است که رسیده ام. همهٔ اتاق های خوابگاه دانشگاه پُر است. جا ندارم. آمدم این جا سراغ تو را گرفتم، گفتند رفته ای فیلمبرداری. گفتم بمانم تا بیائی.»

چمدانش را برداشتم و راه افتادم و گفتم،

«حالا بیا برویم تو، من باید فیلم ها را تحویل لابراتوار بدهم. بعد برایت جا گیرمی آورم.»

بعد از تحویل فیلم ها به لابراتوار، وقتی داشتیم به اتاق فیلمبردارها می رفتیم، چند تا از بچه های رادیو که از استودیو بیرون آمده بودند، با دیدن چنین دختر خوشگلی لبخند زدند و ما را برانداز کردند. دستیارم نیز بلافاصله پشت سر ما به اتاق آمد و وسائل فیلمبرداری را که از ماشین آورده بود در کمد گذاشت و رفت.

نگاهی به مینو که خیلی خودمانی روی میز من نشست کردم و گفتم:

«بگذار اول چندتا تلفن کاری بکنیم که اتاقت جور بشود، بعد می رویم بوفه یک چیزی می خوریم.»

سرش را به چپ و راست تکان داد و گفت:

«من چیزی میل ندارم. مهم ترین چیز برایم گرفتن اتاق است.»

جلوی او بر روی میز نشستم و گوشی تلفن را برداشتم و به قد بلند و چهرهٔ درشت زیبایش چشم دوختم. لباس تابستانی آبی رنگ و سبُک و گل و گشادی به تن دَاشت که او را خیلی رسیده نشان می داد. و چشمان آبی مورب، و پوست صافش حالتی بچه گانه و راستگو به او می بخشید. پیدا بود خودش نمی داند که وقتی دماغش را بالا می کشد و گونه هایش چال می افتد، چقدر خوشگل می شود.

پرسیدم:

«از کجا می دانستی که من شیرازم؟»

«از بچه های خوابگاه شنیدم. گفتند عباس این جا ست. برو پیشش حتماً برایت جا گیر می آورد.»

گفتم:

«بگذار ببینم.»

به مسئول خوابگاه جشن هنر زنگ زدم. نبود. گفتند که فردا می آید. گوشی را گذاشتم و به فکر فَرو رفتم. مینو بلافاصله پرسید:

«چی شد؟ یارو نیست؟»

«نه، الان دیر وقت است. فردا می آید.»

با لحن ملتمسانه ای گفت:

«پس من امشب کجا بخوابم؟... خانهٔ تو جا نیست؟»

با این که منتظر چنین پرسشی بودم، دست پاچه شدم. با شتاب گفتم:

«چرا، چرا. من و رضی دو تا اتاق داریم که یکی ش همیشه خالی ست. این روزها هم همه آش پیش بچه های خوابگاهیم. اگر بخواهی می توانی به خانهٔ ما بیائی.»

بسیار خوشحال شد و تشکر کرد. برخاستیم و به سوی خانه راه افتادیم. وقتی برای راهنمائی، جلوتر از او از پله ها بالا می رفتم، چهرهٔ بچه گانهٔ او در ذهنم بود. پشت سرم با قدم های سنگین بالا می آمد و نگذاشته بود چمدانش را بردارم.

در این فکر بودم که آیا هرگز می توانم به او اظهار علاقه کنم؟ مگر یک دخترچه می توانست بخواهد؟ بعید بود که چنین موجود خوشگل بی شیله پیله ای بیهوده بخواهد در برابر کسی که آن چنان دیوانه وار دوستش داشت بجنگد. حدس می زدم که حتی آن نگاه های عاشقانهٔ من در مدرسهٔ فیلم را هم دریافته بود؛ زیرا بارها خواسته بود غافلگیرم کند، و من نگاهم را دزدیده بودم. می شد فهمید که از نگاهای من هراسی نداشت و چه بسا از من خوشش می آمد. اما هر بار که به شکلی جدی به او می اندیشیدم، دست و پایم شُل می شد. انگار اجازهٔ کاسته شدن از حرارت سوزان این رابطه وجود نداشت.

در خانه، اتاق نشیمن و محل رختخواب های اضافی و حمام و وسائلی را که احتمالاً نیاز داشت نشانش دادم و کلید ذخیرهٔ خانه را به او دادم تا هر وقت دلش بخواهد بتواند بیاید و برود. و یک آن در چشمان او خیره شدم. در آن دم، دل دل می کردم که بنشینم و ببینم فرصت یک گفت گوی ویژه فراهم می شود یا نه. ولی او گفت که می خواهد به حمام برود و من هم مانند کسی که غافلگیر شده باشد، با دست پاچگی اعلام کردم که باید به تلویزیون برگردم. و گفتم می تواند بعداً بیاید و مرا آنجا پیدا کند.

وقتی از پله ها پائین می آمدم که از خانه خارج شوم، یاد شعر معروف «یار در خانه و ما گرد جهان می گردیم» افتادم و خنده ام گرفت. موجودی در خانهٔ من بود که هم چنان که از آن جا دور می شدم، انگار تارهای متصل به قلبم که به آن وصل بود، مرا باز به آن جا می کشید و درونم را تهی می کرد. جرأت نکرده بودم با او در خانه تنها بمانم. شب را هم در خانه نخوابیدم. هم خانه ام نیز پیدایش نبود. آخر شب، مینو را که می خواست به خانه برود با ماشین یکی از بچه ها رساندم و خودم به خوابگاه برگشتم. اما وقتی خوابیدم، تمام ماجرای آن روز جلوی چشمم بود. در تاریکی به دیوار بتُنی اتاق خوابگاه خیره شده بودم. انگار می خواستم از پس آن، توی اتاق خانه ام را ببینم. و حس می کردم که تنها

گذاشتن مینو دور از آئین دوستی بود. نیمه شب، وقتی دوستم برخاست که به دستشوئی برود، دید من در رختخواب نشسته ام.

شب بعد، قبل از شروع تئاتر عروسک ها که قرار بود در استودیو تلویزیون و در حضور فرح پهلوی اجرا شود، ساواکی ها تمام اتاق های فرمان، استودیو، کنترل فنی و حتی بخش اداری تلویزیون را گشته بودند تا خیال شان از بی خطر بودن محیط جمع شود. این اقدامات امنیتی قبل از آمدن فرح به استودیوی تلویزیون انجام شده بود و طبعاً در طی مراسم نیز آن ها در اطراف او و در محل های دیگر وضعیت آماده به خود می گرفتند و مراقب هر حرکت مشکوکی بودند. ولی آن ها، اصولاً در تلویزیون و یا در محیط هائی نظیر آن خاطری آسوده داشتند و به ما، به مثابهٔ همکاران دست دوم خود نگاه می کردند.

آن شب، جلوی ساواکی ها که بازرسی های اولیه را انجام داده بودند و قبل از آمدن فرح به تلویزیون، فرصت یافته بودند که در اتاق فرمان به تماشای نحوهٔ پخش برنامه ها بایستند، طوری رفتار می کردم که تصویر یک هنرمند تلویزیونیِ بی خیال و اهل هپروت را راجع به خودم در آن ها ایجاد کنم. ارائهٔ چنین تصویر بی آزاری، به من کمک می کرد که در آن بی تابی روحی، بی مزاحمت مراقبت های کنجکاوانهٔ ساواکی ها، در فاصلهٔ نزدیکی از فرح، در ذهنم به ترسناک ترین تصویرهای عملیاتی بپردازم و امکانات ویژه ای را بررسی کنم. از این رو، یک سوت سوتک که با دمیدن در دهانهٔ آن، لوحهٔ کاغذی باریکی مثل زبان آفتاب پرست از آن بیرون می زد، به دست گرفته بودم و مرتب در آن می دمیدم.

به محض این که فرح آمد، برنامه شروع شد. کارگردان و دستیارانش و انبوه بازیگران که از قبل آماده بودند و هر لحظه برای اطلاع از ورود فرح سرک می کشیدند، بازی خود را آغاز کردند. از همان اول، همان طور که وصفش را شنیده بودم، حرکات تند زنان لُختی که در صحنه می دویدند و جیغ می کشیدند شروع شد و بازیگران مرد با بدن های لخت و عضلات ورزیده، و بازیگران زن، با بدن های نرم و پوست سفید اروپائی و پستان های برجسته ای که در حرکات تند به شدت می لرزید از لابلای میله های آهنی و آنتروپز هائی که در صحنه نصب شده بود بیرون می آمدند و به میان صحنه می پریدند. در میان رقاصه های برهنهٔ، یکی بود که پیراهنی از فلس های بنفش به تن داشت که تا قوزک پاهایش می رسید و مجبورش می کرد با قدم های کوتاه تند تند راه برود. یک کوتولهٔ پیر هم که انگار صدایش از توی گرامافون های قدیمی در می آمد، پشت سر او با قدم های کوتاه می دوید و با تکان دادن دست های به هم قفل شده اش به چپ و راست، ادای بالرین های فیلم های صامت را درمی آورد. کوتوله، کلاه سیلندر و دستکش های سفید داشت و صورت کوسه اش را سرخاب سفیداب مالیده بود.

من بر یک بلندی متناسب پشت دوربین شمارهٔ ۲ بودم، و از آن جا می توانستم هر تصویری را از بازیگران و تماشاگران که در دو ضلع دیگر استودیو جا گرفته بودند بگیرم. فرح نیز به همراه رضا قطبی مدیر عامل رادیو و تلویزیون، در میانهٔ ضلع اول بر دو صندلی ویژه نشسته و محو تماشای بازی بودند. من برای مینو نیز یک کارت مجانی جور کرده بودم. ولی او را قبل از شروع برنامه ندیدم. مینو صبح به تلویزیون آمده و مرا دیده بود. همان روز، هر طوری شده بود اتاقی برایش در خوابگاه دست و پا کردم که بیشتر بتوانم او را ببینم. زیرا خودم هم اغلب در خواب گاه بودم.

ناگهان، بازیگران صحنه چند حرکت بامزه کردند و تماشاگران را به خنده انداختند. من بلافاصله تصویر تماشاگران را گرفتم و از راست به چپ روی آن ها حرکت کردم. کارگردان برنامه هم که در اتاق فرمان نشسته بود و تصاویر دوربین های مختلف را در مونیتورها می دید، فوراً تصویر دوربین مرا انتخاب کرد و در گوشی دوربین، از من خواست که به حرکتم ادامه بدهم و بعد با حرکت زوم به عقب، تصویر را باز کنم و بازیگران را هم به درون تصویر بیاورم. همان طور که داشتم از راست به چپ حرکت می کردم، ناگهان چهرهٔ زیبای مینو را در تصویر دیدم و روی آن متوقف شدم و کوشیدم به کمک عدسی تله، رویائی ترین حالت ها را به آن بدهم. اما کارگردان که انتظار داشت من به حرکتم ادامه بدهم، تند تند تذکر داد:

«دوربین دو، باز کن، باز کن. دوربین دو...»

ولی من روی آن تصویر باقی مانده بودم و انگار چیزی نمی شنیدم. وقتی دستهٔ زوم را به جلو فشار می دادم تا تصویر مینو درشت تر شود، احساس می کردم حرکت عدسی ها در لولهٔ لنز دوربین توش و توان خاصی دارند و یک نیروی غیرمادی در درونشان هست که به اختیار تصویر در می آید تا رؤیاها شکل بگیرند. تصویر درشت و شفاف مینو در بطن زمینه ای تار، هم چون رؤیا و آرزو بود. و درست در لحظه ای که حس کردم کارگردان تصویر مرا قطع خواهد کرد و به روی تصویر دوربین دیگری خواهد رفت، سینه های برجستهٔ یکی از زنان بازیگر، به درون تصویر دوربینم خزید و من فوراً وضوح دوربین را روی این سینه ها آوردم و به این وسیله تصویر زیبای دیگری ارائه دادم. کارگردان که داشت از بی توجهی من عصبانی می شد، از این تصویر زیبای غیرمنتظره خوشش آمد و آن را حرکتی از پیش طرح شده تصور کرد و با چندبار «به به» گفتن از من قدردانی کرد. اما من در فکر قدردانی های او نبودم؛ بلکه به این می اندیشیدم که چگونه تصویر رؤیای برهنهٔ مینو را در عدسی دوربینم زنده ساخته ام.

کارگردان بلافاصله از من خواست که تصویر نیم تنه ای از فرح نیز بگیرم. اما من تصویر درشتی از او گرفتم، و به جزئیات چهرهٔ او دقیق شدم. در آن حالت به این می اندیشیدم که در ذهن چنین زنی چه می گذرد و او چه نگاهی به

این مردم دارد. همان روز شنیده بودم که لوئی آرابال که از هنرمندان صاحب نام و برجستهٔ اسپانیایی بود و در جشن هنر حضور داشت، از فرح درخواست کرده بود که رضا رضائی را که دستگیر شده و در دادگاه نظامی به اعدام محکوم شده بود، مورد بخشش قرار دهند و از اعدام او چشم بپوشند. اما فرح در پاسخ او گفته بود که این گونه امور در اختیار دستگاه و پلیس امنیتی ست و او در این تصمیم گیری ها نقشی ندارد. اگر اقدام در همین یک مورد به نتیجه می رسید و جان رضائی از خطر اعدام نجات می یافت، من می توانستم بپذیرم که جشن هنر با همهٔ مصیبت هایش، باز می تواند قابل تحمل باشد و حتی آدمی مانند من، مجاز است در شکل گرفتن برنامه هایش نقش بازی کند؛ ولی در آن شرایط چه؟ من چکار داشتم می کردم؟ من که قرار بود با انفجار آنتن تلویزیون، سیاست های بیگانه با مردم رژیم را افشا کنم و صدای مانده در گلوئی را به فریاد برسانم، به موجودی تبدیل شده بودم که مشاطه گر تصویر پریان دروغین بود.

دیگر از لباس نظامی پوشیدن و احساس چابکی کردن و مانند فنر از جا جهیدن کاری ساخته نبود. با پوتین هائی که می پوشیدم و همواره احساس می کردم می توانم با آن ها بجهم و نیروی پایان ناپذیری را که در جسم و جانم می دوید به پرواز بدل کنم، با شلوار نظامی تنگ و چسبان پوشیدن، با عرق گیر کلفت و زیتونی تیره رنگ به تن کردن، و نمایشی از جوانی و تحرک که بیشتر از هر چیز می خواست توجه دخترهای خوشگل را که در جشن هنر فراوان بودند جلب کند، داشتم به کجا می رفتم؟ در واقع، من به جای مبارزه، به جای صرف آن نیروی پایان ناپذیر برای تحقق آمالم، دلم را به بازی های جذاب رایج خوش کرده بودم و نقش عامل یاری دهنده و تبلیغاتی آن دستگاه جهنمی را بازی می کردم.

آیا من دیوانه بودم و می خواستم خود را رنج بدهم و از چیزی لذت نبرم، و از امکاناتی که در اختیارم بود دوری گزینم، و یا آن درد دیرینه داشت ریشه های درون مرا می سوزاند وآرامش را از من می گرفت؟

آن شب حسابی گریه کردم، مست مست بودم و به همه چیز فحش می دادم، بچه ها را مسخره می کردم، حتی توی جوی آب خوابیدم و وقتی مرا به زور بیرون آوردند با همه دعوا کردم. چنان بی تاب شده بودم که امواج درد از وجودم به بیرون فوران می زد. اشک هایم شور بود و چشمانم را می سوزاند و دیدم را تار می کرد. هرچه مژه می زدم پردهٔ تار پیش چشمانم کنار نمی رفت. حتی مینو هم نمی توانست آرامم کند. غرق گریه ای بی اختیار بودم که از اعماق وجودی که متعلق به من نبود سرچشمه می گرفت.

در آن حال و هوا، و درنومیدترین روزها دوباره نگار را دیدم. مدت ها بود با هم قطع رابطه کرده بودیم و یکدیگر را نمی دیدیم. وقتی مرا دید، مثل کسی

که گمشده‌اش را یافته باشد، به سویم آمد و دستانش را دور گردنم انداخت و مرا بوسید. رفتارش کاملاً فرق کرده بود و گوئی آن دوری ارزش های مرا برای او باز نموده بود. بازیافت او برایم غنیمت بود. به او نیاز داشتم. می خواستم به چیزی پناه ببرم. گیج و منگ بودم. فکر می کردم با او می توانم مینو را فراموش کنم، با او می توانم آن سرگیجه را از خودم دور سازم. با میل به سوی نگار رفتم. می خواستم او را با خودم به همه جا ببرم و به همه نشان بدهم. او هم به من نیاز داشت. ما به هم آرامش می دادیم. اما او نه حاضر بود به آن تئاترها و کنسرت ها بیاید و نه با من در ملاء عام دیده شود. از جشن هنر متنفر بود. و چون برایش شرح داده بودم که تنظیم برنامه های فیلمبرداری از جشن هنر دست خودم است، چندبار به من انتقاد کرده بود که چرا وقتی که مجبور نیستم، باز به فیلمبرداری از آن مراسم می پردازم. معتقد بود که زندگی ما ناپایدار است و مرا نصیحت می کرد و بهتر می دید که روابط خصوصی بر مبارزه‌اش سایه نیندازد. چند بار به خانهٔ او رفتم و دیدم که زندگی مرتبی دارد و در پستوی اتاقش یک پوستر به دیوار کوبیده است که یک عده کارگر را بازو در بازو و در حال یک پیشروی پرصلابت نمایش می‌دهد. این تصویری بود که مدام در ذهن من شکل می گرفت و محو می شد، و حتی در آن سلول چندنفره، در کنار جمشیدی و شاعر نیز برایم تکرار می شد.

همان روز جمشیدی را از سلول ما بردند و مرتضی سیاه پوش را به جای او پیش ما فرستادند. مرتضی نیز از دوستان شکوه فرهنگ بود که در کیهان به عنوان گزارشگر کار می کرد و توسط او به طیفور معرفی شده، و طیفور هم او را برای انجام برخی از عملیات پشتیبانی در نظر گرفته بود. بعد یکی از دانشجویان خارج کشور به نام عدالت را هم به سلول ما آوردند. او برای دیدار کوتاهی به ایران آمده و در رابطه با گروه ما دستگیر شده بود. او پسر با روحیه، فعال و آگاهی بود و برای اولین بار اطلاعات دست اولی از جنبش کنفدراسیون، تاریخ و مبارزات آن برای ما گفت که خیلی جالب به نظرمان می‌رسید. در آن چند روزی که با هم بودیم، به جز شاعر، جمع سه نفری ما خیلی گرم شد. من نتوانسته بودم اطلاعات چندانی از جمشیدی در مورد نوع فعالیتش با افراد دیگر بگیرم. حضور شاعر در کنار ما و احتیاط کاری جمشیدی مانع از بحث روی این موضوع بود. اما سیاه پوش روحیه بهتری داشت و تا آن جا که می دانست ماجراها را برای من توضیح می‌داد.

او از سوابق کار بچه ها چندان اطلاع نداشت. فقط این قدر می دانست که ابتدا قرار بوده است شکوه فرهنگ، با همکاری طیفور بطحائی و به اتفاق مریم اتحادیه که از خویشان اردشیر زاهدی بود و به دربار رفت و آمد داشت، اطلاعاتی در مورد امکان به گروگان گرفتن شهناز پهلوی برای آزادی زندانیان سیاسی

فراهم آورند و سپس عملیاتی به همین منظور صورت دهند. خود سیاه پوش قرار نبوده در این عملیات که در مراحل اول شناسائی بوده است نقشی بازی کند. اما، وقتی این طرح به خاطر انجام طرح گروگان گیری رضا پهلوی منتفی می شود، قرار می گذارند که او نیز در عملیات ما شرکت کند و در بخش پشتیبانی کارهائی انجام دهد.

با شنیدن این اطلاعات، من بلافاصله به یاد روزی افتادم که طرح گروگان گیری را برای طیفور شرح دادم. آن روز او بسیار خوشحال شد و برایم به صورت مختصر توضیح داد که خودشان هم طرح مشابهی داشته اند که با پیش آمدن طرح ما، آن را منتفی اعلام خواهند کرد. و من در آن لحظه در سلول زندان دریافتم که منظور از «طرح مشابه» همین طرح گروگان گیری شهناز پهلوی بوده است.

البته من به این آسانی ها موضوع گروگان گیری رضا پهلوی را با طیفور در میان نگذاشته بودم. بعد از جشن هنر سال پنجاه و یک، با توجه به آن روحیه و حالتی که داشتم تصمیم گرفتم به تهران برگردم. دوباره با نگار به هم زده بودم و حال خوشی نداشتم. او که این بار هم می خواست و اصرار می کرد که مرا به گروه خودشان بکشاند و موفق نشده بود، چند بار بداخلاقی کرد و باز به حالت دعوا از من جدا شد. بعد من در یک حالت عجولانه به سراغ کرامت رفتم. اما او را نیافتم. برای تماس با او نه تلفنی در اختیار داشتم و نه محل مشخصی برای قرار وجود داشت. بلکه این کرامت بود که همیشه به من زنگ می زد و به سراغم می‌آمد. اما من خانهٔ او را که پیش پدر و مادرش زند گی می کرد بلد بودم. او چون کار نمی کرد توان پرداخت کرایه خانهٔ مجزا را نداشت و هیچ وقت هم حاضر نبود کمک مالی مرا بپذیرد. یک روز عصر راه افتادم و به یکی از محلات شلوغ جنوب شهر شیراز که او در آن زند گی می کرد رفتم. محلهٔ کثیف و پرجمعیتی بود که کوچه های باریک پر رفت و آمد و جوی های پُر از لجن داشت، و از همه جا بوی شاش و پیاز داغ و گوشت نیم پخته به مشام می رسید. زن ها در دسته های دو سه تائی جلوی درها نشسته بودند و تخمه می شکستند و همهٔ چشم ها عبور مرا به مثابهٔ آدمی غریبه می پائید. وقتی او را نیافتم برگشتم و تصمیم گرفتم دیگر به آن محله نروم تا خود کرامت با من تماس بگیرد. اما از او خبری نبود.

چندی بعد تصمیم گرفتم به تهران منتقل شوم و در آن جا که محیط بازتری بود به فعالیت بپردازم. اما برای انتقال به تهران، لازم بود که یکی از فیلمبرداران تهران به جای من به مرکز تلویزیونی شیراز بیاید. وقتی با سیروس هدایت، مدیر تلویزیون در این باره صحبت کردم، او خیلی متأسف شد. روابط ما با هم خیلی خوب بود و او از شیوهٔ کار من و توانائی های فنی ام خشنودی کامل داشت و من که بسیار فعال بودم و به اتفاق رضا رضی که او نیز از فیلمبرداران همدوره ام

در مدرسهٔ سینما بود همهٔ کارهای نور، استودیو، ضبط برنامه های تلویزیونی، کارهای لابراتوار، و پخش برنامه های محلی و فیلمبرداری از مناطق و شهرستان های استان فارس را بدون آن که سیروس هدایت حتی از جزئیات و یا نوع برنامه ریزی هایش اطلاع داشته باشد به انجام می رساندیم. از این رو، هدایت نگران بود که اگر فرد دیگری به جای من به آن مرکز تلویزیونی بیاید نتواند این کارها را بدون دردسر انجام دهد. به همین خاطر به من پیشنهاد کرد که از رفتن به تهران خودداری کنم و او در مقابل، بعد از یک سال، یک بورس تحصیلی فرانسه برای من در نظر بگیرد که بتوانم در رشته های دیگری از سینما در مدارس آن جا درس بخوانم و با سیستم کار تلویزیون های اروپائی آشنا بشوم. اما من که رؤیاهای دیگری در سر داشتم، دیگر نمی خواستم حتی برای یک مدت کوتاه هم در شیراز بمانم.

اولین کسی که حاضر شد به جای من به شیراز بیاید، طیفور بطحائی بود که مهرماه همان سال، یعنی یکی دو هفته بعد از جشن هنر شیراز، از مدرسهٔ سینما در تهران فارغ التحصیل می شد و سیروس هدایت او را هم می شناخت و موافقت کرد که جای مرا در تلویزیون شیراز بگیرد. به این ترتیب به تهران برگشتم و عملاً رابطهٔ سیاسی ام نیز با طیفور قطع شد.

طبعاً محیط بزرگ تهران می توانست امکانات تازه ای در اختیار من بگذارد. بلافاصله بعد از بازگشت، در قسمت کمرامن های استودیوهای تلویزیون مشغول به کار شدم. تقسیم کار تلویزیون تهران، به دلیل فراوانیِ تولید و وجود انبوه برنامه ها و افراد حرفه ای حساب و کتاب دقیقی داشت و من مانند شیراز نمی توانستم به هرکاری که دلم می خواست بپردازم. بلکه در عرصهٔ مشخص و محدودی که عبارت بود از فیلمبرداری در استودیوهای تلویزیونی کار می کردم و دیگر از دامنهٔ حرکات و فعالیت های آزادم در محیط کاری خبری نبود. این کار ضمن داشتن معایب، محاسنی هم داشت که من آن را به فال نیک می گرفتم و تصور می کردم که به این ترتیب وقت بیشتری برای کار در زمینه های مورد علاقه خودخواهم داشت.

کوشیدم که ارتباط های تازه ای برقرار کنم. به سراغ حسین زندباف رفتم و در دایره ای از بچه های دیگر گشتم و بررسی کردم که ببینم در میان کسانی که از قبل می شناختم چه امکان فعالیت مشخصی می توانم پیدا کنم. از نتیجه جستجوهایم تقریباً ناامید شدم. بیشتر بچه های تلویزیون و یا کانون پرورش فکری و یا بچه های کارگاه نمایش و سینمای آزاد مشغول به کار خود بودند و به فعالیت های سیاسی توجه نداشتند. بخصوص بچه های تلویزیون، و خیلی از همدوره ای های قبلیم در مدرسهٔ سینما، با پایان یافتن دورهٔ دانشجوئی و مشغول شدن در مشاغل معین و دریافت حقوق های ماهیانهٔ قابل توجه به راه و روال تازه ای پا گذاشته بودند که آن ها را از روح و خصلت دوران پیش دور می کرد.

عده ای از بچه های کارگاه نمایش، مثل فریبرز سمندر پور، اسماعیل خلج، هوشنگ توزیع که من زمانی با آن ها قاطی و ایاغ شده بودم در دنیای ویژهٔ نمایش صرف غرق بودند و به سیاست علاقه ای نشان نمی دادند. چندتائی مثل جمیلهٔ ندائی و زاهد، فرهاد مجدآبادی هم بودند که ضمن نشان دادن گرایش به فعالیت های سیاسی، باز دایرهٔ ارتباطات شان عمدتاً با همان آدم های غیرسیاسی بود و برای کار معین چریکی نمی شد به آن ها پیشنهادی داد. البته در میان این ها، من با جمیله ندائی بیشتر نزدیک بودم و بعد از یک فیلمبرداری مستند از زندگی خانوادگی او، با او ایاغ شده بودم و گرایشات رادیکال و تندی در او می دیدم. ولی این رابطه نیز به جائی منجر نشد. آن ها یک جور به تئاتر معتاد شده و جادوی آن توی تن شان رفته بود. اما من این طور نبودم. نه ادبیات و نه سینما آنقدر روی من تاثیر نگذاشته بود که از عشق آن ها سر از پا نشناسم. ولی آن ها انگار بعد از تئاتر هم توی صحنه بودند و ادامهٔ نقش شان را بازی می کردند. و زندگی مرتب نقش های تازه جلوی شان می گذاشت که بازی کنند.

در این مدت، تنها توانستم با ناصر زراعتی، شهلا اعتدالی و یکی دونفر دیگر که بعداً یکی شان به نام علی هاشمی که با زیبا کاظمی ازدواج کرده بود و ساواکی از آب در آمد و به آن دختر هم کلی ضربه زد، ارتباطی برقرار کنم و قرارهائی برای فعالیت در نوعی سینمای زیرزمینی به سبک آمریکای لاتین بگذارم؛ اما، با عدم حضور من در اولین جلسهٔ آن ها، و بخصوص پس از ضربه خوردن آن ها بعد از آن جلسه، این ارتباط هم از میان رفت. از دانشگاه تهران هم خبرهای تازه نمی رسید. عمدهٔ روابط من در این زمان محدود به عرق خوری ها و گشت و گذارهای شبانه با حسین زندباف و فرهاد قیصری، داود یوسفیان و یکی دوتای دیگر از بچه های کانون پرورش فکری بود. زندباف، بعد از زندان، دیگر تمایلی به کار سیاسی نشان نمی داد. ولی، اخلاق و خصوصیات فردیش مرا جلب می کرد و سبب تداوم ارتباط مان شده بود. زندباف که بعد از زندان زیر فشار ساواک بود و امکان استخدام در جائی را نداشت، توسط سفارش های من به برادرم حسین سماکار، شغل خوبی در کانون پرورش فکری گرفته بود و دوست دختری به نام آذر (که بعد از انقلاب فهمیدیم ساواکی بوده است) هم از کارمندان کانون داشت که به جمع ما پیوسته بود و همه جا همراه ما می آمد. فرهاد قیصری هم، که جوان خوش سیما و شجاعی بود، و به خاطر جدائی پدر و مادرش مدت ها زجر کشیده و تقریباً آواره بود و در خانهٔ بچه های مختلف زندگی می کرد باز امکان شغلی خوبی در کانون پیدا کرد و رابطه اش با من خیلی محکم بود. برادر من حسین، ضمن این که با عقاید من توافقی نداشت ولی از هرگونه کمک به دوستان و بچه هائی که من سفارش استخدام شان در کانون را می کردم خوداری نمی کرد و بهترین امکانات را به آن ها می داد.

ارتباط من با این بچه ها و توجهم به فعالیت های کانون سبب شد که من هم به فکر فعالیت در آن محیط بیفتم. کار در استودیوی تلویزیون تهران، و شرکت در برنامه های استودیوئی که سطح هنری و کیفی اش نسبت به کار فیلمبرداری در بیرون از استودیو پائین تر بود مرا آزار می داد. رشتهٔ اصلی من در مدرسه سینما فیلمبرداری با دوربین های فیلم بود نه با دوربین ویدئوئی. این موضوع تا زمانی که من در شیراز کار می کردم چندان نمودی نداشت. زیرا من آنجا به هرکاری که دوست داشتم می کردم. اما در تهران، کار محدود استودیوئی مرا بیزار کرد و واداشت که استعفا بدهم. از این رو، روزی به مدیر قسمت ویدئو که فریدون باغ شمالی بود رجوع کردم و گفتم که دیگر حاضر نیستم در این قسمت کار کنم و یا به قسمت فیلمبرداران خارج از استودیو می روم و یا استعفا می دهم. باغ شمالی که مرد جا افتاده و مهربانی بود، از من خواست که در این کار عجله نکنم و یادآوری کرد که من به دلیل تعهدی که به تلویزیون داده ام، باید حداقل پنج سال در آنجا کار کنم تا اجازهٔ استعفا داشته باشم. ولی گوش من به این حرف ها بدهکار نبود و بعد از گفتگو با او دیگر به سر کار نرفتم.

در این فاصله، عید نوروز دوباره فرارسید و من به شیراز رفتم و در آن جا مهمان طیفور بودم. این بار موفق شدم کرامت را هم ببینیم. کرامت از دیدن من خیلی خوشحال شده بود و دو سه روزی که آن جا بودم مرتب پیش ما می آمد. در فرصتی، به تنهائی با او به گفتگو پرداختم و از روزی که به در خانه اش رفته بودم صحبت کردم، و ماجراهائی را که در آن مدت گذرانده بودم برایش شرح دادم و درباره طیفور هم بدون آن که به فعالیت مشترکم با او اشاره کنم حرف زدم و نظرش را دربارهٔ او پرسیدم. کرامت نظر خیلی مثبتی نسبت به طیفور ابراز کرد. و چون من برای نظر او اعتبار زیادی قائل بودم به این نتیجه رسیدم که دور شدنم از طیفور اشتباه بوده است. و به همین دلیل در فرصتی که پیش آمد ابراز علاقه کردم که دوباره با طیفور ارتباط سیاسی داشته باشم و در فعالیت هائی که احتمال می دادم همچنان درگیرشان است شرکت کنم. طیفور هم از این تغییر روش من استقبال کرد و رابطه سیاسی ما دوباره برقرار شد. منتها این بار، برعکس گذشته، من در تهران بودم و طیفور در شیراز.

پس از استعفا از تلویزیون، مدتی بیکار ماندم و عاقبت برادرم حسین، پیشنهاد کرد که به عنوان فیلمبردار و یا هر عنوان دیگری که بخواهم در کانون پرورش فکری کار کنم. من پیشنهاد او را پذیرفتم و به عنوان معلم سینما برای بچه ها در کتاب خانه های کانون مشغول به کار شدم. کار با بچه ها مرا به دنیای تازه ای وارد کرد. دنیای راست گوئی های بیباکانه، و شفافیت نگاه های مشتاق و جستجوگر. پیش از آن من با این دنیا از طریق برادر کوچکترم مهدی، که در کتاب خانه ها با بچه ها کارکرده بود آشنا بودم. مهدی مجموعه ای از نوشته های این بچه ها را از کتاب خانه های سراسر تهران گردآورده بود که بعد از تماشای

فیلم هائی که برایشان نشان می داد نوشته بودند. بچه ها در این نوشته ها، دنیائی از تخیل های ناب و برخوردهای سالم و طبیعی یک انسان را با مسائل تصویر کرده بودند که خواننده را شدیداً به هیجان می آورد.

به کتاب خانه های مختلف می رفتم و در دنیای ناب بچه ها در می غلطیدم. بعد وقتی تا خانه پیاده برمی گشتم، تمام طول راه را به طرح هائی که می خواستم در این باره تهیه کنم می اندیشیدم. بچه ها در مقابل سینما، این دنیای مرموز جذاب، واکنشی تخیلی-واقعی داشتند، و تخیل و واقعیت، در نگاه آن ها چنان ترکیبی می یافت که من داشتم واقعیت سینما را از منظر آن ها باور می کردم. داستان هائی در نظر داشتم که در آن ها بچه ها، به جای کوچه، از خانه های شان پا به درون سطح نازک و شکنندهٔ دنیای فیلم می گذاشتند و اگر غفلت می کردند، زمین زیر پای شان می شکست و آن ها با سر به زمین واقعیت فرو می افتادند. دنیای رنگین و لطیف بچه ها مرا از آن تفکرات خشن انقلابی دور می کرد که ناگهان، بعد از دوماه، یک روز که برای دیدار یکی از بچه ها به تلویزیون رفته بودم، باغ شمالی، مرا دید و دستم را گرفت و کلی از دیدنم ابراز خوشحالی کرد، و مرا به زور پیش، فریدون میلانی نیا مدیر فنی تلویزیون برد. من نمی خواستم بروم. ولی او اصرار داشت که من باید همچنان در تلویزیون کار کنم. با هم به نزد میلانی نیا رفتیم و او هم از نبودن من در تلویزیون ابراز ناراحتی کرد و از من خواست که به کارم برگردم. در پاسخ آن ها گفتم که حاضر نیستم به محیط خشک استودیوها برگردم. و میلانی نیا پذیرفت که علی رغم دستور رضا قطبی که خواسته بود برای پنج سال تمام کمرامن های تمام مراکز تلویزیونی ایران از فارغ التحصیلان فیلمبرداری مدرسهٔ سینما تامین شوند، من به قسمت فیلمبرداران بروم و امکان کار در بیرون از استودیو را داشته باشم.

به این ترتیب دوباره به تلویزیون برگشتم و درست درهمان روزها بود که با رضا علامه زاده که از فیلمبرداری های مستندش در شمال برگشته بود برخوردم و طرح گروگان گیری را ریختیم.

در این زمان از ارتباط دوبارهٔ من با طیفور بیش از دوماه نمی گذشت و ما بعد از سفر عید، دو بار بیشتر هم دیگر را ندیده بودیم. اما با پیش آمدن طرح گروگان گیری، من بهتر دیدم که دربارهٔ رابطه ام با طیفور و گروهی که جزوش بودم ارزیابی تازه ای بکنم. از آن جا که همکاری با طیفور، و فعالیت در آن گروه می توانست خطرهائی برایم پدید آورد که منجر به دستگیریم شود و اجرای طرح مشترکم با رضا علامه زاده را از میان ببرد، تصمیم گرفتم رابطه ام را با او قطع کنم و فقط به فعالیت برای تحقق طرح تازه مان بپردازم.

از این رو در اولین دیدار با طیفور اعلام کردم که دیگر نمی خواهم فعالیت سیاسی کنم. البته، در ابتدا کلی مقدمه چینی کردم و طوری از ارزش های زند گی روزمره و معمولی که پیش از آن یک سره در نفی اش حرف می زدم، سخن گفتم

که احتمال هر گونه سوء ظن را از میان ببرم. طوری سخن گفتم که گوئی شرایط تازهٔ زندگی در من تغییراتی به وجود آورده و مرا نیز مانند بسیاری به سوی آسایش طلبی کشیده و از گرایشات و کوشش های پُر خطر سیاسی دور داشته است.

طیفور که باور نمی کرد آن حرف ها از دهان من در آید، نگاه تأسف باری به من کرد و در خود فرو رفت. او به شدت از این که شرایط و موقعیت ها توانسته بود آدمی مثل مرا هم از رده خارج کند و از کوشش های سیاسی باز دارد افسرده بود. و با دلخوری و اندوه از من جدا شد. وقتی رفت، مدتی در خود فرو رفتم. واقعاً، نمی توانستم بدانم که آیا کار درستی کرده ام، و آیا نیاز بوده است که طوری حرف بزنم که او را این چنین ناامید کنم؟ از این که در ذهن او چهرهٔ یک آدم بریده را به خود گرفته بودم رنج کشیدم. ولی با خود اندیشیدم که بعدها، وقتی از نتایج کار ما آگاه شود، به ارزش فداکاری من و رنجی که از دادن آن تصویر مبتذل از خودم کشیده ام پی خواهد برد و ارزش واقعی من، و ارزش های نهفته در دل شرایط دشوار مبارزه را بهتر خواهد شناخت.

اما چندی بعد که در رابطه با تهیهٔ اسلحه برای انجام عملیات با مشکل روبرو شدیم، به این نتیجه رسیدم که جز مراجعه به طیفور راه دیگری ندارم. همانطور که گفتم، رجوع به کرامت دانشیان را به خاطر احتمال تحت نظر بودن او خطرناک می دیدم و این تنها امکان ما برای تهیه اسلحه بود.

اما بهتر دیدم که قبل از ایجاد این ارتباط، ابتدا با رضاعلامه زاده در این باره مشورت کنم. هرچند نمی توانستم اسم و مشخصاتی از گروه به او بدهم، ولی چون امکان داشت که از این طریق ما دچار خطر بشویم و این حق رضا بود که خود، آگاهانه و به دلخواه به سوی خطر برود، نه آن که به ناچار در آن قرار گیرد موضوع را با او مطرح کردم و گفتم که آیا موافق است که من برای به دست آوردن اسلحه به گروه سیاسی ای که با آن ارتباط دارم رجوع کنم؟ علامه زاده که در این باره هیچ اطلاعی نداشت، در مقابل پرسش من مدتی سکوت کرد و بعد گفت:

«من نمی دانم تو در چه گروهی فعالیت می کنی و این گروه چقدر امکان تهیهٔ اسلحه را دارد؛ ولی، چون ما خودمان دوتائی امکان چنین کاری را نداریم، پس یا باید از این طرح صرف نظر کنیم و یا به این خطر تن بدهیم و تو برای تهیهٔ اسلحه به این گروه رجوع کنی. و من چون به تو اطمینان دارم، راه دوم را انتخاب می کنم. برو ببین چه کار می توانی بکنی.»

من از تصمیم او خوشحال شدم و با طیفور تماس گرفتم و از او خواستم که هر وقت می تواند به تهران بیاید. طیفور فوراً آمد. حدس زده بود که من دوباره می خواهم تماس سیاسی ام را با او برقرار کنم. این بار من دیگر مانند یک آدم بریده با او روبرو نمی شدم. بلکه با یک پیشنهاد معین سیاسی به سویش می رفتم.

در دیدارمان که عمداً خارج از تلویزیون و در یک رستوران انجام شد، به او گفتم که از گفتارهای قبلی‌ام پشیمان شده‌ام و دوباره می‌خواهم به فعالیت سیاسی بپردازم. گفتم:

«می‌دانی، راستش چون دو ماه از رابطهٔ مجدد ما می‌گذشت و تو در آن مدت هیچ فعالیت مشخصی را به من پیشنهاد نکردی، من دچار تردید شدم و فکر کردم که فعالیت با شما به درد نمی‌خورد. ولی برای این که نکند شما بعداً گرفتار شوید و احتمالاً از رابطهٔ من با خودتان حرف بزنید و من هم به همین خاطر دستگیر شوم، ترجیح دادم که طوری حرف بزنم که شما از من قطع امید کنید و به این طریق خطرهای احتمالی از بین برود. اما بعداً از این کار پشیمان شدم. چون دیدم ترا بد جوری ناراحت کرده‌ام. و حالا می‌خواهم واقعاً بدانم که آیا گروه شما امکان فعالیت چریکی دارد و یا نه؟ اگر دارد، خواهش می‌کنم این را با صراحت به من بگو، و اگر ندارد، باز خواهش می‌کنم بگو که من بدون کلک و ناراحت کردن کسی به سراغ زندگی خودم بروم. چون من اهل فعالیت‌های مطالعاتی و پخش کردن اعلامیه وتکثیر و این جور کارها نیستم.»

طیفور که از حرف‌های من خوشحال شده بود، نگاه محبت‌آمیزی به من کرد و گفت:

«می‌دانستم. می‌دانستم که حرف‌های آن روز تو واقعیت ندارد. نمی‌توانستم باور کنم که این تو هستی که این حرف‌ها را می‌زنی. معلوم بود که یک جای کار عیب دارد. ولی نمی‌دانستم کجا و امیدوار بودم که باز برگردی. به همین دلیل تا تلفن زدی حدس زدم که زمانی که انتظارش را خیلی بعدتر داشتم، به همان زودی فرارسیده است.»

در این جا مکثی کرد و سیگاری از جیبش در آورد و آتش زد و دودش را با فشار به سوی زانوهایش فرستاد و سرش را بالا آورد و گفت:

«ولی، باید بگویم که تو خیلی عجله می‌کنی. اما مطمئن باش که ما همه نوع امکانی داریم.»

بلافاصله گفتم:

«حتی اسلحه؟»

«بله. حتی اسلحه.»

«واقعاً؟... من می‌توانم آن را ببینم.»

«برای چی ببینی؟ به حرف‌های من اطمینان نداری؟»

«چرا، ولی دلم می‌خواهد یک بار هم که در عمرم شده یک اسلحه را در دست بگیرم.»

با پلک‌های تنگ شده نگاهی به من انداخت و لبخند زد و گفت:

«موضوع چیست؟ واقعاً برای این که فقط اسلحه را دست بزنی می‌خواهی آن را برایت بیاورم؟ یعنی تو نمی‌دانی که چنین کاری چقدر خطر دارد و محال

است که یک گروه فقط به خاطر میل یکی از افرادش دست به این خطر بزند؟ و یا این که موضوع دیگری درمیان است؟»

این بار با چشمان کاملاً گشاده ای که منتظر پاسخ بود و با همان لبخند به من نگاه کرد.

سرم را پائین انداختم و گفتم:

«فرض کنیم که من بخواهم به عمل مشخصی دست بزنم. آیا شما حاضرید یک اسلحه به من بدهید؟»

بی درنگ گفت:

«چرا که نه، ولی برای چه کاری اسلحه می خواهی؟»

«این را نمی توانم بگویم.»

طیفور لب هایش را مکید و به فکر فرو رفت:

«من باید با بچه ها صحبت کنم. اگر موافق باشند حتماً اسلحه ای را که می خواهی در اختیارت خواهیم گذاشت.»

سه هفته گذشت تا طیفور دوباره به تهران باز گشت. در این مدت، با توجه به امیدی که برای تهیه اسلحه پیدا کردم، به دنبال تهیه دیگر مقدمات کار برآمدم. به کانون پرورش فکری رفتم و بدون آن که به برادرم رجوع کنم، برای این که در آینده، خطری متوجهٔ او نشود کوشیدم از طریق همگانی و مانند دیگر فیلم سازانی که با کانون کار می کردند، طرح تهیهٔ یک فیلم مستند از مراسم گشایش جشنوارهٔ کودکان را به قسمت سینمائی بدهم.

برای حضور خودم در جشنواره و همراه بردن دوربین و وسائل کار احتیاج به داشتن کارت مخصوص و مجوز فیلمبرداری از مراسم افتتاح داشتم. هم چنین اگر می خواستیم کس دیگری را وارد کار کنیم باید برایش کارت ورودی می گرفتیم. در آن زمان، ابراهیم فروزش مدیر قسمت سینمائی کانون بود و چون مرا می شناخت، و چندین بار هم با هم عرق خوری کرده بودیم و بارها به خانهٔ ما آمده بود، بدون درنگ طرح مرا پذیرفت. با این حال من برای این که طرحم به اشکالات بعدی برنخورد، و بتوانم خودم به عنوان کارگردان و فیلمبردار در فیلم کار کنم و بقیهٔ همکارانم را هم خودم انتخاب کنم و ناچار به پذیرش افراد فنی پیشنهادی کانون نشوم، گفتم که احتیاج به تصویب بودجه برای این فیلم ندارم و خودم، تمام وسایل کار و گروهم را همراه خواهم آورد و حتی مونتاژ آن را در تلویزیون انجام خواهم داد. و به این ترتیب انجام این طرح هیچ گونه مخارجی برای کانون نخواهد داشت. فروزش گفت:

«به این ترتیب اصلاً نیازی نداری که طرحت را به کانون بدهی. خودت می توانی شخصاً آن را تهیه کنی.»

گفتم:

«ولی برای مراسم گشایش برای خودم و گروه فیلمبرداری احتیاج به مجوز

کار و کارت ورودی دارم.»

«بسیار خوب. این که دیگر کاری ندارد. بدون طرح هم می شود.»

«ولی من می خواهم با طرح و به صورت رسمی انجام شود، نه با پارتی بازی.»

فروزش خندید و گفت:

«این که پارتی بازی نیست. یک کار معمولی ست. با این حال، بسیار خوب به صورت رسمی انجام می دهیم؛ یک تقاضا بنویس، و اسم گروه را بده، می دهم کارت های لازم را تهیه کنند.»

به این ترتیب با خوشحالی از کانون بیرون آمدم و به تنهائی به یک عرق فروشی رفتم و یک چتول عرق سرپائی زدم و به سوی تلویزیون روانه شدم. یکی از اصلی ترین مشکلات کار برای حضور گروه عملیات در مراسم گشایش فستیوال بر طرف شده بود.

در دیدار بعدی، طیفور از ترس بریدن دوباره من با احتیاط هرچه تمام تر گفت:

«گروه برای آن که اسلحه در اختیار کسی بگذارد حتماً باید از طرحی که می خواهد به انجام برسد اطلاع داشته باشد.»

من که باز با یک مشکل تازه مواجه شده بودم گفتم:

«ولی برای چه؟ آیا شما جز به خودتان به کس دیگری اطمینان ندارید؟»

«موضوع بر سر اطمینان نیست. ما نمی خواهیم ضربه های احتمالی عملیات یک گروه دیگر به ما منتقل شود. اگر ما از نوع عملیات و زمان انجام عملیات آگاه باشیم می توانیم پیش گیری های لازم را بکنیم تا اگر شما موفق نشدید و ضربه خوردید، ما بتوانیم از زیر ضرب در برویم. این اصل کار گروه های چریکی ست.»

در مقابل این استدلال ساکت شدم، اما بلافاصله به یادم آمد که بگویم:

«من گروه نیستم. یک نفرم.»

«دیگر بدتر. در این صورت گروه باید احتمال پیروزی در عملیات را هم بررسی کند. زیرا تو به خاطر بی تجربه گی حتما ضربه خواهی خورد.»

مکثی کردم و گفتم باید در این باره فکر کنم. چه بسا از این کار منصرف شوم. ولی خواهش می کنم با بچه ها صحبت کن و ببین آیا تحت هیچ عنوان حاضر نیستند بدون داشتن اطلاع از طرح من، اسلحه در اختیارم بگذارند؟»

«باشد، من حتماً در این باره با آن ها صحبت می کنم. ولی تو هم فکرهایت را بکن و دست به ریسک نزن. از گفتن طرحت به ما هم ابائی نداشته باش. اگر قرار باشد کسی این چیزها را بداند، از ما مطمئن تر کسی نیست.»

با نگرانی از طیفور جدا شدم و به تفکر عمیقی فرو رفتم. اگر در اثر افشای راز عملیات مان به آن ها ضربه می خوردیم وحشتناک بود. ولی چارهٔ دیگری

نداشتم. با این حال باز به رضا مراجعه کردم تا نظر او را هم دراین باره بدانم. او باز باید به من اُوکی می‌داد که آیا حاضر است خطر را بپذیرد و برای تهیه اسلحه، طرح عملیات‌مان با این گروه در میان گذاشته شود؟

رضا باز مانند بار پیش گفت:

«عباس جان، ریش و قیچی دست تو ست. من که چیزی از این گروه نمی‌دانم. پس چاره‌ای ندارم جز این که هرچه که تو پیشنهاد می‌کنی بپذیرم. مگر این که بخواهیم از این طرح صرف نظر بکنیم.»

«نه، نمی‌خواهم از این طرح صرف نظر بکنیم. ولی تو باید بدانی که ممکن است این کار خطری را متوجهٔ ما بکند و این خطر را آگاهانه بپذیری و بعداً از من انتقاد نکنی که چرا ترا در موقعیت ناخواسته گذاشته‌ام.»

رضا بازوی مرا فشار داد و گفت:

«مطمئن باش که من هرگز از تو چنین انتقادی نخواهم کرد. برو ببین چکار می‌توانی بکنی.»

یک هفته بعد، باز طیفور مجبور شد به تهران بیاید. به شوخی به او گفتم:

«بالاخره مرا به اعتراف واداشتید. ولی خواهش می‌کنم بگو و به من اطمینان بده که جز تو چند نفر دیگر از موضوع طرحی که می‌خواهم برایت بگویم اطلاع خواهند یافت و آیا واقعاً فکر نمی‌کنی که این موضوع برای ما خطری ایجاد کند؟»

طیفور به من اطمینان خاطر داد و گفت:

«فقط دو نفر دیگر از این موضوع با خبر می‌شوند. آن‌ها از رهبران گروه هستند و این کار هم لازم است.»

دستانم را مانند این که بخواهم بشویم و سر غذا بروم، به هم مالیدم و گفتم:

«بسیار خوب. ما می‌خواهیم رضا پهلوی را در مراسم گشایش جشنواره فیلم کودکان تهران گروگان بگیریم و خواستار آزادی زندانیان سیاسی بشویم.»

طیفور از جایش پرید و بازوهای مرا گرفت و گفت:

«طرح فوق‌العاده‌ای ست.»

بعد هردو دستش را به هم فشرد و باز گفت:

«فوق‌العاده است. ما ها چقدر به هم شبیه هستیم. ما هم طرح مشابهی داریم ـ منظورش همان طرح گروگان گرفتن شهناز پهلوی بود ـ بسیار خوب. عالی ست. طرح شما حرف ندارد. چند نفرید؟ با چند نفر می‌خواهید این کار را بکنید؟»

«دو نفریم.»

«دو نفر؟ کم است. با دونفر به هیچ وجه نمی‌شود این کار را کرد.»

«چرا می‌شود. ما حساب کرده‌ایم که می‌شود. بعد هم کس دیگری را نمی‌شود پیدا کرد که بتواند در چنین کار سنگینی که احتمال دستگیری و

کشته شدن دارد شرکت کند.»

طیفور فکری کرد و گفت:

«نفر دوم چه کسی ست؟»

لحظه ای در گفتن اسم رضا تردید کردم. ولی با توجه با رو بودن همهٔ قضایا، دیگر پرده پوشی در بارهٔ نام او مشکلی را حل نمی کرد. گفتم:

«رضا علامه زاده.»

«چی؟ رضا؟ فکر می کنی او اهل این کار باشد؟»

«معلوم است که هست. او اصلاً خودش پیشنهاد دهنده بوده است.»

«بسیار خوب. اگر تو می گوئی باشد. چون من تا بحال فقط برخوردهای بسیار کمی با رضا داشته ام و اصلاً او را دراین زمینه ها نمی شناسم... . ولی او امکان آمدن به جشنواره را دارد؟»

«معلوم است که دارد. یک فیلمش در جشنواره اسپانیا برنده جایزه شده و فیلم دیگرش هم احتمالاً در همین جشنواره برنده می شود. و لیلی امیر ارجمند هم پیشنهاد کرده که جایزهٔ فیلم او در اسپانیا در این جشنواره توسط فرح به او داده شود.»

«زمان جشنواره روز نهم آبان است نه؟»

«بله. نهم آبان، روز تولد رضا پهلوی.»

«خیلی خوب. پس تو و رضا در طرح شرکت دارید. به احتمال زیاد من هم می توانم یکی دو نفر را برای این موضوع در نظر بگیرم. ولی تو هم بگرد ببین چه کسانی را احتمال دارد بتوانی برای همکاری در این عملیات پیدا کنی. طرف باید حتماً تو این جور کارها باشد که حضورش در آن جا شک برانگیز نشود. یعنی یا باید از بچه های تلویزیون و کانون و این جور جاها باشد و یا اهل روزنامه و خبرنگاری.»

«بسیار خوب. من می گردم ببینم چه کس دیگری را می توانم پیدا کنم. ولی بعید می دانم آدم مناسبی پیدا شود.»

«در ضمن باید در مورد مسائل دیگر هم صحبت کنیم. این کار، گروه پشتیبان می خواهد. طرح و نقشه دقیق می خواهد. باید دقیقاً معلوم شود افراد و امکانات اسلحهٔ ما چقدر است و بعد نقش افراد به دقت تعیین شود و ما مقداری هم تمرین تیراندازی بکنیم.»

گفتم:

«بسیار خوب، تو با بچه ها صحبت کن ببین چه امکاناتی برای این کار دارند، من هم راجع به مسئله و شیوه کار فکر خواهم کرد. دنبال یک نفر هم خواهم گشت.»

تنها کسی که به نظرم آمد برای آن کار مناسب باشد، فرهاد قیصری بود. سابقه عملیاتی او را می دانستم. ولی نمی دانستم در آن شرایط چقدر آمادگی

برای پرداختن دوباره در این کارها را دارد. زیرا فعالیت تخریبی او مربوط به چند سال پیش از آن می شد.

از آن به بعد تماس های معین هفتگی و بعضاً دو هفته یکبار با طیفور داشتم. آمدن او به تهران طبیعی تر بود و کمتر شک برانگیز می شد؛ در حالی که رفتن من به شیراز مسلماً توی چشم می زد. با این حال، برای کاستن از خطر، ما هرگونه تماس با هم را درمحیط تلویزیون قطع کردیم و یک دیگر را در کافه ها و رستوران های مختلف می دیدیم. همچنین بین بچه ها شایع کردیم که به شدت با هم دعوای مان شده است تا احتمال هر گونه انتقال ضربه های غیرمستقیم به هم را از میان ببریم.

طیفور در دیدار بعدی مستقیم روی نقشهٔ کار رفت و نظر من را در این مورد پرسید.

گفتم:

«اولین موضوع، امکان حضور ما در مراسم گشایش است که من مقدماتش را فراهم کرده ام و می توانم برای یک گروه سه چهار نفره کارت ورود به مراسم گشایش جشنواره را تهیه کنم. بعد مسئلهٔ نحوهٔ عملیات است که باید در باره اش صحبت کنیم، و بعد هم مسئلهٔ بردن گروگان به فرودگاه و پرواز به یک کشور خارجی ست که باید تعیین شود و دربارهٔ بقیه اش هم دیگر هنوز فکری نکرده ام؛ زیرا تا همین جایش کلی مسائل و مشکلات و پیچیده گی وجوددارد و نیاز به این هم هست که ما دقیقا بدانیم چند نفریم و چه امکانات اسلحه ای و پشتیبانی داری.»

طیفور گفت:

«عالی ست. تو تقریباً به کلیات مسئله درست فکر کرده ای. حالا می ماند نقشهٔ دقیق عملیات و امکانات و وضع و تعداد افراد شرکت کننده. خیلی خوب است که می توانی کارت ورودی برای بچه ها بگیری. تا اینجا یکی از اصلی ترین مسائل حل شده است. اما در مورد افراد شرکت کننده، من فکر می کنم که اگر شما در سالن چهار نفر باشید به راحتی می توانید هم عملیات را انجام دهید و هم در داخل سالن از امکانات پوششی برخوردار شوید. به نظر تو چه کسی می تواند عامل اصلی باشد؟»

«طبیعی ست که خود من. چون من از مراسم فیلم برداری می کنم و تنها کسی هستم که می توانم خیلی طبیعی، کاملاً به رضا پهلوی نزدیک بشوم و بعد دوربینم را کنار بیندازم و او را بگیرم. اسلحه را هم اول می توانم در دوربینم جاسازی کنم و در یک فرصت مناسب آن را بیرون بیاورم و در جیبم بگذارم. می توانم اسلحه بچه های دیگر را هم همراه وسائلم به سالن بیاورم. باید دید؛ شاید هم نیاز نباشد این کار را بکنیم. باید ببینیم که شدت کنترل چقدر است. این چیزها را از قبل می شود فهمید.»

«چطور می شود از قبل این چیزها را فهمید؟»

«من تجربهٔ کافی در این زمینه دارم. معمولاً از ساعت ها قبل از شروع مراسم، ما می توانیم به آن جا برویم و چند بار به سالن برویم و باز به بهانهٔ آوردن وسائل فیلمبرداری به بیرون برگردیم. در این فرصت، می شود شدت و ضعف کنترل را سنجید و اسلحه ها را در بی خطرترین شکل و موقعیت به سالن برد.»

طیفور مانند کسی که حل یک مسئله سنگین ریاضی را پیش رو داشته باشد، لبانش را بر هم فشرد و با چشم های تنگ کرده گفت:

«خُب، اگر کنترل شدید بود چی؟»

«منظورت چیست؟»

«منظورم این است که اگر کنترل شدید بود، چطوری اسلحه ها را به سالن می بریم.»

«ساده است. من چندبار می روم و برمی گردم و هربار دوربینم را همراه می برم و می آورم و به این وسیله اسلحه ها را به سالن می آورم.»

«یعنی دوربینت را کنترل نمی کنند؟»

«چطوری می توانند دوربین را کنترل کنند؟ آن ها یادگرفته اند که اگر درِ کاست های دوربین را باز کنند، فیلم ها نور می بینند. به این دلیل آن را بازَ نمی کنند.»

«ولی علی رغم این ما باید چنین احتمالی را بدهیم و امکانات دیگر را هم برای بردن اسلحه ها به درون سالن بررسی کنیم.»

«باور کن حتی می شود اسلحه ها را در جیب گذاشت و به سالن رفت. من به تجربه دیده ام که برای بار اول آدم را خیلی شدید کنترل می کنند. حتی توی فلان جای آدم را هم می گردند. ولی وقتی چند بار رفتی و برگشتی، چنان عادت می کنند که اگر بار اسلحه را هم به سالن ببری کاریت ندارند. این را بارها تجربه کرده ام. و بارها هم پیش خود گفته ام؛ آخر خاک بر سرها! من که اگر می خواستم می توانستم همهٔ شمارا بفرستم روی هوا!»

طیفور خندید و گفت:

«بعداً می توانیم بیشتر روی این موضوع دقیق شویم. نقش افراد دیگر را هم باید روشن کنیم. وقتی تو رضا پهلوی را گرفتی، رضا علامه زاده هم چون صدایش کلفت است می تواند با فریاد همه را تهدید کند که اگر حرکت اضافی کنند، به رضا پهلوی شلیک خواهد شد و بعد، با چند شلیک هوائی ساواکی ها را بترساند و از همه بخواهد که فوراً سالن را ترک کنند.»

طیفور سکوت کرد. به من نگاه می کرد و من را نمی دید. به نظر می رسید صحنه دقیقاً پیش چشمان او دارد اتفاق می افتد:

«بعد،... بقیهٔ بچه ها هم که حداقل باید غیر از تو و رضا دو نفر باشند و در نقاط مختلف سالن قرار بگیرند، باید با چند شلیک هوائی و فریاد زدن، دیگران

را وادارند که هرچه سریع تر سالن را ترک کنند. آن وقت می شود خواست که یک هلی کوپتر بیاید روی سقف سینما و همه را به فرودگاه ببرد. از آن جا هم می شود با هواپیما به یک کشور دیگر رفت.»

من با کمی تردید گفتم:

«البته ممکن است موقع سوار شدن به هلی کوپتر و یا هواپیما بخواهند ما را از دور بزنند. یعنی بیشتر مرا که رضا پهلوی را گرفته ام.»

«ممکن است. ولی فکر نمی کنم حاضر به چنین ریسکی بشوند. از کشته شدن رضاپهلوی خیلی می ترسند. شاه به این خطر رضایت نمی‌دهد. با این حال ما باید مواظب باشیم و بچه ها چنان دور تو را بگیرند که آن ها اگر خواستند هم نتوانند ترا بزنند.»

«در ضمن، توانستی کسی را برای آمدن به سالن پیدا کنی؟»

«یکی را در نظر گرفته ام، اما باید امتحانش کنم. چون هنوز تردید دارم.»

« کی را؟»

«لازم است اسمش را بگویم؟»

«معلوم است.»

«آخر می خواستم هر وقت خودم مطمئن شدم که مناسب است، اسمش را بگویم. در غیر این صورت ضرورتی ندارد تو او را بشناسی.»

«درست است. ولی در طرحی به این مهمی، خوب است ما در تمام مراحل با هم مشورت کنیم که کمتر دچار خطا بشویم. در ضمن در این عملیات، کار ما از این حرف ها گذشته. ما چه پیروز بشویم و چه شکست بخوریم، بعد از این عملیات، رژیم صدها نفر را در دور و بر ما دستگیر خواهد کرد و همه را زیر شکنجه خواهد برد تا سرنخ ها و ارتباط ها را درآورد.»

گفتم:

«بسیار خوب. من فرهاد قیصری را در نظر گرفته ام.»

«فرهاد؟... فکر می کنی او واقعاً بتواند چنین کاری را بکند؟»

«فکر می کنم. چون قبلاً یک ماشین پلیس را جلوی کلانتری آتش زده است.»

«کِی؟»

«درِ جریان اتوبوس رانی. حسن فخار برای بچه ها فسفر سفید آورده بود و آ نها هم تصمیم می گیرند با آن یک نفربر شهربانی را جلوی کلانتری کالج آتش بزنند.»

«فرهاد با کی؟»

«با چندتا از بچه های دیگر. فرهاد فسفر سفید را به یک میله می بندد و آن را در یک شیشه نفت می گذارد، و آن را جلوی کلانتری در می آورد و توی ماشین پلیس می اندازد. بچه هائی که همراه او رفته و از طرف مقابل خیابان

مواظبش بودند، تعریف می کردند که چطور بدون آن که هول شود و یا شتاب کند، فسفر را از توی شیشه درآورد و توی ماشین پلیس که خالی بوده انداخت و با خونسردی از آن محل دور شد. می گفتند ما که این ور خیابان بودیم ترس برمان داشته بود و تند تند راه می رفتیم؛ ولی فرهاد انگار نه انگار که اتفاقی افتاده است. سیصد چهار صد قدم دور شد و بعد با آرامش برگشت و دید که دود سفید تمام خیابان را گرفته و نفربر شهربانی دارد می سوزد و پاسبان ها دور و بر آن می دوند و نمی دانند از کجا ضربه خورده اند.»

طیفور که به نظر می رسید فرهاد را برای شرکت در عملیات پذیرفته است، گفت:

«خُب، به این ترتیب تردیدت برای چیست؟ می توانی موضوع را با او در میان بگذاری. او بهترین آدمی ست که به درد کار ما می خورد.»

گفتم:

«ولی هنوز نه. این موضوع مال سه چهار سال پیش است. من الان نمی دانم که او چقدر تمایل دارد دوباره از این جور کارها بکند. می دانی، پول و درآمد و شغل خوب معمولاً بچه ها را بی خیال می کند.»

«مگر تو دیگر با او را رابطه نداری و از تمایلاتش خبر نداری؟»

«چرا با او رابطه دارم و خیلی هم می بینمش؛ ولی، در بارهٔ این نوع کارها با او صحبت نکرده ام. باید یواش یواش شروع کنم و اول ببینم او اصولاً هنوز دوست دارد از آن کارهای قبلی بکند، و بعد، در صورت مثبت بودن جوابش، موضوع این عملیات رادر میان بگذارم و بخواهم با ما کار کند.»

«بسیار خوب. این کار را بکن. من هم دفعهٔ بعد که برگشتم، رفیق دیگری را که در نظر گرفته ام به تو معرفی می کنم تا تو هم با او حرف بزنی و نظرت را بدهی که آیا برای این کار مناسب می بینی اش یا نه.»

پرسیدم:

«خُب، اگر رضا پهلوی را گرفتیم، فکر می کنی به چه کشوری ببریمش؟»

«باید روی این موضوع فکر کرد. لیبی بد نیست. ولی باید دید که در موقعیتی هست که اجازه بدهد ما به آنجا برویم. مسلماً قذافی با شاه سر ناسازگاری دارد، ولی این کار می تواند موقعیتش را در منطقه با خطر روبرو کند و او ممکن است از ترس انتقام گیری های بعدی ایران و آمریکا و اسرائیل، به ما اجازهٔ ورود ندهد.»

«پس کجا می توانیم برویم؟ همهٔ کشورها می توانند از این فکرها بکنند.»

«نه. همه نمی ترسند. می شود به کشورهائی رفت که اهل حمایت از این جور کارها نیستند. آن ها ممکن است بخاطر کمک به حل مسالمت آمیز مسئله ما را قبول کنند. بعدش که زندانی ها را آزاد کردند می شود به کشورهای اروپائی پناهنده شد و بعد رضا پهلوی را آزاد کرد.»

«ممکن است بعدش ما را پس بدهند.»

«بعید است. می شود تضمین گرفت. و آن ها از ترس این که دیگران بعداً به قول شان اعتماد نکنند، چنین کاری را نخواهند کرد. ولی، علی رغم همهٔ این ها، ممکن است این کار را بکنند. ما باید برای همه چیز آماده باشیم. ما حتی باید برای کشته شدن در هر یک از این مراحل آماده باشیم. ولی تا آن جا که ممکن است باید سعی کنیم رضا پهلوی کشته نشود. زیرا آن وقت رژیم انتقام خواهد گرفت و بعید نیست یک سری از زندانیان سیاسی ایران را از دم تیغ بگذراند. و این بر خلاف هدف ماست. البته، ممکن است شرایطی پیش بیاید که همه چیز از دست ما خارج شود، خُب در آن صورت ما تقصیری نداریم. ولی کوشش ما باید این باشد که از هر گونه تلفات بیهوده جلوگیری کنیم. ما در این حرکت حتی اگر شکست هم بخوریم، باز، این ضربه برای دستگاه آن قدر سنگین است که حتماً به ضرر رژیم تمام خواهد شد و چه بسا، خیلی ها مثل امریکا را به فکر بیندازد که روی شاه فشار بیاورند که این قدر دیکتاتور نباشد و سبب این جور دردسر های بین المللی نشود. چون با هر کدام از این حرکت های چریکی آمریکا هم ضربه می خورد. این ها همه کشورهای طرفدار غرب هستند. و هر ضربه ای به آن ها یک ضربهٔ سیاسی به غرب هم هست.»

«درست است. این کار می تواند خیلی چیزها را تغییر بدهد. به همین دلیل هم باید کاملاً مواظب بود که به هیچ وجه لو نرود. بایدِ خیلی با احتیاط آدم ها را انتخاب کرد.»

«بله، ما کار فوق العاده ای در پیش داریم.»

«در مورد لیست زندانی ها چه فکر می کنی؟ اسم چه کسانی را باید برای آزادی بدهیم؟ مسلم است که نمی شود تقاضای آزادی همه را کرد. هزاران زندانی سیاسی را که نمی شود به خارج برد. رژیم هم چنین چیزی را نمی پذیرد. پس ما باید یک سری افراد مشخص را در نظر بگیریم.»

«مسلماً. معلوم است که نمی شود هزاران زندانی سیاسی را به جائی برد. هیچ کشوری این تعداد آدم را حتی به صورت معمولی نمی پذیرد، چه برسد که همه زندانی سیاسی هم باشند. ولی ما نمی دانیم چه کسانی را می شود و لازم است که آزاد کرد. ما همه را نمی شناسیم. شاید بشود ابتدا چندتا آدم معروف...، مثلاً صفر قهرمانی، بیژن جزنی و پاک نژاد را خواست که بیرون بیایند و آن ها یک لیست چهل پنجاه نفری بدهند.»

«یعنی همین جا؟ توی فرودگاه؟»

«نه، منظورم توی کشوری ست که ما را می پذیرد. این جا که نمی شود. ما باید برنامه مان این باشد که هرچه سریع تر از ایران خارج شویم و بعد، از آن جا، این چیزها را بخواهیم.»

«آره. این طوری بهتر است... به هر صورت این ها مال بعداً است. فعلاً ما

باید روی مسائل اولیه و تدارکاتی کار کنیم. دربارهٔ اسلحه ها هم باید صحبت کنیم.»

«حتماً. عجالتاً تو با فرهاد تماس بگیر و نتیجه را دفعهٔ بعد بگو و من هم آن کسی را که در نظر گرفته ام، به تو معرفی خواهم کرد. چهار نفر کافیِ کافی ست. بیشتر باشید شلوغ می شود و توی دست و پای هم می روید.»

در فرصتی که تا دیدار بعدی داشتیم، به سراغ فرهاد قیصری رفتم. ولی او را پیدا نکردم. ذهنم درگیر این مسئله بود که آیا واقعاً فرهاد مناسب کار هست یا نه؟ از طرف دیگر نمی دانستم مسائل را چگونه با علامه زاده در میان بگذارم. آیا لازم بود که راجع به این افراد هم به او چیزی بگویم؟ طبعاً نمی بایست با او از طیفور حرف بزنم. ضرورت نداشت. ولی از دیگران چی؟ از فرهاد قیصری و آن کسی که طیفور قرار بود به من معرفی کند؟ از یک طرف می ترسیدم که صحبت در مورد این افراد با رضا، نوعی حرافی و دادن اطلاعات غیرضروری به حساب بیاید. و از سوی دیگر برای او این حق را قائل بودم که از این مسائل آگاه باشد. در واقع او حق داشت که بخواهد با این افراد به این عملیات مبادرت کند یا نه. در یک دو راهی گیر کرده بودم که در واقع نوعی تسلیم به جو شدیداً مخفی کاری رایج، مرا به قبول راه اول، یعنی بی اطلاع گذاشتن رضا از مسائل سوق داد. البته، رضا به دلیل ناآشنائیش با گروه به من اعتماد کرده و همه چیز را به عهده ام گذاشته بود. با این حال، برای آسودگی وجدانم، با خود شرط کردم که قبل از شروع مراسم حتماً همه چیز را به او اطلاع بدهم.

عاقبت قبل از قرارم با طیفور موفق شدم فرهاد قیصری را ببینم. در این دیدار، فرهاد را خیلی آشفته دیدم. وضع روحی او اصلاً خوب نبود و به شدت سرگشته به نظر می رسید و از زندگی ابراز بیزاری می کرد.

با هم به سر بند تجریش رفتیم و چند پیک زدیم. برایم روشن نبود که سرگشته گی فرهَاد از کجا سرچشمه می گیرد اما وقتی حرف زدیم، دیدم که او نیز مانند خود من لحظات و گم گشتگی هائی داشته و زندگیِ «چوخ بختیاری» به شدت آزارش داده است. اما دقیقاً نمی دانست از چه طریق، به دنبال چه برود تا بتواند این درد را تسکین دهد. به همین دلیل حتی به فکر خودکشی هم افتاده بود و گاهی می خواست همه چیز را بفراموشی بسپارد.

با دیدن این حالت، تردید کردم که به او در این باره سخنی بگویم. ولی برای این که دقیقاً بدانم که او آن چنان که ادعا می کند به راستی به خاطر دلزده گی از یک زندگی معمولی چنین سرگشته شده است؛ از او پرسیدم که آیا هنوز تمایل دارد که مانند گذشته فعالیت سیاسی بکند؟ و او فوراً جواب مثبت داد. و من فکر کردم فعلاً با او بیش از این سخن نگویم و چون تا رسیدن زمان عملیات هنوز بیش از دو ماه وقت داشتیم، بهتر دیدم که او را چند بار دیگر، در حالت ها و به شکل های مختلف به صحبت بگیرم تا واقعاً از تمایل او به کار

دوبارهٔ سیاسی مطمئن شوم. و همین موضوع را هم، البته بدون ذکر جزئیات به طیفور گفتم. اما طیفور معتقد بود نباید زیاد لفتش بدهم و باید موضوع را به او بگویم، تا در مدتی که به تاریخ شروع عملیات باقی ست او بتواند مسئله را در درون خود جا بیندازد و آن را هضم کند.

قرار من، با ایرج جمشیدی، یعنی همان فردی که طیفور برای شرکت در عملیات داخل سالن سینما در نظر گرفته بود نیز انجام شد. ما یکدیگر را جلوی سینما دَیدیم و با هم به یک کافه رفتیم و گپ زدیم. رفتار و خصوصیات ایرج طوری بود که بدون آن که بتوانم ایراد مشخصی از او بگیرم، روی من تاثیر مطلوبی نداشت و ته دل، از همکاری با او احساس خشنودی نداشتم. با این حال در این مورد چیزی به طیفور نگفتم. زیرا چیزی برای گفتن هم نداشتم و نمی توانستم و شایسته هم نمی دیدم که موضوع همکاری را منوط به احساساتم کنم.

در برخوردی هم که بعد از دیدار با جمشیدی در دفتر دادرس داشتیم، بلافاصله مرا به یاد همان حس و حالت برخورد اول مان انداخت. ولی می دیدم که دیگر این حرف ها فایده ندارد و ما با هم در زندانیم و باید زیر شلاق برای روزهای بعدی آماده شویم.

▪ دیدار با طیفور

در سلول باز شد و بعد از دو ماه که از دست گیری ما می گذشت، برای اولین بار طیفور را دیدم که با حال نزار به درون سلول ما رانده شد. او حسابی کتک خورده بود و نمی توانست روی پاهایش بایستد. من، سیاه پوش، و عدالت، هر سه نفری دور او را گرفتیم و جائی برایش باز کردیم تا بتواند بنشیند. چند پتو هم دور و برش گذاشتیم که نیم خیز دراز بکشد تا به کف پاهایش که به شدت متورم بود فشار نیاید. طیفور نسبت به بیرون لاغر شده بود و در آن لحظه چهره افسرده ای داشت. او بعد از این که اندکی آرامش یافت و درد پاهایش تسکین پیدا کرد، نگاهی به من انداخت و گفت:

«دیدی، همه چیز بر باد رفت، و ما حتی بدون این که بتوانیم تکان بخوریم دستگیر شدیم.»

نگاهش کردم و گفتم:

«فعلاً آرام باش.»

یک لیوان چای که از عصر نگه داشته بودیم به او دادیم و او بعد از آن که آن را خورد و نوری به چشمانش آمد از او پرسیدم:

«هنوز تو را می زنند؟»

با صدای ضعیفی گفت:

«می بینی که!»

«آخر برای چی؟ همه چیز که روشن شده است.»

«ولی می گویند روشن نشده. بعد از این که یک مدت حسابی کتک خوردم، یکی دو هفته بود که ظاهراً ولم کرده بودند. اما امروز باز مرا بردند و زدند.»

«چه می خواهند؟»

«گروه شیراز را.»

«مگر دستگیر نشده اند؟»

«همه شان نه.»

یواشکی به رانش زدم و به او هشدار دادم که جلوی دیگران حرف نزند. نگاهی حاکی از درک مقصودم به من انداخت و گفت:

«البته من چندان اطلاعی از این موضوع ندارم. ولی خودشان می گویند که هنوز بچه های شیراز دستگیر نشده اند.»

«پس اگر می دانند که آن ها چه کسانی هستند، چرا تو را می زنند؟»

«اسم شان را می خواهند. در حالی که من هرکه را می شناختم گفته ام.»

بعد از من پرسید:

«تو کی دستگیر شدی؟»

«۳۱ شهریور.»

«پس سه روز بعد از من. عجیب است؛ هر چه فکر می کنم نمی فهمم که چه کسی قبل از همه دستگیر شده است. ولی همهٔ شواهد نشانهٔ آن است که اول از همه شکوه را دستگیر کرده اند.»

من چیزی نپرسیدم تا او جلوی شاعر زیاد حرف نزند. ولی او گفت:

«حالا خوب است راجع به گروه اصفهان چیزی نپرسیدند. خوشبختانه...»

به شکل بسیار هشداردهنده ای به پای او زدم و مانع از ادامهٔ سخنانش شدم. در اولین فرصت، وقتی ما را بعد از شام به دست شوئی فرستادند، تنها گیرش آوردم و در گوشش گفتم:

«چرا بی احتیاطی می کنی؟ تو که بچه های سلول را نمی شناسی.»

«مگر چه گفتم؟»

«داشتی از گروه اصفهان حرف می زدی که خوشبختانه دستگیر نشده اند که من نگذاشتم.»

«ولی این ها بچه های خوبی هستند.»

«چنین حرفی از تو بعید است.»

طیفور ساکت شد و با صاف کردن صدایش به من حالی کرد که کسی دارد وارد می شود. برگشتم و دیدم که نگهبان ایستاده و به ما نگاه می کند.

فردا عصر شاعر را به بازجوئی بردند و دیگر او را به سلول ما بازنگرداندند. شب هم طیفور را بردند و دوباره به شکل وحشتناکی زدند. وقتی جسم بیهوشش را به سلول بازگرداندند، اولین چیزی که توانست در گوش من زمزمه کند این بود

که دربارهٔ گروه اصفهان از او اطلاعات خواسته بودند. و به این ترتیب برای ما شکی باقی نماند که شاعر عزیزمان برای بازجوها خبر می برده است.

آن شب نگهبان یک کرم آورد و داد به ما که به پشت آسیب دیده طیفور بمالیم، بعد از یک ساعت هم آمدند و طیفور را به انفرادی بردند.

در مدت کوتاهی که با طیفور در آن سلول بودم، تنها یکی دو بار توانستم راجع به مسائل گروه از او اطلاعاتی به دست بیاورم. طیفور تاکید می کرد که اولین نفری که دستگیر شده شکوه فرهنگ بوده و او تمام اطلاعات را در اختیار ساواک گذاشته است.

ولی من برای روشن شدن بیشتر ماجرا از او پرسیدم:

«تو مطمئنی که شکوه اول دستگیر شده است؟»

«بله.»

«روی چه حسابی این حرف را می زنی؟»

«چون وقتی مرا گرفتند، همه چیز را می دانستند.»

«شاید کس دیگری را گرفته باشند و او همه چیز را گفته باشد.»

«چه کسی را؟ غیر از من، کرامت و امیر فتانت و شکوه کس دیگری در جریان همهٔ ماجرا نبوده. امیر که دستگیر نشده، کرامت را هم که من درست قبل از این که دستگیر بشوم دیده بودم. پس فقط می ماند شکوه.»

«آیا شکوه از وجود من و رضا هم اطلاع داشت؟»

«نه ولی می دانست که دو نفر از تلویزیون در این عملیات شرکت خواهند کرد. ساواک هم مرا می زد و اسم ها را می خواست.»

«فرهاد قیصری را چه؟ اسم او را هم می دانست؟»

«نه، ولی می دانست که یک نفر از کانون در بین ما هست.»

«ولی شکوه برای چه دستگیر شده است؟ آیا قرار بوده کار خاصی انجام دهد؟»

«اصلاً نمی دانم. قرار هم نبوده کار خاصی انجام دهد که سبب دستگیری اش شده باشد... تنها چیزی که می توانم حدس بزنم این است که جائی حرفی، چیزی زده باشد.»

«یعنی یک چنین آدمی بود که این جا و آن جا در بارهٔ این موضوع به این مهمی همین طوری حرف بزند؟»

طیفور که دید چشمان من از تعجب گرد شده است گفت:

«نه، ولی می گویم شاید. آخر ما یک طرح مشابه هم داشتیم که قرار بود خودمان با یک عده دیگر اجرایش کنیم. نمی دانم، شاید در این رابطه شکوه جائی چیزی گفته باشد. والا آدمی نبود که همین طوری بی خود دهانش را باز کند و در این باره به کسی چیزی بگوید.»

من با نارضایتی گفتم:

«در هر صورت مثل این که چندان هم رعایت مسائل امنیتی نشده است.»
طیفور ساکت شد و ما فقط توانستیم یک بار دیگر در یک فرصت کوتاه با هم حرف بزنیم و من از او دربارهٔ طرح انفجار تلویزیون شیراز سئوال کنم. او به من اطمینان داد که در این باره هیچ چیز لو نرفته است و من هم باید مواظب باشم که در این مورد بلوف نخورم.»

روز بعد مرا هم از آن سلول باز به انفرادی انتقال دادند.

روزهای آخر بار قبلی که در سلول تنها بودم دیگر داشتم به آن عادت می کردم و به تنها بودن خو می گرفتم. اما پس از آن که آن چند روز با بچه ها در سلول های جمعی گذرانده بودم، دوباره انفرادی کشیدن سخت بود. اما یک فرق با آن روزهای اول داشت؛ به این معنی که تنها شدن دوباره فرصت و تمرکز یک بازنگری به پروسه ای که در آن قرارگرفته بودم را برایم فراهم می آورد و من می توانستم این بار با سلطه بیشتری بر جسم و جانم به بررسی آن چه در این مدت در زندان گذرانده بودم بیندیشم و یک ارزیابی از خودم و کاری که می خواستیم بکنم داشته باشم. البته نه من، و نه هیچ کس دیگری از بچه ها هنوز نمی دانستیم که ساواک پروندهٔ ما را علنی کرده و در رادیو وتلویزیون و مطبوعات غوغائی به همین مناسبت به راه انداخته است. فقط بیاد داشتم که در یک نیمه شب از همان روزهای اولیهٔ دستگیری، مرا از خواب بیدار کردند و با چهره ای پُف کرده و موهای ژولیده به اتاق بازجوئی بردند و یک عکاس، با یک دوربین قدیمیِ فلاش کاسه ای، از زوایای پائین از من عکس هائی قاتلی انداخت و دوباره مرا به سلول بازگرداندند. در آن لحظات من هرگز فکر نمی کردم که این عکس ها مصرف تبلیغاتی و روزنامه ای برای رژیم داشته باشد و تصورم بر این بود که این کار جزو مقررات مرسوم ساواک، و برای تکمیل پرونده است. به همین دلیل در ارزیابی ام از موضوع فکر می کردم که به هیچ یک از هدف هائی که در برنامهٔ خود نرسیدیم و حتی هیچ سر و صدائی نیز حول فعالیت های ما بپا نخاست. از این رو، فقط غبن کار و مجازات سنگینی که در پی بود برایمان باقی می ماند.

■ **بازپرسی**

روز بعد، مرا سوار یک مینی بوس کردند که به دادرسی ارتش ببرند. همین که به دستور نگهبان چشم بندم را برداشتم دیدم که کرامت در ته مینی بوس نشسته و چشمانش در تاریکی برق می زند. او از جا برخاست و دولا دولا پیش آمد و در آن محل تنگ مرا در آغوش گرفت و بازوانم را فشرد. هیچ چیز تا آن زمان در زندان مرا به اندازهٔ دیدن کرامت خوشحال نکرده بود. کنارش نشستم و دستم را به پشتش زدم. نگهبان که آدم بدی نبود، چشم غره ای رفت و استقبال گرم ما را از هم نادیده گرفت و در صندلی قسمت جلو نشست و در را بست.

مینی بوس را به دو قسمت کرده بودند که قسمت عقبش شیشه هائی از بیرون رنگ کرده داشت و نور زرد ضعیفی از آن ها به درون می تابید. قسمت جلو هم با یک در کشوئی از عقب جدا می شد. به این ترتیب، زمانی که مینی بوس در شهر حرکت می کرد، کسی نمی توانست بفهمد که در فضای بستهٔ آن زندانیانی در حال نقل و انتقالند. فضای عقب، فلزی بود. صندلی هایش هم فلزی و سرد بود. ما ساکت ماندیم تا ماشین به حرکت بیفتد. وقتی موتور روشن شدن و از تکان ها و نیروئی که به بدن ما وارد شد فهمیدیم که مینی بوس دور زد و به راه افتاد، با خیال راحت کنار هم نشستیم و پس از آن که مقداری بر و بازوی همدیگر را فشار دادیم، فوراً با صدای آهسته شروع به گفتگو کردیم و به اصلی ترین موضوع، یعنی مسئله چگونه گی دستگیری و علت آن پرداختیم.

پس از این که من زمان و مکان دستگیریم را شرح دادم، کرامت هم گفت که در تاریخ سی ام شهریور دستگیر شده، و دو روز قبل از آن، شدیداً تحت تعقیب بوده است. می گفت:

«هرجا می رفتم، دنبالم می آمدند. توی کوچه و جلوی درِ خانه هم ایستاده بودند. حتی خواهرم را فرستادم که به بهانهٔ رخت پهن کردن دَور و بر پشت بام را دید بزند. آمد و گفت که چندتا هم بالای پشت بام ها هستند. به هیچ وجه امکان فرار نداشتم. از ترس تعقیب حتی نمی توانستم کسی را به سراغ بچه ها بفرستم و به آن ها اطلاع بدهم. به ناچار همان جا ماندم تا آمدند و دستگیرم کردند.»

«خیلی کتک خوردی؟»

«می بینی که نه. همه چیز را می دانستند.»

با احساسی از حیرت پرسیدم:

«جالب است. همهٔ بچه ها همین را می گویند. همه می گویند که آن ها همه چیز را می دانستند. حتی طیفور که به نظر من نفر اول دستگیرشد گان بوده است هم همین را می گوید.»

با کنجکاوی پرسید:

«از کجا می دانی که طیفور نفر اول بوده؟»

«دادرس به جمشیدی حالی کرده است که طیفور نفر اول بوده.»

«به من هم ضمنی گفتند که طیفور نفر اول بوده است.»

«ولی خود طیفور می گوید که شکوه فرهنگ نفر اول بوده. شکوه را که می شناسی؟»

«می شناسم. عکس همه را در روزنامه دیده ام.»

«مگر در روزنامه اعلام کرده اند؟»

«مفصل! با عکس و تفصیلات. عکس تو از همه بهتر افتاده بود. بقیه مثل قاتل ها بودند. ولی عکس من شیش در چهار بود.»

«آخ، پس بگو. آن شب که عکس گرفتند برای همین بود. ولی عکس تو چی بود؟»

«شش در چهار. عکس معمولیِ عکاسی.»

«یعنی چه؟»

«نمی دانم. فکر می کنم چون من در شیراز بودم نتوانسته بودند از من عکس بگیرند.»

«پس عکس عکاسی تو را از کجا آورده بودند؟»

«نمی دانم.»

«لابد از خانه تان گیرآورده اند.»

«ممکن است... خُب گفتی طیفور می گوید که شکوه فرهنگ نفر اول بوده؟»

«آره.»

«از کجااین را می گوید؟»

«چون همه چیز را به او هم گفته اند. طیفور فکر می کند که شکوه دستگیر شده و همه چیز را لو داده.»

«ولی شکوه همه چیز را نمی دانسته. چیزهای بسیار مهمی گفته شده که شکوه حتماً آن ها را نمی دانسته. یعنی در واقع، کسی جز طیفور و من آن ها را نمی دانسته.»

«منظورت چیست؟»

«ول کن. بعداً می توانیم در این مورد صحبت کنیم.»

«ولی این موضوع مهمی ست.»

«من در این مورد نمی توانم دقیق حرف بزنم. باید بعداً موضوع روشن شود. فعلاً که هنوز من نتوانسته ام با همه حرف بزنم.»

پرسیدم:

«تو چطوری به گروه ما وصل شدی؟»

«از طریق طیفور. او از ما اسلحه می خواست.»

«گروه شما اسلحه داشت؟»

سرش را نزدیک گوشم آورد و گفت:

«فعلاً بهتر است در این مورد حرف نزنیم.»

نگهبان درِ قسمت عقب را باز کرد و سرک کشید و گفت:

«با هم صحبت نمی کنید ها!»

ما به او لبخند زدیم، و او هم با اخم به ما لبخند زد و نشان داد که جلوی همکار راننده اش نقش بازی می کند، ولی خودش چندان در قید حرف زدنِ ما نیست.

در کنار کرامت احساس خاصی داشتم که نه با احساس من در بیرون از

زندان، وقتی که او را می‌دیدم برابر بود و نه هیچ مشابهتی با احساسی که از دیدن بقیهٔ بچه ها در زندان به من دست داده بود داشت. از نظرمن، و در واقع از نظر بقیه بچه ها هم، کرامت آدم فوق العاده ای بود.

در دادرسی ارتش، ابتدا کرامت را به اتاقی بردند و من را همراه یک نگهبان در راهرو نگه داشتند. راهرو کاملاً خلوت بود و فقط گاهی کسی می آمد و نگاهی به ما می انداخت و می رفت. مدتی که نشستیم، نگهبان دست مرا با یک دستبند به میلهٔ شوفاژ راهرو بست و خودش به دست شوئی رفت. به محض رفتن او، تعداد رفت و آمدها زیاد شد. همه نظامی نبودند و بعضی ها هم لباس شخصی به تن داشتند و معلوم بود کارمندان غیرنظامی دادرسی ارتش هستند. بیشتر آن ها وقتی از من دور می شدند برمی گشتند و باز نگاه می کردند. حتی چند نفر از زن ها به من لبخند هم زدند. اما من تردید داشتم یقین کنم که این رفت و آمدها واقعاً به خاطر من باشد و آن ها، یعنی کارمندان دادرسی ارتش که طبعاً نمی توانستند نسبت به کاری که ما می خواستیم بکنیم نظر مساعدی داشته باشند، از غیبت نگهبان استفاده کرده اند و تند و تند می آیند و می روند تا مرا ببینند.

نگهبان فوری برگشت و رفت و آمدها قطع شد. و من حس کردم که دارم به نتیجه ای دیگر می رسم و دلم می خواهد حتی حمایت کارمندان اداره نظامی دشمنم را نیز باور کنم.

کرامت به همراه یک سرهنگ از اتاق بازپرسی بیرون آمد و سرهنگ که خیلی با ادب خود را دکتر حسینی معرفی کرد، گفت که وکیل تسخیری کرامت است و به اطلاع من رساند که متأسفانه وکیل خود من که سرهنگ پهلوان است نیامده و من باید روز بعد بیایم تا در حضور او از من بازپرسی شود. ظاهر قضیه این بود که گوئی ما در بازجوئی، هیچ شکنجه ای نشده بودیم و اکنون حتی بدون حضور وکیل خود، آن ها حتی اجازه نداشتند که از ما بازپرسی کنند.

وقتی به اوین برگشتیم، خوشحالی من این بود که مرا دوباره به سلول انفرادی برنگرداندند. بلکه با کرامت در یک سلول گذاشتند. در آن جا فرصت کردیم که بیشتر در باره پرونده مان گفتگو کنیم. دلم می خواست دقیقاً بدانم که کرامت با چه گروهی در تماس بوده است. وقتی از او در این باره سئوال کردم، متوجه شدم که دلش نمی خواهد در این مورد صحبت کند. منتهی برای این که از این پرده پوشی احساس بیگانه گی به من دست ندهد گفت:

«می دانی، من فکر می کنم که گاهی لازم است بعضی از اطلاعات هرگز فاش نشود و حتی با آدم به گور برود.»

گفتم:

«مطمئن باش که من از این پرده پوشی ها دلخور نمی شوم. مسلماً تو بهتر می دانی که باید در این مورد حرف زد یا نه.»

و برای این که موضوع را عوض کنم، گفتم:

«راستی صانعی یک روز مرا به بازجوئی برد و دربارهٔ طرح ترور شاه با من صحبت کرد. من به شدت شرکت در چنین طرحی را انکار کردم و گفتم که با هیچ یک از بچه ها در این باره حرفی نزده ام. ولی او اصرار داشت که این موضوع را ثابت کند و حتی من را به تخت شکنجه بست که بزنند. بعد که دید من باز هم انکار می کنم، گفت که کرامت گفته که تو با او دربارهٔ ترور شاه حرف زده ای. من باور نکردم و فهمیدم که بلوف می زنند.»

کرامت با سادگی گفت:

«ولی من این حرف را زده ام.»

با تعجب پرسیدم:

«جدی می گوئی؟ چرا؟ ما که قرار نبود شاه را بزنیم.»

«راستش، مدتی بعد از آن که مرا گرفته بودند، یک روز آمدند و گفتند که شماها می خواسته اید شاه را ترور کنید. من گفتم؛ نه، ما چنین قصدی نداشتیم. ولی آن ها اصرار کردند و گفتند بی خود انکار نکن. گفتم، برای من فرق نمی کند که این اتهام را هم قبول کنم یا نه، چون باری به اتهام ما اضافه نمی کند. آن ها هم گفتند ولی شما می خواستید این کار را بکنید و روزنامهٔ کیهان را هم در این ارتباط به من نشان دادند. و من دیدم که تو هم جزو گروه هستی و آن جا هم نوشته شده بود؛ کشف نقشه ترور شاه و از این حرف ها. و فکر کردم که این قضیه مربوط به تو می شده و چون تو قبلاً در این باره با من صحبت کرده بودی، به همین دلیل گفتم که چهار سال پیش، فقط با سماکار در این باره یک صحبت ساده کرده ایم و به هیچ وجه طرح ترور کسی در کار نبوده است. آن ها هم ول کردند.»

«مرا هم ول کردند. بعد از این که دیدند در این باره حرف نمی زنم مدتی روی تخت نگهم داشتند و بعد نگهبان آمد و مرا به سلول برگرداند. اما من هرگز نمی فهمم که این ها چرا این قدر در این باره اصرار می کنند. مرا برای این موضوع حتی با جمشیدی هم روبرو کردند. او بدون آن که من حرفی در این باره زده باشم گفته بوده که من طرح ترور شاه را به او پیشنهاد کرده ام.»

«به هر حال این موضوع هم در پرونده آمده است. حالا از طرف چه کسی، نمی دانم. اول فکر می کردم که از طرف تو مطرح شده، ولی به این ترتیب روشن نیست اصلاً چه کسی در این مورد حرف زده است.»

گفتم:

«تو تمام مطلب روزنامه را در این باره خواندی؟»

«نه، فقط صفحهٔ اول را که عکس داشت نشانم دادند، و زود روزنامه را بردند.»

«حیف که روزنامه را ندادند بخوانیم. حداقل دلم می خواست ببینم در

عکس چطوری افتاده ام.»

«گفتم که، تو خوب افتاده بودی. ولی بقیه مثل قاتل ها رو به بالا نگاه می کردند.»

«می دانی چرا عکس من مثل قاتل ها نبود.؟»

با خنده گفت: «چرا؟»

خندیدم و گفتم:

«خُب هرچی باشد من فیلمبردارم و این چیزها را خوب می فهمم. آن شب که مرا از خواب بلند کردند و به اتاق بازجوئی بردند تا عکس بیندازند، فوراً از حرکت عکاس که دوربین را از زاویه پائین تنظیم می کرد فهمیدم که می خواهد مثل قاتل ها از من عکس بگیرد. به همین دلیل، به جای آن که روبرویم را نگاه کنم و عکسم مثل قاتل ها در بیاید، رو به پائین و توی لنز دوربین را نگاه کردم. البته اگر می دانستم که این عکس را برای چاپ در روزنامه می خواهد، حتماً دستی هم به موهایم هم می کشیدم.»

کرامت خندید و گفت:

«خیلی زبلی.»

گفتم:

«ولی بچه های دیگر خنگ بازی در آورده اند و عکس شان مثل قاتل ها افتاده است. نمی دانند که این جور مواقع نباید به روبرو نگاه کنند.»

«دفعه بعد که برای کشتن شاه دستگیر شدیم به بچه ها بگو که توی دوربین را نگاه کنند، نه روبرو را.»

پرسیدم:

«چند روز در زندان شیراز بودی؟»

«حدود یک ماه.»

«نمی دانی چرا تو را مثل بقیه برای بازجوئی به تهران نیاوردند؟»

«نمی دانم، ولی فکر می کنم که یک جنبه اش به خاطر انتقام شخصیِ بازجوئی بود که کتکش زدم.»

«بازجویت را زدی؟»

«آره. همان لحظهٔ اول که دستگیرم کرده بودند، تو اتاق نگهبانی کمربند و تمام وسائلی که توی جیبم بود را از من گرفتند، و من دستم را به کمرم زده و شلوارم را با دست نگه داشته بودم که نیفتد. بازجوئی که آن جا بود، با تشر گفت؛ دستت را از کمرت بینداز! گفتم؛ اگر دستم را بیندازم شلوارم می افتد. و او با وقاحت برگشت گفت؛ نگران نباش، خودمان شلوارت را در می آوریم.

من هم به سویش هجوم بردم و با مشت چنان زدم توی صورتش که فریادش به هوا بلند شد و نگهبان ها را به کمک طلبیید. بعد هفت هشت نفر ریختند سرم و تا آن جا که می خوردم مرا زدند. این قدر زدند که بیهوش شدم. بعد که

بهوش آمدم با سر و صورت و بدن زخمی توی سلول افتاده بودم. اما همین موضوع سبب شد که در بازجوئی خیلی با احتیاط با من برخورد کنند. دیگر حتی جرأت نداشتند به من تو بگویند. از آن به بعد مرا فقط با دست بند و پابند این طرف و آن طرف می بردند و سعی می کردند در شرایط سخت، و گرسنگی و بی آبی قرار بدهند. آن بازجو هم دیگر پیدایش نشد. فقط یک روز که مرا با دست بند و پابند در راهرو می بردند، از روبرو پیدایش شد. من هیچ واکنشی نشان ندادم تا به نزدیکی من رسید و با حالتی گستاخ و پررو به من نگاه کرد، من هم ناگهان با سر رفتم توی شکمش. اما قبل از آن که به او بخورم جا خالی داد و داد کشید:

«این مرد که دیوانه است. ببریدش تو سلول و دیگر درش نیاورید. بگذارید همان تو برینند و بخورد.»

من هم که در اثر جا خالی دادن او با صورت به دیوار خورده و زخمی شده بودم داد زدم:

«بگذار خلق ایران بپا خیزد، پاسخ شما انگل ها را خواهد داد.»

خندیدم. احساس می کردم که او رفیق نازنینی ست. بودن با آدم هائی که بخصوص در شرایط دشوار به آدم اطمینان خاطر می دهند، انسان را نسبت به آرمان هایش به شدت تقویت می کند. من شک ندارم که اگر چند روز دیگر با کرامت در آن سلول ها می ماندم، هرگز برای آن چند روز که در برابر ساواک شکستم، هرگز خود را نمی باختم و سرفراز، و بدون ذره ای خلل تا پایان پیش می رفتم و دینم را به صورت واقعی تری از آن چه تا کنون بازی کرده ام بر عهده می گرفتم. روزهای دشوار ولی گاهی به شدت تلخ است ، انسان آن لحظه که خود را می بازد، تلخ ترین لحظات او ست.

همان طور که به کرامت خیره شده بودم فکر می کردم که اگر جای او بودم هرگز شهامت آن را نداشتم که به آن شکل پاسخ دشمنم را بدهم. دلم می خواست به او بگویم:

«می دانی؟ دنیای عجیبی ست. من نمی خواستم خودم با تو تماس بگیرم، چون فکر می کردم که تو تحت تعقیب باشی. ولی باز موضوع به تو ختم شد و طیفور هم برای گرفتن اسلحه به تو رجوع کرد.»

اما این حرف را نزدم، زیرا فکر می کردم از شنیدن چنین چیزی دلخور بشود. ولی، دو سال بعد از آن، وقتی که او دیگر در این دنیا نبود، روزی که با یوسف آلیاری در حیاط بند پنج زندان قصر قدم می زدم و با هم به علت دستگیری مان پی بردیم، یاد این صحنه افتادم و واقعاً دلم برای کرامت سوخت. احساس من پیش از آن در برابر کرامت، حتی وقت شنیدن خبر اعدامش، هرگز توام با دلسوزی نبود. او انسانی بود که همیشه حس احترام مخاطبینش را برمی انگیخت. ولی آن دم که علت دستگیری خودمان را فهمیدم، صداقت و

صمیمیتی را به یاد آوردم که کرامت در آن لحظه به آن دچار بود. آن شفافیت چشم ها و شعف پرشوری را به یاد آوردم که از دستگیر نشدن یارانش در آن گروه کذائی به او دست داده بود. من لحظه های آخر زندگی را با کرامت نبودم. ولی فکر می کنم که او در آن لحظه ها نیز می اندیشید که اگر ما دستگیر شده و طرح مان برباد رفته است؛ حتی اگر او و خسرو گلسرخی اعدام می شوند، در عوض یاران دیگرش از بند رژیم گریخته اند و به مبارزه ای بی امان با دشمن

کیهان هوائی

توطئه سوء قصد به شاهنشاه کشف شد

شماره ۴۰ ـ شنبه ۱۴ مهرماه ۱۳۵۲ ـ ۶ اکتبر ۱۹۷۳

همانطوریکه‌اعلام شد مقامات امنیتی از چندی پیش موفق شده‌اند یک گروه آنارشیست را که هدف های خرابکارانه‌ای را علیه آرامش و امنیت کشور تعقیب مینمودند کشف و کلیه اعضای آن را دستگیر سازند.

افراد این گروه که دارای زیربنای فکری توده‌ای و مارکسیستی و نقشه های هرج و مرج طلبانه و آنارشیستی بودند تحت تاثیر تبلیغات دشمنان مملکت که ثبات و آرامش و پیشرفت و عظمت ایران را مغایر منافع و مقاصد خود میدانند قصد داشتند از طریق ترور و ربودن شخصیت‌های معتبر و سرقت مسلحانه و به قتل رسانیدن افراد بیگناه به زعم خود در کشور محیط رعب و وحشت ایجاد کنند.

از جمله طرحهای نابخردانه و کودکانه آنها طرح ربودن یا کشتن یکی از اعضای خاندان جلیل سلطنت بویژه اعلیحضرت همایون شاهنشاه آریامهر و علیاحضرت فرح پهلوی شهبانوی ایران و والاحضرت همایون ولایتعهد بعنوان گروگان و درخواست خواهیما جهت خروج از کشور به اتفاق یک سفیر خارجی و سپس درخواست آزادی عده‌ای از زندانیان در قبال آزادی گروگان و درصورت عدم موافقت اقدام به قتل گروگان بوده‌است.

شناسائی محل ترور

افراد گروه مذکور بمنظور اجرای مقاصد خود مبادرت به شناسائی محل های مورد ترور مقامات عالیه کشور نموده

از جمله موقعیت کاخ سلطنتی در نوشهر و همچنین محل سکونت والاحضرت شاهدخت فاطمه پهلوی را که اعلیحضرتین به آنجا پاره‌ای اوقات تشریف‌فرما میشدند مورد شناسائی قرار داده بودند.

ربودن شهبانو و ولیعهد

یکی دیگر از برنامه های آنها ربودن و یا سوءقصد به علیاحضرت فرح پهلوی شهبانوی ایران یا والاحضرت همایون ولایتعهد در جریان برگزاری مراسم فستیوال فیلم کودکان که در آبانماه هرسال در یکی از سینما ها برپا میشود بوده است و چون برخی از متهمین بامور سینمائی و فیلم برداری اشتغال داشته و ورود آنها به فستیوال مذکور امکان پذیر بوده برای

اجرای نیت خود در این مراسم اهمیت فوق‌العاده‌ای قائل بودند و از آنجا که یکی از اعضای گروه بنام رضا علامه زاده در امر فیلم برداری مربوط به فیلم‌های کودکان کاندیدای دریافت جائزه بهترین فیلم از دست علیاحضرت فرح پهلوی شهبانوی ایران یا والاحضرت همایون ولایتعهد بوده در طرح خود این موضوع را درنظر گرفته و به ترتیبی که متهمین اعتراف نموده‌اند پنج نفر افراد مشروحه زیر برای اجرای طرح در نظر گرفته میشوند.

۱ ـ رضا علامه‌زاده فیلمبردار و کاندیدای دریافت جائزه بهترین فیلم کودکان.

۲ ـ عباسعلی سماکار فیلمبردار

۳ ـ طیفور بطحائی فیلمبردار

۴ ـ رحمت‌الله (ایرج) جمشیدی مخبر

۵ ـ کرامت‌الله دانشیان کارمند شرکت ساختمانی

نحوه اجرای نقشه

وظایف افراد مذکور بشرح زیر بوده است:

عباسعلی سماکار بمحض دریافت رضا علامه‌زاده برنده جائزه فیلم برای دریافت جائزه با استفاده از سلاح کمری اقدام به ربودن والاحضرت ولایتعهد و یا هریک از اعضای خاندان جلیل سلطنت که درمراسم تشریف فرماشوند مینماید. ایرج جمشیدی بحالت مسلح اعمال نفر یکم را نظارت و در صورت لزوم عمل ترور را بمرحله اجرا درآورد.

رضا علامه‌زاده نیز که دراین موقع نزدیک شخصیت جائزه دهنده قرار دارد در عمل ربودن بلادرنگ یک همکاریهای لازم را بعمل آورده و با فریاد خشونت آمیزی هرگونه عکس‌العمل مراقبین را خنثی‌سازد.

کرامت‌الله دانشیان و طیفور بطحائی نیز در اطراف سه نفر مذکور رهبری عملیات را بعهده داشته و در صورت لزوم مسلحانه دخالت مینمودند.

افراد مذکور در اعترافات خود گفته‌اند کلیات طرح آنها بشرح فوق بوده است و منتظر بوده‌اند محل سینما و سایر اطلاعات لازم در مورد فستیوال روشن شود تا بتوانند آخرین وضعیت را بررسی و طرح خود را منطبق با شرایط موصوف بسازند.

برنامه سوءقصد به جان شاهنشاه

طیفور بطحائی در اعترافات خود همچنین یادآور شده است که با تصویب سایر اعضای گروه یکی دیگر از طرحهای آنها این بوده است که در یک موقعیت مناسب در یکی از برنامه های رسمی که وی میتوانسته بعنوان فیلمبردار شرکت نماید با استفاده از پوشش‌دوربین های فیلمبرداری بوسیله اسلحه و یا مواد منفجره نسبت به جان ذات اقدس اعلیحضرت همایون شاهنشاه آریامهر سوءقصد نماید که موقعیت لازم بدست نیامده است.

یکی دیگر از اقدامات گروه مذکور شناسائی محل سکونت و همچنین محلهای رفت و آمد والاگهر مهناز فرزند والاحضرت شاهدخت شهناز پهلوی و آقای اردشیر زاهدی بوده است.

این شناسائی بمنظور ربودن و یا ترور والاگهر مهناز انجام گرفته است. دو نفر از افراد گروه پس از اطلاعاتی که بوسیله یکی از دختران عضو گروه بنام مریم اتحادیه در اختیار آنها قرار میگیرد. چند روزی گردش های والاگهر مهناز را مورد مراقبت قرار میدهند و شناسائی هائی بعمل می‌آورند ولی با توجه باینکه گروه برنامه های مهمتری را دنبال مینموده انجام آن بعهده تعویق افتاده است.

پخش شایعات

پخش وانتشار شایعات، اخبار دروغ بمنظور مشوش نمودن افکار عمومی یکی‌دیگر از اقدامات افراد گروه بوده و چون برخی‌از افراد آن با مطبوعات و وسائل ارتباط جمعی ارتباط داشته‌اند تلاش آنها در این زمینه قابل توجه بوده است. در گروه مورد اشاره یک زن و شوهر عضویت داشته‌اند زن مذکوربنام شکوه فرهنگ که باتفاق شوهر خود ابراهیم فرهنگ رازی مشترکا در کادر گروه فعالیت مینموده یکی از عناصر موثر و اصلی گروه بوده است.

اسامی افرادی که در این گروه دستگیر شده‌اند بشرح زیر است:

۱ـ رضا علامه زاده فیلمبردار

۲ـ عباسعلی سماکار فیلمبردار

۳ـ طیفور بطحائی فیلمبردار

۴ـ رحمت‌الله جمشیدی مخبر

۵ـ کرامت دانشیان کارمندشرکت‌ساختمانی

۶ـ شکوه فرهنگ کارمند روزنامه

۷ـ ابراهیم فرهنگ کارمند شرکت‌تجارتی

۸ـ مریم اتحادیه کارمند روزنامه

۹ـ مرتضی سیاهپوش کارمندروزنامه

۱۰ـ فرهاد قیصری کارمند

۱۱ـ منوچهر مقدم سلیمی که در حادثه شوم ۲۱ فروردین کاخ مرمر دستگیر و به سه‌سال زندان محکوم و سپس آزاد شده بوده است

۱۲ـ خسرو گلسرخی نویسنده

مردم ایران ادامه خواهند داد.

وقتی با یوسف آلیاری در حیاط بند پنج زندان قصرقدم می‌زدم، برای آخرین بار، پس از بارها کنکاش و جر و بحث با بچه‌ها کوشیدیم که رمزی را که تا آن زمان و بعد از تمام آن گفتگوها با بچه‌های گروه‌مان هم چنان ناگشوده مانده بود روشن سازیم و پاسخی برای دستگیری خودمان بیابیم. نه تنها کرامت، بلکه من هم فکر می‌کردم که به احتمال زیاد طیفور بطحائی اولین نفر دستگیر شده بوده و او بعد از دستگیری همه چیز را گفته است. این شک، مثل خوره در اعماق وجود من فرو رفته بود و فکر می‌کردم که او به هر دلیل دستگیر شده و زیر شکنجه حرف زده است. با تمام این‌ها، همواره به دنبال آن سئوال اساسی بودم تا علت دستگیری طیفور و شک ساواک به او برایم روشن شود. در غیر این صورت احساس می‌کردم که تردیدی در من نسبت به او هست که به دلیل نبود مدرک کافی مانند یک تهمت جلوه می‌کند و مرا آزار می‌دهد.

به همین دلیل، همان طور که با یوسف راه می‌رفتم، بدون مقدمه و پس از مدت‌ها که از آخرین تلاش‌مان برای کشف ماجرا می‌گذشت پرسیدم:

«یک موضوع در رابطه با دستگیری ما برای من حل نشده باقی مانده است.»

یوسف که از سئوال ناگهانی من تعجب کرده بود گفت:

«چه موضوعی؟ چی شد که دوباره به فکر دستگیری‌مان افتادی؟»

گفتم:

«تو گروه و بچه‌هائی را که کرامت با آن‌ها رابطه داشت می‌شناختی؟»

با صراحت و بر خلاف پرده پوشی‌هائی که کرامت در این باره داشت گفت:

«بله.»

«امیر فتانت را هم می‌شناختی؟»

«بله.»

«کاملاً؟ یعنی با او تماس داشتی؟»

«بله. چطور مگر؟»

«او چه نقشی در این میان داشت؟ من این موضوع را یک بار از کرامت هم پرسیدم. ولی او اصلاً دوست نداشت در این باره حرف بزند. در آن یکی دو روزی که با کرامت بودم، طوری از امیر فتانت حرف زد که من دیگر هرگز جرأت نکردم در این باره صحبت کنم. حس می‌کردم هر صحبت اضافی در این باره ممکن است منجر به جلب توجه ساواک به روابطی شود که سرانجام به ضربه‌ای به چریک‌ها منجر شود. ولی، نمی‌توانم در این باره نپرسم و حس می‌کنم که...»

یوسف که با تعجب به من نگاه می کرد گفت:

«چه حس می کنی؟»

«تو مطمئنی که امیر عضو سازمان چریک ها بوده است؟»

«بله مطمئنم.»

«ولی من مطمئن نیستم.»

یوسف سکوت کرد و به من خیره شد. گفتم:

«واقعیتش این است که من تا چندی پیش فکر می کردم که ممکن است طیفور را اول گرفته باشند و او چون به هر حال آدم است، و هر آدمی هم حدی برای تحمل شکنجه دارد، دیگر نتوانسته تحمل کند و زیر شکنجه حرف زده است. ولی همیشه این سئوال برایم مطرح بود که حتی اگر طیفور نفر اول بوده، ساواک برای چه به او مشکوک شده و دستگیرش کرده است. حرف خود طیفور هم که می خواست شکوه را نفر اول دستگیر شده معرفی کند، مرا گمراه می کرد و نمی گذاشت دقیقاً روی موضوع دیگری دقیق بشوم. ولی واقعیت مسئله غیر از این بود. تا آن جا که من می دانم، طیفور روز بعد از آن که جمشیدی ترسیده که اسلحه ها را تحویل بگیرد دستگیر شده. و فکر می کنم که راز دستگیری ما هم همین جا ست. یعنی با نرفتن جمشیدی به سر قرار اسلحه، ساواک که در جریان بوده و در رابطه با امیر فتانت، قرار بوده به عنوان سازمان چریک ها به ما اسلحه بدهد، به این نتیجه رسیده که ما موضوع جاسوس بودن فتانت را فهمیده ایم و از ترس این که فرار نکنیم، فوراً ریخته است و قبل از آن که ما حرکت مشخصی که بشود حتی آن را شروع به اقدام برای عملیات گروگان گیری به شمار آورد دستگیرمان کرده است. در حالی که قبلاً نقشه اش این بوده که حتی اسلحه ها را به ما تحویل بدهد و بگذارد تا ما پیش برویم و درست سر بزنگاه که عملیات را آغاز می کنیم دستگیرمان کند.»

یوسف با شنیدن حرف های من، مدتی به من خیره نگاه کرد، ولی فکرش جای دیگر بود. من ادامه دادم:

«آخر مگر می شود یک نفر از پرونده ای به این مهمی فرار کند و ساواک هیچ حرفی در این باره نزند؟»

«خُب ساواک نمی خواسته که به فرار امیر که در واقع نشانهٔ ضعفش بوده اقرار کند به همین منظور، مسئله را مسکوت گذاشته است.»

«ولی ساواک می توانست از ماها در این باره سئوال کند. حتی یک کلمه هم راجع به فرار امیر با کرامت صحبت نکرده بودند، چطور چنین چیزی ممکن است؟ مثلاً از تو هرگز در این باره چیزی پرسیدند که بتوانند سرنخی گیر بیاورند و به دنبال او بروند؟ در حالی که حداقل دویست نفر را حول و حوش گروه ما دستگیر کردند و دربارهٔ خیلی از آن ها که هیچ کاره هم بودند از ما چیزهائی می پرسیدند.»

یوسف که عمیقاً به فکر فرورفته بود گفت:

«من باید در این باره فکر کنم.»

او چند ساعتی از من جدا شد و وقتی روز بعد برگشت، سری به نشانهٔ تائید تکان داد و گفت:

«بله درست است. موضوع همین است. امیر جاسوس بوده!»

با مشت گره کرده به کف دستم کوبیدم و گفتم:

«دیدی؟ فاشیست ها تمام مدت ما را خام کرده بودند. حتی اسلحه ها را هم که کسی تحویل نگرفته بود آوردند گذاشتند روی میز دادگاه، و هیچ کدام از ما نفهمیدیم که ماجرا چه بوده و آن ها چه طوری به دست ساواک افتاده است. آن ها از چه کسی این اسلحه ها را گرفته بودند؟ همین طوری گفتند از ما گرفته اند. ولی در پروندهٔ هیچ کدام از ما داشتن اسلحه قید نشده بود. اما چون برای اثبات اتهام به آن ها احتیاج داشتند، آوردند گذاشتند روی میز دادگاه که طرح ما را در مرحلهٔ عمل نشان دهند و بتوانند محکوممان کنند.

یوسف گفت:

«طفلک کرامت!»

دندان هایم را روی هم فشردم و خندهٔ تلخی کردم. بعد از کشف این واقعیت، از احساس ناروائی که نسبت به طیفور داشتم، دچار سرخورده گی شده بودم. ولی بیش از آن، به سلول دوسال پیش از آن برگشتم و صداقت جان، و نگاه شفاف کرامت را بیادآوردم. در واقع، ساواک یکی از پلیدترینَ نقشه ها را در رابطه با او به پیش برده بود. از همان وقتی که می گفت تحت تعقیب است، ساواک، مقدمه چینی می کرده است که از طریق امیر فتانت به او نزدیک شود. یوسف بعد تعریف کرد که چگونه امیر فتانت پس از آن تعقیب ها، و در زمانی که کرامت فکر می کرده که ساواک دیگر دست از سر او برداشته، به او نزدیک می شود و به عنوان رابط چریک ها او را برای سازمان فدائی عضوگیری می کند. و برای جلب اعتماد او، همواره دست اول ترین خبرهای عملیاتی و اعلامیه هائی که از چریک ها به دست ساواک می افتاده را به او می داده تا رابطه اش با سازمان فدائی را اثبات کند.

یوسف توضیح داد که علت اعتماد اولیهٔ کرامت و خود او به امیر فتانت هم این بوده است که او در سال ۴۸ با هردوی آن ها مدتی زندانی کشیده و خیلی خوب هم مقاومت کرده بوده است. منتهی ساواک بعد از زندان، می تواند او را به همکاری بکشاند، و از این طریق برای دیگر مخالفین خود توطئه بچیند و دام بگستراند.

کرامت غیر از همان دو روزی که با من در سلول سر کرد، مانند خسرو گلسرخی، بقیه مدت را همواره در سلول انفرادی به سر برد و تنها چند روزی پیش از اعدام، با خسرو در یک سلول قرار گرفت. در واقع، طرح ساواک این

بود که تا آن جا که ممکن است کرامت و خسرو را از دیگران جدا نگه دارد تا آن ها از راز توطئه هائی که علیه شان به اجرا درآمده بود خبردار نشوند. به ویژه توطئهٔ ساواک در رابطه با خسرو گلسرخی به مراتب کثیف تر و حیوانی تر بود و من فکر می کنم که خود او هرگز تا دم مرگ به واقعیت ماجرا پی نبرد.

آن روز، در آن سلول من و کرامت کلی با هم حال کردیم. روی دیوارهای سلول با این که بتون آرمه بود، باز چیزهائی نوشته بودند. و من نمونهٔ آن جدولی را دیدم که حروف الفباء بر آن نقش بسته بود. بی درنگ از کرامت در مورد علت کشیدن چنین جدولی سئوال کردم. و او برایم شرح داد که این جدولِ مُرس است. و برای من که همیشه مرس زدن را کار بسیار دشوار و پیچیده ای می دَانستم توضیح داد که موضوع خیلی ساده است. شکل جدول مرس به شرح زیراست:

جدول عبارت است از چهار ستون عمودی که تا پائین به هشت خانه تقسیم شده است. در هر یک از این چهار ستون عمودی هشت حرف فارسی به ترتیب حروف الفباء نوشته شده است.

برای مشخص کردن هر ستون باید به تعداد شمارهٔ ستون ها دوضربهٔ «بوم بوم» را پشت سر هم با مشت به دیوار کوبید و سپس برای مشخص کردن هر حرف باید به تعداد شمارهٔ خانهٔ عمودی حرف مورد نیاز، تک ضربهٔ «تق» را با قوز انگشت به دیوار زد تا حرف مورد نظر مشخص شود. در پایان هر کلمه هم باید یک بار با آرنج «گام» به دیوار کوبید و در پایان جمله نیز باید با دو ضربه آرنج «گام گام» علامت داد.

	۱	۲	۳	۴
۱	الف	خ	ص	ک
۲	ب	د	ض	گ
۳	پ	ذ	ط	ل
۴	ت	ر	ظ	م
۵	ث	ز	ع	ن
۶	ج	ژ	غ	و
۷	چ	س	ف	ه
۸	ح	ش	ق	ی

برای مثال برای مرس زدن کلمهٔ «درود» باید زد:

بوم بوم، بوم بوم: تق تق = حرف (د)

بوم بوم، بوم بوم: تق تق تق تق= حرف (ر)

بوم بوم، بوم بوم، بوم بوم، بوم بوم: تق تق تق تق تق تق = حرف (و)

بوم بوم، بوم بوم: تق تق = حرف (د)

گام= (پایان کلمه)

و سپس کلمه بعد را مرس زد.

به این ترتیب مرس زدن را یاد گرفتم و کرامت بلافاصله شروع به مرس زدن روی دیوار سلول بغلی کرد. او از بس تمرین کرده بود چنان تند می زد که من در همان حرف اول باقی ماندم و دنباله حروف را گم کردم. از آن سوی دیوار نیز صدائی آمد و بلافاصله کسی با شیوهٔ مشابه ای به دیوار زد. من که در فکر بودم که مرس زدن مان کشف نشود و دل دل می کردم که این را به کرامت بگویم یا نه، دیدم که ناگهان او از شادی به هوا جهید. مانند آدم های بی سواد به او نگاه می کردم و ناچار بودم صبر کنم که از هیجان و شدت دقتش روی صدای مرس مقابل کم شود تا علت خوشحالی اش را بپرسم. کرامت نگاه شادمانی به من انداخت و بازوی مرا فشار داد و گفت:

«شکرالله پاک نژاد در سلول پهلوئی ست.»

با شنیدن نام پاک نژاد من هم خوشحال شدم. پاک نژاد یکی از اعضای گروه فلسطین بود که به همراه ناصر کاخساز، هدایت سلطانزاده، محمد رضا شالگونی و چند تن دیگر دستگیر شده بودند. این گروه، به خاطر مقاومت در بازجوئی و دفاعیات دادگاه شهرت داشت. ولی پاک نژاد در این میان از همهٔ آن ها معروف تر بود و در ذهن ما انسان بسیار مبارز و بسیار مهمی جلوه می کرد. از این رو، بین او و کرامت الفتی دیرین وجود داشت که آن غیبت یکی دوساله کرامت از زندان باعث شدت آن شده بود.

سلول ما در بخش وسط اوین، در قسمت حمام ها قرار داشت و به سبب دوری از دفتر نگهبانی رفت و آمد به آن کم بود. به همین خاطر، جای مناسبی برای حرف زدن با دیگر زندانیان به شمار می آمد، و چنین به نظر می رسید که حتی اگر ما هنگام بازگشت از دست شوئی، درِ سلول های دیگر را باز کنیم نیز نگهبان ها متوجه نمی شوند.

پاک نژاد باز هم مرس زد و کرامت فرصت نداشت برای من ترجمه کند. آن ها به این ترتیب کلی با هم صحبت کردند و ناگهان کرامت به یاد گذشته ها شروع کرد به خواندن سرود «بهاران خجسته باد» کرد و پاک نژاد نیز از سلول بغلی با او هم صدا شد. من هم که این سرود را بلد بودم با آن ها خواندم.

هوا دلپذیر شد، گل از خاک بردمید　　پرستو به بازگشت، بزد نغمهٔ امید
به جوش آمده ست خون درون رگ گیاه　　بهار خجسته فال خرامان رسد ز راه
به خویشان، به دوستان، به یارانِ...

اکنون هم، هر ساله به هنگام بهاران، با شنیدن نغمهٔ ترانهٔ «بهاران خجسته باد» خاطرهٔ میلیون ها تن از مردم سرزمین ما به دوردست بهاران انقلاب پرواز می کند و یاد آغازهٔ بهار آزادی و شورِ زندگی در دل ها زَنده می شود. شنیدن این ترانه، یادَ کرامت دانشیان را هم درَ دل ها زنده می کند؛ چون خیلی ها گمان

می کنند که شعر این ترانه را او سروده است. ولی واقعیت این است که چنین نیست. این شعر در اصل سرودهٔ سرهنگ بهزادی یکی از اعضای حزب توده است. اما این که چرا سرودن آن را به کرامت منتسب کرده اند، ماجرایش به این صورت است که در یکی از روزهای نزدیک عید سال ۱۳۴۷، وقتی من با کرامت دانشیان از سر کلاس مدرسهٔ سینما و تلویزیون برمی گشتیم، در خیابان نادری، با دیدن بساط ماهی فروشی های شب عید، و تنگ های بلور و ماهی های قرمز کوچک و سبزه و چراغ زنبوری های روشن حال خوشی یافتیم و به کافهٔ نادری رفتیم و لبی تر کردیم و در آن جا، تحت تاثیر همان فضا، من همین شعر «بهاران خجسته باد» و یک شعر دیگر را که در مجلهٔ سپید و سیاه چاپ شده بود و در دفترچه بغلیم یادداشت کرده بودم برای او خواندم. دانشیان هم که از این شعرها خوشش آمده بود، فوراً دفترچه اش را از جیب درآورد و این شعرها را در آن یادداشت کرد. البته آن شعر دوم را چندان به خاطر ندارم، ولی فکر می کنم این طور شروع می شد:

با همین دیده گان اشک آلود/ از همین روزن گشوده به دود/ به پرستو، به گل، به سبزه درود...

بعدها، وقتی کرامت بار اول به خاطر فعالیت های سیاسی اش به زندان افتاد، این شعر را که به صورت یک ترانه-سرود درآورده بود با دیگر زندانیان سیاسی می خواندند.

وقتی از زندان آزاد شد، من آهنگ این سرود را به همان شکلی که بچه ها در زندان می خواندند چند بار از دهان او شنیدم.

ما با خواندن این سرود به قدری به هیجان آمده بودیم که متوجه نشدیم که صدای مان آن قدر بالا رفته که نگهبان ها شنیده اند و پشت درِ سلول ها گوش می دهند. ناگهان درِ سلول ها باز شد و نگهبانان خشمگین در برابرِ ما قرار گرفتند و ما را به بازجوئی بَردند. در آن جا هرکدام از ما را مدتی در اتاق های سرد و لخت، به تنهائی نگه داشتند و بعد به سلول های مان بازگرداندند. فردای آن روز هم باز ما را به خاطر این سرودخوانی به بازجوئی بردند و این بار هم بدون آن که کتکی بخوریم به سلول ها بازگرداند. این که برای آواز خواندن کتک نخوردیم را شاید مدیون کرامت بودیم. احتمالاً بازجوها به خاطر بیمی که از واکنش او داشتند ما را نزدند. در واقع، آن ها نمی خواستند که به خاطر این مسئلهٔ کوچک کاری کنند که دانشیان دوباره در روی آن ها بایستد.

روز بعد بار دیگر به بازپرسی رفتم. و این بار رضا علامه زاده را در آن جا دیدم. او لباس شیک و مناسبی به تن داشت و خیلی سرحال به نظر می رسید. از دیدن او خیلی خوشحال شدم. نگهبان دست های ما را به هم دستبند زد و به بخش دیگری رفت. ما هم فرصت پیدا کردیم که حسابی با هم گفتگو کنیم. رضا خیلی دلش می خواست بداند که علت دستگیری ما چه بوده است. ولی من

نمی توانستم مسئله ای را برای او بگشایم. بنابراین صحبت کوتاه ما بر سر این رفت که در دادگاه چه روشی را در پیش بگیریم. من برایش گفتم که قصد دارم دفاع کنم، ولی نمی دانم که سطح این دفاع چقدر باید باشد. او هم تقریباً وضعیت مشابهی با من داشت. برای هردوی ما یک موضوع مسلم بود و به شکل غیرقابل تردیدی یقین داشتیم که هیچ کدام از ما را به خاطر نوع دفاع مان در دادگاه اعدام نخواهند کرد. ما اصلاً نمی توانستیم باور کنیم که اقدامات مان در حدی بوده باشد که اصولاً بتوانند ما را محکوم به اعدام کنند. و فرض را بر این می گذاشتیم که حتی اگر در دادگاه به ما اعدام هم بدهند، باز کسی را نخواهند کشت. مسئلهٔ اصلی برای ما، فشاری بود که احتمال می دادیم پس از دادگاه به ما وارد بیاورند تا ما را به ندامت بکشانند. سرنوشت پرویز نیک خواه نمونهٔ بارزی از این وضع جلوه می کرد. او در دادگاه از خود و عقایدش دفاع کرده و به ده سال زندان محکوم شده بود. و ما فکر می کردیم که او عاقبت نتوانسته در برابر فشارهای بعد از دادگاه مقاومت کند و سرانجام کارش به همکاری با ساواک رسیده بود. از این رو، تمام حواس ما بر روی این موضوع دور می زد که چگونه دفاع کنیم که بتوانیم در آینده نیز از پس فشارهای ساواک برآئیم. برای مان روشن بود که هرگونه دفاع تند می تواند در آینده ساواک را به فشار بیشتری بر روی ما وادارد.

در ضمنی که ما با هم صحبت می کردیم، یک زندانی سیاسی دیگر را هم آوردند و در برابر ما بر نیمکت نشاندند. این زندانی که علی کسام نام داشت و ما بعدها در زندان قصر دوباره او را دیدیم و شناختیمش، چند بار سرش را برای من تکان داد و خوشحالی اش را از دیدار من به شکلی پنهان نشان داد. من فوراً دریافتم که او حتماً عکس ما را در روزنامه دیده و اکنون ما را شناخته است. ولی عجیب این بود که او فقط برای من سر تکان می داد و تا رضا در اثر واکنش من به سوی او برمی گشت، خودش را به بیراهه می زد و وانمود می کرد که هیچ واکنشی نداشته است. بعدها که او را در زندان قصر دیدم، خندید و گفت:

«می دانی، آن روز من فکر می کردم که رضا علامه زاده نگهبان توست و تو را برای بازپرسی به دادرسی ارتش آورده آست. چون لباس او خیلی شیک و مرتب بود و لباس تو خیلی درب داغان. ولی پیش خودم می گفتم؛ چه نگهبان خوبی دارد. مثل یک دوست کنارش نشسته و با او صحبت می کند.»

من کلی از این موضوع خندیدم و مدتی این جریان را برای رضا دست گرفتم که قیافه اش مثل نگهبان های ساواک است.

ده روز بعد، وقتی مرا از سلول انفرادی به یک سلول دیگر نزد بچه های گروه خودمان بردند، اسفندیار منفرد زاده، یوسف آل یاری و سیروس بذرافکن را در آن جا دیدم.

در سلول جدید، ماجرای سرود خواندن را برای بچه ها بازگو کردم. یوسف آلیاری که از شنیدن نام دانشیان و پاک نژاد به هیجان آمده بود، شروع به خواندن سرود بهاران کرد و من هم با او هم صدا شدم. منتهی این بار دیگرصدای مان بالا نرفت، و در این جا اسفندیار منفردزاده برای اولین بار با این سرود آشنا شد. ما در طول روزهای بعد، بارها این سرود و شعر دیگری را که سرودهٔ احمد شاملو بود و «یک شب مهتاب» نام داشت، با آهنگی که منفردزاده روی هردوی آن ها گذاشت خواندیم. و منفردزاده وقتی از زندان آزاد شد، به همراه همسرش شهلا، و چندتن از زندانیان دیگر این ترانه سرود را اجرا و ضبط کردند. و من وقتی این ترانه-سرود را در آن بهار آزادی از رادیو شنیدم، یک باره تمام آن سالیان دراز بهِ سرعت باد از پیش چشمانم گذشت و آوار موسیقی، چون اشعه های سوزان از سَر و رویم فروریخت و مرا غرق آرزوهای دور کرد. اکنون نیز هربار این ترانه-سرود را می شنوم، یاد یاران جانباخته، و یاد روزهای آزادی چون چشمه های روشن خورشید در دلم می جوشد.

سیروس بذر افکن، و یوسف آلیاری و اسفندیار منفرد زاده، هرسه از بچه های فرعی گروه ما بودند و مستقیماً در طرح گروگان گیری شرکت نداشتند. آلیاری در ارتباط با دانشیان و امیر فتانت دستگیر شده بود. اما سیروس بذرافکن فقط به خاطر هم شهری بودن با طیفور بطحائی و برخی روابط دیگرش به زندان آمده، و یا احتمالاً به خاطر کارت پستالی که از هندوکش برای بطحائی فرستاده بود دستگیر شده بود. سیروس کوه نورد بود و به دنبال همان آگهی فیلمبرداری گروه کوهنوردان احد سالکی، به افغانستان و اورست سفر کرده بود. وقتی ماَ دستگیر شدیم، او در افغانستان بود و تعریف می کرد که در روزنامه خبر دستگیری ما را خوانده و از همه چیز اطلاع داشته است. منتهی فکر می کرده که این ماجرا ربطی به او ندارد و به همین دلیل هم برمی گردد، و همین که به ایران می رسد دستگیر می شود. من خودم هم اهل کوهنوردی بودم و همانطور که گفتم، چون قبلاً آگهی فیلمبرداری از اورست را دیده بودم خیلی دوست داشتم همراه گروه کوهنوردی احد سالکی به آن سفر اورست بروم. به همین دلیل، سیروس بذرافکن را در مورد کوه های هیمالیا و قلهٔ اورست سئوال پیچ کردم. و سیروس هم با آب و تاب تعریف می کرد که چگونه همراه گروه سالکی، تا سیصدمتری قله پیش رفته است. می گفت:

«وقتی در دل آن سرمای سوزان، بر خط الرأس جنوب غربی هیمالیا پیش می رفتیم و روز به روز از فاصله مان با قلهٔ اورست کاسته می شد، دنیا عظمت و شکوه دیگری داشت. گاهی در مه غلیظ و در واقع در میان ابرها پیش می رفتیم و گاهی در آفتابی که همه چیز را می سوزاند ولی گرما نداشت. همه چیز سفید بود و توده های یخ، وقتی در منظرهای دوردست ناگهان از جا کنده می شد و سطح های عظیمی از بهمن را با خود به پائین می کشید، صدائی در کوه می پیچید

که به غرش خدایان شبیه بود. و ما، مانند موجودات ریزی در دل آن طبیعت وحشیِ عظیم، هرچه گام می‌زدیم، ذره‌ای به پیش نمی‌رفتیم و انگار همواره در جای خود باقی بودیم و فاصلهٔ ما هرگز نمی‌خواست باآن قله‌های دوردست کاهش یابد. انسانی که در دل آن سپیدی بی‌پایان، مانند مورچه است، در دلش عظمتی به اندازهٔ شکوه آن جهان را احساس می‌کند و تو درمی‌یابی که چگونه عظمت هستی در دل هر ذرهٔ کوچک آن می‌روید و از میان می‌رود و دیالکتیک طبیعت به شعری دلپذیر تبدیل می‌شود.

گاهی هوا چنان سرد بود که تا توی شش‌های ما یخ می‌زد و گاهی چنان همه چیز غرق طوفان و بهمن و صداهای مخوف طبیعت می‌شد که ما لرزش زمین را در پناه‌گاه‌های خود زیر پا احساس می‌کردیم و از غبار و تیرگی و خوفی که بیرون جریان داشت به وحشت می‌افتادیم. با این حال طبیعت سرشار حیاط بود.»

سیروس خیلی قشنگ تعریف می‌کرد و من که در اثر صحبت‌های او بیش از پیش عاشق کوه و طبیعت وحشی آن شده بودم، از بودن ذره‌ای در عظمت زندگی احساس شادی داشتم و زندان و شکنجه و توطئه و سیاهی نظام حاکم را از یاد برده بودم. اما واقعیت با تمام تلخی و سرسختی خود حضور داشت و از دل رویاها، سربرآورد تا دوباره خود را به من نشان دهد.

■ ۷۲ ساعت بی‌خوابی

یک روز عصر در باز شد و فرهاد قیصری با چهره‌ای درهم شکسته به سلول ما آمد. او در آن مدت چنان پیر شده بود که نمی‌شد باور کرد. صورتش در هم فرو رفته و عضلاتش تغییر یافته بود. در اثر هفتاد و دو ساعت بی‌خوابی که به او داده بودند، عضلات و پوست صورتش کج و کوله و چروک شده بود.

با صدای ضعیفی تعریف کرد:

«بعد از سی چهل ساعت بی‌خوابی، چشمانم چنان از شدت بی‌خوابی می‌سوخت که تا مغزم تیر می‌کشید. آرزو می‌کردم بیهوش شوم، ولی نمی‌شدم. چند بار خواب مرا از پا انداخت و مثل تخته سنگ به زمین افتادم؛ ولی نگهبان، هربار با یک لیوان آبِ سرد که به صورتم می‌پاشید بیدار می‌شدم و در اثر ضربه‌های چک و لگدیَ که می‌خوردم، چشمانم را به زور باز نگه می‌داشتم.»

صورتش حالت کسی را پیدا کرده بود که سکته کرده و کج و کوله مانده باشد. مدام با پلک‌های تنگ و چین‌های بسیاری در پیشانی و دور چشمانش، مانند انسانی که از ته غار و تاریکی نگاه کنَد به ما می‌نگریست. ولی تنگ کردن پلک هایش ارادی نبود. مثل این بود که گوئی با افتادن سنگی به میان گرداب چهره‌اش، امواجی از چین و چروک برای همیشه دور و بر چشمانش ایجاد شده باشد. و گوئی، روح و روانش نیز همراه بی‌خوابی در گرداب چشمانش فرو

رفته و از او تنها شبحی باقی گذاشته بود. او که پیشتر پسری سر زنده و حراف بود، اکنون خاموش و در هم فرو رفته به نظر می‌رسید. گفت:

«بعد از هفتاد و دو ساعت بی خوابی، در حالی که دیگر داشتم بی هوش می شدم، گذاشتند بخوابم. و من بیست و چهار پشت سر هم ساعت خوابیدم. اما در خواب مدام بیدار می شدم و چشمانم را که می سوخت می مالیدم و به خودم می پیچیدم و دو باره بیهوش می شدم. وقتی از خواب بلند شدم انگار نه انگار که خوابیده بودم. چشمانم به همان شدت پیش می سوخت. هنوز هم می سوزد و خوب نمی توانم به چیزی خیره شوم.

بعد از این که یکی دو چای اضافی که داشتیم به نافش بستیم و کمی که حالش جا آمد از او پرسیدم:

«ولی چرا به تو بی خوابی دادند؟»

نگاه بی نوری به من انداخت و با صدای ضعیفی گفت:

«اول مرا خیلی زدند که اقرار کنم که تو در مورد گروگان گرفتن رضا پهلوی به من چیزی گفته ای. من هرچه فریاد می زدم و انکار می کردم، فایده نداشت. من فقط اقرار کردم که تو به من گفته ای که آیا حاضری فعالیت سیاسی بکنی؟ و من جواب مثبت داده ام. همین. ولی گوش شان به این حرف ها بدهکار نبود و دو روز تمام مرا می زدند. دیگر به این فکر افتاده بودم که به هر وسیله که می توانم خودم را بکشم. حتی می خواستم با سر توی دیوار بروم که مرا گرفتند. تا این که روز سوم ناگهان ولم کردند.»

پرسیدم:

«تو در چه تاریخی دستگیر شدی؟»

«بیست و نه شهریور.»

«یعنی درست دو روز قبل از رسیدن من به تهران.»

«پس تو در بارهٔ من حرفی نزده بودی؟»

«نه. ولی آن ها فکر می کردند که تو طرح گروگان گیری را می دانی. تا این که من به اوین آمدم و آن ها فهمیدند که این طور نیست.»

از شنیدن این حرف درست مثل این که همان دم کتک خورده باشد وا رفت.

پرسیدم:

«خب، بعد؟»

«بعد که فهمیدند من چیزی نمی دانسته ام، و عز و چز مرا هم در این مدت دیده بودند، رویم فشار آوردند که باهاشان همکاری کنم. گفتند یا چیزی می دانسته ای و جزو این ها هستی که در این صورت اعدامی؛ و یا اهل این چیزها نیستی و باید با ما همکاری کنی. -آب دهانش را قورت داد- در بد مخمصه ای گیر کرده بودم. باید تکلیفم را روشن می کردم. ولی می ترسیدم. کتک هائی که خورده بودم و نمی دانستم هم که برای چه می خورم، بدجوری

روحیه ام را خراب کرده بود. اول من و مِن کردم که ولم کنند. ولی ول نمی کردند. بعد، مرا به سلولی بردند که تشک و پتوی نو و بالش و ملافه داشت و عکس خانوادگیِ یک زن و مرد جوان و یک بچهٔ کوچک را هم بالای سرش گذاشته بودند. خنده ام گرفته بود. خیلی احمق بودند که فکر می کردند من فریفتهٔ این چیزهای پیش پا افتاده می شوم. اگر چیزی می توانست مرا وادار به همکاری کند فقط ترس بود. حتی گذاشتند که خواهرم به ملاقاتم بیاید و پدر سگ داودی، می گفت خواهرت به چشم برادری خوشگل است ها.»

سکوت کرد و پتو را زیر گلویش کشید. حالت بچهٔ بیماری را داشت که در خانواده اش همه مواظب او بودند. لبخندی پنهان بر صورتش نقش بسته بود و در بین ما اطمینان خاطر یافته بود. ولی از سکوتش که طولانی شد پیدا بود که کار ناشایستی کرده و اِبا دارد حرفش را ادامه بدهد. سیروس بذرافکن پرسید:

«خُب؟»

«هیچی. مرا فرستادند به سلول های عمومی که خبر ببرم.»

سیروس با تعجب گفت:

«یعنی قبول کردی؟»

فرهاد دوباره ساکت شد. بعد گفت:

«توی عمومی همه اش می رفتم زیر پتو و خودم را به خواب می زدم که بتوانم بگویم خواب بوده ام و چیزی نشنیده ام. عاقبت یکی از بچه ها که از همان اول مواظبم بود، کنار من نشست و آرام پرسید؛ که آیا ناراحتی ای، چیزی دارم. و من هم موضوع را به او گفتم. گفتم که خواهش می کنم جلوی من چیزی نگوئید که مجبور شوم به آن ها بگویم. او با محبت بازوی مرا فشار داد و گفت، نترس. می توانی مقاومت کنی. برو و خیلی آرام بگو که اهل این کار نیستی. در پنج شش ساعتی که آن جا بودم آنقدر به من دلداری داد که رفتم به دادرس گفتم نمی توانم خبر بیاورم. آن وقت او عصبانی شد و مرا به سلولی انداخت که نه پتو داشت و نه بالش و بی خوابی دادن شروع شد.»

سیروس با حساسیت پرسید:

«چی شد ولت کردند؟»

«بعد از هفتاد و دو ساعت بی خوابی، گفتم که بازجویم را می خواهم. مرا پیش دادرس بردند. دادرس با ژستی که انگار بالای کوه ایستاده است پرسید؛ هان، چطوری؟ قبول کردی که باید ادامه بدهی؟ با صدائی لرزان گفتم؛ من هم سیاسی ام. ناگهان هجوم آورد تو صورتم و گفت؛ چی؟ گفتم؛ من یک ماشین پلیس را آتش زده ام. دادرس این بار رفت عقب و با تعجب گفت؛ چی؟ گفتم من هم مثل آن ها چریکم. خنده اش گرفت. گفت؛ از خودت داستان در آورده ای؟ گفتم نه، من واقعاً یک ماشین پلیس را آتش زده ام. و ماجرای آتش زدن ماشین پلیس را در جلوی کلانتری را برایش تعریف کردم. وقتی حرفم تمام شد، او

نگاه عاقل اندر سفیهی به من انداخت و گفت: خُب حالا حتماً می خواهی روی این حرف بایستی و همهٔ این ها را بنویسی؟ می دانی که همین یک کارت به تنهائی اعدام دارد؟ همچنان با صدای لرزان گفتم: من نمی توانم جاسوسی کنم. گفت: احتیاجی به جاسوسی تو گوز نداریم. احتیاجی هم نیست که بازجوئی بدهی و این چیزها را بنویسی. گفتم: ولی من می خواهم بنویسم. باز با تعجب به من نگاه کرد و گفت: ما امیدوار بودیم که حداقل یک نفر را بشود در این پرونده تبرئه کرد، ولی تو به سرنوشت خودت لگد زدی، بسیار خوب، برویم و همه چیز را بنویس و خودت را جزو اعدامی ها در آور و همهٔ کسانی را هم که در این کار با تو همکاری کرده اند نام ببر. و الی دوباره کتک و بی خوابی شروع می شود.»

سیروس پرسید:

«اسم کسی را هم گفتی؟»

فرهاد باز سکوت کرد. و من فهمیدم که حسن فخار و داود یوسفیان که هر دو را از درز در سلول در راهرو دیده بودم احتمالاً به خاطر همین ماجرا به آنجا آورده اند. فرهاد گرچه با این اعتراف عده ای دیگر را به زندان کشیده بود، ولی توانست با این کار از شرفش دفاع کند و تن به همکاری با ساواک ندهد.

چند روز بعد، سیروس بذرافکن و یوسف آلیاری را از سلول ما بردند و رضا علامه زاده را به جای آن ها آوردند. علامه زاده سرحال و شلوغ بود، و کلی هم از سرود یک شب مهتاب که ما مدام آن را می خواندیم خوشش آمد. سر حالی او روی فرهاد تاثیر گذاشت و او دو سه روز بعد، دوباره همان آدم پیشین شد و دیگر از آن رنج و امواج بی خوابی در چهره اش اثری نبود. بخصوص که شوخی های مدام منفردزاده هم به این امر کمک می کرد و حسابی او را سر حال آورده بود.

منفردزاده از افراد فرعی گروه ما به شمار می آمد که در رابطه با شکوه فرهنگ دستگیر شده بود. او اصولاً آدم پر سر وصدا و زبلی بود. در هوا خوری ها که برای اولین بار جزو امتیازهای این سلول جدید بود، به ما امکان می دادند که مدت کوتاهی در فضای آزاد بین سلول ها قدم بزنیم. منفردزاده تمام این مدت یک ریز برای ما از در و دیوار و زمین و زمان حرف می زد، جوک تعریف می کرد و ما را می خنداند. او خصوصیت عجیبی داشت و می توانست تقریباً با هر آدمی سر شوخی را باز کند. یک روز ضمن آن که قدم می زدیم ناگهان سروان روحی را که معاون مدیر زندان اوین بود دیدیم که به سوی ما می آید. منفردزاده بلافاصله با دیدن او گفت:

«بچه ها، می خواهید این یارو سروانه را بگذارم سر کار. فرهاد گفت، اسفند، جان من کوتاه بیا. من حوصلهٔ کتک خوردن ندارم.»

اسفند گفت:

«خیلی خوب. نمرهٔ اخلاق تو بیست. ولی من که به تو کار ندارم. می خواهم کراوات جناب سروان را از گردنش باز کنم.»

با شنیدن این حرف من هم جا خوردم و خواستم حرفی بزنم که منفرد زاده را از این کار بازدارم. ولی سروان روحی دیگر به ما رسیده و جلوی ما ایستاده بود. منفردزاده فوراً به سوی او رفت و دستش را دراز کرد و از موضع بالا با او دست داد و گفت:

«هوای بسیارعالی ای ست جناب سروان.»

سروان روحی که اندکی از این حرکت منفردزاده جا خورده بود، خودش را از تک و تا نینداخت و سرش را با تکبر تکان داد و گفت:

«بله هوای خوبی ست.»

منفرد زاده دستش را به سوی تپه های پشت ردیف سلول های سبز دراز کرد و گفت:

«بخصوص به خاطر این تپه های وریستن که راه راه های شیب شان از طریق آب رُفت های پیشا سنگی ایجاد شده، خیلی تاثیر دارد.»

سروان که از این حرف ها سر در نیاورده بود نگاه کنجکاوانه ای به او انداخت. منفرد زاده جلو رفت و به کراوات بنفش رنگ سروان که خطوط مورب کرم رنگی داشت اشاره کرد و لبهٔ آن را گرفت و از توی کت سروان بیرون کشید و با اشاره به خطوط مورب آن گفت:

«ببینید، درست مثل این خط ها.»

و در حالی که یک دستش همچنان به کراوات بود دست دیگرش را باز به سوی تپه ها دراز کرد و ادامه داد:

«آن جا هم همین طور است و از این راه راه ها دارد. منتها یک فرق بین آن ها هست که در جریب ورزهای ریستنی نمی شود دید. یعنی اگر این طبقه ها بخواهد از این جا بیرون بزنند، نمی شود؛ بلکه... اجازه می دهید؟...»

آن وقت دست کرد و گرهٔ کراوات سروان را باز کرد و با گفتن یک «با اجازه.» آن را از توی یقهٔ او بیرون کشید و پیش رویش گرفت و گفت:

«ببینید، این طور نیست؟»

ما همه دل دل می کردیم و نگران واکنش سروان بودیم. ولی سروان، ضمن این که فهمیده بود منفردزاده او را گرفته است؛ ولی نمی خواست به روی خودش بیاورد که یک زندانی به خودش جرأت داده که به این شکل با او شوخی کند، لبخندی از سر اجبار زد و کراواتش را که اسفند به سوی او دراز کرده بود گرفت و زود رفت.

ما همگی ترسیده بودیم. ولی منفرد زاده عین خیالش نبود. البته او آدم شجاع و زرنگی بود؛ ولی این نوع شجاعت ها کمتر روی ما تاثیر می گذاشت. نه فقط به خاطر آن که دارای چنان روحیه ای نبودیم. بلکه بیشتر از آن رو که سطح

چنین کارهائی در محدودهٔ تمسخر آدم ها خلاصه می شد؛ و از سوی دیگر، به دلیل آن که باید یک عمر در زندان می ماندیم، طبعاً این نوع حرکات در تداوم خود ما را با خطرهای بسیاری روبرو می ساخت.

سروان روحی آدم اُزگلی بود. فردایش با لباس بالا و پائین تنه یک سرهٔ پُف داری آمد جلوی سلول ما که نمایش بدهد. گفت که همان دم با دوست دخترش از پیست اسکیِ شمشک آمده است. دوست دخترش هم برای اسفند سلام رسانده بود. معلوم بود برای او چُسی آمده است که آدم های معروفی در زندانش هستند. و ما که فکر می کردیم او ماجرای کراوات باز کردنش توسط منفردزاده را فهمیده و بالاخره زهرش را خواهد ریخت؛ دیدیم که نه، طرف حسابی پرت است.

■ توطئه دوم ساواک

اما رازی را که منفردزاده برای اولین بار برای ما گشود، همان توطئهٔ مخوفی بود که ساواک در مورد منوچهر مقدم سلیمی و خسرو گلسرخی به اجرا در آورد.

منفردزاده در همان روز اول ورودم به آن سلول، در جواب سئوال من که می خواستم از نوع روابطش با شکوه فرهنگ و علت دستگیریش آشنا شوم توضیح مفصلی داد.

ماجرا این بود که دو سال پیش از آن، یعنی در سال ۱۳۵۰، شکوه فرهنگ، به اتفاق خسرو گلسرخی و عاطفهٔ گرگین و یکی دو نفر دیگر به فکر این می افتند که شاه را ترور کنند. شکوه و عاطفه و خسرو هر سه در کیهان کار می کردند و نویسنده و شاعر و روزنامه نویس بودند. بخصوص شکوه، در روابط شخصی اش با سرهنگی به نام همایون که خلبان شاه بود، از رفت و آمدهای شاه به این طرف و آن طرف آگاه می شود و برای مثال می فهمد که او در روزهای معینی، از یک مسیر مشخص به کاخ مرمر می رود و یا در زمان تعطیلات تابستانی در نوشهر، از جاده و مسیر مشخصی عبور می کند و یا در محل اقامت دیگری مانند کاخ فرح آباد و قصر فیروزه نیز رفت و آمد دارد.

این مجموعه اطلاعات سبب می شود که آن ها به فکر انجام اقداماتی علیه شاه بیفتند. البته طرح هائی مثل کنترل رفت و آمد شاه به کاخ های شهری اش در تهران، چون دارای زمان های نامشخص بوده چندان مورد توجه قرار نمی گیرد. و طرح نوشهر هم عملاً به دلیل آن که حضور شاه در آن جا منوط به فصل معینی از سال یعنی تابستان بوده است چندان نمی تواند در دستور قرار گیرد. ولی اقامت شاه در قصر فیروزه و کاخ فرح آباد توجه آن ها را جلب می کند. و در حاشیهٔ آن، عملیات شناسائی انجام می گیرد. و ساواک هم بخصوص روی طرح فرح آباد و قصر فیروزه تاکید کرده بود و می خواست طوری وانمود کند که طرح ترور شاه، علاوه در مناطق ذکر شده در بالا، طرحی عملی بوده که اگر هوشیاری

ساواک نبود، می توانست به مرحلهٔ عمل در آید و شاه را نابود سازد. ولی همین طرح هم به دلیل نامشخص بودن زمان حضور شاه در قصر فیروزه و فرح آباد، اصولاً نمی توانسته است به سرانجامی برسد.

من وقتی از این طرح اطلاع یافتم، بی درنگ دریافتم که طرحی غیرعملی بوده است. زیرا کاملاً به موضوع رفت و آمدهای شاه به قصر فیروزه و کاخ فرح آباد آشنائی داشتم و حتی زمانی به این فکر افتاده بودم که شاید بتوان از این طریق شاه را ترور کرد. پدر من اهل قصر فیروزه و فرح آباد که در قدیم دهی در نزدیکی تهران به حساب می آمد و اکنون سال ها ست که جزو شهر تهران است بود. چند تن از عموهای من نیز از کارمندان کاخ فرح آباد بودند و در باغداری و سررشته داری آن جا کار می کردند و من از بچه گی به این محیط رفت و آمد داشتم و تمام محیط آن جا را زیر پا گذاشته و روزهائی را در باغ و محوطهٔ کاخ فرح آباد به بازی پرداخته بودم. افزون بر این، شوهر خواهرم نیز که سوارکار و مسئول اصطبل شاهنشاهی در کاخ فرح آباد بود و کلید کاخ های شاه را در این منطقه در دست داشت چندین بار در این کاخ ها را به روی من گشوده و بدون آن که بداند، این امکان را برایم فراهم کرده بود که به تنهائی مدتی را در آن ها بگردم و افکارم را در مورد طرح های ممکن ترور شاه در سر بپرورانم. شاه عملاً با قصر فیروزه کاری نداشت و اگر می خواست به شکار برود عمدتا در فرح آباد اقامت می کرد. فرح آباد، دارای دو کاخ بود، یکی عمارت قدیم که عمارت کلاه فرنگی نام داشت و بسیار زیبا و دیدنی بود. و جلوی آن یک جادهٔ پر درخت، پس از طی مسافتی به یک چهار راه بزرگ ختم می شد که در وسط آن یک حوض سنگی دایره شکل به قطر نزدیک به پنجاه متر، با فواره ها و آبنمای زیبا قرار داشت. خود ساختمان دو طبقهٔ کاخ هم که سفید بود و نرده هائی از سنگ مرمر ایوان های طبقهٔ بالایش را تزئین می کرد در انتهای این جاده می درخشید. در درون سالن ورودی کاخ هم که تا سقف گنبدی اش نمایان بود، اتاق های متعددی وجود داشت و یک پلکان گرد سفید، در کناره های دیوار، طبقهٔ اول را به طبقهٔ دوم وصل می کرد. کاخ دوم هم در منطقه دیگری از باغ فرح آباد قرار داشت که مدرن بود و امارتی دو طبقه و چهار گوش از مرمر خاکستری داشت و بسیار دلگیر به نظر می رسید. ولی شاه، زمانی که برای شکار می آمد، دوست داشت شب را در این کاخ بگذراند. این کاخ از نظر امنیتی به انواع بوق های اخطار مجهز بود و به هنگام حضور شاه، هم دور کاخ و هم دور تمام محوطه سربازان به همراه سگ های درنده کشیک می دادند.

در سال ۱۳۴۸ موقعیتی پیش آمد که من به همراه برادرم حسین سماکار چندروزی را در محوطهٔ سوارکاری فرح آباد به فیلمبرداری پرداختیم و در آن چند روز فرصت پیدا کردم که امکان عملی یا غیرعملی بودن طرح ترور شاه را در آن محل بررسی کنم. برادرم یک فیلم داستانی در بارهٔ یک پسربچهٔ که در

خیال خود سوار بر اسب آرزوهایش می شود می ساخت و شوهر خواهرم نیز همهٔ امکانات سوارکاری کاخ فرح آباد را برای این فیلمبرداری در اختیار ما گذاشته بود. البته من به عنوان دستیار برادرم در این فیلم، به جای کمک به او بیشتر در فکر این بودم که مرتب به دور و بر بروم و همه جا سرک بکشم و در پوشش های طبیعی، از زمان های اقامت شاه در آن جا سئوال کنم. حاصل جستجوهای من این بود که اولاً شاه در مواردی غیرمشخص و از قبل تعیین نشده به آن جا می آمد و افزون بر این، نگهبانی از او در آن جا، به عهدهٔ گارد شاهنشاهی بود که حتی شوهرخواهرم نیز از جزئیات آن خبر نداشت. به همین دلیل من اجرای یک طرح ترور را در آن جا کاملاً غیرعملی می دیدم. مضافاً به این که گروه گلسرخی هرگز یک صدم امکانات مرا هم برای نزدیک شدن به این محوطه و شناسائی موضوع نداشتند. و تنها در محوطهٔ دوشان تپه و روبروی پادگان فرح آباد که در انتهای خیابان نیروی هوائی قرار داشت اقدام به یک شناسائی ابتدائی و بی ثمر از آن محوطه کرده بودند.

وقتی که چنین طرح هائی به سرانجام نمی رسد، گروه گلسرخی به فکر کارهای دیگری می افتد، آن ها، یعنی گلسرخی و مقدم سلیمی، و عاطفهٔ گرگین، بدون حضور شکوه فرهنگ اقدام به تشکیل یک گروه مطالعاتی مارکسیستی می کنند و در همان ابتدای کار، یعنی در بهار سال ۱۳۵۲ خسرو و منوچهر مقدم سلیمی و عاطفه گرگین دستگیر می شوند. منوچهر، نقاش و مجسمه ساز بود و تنها فرد با سابقهٔ سیاسی گروه گلسرخی محسوب می شد. او در جریان پروندهٔ تیراندازی شمس آبادی به شاه در سال ۱۳۴۴، و در ارتباط با پرویز نیک خواه به سه سال زندان محکوم شده بود و ساواک در موقع دستگیری تازهٔ او به همراه گلسرخی، از او یک اسلحهٔ برنجی دست ساز گرفته بود که می شد با آن تیراندازی کرد؛ ولی عملاً بُرد مؤثر زیاد نداشت. و به خاطر این اسلحه نیز به شکل وحشتناکی مورد شکنجه قرار گرفته بود. در واقع گروه مطالعاتی گلسرخی، دو ماه پیش از آن که حتی من و رضا علامه زاده طرح گروگان گیری را بریزیم دستگیر شده بود و در زندان به سر می برد و نمی توانست روحش هم از ماجرای طرح ما خبردار باشد. اما وقتی شکوه فرهنگ در جریان پروندهٔ ما دستگیر می شود خود را کاملاً می بازد و بدون آن که نیازی باشد و ساواک توانسته باشد به موضوع همکاری او با گلسرخی در دوسال پیش از آن پی ببرد، تمام ماجراهای سیاسی سراسر عمرش را تعریف می کند و به این تریب ساواک با موضوع ترور شاه نیز آشنا می شود و می کوشد این طرح را هم هرطور شده جزو طرح های گروه ما بگنجاند و تا آن جا که می تواند موضوع را بزرگ و پراهمیت جلوه بدهد.

به این ترتیب مجموعهٔ دوازده نفری که در این پرونده به نام یک گروه گردآمدند، جدا از همهٔ کسانی که در حاشیهٔ این پرونده دستگیر شدند و برخی

از آن ها مانند یوسف آلیاری حتی به ۱۱ سال زندان محکوم گردیدند، در واقع جزو یک گروه به شمار نمی‌آمدند و در عمل از چهار دسته و تیم تشکیل می شدند.

یکی تیم من و علامه زاده. یکی تیم کرامت دانشیان، طیفور بطحائی و امیر فتانت و یوسف آلیاری. یکی تیم شکوه فرهنگ، ابراهیم فرهنگ، مریم اتحادیه، مرتضی سیاه پوش، و ایرج جمشیدی و طیفور بطحائی، و یکی هم تیم خسرو گلسرخی، منوچهر مقدم سلیمی و شکوه فرهنگ. و ساواک به انواع توطئه و حیله ها از مدت ها قبل در فکر دستگیری و هدایت هرکدام از این آدم ها به دام های معیین بود و آخر سر نیز گروه گلسرخی را با توطئه ای پلید به گروه ما چسباند و تنها به خاطر دفاع خسرو گلسرخی در دادگاه او را کُشت و برای خود نفرتی ابدی خرید.

درواقع ساواک می دانست که به خاطر خفقان موجود در جامعه و سلطهٔ جَو به شدت پلیسی اش، انسان های بسیاری، از جمله جوانان حساس این مملکت در مخالفت با اعمال فاشسیتی او چاره ای جز انجام عملیات مخفی و خرابکارانه نخواهند داشت، و به همین منظور خود می کوشید که با ایجاد توطئه و انواع دسائس و حیله ها و اقدامات محرک، بسیاری از آنان را به ورطه های معینی بکشد تا بتواند دستگیر و زندانی و اعدام شان کند و برای توجیه استبداد موجود از هرگونه بزرگ نمائی و دروغ پردازی در رابطه با این مبارزات خودداری نمی کرد تا بتواند حکومتش را از هر نوع مخالفت، و هر انتقاد ساده و ابتدائی نیز در امان دارد.

■ دفاعیهٔ دادگاه اول

یک شب بعد از شام آمدند و مرا به اتاق بازجوئی بردند. کسی در اتاق نبود و من مدتی به تنهائی آن جا نشستم. در این مدت به تجربه دریافته بودم که چنین انتظارهائی حتماً یک موضوع تازه و غافل گیر کننده در پی دارد. زیرا کسی که مدتی به تنهائی در اتاق بازجوئی می نشیند، خود به خود ذهنش روی علت بودنش در آن اتاق، یعنی بازجوئی ای که در پیش دارد متمرکز می شود و در اثر نگرانی، روحیه ای پیدا می کند که نتواند در مقابل آن چه پیش می آید مقاومت نشان بدهد. بالاخره بعد از نیم ساعت، داودی، همان بازجوئی که هیکل درشت و رفتاری احمقانه داشت، با حرکت های جاهل منشانه ای بدرون اتاق آمد و یک ورقهٔ سفید را روی میز کوبید و گفت:

«مثل بچهٔ آدم دفاعیهٔ دادگاهت را در این ورقه می نویسی.»

من با اعتراض نگاهش کردم و گفتم:

«چرا با من این طوری حرف می زنید؟»

تا این حرف را شنید هجوم آورد توی سینه ام و گفت:

«فهمیدی چی گفتم؟ دفاعیه ات را می نویسی تا من برگردم.»

بعد مثل کسی که کار داشته باشد به سرعت از اتاق بیرون رفت. من مدتی در سکوت با اعصابی متشنج خودکار را بر کاغذ فشردم و به او فکر کردم و خودم را خوردم که چرا جواب توهینش را نداده ام. و به همین خاطر نمی توانستم چیزی بنویسم. ولی، عاقبت به خودم آمدم و شروع به نوشتن کردم. نوشتم:

«من در محیطی که توأم با فقر و محرومیت های بسیار بوده پرورش یافته و زندگی کرده ام. به طوری که همیشه از نداشتن رنج برده و خاطره های تلخی از آن دارم. بنابراین، ناراحتی گروهی از مردم وطنم را که ناشی از همان فقر و محرومیت ها بود حس می کردم و به شدت تحت تاثیر وضع آنان قرار می گرفتم و دگرگون و ناراحت می شدم. به ویژه ناروائی های همه جانبهٔ موجود سبب ناراحتیم می شد و مرا دگرگون می کرد. بنابراین، از همان ابتدای درک مسائل اجتماعی، در فکر خدمت به مردم و هموار ساختن راه پیشرفت آن ها بودم.

طبعاً اگر در مملکت من امکان آزادی بیان وجود داشت و مردم می توانستند با انتقاد از نارسائی ها امکان رفع آن ها را فراهم آورند، من هرگز در پی انتخاب راه های تند و خشن برنمی آمدم. ولی بسته بودن راه ها در جامعهٔ ما و انبوه مسائل ناخوشایندی که در مملکت ما می گذرد، مرا بر آن داشت تا به مخالفت با نیروئی بپردازم که سبب بسیاری بدبختی ها در این کشور است. طبعاً، بسیاری از جوانان مملکت ما هم مانند من فکر می کنند و خواهان دنیائی بهترند. ولی آن ها همگی در زندان های سیاسی به سر می برند و از همین رو، در دفاع از این زندانیان بر آن شدم تا اقدامی کنم که حداقل بتواند بخشی از آن ها را از زندان نجات دهد. من این را وظیفهٔ خود دانستم.»

وقتی جمله ام را تمام کردم و روی نقطهٔ پایانی دفاعیه ام با نوک خودکار حسابی فشار وارد آوردم، یک بار چیزی را که نوشته بودم خواندم و با نگرانی منتظر نشستم تا داودی برگردد. اما بازگشت او به درازا کشید و در آن مدت من مرتب به این فکر می کردم که اگر بیاید و ببیند چه نوشته ام مسلماً شروع به زدن من خواهد کرد. و همین موضوع داشت اعصاب مرا از درون می سائید. متأسفانه تجربه نداشتم تا مثل گلسرخی و دانشیان، دفاعیه ای ننویسم و به بازجوهایم امکان ندهم که انواع فشارها را به من بیاورند و عاقبت هم مرا بشکنند. البته طیفور نیز علی رغم این که توسط عضدی مورد تهدید قرار گرفته بود، ولی به راهنمائی قبلی کرامت از نوشتن دفاعیه خودداری کرده بود و در واقع دفاعیه اش را در روز دادگاه، درست موقع نهار و قبل از آغاز نوبت دفاعیه ها به همراه خسرو و کرامت نوشت. من هم اگر می دانستم که می توان با ننوشتن دفاعیه از قبل، ساواک را در دادگاه غافل گیر کرد و در مقابل عمل انجام شده قرار داد، حتماً به بهانه ای از نوشتن خودداری می کردم. ولی من این موضوع را تازه بعد از دادگاه متوجه شدم.

وقتی داودی آمد و نوشتهٔ مرا مانند برگه بی ارزشی از برابرم قاپید و آنرا سریع خواند، ورقه را محکم توی صورتم کوبید و گفت:

«این مزخرفات چیست که نوشته ای؟ با شماها نمی شود مثل آدم رفتار کرد. من وقتی بر می گردم نمی خواهم دوباره این چیزها را ببینم. یک ورقهٔ دیگر از کشوی میزی که در آن نزدیکی بود برداشت و جلوی من گذاشت و گفت:

«دوباره می نویسی.»

و دوباره از اتاق بیرون رفت.

من مدتی در سکوت به ورقهٔ برابرم نگاه کردم. نه می توانستم دوباره آن را بخوانم و نه دست به آن بزنم. تمام مدت همان طور نشستم و انتظار برگشت داودی را کشیدم. عاقبت در باز شد و یک استوار بدرون آمد و ورقه را به تندی از جلویم برداشت و به من چشمبند زد و تمام راه تا سلول مرا به دویدن و افتادن و برخاستن به دنبال خود واداشت. در سلول که چشم بندم را برداشت، دیدم دوباره در سلول های سبز ردیف بالا هستم و کسی دیگر از بچه ها آن جا نیست.

با روحیه ای بیم زده، زیر پتوی کثیف سلول خزیدم و تا نیمه های شب هر کاری کردم خوابم نبرد. اصلاً نمی دانستم که به خاطر نوشتن آن دفاعیه چه روشی در مقابل من پیش خواهند گرفت و چه کتک هائی در انتظارم خواهد بود. عاقبت از شدت خستگی و سوزش چشم ها به حالت بیهوش به خواب رفتم.

با این حال، صبح که برخاستم روحیه ام بد نبود. دوباره به فکر ورقهٔ دفاعیه ام افتادم و لبخند ملایمی بر لبانم نشست. احساس کردم شب گذشته یک بحران را پشت سر گذاشته ام و پیروز از آب در آمده ام. تا نزدیک غروب کسی به سراغم نیامد. ولی بعد آمدند و گفتند که برخیزم. بلند شدم و برابر استواری که آمده بود و خیلی هم اخمو بود ایستادم. او به من چشم بند زد و مرا با خود برد. بیرون باد سردی می وزید. و من همان طور که دست در دست نگهبان به دنبال او کشیده می شدم، اندکی ترس برم داشته بود. مرا سوار یکی از همان مینی بوس ها کردند و لی اجازه ندادند چشم بندم را بردارم. فقط از حرکت ماشین و صدائی که در فضای بستهٔ آن می پیچید دریافتم که در نوعی از همان مینی بوس های قبلی نشسته ام و به سوی محل نامعلومی حرکت می کنیم. عاقبت، بعد از ده بیست دقیقه رانندگی مینی بوس ایستاد و مرا به اتاقی بردند و چشم بندم را باز کردند. بعد به اتاق دیگری رفتیم و من برای اولین بار خانواده ام را؛ پدر، مادر و برادرم حسین و خواهرم مهین را دیدم و شادمانه به سوی شان رفتم و آن ها را یکی بعد از دیگری در آغوش گرفتم و بوسیدم. مادرم و خواهرم مرتب قربان صدقه ام می رفتند و برادر و پدرم ساکت ایستاده بودند و سراپای مرا برانداز می کردند. تنها چیزی که در آن لحظه انتظارش را نداشتم برخورد و ملاقات با آن ها بود.

در لحظهٔ ورود به اتاق دیدم که مرد تنومندی - که بعداً فهمیدم دکتر عضدی نام دارد- پشت یک میز نشسته است. او کت و شلوار تیره به تن داشت و کراوات زرشکی زده بود و داودی جلویش به حالت خبردار ایستاده بود. همان اول که استوار مرا به درون آورد محکم پاهایش را به هم کوبید و سیخ جلوی او ایستاد. اما او بی اعتنا، و بدون آن که به احترام نظامی استوار توجهی بکند، مرا برانداز کرد و سری تکان داد و به یک صندلی خالی در کنار خانواده ام اشاره کرد.

تمام مدتی که من با خانواده ام روبوسی می کردم، داودی مجبور بود طوری جلوی عضدی سیخ و بی صدا بایستد که انگار اصلاً وجود ندارد. تا این که عضدی متوجهٔ او شد و گفت:

«شما اگر می خواهید می توانید بروید.»

داودی سیخ تر شد و گفت:

«هر طور شما بفرمائید آقای دکتر عضدی.»

و بی درنگ پس پِسکی از در خارج شد. بعد عضدی رو به ما کرد و پس از برانداز من، رو به خانواده ام گفت:

«می بینید، آقازاده می خواهد خودش را به کشتن بدهد. دفاعیه ای که نوشته اگر یک بچه هم بنویسد اعدام می گیرد، چه برسد به این ها که خودتان می دانید می خواسته اند تیشه به ریشهٔ این مملکت بزنند.»

من به پدر و مادرم که با حیرت به حرف های عضدی گوش می دادند نگریستم و دیدم خواهر و مادرم حالتی دارند که گوئی می خواهند گریه کنند. خواهرم برگشت و با صراحت از من پرسید:

«خیلی شکنجه ات کرده اند؟»

عضدی با شنیدن این حرف از جا پرید و تقریباً فریاد زد:

«خانم این حرف ها چیست که می زنید؟ اصلاً مثل این که شما نمی دانید کجا هستید! این جا ساواک است و من شما را آورده ام که برادرتان را نصیحت کنید که دست از این قُد بازی ها بردارد و بیهوده جانش را به خطر نیندازد. باور کنید که اگر بخواهد به این شکل دفاع کند، بدون برو و برگرد اعدام است. من فقط خواستم همین را به شما بگویم. همین. حالا شما دارید از او سئوال می کنید که خیلی شکنجه شده است؟»

خواهرم که همیشه آدم رکی بود گفت:

«ولی شما ببینید که چطور لاغر شده.»

عضدی گفت:

«خانم در زندان که نان و حلوا خیر نمی کنند. آدم لاغر می شود دیگر. ایشان اگر می خواست لاغر نشود باید از این کارها نمی کرد. شغلش بد بود؟ حقوقش کم بود؟ چه دردی داشت که می خواست این مملکت را به آتش بکشد

و به سَمبل جامعهٔ ما یعنی اعلیحضرت همایونی صدمه بزند؟»

خواهرم ساکت شد و در مقابل سخنرانی او چیزی نگفت. بعد عضدی برای لحظاتی از اتاق بیرون رفت و ما را تنها گذاشت تا اگر آن ها بخواهند بدون حضور او مرا نصیحت کنند محذور اخلاقی نداشته باشند. همین که او رفت، مادرم گفت:

«ترا به خدا خودت را فقط به کشتن نده. من طاقت داغ دیدن ندارم. هر کار دیگری می خواهی بکن، ولی خودت را به کشتن نده.»

خواهرم نیز در حالی که اشک از دیدگانش فرومی ریخت به من نگاه می کرد و لبانش را می جوید تا صدایش بیرون نیاید. پدرم هیچ حرفی نمی زد. پدرم می کوشید وانمود کند که ناراحت نیست؛ ولی از نگاه های ماتش پیدا بود که درونش ناآرام است.

برادرم آمد جلو و آهسته گفت:

«من اصلاً نمی خواهم بگویم که این کار را بکن و یا آن کار را نکن. فقط ببین آیا این کار ارزش آن را دارد که آدم برایش کشته شود، یا نه؟ هر کدام را که انتخاب کنی تصمیم با خودت است و من تو را تائید می کنم. چون این تو هستی که در این مخمصه قرارداری نه من.»

از ملاقات که برگشتیم مرا یک سر به سلولی آوردند که منوچهر مقدم سلیمی، ایرج جمشیدی، و فرهاد قیصری در آن بودند.

منوچهر مقدم سلیمی، به عنوان مسن ترین و با تجربه ترین فرد گروه ما، با خوشروئی مرا که هم پروندهٔ تا آن دم نادیده اش بودم با آغوش باز پذیرفت و با فروتنی ویژه ای با من برخورد کرد. آن شب من توضیح مختصری راجع به ملاقات با خانواده ام دادم، ولی در بارهٔ دفاعیه و حضور عضدی و غیره صحبت نکردم. هم چنین به هیچ وجه گفتگوئی هم بین من و منوچهر بر سر پروندهٔ خودمان پیش نیامد. می دانستم که او اصولاً نمی تواند از ماجراهای ما خبر داشته باشد، و چون پیش از آن هیچ گونه تماسی با هم نداشتیم هم، عملاً در زمینه های دیگر حرف چندانی نداشتیم که بزنیم. در واقع ما آن شب بیشتر با صحبت های فرعی، یکدیگر را شناسائی می کردیم. البته نظر من نسبت به او، از زمانی که منفردزاده در بارهٔ او و خسرو گلسرخی حرف زده بود کاملاً مثبت بود و به ویژه تواضع مقدم سلیمی در برخورد اول بسیار روی من تاثیر گذاشت و من او را انسان وارسته ای یافتم. ایرج جمشیدی هم در آن مدت بیشتر محافظه کار شده و بیش از پیش سکوت اختیار می کرد و حرف نمی زد. تنها می ماند فرهاد قیصری که گوئی پس از پشت سر گذاردن آن ماجرا، دوباره خود را یافته و توانسته بود روحیه اش را به دست آورد. به همین دلیل هم شلوغ می کرد و از در و دیوار و نحوهٔ گرفتن سیگار اضافی از استوار دولت آبادی که مسئول پخش سیگار زندانیان بود و خوشمزه گی های رحیمی سرباز بهداری سخن می گفت و تعریف

کرد که یک روز در سلول های انفرادی، جمشیدی از همین رحیمی آب پرتقال می‌خواست و رحیمی که از تعجب شاخ درآورده بود گفت: این را باش، از من آب پرتقال می‌خواهد. و قاه قاه می‌خندید و به جمشیدی که چپ چپ به او می نگریست نگاه می کرد و ادامه می‌داد:

«جان به جانش کنند کچل است!»

تمام شب را من در فکر ملاقات با خانواده ام بودم و به ویژه به پدرم فکر می کردم که تمام مدت در سکوت به من نگاه می کرد و نه حرف می‌زد و نه گریه می کرد و نه می‌خواست که من را نصیحت کند. ولی سکوتش بیش از یک دنیا سخن در خود داشت و تمام لحظه های خلوت مرا پُر می کرد. و صبح همین که چشم گشودم بی درنگ یاد دفاعیه ای که نوشته بودم افتادم و بیمی که در پس آن از رفتار ساواک داشتم همچون واقعیتی تلخ پیش چشمانم بود.

منوچهر سلیمی، نگاهی به من انداخت و پرسید:

«چیزی پیش آمده است؟»

«نه! چطور مگر؟»

«گرفته به نظر می رسی.»

«چیزی نیست. به فکر ملاقات دیشب هستم. فکر می کنی که اگر دفاعیهٔ تندی بکنم واکنش ساواک شدید خواهد بود؟»

منوچهر با شنیدن این حرف سکوت کرد. گفتم:

«داودی برای دفاعیه ای که نوشته ام خیلی تهدیدم کرده است.»

«مگر چه نوشته ای؟»

«کمی تند است.»

لب پائینش را چندبار زیر لب بالا مکید و گفت:

«والله نمی‌دانم. ولی...»

«ولی چی؟»

«فکر می کنم هر کس باید خودش تصمیم بگیرد.»

«تو چه کار می کنی؟ دفاع می کنی؟»

«از چه دفاع کنم؟ من اصلاً کاری نکرده ام. ما را برداشته اند آورده اند توی این پرونده و یک چیز گُنده چسبانده اند به مان و حالا تو می پرسی چه کار می‌خواهم بکنم؟»

«پروندهٔ قبلی شما چه بوده؟»

«هیچی. چندبار دور هم جمع شدن و خواندن یکی دوتا کتاب.»

«منفردزاده می گفت: اسلحه داشته اید.»

«اسلحهٔ چی؟! یک مزن هردم برنجی درست کرده بودم که با آن حتی نمی شد کفتر زد. سرش هم نفسم را گرفتند. ولی فکر می کردم که دیگر تمام شده است که یک هو سر و کلهٔ گروه شما پیدا شد.»

«برای اسلحه خیلی زدند؟»
«نفسم را گرفتند.»
فرهاد گفت:
«پاهایش را ندیده ای؟»
به پاهایش که در جوراب بود نگاهی کردم. همان طور هم می شد فهمید که کف پاهایش کمی برجسته است. متوجه شدم که شب قبل حس کرده بودم که او به صورت طبیعی راه نمی رود. گفتم:
«پاهایت چی شده؟»
«هیچی بابا.»
فرهاد گفت:
«خُب جورابت را در آور ببیند.»
منوچهر از این کار خودداری کرد و من هم اصرار نکردم که حتماً پاهایش را ببینم. گفتم:
«به هرحال من چیزهائی نوشته ام که این ها خیلی از آن ناراحتند.»
منوچهر پرسید:
«تو تا به حال زندان بوده ای؟»
«نه بار اولم است.»
«می دانی؟ بچه های قصر از موضوع پروندهٔ ما کاملاً مطلع شده اند. همه شان من و خسرو را خوب می شناسند و فهمیده اند که ساواک علیه ما توطئه کرده است. آن ها معتقدند که کل این پرونده توطئهٔ ساواک است. به همین دلیل هم پیغام داده اند که ما به هیچ وجه با دفاع خودمان امکان اعدام را به آن ها ندهیم که بتوانند این پرونده را جدی جلوه بدهند. ساواک می خواهد این طوری ثابت کند که خیلی قدرت دارد و توانسته یک گروه مقتدر را دستگیر کند.»
گفتم:
«ولی به هرحال این طور هم نیست که ما نمی خواسته ایم کاری نکنیم. ولی خب همه چیز در مرحلهٔ حرف و اقدامات اولیه بوده است.»
«ولی اسلحه ها را چه می گوئی؟»
«کدام اسلحه ها را؟»
«بَه، خبر نداری. چندتا اسلحه آورده اند توی پروندهٔ ما. این ها مال چه کسی بوده؟»
«من نمی دانم.»
همین دیگر. هیچ کس نمی داند. به هر حال این پرونده سنگین است و اعدام دارد. و بچه های قصر هم به همین دلیل پیغام داده اند که ما دفاع نکنیم.»
«ولی من فکر نمی کنم که کسی را به خاطر دفاع در دادگاه اعدام کنند. فقط ممکن است بعداً ما را زیر فشار بگذارند. مثل نیکخواه. راستی تو که با

نیکخواه بودی، شماها را خیلی زیر فشار گذاشتند؟»

«اولاً که این طور نیست که به خاطر دفاع در دادگاه، کسی را اعدام نکنند. تازه فرضاً اگر هم این طور باشد، به قول خودت اگر بعداً ماها را زیر فشار بگذارند چه کار خواهیم کرد؟ چندتا از ما طاقت می‌آورد و نمی‌شکند؟ آن وقت بدتر نخواهد شد؟ و ما فقط قهرمانانی نخواهیم بود که اظهار ندامت می‌کنند؟ نیک‌خواه هم همین طور شد. البته من نمی‌دانم که او چقدر زیر فشار بوده؛ چون من سه سال بیشتر زندان نداشتم و زود رفتم. ولی زندان کشیدن مسئلهٔ ساده‌ای نیست.»

ساکت شدم. و حس کردم که دلم می‌خواهد به چیز ناشناسی در درونم، که بندهائی از حلقه های زنجیر مقاومتم از هم می‌گشود تن بدهم. و من داشتم واقعاً در یک تن آسائی گنگ، به چیزی که باورش نمی‌کردم تن می‌دادم.

منوچهر که سکوت مرا دید، می‌خواست به حرفش ادامه بدهد، اما من دیگر نمی‌خواستم در این باره سخنی بشنوم. ما آن روز دیگر در این باره حرفی نزدیم.

شب، دوباره مرا به اتاق بازجوئی بردند و ابتدا مدتی در یک راهرو دراز نگهم داشتند. در آن راهرو اتاقی بود که درش کمی باز بود و صدای یکی دو زن از آن به گوش می‌رسید. بعید می‌دانستم که زنانی که در آن اتاق بودند زندانی باشند. چون نه نگهبانی جلوی در بود و نه در اتاق حالت سلول زندان را داشت و بیشتر یک اتاق بازجوئی به نظر می‌رسید. ولی یک نگهبان جوان آمد و تا مرا دید پرسید:

«چرا این جا ایستاده‌ای؟»

گفتم:

«مرا این جا آورده اند.»

گفت:

«رویت را بکن به دیوار.»

من به سوی دیوار چرخیدم و شنیدم که او به درون اتاق سرفروبرد و صدائی توأم با شوخی و خنده گفت:

«خانم‌ها ساکت. این جا زندان است.»

و سپس در اتاق آن ها را بست و رفت. بعدها فهمیدم که آن اتاق محل اقامت شکوه فرهنگ و مریم اتحادیه بوده است. ساواک به آن دو امتیاز بسیاری داده بود و حتی شکوه با آن که جزو افراد اصلی گروه ما بود، در دادگاه بیش از سه سال زندان نگرفت که از این مدت را هم فقط هشت ماه در زندان گذراند و آزاد شد. در حالی که آدمی مثل جمشیدی که نقشش نسبت به او فرعی تر بود و به شدت هم در هر دو دادگاه اظهار پشیمانی کرد، و یا منوچهر سلیمی با آن که روحش از ماجرای پروندهٔ ما خبر نداشت، و اظهار پشیمانی هم کرد، هر دو به

پانزده سال زندان محکوم شدند که نزدیک به پنج سال آن را هم کشیدند. گویا همین موضوع هم سبب شده بود شایع شود که گروه ما توسط شکوه لو رفته است.

بعد از این که مدتی همان جا ایستادم، آمدند و مرا به اتاقی در همان راهرو بردند که اتاق آینه بود. وقتی در راهرو بودم نمی‌دانستم که اتاق آینه در آن راهرو ست. زیرا پیش از آن مرا چشم بسته به آنجا آورده بودند.

داودی آمد و دوباره یک کاغذ آورد و جلویم گذاشت و سری با تهدید تکان داد و بدون آن که حرف بزند رفت. چند لحظه بعد دادرس آمد. تا مرا دید مستقیم آمد به طرفم و روبرویم نشست و گفت:

«خب، مثل این که می‌خواهی دفاعیه‌ات را تغییر بدهی.»

در پاسخ او سکوت کردم. دادرس گفت البته احتیاج نیست دفاعیه‌ات را زیاد تغییر بدهی. فقط کافی ست که یک مقداری از شدت آن بکاهی. چون در هر صورت این طوری غیرممکن است که کسی بگذارد تو آن را در دادگاه بخوانی. تو اصلاً جوری حرف زده‌ای که اگر اعدامت نکنند شانس آورده‌ای. البته ممکن است بلاهای دیگری سرت بیاورند. آن وقت فکر نمی‌کنم دیگر کوتاه آمدن فایده‌ای داشته باشد. مثلاً ببین چه نوشته‌ای! کاغذ دفاعیهٔ مرا از جیبش در آورد و چند خط آن را بی صدا مرور کرد و گفت:

آهان... نوشته‌ای فلان فلان فلان... و مرا بر آن داشت تا به مخالفت با نیروئی بپردازم که سبب بسیاری بدبختی‌ها در این کشور است.

خیلی خوب، می‌توانی به من بگوئی منظورت چه نیروئی ست؟»

در پاسخ سکوت کردم.

او ادامه داد:

«خُب، تو که جرأت نداری این جا جلوی من بگوئی منظورت چیست، چطور می‌خواهی در دراز مدت از چنین حرفی دفاع کنی؟ بگذار یک چیز را به‌ات بگویم؛ این را بدان که ساواک کمرت را خرد خواهد کرد. ولی، من گفته‌ام که به‌ات فشار نیاورند. فقط به شرط این که برداری کمی این را دستکاری کنی. اصلاً هم احتیاجی نیست ندامت کنی. فقط بردار تا من برمی‌گردم این را دست کاری کن. همین.»

بعد دفاعیهٔ مرا جلویم انداخت و از اتاق خارج شد. بعد از رفتن او مدتی به فکر فرو رفتم و برداشتم چیزهائی را تغییر دادم. و یک بار خواندم و دیدم که ظاهراً چندان تغییر نکرده است. باز چند جا را خط زدم و جای آن‌ها کلمات تازه نوشتم. و باز خواندم. ظاهراً خوب شده بود. دیگر دفاعیه به شمار نمی‌آمد. ولی، از اظهار ندامت هم در آن خبری نبود. دادرس آمد و نگاهی به ورقه‌ام انداخت و بدون آن که آن را بخواند گفت:

«این که همه‌اش پر از خط خوردگی ست. یک ورقه تازه به من داد و گفت:

«از نو بنویس.»
بعد باز یک ورقهٔ دیگر آن جا گذاشت و گفت:
«اگر باز خراب شد می توانی خیلی تمیز توی این یکی بنویسی. و بعد با انگشت روی خطوطی که نوشته بودم حرکت کرد و تند آن ها را خواند و پوزخندی از سر نارضائی زد و رفت.
دوباره نوشتم و این بار حتی باز کمی متن نوشته را رقیق تر کردم. وقتی آمد ورقه را گرفت و بدون خواندن در کشو انداخت و دستور داد مرا ببرند.
در سلول، از کاری که کرده بودم حرفی نزدم. از چیزی که نوشته بودم رضایت نداشتم و خودم را سرزنش می کردم. اما نمی خواستم کسی بداند که چه کار کرده ام. ولی کاش در این باره حرف می زدم؛ زیرا این کار حداقل می توانست تعهدی در من به وجود آورد و بیش از آن کوتاه نیایم. در دو روز بعدی، ما در سلول فقط از مسائل متفرقه صحبت کردیم. در آن مدت، یک بار به حمام رفتیم و من دیدم که کف پاهای منوچهر به جای مقعر بودن محدب است. از دیدن گوشت های اضافه ای که پاهایش آورده بود چندشم شد و گفتم:
«این ها واقعاً در اثر شکنجه این طور شده؟»
با نگاه مهربانی به من گفت:
«وقتی برایت می گویم باور نمی کنی. این پدرسگ ها می توانند آدم را نابود کنند، ولی در عین حال زنده نگهت می دارند تا مجبور شوی به ذلت بیفتی. دو بار کف پاهای من را عمل کردند؛ ولی باز کوتاه نیامدند و هنوز خوب نشده روی همان زخم ها شلاق زدند.»
در حالی که به پاهای او خیره شده بودم شنیدم که گفت:
«باز هم معتقدی که من باید در دادگاه دفاع کنم؟»
و در مقابل سکوت من، ادامه داد:
«با شرافت زندگَی کردن هرگز به این معنی نیست که باید حتماً در دادگاه دفاع کرد. من می توانم دفاع نکنم، ولی با شرافت زندانم را بکشم و از این جا بیرون بروم. من در هر حال بار خودم را برده ام و این دومین بار است که بخاطر مردم مملکتم به زندان و شکنجه دچار می شوم. ولی راستش دیگر بیش از این نمی کشم. بگذار هر کس هرچه می خواهد بگوید. من دیگر بسم است.»
در نظر من منوچهر انسان واقعاً با شرفی می آمد. تمام آن دو روز را ما با هم در سلول کُشتی گرفتیم، و من بر خلاف انتظارم، او را که خیلی قلدر و ورزشکار به نظر می رسید چندین بار زمین زدم. و هر بار او می گفت:
«می بینی؟ ما دیگر پیر شده ایم.»
و با چشمان میشی اش، مظلومانه در چشمان من نگاه می کرد. معلوم بود که دیگر خجالت می کشد درادامهٔ سخنش بگوید؛ «باز هم می خواهی دفاع کنم؟»
سه روز بیشتر به دادگاه مان باقی نمانده بود. و آن ها یک بار دیگر مرا به

بازجوئی بردند تا در بارهٔ دفاعیه ام با من صحبت کنند. با گذشت همان چند روز به آن چه نوشته بودم خو گرفته و دیگر از آن عذاب نمی کشیدم. در واقع ساواک می دانست که چگونه آدم را ذره ذره به منجلاب بکشد. فکر می کنم با دیگران نیز همین کار را کرده بود.

دادرس باز مرا خواست و گفت:

«یک پیشنهاد دارم. و مطمئن باش که این فقط یک پیشنهاد است. این هائی که نوشته ای خوب است، ولی مطمئن باش که از اعدام نجاتت نمی دهد. ولی پیشنهاد من این است که فقط بنویسی، واقعاً نمی خواسته ای این کار را بکنی. همین. و من قول شرف می دهم که بیش از یک سال در زندان نمانی.»

توی چشمان من نگاه می کرد و منتظر پاسخ من بود. با «مِن و مِن» گفتم:

«من اهل ندامت و این جور چیزها نیستم.»

«ولی اولاً این که ندامت نیست. آدم می تواند تحت تاثیر احساسات یک کارهائی بکند. بنویس جوان و احساساتی بوده ای و دلت می خواسته به مردم کمک کنی. واقعاً ما نمی خواهیم که شخصیت شما خرد بشود و آدم های جانی و خطرناکی معرفی بشوید که انگار در خونشان بوده که از این کارها بکنند. ولی، این را هم قبول کن که کارتان درست هم نبوده است. بوده؟»

جواب ندادم.

«بنابراین، بنویس خواهش می کنم یک درجه به من تخفیف بدهید. کافی ست دادگاه به جای اعدام به تو ابد بدهد. آن وقت دست ما باز است که فوراً ول تان کنیم. همه تان می توانید دوباره سر خانه و زندگی تان برگردید. به شرطی که ما مطمئن شویم که اگر ول تان کردیم پس فردا دوباره مسلسل دستتان نمی گیرید و پاسبان های بدبخت این مملکت را که بقول خودتان جزو زحمت کشان هستند به رگبار نمی بندید. آخر چه کسی گفته که توی این مملکت نمی شود حرف زد؟ بخدا می شود. منتها شماها خنگید و بلد نیستید. آدم باید راهش را یاد بگیرد. و فکر هم نکنید که همهٔ ماها موافق وضع موجودیم. توی ما هم اختلاف هست. خیلی از ماها هم با خیلی فشارها مخالفیم. ولی زورمان نمی رسد. اما ساکت نمی نشینیم. و این به این معنی نیست که مسلسل برداریم. می شود استدلال کرد و مطمئن بود که به مرور زمان همه چیز حل می شود.»

من همچنان در پاسخ او حرف نمی زدم. سرم پائین بود و فکر می کردم. مسلماً حرف هایش را باور نمی کردم؛ ولی، انگار چیزی در من می شکست.

«خُب، چه می گوئی؟ بی خود خودت را در مخمصه قرار نده. تو که به هر حال دیگر اسم چیزی را که نوشته ای نمی توانی به قول خودتان دفاع ایده ئولوژیک بگذاری. اسم این اظهار ندامت هم نیست. بلکه حتی باز به قول خودتان دفاع حقوقی است. پس یک دفاع حقوقی درست و حسابی بکن و بنویس بابا من نمی خواستم به کسی صدمه بزنم و از اعلیحضرت در خواست دارم که مرا

ببخشد.»

بعد کاغذ تازه ای جلوی من گذاشت و رفت.

وقتی مرا به سلولم برمی گردانند در دل می گفتم که کاش از دادرس می خواستم که مرا به انفرادی بفرستد. به مرحله ای رسیده بودم که دیگرحتی طاقت دیدنِ منوچهر را که با صراحت گفته بود نمی خواهد دفاع کند نداشتم. اگر او دلیلیَ برای این کار داشت، من چه دلیلی می توانستم ارائه بدهم. برای من نگریستن در چشمان منوچهر و اعتراف به این که کوتاه آمده ام و دفاعیه ای نوشته ام که حتی جرأت حرف زدن دربارهٔ آن را ندارم سخت تر از نگاه کردن در چشمان بطحائی و یا دانشیان بود.

بعداً، روزی که در دادگاه دوم دوباره خودم را به دست آورده و در بارهٔ دفاعیه ای که نوشته و در آن از شرف مبارزاتیم دفاع کرده بودم با دانشیان حرف زدم، او بازوی مرا فشرد و گفت؛ درود بر شرفت. می دانستم که نمی توانی ادامه بدهی. معلوم بود که آن روزها حسابی خودت را گم کرده بودی. چنان داغان بودی که دیگر حتی موقع رفتن به دستشوئی هم نه به جائی نگاه می کردی و نه قدم هائی که بر می داشتی شاد و محکم بود.

و واقعاً چنین بود. منوچهر هم دیگر دربارهٔ دفاعیه ام پرسشی نکرد. گوئی خودش از خمودی و سکوت های ممتد و این که دیگر میلی به کُشتی گرفتن نداشتم و خنده و شوخی نمی کردم، حدس می زد که کوتاه آمده ام.

شب قبل از دادگاه همهٔ ما را در اتاق بزرگ دادرس جمع کردند. بجز شکوه و مریم، بقیه را آورده بودند و من برای بار اول خسرو گلسرخی را می دیدم. قبلاً هیچ تصوری از او نداشتم. و از هیچ کس هم نشنیده بودم که چطور آدمی ست و در دادگاه چه می خواهد بکند. فقط شعرهایش را خوانده بودم و می دانستم جزو هنر متعهدی ها ست و شعری را از او در سلول می خواندیم که برای همیشه در ذهنم مانده است. گلسرخی قد متوسط و موهای تُنُک و نگاه تند و تیزی داشت و با کنجکاوی به تک تک ما نگاه می کرد و گوئی در همان دم یار خود را تا به آخر زندگی یافت و در کنار کرامت قرار گرفت.

ما همه در یک ردیف نیم دایره ایستاده بودیم و دادرس بر صندلی اش نشسته بود و می خواست راجع به روز بعد که آغاز دادگاه اول بود به ما هشدار بدهد.

او نگاهی به همهٔ ما کرد و با لحن مطمئن و راحتی گفت:

«خب آقایان قهرمان ها، فردا روز اجرای عدالت است و همهٔ شما به دادگاه می روید. البته در آن جا تماشاگران و دوربین ها و خبرنگاران داخلی و خارجی هم هستند. و من امیدوارم که شما هول نشوید و نخواهید جلوی آن ها قهرمان بازی درآورید. مسلماً همهٔ شما می دانید که این نوع قهرمان بازی ها دیگر در مملکت ما خریدار ندارد و کسی هم نمی تواند همایون کتیرائی بازی در آورَد.»

بعد به چهرهٔ ما نگاه کرد تا تاثیر حرفش را ببینند. کرامت که در کنار خسرو

ایستاده بود گفت:

«ما به وظیفهٔ خودمان عمل خواهیم کرد و این را هم بدانید که ما نمی‌خواهیم قهرمان بشویم و اگر هم بخواهیم، انگشت کوچکهٔ همایون کتیرائی‌ها نمی‌شویم.»

دادرس از این حاضرجوابی جا خورد.

خسرو هم بلافاصله گفت:

«من مارکسیستم. و از خودم دفاع خواهم کرد.»

دادرس گفت:

«هستی برای خودت باش مگر من شاه پرستم چیزی به تو می‌گویم.»

کرامت فوراً وارد صحبت شد و گفت:

«اگر دادگاه را دویست متر زیر زمین هم ببرید من حرف هایم را خواهم زد.»

دادرس آدم روانشناس و واردی بود. به جای برافروخته شدن، که احتمال داشت برافروخته شدن کرامت را به دنبال داشته باشد گفت:

«در هر صورت من هشدارم را دادم. بین شما هم مأموران ما نشسته‌اند و کاملاً مواظب اوضاع هستند و هرگونه عمل خلافی را هم به سرعت پاسخ خواهند داد. حالا می توانید بفرمائید بروید.»

بعد زنگ زد و نگهبانان که گوئی همان پشت در گوش ایستاده بودند بی‌درنگ وارد شدند و ما را به سلول‌ها بازگرداندند.

من به تنها چیزی که فکر می کردم، علنی بودن دادگاه بود. روز بعد می بایست در برابر جمعیت، در برابر خبرنگاران ایرانی و خارجی، و در برابر دوربین‌های تلویزیون می‌ایستادم و دفاعیه‌ای را می‌خواندم که طبعاً می توانست مرا نابود کند. حضور دوربین‌ها و خبرنگاران وضعیت تازه‌ای بود که مرا به شدت ترسانده و فلج کرده بود. اما احساس می کردم که برای هرگونه تغییری دیگر خیلی دیر است. اگر می‌خواستم دفاعیه‌ای را که نوشته بودم کنار بگذارم و آن‌چه را که اول نوشته بودم بخوانم، به نیروئی به مراتب بیش از آن زمان نیاز داشتم که در آغاز باید صرف می کردم. ولی در آن شرایط، و در زمان تنگی که تا شروع دادگاه بیش از شبی تا صبح باقی نمانده بود، آن امکانَ و توانی را در خود نمی‌دیدم که به یک تغییر ناگهانی برخیزم.

دادگاه اول

صبح روز بعد مثل هر روز از خواب برنخواستم. گوئی دلم می‌خواست بخوابم و به آن زودی‌ها برنخیزم. آرزو می‌کردم اتفاقی بیفتد. نمی‌دانم، جنگی، چیزی، پیش بیاید که به هرشکل ممکن دادگاه ما را برای مدتی نسبتاً دراز پس بیندازد و مرا از رنجی که از همان دم حرکت امواجش را در روح و تنم حس می‌کردم رها سازد. رنجی که می‌رفت مرا از پا درآورد و روح و روانم را به نابودی بکشاند. مثل کسی که جادو شده باشد، خود را در دایرهٔ نفوذ سحری می‌دیدم که یارای جهیدن از آن را به بیرون نداشتم. چه می‌شد که در دادگاه ناگهان فریاد می‌زدم و می‌گفتم که مرا مجبور کرده‌اند و در شرایطی قرارداده‌اند که چیزهائی به عنوان دفاعیه‌ام بگویم که هرگز به من تعلق ندارد؟ آیا نمی‌توانستم داد بزنم و بگویم شکنجه‌ام داده‌اند تا آن چیزها را بنویسم؟ ولی این افکار به جای این که به من قوت قلب و قدرت اقدام بدهد، دست و پایم را شل می‌کرد و مغزم را به فلج می‌کشاند.

در فرصتی که پیش آمد، به طیفور بطحائی و رضا علامه‌زاده ماجرا را رساندم. وضع طیفور خیلی بد نبود. او نه قصد ندامت داشت، و نه می‌خواست دست به دفاع ایده ئولوژیک بزند. بلکه قصد داشت هرطور شده با یک دفاع حقوقی

خودش را نجات دهد. اما علامه زاده هم گرفتاری خودش را داشت و وضعش چندان بهتر از من نبود و تعریفی نداشت. او می خواست ضمن دفاع حقوقی، موضوع را عمدتاً سر این ببرد که اجرای طرح ما، با توجه به این که اصولاً ما در بارهٔ آن حتی بحث چندانی نکرده بودیم غیرعملی بوده و به این ترتیب تا حدودی از زیر ضرب بیرون بیاید. واکنش آن دو در برابر من، کمکی به وضعم نکرد. بطحائی رو ترش کرد و علامه زاده با اظهار همدردی سکوت کرد. ترسیدم که موضوع را به کرامت بگویم. بیم داشتم که او واکنش منفی بسیار شدیدی که تحملش را نداشته باشم نشان دهد. در حالی که در آن دم من نیاز به حمایت داشتم. به روحیهٔ قوی کسی احتیاج داشتم که خیلی محکم به من بگوید، این کار را نکن، نابود می شوی. بگوید مقاومت کن. ایمان دارم که تو اهل ندامت نیستی و چاره ای جز مقاومت نداری. ولی چه کسی بود که در آن شرایط جهنمی چنین هوشیاری را داشته باشد و خطر کند. این رهنمود می توانست در شرایطی به ضد خود تبدیل شود. من اگر مراحل سقوط را به درجات بیشتری طی کرده بودم، چه کسی اطمینان داشت که من رهنمودش را صاف و پوست کنده کف دست بازجوها نمی گذارم؟ قانون زندان اعلام می کرد که کسانی که ندامت می کنند و در این مسیر راه درازی را پیش می روند دیگر قابل اعتماد نیستند. مگر خود من در مقابل ایرج جمشیدی غیر از همین رویه را در پیش گرفته بودم؟ مگر من به این فکر افتاده بودم که خطر کنم و بکوشم او را از مهلکه ای که دارد در آن غرق می شود نجات دهم؟

فکر می کردم انسان چه موجود مفلوک و ناتوانی می تواند باشد که تنها یک دم غفلت او را چنان به سراشیب سقوط در دره های عمیق نکبت می کشاند که دیگر بازگشت از آن برایش ممکن نیست.

ساعت نه صبح همهٔ ما را آماده کردند که به دادگاه ببرند. ما را به دفتر زندان بردند تا در دسته های دو سه تائی، به همراه نگهبانان مسلح بسیاری که در محوطه به حالت آماده باش درآمده بودند، در مینی بوس های مختلف سوار کنند و به سوی دادگاه راه بیفتند. هوا سرد بود و از پنجره دفتر مدیر زندان می شد دید که نگهبانان با بی صبری منتظر حرکت هستند. سروان روحی مدیر زندان داشت جلوی روی ما جلد چرمی یک کلت را به تسمه ای به شکل اریب روی پیراهنش می بست و بعد یک مسلسل یوزی کوتاه هم به پشتش وصل می کرد. سروان وقتی دید ما با تعجب نگاهش می کنیم، گفت:

«این ها برای احتیاط است.»

پیش از آن که ما را بدون اعلام عمومی به دادرسی برده بودند از این اقدامات خبری نبود؛ ولی این بار، معلوم بود که ساواک حسابی نیروهای نگهبان ما را به انواع سلاح ها مجهز کرده تا در برابر هرگونه حملهٔ احتمالی چریک ها مقاومت کنند.

جلسه دادگاه

همه چیز در دادگاه زرق و برق دار بود و ظاهراً هر کس در جای تعیین شده قرار داشت.

یک استوار ژاندارم با دستمال گردن و واکسیل سفید و کلاهی که در خم بازو نگه داشته بود به حالت شق و رق و تشریفاتی جلوی در ایستاده و بدون آن که نیازی باشد، مأموریت راهنمائی افراد را به درون سالن دادگاه به عهده داشت.

با ورود ما سر و صدا و زمزمهٔ جمعیت حاضر در دادگاه خوابید و فقط صدای کفش ها و خش و خش صندلی هائی که به عقب و جلو کشیده می شد به گوش می رسید.

وکلا، مأموران شخصی پوش ساواک، تماشاگران و خبرنگاران و فلیمبرداران و عکاسان از پیش در جای خود قرار گرفته و همه منتظر ورود ما بودند. مأموران ساواک، جلوی خبرنگاران خارجی با دقتی بیش از همیشه، و با حرکات شق و رق و اضافی ما را به سوی صندلی های از پیش تعیین شده راهنمائی می کردند. قاضی ها هم آمدند و در تریبونی دراز و بلند در انتهای سالن قرار گرفتند. آن ها برخلاف همیشه که به دستور ساواک متهمان

دادگاه های سیاسی را محکوم می کردند، در آن لحظه، زیر نور چراغ ها و جلوی دوربین ها و فضای علنیِ محاکمه، وانمود می کردند که از خود اختیاری دارند. قیافهٔ سرهنگ ها و قضاتی که آن بالا نشسته بودند مانند عروسک های رنگ خوردهٔ براق و دندان سفید فندق شکن بود. ولی نور نورافکن ها و برق سفید فلاش های عکاسی و رسمیت جلسه و برو بیای معذب مأموران ساواک و دسته بندیِ از پیش معین شدهٔ آدم ها در سالن، سبب شده بود که فکر کنند دارای اهمیتی هستند و خود می توانند چیزی را تعیین کنند. آن ها که گوئی سال های سال انتظار چنین محاکمه ای را می کشیدند، هرچه مدال و درجه توی صندوق خانه داشتند به سر و سینهٔ خود چسبانده و به دادگاه آمده بودند. یک ذره فهم و شعور در چهره های برق افتاده شان دیده نمی شد و نگاه شان نور نداشت. مات و منگ توی آن همه نور نشسته بودند و زیر فشار کراوات ها از صورت های چاق شان عرق می ریخت.

همان دم که می نشستم نگاه کردم ببینم که آیا کسی از اعضای خانواده ام در میان تماشاگران هست یا نه. ولی تجمع آن ها در ته سالن و نور پروژکتورها نگذاشت چیزی تشخیص بدهم. ناچار بر صندلی تعیین شده ام نشستم و بچه های خودمان را لحظه ای از نظر گذراندم. افراد گروه ما به ترتیب ردیف اتهامی، طیفور نفراول به عنوان فرد اصلی، و بعد خسرو گلسرخی، منوچهر سلیمی مقدم، کرامت دانشیان، من، و در ردیف پشت ما، رضاعلامه زاده، ایرج جمشیدی، ابراهیم فرهنگ رازی، شکوه فرهنگ، مریم اتحادیه، و در ردیف بعدی مرتضی سیاهپوش و فرهاد قیصری به ترتیب تا نفر دوازدهم پرونده نشسته بودیم. و به موازات ما، در طرف دیگر سالن صندلی وکیل های مدافع قرار داشت. آن ها همگی با مداد و کاغذ خود بازی می کردند و به نظر می رسید برای شروع محاکمه در بی تابی به سرمی برند. پشت سر ما و آن ها، و در چند ردیفی که تا تماشاگران و خبرنگاران باقی بود را هم افراد مسلح ساواک در لباس شخصی در اشغال خود داشتند. مأموران ساواک همه در لباس های شخصی، اسلحه ها را زیر کَت و کول خود پنهان کرده و آماده بودند. حتی به نظر می رسید که قاضی ها هم مسلحند. و پشت در، در راهروی دادگاه، بیرون سالن، و بیرون ساختمان دادرسی ارتش تماماً در محاصره افراد مسلح قرار داشت

جلوی صندلی های ما چند اسلحهٔ کلت و یک اسلحه برنجی کوچک بر یک میز عسلی قرار گرفته بود. با گردش ملایمی به سمت راست می توانستم، خبرنگاران آشنا و همکاران تلویزیونی خود را که تحت تاثیر آن تشریفات، گوئی هرگز ما را نمی شناختند ببینم. هیچ کدام شان جرأت نداشتند که حتی در فرصت هائی که به دست می آوردند، با اشاره پلک چشم هم که شده با ما حال و احوالی کنند. تنها آدمی که در میان آن ها چنین جرأتی به خرج داد، و در پایان دادگاه اول شهامت دست دادن با خسرو گلسرخی را یافت، بی درنگ در بیرون

سالن دادگاه دستگیر شد و چند ماه در زندان به سر برد. من در یک ملاقات که ماه ها بعد در زندان قزل قلعه داشتم، او را هم که ملاقاتی داشت و چهره ای زار و نزار یافته بود دیدم.

وقتی محاکمات شروع شد، در ابتدا از ما پرسیده شد که آیا صلاحیت دادگاه را تائید می کنیم؟ طیفور بطحائی، خسرو گلسرخی، کرامت دانشیان و رضا علامه زاده صلاحیت دادگاه را رد کردند. علت رد صلاحیت نیز این بود که مطابق قانون اساسی، اتهام سیاسی افراد باید در دادگاه های دادگستری و با حضور هیئت منصفه مورد بررسی قرار می گرفت. ولی ساواک بخاطر آن که بتواندرأی دادگاه و اسرار محاکمات را زیر کنترل داشته باشد و خیالش از برخی قضات، و بخصوص وکلای دادگستری راحت باشد، به شکل غیرقانونی محاکمات سیاسی را به دادرسی ارتش واگذار کرده بود. از این رو صلاحیت این دادگاه ها از سوی متهمانی که قصد دفاع از اقدامات و عقاید خود را داشتند مورد رد واقع می شد. البته هیچ گاه سابقه نداشت که این اعتراض ها سبب ارجاع محاکمه ای از دادرسی ارتش به دادگاه های صالحه شده باشد، و دادگاه های ارتش در جا رأی به صلاحیت خود می دانند و در عوض با دادن محکومیت سنگین به متهمانی که جرأت اعتراض یافته بودند انتقام خود را از آنان می گرفتند. آن روز هم چنین شد. منتهی این بار دادگاه پس از شنیدن اعتراض متهمین، برای ظاهرسازی وارد شور شد و و پس از ده دقیقه دوباره رأی به صلاحیت خود داد و محاکمه را آغاز کرد. آن گاه، دادستان لاغر و شق و رقی که یک سروان ارتش بود، در تریبون تکی خود در سمت چپ تریبون قضات قرار گرفت و، مثل دانش آموزی که انشاء بخواند، دادخواست بلند بالائی علیه ما ارائه داد که در آن به برهم زدن اساس مملکت، مخالفت با نظام پادشاهی، به داشتن مرام آنارشیستی و کمونیستی، و اقدام به ترور شاه در نوشهر و فرح آباد تهران، و اقدام به گروگان گیری شهناز پهلوی، رضا پهلوی و فرح پهلوی در جریان جشنوارۀ فیلم های کودکان متهم شده بودیم. بعد دادستان شروع به شرح پرونده کرد و اسلحه هائی را که روی میز بود از آن ما دانست که در تماس با یک گروه مسلح (بی نام) برای انجام عملیات مربوطه به دست آورده ایم. جالب است که ساواک در ضمن این دادخواست کوچک ترین اشاره ای به نام سازمان چریک های فدائی نکرد تا مبادا آن ها به موضوع توطئۀ ساواک پی ببرند و برای مردم افشا کنند که آن اسلحه ها نه از سوی آنان؛ بلکه از سوی خود ساواک تهیه شده و ناگهان سر از میز دادگاه درآورده است.

بعد وکلای تسخیری ما به صدا درآمدند که بیشترشان موکلان خود را متهم صدا می کردند و گاهی با تحقیر از آنان سخن می گفتند، و این امکان را برای رئیس دادگاه فراهم می کردند که در این مورد به آن ها تذکر بدهد و پایبندی ظاهری خود را به قوانین جزا و حقوق متهمین خاطر نشان کند.

دو روز پیاپی به همین نمایش‌ها گذشت و مسائلی طرح شد که ما جز یک دادخواست مسخره از سوی دادستان و نمایشی باسمه‌ای از سوی وکلای نظامی نام دیگری بر آن‌ها نمی توانستیم بگذاریم. و سرانجام نوبت به دفاعیه خود ما رسید.

نفر اول طیفور بطحائی بود که دفاعیه اش را خواند. او با اشاره به نابسامانی های اجتماعی و سرنوشت نامعلوم جوانان بر تضادهای اجتماعی تکیه کرد و کوتاه و مختصر در این مورد سخن گفت و در مجموع و به شکل غیرمستقیم از حرکت گروه ما دفاع کرد. و من یادم هست که موقع بازگشت از دادگاه، حتی با این که خودم در موضع دفاعی قرار نداشتم، به طیفور به خاطر دفاعیه اش خوش آمد گفتم. و فکر می کنم که این حرف روحیهٔ او را که از دیدن مادرش در دادگاه به هم ریخته بود بهبود بخشید. پس از او، نوبت نفر دوم پرونده، یعنی خسرو گلسرخی و نفرات بعد از او رسید.

متأسفانه به دلیل سانسور در تلویزیون و مطبوعات، متن کامل همهٔ دفاعیات گروه ما در اختیار کسی قرار نگرفت و بخصوص سانسور دفاعیهٔ خسرو گلسرخی و کرامت دانشیان سبب شد مردم دقیقاً ندانند که آنان در دادگاه چه گفتند. ولی همان مقدار اندکی که از دفاعیهٔ این دو رفیق گران قدر در مطبوعات و رادیو تلویزیون انعکاس یافت و افزون بر این، همان مقدار اندکی که به صورت نقل دهان به دهان از دادگاه بیرون آمد و بین مردم پخش شد، تاثیر شگرفی در جامعهٔ درد کشیده، بحران زده و آبستن حوادث ما باقی گذاشت و اذهان بسیاری را در سطح داخلی و بین المللی متوجه بحران اقتصادی و خفقان سیاسی موجود در کشور ما ساخت. و من در این جا می کوشم تا ضمن اشاره به برخی از نکات دیگر، متون دفاعیهٔ همه افراد گروه را که در مطبوعات بازتاب یافت در این جا بیاورم.

برای همهٔ ما عجیب بود که ساواک به چه دلیل خسرو گلسرخی و منوچهر مقدم سلیمی را در ردیف دوم و سوم پرونده قرار داده است. در حالیکه، افرادی مثل من و رضا علامه زاده را که قرار بود در طرح گروگان گیری عامل اجرائی اصلی باشیم در رده های بعدی قرار داده بود. طبعاً ما در آن شرایط که هنوز به توطئه ساواک در مورد این دو پی نبرده بودیم، نمی توانستیم بفهمیم که ساواک با این کار می کوشید تا طرح ترور شاه توسط گلسرخی و مقدم سلیمی را که در رسانه های همگانی سر و صدای بسیاری حول آن راه انداخته بود، طرح هائی واقعی و در حال انجام نشان دهد و به همین دلیل هم لازم می دانست متهمان به چنین اقداماتی را در رده های بالای پرونده بگذارد تا اهمیت کار آن ها را نشان دهد. ولی خسرو گلسرخی که شاید تصور کرده بود که طرح شدن موضوع ترور شاه در این پرونده به دلیل دنبال شدن آن طرح قدیمی که خودش نیز فقط در شناسائی اولیهٔ آن شرکت داشت بوده است، لحظه ای هم به این فکر نیفتاد که

نوع حضور خود را در آن طرح توضیح دهد و از این طریق توطئهٔ ساواک را برملا سازد؛ بلکه دفاعش را با خواندن شعر زیبائی از خودش بنام «ای سرزمین من» آغاز کرد و سپس، یک سره به دفاع از اندیشه و آرمانش پرداخت و دفاعش را که فقط بخشی از آن از روی کاغذی خوانده می شد که همان روز ظهر آن را نوشته بود، به صورت کوبنده ای به انجام رساند و شرح مفصلی در بارهٔ انگیزه های اساسی بحران در جامعهٔ ما داد. تماشاگران، خبرنگاران، وکلا، خود ما و حتی دادستان و قضات چنان محو گفتار او شده بودند که نفس از کسی در نمی آمد. در همین بین، ناگهان فردی وارد دادگاه شد و یادداشتی را از پائین تریبون به سوی رئیس دادگاه دراز کرد. رئیس دادگاه یادداشت را گرفت و پس از خواندن آن، رو به خسرو گلسرخی که بدون توجه به این موضوع هم چنان مشغول ایراد سخنان خود بود گفت:

«شما سعی کنید که از موضوع خارج نشوید و از خودتان دفاع کنید.»

واقعیت ماجرای این یادداشت، آن طوری که من همان جا حدس زدم و بعد از انقلاب نیز عیناً از دوستانم در تلویزیون شنیدم، این بود که، مأموران عالیرتبهٔ ساواک که در واحد سیار تلویزیونی نشسته بودند و جریان دادگاه را تعقیب می کردند، از سخنان گلسرخی به خشم می آیند و ضمن بد و بیراه گفتن به رئیس و قضات و دادستان دادگاه که محو صحبت های او شده بودند، برایشان یادداشت می فرستند تا جلوی او را بگیرند و نگذارند بیش از آن حرف بزنند.

گلسرخی با شنیدن این حرف گفت:

«من در این جا بر سر جانم چانه نمی زنم؛ بلکه از عقایدم دفاع می کنم. و اگر شما نمی گذارید که من در دفاع از آن چه به آن ایمان دارم سخن بگویم، پس می نشینم و حرفی برای گفتن ندارم.»

و با این سخنان به مردم جهان نشان داد که مردم کشور ما در چه جهنمی زندگی می کنند.

پس از گلسرخی، منوچهر مقدم سلیمی سخن گفت و به اظهار ندامت پرداخت. مسلماً او به توصیه ساواک همهٔ اتهامات را پذیرفته بود تا با اقرار به آن، مسئلهٔ ترور شاه واقعی جلوه کند. و پس از آن ضمن بدو بیراه گفتن به افراد گروه ما که، باعث حیرت من شده بود و انتظار چنین کاری را از او نداشتم، اظهار پشیمانی و تقاضای بخشش کرد.

سپس نوبت به کرامت دانشیان رسید. دانشیان در سخنان سنجیده، محکم و کوتاه خود، دفاع جانانه و قاطعی از اندیشه و مرام کمونیستی به عمل آورد و دادگاه را «بی دادگاه» خواند. و با این که سخنانش از سوی دادستان و رئیس دادگاه چندین بار قطع شد، ولی همچنان به کار خود ادامه داد و تا پایان با تپشی تند و شجاعتی کم نظیر حرف خود را زد. با این حال از دفاعیه او چند سطری باقی ماند که نگذاشتند بخواند و او گفت «بقیهٔ دفاعیه ام را به منشی

دادگاه می دهم، بالاخره بعداً آنرا می خوانید.»

نکتهٔ جالبی که ضمن خواندن دفاعیهٔ دانشیان پیش آمد این بود دادستان برای خودشیرینی و نشان دادن ذکاوتش، این بار بدون دریافت یادداشت ساواکی ها خطاب به رئیس دادگاه گفت:

«من از ریاست محترم دادگاه خواهش می کنم که به متهم تذکر دهند که هر حرفی که می خواهد در دفاع از خودش بگوید؛ ولی در محضر این دادگاه، به «تبلیغ» که مطابق قانون جرم است دست نزنند.»

درواقع، او با این کار نشان داد که ساواک و دادرسی ارتش حتی از شنیدن نام سوسیالیسم در دادگاه نظامی خود نیز وحشت دارد و از ذکر این سخنان در آن شرایط که همه در آن دادگاه زیر نظر و تحت محاصره افراد مسلح ارتش و ساواک بودند نیز می ترسد، و حاضر نیست به کسی که دارد محاکمه می شود و حتی به خاطر زدن این حرف ها اعدامش خواهند کرد، این فرصت را بدهد که برای یک بار در عمرش حرف هایش را آشکار و با خیال راحت در برابر مردم بزند و از عقایدش دفاع کند. از این رو دانشیان را نیز مانند گلسرخی به سکوت واداشتند.

وقتی نوبت به من رسید، کاملاً گیج بودم و به نظرم می آمد که همه چیز در التهاب و بی قراری ست. کمی طول کشید تا بتوانم بر خودم مسلط شوم. هوای مصنوعی تالار را به درون ریه ها می کشیدم و باز پس می دادم. فضا آن قدر به نظرم نازک و شفاف می رسید که هر آن ممکن بود بشکند. نتوانسته بودم بر حالتی که اسیرش شده بودم غلبه کنم. و در آن لحظه، فقط، تمرکز و فشرده شدن عدسی دوربین ها را در لنزهای دراز بر روی چهره ام احساس می کردم. عدسی هائی که تصاویری از من می گرفتند. و تصاویری که گوئی جادویم می کردند و روحم را در اسارت خود نگه می داشتند. قلبم می تپید. باید بر لرزش صدایم غلبه می کردم و دفاعیه ام را زیر آن نورهای تند و تیز می خواندم. کوشیدم صدایم را بدون گیر و خشی بیرون بدهم. ولی چنان عرق کرده بودم که ورقهٔ کاغذ در دستم می لرزید.

دفاعیه ام را در وضعیت رقت باری درونی خواندم و وقتی خواندنم تمام شد و نشستم، انگار صندلی ام هم چنان در خود فرو می رفت و مرا بیش از حد انتظارم به پائین می کشید. دیگر عضلات گردنم برای نگریستن به کسی و چیزی در اختیار من نبود. در بدنم روحی باقی نبود. روحم را در امواجی جاگذاشته بودم که تصویر آبرو باخته و صدای لرزانم را از طریق تلویزیون ها به خانه های مردم رسانده بود.

بعد از من نوبت به دفاع رضا علامه زاده رسید. ولی، من دیگر نمی فهمیدم او و دیگران دقیقاً چه می گویند. چنان در حالتی مغبون فرورفته بودم که دنیا دیگر برایم معنائی نداشت. همین قدر فهمیدم که بعد از رضا علامه زاده بقیه به

شدت ابراز پشیمانی کردند.

شب که برگشتیم، مغزم کار نمی کرد. سلول تاریک تر به نظر می رسید. میل به غذا نداشتم. بدون آن که با کسی حرف بزنم گرفتم و خوابیدم. دیگران هم میل نداشتند با کسی حرف بزنند. نتیجه رأی دادگاه اول، حکم اعدام برای طیفور بطحائی، منوچهر مقدم سلیمی، خسرو گلسرخی، کرامت دانشیان، عباس سماکار، رضا علامه زاده، و ایرج جمشیدی، ۳ سال زندان برای ابراهیم فرهنگ رازی، و شکوه فرهنگ، ۵ سال زندان برای مریم اتحادیه و مرتضی سیاه پوش و سه سال زندان برای فرهاد قیصری بود.

کیهان هوائی

کیهان هوائی
از گروه انتشارات موسسه کیهان
ناشر : دکتر مصطفی مصباح‌زاده
آدرس : تهران کیهان هوائی ــ خیابان فردوسی
تلفن ــ ۳۱۲٤۱٤
تلکس : ۲٤٦۷
کیهان هوائی شنبه هرهفته منتشر میشود

شماره ٥٤ شنبه ۲۲ دی ۱۳۵۲ ــ ۱۲ژانویه ۱۹۷٤

منوچهرمقدم‌سلیمی — طیفوربطحائی — خسروگلسرخی — ابراهیم‌فرهنگ — عباس‌سماکار — ایرج‌جمشیدی

تقاضای اعدام برای متهمان سوءقصد

شکوه فرهنگ — کرامت‌دانشیان — فرهادقیصری — مریم‌اتحادیه — مرتضی‌سیاهپوش — رضاعلامه‌زاده

متهمان سه نقطه را برای سوءقصد به شاهنشاه انتخاب کرده بودند

محاکمه علنی ، دوازده تن ، به‌اتهام توطئه علیه جان شاهنشاه ، و ربودن شهبانو و ولیعهد برای آزادکردن زندانیان سیاسی ، در یك دادگاه نظامی ادامه دارد .

دادستان ارتش برای همه ۱۲ نفر که دو نفرشان زن هستند ، تقاضای اعدام کرده‌است .

شش تن از محکومین ،متهم به‌شرکت در نقشه قتل شاهنشاه در استراحتگاه تابستانی ایشان درنوشهر – یا هنگامی که به خانه خواهرشان والاحضرت فاطمه می‌رفتند ، یا هنگام بسر بردن در تعطیلات زمستانی در سن‌موریتس(سویس) محاکمه میشوند . شاهنشاه و اعضای خاندان سلطنت‌اینك در سن موریتس بسرمیبرند.

شش نفر دیگر متهمان ، متهم‌به شرکت در نقشه ربودن شهبانو و یا ولیعهد هستند . در برابر این‌اتهامات که در صورت ثبوت مجازات آن اعدام است ، شش تن‌از متهمان اعتراف کرده و شش تن دیگر خودرا بیگناه دانسته‌اند .

گفته میشود ، همگی اعضای‌این گروه وابسته به قشر بالای طبقه متوسط هستند . بویژه یکی از آنهابنام مریم اتحادیه (۲۳ ساله) که متعلق به یك خانواده اشرافی‌است . همین متهم به گروه اطلاعاتی درباره نوه دختری شاهنشاه بنام‌والاگهر مهناز که دختر سفیرایران در ایالات متحده ، اردشیرزاهدی‌میداده‌است . والاگهر مهناز نیز جزو کسانی بوده‌است که‌بنابرنقشه‌آنها ،بایستی ربوده میشد .

دادستان گفته است که‌افرادمذکور قصد داشته‌اند ، قبل از تقاضای آزادی زندانیان سیاسی ،یك سفیر خارجی را نیز بربایند و او را با هواپیما از کشور خارج کنند . دادستان در ادعانامه خود اظهار داشته‌است که‌برای‌اولین‌بار،اعضای گروه در هیچگونه فعالیت کمونیستی دخالت نداشته‌اند ، گوآنکه یکی از آنها اعتراف کرده است که به تئوری مارکسیسم اعتقاددارد ، برخلاف‌موارد قبلی که گفته میشد ، شوروی ــ چین یا افراطی‌های عراق از فعالیت های متهمان پشتیبانی میکرده‌اند ، ادعانامه‌دادستان میگوید ، که این گروه به استقلال عمل میکرده‌اند .

کیهان ۵۴، شنبه ۲۲ دی ماه ۱۳۵۲ ـــــ اخبار ـــــ صفحه ۲

متهمان سه نقطه را برای سوء قصد به شاهنشاه انتخاب کرده بودند

محاکمه علنی، دوازده تن، به اتهام توطئه علیه جان شاهنشاه، و ربودن شهبانو و ولیعهد برای آزاد کردن زندانیان سیاسی، در یك دادگاه نظامی ادامه دارد.

دادستان ارتش برای همه ۱۲ نفر که دو نفرشان زن هستند، تقاضای اعدام کرده‌است.

شش تن از محکومین، متهم به شرکت در نقشه قتل شاهنشاه در استراحتگاه تابستانی ایشان درنوشهر - یا هنگامی که به خانه خواهرشان والاحضرت فاطمه می‌رفتند، یا هنگام بسر بردن در تعطیلات زمستانی در سن‌موریتس (سویس) محاکمه میشوند.
شاهنشاه و اعضای خاندان سلطنت اینك در سن موریتس بسرمیبرند.
شش نفر دیگر متهمان، متهم به شرکت در نقشه ربودن شهبانو و یا ولیعهد هستند. در برابر این اتهامات که در صورت ثبوت مجازات آن اعدام است، شش تن از متهمان اعتراف کرده و شش تن دیگر خودرا بیگناه دانسته‌اند.

گفته میشود، همگی اعضای این گروه وابسته به قشر بالای طبقه متوسط هستند. بویژه یکی از آنها بنام مریم اتحادیه (۳۲ ساله) که متعلق به یك خانواده اشرافی است. همین متهم به گروه اطلاعاتی، درباره نوه دختری شاهنشاه بنام والاگهر مهناز که دختر سفیرایران در ایالات متحده، اردشیرزاهدی، میداده‌است. والاگهر مهناز نیز جزو کسانی بوده‌است که بنابرنقشه آنها، بایستی ربوده میشد.
دادستان گفته است که افرادمذکور قصد داشته‌اند، قبل از تقاضای آزادی زندانیان سیاسی، یك سفیر خارجی را نیز بربایند و او را با هواپیما از کشور خارج کنند. دادستان در ادعانامه خود اظهار داشته‌است که برای اولین بار، اعضای گروه در هیچگونه فعالیت کمونیستی دخالت نداشته‌اند، گوآنکه یکی از آنها اعتراف کرده است که به تئوری مارکسیسم اعتقاددارد، برخلاف موارد قبلی که گفته میشد، شوروی - چین یا افراطی‌های عراق از فعالیت های متهمان پشتیبانی میکرده‌اند، ادعانامه دادستان میگوید، که این گروه به استقلال عمل میکرده‌اند.

برای ۱۲ متهم سوء قصد به شاهنشاه و شهبانو ووالاحضرت ولایتعهد، از طرف دادستان دادگاه نظامی، تقاضای اعدام شد.

د رنخستین جلسه دادگاه نظامی، ارتش که جهت رسیدگی به پرونده متهمان تشکیل شده بود، جمعی از خبرنگاران خارجی و داخلی شرکت داشتند. دراین جلسه متن کیفر خواست دادستان خوانده شد. بموجب کیفرخواست دادستان متهمان سه نقطه را برای سوء قصد بشاهنشاه انتخاب کرده بودند.

این سه نقطه عبارت بودند از فرودگاه نوشهر، سن‌موریتس در سوئیس و محل سکونت والاحضرت فاطمه.

متهمان در نخستین جلسه دادگاه هرکدام بشرح زیر از متهم ردیف یك تادوازده خود را معرفی کردند:

۱- طیفور بطحائی، فیلمبردار ۳۶ساله، فوق دیپلم، محل اقامت تهران.

۲- خسرو گلسرخی، شاعر و نویسنده، ۳۰ ساله، فوق دیپلم محل اقامت تهران.

۳- منوچهر مقدم، نقاش و مجسمه ساز، ٤٠ ساله، دیپلمه هنرستان، محل اقامت تهران و دارای پیشینیه کیفری.

٤- کرامت‌الله دانشیان، حسابدار ۳۷ ساله، دیپلم حسابداری، محل اقامت شیراز.

۵- عباسعلی سماکار، فیلمبردار، ۲۷ ساله، فوق دیپلم.

٦ - محمدرضا علامه‌زاده، کارگردان، ۳۰ ساله، فوق دیپلم، ساکن تهران.

۷- رحمت‌الله جمشیدی، کارمند و نویسنده، ۲۵ساله

۸- ابراهیم فرهنگ رازی، کارمند دفتر بیمه، ٤۳ساله

۹- شکوه فرهنگ رازی، نویسنده، ۳۰ساله

۱۰ - مریم اتحادیه خبرنگار ۳۲ساله.

۱۱- مرتضی سیاهپوش، کارمند چاپخانه، ۳۳ ساله

۱۲ - فرهاد قیصری، دانش‌آموز پنجم طبیعی، ٢٤ ساله.

ابتدا سه‌تن از متهمان، طیفور بطحائی، خسرو گلسرخی وابراهیم فرهنگ رازی، به صلاحیت‌دادگاه اعتراض کردند و گفتند که چون اتهام آنها سیاسی است، باید در دادگاه های دادگستری با حضور هیئت منصفه محاکمه شویم.

پس از اعتراض، متهمان به

دو نفر به ۵ سال و سه نفر به ۳ سال زندان

۷ نفر از متهمین به اعدام محکوم شدند

رسیدگی باتهام ۱۲ نفر متهمین به توطئه علیه خاندان سلطنت در دادگاه نظامی پایان یافت. دادگاه پس از ۹ روز تشکیل جلسه وشنیدن اظهارات دادستان، وکلای مدافع و متهمین، و پس از ۱۲ ساعت شور، ۷ تن از متهمان را به اعدام، دوتن به ۵ سال و سه تن را به سه سال حبس محکوم کرد.

براساس رای دادگاه نظامی، طیفور بطحائی، خسرو گلسرخی، منوچهر مقدم سلیمی، کرامت‌الله دانشیان، عباسعلی سماکار، محمد رضا علامه‌زاده و رحمت‌الله جمشیدی که درترتیب متهمین ردیف یک تا هفت هستند به اعدام محکوم شدند. مریم اتحادیه متهم ردیف ۱۰ و مرتضی سیاهپوش متهم ردیف ۱۱ به پنج سال حبس محکوم شدند.

ابراهیم فرهنگ رازی، متهم ردیف ۸ ــ شکوه فرهنگ رازی، متهم ردیف ۹ و فرهاد قیصری متهم ردیف ۱۲ به سه سال حبس جنائی درجه یک محکوم شدند.

دادگاه در رای خود اعلام کرد که چون ابراهیم فرهنگ رازی، شکوه فرهنگ رازی و فرهاد قیصری در جهت شناخت گروه و معرفی آنان با ماموران همکاری کرده‌اند و در دادگاه نیز اظهار ندامت و سرافکندگی و وفاداری نسبت به شاهنشاه نموده‌اند مجازات کمتری ــ سه سال ــ برای آنها درنظر گرفته شده است.

درپایان رای دادگاه، خاطرنشان شده است که متهمین میتوانند، ظرف پنج روز از رای صادره تقاضای تجدید نظر کنند. وکلای مدافع متهمین اظهار داشتند ما تقاضای تجدید نظر خواهیم کرد.

دادستان درآخرین دفاع خود از کیفرخواست گفته بود که متهمین برای اجرای نیات خود، و تماس گرفتن با یکدیگر از آگهی خاصی در روزنامه استفاده میکردند.

وکلای مدافع نیز در اظهارات خود اعلام کردند که متهمان قصد داشتند، در صورتیکه در اقدامات خود با شکست مواجه شوند ودستگیر گردند با سیانور خودرا از بین برند.

کیهان هوائی

شماره ۵۵ شنبه ۲۹ دی ۱۳۵۲ ــ ۱۹ ژانویه ۱۹۷۴

بطحائی اعدام ــ گلسرخی اعدام ــ سلیمی اعدام — جمشیدی اعدام ــ فرهنگ ۲ سال ــ شکوه فرهنگ ۲ سال

دانشیان اعدام ــ سماکار اعدام ــ علامه‌زاده اعدام — اتحادیه ۵ سال ــ سیاهپوش ۵ سال ــ قیصری ۳ سال

در پرونده سیاهپوش قید شده است که او تحت تعالیم گروه قرار میگیرد و زمینه مساعدی داشته است و مشخص نکرده است که چگونه او در مورد اعمالی که خلاف است و باید انجام میداد، شخصا مانع ایجاد کرده است.

منوچهر مقدم سلیمی طبق اظهار خود فقط در مذاکرات طرحها بوده و سکوت کرده و دراقدامات بعدی خود را کنار کشیده است.

وی اظهار داشته که نمیشود کوچکترین گزندی بجان شاهنشاه رساند و این «نمیشود»، معنای «نمیخواهم» را میدهد وامیدوارم دادگاه این نمیشود را نمیخواهم تعبیر کند.

حسینی گفت: برای موکل من مسئله، عدم موفقیت در اجرای طرحها نبوده، بلکه رأسا و شخصا نمیخواسته است که در این جریانات شرکت کند.

سیاهپوش در پرونده میگوید من به ذات اقدس شهریاری سوگند خوردم که اصولا از جریان توطئه اطلاعی نداشته‌ام.

پس از آن وکیل مدافع متهمین ردیف ۵ و ٦ به دفاع از موکلین خود عباسعلی سماکار و محمدرضا علامه‌زاده پرداخت و اظهار داشت درپرونده، دو موضوع مطرح است. یکی سوءقصد بجان شاهنشاه و دیگر گروگان گرفتن شهبانو ویا ربودن ولیعهد خوشبختانه موکلین من در توطئه سوءقصد بجان‌شاهنشاه دخالتی نداشتند و در پرونده نیز در این خصوص ذکری‌نشده ولی در مورد گروگان گرفتن و یا ربودن شهبانو و ولیعهد که موکلان من متهم به طرح آن هستند بایدبگویم همانطور که در پرونده عباسعلی سماکار اقرار کرده است با طیفور بطحائی تماس‌هائی داشته و قرار بوده اعلامیه‌هائی انتشار دهند و طرحهائی از ساختمان تلویزیون شیراز نیز تهیه و دراختیارسماکار گذاشته شود، که این دلیل بر شرکت در برنامه طرح گروگان گرفتن و یا ربودن نیست. همچنین گفته های علامه‌زاده و سماکار متناقض است و معلوم نیست که‌کدام صحیح است و کدام غیر صحیح است

وکیل مدافع متهمان ردیف های ۵ و ٦، استناد به مواد قانونی‌کرد و گفت:

باید بگویم که موکلان من در مبادرت در تصمیم جرم شرکت نداشته‌اند، بلکه آن را تصویر کردند و تصویر کردن هیچگاه‌جرم نیست

وی سپس بدفاعیات خود ادامه داد و در پایان گفت:

موکل من علامه‌زاده صرفا تحت تاثیر هیجانات روحی و به خاطر آزاد کردن یکی از دوستان خود چنین فکر و خیالی در سرپرورانده ولی هرگزبدان مبادرت نکرده‌است.

همکاری شکوه فرهنگ با ماموران

آنگاه سروان‌هاشم‌نیابتی، وکیل مدافع رحمت‌الله جمشیدی، ابراهیم، فرهنگ‌رازی ــ شکوه فرهنگ و مریم اتحادیه به دفاع از موکلین خود پرداخت و گفت:

«من مدافعات خود را ابتدا از خانم شکوه فرهنگ آغاز میکنم که اساس دفاعم بر معافیت وی از مجازات است، برابر ماده ۷۸ قانون مجازات عمومی، اگر دراین پرونده بتوانم ثابت کنم که خانم فرهنگ باعث کشف شبکه شده با توجه به صراحت ماده ۷۸، از مجازات معاف خواهد شد.

زیرا اگر درجه‌بندی کنیم، جرم‌این خانم در صدر تمام جرائم متهمان قرار میگیرد.

شکوه فرهنگ، راهنما بوده و برای کشف شبکه و دستگیری کلیه اعضای شبکه با ماموران همکاری کرده است.

تا قبل از دستگیری شکوه‌فرهنگ کوچکترین آثاری از این گروه در دست نبود و ماموران اطلاعاتی درمورد وجود این گروه نداشتند. تنها چیزی که باعث کشف شبکه شد، اظهارات شکوه فرهنگ است

وکیل مدافع سپس ضمن اشاره‌به اظهارات وکلای دیگر، گفت:

همکاران سعی کردند که خانم شکوه فرهنگ را طراح اصلی این توطئه معرفی کنند، درحالی که تمام مدارک و شواهد موجود در پرونده خلاف آن را نشان میدهد.

شکوه فرهنگ به این علت در روزهای اول بازداشت شد و همه چیز را اعتراف کرد و موجبات کشف شبکه را فراهم آورد که‌خود واقعیت قضیه را دریافت ودانست که اشتباه رفته بطور کلی از نظر روانی حالت بازگشت به اودست‌داد و بدون اینکه از مفاد ماده ۷۸، اطلاع داشته باشد، ماموران را برای شناسائی راهنمائی کرد و در نتیجه منجر به کشف شبکه شد

اودر بازجوئی گفته است که آماده برای جانبازی برای حفظ و حراست رژیم شاهنشاهی بوده و هست

بنابراین مستحق معافیت از مجازات است و بدیهی است، چنانچه افرادی که با ماموران همکاری میکنند، از مجازات معاف شوند، باعث ارشاد هرچه بیشترمردم‌خواهد شد

وکلای مدافع: متهمان سوءقصد، ازمذاکره فراتر نرفته‌اند

برای ۱۲ متهم سوء قصد به شاهنشاه و شهبانو ووالاحضرت ولایتعهد ،از طرف دادستان دادگاه نظامی ، تقاضای اعدام شد .

د رنخستین جلسه دادگاه نظامی ارتش که جهت رسیدگی به پرونده متهمان تشکیل شده بود ، جمعی از خبرنگاران خارجی و داخلی شرکت داشتند . دراین جلسه متن کیفر خواست دادستان خوانده شد . بموجب کیفرخواست دادستان متهمان سه نقطه را برای سوء قصد بشاهنشاه انتخاب کرده بودند .

این سه نقطه عبارت بودند از فرودگاه نوشهر ، سن‌موریتس در سوئیس و محل سکونت والاحضرت فاطمه .

متهمان در نخستین جلسه دادگاه هرکدام بشرح زیر از متهم ردیف یك تادوازده خود را معرفی کردند:

۱ـ طیفور بطحائی ، فیلمبردار ۳۶ساله ، فوق دیپلم ، محل اقامت تهران .

۲ـ خسرو گلسرخی ، شاعر و نویسنده ، ۳۰ ساله ، فوق دیپلم محل اقامت تهران.

۳ـ منوچهر مقدم ، نقاش و مجسمه ساز ، ٤۰ ساله ، دیپلمه هنرستان ، محل اقامت تهران و دارای پیشینه کیفری.

٤ـ کرامت‌الله‌دانشیان ،حسابدار ۲۷ ساله ، دیپلم حسابداری ،محل اقامت شیراز .

۵ـ عباسعلی سماکار ، فیلمبردار، ۲۷ ساله ، فوق دیپلم.

٦ ـ محمدرضا علامه‌زاده، کارگردان ، ۳۰ ساله ، فوق دیپلم، ساکن تهران.

۷ـ رحمت‌الله جمشیدی ،کارمند و نویسنده ، ۳۵ساله

۸ـ ابراهیم فرهنگ رازی ، کارمند دفتر بیمه ، ٤۲ساله

۹ـ شکوه فرهنگ رازی ، نویسنده ، ۳۰ساله

۱۰ ـ مریم اتحادیه خبرنگار ۳۲ساله .

۱۱ـ مرتضی سیاهپوش ،کارمند چاپخانه ، ۲۳ ساله

۱۲ ـ فرهاد قیصری ، دانش‌آموز پنجم طبیعی ، ۲٤ ساله .

ابتدا سه‌تن از متهمان ، طیفور بطحائی ، خسرو گلسرخی وابراهیم فرهنگ رازی ، به صلاحیت‌دادگاه اعتراض کردند و گفتند که چون اتهام آنها سیاسی است ،باید در دادگاه های دادگستری با حضور هیئت منصفه محاکمه شویم .

پس از اعتراض ، متهمان به صلاحیت دادگاه ، دادستان در رد گفته متهمان دلایلی را ذکر کرد و دادگاه پس از نیمساعت شور ، اعتراض متهمان را وارد ندانست و رسمیت دادگاه را اعلام‌کرد.

کیفرخواست دادستان

براساس محتویات کیفرخواست متهمین برای سوء قصد به حیات شاهنشاه ، در صدد برآمدند که پل فرودگاه نوشهر و جاده را تخریب نمایند تا اتومبیل حامل شاهنشاه ، کـه قصد عزیمت بمحل سکونت شاهدخت فاطمه پهلوی را داشتند متوقف کنند . و عمل سوء قصد را بمرحله اجرا درآورند. یکی دیگراز طرحهای متهمین سوء قصد بشاهنشاه در سن موریتس ،به هنگام گذراندن تعطیلات زمستانی شاهنشاه در این منطقه بود .

علاوه براین دو طرح ، متهمین برای سوء قصد بشاهنشاه ، فرح‌آباد (تهران) رانیز هدف قرار داده بودند و دراین مورد اقدام به‌تهیه سلاح کمری کرده بودند . درکیفر خواست آمده‌است که متهمین تحت تاثیر تبلیغات دشمنان ، که ثبات و آرامش و پیشرفت و عظمت ایران را مغایر منافع و مقاصد خود می دانند ، قصد داشتند ،از طریق‌ترور وربودن شخصیت ها و دستبرد و سرقت مسلحانه و کشتن افراد بیگناه ،به زعم خود در کشور رعب ووحشت ایجاد کنند ،وبا گروگان گرفتن یکی از اعضای خاندان سلطنت ، موجبات آزادی تعدادی‌از زندانیان را فراهم آورند .

ربودن شهبانو و ولیعهد

در کیفر خواست ذکر شده است که یکی دیگر از طرحهای این گروه ربودن شهبانو یاسوء قصدبه ایشان یا والاحضرت ولایتعهد در هنگام برگزاری مراسم‌جشنواره‌فیلم کودکان بوده‌است.

این جشنواره همه ساله درآبان ماه در یکی از سینماها برپا میشود

وورود برخی از متهمان که بـه کارهای سینمائی اشتغال داشتند ،به عنوان فیلمبردار به جشنوارهچندان اشکالی نداشت . بویژه آنکـه‌رضا علامه‌زاده یکی از اعضای گـروه، نامزد دریافت جایزه بهترین فیلم کودکان از دست علیا حضرت و والاحضرت ولایتعهد بود .

طرح سوء قصد

برابر اعتراف متهمان بـرای .جرای این طرح پنج تن در نظر گرفته شده بودند . رضا علامه‌زاده، فیلمبردار و نامزد دریافت جایزه بهترین فیلم کودکان ، عباسعلی سماکار فیلمبردار ،تیمور بطحائی، فیلمبردار ، رحمت‌الله (ایرج) جمشیدی ، خبرنگار وکرامت‌الله دانشیان ، کارمند شرکت‌ساختمانی.

قرار بود این گروه هنگامی که علامه‌زاده جایزه خود را دریافت میکند ،بااستفاده از سلاح کمری هریك از اعضای خاندان سلطنت را که در مراسم حاضر باشند بربایند.

ایرج جمشیدی ، ماموریت داشت بااسلحه اعمال وی را نظارت‌کند و در صورت لزوم کار تـرور را انجام دهد .

کرامت دانشیان و تیموربطحائی نیز قرار بود ، جوانب را زیر نظر بگیرند و در صورت لزوم مسلحانه دخالت کنند .

یکی دیگراز اقدامات گـروه، شناسائی محل‌سکونت و همچنین‌محل های رفت‌وآمد والاگهرمهناز،فرزند والاحضرت شاهدخت شهنازواردشیر زاهدی ـ سفیر ایران در امریکا ـ برای ربودن یاترور ایشان بود .

کیفرخواست میگوید ، افـراد گروه برای تامین مخارج لازم از اقدام به هرگونه عملی از جملـه سرقت و دستبرد به مراکز ومحل هـای مـورد نظر ابا نداشته‌انـد وحتی یکبار قصد داشتند ، مبلغ ۲/٤ میلیـون ریـال ، وجـوه مربوط به فروش‌منزل‌یکی‌ازآشنایان خود را پس‌از تحویل پول،دردفتر اسناد رسمی موقع خروج از دفتر بربایند ، ولی چون معامله بـا پرداخت چك انجام یافته بود، موفق به اجرای نیت خود نشدند .

افراد گروه برای تهیه اسلحـه تلاش زیادی کرده و موفق شده بودند ، چند قبضـه اسلحه تهیـه کنند و قرار بود از خارج نیـز چند قبضه اسلحه برای آنانارسال شود .

سخنان دادستان

پس از قرائت کیفر خواست ، دادستان طی سخنانی درتایید آن گفت : این ادعانامه دادستان ارتش نیست ، این ادعانامه ملت است .

دادستان بااشاره به توطئه‌ای که آنان در سر داشتند ،این سئوال را پیش کشید که :

میدانید شما سوء قصد بجـان کسی را داشته‌اید که دنیای امروز، وجودش‌را پایگاهی استواروابرومند در راه صلح و بهزیستی و حق‌طلبی میشمارد.آن دشمنانی که شمـا کارگزاری نفرت بارشانراپذیرفتید وجود رهبر ایران را بحق مرجع هدایت والهام بخش آزادی همـه ملت هائی می‌بینند ،که میکوشندتا روی پای خود بایستند و برسرنوشت حیات و ثروتهای ملی خویـش حاکم باشند . دشمنان ما آشکارا مشاهده میکنند ، که همه‌پیروزیهای اقتصادی این ملتها ، خاصه آن ها که بهره‌های بسیار از ذخایر نفتی خویش دریافت داشته‌اند مهری و نشانی درخشان از هدایت رهبـر ایران نقش بسته‌است .

اظهارات متهمان

پس از سخنان دادستان ،رئیس دادگاه ، خطاب به متهمان گفت، کیفرخواست قرائت شد و متن‌آن را شنیدید . دادستان در ایـن کیفرخواست ادعا کرده که شما به منظور توطئه جنایتی داشته‌اید ، عمل انتسابی را دادستان با ماده ۳۱۹ منطبق دانسته . به موجب این ماده ، «هرگاه اشخاصی مرتکب توطئه شوند که منظور ازآن‌جنایت باشد ، در صورتی که برای تهیـه مقدمات جنایت، امری راانجـام یا شروع کرده باشند ، محکـوم باعدام میشوند .»

رئیس دادگاه آنگاه ، متهمـان ردیف اول تا دوازدهم را به‌ترتیب احضار کرد و موارد اتهام رابیك یك آنان تفهیم کرد . باستثنـای متهم ردیف سوم منوچهـر مقدم سلیمی ،کـه موارد اتهام را قبول کرد ، بقیه متهمان هریك به‌گونه‌ای بطور اختصار ، اتهامات وارده را ردکردند .

کرامت دانشیان گفت : فقط در طرح گروگان صحبت کردیم .محمد عباسعلی سماکار گفت : فقط درمورد طرح گروگان صبحت کردیم.محمد رضا علامزاده : من فقط بمسالـه گروگان فکر کردهام . رحمت‌الله جمشیدی : من فقط بارتباط بـا گروه اعتراف دارم .

ابراهیم فرهنگ رازی : کلیـه اتهامات وارده را رد میکنم.

شکوه فرهنگ رازی : به آن صورت که مطرح شده ، من خود را متهم نمیدانم .

مریم اتحادیه :بعنوان متهم‌خبر

مرتضی سیاهپوش : من اتهامات وارده را قبول ندارم . تقاضای اختفای اسلحه را آگاهانه ردکردم.

فرهاد قیصری : اتهامات واردهرا قبول ندارم .

دومین جلسه

در دومین جلسه دادگاه نظامی ، پس از خواندن کیفرخواست و سخنرانی دادستان ، ٤ تن از وکلای مدافع به دفاع از متهمان خود برخاستند ، و پاره‌ای اتهامات آنان را پذیرفتند و قسمتی را ردکردند.

یکی از وکلا با یادآوری آنچه در ایران امروز انجام شده است ، گفت :

من آب‌انبارها را خورده‌ام و میدانم که در ایران امروز چه میگذرد ، ولی این جوانان نمی‌دانند

حسینی ، وکیل مدافع طیفور بطحائی و خسروگلسرخی متهم ردیف یک و دو پس ازبیان مقدمه‌ای گفت :

متهمین را مادام که بموجب حکم قطعی محکوم نشده‌اند ، فقطمیتوان متهم خطاب کرد . زیرا این افراد در کنف حمایت و صیانت قانون هستند و دادستان باید بعنوان‌رعایت حقوق اجتماعی ، رعایت حقوق این افراد را هم بنماید .

موارد اتهام

وکیل مدافع سپس به موارد اتهام مندرج‌درکیفرخواست‌پرداخت و گفت

خسرو گلسرخی که نویسنده روزنامه بود ، با استفاده از این اعتبار شروع به جلب دوستان و همفکران میکندو بنا به‌کیفرخواست در مقام تبلیغ برمی‌آید و تاتاریخی که با شکوه فرهنگ رازی ارتباط نداشته ، تمام رفتارش برای جلب همفکر بوده و مسئله‌ای بنام‌سوءقصد در میان نبوده است .

ولی در این جا بین گفتار دو متهم تضاد وجود دارد .

خسرو گلسرخی میگوید فکر توطئه سوءقصد به جان شاهنشاه ،از طرف شکوه فرهنگ بود و خانم فرهنگ میگوید که این فکر ازطرف گلسرخی بود و هیچکدام از این گفتار بر یکدیگر ترجیح ندارد . من با توجه‌به‌کیفرخواست‌ومحتویات پرونده متهم ، موکل خود را از اقدام برای توطئه علیه شاهنشاه ، بری میدانم .

خانم شکوه فرهنگ خواسته است چهره کریهی از خسرو گلسرخی بسازد . از شهریور ٥١ تافروردین ٥٢ خسرو گلسرخی از گروه کناره گرفت و با خانم فرهنگ ارتباطی نداشت و در این مدت او هیچ‌کاری نکرده است و هیچ فکر پلیدی را به انجام نرسانده است .

مذاکره‌ای بین خانم فرهنگ‌و خسرو گلسرخی در مورد ارتکاب جنایت به عمل آمده‌است ، ولی اقدامی به عمل نیامده است و این طبق قانون شروع به جرم و قابل مجازات است .

حسینی سپس به دفاع از طیفور بطحائی،متهم‌ردیف‌یك‌برخاست‌وگفت

موکل من از من خواسته است‌که به سوابق او اشاره کنم .

وی‌نویسنده بوده است و کتبی نوشته است که حاوی وحدت ملی و احترام به شعائر ملی بوده است .

وکیل مدافع سپس اضافه کرد :

من ٥٠ سال پیش ایران را بیاد دارم ، آب آب‌انبار خورده‌ام و بهمین جهت جهش کنونی ایران را درك میکنم . ولی بچه‌من‌نمیدانند، جوانان نمی‌دانند . بایددستگاه‌ها این جهش را به جوانان نشان‌دهند. طیفور بطحائی نیز به‌افرادی‌منحرف برخورده و از ٥٠ سال گذشته ایران خبر نداشت . این افراد اورا منحرف کرده‌اند . این عوامل و یك مقدار قهرمان‌سازی نیز ، باعث انحراف او شده است . ولی بااین همه آنچه از محتویات پرونده استنباط میشود این است که همه طرحهای او د رمرحله فکر بوده و به اقدام نرسیده است .

در مورد گروگان‌گرفتن‌والاحضرت ولایتعهد ، در پرونده قید شده‌است که خانم فرهنگ میگوید که ما هیچگونه خدشه‌ای قصد نداشتیم به جا نوالاحضرت بزنیم و فقط قصد ما گروگان گرفتن بوده و آزادی زندانیان . هیچ‌کدام از متهمین قصد گزند به جان‌والاحضرت‌ولیعهد و شاهنشاه را نداشتند .

طرح گروگان گرفتن توطئه‌نبوده چون عنصر مادی ندارد . فقط مذاکراتی صورت گرفته و تنها اتهام شرکت در دسته‌ای با مرام اشتراکی و ضد سلطنتی است .

در مورد کرامت‌الله دانشیان نیز در پرونده قید شده است که وی اعتقادات مارکسیستی دارد که این طبق قوانین ما جرم نیست ، چون فقط در مرحله فکر است .

وی فقط در طرح گروگان شرکت داشته و خودش هم این را اظهار داشته و اظهار خوشوقتی‌کرده است که ماموران مانع اجرای این طرح شده‌اند .

اتهام سنگین

سرهنگ حسینی نیز ، در دفاع از متهمین ردیف سه و یازده (منوچهر مقدم سلیمی و مرتضی سیاهپوش) گفت

دادستان ، عنوان اتهام راسنگین خواندند ، ولی من آن را ، خانه‌برانداز و ایران ازبین‌بر ، میشناسم

من عقیده ندارم که مرتکبین‌این قبیل اعمال از کیفر فرار کنند . بلکه این قبیل اعمال‌بایدباشدیدترین وجهی کیفر ببینند . ولی عقیده دارم هر کسی باید به‌اندازه گناهی که مرتکب شده کیفر ببیند .

وی سپس گفت :

منوچهر مقدم سلیمی در محضر دادگاه در مورد اتهام بعرض رسانید : اتهام را قبول دارد . بنده این « قبول دارم » موکلم راتائید میکنم . منتها به این ترتیب که اعمالی را که انجام داد حتی بدون توجه به انگیزه ، قبول میکند .باید دید نحوه فکر و انگیزه موکل من بدون توافق با آن مطالب ، ولی اقدام به این مراتب چه بوده‌است.

امیدوارم خودش بتواند ، وضع روانی و اقتصادی و فکری خودرا برای دادگاه تشریح کند .

ناطق در مورد مرتضی سیاهپوش گفته است

صحنه‌ای از دادگاه ـ ازراست به چپ سه نفر ازمتهمین ، منوچهر مقدم‌سلیمی ، خسرو گلسرخی و طیفور بطحائی که به‌سخنان‌یکی از وکلای خود دردفاع‌از آنها گوش می‌دهند .

دادگاه اول

■ متن دفاعیات اعضای گروه

توضیح: انتشار متون این دفاعیه ها در روزنامه ها، به دلایل گوناگون، همراه با سانسور و یا تغییراتی در کمیت و کیفیت آن ها بود. به ویژه دفاعیهٔ خسرو گلسرخی و کرامت دانشیان به طور کامل دچار سانسور شد. ولی با پخش کامل دفاعیهٔ دادگاه اول این دو نفر در ۲۹ اسفند ۱۳۵۷ شمسی - یک هفته بعد از انقلاب - از تلویزیون تهران، امکان پیاده کردن متن این دفاعیه ها از روی نوار ویدئو فراهم آمد. در ضمن متن دفاعیهٔ بقیهٔ افراد در روزنامه های مختلف، شکل های مختلف داشت. بنابراین کوشش بر آن بود تا متونی که نزدیک تر به واقعیت اند انتخاب شوند.

■ متن دفاعیهٔ طیفور بطحائی

«از ابراز تا عمل فاصله بسیار است. ناکامی های اجتماع باعث شد که من به مرحلهٔ ابراز برسم و هرگز به مرحلهٔ عمل نرسیدم. و بخاطر همین ابراز است که من در این دادگاه حضور پیدا کرده ام. من معلول نهادی هستم که در جامعهٔ من به وجود آمده است. و به عنوان یک فرد، جامعه را مسئول خود می دانم.

اجتماع، عشق به مردم را به من آموخت و جز عشق به مردم و مملکت چیز دیگری در سینهٔ من نیست و هرگز نمی خواهم گامی بر خلاف مردم و مملکت بردارم و با هیچ دستگاه و مقامی دشمنی نداشته و ندارم، و اگر مرتکب گناهی شده ام اجتماع مرا این طور تربیت کرده است.»

(کیهان هوائی، شنبه ۲۹ دی ماه ۱۳۵۲، ص۱)

■ **متن دفاعیهٔ خسرو گلسرخی** (منتشره در مطبوعات)

خسرو گلسرخی متهم ردیف دوم، به عنوان آخرین دفاع، پس از خواندن قطعه شعری در دفاع از فلسفهٔ «مارکسیسم، لنینیسم» صحبت کرد و و خود را پیرو مکتب مارکس دانست و در جهت اقدامات و اصلاحات انجام شده در ایران مطالبی بیان داشت. رئیس دادگاه از متهم خواست تا فقط از خود دفاع کند و اجازه ندارد خارج از آن، چیزی که به آخرین دفاع متهم مربوط نمی شود، سخن بگوید. پس از این تذکر، متهم لایحهٔ دفاعیهٔ خود را جهت الصاق به پرونده تسلیم منشی دادگاه کرد.

(کیهان هوائی، شنبه ۲۹ دی ماه ۱۳۵۲، ص۲)

■ **متن دفاعیه خسرو گلسرخی** (متن اصلی)

*«این سرزمین من چه بی دریغ بود
که سایهٔ مطبوع خویش را
بر شانه های ذوالاکتاف پهن کرد
و باغ ها میان عطش سوخت
و از شانه ها طناب گذر کرد
این سرزمینِ من چه بی دریغ بود.

ثقل زمین کجاست؟
من در کجای جهان ایستاده ام؟
با باری از فریادهای خفته و خونین
ای سرزمین من!
من در کجای جهان ایستاده ام؟

انالحیاة عقیدة و الجهاد. سخنم را با گفته ای از مولا حسین، شهید بزرگ خلق های خاورمیانه آغاز می کنم. من که یک مارکسیست- لنینیست هستم برای نخستین بار عدالت اجتماعی را در مکتب اسلام جستم و آنگاه به سوسیالیسم رسیدم.

من در این دادگاه برای جانم چانه نمی زنم، و حتی برای عمرم. من قطره ای ناچیز از عظمت و حرمان خلق های مبارز ایران هستم. خلقی که مزدک ها، مازیارها و بابک ها، یعقوب لیث ها، ستارها، عمواغلی ها، پسیان ها و میرزا

کوچک ها، ارانی ها و روزبه ها و وارطان ها داشته است. آری من برای جانم چانه نمی زنم؛ چرا که فرزند خلقی مبارز و دلاور هستم.

از اسلام سخنم را آغاز کردم. اسلام حقیقی در ایران، همیشه دین خود را به جنبش های رهائی بخش ایران پرداخته است. سید عبدالله بهبهانی هاَ، شیخ محمد خیابانی ها نمودار صادق این جنبش ها هستند. و امروز نیز اسلام حقیقی دین خود را به جنبش های آزادی بخش ملی ایران ادا می کند. هنگامی که مارکَس می گوید؛ «در یک جامعهٔ طبقاتی ثروت در یک سو انباشته می شود و فقر و گرسنگی و فلاکت در سوئی دیگر، در حالی که مولد ثروت طبقهٔ محروم است»، و مولا علی می گوید؛ «قصری برپا نمی شود مگر آن که هزاران نفر فقیر گردند»، نزدیکی های بسیار وجود دارد. چنین است که می توان در این تاریخ از مولا علی، به عنوان نخستین سوسیالیست جهان نام برد و نیز از سلمان پارسی ها، و اباذر غفاری ها.

زندگی مولا حسین نمودار زندگی اکنونی ماست که جان بر کف برای خلق های محروم میهن در این دادگاه محاکمه می شویم. او در اقلیت بود. و یزید، بارگاه، قشون، حکومت و قدرت داشت. او ایستاد و شهید شد. هرچند یزید گوشه ای از تاریخ را اشغال کرد، ولی آن چه که در تداوم تاریخ تکرار شد، راه مولا حسین است. بدین گونه است که در یک جامعهٔ مارکسیستی، اسلام حقیقی به عنوان یک روبنا قابل توجیه است. و ما نیز چنین اسلامی را، اسلام حسینی را تائید می کنیم.

اتهام سیاسی در ایران نیازمند اسناد و مدارک نیست. خودِ من نمونهٔ صادق این گونه متهم سیاسی هستم:

در فروردین ماه، چنانچه در کیفرخواست آمده، به اتهام تشکیل یک گروه کمونیستی که حتی یک کتاب هم نخوانده است دستگیر می شوم، تحت شکنجه قرارمی گیرم (ابراهیم فرهنگ رازی داد می زند؛ «دروغه!») و خون ادرار می کنم. بعد مرا به زندان دیگری منتقل می کنند. آن گاه بعد از هفت ماه، [در پائیز همان سال] دوباره تحت بازجوئی قرار می گیرم که؛ توطئه کرده ام. دو سال پیش حرف زده ام، و اینک به عنوان توطئه گر در این دادگاه محاکمه می شوم.

اتهام سیاسی در ایران، این است. زندان های ایران پُر است از جوانان و نوجوان هائی که به اتهام اندیشیدن و فکر کردن و کتاب خواندن، توقیف و شکنجه و زندانی می شوند. آقای رئیس دادگاه! همین دادگاه های شما آن ها را محکوم به زندان می کند. آنان وقتی که به زندان می روند و برمی گردند دیگر کتاب را کنار می گذارند و مسلسل به دست می گیرند. باید به دنبال علل اساسی گشت. معلول ها ما را فقط وادار به گلایه می کنند. چنین است که آن چه ما در اطراف خود می بینیم فقط گلایه است.

در ایران انسان را به خاطر داشتن فکر و اندیشیدن محاکمه می کنند. چنانکه گفتم؛ من از خلقم جدا نیستم، ولی نمونهٔ صادق آن هستم. این نوع برخورد با یک جوان، کسی که اندیشه می کند، یادآور انگیزاسیون و تفتیش عقاید قرون وسطائی ست.

یک سازمان عریض و طویل تحت عنوان فرهنگ و هنر وجود دارد که تنها یک بخش آن فعال است، و آن بخش سانسور است که به نام ادارهٔ نگارش خوانده می شود. هر کتابی قبل از انتشار به سانسور سپرده می شود. در حالی که در هیچ کجای دنیا چنین رسمی نیست، و بدین گونه است که فرهنگ مومیائی شده که برخاسته از روابط تولیدی بورژوا کمپرادور در ایران است، در جامعه مستقر گردیده است و کتاب و اندیشهٔ مترقی و پویا را با سانسور شدید خود خفه می کند. ولی آیا با تمام این اعمالی که صورت می گیرد، با تمام خفَقان، می توان جلوی اندیشه را گرفت؟ آیا در تاریخ، شما چنین نموداری دارید؟ خلق قهرمان ویتنام نمودار صادق آن است. پیکار می کند و می جنگد و پوزهٔ تمدن «ب-پنجاه و دو» آمریکا را به زمین می مالد.

در ایران ما با ترور اَفکار و عقاید روبرو هستیم. در ایران حتی به زبان بالندهٔ خلق های ما مثل خلق بلوچ، ترک و کرد اجازهٔ انتشار به زبان اصلی نمی دهند. چرا که واضح است آنچه که باید به خلق های ایران تحمیل گردد، همانا فرهنگ سوغاتی امپریالیسم آمریکا که در دستگاه حاکمه ایران بسته بندی می شود می باشد.

توطئه های امپریالیسم هر روز به گونه ای ظاهر می شود. اگر شما زمانی که نیروهای آزادی بخش الجزایر مبارزه می کردند را در نظر بگیرید، خلق الجزایر با دشمن خود رو در رو بود. یعنی سرباز، افسر و گشتی های فرانسوی را می دید و می دانست دشمن این است. ولی در کشورهائی نظیر ایران، دشمن مرئی نیست؛ بلکه فی المثل دشمن را در لباس احمد آقای آژدان فرو می کنند که خلق نداند دشمنش کیست.

در این جا، آقای دادستان اشاره ای به رفرم اصلاحات ارضی کردند و دهقان ها، و خان ها که؛ ما می خواهیم بیائیم و به جای دهقان ها، بار دیگر خان ها را بگذاریم. این یک اصل بدیهی و بسیار سادهٔ تکامل اجتماعی ست که هیچ نظامی قابل برگشت نیست. یعنی هنگامی که برده داری تمام می شود، هنگامی که فئودالیسم به سرمی رسد، نظام بورژوازی در می رسد. اصلاحات ارضی در ایران کاری که کرده، راهگشائی برای مصرفی کردن جامعه و آب کردن اضافه بنجل امپریالیسم است. در گذشته اگر دهقان تنها با خان طرف بود، حالا با چند خان طرف است؛ شرکت های زراعتی، و شرکت های تعاونی.

امپریالیسم در جوامعی مثل ایران برای آن که جلودار انقلاب توده ای بشود، ناگزیر است که به رفرم هائی دست بزند. آقای رئیس دادگاه، کدام شرافتمند

است که در گوشه و کنار تهران، مثل نظام آباد، مثل پل امام‌زاده معصوم، مثل میدان شوش، مثل دروازه غار، برود و با کسانی که یک دستمال زیر سر دارند صحبت کند و بپرسد شما از کجا آمده اید، چه می کنید؟ می گویند؛ ما فرار کرده ایم! از چه؟ از قرضی که داشته ایم و نمی توانستیم بپردازیم!

اصلاحات ارضی، درست است که قشر خرده مالک را به وجود آورد؛ ولی در سیر حرکت طبقاتی، این ماندنی نیست. خطر در دست مالکی که با مأموران دولتی می سازد نزدیک تر است. ثروتمندتر است، آرام آرام مالک های دیگر را می خورد. در نتیجه، ما نمی توانیم بگوئیم که فئودالیسم از بین رفته. درست است، شیوهٔ تولید دگرگون شده مقداری؛ ولی از بین نرفته. مگر همان فئودال ها نیستند که الان دارند بر ما حکومت می کنند، بورژوا کمپرادور شرکت های سهامی زراعی، و شرکت های تعاونی که بیشتر بخاطر مکانیزه کردن ایران بکار گرفته شده تا کدخدا؟

(در اینجا یادداشتی به رئیس دادگاه داده می شود و رئیس دادگاه بعد از خواندن یاد داشت می گوید): «از شما خواهش می کنم از خودتان دفاع کنید.»

خسرو گلسرخی: «من دارم از خلقم دفاع می کنم.»

رئیس دادگاه: «شما به عنوان آخرین دفاع از خودتون دفاع بکنید و چیزی هم از من نپرسید. به عنوان آخرین دفاع اخطار شد که مطالبی، آن چه که به نفع خودتان می دانید در مورد اتهام بفرمائید.»

گلسرخی: «من به نفع خودم هیچی ندارم بگویم. من فقط به نفع خلقم حرف می زنم. اگر این آزادی وجود ندارد که من حرف بزنم می تونم بنشینم.»

رئیس دادگاه: «همانقدر آزادی دارید که از خودتان به عنوان آخرین دفاع، دفاع کنید.»

گلسرخی: «من می نشینم. می نشینم. من صحبت نمی کنم...»

رئیس دادگاه: «بفرمائید!»

* بخشی از شعر «ای سرزمین من» (از مجموعهٔ سرودهای خفته، خسرو گلسرخی، انتشارات نگاه، کاوه گوهرین، تهران)

(پیاده شده از روی نوار ویدئوی دادگاه اول نظامی که در تاریخ ۲۹ بهمن ماه ۱۳۵۷- یک هفته بعد از انقلاب- از کانال ۲ تلویزیون تهران پخش شد.)

■ متن دفاعیه منوچهر مقدم سلیمی

«من اکنون در محضر دادگاه و در مقابل مردان قانون خجلت‌زده و شرمسارم. با همهٔ قلب اعتراف می کنم که در وجود و اندیشهٔ من اهریمن تبه کاری لانه کرده بود که هرگز از مغز یک انسان سالم انتظار نمی رود. این اندیشه، مرا نسبت به سنن ملی و میهنی بدبین و بد کنشت کرده بود.

من که در زیر ضربات کشندهٔ بدبینی و فقر خرد شده بودم، هرگز باور

نمی کردم مردانی هم در این سرزمین وجود دارند که می خواهند دست اشخاص منحرف را بگیرند و کمکشان کنند و دیدگانشان را به واقعیات زمانهٔ خود توجه دهند. اندیشهٔ بدبینی چنان در جان من ریشه دوانده بود که همه چیز را بد می دانستم. بی توجهی و ستمی که در زندگی ام چیره شده بود، همهٔ مسئولین مملکتی را ستمکار می پنداشتم. این چنین افکاری وبال شرافت انسانیم گردیده بود و زمینه های گران بهای میهنم را لگد کوب می کرد. من خود معترف به چنین خیانت فکری هستم. خیانتی عظیم و نابخشودنی. خیانت نسبت به حیات گران بهاترین و عزیزترین وجود این سرزمین کهنسال؛ تنها وجودی که میراث گران مایهٔ گذشته پرافتخار نیاکان تاجدار عظیم الشأن این مرز و بوم است. چگونه باورتان خواهد شد که فردی از افراد این مملکت، این آب و خاک که، خون ایرانی در رگ هایش جاری ست، به چنین اندیشهٔ تبه کاری پرداخته است.

من این گونه افراد را در هر اجتماعی محکوم می کنم. افرادی که با ماسک سیاسی حاد، عده ای خام و از همه جا بی خبر را به دنبال خود می کشند و با خواندن اشعار و سرودن نغمه های دل انگیز، برای خود جائی در مسند شاعری و نویسندگی تدارک می بینند که شاید روزی به قهرمانی برسند. این گونه افراد هیچ گونه پایگاه اجتماعی ندارند. سند شخصیت آنان جز یک مشت الفاظ توخالی، پلیدی و رذالت، پیدا کردن شخصیت کاذب که در پس پردهٔ مبارزهٔ سیاسی پنهان گردیده است چیز دیگری نیست. مردان بیماری که می خواهند عقده های عقب ماندگی و بی شخصیتی خود را با داروی مبارزه و ترور سیاسی التیام بخشند و چهرهٔ واقعی خود را پنهان دارند.

اکنون [که] در برابر این خانهٔ عدل و عدالت، در مقابل مردان قانون که به قضاوت نشسته اند قرار دارم، نمی توانم از شرم سرم را بالا نگه دارم و به تمثال مبارک زعیم عالیقدری که همهٔ وجود گران قدرشان را به خاطر سربلندی این سرزمین افسانه و افتخار، و به ثمر رساندن انقلاب سفید وقف نموده اند بنگرم. به تمثالِ مبارک رهبری که در طول این سال های پر تلاش و گران جان موی سیاه شان به سپیدی گرائیده است. اگر امروز مشتی خیانت کار با افکار علیل و بی مایهٔ خود و به خاطر سرخوردگی های شخصی، سوء نیتی در سر داشتند، این عدم شناخت مردم است.

از ریاست دادگاه استدعا دارم، مرا به خاطر داشتن چنین اندیشهٔ اهریمنانه ای به اشد مجازات محکوم نمایند. من خود کیفر اندیشه ام را دادرسی نموده ام. من در دادگاه پروردگار و در پیشگاه پدر مهربان و تاجدارم شرمنده و خجلم و از درگاه شاهانه اش که تنها ملجاء فرزندان ناخلف میهن است می خواهم که قلباً مرا ببخشایند.»

(کیهان هوائی، شنبه ۲۹ دی ماه ۱۳۵۲، ص۲)

■ **متن دفاعیهٔ کرامت دانشیان (منتشره در مطبوعات)**

کرامت دانشیان متهم ردیف چهار نیز در دفاع از خود اظهار داشت، من یک مارکسیست- لنینیست هستم و برای شناخت اجتماع از این نظرات پیروی می کنم. و ما حصل نظرات مارکسیسم و لنینیسم را برای دادگاه تشریح کرد. در این موقع رئیس دادگاه خطاب به متهم گفت: با توجه به ماده ۱۹۴ فقط در دفاع از خود صحبت کنید و از تبلیغ افکار و عقاید خود خودداری کنید. متهم نیز لایحهٔ دفاعیهٔ خود را که متضمن افکار و عقاید او بود جهت الصاق به پرونده، به منشی دادگاه تسلیم کرد.

(کیهان هوائی، شنبه ۲۹ دی ماه ۱۳۵۲، ص۲)

■ **دفاعیه کرامت دانشیان (متن اصلی)**

«به نام خلق محروم ایران.

به دلیل آن که نوعی حکومت نظامیِ مخفی در وطن ما جریان دارد، به همان دلیل دادگاه های نظامی نیز صلاحیت خود را خود به خود تائید می کنند.»

دادستان- «آقای رئیس دادگاه، استدعا می کنم در اجرای ماده ۱۲۹۴ به متهم تذکر داده شه، همان طور که مقرر فرمودند در مورد متهم دیگر، که در حدود دفاع از خودش، و رد اتهام و در مورد هر مطلبی که می خواد علیه مطالبی که من به طور مستند در دادگاه اظهار کردم، عرض بکنه و مبادرت به تبلیغ که خودش یک جرم مستقله نکنه.»

کرامت- «من داشتم راجع به همون چیزی که...»

رئیس دادگاه- «بفرمائید، خواهش می کنم. ماده ۱۲۹۴ به متهم ابلاغ شده ، و در شروعِ دفاع از خود مطالبی بیان بکنه و منتظر بقیهٔ دفاع هستم.»

کرامت- منتظر باشید.

رئیس دادگاه- بفرمائید.

کرامت- میلیون ها فرد در نیروهای نظامی، بدون این که در زمینهٔ تولید و یا فعالیت های اجتماعی نقش داشته باشند، به بازی بیهوده ای مشغولند. بودجه گزافی که صرف خرید سلاح و نگه داری این افراد و بنا به قدرت نظامی می شود همچون همان بازی بیهوده است.»

رئیس دادگاه- «شما مطالبی که می فرمائید درست باید در ردیف اتهام خودتون باشه.»

کرامت- «می رسیم به اون مطلب. من باید از عقیده م دفاع کنم و می رسم به اون مطلب. این ها مقدمهٔ اونه؛

این قدرت جز سرکوب هرگونه آوای رهائی و مردمی وظیفهٔ دیگری ندارد. به گلوله بستن کشاورزان، دهقانان، و مبارزان راه مردم جزو وظایف اصلی آن محسوب می شود.

انقلابات مردم نشان داده اند که بزرگترین قدرت ها نیز سرنوشتی جز شکست ندارند. تمام مبارزان و مردم جهان نیز بطور مداوم، با اختلافات طبقاتی سر ستیز داشته اند. موفقیت هائی که در این راه نصیب خلق های محروم شده است، پیروزی مردم را تائید می کند. خلق های رها شده، جنبش های در حال پیروزی در پهنهٔ دنیا، امید نجات مردم از قید و بندِ فقر، فساد، و بی عدالتی نوید می دهند. تاثیری نیز که انقلابات رهائی بخش درِ جنبش های در حال رشد دارند، در مبارزات ایران بی تاثیر نیست؛ علاوه بر این که، سر آغاز هر جنبش، در هر نقطه، شرایط جامعهٔ همان محل می باشد.

اگر شما با دستگیری گروهی کوچک، شکنجه، زندان و اعدام می گوئید که کار تمام شد و دنیا به کام شد...»

[در این جا (در فیلم ویدئوئی موجود از دادگاه) ابراهیم فرهنگ رازی که پشت سر کرامت دانشیان نشسته است گویا می گوید؛ «دروغ است.» منظور «شکنجه» است. رئیس دادگاه زنگ می زند و به معترض اخطار می دهد. و کرامت برمی گردد و به معترض پاسخ می دهد؛ «نشون دارم» و سپس مطلبش را ادامه می دهد.]

«با دیدن اوضاع جهانیِ مبارزه، جز این نتیجه ای نخواهید گرفت که شکست با شماست. علاوه بر زندگی دو سوم مردم دنیا که به زندگی سعادت مند و انسانی رسیده اند، بخاطر آورید که خلق قهرمان ویتنام، امپریالیسم آمریکا را با چه مقاومت و قدرتی چون سگ پاسوخته فراری می دهد...»

رئیس دادگاه- «این قسمت از دفاعیات شما مربوط به رفع اتهام از خودتون نیست. شما فقط از اتهامی که به شما نسبت داده شد و چیزی که به نفع خودتون مفید می دونید بفرمائید.»

کرامت دانشیان (با خونسردی)- «کم مونده، الآن می رسیم.»

رئیس دادگاه- «مطالب زیادی رو حذف کنید.»

کرامت دانشیان- مبارزات کامبوج در حال رهائی، لائوس، ظفار، و انقلاب مقدس فلسطین را به خاطرآورید. جنبش های ظفرنمون باسک اسپانیا، توپاماروس آرژانتین، و آرتش آزادی بخش ترکیه و اریترهٔ حبشه را از یَاد نبرید. در ایران نیز، جنبش هیچ گاه از پا نیفتاده است و برای پایان مبارزهٔ طبقاتی، این هیئت حاکمهٔ ایران است که باید آخرین دفاع خود را تنظیم نماید. حتی اگر...»

دادستان- «از ریاست دادگاه استدعا می کنم لطفاً به متهم ابلاغ بفرمائید در حد دفاع از خودش دفاع بکنه...»

رئیس دادگاه- «به متهم ابلاغ شد.»

دادستان- «...، هرچه می خواهد بگوید. در دفاع از خودش، در رد دلایل من.»

کرامت دانشیان- «این درست به دفاع من مربوط می شه. یعنی دفاع از

خودم. من مواردی رو که باید جواب داده می شد به شما، وکیل مدافع ام داده؛ و این، چون به عقاید من مربوطه باید همه رو بخونم.»

رئیس دادگاه- «شما در مورد عقیدهٔ خودتون مطلبی نفرمائید. شما به عنوان آخرین دفاع، اخطار شده قبلاً...»

کرامت دانشیان- «چرا نمی خواهید عقاید منو بدونید؟»

رئیس دادگاه- «برای این که عقاید شما هرچی باشه مربوط به خودتونه. شما اتهامی دارید که در این جا دادستان طبق کیفرخواست گفته، وکلاتون از شما دفاع کرده، در مسیر این اتهام، هر مطلبی رو که به حال خودتون مفید می دونید بفرمائید. مطالبی که شما در این جا می فرمائید، جنبهٔ تبلیغاتی و حکایتی و قصه داره. و هیچ کدوم مربوط به آخرین دفاع شخص خودتون نیست. روی این نظر هست که من می خوام از خودتون دفاع بکنید. به عنوان آخرین دفاع.»

کرامت دانشیان- «دفاع من در این زمینه، اون چیزی ام که شما می خواهید نیست. چون دفاع از شخص خودمون رو به عهدهٔ وکیل گذاشتیم. و وکیلمون از نظر حقوقی دفاعیات خودش رو ارائه داد به شما.»

رئیس دادگاه- «اگر شما غیر از دفاعیات وکیل خودتون مطلبی ندارید که در مسیر خودتون هست، این مطالبی که می فرمائید، این مطالب قصه و حکایته که ارتباطی به آخرین دفاع نداره.»

کرامت دانشیان- قصه و حکایته!! پس همینجوری میدم به چیز، منشی دادگاه.»

رئیس دادگاه- «من به شما اخطار می کنم. به عنوان آخرین دفاع از اتهام انتسابی و چیزی که برای دفاع از خودت...»

کرامت دانشیان- «دفاع من همینه.»

رئیس دادگاه- «اگر مطالبی که نوشته اید در همین مقوله ست که خوندید، این ها آخرین دفاع نیست.»

کرامت دانشیان- چند سطری داریم که به آخرین دفاع خودم هم می رسم. که مبارزهٔ مسلحانه رو تائید می کنه...»

رئیس دادگاه مانع خواندن دفاعیه می شود. و کرامت دانشیان دفاعیه اش را به منشی دادگاه می دهد.

(پیاده شده از روی نوار ویدئوی دادگاه اول نظامی که در تاریخ ۲۹ بهمن ماه ۱۳۵۷- یک هفته بعد از انقلاب- از کانال ۲ تلویزیون تهران پخش شد.)

■ متن دفاعیهٔ عباس سماکار

«من در محیطی که توأم با فقر و محرومیت های بسیار بوده پرورش یافته و زندگی کرده ام. بطوری که همیشه از نداشتن رنج برده و خاطره های تلخی از

آن دارم. بنابراین ناراحتی گروهی از مردم وطنم را که ناشی از همان فقر و ناراحتی ها بود حس می کردم و به شدت تحت تاثیر وضع آنان قرارمی گرفتم و دگرگون و ناراحت می شدم. بخصوص اگر اجحاف و یا ناروائی هائی را در حق دیگران مشاهده می کردم، نارحتیم به اوج می رسید و مرا بیشتر دگرگون می کرد و نسبت به همه چیز بدبین می ساخت.

بنابراین از همان اوان درک [مسائل] اجتماعی، در فکر خدمت به دیگران و هموار ساختن راه ترقی و تعالیِ وطنم از طریق راه یابی و خدمت مؤثر بودم تا این ناراحتی ها را برطرف سازم. ولی بارها بخاطر نداشتن موقعیت متناسب، و یا مثمر ثمر نبودن راه انتخابی ام، حس می کردم که سهم من در خدمت به وطنم به نامرادی رسیده است. لذا با مشاهدهٔ نقاط ضعفی که در بعضی از شئون مملکتی حس می کردم و تحت تاثیر اجحافات و بی توجهی هائی که در بعضی زمینه ها می دیدم، نسبت به دستگاه دولت بدبین شدم و لاجرم در مقابل جبهه گرفتم، و به فکر مبارزه با دولت افتادم. بنابراین، حتی اصلاحاتی را هم که در هر زمینه ای می شد نادیده می گرفتم.

اما بارها حس می کردم که نمی توانم به چنین مبارزه ای دست بزنم، و آن قدرت و توانائی را در خودم احساس نمی کردم. از طرفی نامرادی در خدمت مؤثر به جامعه مرا دچار تعارض درونی ساخته و حتی ناراحتی های روانی به من روی آورد. به این جهت وقتی صحبت طرح گروگان گرفتن والاحضرت ولیعهد و یا به قول آقای علامه زاده گروگان گرفتن علیاحضرت شهبانو پیش آمد، من تحت تاثیر همان دگرگونی ها به ظاهر با آن موافقت کردم، اما می دانستم که این کار به انجام نخواهد رسید. زیرا نزد خود حساب می کردم که قادر به انجام چنین کاری نیستم. ولی چون حرف آن را زده بودم، بظاهر در پی تهیهٔ مقدمات کار بودم . اما این اقدام نیز در حد همان حرف بود.

از طرفی در کیفرخواست اشاره شده؛ در صورت موفقیت و یا عدم موفقیت در اجرای طرح، ما قصد جان والاحضرت ولیعهد را داشته ایم. باید بگویم که هرگز چنین مسئله ای در کار نبوده. با این اوصاف اکنون می پذیرم که آن چه را هم که در حد گفتگو دربارهٔ طرح گروگان گرفتن ابراز داشته ام اشتباه بوده و راه خود را بدرستی انتخاب نکرده ام. و بدون در نظر گرفتن پیشرفت های مختلفی که از انقلاب سفید متوجه مملکت شد و بدون توجه به این که مملکت ما نمی تواند یکباره دگرگون شود، و وضعیت زندگی همهٔ مردم بهبود کامل یابد، در بارهٔ این مسئله با دوستانم گفتگو کرده و بدون توجه به عواقب وخیم آن، اقدام به کاری کرده ام که نتایج خوبی عاید وطنم نمی سازد. لذا پشیمانم و از پیشگاه شاهنشاه آریامهر و این دادگاه تقاضا می کنم مرا مورد عفو قرار دهند.»

(کیهان هوائی، شنبه ۲۹ دی ماه ۱۳۵۲، ص۲)

■ متن دفاعیهٔ رضا علامه‌زاده

(توضیح: روزنامهٔ کیهان هوائی شنبه ۲۹ دی ماه، به کلی متن دفاعیهٔ علامه زاده را حذف و از قول خود دربارهٔ او نوشته بود که به هیچ وجه با واقعیت تطبیق نداشت. ولی متن منتشره در روزنامه اطلاعات نزدیک تر به واقعیت بود. از این رو برای درج در این بخش، از مطلب روزنامه اطلاعات استفاده شد.)

علامه زاده پس از شرح [آن که] دانشجوی یک مدرسه بوده و آشنائی اش با عباس سماکار که هردو بحث و گفتگوهائی در زمینهٔ تهیهٔ فیلم با هم کرده بودند گفت؛

«من هرگز برخلاف مصالح مملکتم عملی نکردم. من تنها از شرکت در گروگان گیری علیاحضرت شهبانو اطلاع داشتم، و از این موضوع هم با کسی حرف نزدم، و موضوع اتهام و ترور والاحضرت ولیعهد نسبت به من بی مورد است. من نه معتقد به ترور هستم، و نه قادر به انجام این کار بوده ام. من حتی در تمام عمرم مرافعه نکرده ام. من به مملکت خود و هموطنانم عشق می ورزم. و اما در مورد تلاش برای تهیه اسلحه، باید بگویم که که این سلاح بُرد ندارد که بتوان از آن استفاده کرد.»

وی افزود؛ «عمل من گروگان گرفتن علیاحضرت شهبانو بوده و در کیفرخواست ذکر شده منطبق با ماده ۳۱۹ قانون دادرسی و کیفر ارتش نیست. تقاضای بذل توجه دادگاه را نسبت به خود جلب می کنم. دیگر عرضی ندارم.»

(اطلاعات، چهارشنبه ۱۹ دی ماه ۱۳۵۲ شمسی، ص۱۱)

■ متن دفاعیهٔ ایرج جمشیدی

«من در آغاز می پنداشتم که در زندان زندانیان را شکنجه و آزار می دهند. اما ظرف سه ماه و نیم گذشته خلاف این مسئله به من ثابت شد و عملاً دیدم مأموران، به جوانان تحصیل کرده نهایت احترام را می گذارند و هرگز در صدد آزار و اذیت آنان برنمی آیند. من در این جا می خواهم به جای هرگونه دفاع از خود، به پدر معنوی خود شاهنشاه آریامهر پناه ببرم و به خاطر پیوستن نابخردانهٔ خود به این گروه، از بزرگ منشی شخص شاهنشاه آریامهر استفاده کرده و تقاضای عفو و بخشودگی بکنم.

من پشیمانم و اظهار ندامت می کنم که نادانسته به گروه پیوسته ام. و اکنون با توسل به ذات اقدس شهریاری طلب بخشایش می کنم و آرزو دارم خداوند بزرگ شاهنشاه آریامهر و نور دیدهٔ مردم ایران، والاحضرت ولایتعهد و خاندان جلیل سلطنت را در کنف حمایت خود گیرد.»

(کیهان هوائی، شنبه ۲۹ دی ماه ۱۳۵۲، ص۲)

■ متن دفاعیهٔ ابراهیم فرهنگ رازی

«دفاع من در این جا شامل دو قسمت است:

دفاع از خودم از موارد اتهامی کیفرخواست، و دفاع دیگر من از زندگی خانوادگی ام می باشد. بخصوص برای روشن شدن اذهان قضات محترم موارد مختلف آن را ذکر خواهم کرد و دفاع از همسرم می باشد، که صحبت در بارهٔ همسرم ارتباط مستقیم با دفاع از خودم دارد. من در مورد کسی صحبت می کنم که انسانیت و مردمی او که احساس بی دریغش نسبت به مردم وطنش تا چه حد دست خوش یورش وحشیانهٔ چند نفر منحط و حیله گر و مخرب قرار گرفته است. یک سال از آلودگی افکار همسرم و آشنائی او با متهمان ردیف ۲ و ۳ می گذشت که من از این جریان مطلع شدم که خانمم چنین تعریف کرد:

بدواً با آقای خسرو گلسرخی همکار مطبوعاتی خود آشنا شده و تحت تاثیر افکار او و دعوت به همکاری با آقای منوچهر مقدم و افراد گروه آن ها می شود (توضیح بر این که آن زمان فقط اسم کوچک آقای منوچهر مقدم را می دانستم)

همسرم توضیح داد: این افراد فقط قصد کمک به خانواده زندانیان را دارند و پوشاک بچه های آن ها را تهیه کرده و از تجار که حاضر به کمک باشند پول گرفته بین آن ها تقسیم می کنند. تو حاضر هستی در این مورد کمک بکنی؟

جواب گفتم: نمی توانم کمکی بکنم و کمکی هم نکردم.

خانمم گفت: فروشگاهی را که آشنا هستی توصیه کن که حداقل با قیمت تمام شده لباس کودکان را بدهد.

گفتم دوستی دارم که او کارگاه لباسدوزی بچه دارد. خودت هم می توانی مستقیماً به او تلفن بزنی و آن چه را که خواسته باشی می دهد.

خانمم به او تلفن می زند و گویا آقای منوچهر مقدم به آن جا می روند و چند دست لباس بچه گرفته و تعدادی از آن ها را برای فرزندان خود برداشته و بقیه را نمی دانم به چه کسی داده باشد.

و بار دیگر از طرف خانمم همین مسئله مطرح شد که دوستان او از همسرم خواسته بودند در جهت کار آن ها حداقل فعالیتی داشته باشند. (با توجه به این که برای تحریک احساسات انسانی او و سوء استفاده از آن، چند بار او را برای دیدن محلات زاغه ها و گودها برده بودند که خوب او را بتوانند تحت تأثیر قرار دهند) و من این مطلب را بعداً فهمیدم.

و اما در مورد این که طرح مسئلهٔ ترور نسبت به جان شاهنشاه آریامهر در زمان آشنائی خانم من با آقای گلسرخی و مقدم، با حضور من بررسی شده است کذب محض است و روح من از این جریانات اطلاع نداشته است. و همین آقای مقدم را فقط ۲۰ روز است می شناسم، آن هم در سلول زندان با او آشنا شده ام. و بطوری که به صراحت آقای گلسرخی در برگ ۴۷ پروندهٔ خود اقرار نموده است؛ هیچگونه صحبتی مابین من و آقای گلسرخی در مورد مسائل سیاسی

و انگیزه های آن ها و کمک به آن ها با او نداشته ام. و این اتهام را هم رد می نمایم. و بایستی تاکید کنم من آقای گلسرخی را فقط دوبار که آن هم بیش از دو ساعت طول نکشید در سال گذشته دیده بودم که همکار مطبوعاتی خانمم بود.

توضیح بر این که من غیر از خانمم، فقط ۳ نفر دیگر از این ها را می شناختم، آن هم به دلیل همکاری مطبوعاتی خانمم بود.

در این قسمت از دفاعیه باید عرض کنم؛

۱- هیچ گونه انگیزه ای در این مورد نداشته ام و بطور مداوم با هرگونه عمل و فکر خلافی مخالفت داشته ام. در غیر این صورت جای یکی از این ها که مأموریتی انجام داده اند قرار می گرفتم.

۲- هیچ گونه کمک مالی، حتی دیناری به هیچ طریقی به آن ها نکرده ام.

۳- هیچ گونه بروشور و یا کتاب مضره ای به هیچ وجه از آن ها نخواسته ام و نخوانده ام.

۴- بطور کلی همان طوری که مکرر در پروندهٔ بازجوئی و بازپرسی به صراحت اظهار داشته ام، نه در طرح ترور نسبت به جان شاهنشاه آریامهر و بعد هم گروگان گرفتن والاحضرت همایون ولایتعهد و نه در تهیهٔ وسائل مورد نظر آن ها و نه در انجام کار هیچ گونه همکاری نداشته ام.

و در مورد هرگونه فعالیتی با خانمم مخالفت می کردم و تا مرحله جدائی نیز پیش می رفتم.

۵- و مطلب دیگر که بایستی به آن اشاره کنم، به من عنوان فعالیت جنبی داده اند. کدام فعالیت را به من عنوان نموده اند؟ و من در این صحنهٔ کثیف توطئه بازی کدام مهرهٔ این افکار احمقانه و پلید هستم که طراحان آن عده ای ساده دل را به دنبال خود کشیدند.

فقط تقصیر من این است که همان حد اطلاعاتی که داشتم در اختیارات مأموران ذی الصلاح قرار نداده ام. و در این جاست که در محضر این دادگاه باید عرض کنم؛ چون پدر هستم و دو دختر ۸ و ۱۰ ساله دارم، و احساس پدری را می دانم، فکر می کنم که اگر این انگیزه و توطئهٔ خائنانه برای من و همسرم به وجود می آمد و قصد ربودن کودکان ما را کسی در سر می پروراند، نسبت به او چه احساسی داشتم و از این که [از] این جریانات فقط اطلاعات بسیار محدودی داشتم و نتوانستم اقدامی در جهت خنثی کردن افکار پلید آن ها بنمایم، با تمام وجود در پیشگاه شاهنشاه آریامهر و شهبانو فرح که توطئهٔ خائنانه بر علیه جان فرزندشان والاحضرت همایون ولیعهد شده بود اظهار شرمساری می کنم، و از پیشگاه همایونی ضمن استدعای قبول پوزش ما تقاضای بخشش و عفو دارم.

و در این قسمت از عرایضم بایستی به نکته ای اشاره کنم ؛ از زمانی که فهمیدم افکار انسانی و عاطفی خانمم تحت تاثیر و تلقین شیادانی خیالباف که از خود قهرمانی پوشالی ساخته بودند قرارگرفته و این حیله گران و شارلاتانان و

مفسدان اجتماعی که حرفه ای جز شیادی نداشته اند و چون سوداگران مرگ که مودا مخدر توزیع می کنند و اول عاملین خود را معتاد و بعد آن ها را به هر کار ناشایستی وادار می کنند. و آن ها طعمهٔ خود را یافته بودند و می خواستند به هر طریقی که باشد، از وجود همسرم برای پوشش اعمال خلاف خود سوء استفاده کرده باشند، و در پناه تزویر و حیله گری و ساختن داستان هائی از حوادث دروغین، زندگی آرام ما را بر هم زدند و همسر من هم که سخت تحت تاثیر تهدیدات و ارعاب آن ها قرار گرفته بود، و برای او چنین عنوان می شد که اگر چیزی از آن ها بداند و کنار برود او را خواهیم کشت و جانش در خطر مرگ است، کابوس وحشت بر چهرهٔ همسرم همیشه دیده می شد. و این لحظات بود که همسرم و من بر سر دوراهی بیم و ترس قرار گرفته بودیم و تصمیم داشتیم از این ماجرا دور شویم. و اگر تصمیم می گرفتیم که یک باره از کنار آن ها دور شویم، زندگی و جان خود را در خطر می دیدیم.

بالاخره با خواست پروردگار، [و] هوشیاری مأموران امنیتی، این توطئه های کثیف غیرانسانی در نطفه خفه شد و سیمای کثیف طراحان این توطئه بازی ها آشکار شد. و در این لحظه است که می خواهم چهرهٔ کثیف و سیاه این شیادان را در محضر این دادگاه بر ملت ایران روشن نمایم.

حیله گران در کمین نشسته اند و چهرهٔ کثیف و شیطانی خود را در پشت ماسک ایسم های صادراتی ماوراء ارس که آن هم بوی الرحمانش درآمده است پنهان کرده اند. این ها چه می خواهند و این ها چه می گویند؟ و افکار پوسیده شان در جهت چه رویائی از انحطاط و کثافت شکل گرفته است؟ زیربنای فکری شان چیست؟ این ها چه می کنند؟ این ها چه دامی در سر راه عده ای بی گناه گسترده اند؟ این ها، همان دراکولاهای وطنی هستند که از خونریزی و ریختن خون بی گناهان لذت می برند. این ها احساس و روح مردمی آزرده را با هرزه گرائی و حیله گری دست خوش مطامع ننگین خود می نمایند. و در پشت ماسک انسان نمای خود احساس و روح آدمیان را به بازیچه می گیرند. این ها طالب خون هستند. این ها از خون انسان ها تغذیه می کنند. این هائی که زمانی با تلقین کردن دیگران، که بردن نام خدا ضعف است، حالا از خدا یاری می طلبند و نماز هم می خواهند بخوانند. از ائمه و پیغمبران به عنوان راه گشای عالمیان نام می برند. این ها درست همان گربه هائی هستند که عابد و زاهد شده اند. ولی دیگر دست شان رو شده است و حنای شان دیگر رنگ ندارد. توی تله گیر کرده اند. و فریاد وا نفسا و وا انسان ها برداشته اند. این ها این جا نشسته اند و هنوز هم ماسک دارند و از مردم و اندیشهٔ مردمی ، از انسانیت و مروت دم می زنند. ولی دیگر «آن سبو بشکست و آن پیمانه ریخت». ماسک آن ها را برخواهیم داشت.

اکنون که در محضر این دادگاه محترم بر سکوی اتهام قرار گرفته ام، با

اتکاء به شرف، وجدان و انصاف شما، داوری بر سرنوشت خود و همسرم و دو بچه ام را به شما می سپارم و امیدوارم در لحظه ای که در اتاق شور و تصمیم بر سرنوشت ما حکم می کنید، پروردگار خود و وجدان انسانی شما حاکم بر تصمیمات شما باشد.

در ۷ سالی که معلم بودم و آموزش فرزندان شما را به عهده داشتم، همیشه به فرزندان شما یاد داده ام و به آن ها گفته ام؛ اصلی از انقلاب شاه و مردم، وجود خانه های انصاف می باشد که در دورافتاده ترین دهکده های این کشور دادخواهی را به خود مردم واگذار نموده اند تا حتی دهقانان زحمت کش ما که از برکت وجود انقلاب سفید صاحب دست رنج خود شده اند، بتوانند مستقیماً در بارهٔ کارهای خود داوری کنند.

امیدوارم این دادگاه محترم هم مظهری از همان خانه های انصاف باشد که حتماً هم می باشد، دربارهٔ اشتباهات ما قضاوت عادلانه ای بنماید. خائن، خاطی را مجازات و بی گناهان را تبرئه و اشتباهاتی که از طرف ما شده مورد بخشش قرار دهد.

و امیدوارم که استدعای بخشش و عفو ما به پیشگاه شاهنشاه آریامهر تقدیم شود تا بتوانیم با سرپرستی کودکان مان آن ها را زمانی میهن پرست و شاه دوست برای اجتماع فردا تربیت کنیم.»

(کیهان هوائی، شنبه ۲۹ دیماه ۱۳۵۲، ص۲ و ۳)

■ **متن دفاعیه شکوه فرهنگ**

«کارهای اجتماعی من، با فعالیت در مطبوعات شروع شد. تا آن وقت من یک قصه نویس بودم که صرفاً به ادبیات فکر می کند، و مسائلی که مردمی ست، و باید در قالب ادبیات ریخته شود.

برای من هنر و ادبیات بهترین وسیلهٔ به زیستی جامعه و یا اصولاً جوامع بشری بود، و احساس می کردم با قلمی که در دست گرفته ام می توانم در حد قدرت این قلم، این به زیستی را انجام دهم.

شاید همین اشتیاق و کنجکاوی من باعث شد که در حصار جماعتی به اصطلاح روشنفکر قراربگیرم. این جماعت که روشنفکری را در بدبینی و یا بهتر است بگویم در سیاه بینی می دانند، در حاشیهٔ همهٔ کارهائی که ارتباط مستقیم با مردم دارد نشسته اند و کارشان دامن زدن به ناباوری ها و نارضایتی های مردم و بوجود آوردن هرج و مرج در افکار و روحیهٔ آدم هائی ست که می توانند با این مردم رابطهٔ فکری برقرار کنند.

این جماعت متعهدنما که تئوری های قلابی خود را که مثلاً برای طبقهٔ محروم است، از بارها و تریاهای معروف و در مستیِ نوشیدن مشروب فرنگی صادر می کنند.

من با اعتمادی کورکورانه که از عشقم نسبت به مردم سرچشمه می گرفت و آن ها را روشنفکر مردمی می دانستم حرف هایشان را می پذیرفتم و اگر گاهی منطق و یا احساسم، نظریه ای جز آن چه می شنیدم ارائه می کرد، آن را به جرم کم تجربه گی خفه می کردم.

در چنین بحرانی ، من به راحتی هدف تیر این عوامل مخرب قرارگرفتم و بلافاصله بوسیلهٔ شخصی که گویا مسئول آموزش من شده بود، ندانسته در مسیری قرارگرفتم که اگر می دانستم انتهایش خیانت به مردم است، مردمی که این همه دوست شان دارم، به یقین اولین قدم را هم برنمی‌داشتم.

آموزش من شش ماه طول کشید. یعنی در یک دورهٔ شش ماهه که برای من ترتیب داده بودند، من مجبور بودم فقط کتب و مقالات و جزوه هائی بخوانم که آن ها در اختیارم می گذاشتند، به مطالب رادیو و تلویزیون و روزنامه ها توجهی نکنم، معاشرت هایم را محدود و در صورت امکان حذف کنم. ولی در کنار این مطالب، کم کم، مسائل دیگری هم عنوان می شد. مثل افسانه های عجیب و تکان دهنده ای از زندگی زنان و مردانی که نام مبارزین خلق دارند. مبارزینی که می‌خواهند با تبعیضات اجتماعی و فقر و محرومیت بجنگند و دسته دسته زیر شکنجه های غیرانسانیِ دستگاه های امنیتی جان می سپارند.

این تصور روز به روز درِ من تقویت می شد و یا تقویتش می کردند و من حتی اگر به کسانی برمی‌خوردم که با همه احتیاجات ظاهری اظهار رضایت می کردند، قبول نمی کردم و این را به حساب عدم آگاهی شان می گذاشتم. در آن حالت به جائی رسیده بودم که نمی توانستم قبول کنم مردم آنچه را که موجود است می‌خواهند و دخالت من و امثال من را در کمال آگاهی نمی پذیرند. و من مصرانه در جستجوی راهی بودم که آن ها را به خوشبختی های تخیلی خود برسانم.

پس از آن که آموزش من به پایان رسید و بقول آن ها آگاهی کامل را برای آگاه کردن مردم و مبارزه بر ضد بیدادگری پیدا کردم، مرا با برنامه های تازه آشنا کردند. و من ناگهان متوجه شدم که در کنار یک گروه به اصطلاح چریکی هستم. اطلاع از برنامه های آن ها برایم به صورت یک شوک بود. چه، به عکس آن چه تا آن وقت عنوان می کردند، در برنامه های تازه صحبت از گروگان و ترور بود. و من با همهٔ ایمانی که نسبت به هدف های به اصطلاح انسانی آن ها پیدا کردم جواب مخالفت هایم را در ابتدا استدلال و دلیل و منطق خاص این عده که همه ظاهراً به نفع مردم و بخصوص طبقهٔ محروم بود می گرفتم. اما سماجت های مداوم من، و اشاره به کناره گیری از گروه، باعث شد که اخطار شدیدی بگیرم؛ به این عنوان که هر شخصی که از برنامه های گروه اطلاع داشته باشد، و بخواهد کناره گیری کند، از طرف گروه محکوم به مرگ است و کشته می‌شود. و گذشته از این، همین مقدار اطلاع هم از نظر دستگاه های امنیتی محکومیتی معادل پانزده سال زندان و شکنجه دارد.

و به این ترتیب همهٔ پل های پشت سرم را خراب کردند. با توجه به این که به گفتهٔ آن ها تصور می کردم با اطلاعی که از برنامهٔ ترور و گروگان دارم، از طرف دستگاه های امنیتی محکوم شناخته خواهم شد؛ یک راه داشتم. من یک راه پیش روی و در کنار گروه داشتم، و یک امید؛ که به هرحال وجود من و تذکرات مداوم من، شاید بتواند از خشونت های احتمالی عواملی که می شناختم کم کند. و البته ظاهراً هم موفق شده بودم؛ چه، وقتی قرار شد برنامهٔ گروگان گرفتن والاحضرت ولایت عهد به مرحلهٔ اجرا درآید، از آن ها قول گرفتم کوچک ترین آسیبی به والاحضرت نرسد که متأسفانه بعد از دستگیری متوجه شدم این قول را فقط برای فریفتن و آرام کردن من داده اند.

خوشبختانه قبل از این که هیچ یک از برنامه های گروه به مرحلهٔ اجرا درآید دستگیر شدیم.

پس از دستگیری من در انتظار جوی خون و مأموران شکنجه بودم و در کمال حیرت با مردمی آشنا شدم که منطقی صحیح و ایمان و عشق واقعی به مردم، ابزار شکنجهٔ آن ها ست. ابزار شکنجه ای که می توانست مرا تا سرحد شرمساری و ندامت بکشاند.

یادم می آید شبی که دستگیر شدم، قبل از هر بازجوئی، از من در مورد بچه هایم سئوال شد و این که آیا در غیبت من کسی از آن ها مراقبت می کند و یا نه؟ برای من تصور چنین عاطفه و احساساتی از مردمی با آن روحیه ای که شنیده بودم، به شدت تعجب آور بود. اما به مرور و بادیدن رفتار مؤدبانه و نحوهٔ بازجوئی، این شک برایم به وجود آمد که نکند من با مأمورین امنیتی روبرو نیستم، و این ها گروه و دسته ای هستند که نمی شناسم شان. و تعجب می کنید اگر بگویم حتی یک بار، بی اراده سئوال کردم؛ با چه کسانی روبرو هستم؟

پس از پایان بازجوئی، من تمام جواب هایم را به صورت منطقی و منصفانه می گرفتم، و اگر موردی پیش می آمد که نمی خواستم و یا نمی توانستم جواب ها را بپذیرم، ساعت های متوالی برای اثباتش وقت تلف می شد. و من روز به روز با تمام جبهه ای که درمقابل این مردم می گرفتم، جبهه ای که خشم و نفرت ناشی از خواندن جزوه های تهیه شده از طرف مشتی بیگانهٔ دوست نما بوجود آورده بودند، نمی توانستم از تاثیر این حقیقت مسلم فرار کنم که با پیش قراولانی روبرو هستم که بدون تظاهر و ماسک های مردم فریب، عاشقانه در راه خدمت به مردم، مبارزه می کنند. و از طرف دیگر چهره های رفقای سابقم را می دیدم که بصورت مزدورانی درآمدند که عروسک وار به دست عوامل بیگانه می رقصیدند. و من آنقدر دچار احساسات بودم که نخ سیاه بالای سرشان را نمی دیدم.

در مورد ترور علیاحضرت شهبانو و والاحضرت ولیعهد باید بگویم؛ مطرح شدن چنین فاجعه ای عذاب سنگینی بر دوش های من گذاشته که لحظه ای از

بارشان نمی رهاندم.

همان طور که در گفته هایم اشاره کردم، من نه فقط از مسئلهٔ ترور علیاحضرت شهبانو و والاحضرت ولایت عهد اطلاع نداشتم، بلکه از رابط گروه قول گرفته بودم که هیچ گونه آسیبی به وجود ایشان نرسد. و دلیل من همان نیرو و عشق مادری بود که می شناختم. چه چهرهٔ علیاحضرت شهبانو، و والاحضرت ولایت عهد برای من چهرهٔ یک مادر و یک کودک بودند. و چنین چهره هائی آنقدر مقدسند که کمتر موجودی قادر است فکر آسیب رساندنشان را هم بخود راه دهد.

با این همه از این که گروهی که من در کنارشان بودم چنین قصدی داشتند، احساس عذاب وجدان می کنم و امیدم این است که بخشش قلبی علیاحضرت، نه در مقام شهبانوی کشورم، بلکه در مقام مادری که قلبش از شنیدن چنین توطئه ای به یقین غمگین و گرفته است، منتی باشد برای زنی نه در هیئت زشت یک خرابکار، بلکه در هیئت یک مادر که به هر حال سینه اش تپش های مقدس سینهٔ یک مادر را دارد. ولی اقرار می کنم آنقدر شرمساری دارم که کلامی پیدا نکنم تا پوزشی باشد از اعلیحضرت شاهنشاه آریامهر رهبر واقعی مردم وطنم.»

(کیهان هوائی، شنبه ۲۹ دیماه ۱۳۵۲، ص۳)

▪ متن دفاعیه مریم اتحادیه

«وقتی قدم به اجتماع پر هیاهو گذاشتم، همه چیز برایم تازگی داشت. زیرا در خانواده ای پرورش یافته بودم که گرچه از نظر مادی هیچ گونه محدودیتی نداشتم؛ اما، از نظر معاشرت محدودیت بسیار بود. به عده ای مثلاً روشنفکر برخوردم که می گفتند؛ ما می خواهیم برای مردم قدم برداریم. ما می خواهیم به فریادهای طبقهٔ محروم، طبقهٔ محتاج جواب بدهیم.

برای رسیدن به این هدف ها، هر روز بیشتر از روز گذشته خود را به آن عده روشنفکر نزدیک و نزدیک تر می دیدم. خلاصه این که مسخ شدم و بازیچهٔ دست این بازیگران ماهر و کار کشته قرار گرفتم.

بعد از این که به مومی نرم بدل گشتم، اندک اندک اطلاعاتی از کار گروه در اختیارم گذاشته شد. بعد از چندی به خود آمدم و دیدم آلوده گشته و راه پشت سرم را مسدود کرده ام. اما هدف به ظاهر، همان هدف به اصطلاح مقدس سابق بود. این تنها دلگرمیِ من بود که با اطلاعاتی که داشتم، فکر می کردم کوچکترین عقب گرد یعنی مَواجه شدن با افراد امنیتی و در زیر شکنجهٔ آن ها جان سپردن. که به من گفته شده بود وحشیانه تر از انواع شکنجه هائی ست که در قرون وسطا، به کسانی که حق یا ناحق، نسبت جادوگری داده می شد می دهند. اگر انکار می کرد می سوزاندنش، اگر فریاد بر بی گناهی خود بر می کشید، زیر شکنجه جانش را می گرفتند. خلاصه این به اصطلاح روشنفکران از افراد امنیتی غول هائی ساخته بودند، به وجود آورندهٔ این شبهه که آن ها

کاری غیر از شکنجه و آزار عده ای که در دام شان اسیرند ندارند. بر تن آن ها جامه دان خون آشام پوشانده بودند.

دستگیریم بزرگ ترین شانس زندگی ام بود. چه امکان داشت سالیان سال، یا شاید تا آخرین لحظات حیات همان راه گم کرده باقی بمانم.

اولین تکان را افرادی که دستگیرم کردند دادند. رفتار آن ها بقدری نرم و ملایم و مؤدبانه بود که باور نداشتم. اتفاقی که افتاده واقعیت است. برخورد افراد امنیتی درست عکس شنیده هایم بود. من که انتظار داشتم تا چند دژخیم فحاشی کنند و با مشت و لگد به جانم بیفتند، با عده ای که معنی واقعی انسان بودند، برخوردم. آن ها خیلی حساس تر، و دل رحم تر و مهربان تر از آن چه برای آدمی لازم و ضروری ست بودند. در این جا می خواهم گله ای از دستگاه امنیتی کشور کنم که چرا دهان مشتی یاوه گو را نمی بندد.

به جرأت می توانم اعتراف کنم، مومنم به این که مسئولین این دستگاه، عشق به مردم و ایمان به مقدسات ملی شعارشان است. رفاه، آسایش، استقلال و امنیت مردم هدف غائی و نهائی آن هاست.

اکنون خود را آن قدر شرمنده می بینم که کلماتی پیدا نمی کنم از اعلیحضرت همایون شاهنشاه آریامهر، علیاحضرت شهبانو، والاحضرت همایون ولایت عهد و ملت ایران پوزش بطلبم. باز این کلمات نمی تواند گویای احساس درونی و شرمساری واقعی من باشند.»

(کیهان هوائی، شنبه ۲۹ دیماه ۱۳۵۲، ص۳)

■ متن دفاعیهٔ مرتضی سیاهپوش

« در رد تمام اتهامات وارده به عرض دادگاه می رسانم که اتهام توطئه علیه جان خاندان جلیل سلطنت را به هیچ وجه قبول ندارم و از اهداف، مرام، و مسلک و رویهٔ اعضای گروه کوچکترین اطلاعی نداشتم. همین طور در کیفرخواست، اتهام عضویت در گروه به من نسبت داده شده و من کلیه متهمین حاضر در دادگاه را به شهادت می گیرم که از عضویت در این گروه بی اطلاع بوده ام.

در مورد تحویل گرفتن اسلحه باید بگویم که من آگاهانه نخواستم در این کار شرکت داشته باشم، و علت آن هم این که من صراحتاً انصراف خود را اعلام نمی کردم.

من اعتراف می کنم که بی جهت سکوت کور کورانه کردم و در این مورد هیچ ابائی نمی بینم که بگویم پشیمانم. اگرچه، این رخ داد برایم سنگین تمام شد، ولی خوشحالم که سرمشقی برای زندگی آینده ام شد و من فرصتی می خواهم که ثابت کنم هرگز خائن نبوده و نیستم.

(اطلاعات ۱۹ دی ماه ۱۳۵۲، ص ۴)

■ **متن دفاعیه فرهاد قیصری**

«در تمام طول زندگی هیچ گاه دارای افکار ماجراجویانه نبوده ام که مرا وادار کند برخلاف مصالح مملکتی و امنیت کشورم بوده باشد. تا چه رسد به همکاری با گروهی که از نظر من نه تنها روال فکرشان مورد تأئید نیست، بلکه من هم محکوم شان می کنم. در پایان عرایضم، با تمام وجود، آمادگی خود را جهت شرکت در برنامه های ملی و میهنی اعلام می دارد. زنده و جاوید باد اعلیحضرت همایون شاهنشاه آریامهر، پاینده ایران، برقرار باد پرچم سه رنگ ایران.»

(اطلاعات چهارشنبه ۱۹ دیماه ۱۳۵۲، ص۴)

* * *

صبح روز بعد، وقتی برخاستیم همهٔ بچه ها پکر بودند. در واقع من چنان درگیر ذهنیتی جادو شده بودم که تقریباً چیز مشخصی را حس نمی کردم. تنها چیزی که می توانستم در ذهنم مجسم کنم، حیرت بچه های بسیاری در بیرون زندان از دفاعیهٔ خودم بود. و وقتی به این حیرت فکر می کردم بر خود می لرزیدم. برادرم به من گفته بود که هر کار بکنم مرا تائید خواهد کرد، ولی اطمینان داشتم که با شنیدن آن سخنانی که از دهان من خارج شده بود، احساس ناراحتی می کرد و در برابر دیگران سرافراز نبود. حتی مادرم نیز نمی توانست خشنود باشد، و پدرم هم مسلماً همچنان در سکوت به وضعیت من فکر می کرد.

دنیای جهنمی با همهٔ کثافتش از همه سو خود را به من نشان می داد وهمراه این شرم چیزی در درونم از ریشه کنده می شد. دیگر نمی توانستم تحمل کنم و داشتم نابود می شدم.

ناگهان از آن وضعیت بریدم و فریاد زدم:

«کثافت ها، بیشرف ها، مرا نابود کردیـد! ولی من از پس شما برمی آیم»

به همراه این داد و فریاد، سیل اشک نیز از دیدگانم جاری شد. همهٔ بچه های سلول از حرف های من حیرت زده شده بودند و با چشمان باز به من می نگریستند. منوچهر سلیمی، که به نوعی خود را در پدید آمدن این حالت برای من مقصر می دانست، در سکوت با پشم های پتو ور می رفت و چیزی نمی گفت. بقیه هم ساکت بودند و با همدردی به من نگاه می کردند. و من تازه متوجه می شدم که طیفور هم در سلول ما ست. او را پس از آن که یکی دو روز از سلول ما برده بودند، شب قبل به سلول ما آوردند و من نفهمیده بودم.

چند ساعت بعد که خبر عصیان من به وسیلهٔ نگهبان به اطلاع بازجوها رسیده بود، مرا خواستند. شق و رق جلوی دادرس ایستادم. او سرش پائین بود و خلال دندانی را که بین دندان داشت، با زبان به چپ و راست حرکت می داد

و ظاهراً چیزی می نوشت و متوجه آمدن من به اتاق نشده بود. بعد ناگهان سرش را بالا کرد و پرسید که علت سر و صداهای توی سلول چه بوده و من چرا داد و قال راه انداخته ام؟ با سری بالا، نگاهی مستقیم به پیش و نفس های بلند گفتم:

«من در دادگاه دوم از شرفم دفاع خواهم کرد.»

نگاهی طولانی به من انداخت و گفت:

«خیلی خوب. همین الان قلم و کاغذ در اختیارت می گذارم، هر چه دلت می خواهد بنویس. ولی به‌ات بگویم؛ صد در صد اعدامی!»

در سکوت نگاهش کردم. یک خودکار و یک ورق کاغذ به من داد و خودش آمد پشت سر من ایستاد. مدتی در سکوت بر صفحهٔ سفید کاغذ نگاه کردم و چیزی ننوشتم. دادرس پشتم ایستاده بود و تکان نمی خورد. حتی نفس هم نمی کشید. لحظه ای به این فکر افتادم که نکند رفته است، ولی دیدم که وجودش را حس می کنم و به هیچ وجه تا او آن جاست قادر به نوشتن نیستم. بعدها که به اعمال او فکر می کردم، می دیدم در روانشناسی و سیستم های بازجوئی استاد بود و خیلی خوب می دانست که با هر کس چگونه رفتار کند. نمی دانم در کدام یک از سازمان های جاسوسی غرب دوره دیده بود، ولی فوراً آدمش را می شناخت. و شیوهٔ او در مقابل من، کمتر شکل خشونت آشکار داشت و بیشتر شکل یک بازی روانی را به خود می گرفت. در حالی که مثلاً جمشیدی را جلوی من به شکل بدی تحقیر کرده بود.

من هم، آن قدر همان طور ماندم تا عاقبت او به حرکت درآمد و با قدم های آهسته بر کف آجرپوش اتاق از من دور شد. ولی طوری ایستاد که باز نمی دیدمش. اما همین که فهمیدم که دیگر نمی تواند موقع نوشتن ورقه ام را بخواند، کوشیدم دفاعیه ام را به شکل همان دفاعیه ای که در اولین روز نوشته بودم، و با کمی چاشنی بیشتر تنظیم کنم، و نگذاشتم که حضور او در اتاق، مرا به خودسانسوری وادارد. نوشتم:

«نقش محیط اجتماعی انسان در شکل گیری تعارضات، بی شک مورد تائید همه است. و بر اجتماع است که در رفع نواقص موجود، چه در شکل آشکار و چه در شکل پنهان آن کوشا باشد. نقش انسان، به عنوان یک موجود تعیین کننده از دیدگاه ماتریالیسم انکار نشدنی است و آن چه او را بر آن می دارد تا سرنوشت خود را به دست خود تعیین کند، همانا مردمی و انسانیت و پاکی است.

با چنین اعتقادی باید پذیرفت که در محیطی نابرابر، برخوردها شکلی حاد به خود می گیرد و انسان اگر نتواند این را درک کند، از زندگی خود و دیگران و حق مسلمش به عنوان یک موجود خلاق، نخواهد توانست دفاع نماید و دچار دگرگونی همه جانبه شده و عصیان می کند.

در چنین شرایطی من اعتقاد دارم که اغلب زندانیان سیاسی ایران دچار بی‌عدالتی شده‌اند و از حق انسانی شان که زندگی خلاق است دورمانده‌اند.

طبعاً من حق داشتم در برابر ناراحتی آنان دگرگون شوم، و بر من و دیگران است تا در رفع ناراحتی آنان کوشا باشم؛ زیرا آنان به خاطر مردم در این زندان‌ها به سر می برند و عمل من، یعنی قبول پیشنهاد گروگان گرفتن، نیز مؤید همین عقیده است.

من در شرایط همین مردم زیسته‌ام و همان محرومیت‌ها را نیز چشیده‌ام؛ لذا نمی توانم تعارضی نداشته باشم. طبعاً اگر در مملکت من آزادی وجود داشت و من می توانستم با انتقاد از نارسائی‌ها امکان رفع آن‌ها را فراهم آورم، راه دیگری را برای روشنگری انتخاب می کردم. اما شرایط موجود مرا بر آن داشت تا در راه آزادی زندانیان سیاسی که از فرزندان مردم مملکت من هستند و به خاطر اندیشه‌ها و آرزوهای مردمی خود به زندان افتاده‌اند حرکت کنم. و طبعاً این وظیفه من و هر انسان دیگری که به آزادی و شرافت انسانی می‌اندیشد است که در رهائی فرزندان مردم از زندان‌های سیاسی ایران بکوشد و به اقدام برای رهائی آنان دست بزند.

البته همیشه با هرگونه آشوب طلبی و هرج و مرج مخالف بوده و هستم و قبول این پیشنهاد را که صرفاً عبارت بوده است از گروگان گرفتن جهت آزادساختن عده‌ای از زندانیان سیاسی، هیچ گاه آشوب طلبانه نمی‌دانم؛ زیرا هیچ گونه تروری در کار نبوده است، و تصمیمی مبنی بر ترور هیچ کس گرفته نشده است.»

وقتی نوشتن دفاعیه‌ام تمام شد، دادرس به سویم آمد و پرسید:

«چیز دیگری نمی خواهی بنویسی؟»

گفتم:

«نه.»

ورقه را برداشت خواند و بر خلاف انتظار من نه رو ترش کرد و نه به تهدید پرداخت. فقط گفت:

«باید تغییر بدهی؟»

پاسخ ندادم. ورقه را جلویم گذاشت و با انگشت جملات «و طبعاً این وظیفه من و هر انسان دیگری که به آزادی و شرافت انسانی می‌اندیشد است که در رهائی فرزندان مردم از زندان‌های سیاسی ایران بکوشد و به اقدام برای رهائی آنان دست بزند.» را نشانم داد و گفت:

« مثلاً این جمله را که نوشته‌ای باید خط بزنی. این یک تبلیغ است که قانوناً جرم دارد. یعنی یک جرم تازه است و ما به زندانی اگر اجازهٔ دفاع از عقیده‌اش را می دهیم به این معنی نیست که بگذاریم جلوی چشم ما جرم تازه‌ای مرتکب شود.»

گفتم:

«من چیزی را تغییر نمی‌دهم.»

دیگر طاقت نیاورد و تند شد:

«تغییر نمی‌دهی؟ مگر می‌توانی؟»

«دفعهٔ پیش دفاعیه‌ام را تغییر دادم و دیدم که مرا به کجا کشیدید.»

نگاهی طولانی به من کرد و گفت:

«ولی مطمئن باش که این بار مثل گذشته نیست که من دلم به حال تو بسوزد. می‌گذارم خودت را نابود کنی و حکم اعدامت را به دست خودت امضاء کنی. ولی باید این جمله را تغییر بدهی و لحن دفاعیه‌ات را هم عوض کنی.»

«من لحن دفاعیه‌ام را تغییر نمی‌دهم و آن جمله را هم باید در باره‌اش فکر کنم. واگر هم بخواهم آن را تغییر بدهم، در شب قبل از دادگاه این کار را خواهم کرد؛ نه پیش از آن.»

دادرس خنده‌ای کرد و دستور داد مرا به سلول برگردانند و تا شب قبل از دادگاه دوم مرا نخواست.

اما شب قبل از دادگاه باز مرا صدا زد و گفت:

«تصمیمت را گرفتی؟»

گفتم:

«بله. فقط همان جمله را تغییر می‌دهم. نه چیز دیگری را.»

«بسیار خوب، بنویس.»

دوباره کاغذ و خودکار در اختیارم گذاشت و این بار بیرون رفت.

من در سکوت مدتی به ورقهٔ دفاعیه‌ام نگاه کردم. و این بار واقعاً حواسم جمع بود که فقط با تغییراتی اندک، متنی را که نوشته‌ام در دادگاه بخوانم.

آن شب در سلول، موقعی که دراز کشیدم به وضعیت جدیدم فکر کردم و کوشیدم از خودم، و امکان و توان واقعیم یک ارزیابی واقعی به دست آورم. آیا قهرمان بودن آسان بود؟

زمانی که آزاد بودم، فکرمی کردم که می‌توانم قهرمان باشم. لباس نظامی و پوتین می‌پوشیدم و خودم را سبک نگه می‌داشتم و احساس چالاکی می کردم. توی آن پوتین ها، با عرق گیر زیتونیِ تیره‌ای که می‌پوشیدم احساس می کردم مثل فنر می‌توانم به هوا بجهم. توی آنَ لباس، که تمایلات چریکی مرا داد می‌زد و برملا می کرد، ابائی نداشتم همه جا ظاهر شوم. حتی با آن لباس سر کار می‌رفتم و توجه همه را به سوی خودم جلب می کردم. ولی، واقعیت تلخ زندان، فشار شکنجه، تهدید به اعدام و فشارهای احتمالی بعدی برای شکستن سد توان و تحملم، مرا وا می‌داشت که خودم را در ابعاد واقعی‌ام نگاه کنم. در زندان دریافته بودم که ترس یک عامل انسانی ست و کسی را در این جهان نمی‌توان یافت که از کتک خوردن واهمه نداشته باشد. ولی آیا واهمه داشتن باید سبب

می شد که انسان یکسره خود را ببازد؟ و یا این که می شد با واهمه و ترس مبارزه کرد و بر آن غلبه یافت؟ در می یافتم که تفاوت آدم ها در نداشتن واهمه نیست؛ بلکه، در سرعت و میزان غلبه بر این واهمه و یا تسلیم شدن به آن است. اگر کسی نمی توانست حداکثر مقاومت را داشته باشد، به این معنی نبود که هر کاری غیر از آن بیهوده است و آدم اجازه دارد همین که شکست، به قعر ذلت بغلطد و مقاومتش را تماماً از دست بدهد. بر خلاف تصور من، بین تسلیم و مقاومت فقط یک مو فاصله نبود؛ بلکه، طیفی وجود داشت که در یک فراگرد می توانست هر انسانی را به مرز قهرمانی و یا ذلت برساند. من می توانستم دفاع آتشین نکنم، ولی ندامت هم نکنم. مثل همان کاری که طیفور کرد. دنیا یک سره سیاه و یا سفید نیست. در تحلیل نهائی ست که وزن حرکت آدم باید به سوی مقاومت سوق کند، نه بسوی شکست. و مقاومت نیز درجات و انواع دارد. مهم این است که آدم نشکند، این که درجهٔ مقاومتش را چگونه ارتقاء دهد، بستگی به شرایط و آگاهی او از شرایط دارد. برای اولین بار داشتم یک ارزیابی اصولی از خودم به خودم ارائه می دادم و خودم را در یک فراگرد واقعی و غیررمانتیک کشف می کردم و امکاناتم را می شناختم. با توجه به این وضعیت، سعی کردم پیش خودم تجسم کنم که در نظر مردمی که مرا در دادگاه اول دیده اند چه تغییری کرده ام. داشتن آگاهی از تصویر عمومی خود، می توانست کمک بسیاری به زدودن ناتوانی ها و اغراق ها در من کند.

من در دادگاه برای کسانی سخن می گفتم که بارها در خیال برایشان سخن گفته بودم، ولی هرگز نمی دانستم آن ها در بارهٔ من چه می اندیشند. نمی دانستم که آن ها چه کسانی هستند. حتی نمی توانستم بدانم که همان آدم هائی که هر روز ما را در زندان می بینند هم جزو آن ها هستند و به خاطر واکنش مردم در مقابل ما، چنان به هیجان آمده اند که می کوشند به هر شکلی که هست به آن ها نشان بدهند که نگهبان و بازجوی ما هستند. این را اگر دقت داشتم حتی در آدمی مثل دادرس هم می توانستم ببینم. یعنی در واقع، این آن ها بودند که به خاطر دفاع جانانهٔ گلسرخی و دانشیان در این دادگاه باخته بودند و حالا داشتند یواش یواش و غیرمستقیم مرعوب ما می شدند. همین سبب شده بود که روز بعد از دادگاه، نگهبان ها و بازجوها متاثر از جو عمومی با ما طور دیگری رفتار کنند و بحرف های مان گوش بدهند. ما نیز یواش یواش از این تغییر روش به چیزهائی پی می بردیم. ما اگر واقعاً حتی یک دهم تاثیر دفاعیه های خود را می فهمیدیم، مسلماً بر آن می شدیم که پشت دو رفیق دیگر خود را چنان بگیریم که یا رژیم بخاطر زیاد بودن تعداد کسانی که از عقاید خود دفاع کرده اند از اعدام ها چشم بپوشد و یا اگر هم به چنین کاری دست می زد، تعداد زیاد اعدامی ها، هرچه بیشتر این رژیم تا دندان مستبد را افشا می کرد. گرچه کشتن همان دو رفیق نیز تاثیر خودش را کرد و در یک دوره چهرهٔ تازه ای به مبارزات جامعهٔ ما بخشید؛

اما با این عمل، آن مقاومت‌ها می‌توانست کارسازی بیشتری داشته باشد. و من هر وقت به این موضوع می‌اندیشم، از این که در آن لحظهٔ تاریخی نتوانستم ارزش‌های تاثیرگذارم را واقعاً درک کنم، تمام بدنم داغ می‌شود و خود را از درون فشار می‌دهم و مچاله می‌کنم.

دادگاه دوم

وقتی وارد دادرسی ارتش شدیم، من برای بار اول مجسمه کوچکی از رضا پهلوی را بر یک سکو در راهرو دیدم که بار قبل آن را ندیده بودم. نمی دانستم آن را برای نمایش تازه به آنجا آورده اند و یا از قبل آنجا بوده و من متوجه اش نشده ام. در هر صورت مجسمهٔ کوچک متوسطی بود که لباس نظامی بچه گانه ای به بر داشت و رویش را به سلیقهٔ مرسومِ پادگان ها رنگ روغن قهوه ای زده بودند که جزئیات چهرهٔ مجسمه را در لعاب براقش محو می کرد. چند ساعت بعد، وقتی در دادگاه نشسته بودم با دیدن عکس های قاب گرفته خانوادهٔ سلطنتی بر بالای تریبون قضات، باز به یاد مجسمه افتادم. و فکر می کردم که آیا مجسمه ها هرگز می توانند روح آدم ها را در خود جا دهند و یا فقط وسیله ای برای تغییر شکل آن ها هستند.

ساواک این بار با احتیاط بیشتری وارد دادگاه شده بود. دیگر از آن زرق و برق فوق العاده و ذوق زده گی دادگاه اول خبری نبود. یا، حداقل چنین به نظر می رسید که مأموران شخصی پوش ساواک دیگر مثل قبل، از برگزاری دادگاه خشنود نیستند. واکنش مردم در مقابل دادگاه ما بر خلاف انتظاری که ساواک داشت و اصولاً به همین خاطر هم دادگاه را علنی کرده بود، اعلام نفرت از رژیم

و دستگاه امنیتیِ جهنمیِ آن بود. ما با همان شکل و قیافهٔ پیشین به دادگاه آمده بودیم. ولی چیزیِ در قلبِ دادگاه شکسته بود که با آن که ما نه روزنامه داشتیم و نه رادیو و تلویزیون، و نه آزادی حرکت در میان مردم، پشت همان دربند آهنین نیز توانسته بودیم آن را تا حدودی دریابیم.

من در فرصتی، تصمیم جدیدم را به اطلاع کرامت رساندم و گفتم که می‌خواهم برخلاف دادگاه قبلی از کاری که کرده‌ام دفاع کنم. کرامت با شنیدن این حرف، به شدت خوشحال شد و بازوی مرا گرفت و فشرد و گفت:

«درود بر شرفت. می‌دانستم که نمی‌توانی آن طوری ادامه بدهی. یا دیوانه می‌شدی و یا باید برمی‌گشتی. که برگشتی. و زود هم این کار را کردی. زیرا بعداً دیگر فایده نداشت.»

من در مقابل گفتم:

«ولی من شایسته این درودها نیستم. من یک بار خطائی کرده‌ام که تا آخر عمر خودم را به خاطر آن نمی‌بخشم.»

کرامت با مهربانی گفت:

«بی‌خود خودت را زجر نده. تو رفیق شریفی هستی که همیشه در قلب من جا داشته‌ای. حتی وقتی اظهار ندامت کردی هم نگرانت بودم. زیرا وقتی از سلولت به دست‌شوئی می‌رفتی، دیگر صدای شاد قدم‌زدنت نمی‌آمد و تو سرافکنده وشرمنده می‌آمدی و می‌رفتی. معلوم است که چنین موجودی در آن وضعیت دوام نمی‌آورد. و من و خسرو واقعاً خوشحالیم که برگشتی.»

دادگاه دوم، با حضور هیئت قضات کارش را شروع کرد. این بار هم دادستان دادخواست تنظیم شده‌ای را خواند و وکلای ما، باز اندکی بر سر مسائل چانه زدند. تنها وکیلی که این بار چهرهٔ غیرمنتظره‌ای از خود نشان داد، سرهنگ حسینی وکیل گلسرخی و دانشیان و بطحائی بود. او در فاصلهٔ استراحت‌های دادگاه، با حرارت توضیح می‌داد که ساواک بیشتر صحبت‌های گلسرخی و دانشیان را سانسور کرده و اجازه نداده است که بیش از حد معینی در رسانه‌ها در این باره صحبت شود. گویا خبرنگاران خارجی نیز از نوع خریداری شده‌ها بودند که رژیم بتواند پخش اخبار و رویدادهای دادگاه را کاملاً در اختیار داشته باشد. سرهنگ حسینی به گلسرخی و دانشیان توصیه می‌کرد که طوری حرف بزنند که حداقل بخش بیشتری از حرف‌هایشان پخش شود و مردم بتوانند واقعیت‌ها را بفهمند. او که گویا متوجهٔ توطئهٔ ساواک علیه گلسرخی شده بود، چندین بار در این مورد به خسرو توصیه کرد که در این باره بیشتر حرف بزند و موضوع را برملا کند. اما خودش، از ترس ساواک در دادگاه، در این باره بسیار سربسته سخن گفت.

عاقبت همان طوری که همه انتظارش را می‌کشیدند نوبت به حساس‌ترین بخش مسئله یعنی دفاعیات ما رسید. چهار تن از ما صلاحیت دادگاه را برای

رسیدگی به اتهامات وارده به خود رد کردیم و در بخش دفاعیات، باز نفر اول طیفور بطحائی بود. او این بار هم مانند بار گذشته، منتهی کمی خوددارتر و در قالب‌های عمومی سخن گفت و کوشید تا علت‌ها و انگیزه‌های روی‌آوری جوانان جامعهٔ ما را به این نوع مسائل بیان کند. او که می کوشید دقیقاً بین ندامت و آن‌چه که می گوید مرز روشنی بکشد، با این حال مواظب هم بود که به عنوان نفر اول پرونده انتقام گیری و خشم ساواک را متوجهٔ خود نسازد.

خسرو گلسرخی بار دوم هم طوفانی بود. اما کوتاه‌تر سخن گفت و اشاراتی هم به موضوع مشخص پرونده‌اش کرد و توضیح نارسائی هم در این باره داد. به نظر می‌رسید که تحت تاثیر حرف های وکیلش در بارهٔ پرونده حرف می‌زند؛ اما چون خودش در این باره چندان برنامه ریزی نکرده بود، اشاراتش به توطئهٔ ساواک چندان رسا و بیانگر نبود و موضوع را درست برای مردم روشن نمی کرد. البته ضمن صحبت‌های او پارازیت‌های مختلفی داده می‌شد تا از این موضوع منحرفش سازند.

رئیس دادگاه در مقابل افشاگری های گلسرخی، کوشید مچ او را بگیرد و در سخنان او اخلال کند. وقتی او به دادگاه اول اشاره کرد و گفت؛ «ساواک سخنان من و دوستم کرامت دانشیان در دادگاه بَدَوی را سانسور کرده و اجازهٔ پخش آن‌ها را از رادیو و تلویزیون نداده است.»، رئیس دادگاه که به اصل موضوع کار نداشت، فوراً با دادن یک تذکر لغوی «دادگاه بَدوی، نه بَدَوی. بَدِوی یعنی بیابان گرد، وحشی»، کوشید اصل موضوع یعنی سانسور دفاعیه ها را لاپوشانی کند. اما در مقابل این اظهار فضل، کرامت دانشیان با تیزهوشی و حاضرجوابی به جای خسرو پاسخ داد؛ «منظورش همان دادگاه بَدَوی به معنی دادگاه وحشی ست.»

کرَامت، در دفاعیهٔ خودش هم کوتاه و محکم بود و از بار پیش قاطع‌تر سخن گفت. او در سخنانش باز دادگاه را «بی دادگاه» نامید و به دفاع از مارکسیسم پرداخت و اشاره کرد:

«این را بگویم که مارکسیسم، هیچگاه مورد خوشایند طبقهٔ حاکم و وابستگان آن ها نیست.»

من نیز این بار با خیالی آسوده دفاعیه‌ام را خواندم و حتی لحظه‌ای به فکر این افتادم که این بار به جبران تقاضای بخشش از شاه در دادگاه اول، از مردم به خاطر خطائی که در دادگاه اول مرتکب شده‌ام پوزش بخواهم. اما باز به خود هی زدم و مطابق قراری که با خودم گذاشته بودم، فقط نوشته‌ام را خواندم.

رضا علامه‌زاده این بار بیشتر از بار گذشته شکسته بود. وقتی داشت دفاعیه‌اش را می‌خواند، فکر می کردم که کاش به هنگام نوشتن دفاعیه ها، هردوی ما را در یک سلول می گذاشتند تا بتوانیم به اتکاء و مشورت با هم دفاعیاتی تنظیم کنیم که هرگز نه من و نه او در هیچ یک از دادگاه ها به آن

سرنوشت دچار نشویم. زیرا هردوی ما در این امور بی تجربه بودیم، ولی اگر در کنار هم قرار می گرفتیم، به خاطر اعتماد و رفاقت قدیمی که نسبت به هم حس می کردیم، مسلماً در مشورت با هم، روشی در پیش می گرفتیم که نه تنها سودی به رژیم نرسانَد، بلکه دفاعیهٔ ما، با توجه به توان و دانش مبارزاتی مان یاری به مبارزه و در ادامهٔ خطی باشد که یک عمر در آن راستا کوشیده بودیم.

بعد از علامه زاده، باز دفاعیهٔ بقیهٔ افراد یک سره اظهار ندامت و درخواست بخشش بود. و در این میان، دفاعیهٔ ابراهیم فرهنگ رازی و شکوه میرزادگی از همه قابل توجه تر بود. شکوه کوشید با کلمات و انشای ادبی، نفرت همکاران روزنامه نویسش از نادمین را خنثی کند و در برابر واکنش منفی آن ها، اظهار ندامت و درخواست بخشش خود را در پوششی ادبی ارائه کند تا از قبح آن بکاهد.

کیهان هوائی

شماره ٥٦ شنبه ٦ بهمن ١٣٥٢ – ٢٦ ژانویه ١٩٧٤

دادرسی تجدید نظر ۱۲ تن از متهمان سوء قصد نسبت به حیات شاهنشاه، شهبانو، و ولیعهد، در دادگاه نظامی آغاز شد.
متهمان، ردیف اول از راست: عباس سماکار، کرامت دانشیان، منوچهر مقدم سلیمی، خسرو گلسرخی، و طیفور بطحائی.
ردیف دوم، رضا علامه زاده، رحمت‌الهه جمشیدی، ابراهیم فرهنگ، شکوه میرزادگی، و مریم اتحادیه

محاکمه تجدیدنظر متهمین توطئه آغاز شد

نخستین جلسه دادگاه تجدیدنظر نظامی برای رسیدگی به اتهام ۱۲ تن متهم توطئه علیه جان شاهنشاه، شهبانو و والاحضرت ولایتعهد با حضور گروهی از خبرنگاران خارجی و داخلی تشکیل شد.

در دادگاه بدوی هفت تن از متهمان این پرونده، به ترتیب، طیفور بطحائی، خسرو گلسرخی، منوچهر مقدم سلیمی، کرامت‌الله دانشیان، عباسعلی سماکار، محمد رضا علامه‌زاده ورحمت‌الله‌جمشیدی به اعدام و پنج نفر دیگر ابراهیم فرهنگ‌رازی، شکوه فرهنگ‌رازی مریم اتحادیه، مرتضی‌سیاهوش و فرهاد قیصری به زندان های سه‌تا پنج سال محکوم شدند.

هردوازده نفر به رای‌صادره اعتراض کردند و همچنین دادستان دادگاه بدوی نیز به محکومیت‌پنج نفر آخر اعتراض کرده بود.

پس از تشکیل جلسه دادگاه تجدیدنظر، رئیس دادگاه از متهمین در مورد صلاحیت دادگاه پرسش کرد. متهمان، بجز چهار تن، طیفور بطحائی، خسرو گلسرخی، کرامت‌الله دانشیان و عباسعلی سماکار، بصلاحیت‌دادگاه اعتراضی نداشتند.

من نظامی نیستم

گلسرخی درباره اعتراض به صلاحیت دادگاه گفت، من غیر نظامی هستم و باید در دادگاههای دادگستری محاکمه شوم و بعلاوه جرم‌من سیاسی‌است.

دانشیان گفت من متهم سیاسی هستم و نباید در دادگاه نظامی محاکمه شوم. دو نفردیگر هم نیز به همین نحو اعتراض مختصری کردند.

در این موقع رئیس دادگاه از دادستان خواست تا درمورد‌صلاحیت دادگاه مطالبی ایراد کند.

دادستان پس از ذکر مقدمه‌ای گفت: اولا بطور کلی مستند به اصلی که مورد قبول کلیه‌علمای حقوق کشور ما میباشد، جرائم ناشی از اغراض شخصی، علیه‌اموال یا اشخاص معین نمی‌تواند در زمره جرائم سیاسی قرار گیرد. ثانیا در قوانین کشور هائی که جرم سیاسی تعریف شده سوء قصدنسبت به حیات رئیس مملکت‌بهرانگیزه‌ای که باشد جرم سیاسی شناخته نشده و مجازات اعدام‌برای مرتکب مقرر گردیده، در صورتی‌که مجازات اعدام در مورد جرائم سیاسی اعمال و اجراء نمیشود. ثالثا درقوانین ما جرم سوء قصد از نظرقانون گذار جرم عمومی بوده ومجازات اعدام برای مرتکب معین شده و رسیدگی به آنرا درصلاحیت‌دادگاه های نظامی قرارداده‌است.

دادستان، جزئیات توطئه متهمان را فاش کرد

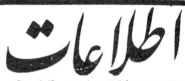

اطلاعات
سه‌شنبه دوم بهمن ماه ۱۳۵۲ - شماره ۱۴۳۱۲ تکشماره ۵ ریال

دادستان دادگاه: توطئه سوء قصد به شاهی که با شجاعت بی‌نظیر، سنت‌های وحشیانه متداول را نابود کرده، گناهی است که بتوان متهم را مجازات نکرد

★ تهیه پول برای متهمان بهر طریقی مجاز بود در صفحات ۷-۱۳ و ۴

محاکمه متهمان توطئه

از امروز در دادگاه تجدیدنظر آغاز شد

★ چهار متهم به صلاحیت دادگاه اعتراض کردند. دادگاه پس از رسیدگی اعلام صلاحیت کرد. در صفحه ٤

صبح امروز دادگاه تجدید نظر شماره یک اداره دادرسی نیرو های مسلح شاهنشاهی ایران برای رسیدگی باتهامات و اعترافات ۱۲ تن متهمان توطئه بمنظور سوء قصد علیه جان شاهنشاه آریامهر، علیاحضرت شهبانو و والاحضرت ولایتعهد به ریاست تیمسار سرلشگر احمد بهرون با حضور جمعی از خبرنگاران مطبوعات و رادیو و تلویزیون و نمایندگان خبرگزاری‌های خارجی تشکیل شد.

در دادگاه بدوی هفت تن از متهمان این پرونده بترتیب طیفور بطحائی، خسرو گلسرخی، منوچهر مقدم‌سلیمی، کرامت‌الله دانشیان، عباسعلی سماکار، محمدرضا علامه‌زاده، رحمت‌اله جمشیدی به اعدام و پنج نفر دیگر ابراهیم فرهنگ‌رازی، شکوه فرهنگ‌رازی، مریم اتحادیه، مرتضی سیاهپوش و فرهاد قیصری به زندانهای سه تا پنج سال محکوم شده بودند.

● **اعتراض به صلاحیت دادگاه**

هر دوازده نفر به رای صادره اعتراض کردند و همچنین دادستان نیز به محکومیت پنج نفر آخر اعتراض کرده بود و ساعت هشت و چهل و پنج دقیقه صبح امروز دادگاه تجدیدنظر برای رسیدگی باعتراض طرفین و اتهامات متهمان تشکیل شد ابتدا رئیس دادگاه اشاره به مواد ۱۹۳، ۱۹٤ در باره نظم دادگاه نمود و سپس با اشاره به ماده ۱۹۰ که در باره صلاحیت دادگاه حصول مرور زمان و نقص تحقیقات میباشد از متهمان سئوالاتی نمود و چهار نفر متهمین ردیف یک طیفور بطحائی، ردیف دو گلسرخی، ردیف چهار کرامت‌اله دانشیان و ردیف پنج عباسعلی سماکار بصلاحیت دادگاه اعتراض کردند.

● **من نظامی نیستم**

گلسرخی درباره اعتراض به صلاحیت دادگاه گفت بمن غیر نظامی خسرو گلسرخی میگویند پس چرا باید در دادگاه نظامی محاکمه شوم. دانشیان گفت من متهم سیاسی هستم و نباید در دادگاه نظامی محاکمه شوم. دو نفر دیگر هم بهمین نحو اعتراض مختصری کردند. در این موقع سرگرد یداللـه قبائی دادستان دادگاه در پاسخ آنان چنین گفت.

تعدادی از متهمین با عنوان نمودن اینکه اتهام منتسبه به آنان عنوان جرم سیاسی دارد بصلاحیت این دادگاه ایراد نمودند. این ایراد در دادگاه عادی نیز عنوان شد و با پاسخ مستدل دادستان، دادگاه نظامی خود را صالح دانسته و برسیدگی ماهوی ادامه داد. ولی چون همان ایراد مجددا در این دادگاه عنوان گردید ناگزیر مختصرا در رد آن دلائل زیر را باستحضار میرساند.

● **جرم سیاسی نیست**

اولا و بطور کلی مستند باصلی که مورد قبول کلیه علمای حقوق کشورها میباشد جرائم ناشی از اغراض شخصی، علیه اموال یا اشخاص معین نمی‌تواند در زمره جرائم سیاسی قرار گیرد و در این قسمت در دادگاه عادی توضیحات لازم داده شد که در صورت جلسات دادگاه ضبط و زیر نظر دادرسان محترم میباشد.

ثانیا در قوانین کشورهائی که جرم سیاسی تعریف شده سوء قصد نسبت بحیات رئیس مملکت بهر انگیزه‌ایکه باشد جرم سیاسی شناخته نشده و مجازات اعدام برای مرتکب مقرر گردیده در صورتی که مجازات اعدام در مورد جرائم سیاسی اعمال و اجراء نمیشود. ثالثا در کشور عزیز ما ایران جرم سوء قصد از نظر قانونگزار جرم عمومی بوده و مجازات اعدام برای مرتکب معین شده و رسیدگی به آنرا در صلاحیت دادگاه های نظامی که مستند باصل ۸۷ متمم قانون اساسی تشکیل می گردد قرار داده و این دادگاهها هم بموجب قانون دادرسی و کیفر ارتش آئین دادرسی خاص دارد.

این عرایض که بطور اختصار ولی در کمال صراحت معروض گردید مسلم میدارد که اظهار عقیده بر صلاحیت این دادگاه در رسیدگی باین پرونده مستند به قوانین کشور میباشد که لازم الاجراء بوده و نمیتوان آنرا بدلخواه تفسیر و تعبیر کرد.

● **رابطه جرائم**

معنای واقعی ایرادی که به صلاحیت دادگاه محترم شده آنستکه هرکس هر جرمی را بخواهد مرتکب شود بشود و بگوید جرم من جرم سیاسی است، بگوید من صندوق بانک را مسلحانه غارت کردم تا خرج رفقا کنم، بگوید من پاسبان را کشتم و اسلحه را برداشتم تا آدمهای دیگر را بکشم، بگوید رئیس بانک را کشتم که مزاحم چپاول من نباشد، بگوید عابر بیگناه بیچاره را کشتم مبادا با مامورین نسبت بدستگیری من کمک کند، بگوید توطئه برای ربودن اطفال میکنم تا آنها را وثیقه انجام خواسته‌هایم قرار دهم و بگویم زندانیان محکوم باید آزاد شوند و اینها جرم سیاسی است، زهی وقاحت و گستاخی، گستاخی بهمه چیز حتی بقانون، حتی باصول اولیه انسانیت و چون هیچ خدشه‌ئی در صلاحیت دادگاه موجود ندارد استدعا میشود برسیدگی ماهوی ادامه داده شود.

صفحه ۴ اطلاعات ـ سه‌شنبه دوم بهمن ماه ۱۳۵۲ ـ شماره ۱۴۳۱۲

محاکمه تجدید نظر متهمین توطئه آغاز شد

دادستان جزئیات توطئه متهمان را فاش کرد

صبح امروز دنباله دادرسی دوازده‌تن متهمان توطئه سوء ـ قصد در دادگاه تجدید نظر شماره یک بریاست سرلشگر بهرون ادامه یافت و چون روز گذشته دفاعیات وکلای مدافع خاتمه یافته بود در این جلسه سرگرد یداله قیائی دادستان دادگاه گفت اکثر مطالب وکلای مدافع یکسان بوده من بطور اجمال نقشه عمل انتسابی به متهمین و نحوه فعالیت هریک و ترتیب آشنائی آنان را باهم بیان میکنم وجواب‌کلی بعرض میرسانم.

● اغفال ساده‌دلان

منوچهر مقدم‌سلیمی که در جریان سوء قصد فروردین ماه ۱۳۴۴ بسه سال حبس مجرد محکوم شده و با برخورداری‌از عفو ملوکانه در آبانماه سال ۱۳۴۶ از زندان آزاد گردیده است با خسرو گلسرخی‌که او هم بقول خودش مارکسیست میباشد آشنا میشوند و مشترکا درصدد جمع افراد یا بهتربگویم اغفال ساده دلان برمی‌آیند تا گروه خود را بامرام و رویه اشتراکی توسعه دهند .شکوه میرزادگی یکی از کسانی‌بود که به‌آنها می‌پیوندد و ترتیب آنهم از این قرار بوده که یکی از نوشته های خود رادر اختیار گلسرخی میگذارد و گلسرخی بعد از خواندن باو میگوید که ذکر نام خدا در کتاب دلالت بر ضعف نویسنده داردومتعاقب آن با ذکر مطالبی او را آماده برای شرکت در گروه مینماید وپس‌ازمعرفی‌او به منوچهر مقدم سلیمی و تلقینات دیگر در یکی از جلسات نقشه شوم خودشان رامبنی بر سوء قصد نسبت‌بحیات اعلیحضرت‌همایون شاهنشاه آریامهر باوی درمیان میگذارند و چون اعتراضی از ناحیه او مشهود نمیگردد مشترکا شروع باقدامات عملی از قبیل شناسائی محل اقامت والاحضرت شاهدخت فاطمه پهلوی و همچنین بعد از آنکه بوسیله شکوه ، ابراهیم‌فرهنگ رازی را هم وارد معرکه میکنند موضوع شناسائی فرودگاه نوشهر و پلاژمخصوص خاندان جلیل سلطنت و فرودگاه‌نوشهر در مقصد آنکه اقدامات خائنانه خود را در آنجا انجام دهند می‌نمایند .

● ورود به معرکه

دراین میان شکوه فرهنگ رازی بشیراز میرود و در آنجا با طیفور بطحائی تماس می‌گیرد و پس ازمذاکرات چون هردونفر آمادگی ذهنی داشته‌اند طیفور مقاصد شوم خود را مبنی بر سوء قصد نسبت به حیات اعلیحضرت همایون شاهنشاه آریامهر باوی در میان میگذارد و مریم اتحادیه‌هم بمناسبت آشنائی با شکوه وارد معرکه میشود وقتی شکوه اظهارات طیفور را گوش میکند وجود همکاران خود را درتهران و نقشه پلید آنها را برای طیفور توضیح میدهد و نتیجتا این دو دسته با یکدیگر در یک هدف مربوط میشوند .

طیفور بطحائی موضوع را با عباسعلی سماکار مطرح وعباسعلی سماکار در تهران با محمدرضا علامه‌زاده تماس گرفته و حالا که بزعم خودگروه کاملی‌شده‌اند طرح دیگری مبنی بر ربودن علیاحضرت شهبانوی عزیزایران یا والاحضرت همایون ولایتعهد راتنظیم و تصمیم گرفته میشود که معظم‌لها و معظم‌له را موقع تشریف فرمائی به فستیوال‌بین‌المللی فیلم های کودکان ربوده ووثیقه‌آزادی‌تعدادی‌ازمحکومین زندانی قرار بدهند .

طرح خائنانه

در همین احوال عباسعلی سماکار در جلسات متعدد این طرحهای شوم‌رابااطلاع‌رحمت‌اله جمشیدی که دارای افکاری منحط و مستعد ترور بوده میرساند همچنین عباسعلی سماکار فرهاد قیصری را در جریان اوضاع قرار میدهد و نتیجتا گروه قیصری را هم به عنوان‌یکی از عاملین اجرای توطئه معین میکند نظر باینکه تحصیل پول بهرطریق کهبدست آید واسلحه برای آنکه مقصد شوم بموقع اجراء گذاشته‌شود ضروری تشخیص میگردد . بطوریکه‌دادرسان محترم‌میدانند، مسئله ربودن پول بیگناهی که قصد معامله داشته مطرح و طیفور بطحائی‌هم‌تدارک اسلحه را تقبل میکند و از اینجا با کرامت‌اله دانشیان که‌سابقه‌اقدام علیه امنیت کشور سابقه‌یکسال محکومیت وحبس داشته تماس میگیرد و طرح خائنانه خود را تشریح میکند و با او همپیمان میشوندو باپرداخت شانزده‌هزار ریال باو خریداری اسلحه و مهمات را بعهده وی محول ، برای امر تحویل و تحول ابتدا مرتضی سیاهپوش بوسیله‌شکوه فرهنگ رازی به طیفور بطحائی معرفی و این دو نفر در کافه رستوران الماسو واقع در ایرانشهر جنوبی‌ملاقات‌مینمایند که جریان آن از قرارواردرمز و درج آگهی قلابی درروزنامه کیهان و اقدامات انجام شده برای دادگاه محترم‌روشن‌است، اما عدای بزرگ‌که‌مالک جان شاه ملت مشیتش بر رسوائی این معترار گرفت‌وباهوشیاری ماموریـن انتظامی‌چگونگی کشف و متهمین غیر از دو نفر که قبلا توقیف شده بودند بتدریج بازداشت شدند . این اجمالی ازتفصیل این‌ماجرای‌شرم‌ناک‌است

من برای پاسخ دادن به مطالب وکلای مدافع که میخواهند بگویند کاری نشده اگر هم‌شده در مرحله فکر و تصمیم بوده و قانون‌قاصدرا در مرحله‌قصد مجازات نمیکند و ماده ۳۱۹ قانون دادرسی و کیفر ارتش استنادی دادستان با اتهام منتسبه به آنان منطبق نیست لازم دانستم بعرض دادگاه برسانم آقایان‌وکلای مدافع در بیان این‌مطلب بسفسطه دست زدند.

ماده استنادی دادستان ماده ۳۱۹ میباشد در مواد ۳۱۶ و ۳۱۷ قانونگذارعبارت را باکلمه هرکس شروع کرده کهمرادش مجرم منفردی است در حالی که وقتی برای ارتکاب یکجرم دو نفر یا بیشتر تبانی کنتددر حقیقت برای‌ارتکاب‌جرم قدرتی بیش از قدرت یک نفر تدارک دیده‌اند و بهمین ملاحظه قانونگذار بعد از تعیین مجازات فردیکه میخواهد مرتکب سوء قصد شوددرمقام‌تعیین مجازات کسانی برآمده است که مجتمعا و مشترکابرای سوء قصدتوطئه میکنند و در این ماده ۳۱۹ از نظر اهمیت جرم بجای عبارت (در صورتی که تهیه مقدمات باندازه‌ای باشد که قصدجنایت را محرز کند) مذکور در ماده ۳۱۸ عبارت به این اکتفا کرده است (در صورتیکه برای‌تهیه مقدمات جنایت امری را انجام یاشروع کرده باشد) نه تهیه مقدمات کرده باشند .

● ماده ۷۸ قانون مجازات عمومی

آقای دکتر نیابتی وکیل شکوه فرهنگ رازی که عمل انتسابی بموکلش را محرز میداند و بهمین ملاحظه مستند بماده‌۷۸ قانون مجازات عمومی تقاضای معافیت او را از مجازات‌دارد . یک جای دیگر میگویند کلمات در رشته های فنی و تخصصی معانی خاص دارد وقتی بمتهم اعلام میشود که تو با انجام مذاکرات با عده‌ای برای سوء قصد یا گروگان گرفتن مرتکب توطئه شده‌ای و او هم این مذاکرات و این اقدامات‌را اعتراف میکند اعتراف او به توطئه در معنای مذکور درماده ۳۱۹ نیست میخواهند بگویند او نمیدانسته که چنین مجازات سنگینی درانتظاراواست وگرنه اعتراف نمیکرد اوخیال میکرده توطئه یعنی صحبت کردن و احوالپرسی نمودن و چنین توطئه‌ای را اعتراف کرده‌اینها از این شاخ به آن شاخ‌پریدن است .

در مورد ماده ۷۸ باید بگویم این ماده مواد مقدماتی دارد که به آنها هم باید توجه شود باین توضیح که ماده ۷۰ همین‌قانون مربوط به سارقین مسلح و قطاع‌الطریق بوده که فسخ شده ورسیدگی باین جرائم بموجب مواد۴۰۸ و ۴۰۹ قانون‌دادرسی وکیفر ارتش در صلاحیت دادگاه های نظامی گذاشته شده ماده۷۶ همان قانون میگوید هر کس دستجات مذکور در ماده قبل یعنی دستجات راهزنان و یا اشرار مسلح و ماده ۷۷ میگوید هر کس داخل این دستجات‌که قانون گذار به آنها لقب مفسدین داده است باشد بچنین و چنان مجازات محکوم میشود پس از اینهاست که ماده ۷۸ مقرر می دارد هرکس داخل دستجات مفسدین باشد اگر قبل از تعقیب ویا حتی بعد از تعقیب مامورین را از قصد جنایت آگاه کند و اسامی اشخاصی راکه در فتنه و فساد دخیل بوده‌اند اطلاع بدهد

اطلاعات ـ سه‌شنبه دوم بهمن ماه ۱۳۵۲ ـ شماره ۱۴۳۱۲ — صفحه ۷

گزارش و رویدادها

سرگرد یداله تیاتی دادستان دادگاه تجدید نظر مامور رسیدگی به اتهامات و اعتراضات ۱۲ تن متهمان توطئه و سوء قصد بجان شاهنشاه آریامهر و علیاحضرت شهبانو و ولیعهد در مورد رای صادره دادگاه بدوی اعتراض کرده و چنین گفت:

هرچند باری که بمطالعه و بررسی رای دادگاه عادی می‌نشینم در ضمیر و قلب خود دو بازتاب کاملا متضاد می‌یابم. یکجا خشنود میشوم چون مشاهده میکنم که این دادگاه دقیقا موارد اتهام مندرج در کیفرخواست را پذیرفته و وجود آن توطئه ننگین و نفرت بار را از جانب تمامی افراد این گروه تائید کرده است و در جای دیگر سخت متاسف میشوم چون می‌بینم که در مورد پنج تن از آنان، بقبول شرایط مخففه از آن حد مکافاتی که سزاوار اینان بوده است چشم پوشیده است.

پرسش من این است. کدام شرائط مخففه؟

کودکان مهجور

آیا اینان کودکند؟ مهجورند؟ ندانسته و نا آگاهانه بدین گذرگاه ننگ و نفرت گام نهاده‌اند؟

برخی از این پنج نفر بقصد فرار از مجازاتی که در خور اتهام سنگین آنان بوده است خود را گول خورده معرفی کرده و گفته‌اند که چشم بسته بدام فریبکاران افتاده‌ایم و پاره‌ای اظهار داشته‌اند که احساس تالم از ناهنجاریها و مشکلات زندگی جامعی ما را برانگیخت و به این تبهکاری رعشه انگیز سوق داد.

من بصراحت باستحضار دادگاه میرسانم که همه این سخنان، فریبی بیش نیست و تنها بخاطر فرار از کیفر عنوان شده است. ولی آیا اینگونه ادعاها اصولا برای تخفیف جزای کسانی کفایت میکند که چنین ناجوانمردانه تیشه بدست بسراغ ریشه حیات ملتی آمده‌اند که در گذرگاه تاریخی دیرینه سال، شرف و حیثیت و بزرگی خود را بانثار خون پاک و هستی گرانمایه خویش تضمین کرده است؟ سوال من این است. در اینصورت چه پاسخی دربرابر ارواح طیبه آن زنان و مردان غیرتمندی خواهیم داشت که برای دفاع از وطن جان برکف بمیدان نبرد با دشمنان ملک و ملت گام می‌نهند و به بهای هستی خود شربت شهادت مینوشند؟ آیا میتوان پذیرفت که تنها فریب و وسوسه‌ای میتواند مایه میل به جنایتی چنین هولناک شود؟ جنایتی که تصور آن نیز پشت هر آزاده وطنخواهی را میلرزاند.

غمگساری برای بینوایان

من در محضر این دادگاه محترم درباره وقوع جرم و ارتکاب این گناه عظیم بحثی ندارم بویژه که دادگاه عادی باصدور رای خود مورد ادعا را محرز دانسته است و چگونه از یاد برده‌اند و بهتر بگوییم این حقیقت را نادیده گرفته‌اند که اگر روزگاری بیگانگان درباره ادار مشروط کشور ما تصمیم میگرفتند امروز نه فقط ما، بلکه دنیای شیفته آزادی و خواهان استقلال و آسایش رهبری رهبر بزرگ ما را برای رستگاری جامعه بشری پذیرا شده‌اند؟ اینان چگونه توانسته‌اند موقع و مقام احترام‌انگیز ایران را در سراسر جهان شرق و غرب بطاق نسیان بسپارند؟ و چگونه ثمرات عظیم رهبری شاهنشاه ایران زمین را در راه استیفای حقوق نفتی نه تنها ایران بلکه تمامی کشورهای تولیدکننده نفت از یاد

در کیفرخواست کاتکرار میکنم تنها کیفرخواست دادستان ارتش نیست بلکه ادعانامه تمامی ملت ایران است این نکته آمده است، دادگاهی که به این اتهام سنگین رسیدگی میکند در قیاس باموارد ظاهراً مشابه واجد حالتی استثنائی و ویژه است. در این دادگاه تنها بررسی ستیز و خصومت بیدریغی که برضد عالیترین تجلیات عواطف بشری روی داده است مطرح نیست. بلکه مطالعه و داوری بروی دسیسه رعشه‌انگیزی درمیان است که هدفش نابودی استقلال و موجودیت و هستی ملت ما و میهن ما بوده است و کجا میتوان

ملت میخواهد زنده بماند

پیوندی که ضامن بقای ملت ما در رهگذر حوادث گوناگون گذشته و در این آشفته‌بازار دنیای پرتشویش و اضطراب کنونی بوده است و هست. بیائیم بشناخت این واقعیت بنشینیم که اگر این پیوند جاوید و استوار نبود. کجا میتوانستیم بر این راه سربلندیها گام بگذاریم؟ مسئله ساده‌ای درمیان نیست که به عجز و لابه‌ای به آسانی درگذریم. این بهانه‌ها و فغانها نمیتواند به احساس ملتی پاسخ‌گوید که میخواهد زنده بماند و باافتخار زیست کند. این لابه‌ها

وکلای مدافع، متهمین، خبرنگاران و تماشاگران در دادگاه شماره یک تجدید نظر اداره دادرسی نیروهای مسلح شاهنشاهی

اما اینکه بعضا دسیسه خدانشانی خودرا در پس پرده غمگساری با بینوایان مستور میدارند و مدعی میشوند که پاره‌ای نابرابری های موجود در جامعه پای آنها را به سوی این تبهکاری بازکرده است چیزی جز نیرنگ فریبکارانه نیست تا بمدد آن از سنگینی بار مکافات خویش بکاهند. آخر اینان خود را باصطلاح در شمار گروه های تحصیل کرده و منورالفکر قلمداد کرده‌اند. پس چگونه‌اند چشم‌پوشی‌شان آنجاکه باید اینهمه دگرگونی اینهمه پیشرفت. اینهمه دست آورد را در جامعه خود لمس کنند. لنگ میزنند؟ آیا برای اینان میسر نیست کیفیت زندگانی میلیونها دهقان آزاد و صاحب آب و ملک شخصی شده را در این سرزمین مشاهده کنند و چگونگی حال و روز آنها را با احوال گذشته‌ای محنتبار دورشان قیاس نمایند؟ آیا اینان قادر نبوده‌اند حیات کارگران این مرز و بوم را که اینک بانواع حقوق اجتماعی و اقتصادی خود دست یافته‌اند بدرستی بشناسند و تابش خدمت آن سپاهیان جوان را که چراغ دانش و وسائل و امکانات درمان و بهداشت و شیوه های کار و زندگی امروزی را به اعماق روستاهای کشور برده‌اند مشاهده کنند؟

فریب نخورید

اینان چگونه آزادی جامعه زن ایرانی، این نیمی از نفوس کشور خود را بفراموشی سپرده‌اند؟ بپرند؟

آیا قابل قبول است که اینهمه دست‌آوردها و موفقیتها و پیشرفتها یکباره از حیطه نظر آدمی دور بماند و کمبودهائی چند که کما بیش اساسی و سیعتر و رنجبارتر از آنها در اعماق زندگی پیشرفته ترین ممالک امروزی جهان مشاهده میشود. کسی را که سنی از او گذشته و تجربه‌ای اندوخته و خود را در جرگه تحصیل کرده‌ها میداند به بیراهه سوق دهد؟ و آنهم براهی که بفنای ملتی منتهی میگردد. پس اینگونه بهانه‌ها و ادعاها را نباید جز بتلاشی فریب‌آمیز بخاطر فرار از کیفری بحق و منصفانه تعبیر و تفسیر کرد.

ادعای ملت ایران

من یقین دارم که این لابه‌های نیرنگبار نمیتواند از عظمت خطری که بدست این جماعت سیاهکار در شرف تکوین بود چیزی بکاهد. و البته امروز این اطمینان هم وجود هر ایرانی وطن‌پرست را گرم میکند و امیدش را زنده نگاه میدارد که می‌بیند هوشیاری و توجه پاسداران امنیت کشور چنان است که بخواست خداوند هیچگاه چنین فاجعه‌ای دامنگیر ملت ما نخواهد شد ولی یک لحظه چشم برهم نهیم و تصور کنیم که اگر خدای ناخواسته این دسیسه جنایتبار تحقق می‌یافت. چه‌ها که بروزگار این کشور و ملت نمی‌آمد؟

براین تبهکاری آشکار دیده اغماض برهم نهاد؟

من ازدادگاه محترم تقاضادارم بجای توجه به فغان فریبکارانه‌ای که میخواهند باصطلاح همدردی با محرومان را زمینه فرار از مکافات سازند، بژرفای حادثه و

در بنیاد توطئه‌ای که شرف و حیثیت ملی ما را آماج نابودی قرار داده بود تامل فرمایند، شرف و حیثیتی که به پاکبازی و فداکاری نیاکان خجسته ما قرنها نورافشان مانده است و بیشک ارواح مقدسشان نسل به نسل نگران آن بوده است که این ودیعه گرانقدر چگونه درهستی فرزندان خلفشان با همان عظمت وافتخار باقی خواهد ماند. بیائیم بجای گوش فرادادن به این لابه‌های دروغین و ندبه‌های فریب‌انگیز باز به آن واقعه شومی بیندیشیم که خدای بزرگ از سر رحمت بمردم این مرز و بوم از رویدادنش مانع

شد یعنی نخواست رشته حیات ملتی قطع شود که در فراز و نشیب تاریخ پرحادثه خود از هستی افتخارآمیز خودپاسداری کرده است.

بیائیم در ثمرات پیوندی غور کنیم که از روزگاران باستان در این سرزمین میان شاه و ملت استوار گشته است.

و ندامتها نمیتواند جوابگوی میلیونها مادر و پدر و فرزندی گردد که هر چشم زخمی به عزیزانشان دنیای هستی یکایک آنها را تکان میدهد.

اینجا سخن از آدمدزدی و دزدی ساده نمیرود که بجای خود مستوجب سخت‌ترین عقوبتهاست. اینجا حکایت از حادثه‌ای است که با مجموعه ذات و موجودیت یک ملت. یک قوم بزرگ ارتباط مستقیم پیدا کرده است. تکرار میکنم در عالم داوری ناگزیریم با تصور حدوث واقعه (اگرچه تصورش نیز رعشه‌انگیز است) به عواقب آن بیندیشیم. چه کسی میتواند این واقعیت تمام عیار را فراموش کند که نزد تمامی مردم این مرزوبوم. از خرد و بزرگ. پیر وجوان. زن و مرد. پیوند باشاه راز ومرز بقاء شمرده میشود؟ کیست که نداند برای هر ایرانی اصیل شاه مظهر موجودیت واستقلال و حاکمیت جاودانه ملی است؟ پس کجا ملت شریف ایران این جماعت را ازخود میداند؟ اینان شناسنامه و نام ایرانی را بخاطر همراه خود میکشند. ملت ایران بانگ و نفرت دست طرد و نفی برسینه آنان نهاده است. باردیگر در محضر این دادگاه محترم بصراحت اعلام میدارم که من کوچکتر از آنم تا آنچه را که میهن ما در این دنیای پرهراس در پرتو هدایت شاهنشاه آریامهر نصیب برده است بزبان وصف و بیان آورم. بیان من قاصر است

اخبار — اطلاعات ـ سه‌شنبه دوم بهمن ماه ۱۳۵۲ ـ شماره ۱۴۳۱۲ — صفحه ۱۳

توطئه با مجموعه موجودیت ملت بستگی داشته است

که عظمت دینی را که ملت ایران در قبال رهبر بزرگ خود دارد بر زبان جاری کنم. دیگر این تنها ما نیستیم که از کشورگاه سپاس و شکر در برابر رهبر بزرگ خود که از ابعاش سرچشمه نهاد شناسی این دست‌آوردها و مواهب بوده است سر تعظیم و اکرام فرود بیاوریم، بلکه امروز جهانی که شیفته آزادی و کسب حق و حاکمیت بر سرنوشت خویش است از رهبر ما در مقام پیشوائی بزرگ و رهبری توانا یاد میکند.

در اینجا دادستان خطاب به ریاست دادگاه، دادرسان گفت: من میگویم با همه درموردنحوی که حتی از تصور وقوع واقعه بر ما مستولی میشود، با همه پلیدی که از غیرممکن بودن فاجعه در شرایط فعلی باید داشت معذا بقصد رسیدن به یك داوری عادلانه و منصفانه ناگزیر باید اندکی در این اندیشه غور کنیم ودستکم از خود بپرسیم، چه میشد اگر این دسیسه تحقق می‌یافت؟ کجا بودیم اگر این ناجوانمردی راه پیدا میکرد و عملی میشد؟

بیش از این چه بگویم؟ جزآنکه بنام ملت ایران. ملت شیفته و شایسته بزرگی واستقلال ملتی که شاه خود را تاسرحد تصور دوست دارد و بر قلب خویش جایش داده است. بنام نیاکان خجسته خود، آنها که در راه حفظ و سربلندی وطن از جان و هستی خویش دریغ نکردند. بنام عشق مادران و پدران بفرزندان. بنام علقه های انسانیت و جوانمردی. بنام آن بیمارانی که در بیمارستانها و جذامخانه‌ها و آسایشگاهها ببرکت رحمت شاهنشاه وشهبانوی خود امید به آینده را در مغز هائ خود می پرورند. بنام آن نیازمندان رفع نیاز شده‌ای که در پرتو حمایت شاهنشاه و شهبانوی خود هرشامگاه سر راحت ببالین میگذارند وهر صبحگاه باقلب براز عشق سراز بستر برمیگیرند.

بنام ملت ایران و بپاس سربلندی ایرانزمین. بشکرانه امنیت و راحتی که از آن برخورداریم. از این دادگاه محترم این ملتمس عدالت وانصاف میخواهم مکافاتی که سزاواردرخور این تبهکاران و سیاهدلان است برای آنان مقرردارد.

دفاع از متهمان

پس از پایان سخنان دادستان سرهنگ دکتر حسینی وکیل مدافع طیفور بطحائی، خسرو گلسرخی و کرامت‌الله دانشیان اظهار داشت، لایحه‌ای در ۷ برگ تهیه کرده‌ام که پس از توضیحاتی که در مورد آن خواهم داد، تقدیم خواهم کرد.

وی در مورد اعتراض بهرای صادره گفت: بند مورد مستندات کیفرخواست، مشروحا بمعنال نبودن مـوارد کیفرخواست بخصوص در باره عدم انطباق ماده استنادی دادستان به مواد ۳۱۶ و ۳۱۷ توضیحات کافی در دادگاه عادی دادم و چون موردعنایات دادرسان آن دادگاه واقع نشد لذا استدعا می کنم که عطف توجه به آن لایحه بفرمائید. وی سپس توضیح داد:

در کیفرخواست ذکر شده که خسرو گلسرخی بمعیت منوچهر مقدم‌سلیمی افرادی را دور خود جمع می کند. در این اوضاع و احوال خانم شکوه میرزادگی (فرهنگ رازی) با او آشنا می شود و سه نفری نقشه سوء قصد به حیات شاهنشاه آریامهر را طرح می کنند و با تهیه مقدمات مسیر شاهنشاه را به محل اقامت والاحضرت شاهدخت فاطمه پهلوی شناسائی نموده و گلسرخی در مقام تهیه کروکی بر می آید و در این احوال ادعا شده است که خسرو گلسرخی با ابراهیم فرهنگ رازی آشنا می شود و نظر او را به همکاری جلب می کند و امکان سوء قصد در نوشهر و سن موریتس را با او در میان می گذارد. اما همه این ها حرف بودو آنچه که گفته شد هیچ کدام از فکر به فعل در نیامده بود.

بحث حماسی

وکیل مدافع در مورد طیفور بطحائی گفت:

خانم شکوه فرهنگ به شیراز سفر می کند و در آنجا در یک مصاحبه تلویزیونی باطیفور بطحائی آشنا می شود و طرح سیمرغ رامطرح میکند درحالیکه تمام اینها برای خانم شکوه فرهنگ جز گزافه گوئی و خود بزرگ کنی چیزی نبوده است. ما بخوبی می بینیم که این مذاکرات و صحبت ها بیک بحث حماسی و تظاهر به اصطلاح روشنفکری و بی پایه بیشتر شبیه است تا به امور جدی.

حال می بینیم که ادعاهای طیفور بطحائی درست مانند اینستکه یک بچه با یک شمشیر چوبی در جنگل بخواهد تارزان بازی کند.

وکیل مدافع در دفاع از کرامت‌الله دانشیان گفت: موکل تنها چیزی را که صادقانه اعتراف کرده، قبول طرح گروگان گرفتن استکه در این زمینه حاضر به همکاری شده و انکار هم نمی کند.

موکل من در مذاکرات مربوط به سوء قصد به حیات شاهنشاه آریامهر، علیاحضرت شهبانو و والاحضرت همایون ولایتعهد شرکت نداشته است.

بنابراین استدعای فسخ رای دادگاه عادی را می نمایم.

طراح نبودن

سپس، سرهنگ ستایش قاجار وکیل مدافع، منوچهر مقدم‌سلیمی، عباسعلی سماکار، مرتضی سیاهپوش و فرهاد قیصری، که لایحه دفاعیه خود را که در ۱۸ صفحه تهیه کرده بود قرائت کرد و ضمن آن گفت موکلین من انکاری را در سر می پروراندند که بهیچوجه من الوجوه نتوانسته‌اند آنرا از قوه به فعل درآورند. رجاء واثق دارم که دادرسان محترم با توجه به محتویات پرونده و اظهارات متهمین در محضر دادگاه عادی که گفته‌اند تنها بفکر سوء قصد به حیات شاهنشاه آریامهر، علیاحضرت شهبانو و والاحضرت ولایتعهد برآمده‌اند و قصد اجرای آنرا نداشته‌اند، توجه بیشتر مبذول داشته و رای عادلانه صادر فرمایند.

باید بگویم موکلین من طراح نبوده‌اند و فقط شنونده بوده‌اند و تمام توطئه ها در مرحله قصد متوقف گردیده است.

فکر بود نه عمل

چهل و پنج دقیقه بعد ازظهر تنفس داده شد و ساعت دو و ۱۵ دقیقه بعد ازظهر مجدداً رسمیت دادگاه اعلام گردید و سرهنگ پهلوان وکیل مدافع محمد رضا علامه‌زاده لایحه دفاعیه خودرا که نسبت بهرای صادره از دادگاه عادی تهیه کرده بود قرائت نمود.

وی گفت موکل من در مورد سوء قصد به حیات شاهنشاه آریامهر بهیچوجه دخالتی نداشته و در موضوع گروگان گرفتن علیاحضرت شهبانو و والاحضرت ولایتعهد نیز دست نداشته، نه از موضوع سوء قصد آگاه بوده، نه اسلحه تهیه کرده، نه مهمات تهیه کرده، نه شناسائی کرده است.

تنها اتهام علامه زاده این است که بنا باظهار عباسعلی سماکار، در مورد گروگان گرفتن علیاحضرت شهبانو میان ایندو نفر و رحمت‌الله جمشیدی صحبت شده استو فقط در حد یک مکالمه عادی بوده است. باید عرض کنم که این مکالمه موکل بنده را تحت تاثیر قرار داده استو بصورت ارتجالی و ابتدائی بوده، ودر ضمن این مکالمه، موکل گفته که گروگان گرفتن شهبانو و والاحضرت ولایتعهد بمنظور آزادی زندانیان بوده است و این مکالمه بهیچوجه بصورت عمل در نیامده است بنابراین از دادرسان محترم تقاضای شکستن رای صادره از دادگاه عادی را برای موکل خود می نمایم.

سپس سروان دکتر هاشم عباسی، وکیل‌مدافع رحمت‌الله جمشیدی، ابراهیم فرهنگ ـ رازی، شکوه میرزادگی (فرهنگ رازی) ومریم اتحادیه، در اعتراض نسبت به رای دادگاه بدوی و دفاع از موکلین خود، برداخت وضمن تقاضای مشروح خود گفت:

باید کیفرخواست با توجه به اظهارات متهمین در مراحل بازجوئی در سازمان محترم امنیت، در محضر بازپرس تهیه میشد.

در جواب دادستان محترم که اظهار داشتند متهمین برای فرار از مجازات اظهار ندامت کرده‌اند. باید بگویم اینطور نیست. آنها متنبه شده‌اند و از اندیشه‌ای که در مورد توطئه سوء قصد در مغز خود می‌پروراندند پشیمان و نادم گردیده‌اند.

در مورد رحمت‌اله جمشیدی باید عرض کنم که وی قصد توطئه به حیات شاهنشاه آریامهر، علیاحضرت وولایتعهد را نداشته است متهم باید شروع باجرای قصد خود کرده باشد تا بتوان او را مجرم شناخت در حالیکه موکلین من در مورد سوء قصد فقط فکر و اندیشه‌ای را با سماکار مطرح کرده و بهیچوجه در صدد اجرای آن برنیامده‌اند.

باعرض مراتب فوق، تقاضای بذل توجه نسبت به جمشیدی را دارم.

وکیل مدافع سپس بدفاع از ابراهیم فرهنگ رازی، شکوه میرزادگی و مریم اتحادیه پرداخت و گفت. تنها فعالیت ابراهیم فرهنگرازی وهمسرش (شکوه) تهیه یک ماشین تایپ بوده است و هیچگونه دخالت در امر سوء قصد نداشته‌اند.

در باره دفاع از مریم اتحادیه، وکیل مدافع گفت. همانطور که وی در آخرین دفاع خود اظهار داشت، فریب خورده و این جریان سیلی محکمی بر صورت او بوده و همین امر موجب شد که وی و دیگر موکلین من اظهار ندامت و پشیمانی کنند.

بنابراین از محضر دادگاه تقاضای صدور حکم برائت موکلین خود را دارم.

اطلاعات

چهارشنبه سوم بهمن ماه ۱۳۵۲ ـ شماره ۱۴۳۱۳ تکشماره ۵ ریال

دادگاه نظامی امشب رأی میدهد

صبح امروز محاکمه ۱۲ تن متهمان به سوءقصد بجان شاهنشاه و شهبانو و ولیعهد پایان یافت

● طیفور بطحائی: من فکر آنارشیستی را مردود می دانم و توطئه گروگان را قبول دارم

● شکوه فرهنگ: قبول دارم که اشتباهم در حد یک فاجعه بود.

● منوچهر مقدم سلیمی: دادگاه بدوی مرا بخاطر داشتن اندیشه تبهکارانه محکوم کرد حق هم داشت.

در صفحات ۱۱ و ۱۳

خسرو گلسرخی متهم ردیف دوم که در دادگاه عادی محکوم به اعدام شده است در دادگاه تجدید نظر آخرین دفاع خود را ایراد میکند. پشت سر وی طیفور بطحائی و منوچهر مقدم سلیمی، دو تن دیگر از متهمین دیده میشوند.

اطلاعات

پنجشنبه چهارم بهمن‌ماه ۱۳۵۲ شماره ۱۴۳۱۴ تکشماره ۵ ریال

در دادگاه تجدیدنظر

متهمان توطئه علیه جان خاندان سلطنتی

۵ نفر ازمتهمان توطئه دردادگاه تجدید نظر نیزمحکوم باعدام شدند

حکم اعدام دونفرازمحکومین به ۱۵ سال و ۱۰ سال زندان تبدیل شد

طیفور بطحائی (اعدام)

خسرو گلسرخی (اعدام)

کرامت‌اله دانشیان (اعدام)

عباسعلی سماکار (اعدام)

محمد رضا علامه‌زاده(اعدام)

دادرسان دادگاه شماره یک تجدیدنظر علني اداره دادرسی نیروهای مسلح شاهنشاهی پس از ۸ ساعت وده دقیقهشوروو رسیدگی به پرونده اتهامی ۱۲ نفر متهمین توطئه سوء قصد بهحیاتشاهنشاه آریامهر ، علیاحضرت شهبانو و والاحضرت همایون ولایتعهد رای خود را صادر کرد .

بموجب این رای۵ نفر ازمتهمان به اعدام محکوم شدند و هفت نفر بقیه از ۱۵ تا یک سال حبس محکومیت یافتند .

ساعت ۹ و ده دقیقه بامداددیروز پس از پایان آخرین دفاع متهمین ختم دادرسی اعلامشد و دادرسان دادگاه وارد شور شدند .

منوچهر سلیمی مقدم (۱۵سال‌حبس)

در ساعت ۵ و ۲۰ دقیقه بعد از ظهر دیروز دادرسان از شورخارج شدند و رسمیت دادگاه بوسیله تیمسار سرلشگر بهروی با حضور متهمین و وکلای مدافع آنان و خبرنگاران اعلام شد .

رئیس دادگاه خطاب به منشی اظهر داشت رای دادگاه خوانده شود .

بموجب رای صادره محکومیت ۱۲ نفر متهمین باین شرح اعلام گردید :

طیفور بطحائی اعدام ، خسرو گلسرخی اعدام ، منوچهر سلیمی مقدم ۱۵ سال حبس جنائی درجه یک ، کرامت‌اله دانشیان اعدام ، عباسعلی سماکار اعدام ، محمدرضا علامه‌زاده اعدام ، رحمت‌الله‌جمشیدی ده سال حبس درجه یک جنائی ، ابراهیم فرهنگ‌رازی۳ سال حبس جنائی درجه‌یک ، شکوه میرزادگی

رحمت‌اله جمشیدی (۱۰ سال حبس)

(فرهنگ‌رازی) سه سال‌حبس‌درجه یک جنائی ، مریم اتحادیه به سه سال حبس جنائی درجه یک ، مرتضی سیاهپوش ۵ سال حبس جنائی درجه یک ، فرهادقیصری به یک سال حبس جنحه‌ای .

تخفیف مجازات

دادگاه عادی‌شماره‌یک علنی‌اداره دادرسی نیروهای مسلح‌شاهنشاهی ۷ تن از متهمین را محکوم به اعدام نمود ولی در دادگاه شماره یک تجدید نظر دو نفر به اسامی (منوچهر سلیمی‌مقدم و رحمت‌اله جمشیدی) که ضمن اظهارات و آخرین دفاع خویش شدیدا اظهار ندامت کرده بودند از اعدام‌رهائی یافتند و به ترتیب به ۱۵ سال و ده سال حبس محکوم شدند .

مریم اتحادیه که در دادگاه‌عادی به ۵ سال حبس محکوم شده بود نیز که ضمن اظهار ندامت ، از عمل خود متأثر گشته بود در دادگاه تجدید نظر به سه سال حبس محکوم شد .

فرهاد قیصری منوچهرنوشهادوازدهم که در دادگاه عادی به سه سال حبس محکوم شده بود در این دادگاه به یک سال حبس‌جنحه‌ای محکومیت یافت .

بایدواقعیت‌هارا‌شناخت

پیروزیهای درخشان وبهایی ایران در قلمرو اقتصاد ، سیاست خارجی و دستیابی به منابع‌ملی وتثبیت حاکمیت سیاسی در گروه کشور های آزاد جهان و بالاخره آنچه که طی سالهای اخیر به رشد جامع‌وگسترش‌امکانات سرزمین ما انجامیده است ، دشمنان سوگند خورده‌ایران را بتکاپوئی میث و مذبوحانه ودر سطح اعمال ضد انسانی برانگیخته است .

کینه جوئی و خصومت به استقلال کشور ما ومخالفت با پیشروی ایرانی پدیده‌ای نو یافته نیست و قرنهاست که سرزمین ما بخاطر امکانات شگفت‌آور طبیعی ومقدورات استثنائی خود که ناشی از استعداد هموطنان ما و پشتوانه مستحکم تاریخی و ذهنی ایران است هدف‌توطئه های طراحان نقشه های ضد ملی بوده است .

و اکنون ملت ایران باحرکت کاروان انقلاب وبا اتکاء به هشیاری ذاتیش منشاء دگرگونیهای عظیمی خواهد شد که نه تنها موقع اورا در منطقه بلکه سراسر جهان به اوج خواهد رساند .

گفتیم که سخن از بدسگالی دشمن‌نیست چرا که از خصم جز نابکاری نباید انتظاری داشت ولی آنچه ضروری است دانستن این پاسخ استکه چرا نسل جوان ما بابهمطعمه این سیاستگریهای رذیلانه شود و چگونه است که برای‌انجام‌توطئه های‌استقلال شکن از عده‌ای جوانان ما یاری گرفته میشود .

نگاهی به متن آخرین دفاع متهمین به سوء قصد بجان شاهنشاه نشان میدهد که دشمن سخت در کمین فریب و اغفال عزیز ترین ذخائر معنوی کشور ما یعنی‌نیروی جوان است وبا وجوداینکه بارها در این رهگذر با شکست و بدنامی روبرو شده همچنان چشم طمع به جوانان دارد ولی چون اکثریت نسل جوان کشور ما رنگ فریبکارانه دشمن را می‌شناسد جزبه‌اغفال‌معدودی موفق نمیشوند که آنها نیز در نخستین دیدار با واقعیات از رفتار و اندیشه خود شرمسار و منفعل میشوند و همین مسئله است که دشمن را مایوس تر از همیشه‌میکند و برهشیاری ما برای بزرگداشت دستآورد های انقلابی جامعه ما که برهبری شاهنشاه آریامهر حاصل شده است راسخ‌ترمیسازد.

دادگاه دوم

■ **متن دفاعیات اعضای گروه**
(توضیح: انتشار متون این دفاعیه‌ها در روزنامه‌ها، به دلایل گوناگون، همراه با سانسور و یا تغییراتی در کمیت و کیفیت آن‌ها بود.)

رئیس دادگاه تجدید نظر: سرلشگر بهرون، دادستان: سرگرد یدالله قیائی. وکلا: سرهنگ دکتر حسینی، سرهنگ پهلوان، سرهنگ فتح‌الله ستایش قاجار و سروان دکتر هاشم نیابتی.

■ **متن دفاعیهٔ طیفور بطحائی**
«با تائید دفاعیات موجود در پرونده، بار دیگر به مسئله اتهام توطئه سوء قصد اشاره کرده این اتهام را با دلایل زیر رد می‌کنم؛
۱- تمام فعالیت‌های عملی من که در پرونده منعکس است به منظور همکاری در طرح گروگان بوده و هیچ کدام مربوط به سوء قصد نیست. که بعداً در باره این طرح نیز سخنی خواهم گفت.
۲- هیچگونه زمینهٔ فکری در این باره وجود نداشته و این طرح قبل از

به اصطلاح تشکیل این گروه حاضر بوده است، و با مقایسه تاریخ روابط افراد این مسئله مشخص می شود و تنها کسی که قبلاً با من دوست بوده عباس سماکار (که به استناد خود کیفر خواست از مدتها قبل با هم همکاری داشته ایم)، هیچ گونه حرفی در این باره بین ما رد و بدل نشده. چه، اگر زمینه فکری وجودداشت، این امر حتمی بود.

۳- نوع اتهام درباره من چنین است که می خواسته ام در تشریفات بعنوان فیلمبردار شرکت کرده و مواد منفجره در دوربین بگذارم و منفجر کنم؛

اولا، من هیچ وقت در تشریفات نبوده و نمی توانستم باشم؛ چرا که، سمت من متصدی دوربین ویدئو ست و محل کارم همیشه داخل استودیو، و این، با یک تحقیق ساده از سازمان مربوطه به اثبات رسیده. ثانیا، دوربین فیلمبرداری چنین امکاناتی را ندارد که موادی چنین [در] آن گذاشته شود. ثالثاً، دوربین قیلمبرداری در اختیار من نبوده و نمی توانسته باشد، و اصولاً افرادی که در تشریقات فیلمبرداری می کنند محدود و مشخص هستند و کارت های مخصوص برای آن ها صادر می شود.

۴- هیچ گونه پی گیری و نشانه ای که من خواسته باشم در تهیه امکانات این منظور تلاشی کرده باشم، نیست و در واقع هم نبوده.

۵- با طرح های دیگر نیز که در این زمینه پیشنهاد شده همان طور که در پرونده ها منعکس است مخالفت کرده ام. و با توجه به مراتب بالا چگونه می توان اتهام توطئه را وارد دانست. و این که، در دلائل رأی صادره از دادگاه عادی، اعترافات من در محضر دادگاه هم ذکر شده. من نمی دانم کدام یک از حرف های من در دادگاه مبین این نظر است؟ آن چه در مورد این اتهام وجود دارد، حرف هائی است که به طور ضمنی از دیگران روایت شده که هیچ نوع تحکم و استدلالی بر وجودش نمی توان قائل شد و بهیچ وجه آن را نمی شود تصمیم یا اصولاً یک حرف جدی قلمداد کرد.

در مورد اتهام گروگان، آن چه من می توانم بگویم این ست که بدین منظور، من در جهت تهیه سلاح اقداماتی بشرح در پرونده انجام داده ام؛ اما عامل اجرائی نبوده ام و به اقرار دیگر متهمین و به شواهد موجود در پرونده، نه تنها هیچ گونه سوء قصدی مطرح نبوده؛ بلکه، برای جلوگیری از وجود احتمالی آن نیز پیش بینی هائی شده بود. از جمله قبول شرط نبودن سوء قصد و گفتن [این] که اگر انجام آن با این شرط مقدور به نظر نیامد، از انجام هرگونه عملی خودداری شود. (که این عبارت، در دو پرونده تکرار شده) و پرونده ها خود شاهد بر این مدعا هستند که هیچ گونه تصمیم نهائی و جمعی در بارهٔ این موضوع گرفته نشده و این که ما می دانیم که به طور کلی این طرح غیرممکن بود، و بصورت جرم محال است.

شاید نظر چنین باشد که دلایل موجود در رد دلایل جرم ضعیف است. اما

من می گویم خیر، بسیار هم قوی است. چرا که دارای یک زیربنای فکری است و این زیربنا جز این را نمی توانسته مقدور دارد. این زیربنای فکری که در افراد وارد در این طرح تقریباً مشترک بوده و یا چنین وانمود می شده، و در دفاعیهٔ قبل انگیره ها و چگونگی هایش را مشخص کرده ام، از هر گونه جاه طلبی، ماجراجوئی به دور بوده، با هرج و مرج و هر گونه عمل بی پایه و بی اساس و سطحی مخالف است و اهدافی جز به زیستی و سعادت و ایمنی انسان ندارد. و من به شخصه هر گونه فکر آنارشیستی را که در واقع اتهام من بدان نسبت گرفته مردود می دانستم و می دانم. اما چون مجال بحث بیشتری در این مورد در این جا نیست، به این اکتفا می کنم که بگویم؛ خواهش آزاد کردن چند نفر از زندانیان سیاسی که باستناد پرونده ها افراد خاصی هم مورد نظر نبوده اند، [نباید] انگیزه ای جز انسان دوستی داشته باشد. و من هم جز این نخواسته ام. و تکرار می کنم؛ جز این هدف، هیچ هدف دیگری نبوده و با هر گونه پیش آمدی غیر از این مخالفت شده، و این، نمی تواند یک فکر با زیربنای آنارشیستی باشد و نیست. پس اتهام سوء قصد هم نمی تواند در آن قرار بگیرد.»

(اطلاعات، چهارشنبه ۳ بهمن ۱۳۵۳ شمسی، ص۱۱)

■ متن دفاعیه خسرو گلسرخی

«جامعه ایران باید بداند که من در اینجا صرفاً بخاطر افکار مارکسیستی محاکمه می شوم. و در دادگاه نظامی محکوم به مرگ گشته ام. من در این دادگاه که آقایان ژورنالیست های خارجی حضور دارند، اعلام می کنم که علیه این پرونده و علیه رأی صادره از دادگاه عادی، به تمام مراجع و کمیته های حقوقی و قضائی جهان اعلام جرم می کنم. و این مسئله ای ست که به واقع باید بدان توجه شود. دادگاه نظامی عادی، حتی این زحمت را به خود نداده که پرونده را بخواند. من که یک مارکسیست لنینیست هستم، و به شریعت اسلام ارج بسیار می گذارم، معتقدم که در هیچ کجای دنیا، در کشورهای وابسته و تحت سلطهٔ استعمار، حکومت ملی نمی تواند وجود داشته باشد؛ مگر آن که حتماً یک زیربنای مارکسیستی داشته باشد.»

(اطلاعات، چهارشنبه ۳ بهمن ۱۳۵۳ شمسی، ص۱۱)

■ متن دفاعیهٔ منوچهر مقدم سلیمی

«من اکنون به عنوان یکی از متهمین این دادگاه، به خاطر داشتن افکار و عقایدی که منجر به اندیشه ای تبه کارانه گردید به داوری خوانده شده ام. و در دادگاه بدوی، مردان قانون، کیفر چنین عمل و اندیشهٔ تبه کارانه ای را به دفتر زندگی ام نوشتند. حق هم همین بود. کسی که به همهٔ سنن ملی و میهنی خود پشت نماید، کیفری جز این نباید انتظار داشته باشد. همان طور که به عرض

رسید، اندیشهٔ بدبینی، فقر، بی توجهی و ستمی که به زندگی ام شده بود، مرا به سوی مکتبی سوق داد که همهٔ زمینه های گران بار میهنی ام را فراموش کردم. و اکنون چگونه و با کدامین کلمات می توانم این اندیشه را در پیشگاه قانون توجیه کنم. جز واقعیاتی که مرا در این راه بی فرجام تکان داد، و دیدگانم را به روزن واقعیت آویخت. شما هرگز باورتان نخواهد شد مردی که همهٔ عمر با عواطف و انسانیت زیسته است، سامان و خانمانی دارد، عشق و عاطفه می فهمد، بیک باره در چنگال چنین افکار نابکارانه ای گرفتار شود.»

منوچهر مقدم سلیمی سپس مطالب مشروحی بیان داشت و مارکسیسم اسلامی را محکوم کرد و به اولیای جوانان هشدار داد که مواظب فرزندان خود باشند، تا به روزی که ما گرفتار شده ایم نیافتند.

(اطلاعات، چهارشنبه سوم بهمن ماه ۱۳۵۲، ص ۱۱)

■ متن دفاعیهٔ کرامت دانشیان

«در بیدادگاه اول، بنا به شرایط فاشیستی حاکم بر آن، دفاع مرا ناتمام شنیدید. **هم‌چنین، دفاع دوستم گلسرخی را. اما من دفاعم، جز دفاع از حقوق توده‌های فقیر و تحت ستم و حمله به ضدانقلاب و دشمنان قسم خوردهٔ مردم چیز دیگری نیست.**

اگر وحشتی از نیروی انقلابی و مبارزات مردم ندارید، و در واقع به مرگ طبقهٔ حاکم بر ایران مؤمن نیستید، تاریخ این واقعیت را نشان تان داده و خواهد داد. ایمان ما به پیروزی جنبش نوین ایران و سراسر جوامع طبقاتی جهان، عظیم ترین قدرت ما ست.

و این را بگویم که مارکسیسم، هیچگاه مورد خوشایند طبقهٔ حاکم و وابستگان آن ها نیست.»

(بخش درشت نویسی، بخش سانسور شدهٔ دفاعیهٔ دانشیان در اطلاعات، چهارشنبه ۳ بهمن ۱۳۵۳ شمسی، ص۱۱)

■ متن دفاعیهٔ عباس سماکار

«نقش محیط اجتماعی انسان در شکل گیری تعارضات، بی شک مورد تائید همه است. و بر اجتماع است که در رفع نواقص موجود، چه در شکل آشکار و چه در شکل پنهان آن کوشا باشد. نقش انسان، به عنوان یک موجود تعیین کننده از دیدگاه ماتریالیسم انکار نشدنی است و آن‌چه او را بر آن می دارد تا سرنوشت خود را به دست خود تعیین کند، همانا مردمی و انسانیت و پاکی است. با چنین اعتقادی باید پذیرفت که در محیطی نابرابر، برخوردها شکلی حاد به خود می گیرد و انسان اگر نتواند این را درک کند، از زندگی خود و دیگران و حق مسلمش به عنوان یک موجود خلاق، نخواهد توانست دفاع کند.

من اعتقاد دارم که در این شرایط، اغلب زندانیان سیاسی ایران دچار بی‌عدالتی شده و از حق انسانی شان که زندگی خلاق است دورمانده اند. و طبعاً من حق داشته ام در برابر ناراحتی آنان دگرگون شوم. و بر من و دیگران است تا در رفع ناراحتی آنان کوشا باشیم. زیرا آنان به خاطر مردم در این زندان ها به سر می برند و عمل من، یعنی قبول پیشنهاد گروگان گرفتن نیز مؤید همین عقیده است. من در شرایط همین مردم زیسته ام و همان محرومیت ها را نیز چشیده ام. لذا نمی توانم تعارضی نداشته باشم.

اگر آزاد بودم و محیطم اجازه می داد، شاید مسیرم چیز دیگری بود. شاید شکل ساده تری از روشنگری را انتخاب می کردم؛ ولی متأسفانه، همیشه محدودیت هائی را حس می کردم که به شدت از هرگونه ابراز عقیده ای جلوگیری می کرد و هرگونه انتقادی را به دیدهٔ دشمنی می گرفت. پس ناچار بودم در مسیر حادتری قدم بردارم.

البته همیشه با هرگونه آشوب طلبی و هرج و مرج مخالف بوده و هستم و قبول این پیشنهاد را که صرفاً عبارت بوده است از گروگان گرفتن جهت آزادساختن عده ای از زندانیان سیاسی، هیچ گاه آشوب طلبانه نمی دانم؛ زیرا هیچ گونه تروری در کار نبوده است، و اگر احیاناً در این مورد گفتگوی مختصری بین من و یکی از دوستانم شده است، در همان حد باقی مانده و دیگر ادامه نیافته و تصمیمی مبنی بر ترور هیچ کس گرفته نشده است.»

(اطلاعات، چهارشنبه ۳ بهمن ۱۳۵۳ شمسی، ص۱۱)

■ **متن دفاعیه رضا علامه زاده**

«من امروز در مقام یک محکوم به اعدام که تقاضای تجدید نظر درحکم صادره کرده است حرف می زنم. یک فرد که تنها بخاطر فکر کردن به یک مسئله، بدون هیچ گونه اقدام و حتی اطلاع از چگونگی اقدام دیگران، محکوم به اعدام شده است.

من بعنوان یک انسان متکی به اصول اخلاق، در مورد آزادی زندانیان سیاسی فکر کرده ام، بدیهی است فکر کردن یکی از خصائص انسان است و وجود زندانیان سیاسی یکی از مسائل هر جامعه محسوب می شود و حداقل کاری که یک انسان در قبال کشورش می تواند انجام دهد فکر کردن به مسائل آن است. قبول دارم که اگر این تفکر باعث ایجاد اغتشاش یا اتخاذ روشی مخالف مصالح مملکت گردد مستوجب عقوبت است. البته اگر یکی از آن ها برای تحقق این آرزو اقدامی مخالف مصالح کشور کرد باید مجازات شود؛ ولی، هم چنان که بارها ذکر کرده ام من در جریان حرفی ساده نه برنامه ای در جهت اقدام قرار گرفتم. و چون آنرا موافق طرز تفکر خود ندیدم، و این عمل را نه فقط راه حل این مسئله نیافتم؛ بلکه ایجاد معضلات بیشتر تشخیص دادم، از پیگیری آن

خودداری کردم. و نه تنها خودم عملی انجام ندادم، بلکه قبول ندارم که موجب اقداماتی مخالف مصالح کشور از طرف کسان دیگر شده باشم. دلیل مهم این ادعا این ست که در کیفرخواست ضمن طرح هائی که به گروه نسبت داده شده، یکی هم گروگان گرفتن والاحضرت مهناز برای آزادی زندانیان سیاسی بوده است که آقای سماکار با عنوان کردن حرف من و خودش به یکی از افراد آن گروه باعث شده است که به جای والاحضرت مهناز، علیاحضرت شهبانو و یا بزعم خودشان والاحضرت ولایتعهد را بگروگان بگیرند.

به هرصورت، من باید به بخت بدم معترض باشم و به دقت نظر دادگاه امیدوار؛ چرا که، می داند من حتی در دورانی که تاهل اختیار نکرده بودم و مسئولیت اداره خانواده ای را بعهده نداشتم در هیچ گروه و دسته ای عضو نبوده ام و از نظر فکری و حساسیت های فردی، وابستگی به هیچ یک از مکاتب و روش های موجود نداشته ام. چه رسد به امروز که بشدت پای یک خانواده و مسئولیت های ناشی از آن در کار است، جز تلاش سالم در جهت شغلی و حفظ و حراست خانواده ام فعالیت دیگری نکرده ام.

لذا اطمینان دارم علیاحضرت شهبانو با توجهی که به جامعهٔ هنری کشور دارند، با پی بردن به بیگناهی من نخواهند گذاشت ظلمی متوجه من و خانواده ام شود. در غیراین صورت، جز این که اولین کسی باشم که به همسر و فرزندم تسلیت می گویم حرف دیگری ندارم.»

(اطلاعات، چهارشنبه ۳ بهمن ۱۳۵۳ شمسی، ص۱۱)

■ **متن دفاعیه ایرج جمشیدی**

«مردم غیور ایران، من روسفیدم. پیش شما مردمِ به خشم آمده و مشت گره کرده من روسفیدم. پیش شما مردمی که تنفر داریدَ از من و بحق هم باید داشته باشید. پیش تو دهقان آزاد شده و تو کارگر از یوغ استثمار رها شده من رو سفیدم. چرا که منِ ره گم کرده، با مکر و فریب و نیرنگ و دروغ در مدت کوتاه انحرافم نخواستمَ و نتوانستم به شما خیانت کنم و تن به شرم آورترین همکاری ممکنه بدهم. من خود را عملاً، با نگرفتن اسلحه و ندادن آن به توطئه کنندگان، پیش شما روسفید کردم و چه خوشحالم.

من به شما مدیونم. من می خواهم دوشادوش شما و همگام با شما، نه بر ضد شما، در تحقق بخشیدن به آرمان های ملی شاهنشاهم سهمی داشته باشم. من می خواهم خط بطلان بر تمامی ۲۵ سال عمر گذشته ام بکشم. چرا که سهمم را نسبت به شاهنشاهم و به مردمم ادا نکرده ام. من می خواهم از پس هر بهار که بر عمرم افزوده می شود، کارنامه ای از کارهایم که در راه انقلاب و نه بر ضد آن است به شما ارائه بدهم. بمن این فرصت را بدهید.

در این جا می خواهم به شایعات دربارهٔ خود پاسخ داده و از خود دفاع

ایده ئولوژیکی بنمایم. گویا بعد از دستگیریم، در گوشه و کنار شایعه شده است که من یک مارکسیست هستم. این غیرمنصفانه ترین اتهام وارده نسبت به من است. من از دورهٔ دبستان با نام مارکس و مکتب مارکسیسم آشنا شده بودم و از آن زمان تا به امروز با مارکسیست های گوناگون مخالفت کرده ام.» سپس جمشیدی بطور مفصل، اتهامات ایدئولوژیکی را رد کرد و مارکسیست ها را در همهٔ زمینه ها محکوم نمود.

(اطلاعات، چهارشنبه سوم بهمن ماه ۱۳۵۲، ص ۱۱)

■ **متن دفاعیه ابراهیم فرهنگ رازی**

«بر اساس گسترش عدالت اجتماعی در عصر انقلاب سفید، و با تکیه بر اعتماد و اطمینان مردم به تامین اجتماعی و رفاه همگانی و اصل حاکمیت مردم بر مردم تحت رهبری خردمندانهٔ شاهنشاه آریامهر که همواره کوشش معظم له بر این اصل استوار بوده است که داوری و دادرسی بر سرنوشت فرد فرد این مردم به خودشان واگذار شود، تا عدالت واقعی در همه شئون و زندگی طبقات نفوذ کرده و تا طبقهٔ زحمت کش این مرز و بوم بتواند از همهٔ مواهب طبیعی به نحو تساوی و آشکارا استفاده نماید. و موجب شد بر حسب ضرورت اجتماعی، شاهنشاه آریامهر اصول دوازده گانهٔ انقلاب سفید را ابداع نموده و تحت رهبری کوشامند خود اجرای آن را به همه دستگاه های اجرائی صادر فرمایند. و همین اصول انقلاب سفید سرمنشاء استحکام و دوام اصل برابری افراد در مقابل قانون و دوام و بنیان گیری خانواده ها در مقابل اجتماع و در نتیجه پایداری ملتی برای دوران های تاریخ آینده و نسل های فردا خواهد بود.

این است که با اعتماد کامل به داوری که در این دادگاه بر سرنوشت خود و همسرم و دو بچه ام می شود، و با اطمینان به این که این دادگاه محترم و قضات عالی مقام با تکیه به لطف پروردگار که همیشه حافظ استقلال و و حاکمیت و شاهنشاهی این مرز و بوم بوده است وجدان و انسانیت شما حاکم بر تصمیم شما برای سرنوشت خانوادهٔ ما باشد.

با عنایتی که دادگاه محترم به محتوی پرونده اتهامی من خواهند فرمود و با توجه به موارد استنادی وکیلم در دادگاه عادی شماره ۱، و دفاع ایشان در این دادگاه تجدید نظر و استدعای من با بذل توجه به اصل دفاعیه خودم در دادگاه بدوی که به تفصیل موارد اتهامی بر خود را رد نموده ام، در این جا، دفاع خود را با اشاره به نکات مذکور در رأی صادره علیه خودم برای روشن شدن اذهان دادرسان محترم به اختصار بعرض خواهم رساند.»

آن گاه، متهم مشروحاً مورد اتهامات مندرج در کیفرخواست را رد کرد و در پایان گفت:

«در این جا سخن من با عده ای از جوانان فریب خورده و ساده دل می باشد

که دانسته یا ندانسته دارند به منافع و مقدسات ملی ما خیانت می کنند و نمی دانند که چهره پایگاه سوسیالیسم آن ها و جامعه اشتراکی خود بر جهانیان روشن است و این پایگاه باصطلاح سوسیالیسم که کعبه آمال این عده معدود جوانان فریب خورده ما می باشد با عناوین فریبنده و جامعه اشتراکی به چه غارتی استثمارگرانه از کشورهای دیگر مشغول می باشد. و با همگامی با امپریالیست های سرمایه دار تحت شرایط قراردادهای بازرگانی به چپاول و غارت ملی کشورهای دیگر مشغول است.

من در این جا به عرایضم به ساحت مقدس این دادگاه خاتمه می دهم و امیدوارم که اشتباهات ما را در جهاتی که در اول سخنانم به آن اشاره رفت مورد عفو و بخشش قرار گیرد و ضمن استدعای بخشش و عفو از پیشگاه شاهنشاه آریامهر و شهبانوی گرامی بتوانیم با سرپرستی کودکان مان که بدون تردید آن ها و همه کودکان این کشور فرزندان شاهنشاه آریامهر و شهبانوی گرامی هستند، آن ها را زنانی شاه دوست و میهن پرست برای اجتماع فردا تربیت کنیم.

(اطلاعات، چهارشنبه سوم بهمن ماه ۱۳۵۲، ص ۱۱)

▪ متن دفاعیه شکوه فرهنگ

« در این یکی دو روز اخیر، جناب دادستان مرا از دم تیغ کم لطفی خویش گذراندند. ایشان در مورد این که دادگاه قبلی در مورد چندتن از متهمین تخفیفی قائل شده اند، اعتراض کرد و گفتند: «مگر اینها مهجور بودند، مگر کودک بودند که ندانستند چه می کنند.»

من از این استدلال واقعاً تعجب می کنم و می خواهم از ایشان سئوال کنم که مگر شما هیچ وقت در زندگی تان دچار اشتباه نشده اید؟ حتما می گوئید این اشتباه که ما مرتکب شده ایم به بزرگی یک فاجعه است. کاملا صحیح است و من فکر می کنم همه چنین حرفی را بپذیرند که اشتباهی که ما کردیم حتی در حد حرف زدن یا فکر کردن هم یک فاجعه بود. اما از شما می پرسم وقتی کسی اشتباه می کند، می تواند تشخیص دهد اشتباهش بزرگ بوده یا کوچک؟ اگر کسی که اشتباه کرده، بتواند چنین تشخیصی را بدهد، یقیناً تشخیص هم می دهد که اشتباه می کند. و هیچ انسان عاقل و بالغی با آگاهی اشتباه نمی کند. پس من نه مهجورم و نه کودک. اما می توانم بگویم ندانسته اشتباه کرده ام. و اشتباه چیزی نیست که هیچ انسانی ادعا کند، مرتکبش نشده است.

من اگر به جان و زندگیم فکر می کردم، دچار چنین اشتباهی نمی شدم و اگر به اشتباهم ایمان نمی آوردم، با چنین لحنی از آن ها حرف نمی زدم. کافی بود با چهار جمله ندامت آمیز و طلب عفو، منهم جزء نادمین قرار بگیرم. آن چه من در دادگاه قبلی مطرح کردم، و در این دادگاه هم خواهم گفت، برای فرار از مجازات یا حتی دفاع از خویش نیست. حرف هائی است برای آسایش وجدانم

که در هراس آن‌هائی است که امکان لغزش شان می رود. وجدانی که اگر عذاب می برد، حداقل در اوج بیداری است.»

سپس متهم به طور مشروح و با هیجان و احساسات اشتباهات خود را مورد بررسی قرار داد و به جوانان مکرر هشدار داد و از روشنفکران بخصوص روشنفکران بدبین و حیله گر انتقاد کرد و اضافه نمود:

«کاش همه آن‌هائی که حس واقعی وطن پرستی و عشق به مردم خونشان را گرم می کند، این حق واقعی را از خویش نگیرند که در مقابل معدود جماعت روشنفکرنما که فریاد اعتراض و انتقاد و بدبینی دارند، صدای رسا و عمیق سازندگی و نیک بینی باشند. یعنی صدای واقعی روشنفکری. چنین باشند تا دیگر من و امثال من این جا نایستد و سری مملو از ندامت نداشته باشد. با به یادآوردن مسئله ای که بخاطرش این جا ایستاده ام و موج پشیمانی و شرم ساری همه وجودم را گرفته.»

متهم، این بار هم مثل دادگاه بدوی ادعا کرد که از ترور علیاحضرت شهبانو و والاحضرت ولیعهد اطلاع نداشته است و اضافه کرد:

«با این حال در این جا در مقابل مردم و شما که مجریان قانون هستید یک بار دیگر با همه وجودم آرزو می کنم بخشش قلبی اعلیحضرت شاهنشاه آریامهر و علیاحضرت شهبانو و والاحضرت ولایتعهد مرا از این همه ناآرامی وجدان رهاند. و عظمت این بخشش یکی دیگر از فرزندان این سرزمین را تطهیر کند.»

(اطلاعات، چهارشنبه سوم بهمن ماه ۱۳۵۲، ص ۱۱)

■ متن دفاعیه مریم اتحادیه

«می خواستم تا در حد توانائیم بکوشم تا در تمام گوشه و کنار وطنم لبخند های رضایت بر لبان بچه ها و مادربزرگ ها و پدر بزرگ های شان نقش بندد. چه غافل بودم. نمی دیدم خنده بر لبان آنان هست و این من هستم که آن را نمی بینم و با سکوتم دارم خیانت می کنم. این عشق و علاقهٔ بیش از حد بود که مرا به بی راهه کشاند. دورنمائی که در این بی راهه نشانم داده بودند، هم چو کاخی مرصع، تمام آرزوهایم را در خود داشت و با شکوه و جلالی خیره کننده چشم را می زد. می خواستم با گام هائی بلند و سریع به کاخ خوشبختی برسم. اما هدیه نداده مشتی سرزنش گرفتم. و حالا، سنگینی تک تک نگاه ها را که مملو از سرزنش است حس می کنم. جوان بودم و کم تجربه و کفاره احساسات حاد و بی تجربگی ام را با در بند گذراندن بهترین سال های عمرم پس می دهم. من برای به دست آوردن این تجربه بهای گرانی را پرداخته ام و می خواهم آن‌چه در این مدت تجربه کرده و آموخته ام در اختیار همه بخصوص جوانان قرار دهم.

متأسفانه این روزها، عده زیادی از جوانان دنبال مسائل بغرنج و غامضی هستند که خود از درکش عاجزاند. مسائل را قبل از آن که خوب تجزیه و تحلیل

کنند و جوابش را بسنجند به آن معتقد می شوند و منتظر فرصت می مانند تا کسی را پیدا کنند تا ته مانده آنچه در ذهنشان باقی مانده و بدون منطق پذیرفته اند را به او تزریق کنند و مفتخر شوند به اینکه توانسته اند اندیشه دیگری را به افکار و عقاید خود مسموم سازند.

ما جوانان، بعلت نیرو و تحرک زیادی که داریم زمان را نادیده می گیریم. فراموش کرده ایم از رکود دورهٔ قاجاریه به پایه امروزی رسیده ایم و می خواهیم کشور خود را با چند کشور پیشرفته جهان مقایسه کنیم. بدون آن که، به شرایط زمانی، مکانی و سیاست جهانی توجه داشته باشیم. بدون توجه به این که ما در راه صنعتی شدن هستیم. اما آن ها این مرحله را پشت سر گذاشته اند. ای کاش، همهٔ جوانان با استفاده از تجارب من و امثال من به این مسائل توجه کنند. قبل از این که مرحله ای را که من طی کرده ام طی کنند و بهای سنگین و سختی را که من می پردازم بپردازند، بهائی که ندامت و شرمساری وجدان من است.»

متهم سپس توضیح داد که وی والاگهر مهناز را مثل خواهر دوست دارد و وقتی فهمید که گروه می خواهد او را برباید، یک بار به منزل هما زاهدی عمه والاگهر مهناز رفت، ولی او را ندید تا برای مراقبت هشداری بدهد. و در پایان گفت:

«خوشحالم از این که فرصتی دوباره یافته ام تا شرمساری و ندامت خود را بازگو کنم. کلمات کوچکتر از آن هستند که بتوانم در مقام پوزش از اعلیحضرت همایون شاهنشاه آریامهر و علیاحضرت شهبانو و والاحضرت ولایت عهد و ملت برآیم.»

(اطلاعات، چهارشنبه سوم بهمن ماه ۱۳۵۲، ص ۱۳)

■ **متن دفاعیه مرتضی سیاهپوش**

«در مورد رد موارد اتهامی و بزه انتسابی ماده ۳۱۹ قانون دادرسی کیفر ارتش، از نظر حقوقی وکیلم مطالب لازم را ارائه کردند و ذکر مجدد آن ها از طرف من جز اتلاف وقت دادگاه ثمر دیگری ندارد. اما به عنوان کسی که در دادگاه بدوی به ده سال حبس جنائی درجه یک محکوم شده است، و بخود اجازه می دهد که نسبت به گذشته اش و اتهامش بیندیشد. برایم یک سئوال بجا مانده است که با تعجب نیز همراه است. و آن این که چگونه و چرا بزه انتسابی ماده ۳۱۹ برایم وارد دانسته شده است؟ بنا به چه استناد و کدامین گفته و اقرار چه کسی؟ من از این عده که امروز به عنوان توطئه گر در مقابل شما حضور دارند جز سه نفر کسی را نمی شناختم. متهم ردیف نهم که آشنائی ما در رابطه با شغل مطبوعاتی بوده است. و متهم ردیف هفت که حداکثر یک دقیقه دیدمش، و ردیف یک که تماس ما بیش از پانزده دقیقه نبوده است. و در کجای اعتراف این سه نفر چنین مطلبی وجود دارد که من کوچکترین اطلاعی از

مقاصد و تصمیمات بعدی ایشان داشته ام. آن هم تصمیماتی که به هیچ وجه تأئیدشان نمی کنم و غیراخلاقی و بدون خلاقیت نیز می دانم شان. و از این مهم تر، محتویات پرونده و نظریه که صراحتاً عدم اطلاع مرا از مقاصد و تصمیلات این افراد تأئید می کند. مضافاً به این که کسی که عامداً و قاطعانه تصمیم به انجام ندادن کاری می گیرد، طبعاً لزومی در دانستن احساس نمی کند. و آن وقت حکم صادره دادگاه عادی ذکر می کند که من پس از ملاقات با طیفور بطحائی، از طریق او از توطئه مطلع شده ام.

هم طیفور بطحائی در محضر دادگاه است و هم پرونده اش. اگر هر کدام از این دو عنصر چنین گفته ای را تائید کردند، من هم در بست می پذیرم؛ ولی، واقعیت آن است که چنین موضوعی ابداً وجود نداشته و صحت ندارد. پس به من این حق را می دهید که سئوال کنم پس چرا ماده ۳۱۹ قانون دادرسی و کیفر ارتش در مورد من وارد دانسته شده است؟ و من از این که بر سکوی اتهامی بدین سنگینی قرار گرفته ام واقعاً متأسفم. چون جای من نیست. و چنین تصمیماتی از ابتدای زندگی در تضاد با ذهنیات من بوده است. و پس از این نیز خواهد بود. و خوشحالم از این که خواستهٔ تحویل گرفتن «بسته» را عامداً و بدون وجود عامل خارجی آگاهانه انجام نداده ام. و باز هم خوشحالم از این که پیش آمد، سبب گرفتن درس عبرتی برای خدمت صادقانه به وطنم شد. اگر چه برایم عقوبتی سنگین به دنبال داشت. و در رابطه با همین سکوت کور کورانه ندامت و پشیمانی می کنم واز پیشگاه رهبر خردمندم استدعای عفو و از محضر مقدس دادگاه استدعای دقت نظر و حکم به تناسب جرم دارم.»

(اطلاعات، چهارشنبه سوم بهمن ماه ۱۳۵۲، ص ۱۳)

■ متن دفاعیه فرهاد قیصری

«اولین موردی که در کیفرخواست به آن اشاره شده، این که من در پنج سال پیش فعالیت مضره داشته ام. باید عرض کنم عمل من ناشی از عدم آگاهی بسیاری از مسائل اجتماعی و صرفاً ارضای حس ماجراجویانهٔ سنین نوجوانی بود. موضوع دوم که باز در کیفرخواست آمده این که شبی عباس سماکار به من گفته که آیا مایلم کارهای سیاسی انجام دهم؟ و من با توجه به این که کاملاً در حالت غیرطبیعی و از خود بی خود بوده ام به او جواب موافق داده ام.

انقلاب ثمر بخش و سفیدی که سپید روزی فرد فرد این اجتماع اعم از کارگر و زارع در پرتو آن می باشد، هم چنین من و خانواده ام که جزء کوچک این اجتماع بزرگ می باشیم و از مواهب آن کاملاً برخوردار شده ایم، چگونه می توانستم خدای ناکرده به چنین مسائلی حتی علاقهٔ کوچکی نشان دهم. تا چه رسد که در جهت مخالف آن قدمی بردارم. با همه این احوال بسیار شرمنده و پشیمانم که حتی در مظان چنین اتهامی قرارگرفته ام. امید است با اعلام رأی

صادق و بحق این دادگاه در مورد من، مجدداً این فرصت و امکان به من داده شود تا بتوانم ضمن ادای دین خود نسبت به شاهنشاه عظیم‌الشأن و مملکتم جهت به ثمر رساندن اهداف ملی و میهنی فردی لایق و خدمت گذاری صدیق بوده باشم. »

(اطلاعات، چهارشنبه سوم بهمن ماه ۱۳۵۲، ص ۱۳)

* * *

رأی دادگاه این بار به شکل زیر بود:

طیفور بطحائی اعدام. منوچهر مقدم سلیمی ۱۵ سال زندان. خسرو گلسرخی اعدام. کرامت دانشیان اعدام. عباس سماکار اعدام. رضا علامه زاده اعدام. ایرج جمشیدی ده سال زندان، شکوه فرهنگ سه سال زندان، ابراهیم فرهنگ رازی سه سال زندان، مریم اتحادیهٔ سه سال زندان، مرتضی سیاه پوش پنج سال زندان، و فرهاد قیصری از اتهام شرکت در پروندهٔ گروگانگیری و طرح ترور شاه تبرئه و به خاطر آتش زدن ماشین پلیس در جریان اعتصاب اتوبوس رانی سال ۴۸ به یک سال زندان محکوم شد.

نگاهی به محکومیت های داده شده حقایقی را بر ملا می کند. جدا از احکام قلابی اعدام، جالب بود که منوچهر سلیمی مقدم، ظاهراً به خاطر شرکت در طرح ترور شاه، حتی با اظهار ندامت شدید و در حالی که شش ماه قبل از دستگیری ما به زندان افتاده بود و به هیچ وجه امکان ادامه فعالیت در طرح ترور شاه را نداشت به پانزده سال زندان محکوم شد تا طرح ترور شاه و گنجاندن او و خسرو گلسرخی در این پرونده واقعی جلوه کند؛ ولی شکوه فرهنگ با وجود شرکت در هر دو طرح به سه سال زندان، و یا ایرج جمشیدی به ده سال زندان محکوم شدند.

محکومیت فرهاد قیصری به یک سال زندان نیز با مزه بود. ساواک که از پیش قصد داشت برای جور بودن جنس، محکومیت هائی از اعدام تا تبرئه را در یک محاکمهٔ نمایشی به افکار عمومی عرضه کند و می خواست بلافاصله بعد از دادگاه، با آزاد ساختن قیصری نشان دهد که دادگاه قضاوتی منصفانه داشته است، با مقاومت قیصری در برابر جاسوسی و افشاء شدن موضوع آتش زدن ماشین پلیس، با مشکل مواجه شد. ولی عاقبت به این نتیجه رسید که قیصری را هم چنان از طرح گروگان گیری تبرئه کند و فقط به خاطر آتش زدن ماشین پلیس به یک سال زندان محکوم سازد تا نقشهٔ دلخواهش را با اند کی تغییر به اجرا درآورد. و روشن است که این یک سال محکومیت نیز نمایشی بود. زیرا در آن زمان، به طور معمولی اگر کسی اقدام به چنان عملی، یعنی آتش زدن یک ماشین پلیس کرده بود، اگر اعدامش نمی کردند، حداقل به حبس ابد محکومش می شد. ما بعداً دیدیم که زندانیانی وجود داشتند که حتی به خاطر اقدامات

ساده تر از آن، مثل پخش اعلامیه و یا اعتراض های کوچک در محیط کار، به زندان ابد محکوم شده بودند. اما در این جا به خاطر صحنه سازی، محکومیت زندان فرهاد قیصری بیش از یک سال نبود.

همان شب که ما را به اوین برگرداندند، هر کدام از ما محکومین به اعدام را، به سلول های انفرادی فرستادند. و به این ترتیب من و رضا علامه زاده و طیفور بطحائی در سلول های سبز جای گرفتیم، و خسرو گلسرخی و کرامت دانشیان هم هر کدام به تنهائی در سلول های وسط اوین جا داده شدند.

تا حدود دو هفته بعد از دادگاه، ما در بی خبری کامل به سر می بردیم و رفتار بازجوها با ما چندان خوب نبود. من روزها به قدم زدن می پرداختم و آن قدر راه می رفتم که خسته می شدم و شب به خواب عمیقی فرو می رفتم. نه نگران اعدام بودم و نه نگران زندان کشیدن. به هیچ چیز فکر نمی کردم. سلولم چراغ ضعیفی داشت که به زحمت نوری از آن بیرون می آمد و چشمانم در اثر این کم نوری درد گرفته بود. یکی دوبار به شدت اعتراض کردم تا آمدند و چراغ را عوض کردند. بعد از محکومیت به اعدام، ظاهراً طبق قانون می بایست در سلول انفرادی می ماندیم تا زمان اعدام فرا برسد. بعد یا اعدام می شدیم و یا اگر محکومیت مان به حبس ابد تقلیل می یافت به زندان عمومی شهربانی می رفتیم. اما من فکر می کردم که هیچ کدام از ما را اعدام نخواهند کرد. هنوز ساده بودم و تصور می کردم که ساواک نمی تواند آدم ها را فقط به خاطر حرف زدن و یا دفاع از عقاید شان اعدام کند. از این رو برای یک لحظه هم تصور صحنهٔ اعدام از ذهنم نمی گذشت. در این مدت یک بار یکی از سربازان هنگامی که در سلول را می گشود تا به دست شوئی بروم به من سلام کرد. من که از کار او دچار حیرت شده بودم، پاسخش را با سلام گرمی دادم و به چهره اش نگاهی طولانی انداختم. سرباز آشکارا خوشحال بود که مرا می بیند. لبخندی زد و گفت:

«برای گلسرخی و دانشیان پیامی ندارید؟ من گاهی نگهبان سلول آن ها هم می شوم. آن ها در سلول های وسط هستند»

نمی توانستم این حرکت خطیر سرباز نگهبان را باور کنم. ولی بعید می دیدم که او با اطلاع ساواک دست به چنین کاری زده باشد. این کار هیچ نفعی برای ساواک نداشت و به ویژه، ساواک هیچ وقت از سربازان برای اجرای نقشه هایش استفاده نمی کرد. زیرا آن ها را در مقابله با زندانیان سیاسی بسیار خام و آسیب پذیر می دانست. از حرکات سرباز معلوم بود که به شدت تحت تاثیر مدافعات ما و جو عمومی موجود در جامعه قرار دارد. گفتم:

«به آن ها سلام گرم مرا برسان و بگو ما پیروزیم.»
خندید و گفت:
«چشم.»
و من دیدم که آن پسرک، آن روز تابستانی راست می گفت که موقع رفتن به دستشوئی داد می زد: «اینجا قصر تابستانی من است.»
بعد از دو هفته، من و طیفور و علامه زاده را با هم در یک سلول قرار دادند. و از آن روز به بعد همه روابط در زندان تغییر کرد. سربازان، دیگر آشکارا به نفع ما خبر می بردند و خبر می آوردند و نقش رابط سلول ما و سلول کرامت و خسرو را که آن ها نیز در یک سلول و نزد هم به سرمی بردند بازی می کردند. حتی رفتار مدیر زندان و بازجوها نیز با ما تغییر کرده بود و در ملاقات کوچکی که با دادرس دست داد او، با مهری ساختگی گفت:
«من اگر می دانستم که دارم از شما قهرمان می سازم، هرگز این پرونده را دستم نمی گرفتم.»
سرهنگ وزیری، رئیس زندان های ساواک و همان جلادی که بعداً در سال ۱۳۵۵ گروه بیژن جزنی و دو مجاهد را در تپه های اوین به رگبار گلوله بست نیز می گفت که در تاکسی با کسانی برخورد کرده است که از ما حمایت کرده اند؛ و او از دستگیری شان خودداری کرده، زیرا دلش به حال آن «بدبخت های نادان» سوخته است. وزیری آدم درشت اندامی بود که بیش از پنجاه سال سن، حرکاتی چابک، و سری کم مو و رو به طاسی داشت و چشمانش آن قدر تیز بود که بتواند خوی درنده و میل به قدرت بیمارگونه ای را در چهرهٔ حریص او به نمایش بگذارد. هر وقت می آمد یکی دو تا افسر و استوار دنبالش راه می انداخت که پشت سرش سیخ بایستند و یارای سر تکان دادن نداشته باشند. استوار دولت آبادی که نظامی مسن و کارکُشته ای بود با خنده می گفت: «وزیری حتی در دفتر کارش برای ما هم جلاد است.» و با این سخن، هم حرف دلش را می زد و هم به شوخی ما را می ترساند. حالا چنین آدمی، در تاکسی دلش برای مردم سوخته و به خاطر حماقت آن ها از بازداشت شان خودداری کرده بود! و این را جلوی ما که با شغل، میزان خشونت و ماهیت او آشنا بودیم هم می گفت. و درست همین، نشانهٔ اوج فلاکت آدم هائی امثال او بود و به ما حالی می کرد که شدت واکنش منفی مردم در برابر رژیم آن قدر زیاد بوده که او را به عقب نشینی واداشته و ساواک را واقعاً در این برنامه شکست داده است.
یک هفته بعد، ما را هم به سلول های وسط بردند و هر سه نفرمان را در یک سلول در مقابل سلول گلسرخی و دانشیان جا دادند. به این ترتیب ما می توانستیم به نوعی با هم تماس بگیریم. مثلاً هنگام رفتن به دست شوئی از غفلت نگهبان استفاده می کردیم که خبرها را جلوی در سلول هم دیگر بازگو کنیم. در طول هفتهٔ بعد از آن، تا شبی که گلسرخی و دانشیان را از آن جا بردند، ما فقط چند

بار توانستیم آن دو را موقع رفتن به دست شوئی ببینیم. و چون سلول ما درست روبروی هم بود و به دلیل کلفت بودن درهای آهنی نمی توانستیم بشنویم که آن ها کی به دست شوئی می روند، و اگر هم متوجه می شدیم چون درز دریچهٔ در خیلی کوچک بود و فقط می شد بچه ها را هنگام ورود و خروج از دست شوئی در فرصت کوتاهی دید، نتوانستیم با هم حرفی بزنیم. البته در آن مدت خبر ویژه ای هم نشده بود که نیاز به حرف زدن با همدیگر را پیدا کرده باشیم.

شب آخر

ساعت چهار بعد از ظهر روز ۲۸ بهمن ۱۳۵۲ شمسی، استوار نگهبان بند به سراغ ما آمد و با هیجان اعلام کرد که همان لحظه از رادیو شنیده است که ما از اعدام نجات یافته ایم و با یک درجه تخفیف محکومیت مان به زندان ابد تخفیف پیدا کرده است.

ما از استوار پرسیدیم که آیا حکم اعدام هر پنج نفر ما لغو شده است؟ و او چنان با حالتی طبیعی پاسخ مثبت داد که حرفش را باور کردیم. و بی درنگ پس از رفتن او یک دیگر را در آغوش کشیدیم و بازوهای هم را فشردیم.

خوشحالی ما از آن جهت نبود که فکر کنیم از اعدام نجات یافته ایم. زیرا هرگز فکر نمی کردیم که رژیم بتواند ما را به خاطر حرف خشک و خالی اعدام کند. و اگر هم اعدام را برای یک لحظه هم در نظر می گرفتیم، تنها نگران وضع گلسرخی و دانشیان بودیم؛ بلکه، خوشحالی ما از آن رو بود که ساواک در این واقعه حسابی شکست خورده و مجبور شده بود، مطابق حدس ما، تحت تاثیر فشار افکار عمومی مجازات های اعدام را لغو کند و محکومیت های ما را به حبس ابد تقلیل بدهد.

در آن لحظه فکر می کردیم که بچه ها هم، در بیرون از زندان از خبر تغییر

حکم اعدام ما به زندان ابد خوشحال خواهند شد و شب را با آبجوهائی که به سلامتی ما می خورند جشن خواهند گرفت. در همین شادی و سرور بودیم که یک مرتبه متوجه شدیم که در سلول گلسرخی و دانشیان باز شده و مثل این است که دارند آن ها را از آن جا می برند. لحظاتی مانند آدم های برق گرفته در جای خود ماندیم و نتوانستیم واکنشی نشان بدهیم. هر سه، گوش هایمان را به در سرد و آهنی سلول چسباندیم تا شاید از گفتگوئی که بین آن دو و نگهبان ها که حالا تعدادشان زیادتر شده بود چیزی دستگیرمان شود و بفهمیم که ماجرا از چه قرار است.

عاقبت بعد از چند دقیقه شنیدیم که خسرو و کرامت به پشت در سلول ما آمدند و گفتند:

«بچه ها، قرار است ما را به قصر ببرند. به امید دیدار.»

با شنیدن این حرف، قلب مان تکان خورد وعرق سردی بر سر و تن ما نشست. وا رفتیم. هرسه پای در نشستیم و به هم خیره شدیدم. در آن لحظه هزاران فکر ناجور از کلهٔ ما به بیرون می تراوید و ما قادر نبودیم که حتی روی یکی از آن ها هم متمرکز شویم و به نتیجه ای برسیم. تنها، دلشورهٔ سنگینی بر تمام وجود ما سلطه پیدا کرده بود که قلب را در قفسهٔ سینه های مان به درد می آورد و احساس می کردیم نفس مان تنگ شده است. آیا ممکن بود که خسرو و کرامت را برای اعدام برده باشند؟ ما نه می توانستیم این ظن را باور کنیم و نه می توانستیم از اندیشیدن به آن فارغ شویم.

ناگهان به سر و صدا افتادیم و با مشت و لگد به در زدیم. نگهبان ها به سرعت آمدند و در سلول ما را گشودند و استوار نگهبان با دست پاچه گی پرسید که چه می خواهیم؟ ما بی درنگ و با قاطعیت، به حالت آدم هائی که منتظر بهانه و حمله هستند پرسیدیم که خسرو و کرامت را به کجا برده اند و آیا این که به ما گفته اند رادیو تغییر حکم اعدام همهٔ ما را اعلام کرده است؛ صحیح است یا نه؟

استوار که حالت درمانده ای پیدا کرده بود (و همین موضوع ما را بیشتر به شک می انداخت) با قَسَم و آیه اظهار داشت که خودش با گوش های خودش شنیده است که رادیو اسم هر پنج نفر ما را اعلام کرده و گفته است که حکم اعدام همگی با یک درجه تخفیف به زندان ابد تغییر یافته است.

ما حرف او را باور نکردیم و خواستیم که فوراً بازجوها را ببینیم. چند لحظه بعد، سروان روحی مدیر زندان اوین جلوی در سلول ما پیدایش شد و با لبخند گفت:

«تبریک می گویم. حکم اعدام شما شکست و به حبس ابد تبدیل شد.»

ما بلافاصله پرسیدیم، آیا این موضوع شامل حال همهٔ ما، یعنی شامل حال گلسرخی و دانشیان هم شده است یا نه؟

سروان گفت:

«به شرفم قسم، به جقهٔ اعلیحضرت قسم که همهٔ شما از اعدام نجات یافته اید. خودم با گوش های خودم خبر رادیو را شنیدم. هنوز هم دارند ساعت به ساعت خبر را اعلام می کنند.»

پرسیدیم:

«پس چرا آن ها را بردند؟»

سروان روحی با حالت حق بجانبی گفت:

«خب معلوم است دیگر؛ هر کس را که حکم دادگاهش مشخص شده باشد این جا نگه نمی داریم. دستور آمده که همه را هر چه زودتر از اوین به زندان قصر بفرستیم. از صبح تا حالا ما مشغول فرستادن زندانیانی هستیم که محکوم شده اند و طبق مقررات باید به زندان قصر بروند. گلسرخی و دانشیان آخرین نفری بودند که امروز رفتند. و همین طوری که می بینید دیگر هوا تاریک شده و فرصت نیست که شما را هم امروز ببریم؛ بلکه شما فردا صبح به زندان قصر منتقل خواهید شد.»

از شنیدن حرف های سروان روحی اندکی آرام شدیم. بخصوص که او به جقهٔ اعلیحضرتش قسم خورد و ما نمی توانستیم تصور کنیم که او بتواند به خاطر دروغ گفتن به ما چنین جرم سنگینی را مرتکب شود. یک ساعت بعد، سر و کلهٔ سرهنگ وزیری پیدا شد. او هم همان طور به شرفش و جقهٔ اعلیحضرت قسم خورد که هیچ کس را اعدام نمی کنند؛ بلکه آن ها را به قصر برده اند و فردا هم ما را خواهند برد. بعد نگاهی به من انداخت و گفت:

« البته آقای سماکار این جا می ماند. آقای دکتر عضدی دستور داده است که ایشان باید مدتی پیش ما بماند.»

با رفتن سرهنگ ما تا اندازه ای از تردیدمان کاسته شد. هم به احتمال اعدام فکر می کردیم و هم می خواستیم خودمان را ناراحت نکنیم و امید داشته باشیم که ممکن است بچه ها را به قصر برده باشند. اما شرف و جقهٔ اعلیحضرت سرهنگ وزیری به درد نخورد. و ما چند ساعت بعد فهمیدیم که او دروغ گفته است و بچه ها را برای اعدام برده اند.

تا شب که ما را نزد دادرس ببرند که بتوانیم از واقعیت ماجرا که همان اعدام بچه ها بود آگاه شویم، مدام بیم و امید در هم می شد و امواج سهمگینش وجود ما را در می نوردید. شب، دیگر خسته شده بودیم و در نوعی نومیدی و سکوت به سر می بردیم. بعد از شام که میلی به خوردن آن نداشتیم آمدند و ما را به نزد دادرس بردند.

دادرس نشسته بود و ما درست مثل آن شب قبل از دادگاه اول، هر سه به ردیف در مقابلش ایستاده بودیم. دادرس با لحن خسته ای گفتَ:

«خُب راضی هستید؟ بالاخره توانستم برای شما یک درجه تخفیف بگیرم.»

من پرسیدم:

«خسرو و کرامت چی؟ وضع آن ها چه شده است؟»
با تاسفی در چهره گفت:
«من تمام تلاش خودم را کردم. ولی نتوانستم برای آن ها کاری بکنم. امیدوارم خدا نجات شان بدهد. ولی اگر آن ها را اعدام کنند، من اولین نفری هستم که سیاه می پوشم و دنبال تابوتشان راه می افتم.»
با شنیدن این حرف، هر سه نفر ما در اندوه و سکوتی عظیم فرو رفتیم. دادرس سکوت ما را شکست و خطاب به من گفت:
«البته تو هم وضع چندان خوبی نداشتی، و باید از من متشکر باشی. زیرا تو هم جزو آن دوتا بودی. و این من بودم که تمام قدرتم را بکار انداختم و نگذاشتم با آن ها بروی. فکر نکن که برادرت توانسته با پارتی بازی پیش علیاحضرت شهبانو نجاتت بدهد. فردا هم شما دو نفر می روید زندان قصر، و سماکار مدتی این جا می ماند. آقای دکتر خواسته است که او این جا باشد.»
ما همچنان در سکوت بودیم. حس می کردم زانوهایم می لرزد و هوا سردتر شده است. دلم سنگینی اعماق اقیانوس را یافته بود و مانند آبی که می خواست به همان سنگینیِ نادیدنی موج بردارد، از جا کنده می شد. وقتی از اتاق بازجوئی بیرون آمدیم، هوَا سوز غریبی داشت.
شب را بدون این که یارای سخن گفتن داشته باشیم، تا نیمه شب در سکوت و بیداری و تشویش و نومیدی گذرانیدم و عاقبت هر کدام از شدت خستگی بیهوش شدیم و در خواب های کابوسی غوطه زدیم.
صبح، باز واقعیت به شدت شب گذشته تلخ بود. آمدند و طیفور و رضا را بردند و من تنها شدم. انگار هیچ کاری نداشتم که در آن تنهائی تلخ بکنم و باید روزهای طولانی و شب های دراز را با یادها و خاطره ها سر کنم تا عاقبت شش ماه بعد بتوانم دوباره یارانم را در زندان قصر ببینم. و من در آن مدت تنها با روح خود کلنجار بروم و در سکوت های ممتد سلول در تفکری خاموش با خودم درگیر شوم و جهانم را باز بسازم و باز بسازم.
نیم ساعت بعد آمدند مرا به اتاق بازجوئی بردند. بطحائی، رضا علامه زاده، فرهاد قیصری و مرتضی سیاه پوش آن جا بودند. آن ها همگی از دادرس خواسته بودند که برای آخرین بار قبل از عزیمت شان به زندان قصر مرا ببینند. کمی حرف زدیم و راجع به آینده صحبت کردیم و من باز به سلول برگشتم.

اطلاعات

یکشنبه ۲۸ بهمن ماه ۱۳۵۲ ـ شماره ۱۴۳۳۳ تکشماره ۵ ریال

به فرمان شاهنشاه آریامهر

۳ نفر از محکومان باعدام عفو شدند

طیفور بطحائی

عباسعلی سماکار

محمدرضا علامهزاده

طیفور بطحائی، عباسعلی سماکار ومحمدرضا علامه زاده عفو شدنـد

سه تن از متهمینی که اخیرا به اتهام سوء قصد به حیات شاهنشاه آریامهر، علیاحضرت شهبانو و گروگان گرفتن والاحضرت ولیعهد ، محکوم به اعدام شده بودند ،مورد عفو ملوکانه قرارگرفتند و یکدرجه از محکومیتشان کاسته شد.

بقیه در صفحه ٤

سه نفر ازمحکومان باعدام عفو شدند

امروز این اطلاعیه از طرف اداره دادرسی نیرو های مسلح شاهنشاهی صادر شد .

نتیجه دادرسی ۱۲ نفراشخاص مشروحه زیر ۱ـ طیفور بطحائی ۲ـ خسرو گلسرخی ۳ـ منوچهر مقدم سلیمی ٤ـ کرامت‌الله دانشیان ٥ـ عباسعلی سماکار ٦ـ محمد رضا علامهزاده ۷ـ رحمت‌اله جمشیدی ۸ـ ابراهیم فرهنگ رازی ۹ـشکوه‌میرزادگی (فرهنگ رازی) ۱۰ـمریم‌اتحادیه ۱۱ـ مرتضی سیاهپوش ۱۲ـ فرهاد قیصری که باتهام توطئه بمنظور سوءقصدنسبت بهحیات اعلیحضرت همایون شاهنشاه آریامهر بزرگ ارتشتاران و گروگان گرفتن علیاحضرت شهبانوی ایران و والاحضرت همایون ولایتعهد و سوء قصد تحت تعقیب قرار گرفته وبرابر رای دادگاه تجدید نظر ٥ نفر باعدام وبقیه‌به مجازاتهای‌حبس از یک تا ۱۵ سال محکوم و جریان آن از طریق جرائد و رادیو تلویزیون ملی ایران به آگاهی عموم رسیده است بر طبق مقررات قانون دادرسی و کیفر ارتش از شرفعرض‌پیشگاه مبارک شاهانه گذشت و با آنکه فکر و عمل وحشیانه‌و بیرحمانه بوده معهذا چون بشدت اظهار ندامت و استدعای‌عفو نموده‌اند فرمان مطاع ملوکانه چنین شرفصدور یافت :

«بایکدرجه تخفیف و تبدیل مجازات‌اعدام‌هریک ازمحکومین ردیف های یک وپنج و شش طیفوربطحائی، عباسعلی‌سماکار، محمد رضا علامه‌زاده‌به حبس دائم ، حکم صادره از دادگاه تجدید نظر اجرا گردد » .

رئیس اداره‌دادرسی نیروهای مسلح شاهنشاهی .

■ زندگی نامهٔ کرامت دانشیان

کرامت دانشیان، در سال ۱۳۲۵ خورشیدی در شیراز به دنیا آمد. مادرش کازرونی و پدرش یک کشاورز قشقائی بود، اما در اثر بحران اقتصادی دوران جنگ جهانی دوم از کشت و زرع دست کشید و برای امرار معاش درجه دار ارتش شد. کرامت که فرزند اول خانواده بود، در دوران کودکی مادرش را به سبب فقر و بیماری از دست داد. در این زمان او که ده ساله بود همراه خانواده اش به تبریز منتقل شد و در آن جا بزرگ شد و درس خواند. او در محل زندگی خود، در کوی درجه داران که نزدیک کوی افسران و در پادگان نظامی قرار داشت با شدیدترین شکل های تبعیض روبرو و با تضادهای فراوانی آشنا شد، و تفاوت زندگی در چنان محیطی، مسائل بسیاری را به او آموخت. او تا پایان دورهٔ دبیرستان در تبریز ماند.

کرامت در سال های ۴۳-۱۳۴۲ که در سال پنجم و ششم دبیرستان منصور تبریز درس می خواند با معلم آگاهی رو به رو شد که در جهت یابی و شکل گیری نظری آیندهٔ او نقش مهمی بازی کرد. کرامت در این روند آموخت برداشت های خود از ناکامی ها و ستم گری هائی موجود در جامعه را به زبان بیاورد و به دریافت های علمیِ شناخت سیاسی و اجتماعی عمیقی دست یابد.

او پس از دیپلم و خدمت سربازی به عنوان سپاهی دانش در یکی از دهات آمل، در مدرسهٔ هتل داری تهران نام نوشت. ولی خیلی زود از آن محیط متنفر شد و بیرون آمد و به مدرسهٔ عالی سینما و تلویزیون که تازه تاسیس شده بود رفت. در آن جا نیز با محیط سازگاری نداشت. کرامت در پایان سال اول این مدرسه فیلمی به نام «دولت آباد» ساخت که مورد پسند مسئولان تلویزیون واقع نشد. این فیلم بر اساس زندگی مردم «دولت آباد شهرِ ری» بود و نشان می داد که چگونه نفت کش های پر از نفت از کنار مردم زحمتَ کش و خانه های تو سری خوردهٔ آن ها می گذرد و ثروت مردم فقیر به باد می رود.

کرامت پس از بیرون آمدن از مدرسهٔ سینما، به یکی از روستاهای نزدیک مسجد سلیمان به نام سلیران رفت و معلم شد. او که در ادامهٔ نقش صمد بهرنگی راهی برای آگاه ساختن کودکان ایرانی با اندیشه های نو و شیوه های مبارزاتی برای حل مسائل اجتماعی یافته بود، دیری نپائید که به همراه سه تن از یارانش که برای دیدار و گفتگو و برای تشکیل یک گروه مبارزاتی به این روستا رفته بودند دستگیر شد.

کرامت دانشیان پس از گذراندن دورهٔ یک سالهٔ محکومیت خود از زندان آزاد شد و به شیراز رفت. در آنجا یکی از زندانیانی که پنهانی با ساواک تماس داشت به سراغ او رفت و از آشنائیش در زمان زندان با او سود جست و خود را به عنوان رابط سازمان چریک های فدائی معرفی کرد. این شخص امیر

فتانت نام داشت. او سرانجام توانست در تماس با دانشیان و طیفور بطحائی، از طرح گروگان‌گیری رضا پهلوی برای آزادی زندانیان سیاسی آگاه شود و موضوع را به ساواک خبر دهد و موجبات دستگیری یک گروه دوازده نفره را در این رابطه فراهم آورد.

سرانجام کرامت دانشیان به خاطر دفاع قاطع و محکم خود در دادگاه به اعدام محکوم و در سحرگاه ۲۹ بهمن سال ۱۳۵۲ شمسی، در کنار همرزم دیگرش خسرو گلسرخی که مانند خود او در دادگاه به دفاع از مردم پرداخته بود، در میدان چیت گر تهران اعدام شد.

■ **وصیت‌نامهٔ کرامت دانشیان**

«مردم ستم کشیدهٔ ایران همیشه فرزندان جان بر کف خود را در راه مبارزه بسیار از دست داده‌اند. این شرط هر مبارزه و جنبشی ست. فداکاری‌ها، از جان گذشتگی‌ها، و مقاومت‌ها کمر دشمن را خواهد شکست. و این خام ترین خیال است که مدام فرزندان مردم در اثر خیز انقلابی کشته شوند. این خیال باطل فقط در ذهن دشمن مردم می‌تواند وجود داشته باشد. جنبش اوج خواهد گرفت، همه گیر خواهد شد و کارگران، کشاورزان و اقشار تحت ستم، زندگی نوین و سعادتمند را صاحب خواهند شد.

مرگ، ناچیزترین هدیهٔ ما برای پیروزی مردم است. هر مرگ دریچه ای ست که بروی تباهی بسته می شود. و هر مرگ دریچهٔ اسرار است که بروی دروغ، فحشا، فقر و گرسنگی بسته خواهد شد. و آنگاه دریچه ای باز خواهد شد که از آن نور زندگی بتابد. به این نور تن بسپاریم، به این نور.»

فدائی مردم، کرامت دانشیان.

۲۹ بهمن ۱۳۵۲

امضای نمایندهٔ دادستانی ارتش سرگرد قیائی، فرمانده گردان زندان سروان حسن زاده، افسر اطلاعات سروان جاوید نسب، و نماینده شهربانی متقی و قاضی عسگر، ...

دبیرستان منصور تبریز، یازدهم بهمن سال ۱۳۴۳ شمسی. ردیف دوم از پائین، نفر سوم از چپ کرامت دانشیان، نفر چهارم از چپ یوسف آلیاری. ردیف اول از پائین، نفر پنجم از چپ، معلم ادبیات و انشاء کلاس ششم متوسطه که تفکر بسیاری از شاگردانش از جمله کرامت دانشیان، یوسف آلیاری، باقر مرتضوی (ردیف بالا نفر اول از راست) و بهرام مهین (ردیف بالا نفر چهارم از راست که این عکس را در اختیار ما گذاشته است) متأثر از آموزش های او جهت عملی و مارکسیستی پیدا کرد.

کلاس ششم دبیرستان منصور تبریز، یازدهم بهمن ماه ۱۳۴۳ شمسی
ردیف سوم از جلو، نفر اول از چپ یوسف آلیاری و نفر دوم از چپ کرامت دانشیان

■ زندگی نامهٔ خسرو گلسرخی

خسرو گلسرخی متولد دوم بهمن ماه ۱۳۲۲ شمسی در شهر رشت است. در کودکی پدرش قدیر را از دست داد. مادرش شمس الشریعه وحید، او و برادر دوساله اش فرهاد را به شهر قم نزد پدربزرگ مادری شان حاج شیخ محمد وحید برد. وحید، مرد مبارزی بود که روزگاری در نهضت جنگل، در کنار میرزا کوچک خان جنگیده بود. خسرو توسط وی تعلیم دید و تحت تاثیر مبارزات و نظرات وی واقع شد و حتی شعرهائی به نام «جنگلی ها» و «دامون» در این رابطه گفت و نام فرزندش را نیز «دامون» گذاشت. (دامون به معنی پناه گاه، و انبوهی و سیاهیِ جنگل است). در سال ۱۳۴۱، پس از درگذشت پدر بزرگش همراه برادرش فرهاد به تهران رفت و در اتاقی کرایه ای در محلهٔ امین حضور سکنی گزید. او شب ها درس می خواند و روزها کار می کرد.

خسرو در این سال ها، از ادبیات نیز غافل نبود دوران شکوفائی فکری و فعالیت چشمگیرش در مطبوعات را می توان در سال های ۴۸ تا ۵۲ که سال دستگیریش توسط ساواک است دانست. اما کار جدی اش را در شعر از سال ۴۵ شروع کرد. گلسرخی در سال ۴۸ با عاطفهٔ گرگین، دوست همرزمش ازدواج کرد و دارای فرزندی به نام «دامون» شد که اکنون ۲۹ سال دارد و با مادرش عاطفه گرگین در پاریس زندگی می کند و دورهٔ دکترای خود را در دانشگاه سوربن می گذراند. یک هفته بعد از دستگیری خسرو گلسرخی، عاطفهٔ گرگین نیز که به وسیلهٔ یکی از همکارانش از دستگیری خسرو آگاه شده بود دستگیر شد و با به زندان افتادن او بناچار سرپرستیِ فرزندش به برادرش سپرده شد.

خسرو گلسرخی در ۲۹ بهمن ماه ۱۳۵۲، و علی رغم آن که به خاطر بودن در زندانِ ساواک هرگز نمی توانست در طرح گروگان گیری رضا پهلوی شرکت داشته باشد، صرفاً به خاطر دفاع از عقایدش در دادگاه نظامی به اعدام محکوم و در میدان چیت گر تیرباران شد.

■ وصیت نامه خسرو گلسرخی

«من یک فدائی خلق ایران هستم و شناسنامهٔ من جز عشق به مردم چیز دیگری نیست. من خونم را به توده های گرسنه و پابرهنه ایران تقدیم می کنم. و شما آقایان فاشیست ها که فرزندان خلق ایران را بدون هیچگونه مدرکی به قتل گاه می فرستید، ایمان داشته باشید که خلق محروم ایران انتقام خون فرزندان خود را خواهد گرفت. شما ایمان داشته باشید از هر قطره خون ما صدها فدائی برمی خیزد و روزی قلب شما را خواهد شکافت. شما ایمان داشته باشید که حکومت غیرقانونی ایران که در ۲۸ مرداد سیاه به خلق ایران توسط آمریکا تحمیل شده در حال احتضار است و دیر یا زود با انقلاب قهرآمیز توده های ستم

کشیدهٔ ایران واژگون خواهد شد.»
شاعر و نویسنده خلق ایران خسرو گلسرخی

«ضمناً یک عدد حلقهٔ پلاتین (طلای سفید) و مبلغ یک هزار و دویست ریال وجه نقد را به خانواده و یا به زنم بدهند.
خون ما پیرهن کارگران، خون ما پیرهن دهقانان، خون ما پیرهن سربازان، خون ما پرچم خاک ماست.»

امضای نمایندهٔ دادستانی ارتش سرگرد قیائی، فرمانده گردان زندان سروان حسن زاده، افسر اطلاعات سروان جاوید نسب، و نماینده شهربانی متقی و قاضی عسگر، ...

■ **کتاب‌شناسی آثار خسرو گلسرخی:**
گلسرخی، با آموختن زبان فرانسه بطور کامل و زبان انگلیسی در دورهٔ دانشگاهی، دست به ترجمه های ادبی زد. اما از انگلیسی چیزی ترجمه نکرد و تمام ترجمه هایش از زبان فرانسه است. گلسرخی اولین کسی ست که مقاله ای از «لوسین گلدمن» ترجمه کرد. این مقاله، اول بار در زمستان ۱۳۵۰ در جُنگ شماره ۲ چاپار که زیر نظر احمد رضا دریائی منتشر می شد به چاپ رسید. گلسرخی در مقدمهٔ این ترجمه نوشته است که برای نخستین بار گلدمن را به روشن فکران و دانشجویان معرفی می کند. و آرزو داشت که کتابی از مجموعه مقالات گلدمن را ترجمه و منتشر سازد که با دستگیریش در فروردین ماه ۱۳۵۲ معوق ماند.
البته هیچ اثری از خسرو در زمان حیاتش، به جز آنچه در مطبوعات و جُنگ ها انتشار یافت به صورت کتاب چاپ نشد. تنها چیزی که می توان به عنوان کتاب چاپ شده در میان نوشته های او سراغ گرفت، مقاله ای ست با عنوان «سیاستِ هنر، سیاست شعر». این مقاله اول بار به صورت جزوه از سوی «کتاب نمونه» به مدیریت بیَژن اسدی پور انجام گرفت. اما بعداً کاوه گوهرین مجموعه آثار خسرو را در دو مجموعه به نام های «دستی میان دشنه و دل» و «من در کجای جهان ایستاده ام» چاپ کرد که این دفتر نیز در آن است. خسرو برای چاپ کتاب هایش با «کتاب نمونه» قرارداد بسته بود که به انجام نرسید و بعدها یکی از این دو مجموعه، با نام انتخابی خود گلسرخی «ای سرزمین من» چاپ شد. انتخاب نام «پرنده خیس» برای مجموعهٔ دوم به توصیهٔ عمران صلاحی انجام شده است. عمران صلاحی و بیژن اسدی پور که از دوستان گلسرخی بودند تاکید کرده اند که خسرو قصد داشت این نام را بر مجموعه ای از شعرهایش بگذارد.

خسرو گلسرخی، بیشتر آثارش را با امضاهای مستعاری چون؛ خسرو تهرانی، دامون، (خ.گ)، خسرو کاتوزیان، قباد، زریر، بابک رستگار و غیره منتشر می کرد.

برادر خسرو از وی نقل قول می کند که بعد از دادگاه، و در زمانی که او و کرامت دانشیان منتظر اجرای حکم بودند، مأموران ساواک از آنان می خواهند که ندامت نامه ای خطاب به شاه که در آن زمان در جزیره سن موریتس (سوئیس) در حال گذراندن تعطیلات زمستانی بود بنویسند. ولی آن ها قبول نمی کنند و خسرو پاسخ می دهد؛

«هیچ کس از زندگی در کنار زن و فرزند گریزان نیست. من مثل هر انسانی زندگی را دوست دارم و دوست دارم مثل هر پدری رنگ چشمان فرزندم را ببینم. اما راهی را که انتخاب کرده ایم باید به پایان ببریم. مرگ ما حیات ابدی ست. ما می رویم تا راه و رسم مبارزه بماند. اگر من ندامت نامه بنویسم، کمر مبارزان را خرد نکرده ام؟»

خسرو گلسرخی، هنگام تحصیل در دبیرستان حکیم نظامی
شهر قم - سال ۱۳۳۷

دامون گلسرخی
در کنار تصویری از پدر
سال ۱۳۵۸

خسرو گلسرخی
نفر اول سمت راست
حدود سال ۱۳۲۹

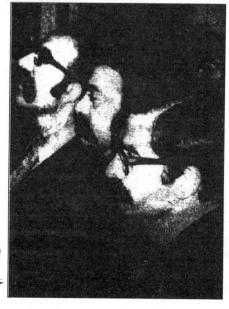

آذرماه ۱۳۵۱، تئاتر نوجوانان
(مرکز تنظیم خانواده دروازه غار)
از راست: علی اشرف درویشیان
خسرو گلسرخی، فریدون تنکابنی

زندان قزل قلعه

دو روز بعد، مرا به زندان قزل قلعه منتقل کردند. زندان قزل قلعه ساختمانی بود که دور یک حیاط کوچک بنا شده و در زمان قدیم، آن را در ده امیرآباد تهران به عنوان کاروان سرا ساخته بودند و بعداً به عنوان زندان از آن استفاده می کردند. ردیف سلول های انفرادی این ساختمان که قبلاً محل نگه داری اسب و قاطر مسافران بود، اکنون به عنوان سلول های انفرادی مورد استفاده قرار می گرفت.

مرا یک سر به یکی از همین سلول ها بردند، و وقتی نگهبان در را بست و رفت. مدتی روی سکوئی که به طول دو متر و عرض نیم متر روبروی در ورودی قرار داشت و نقش محل خواب را بازی می کرد نشستم. یک زیلوی باریک، یک پتو و یک بالش کثیف روی سکو بود و فضائی به عرض یک متر در دو متر هم جلوی سکو خالی بود که می شد در آن قدم زد. مدتی نشستم و به موقعیت تازهٔ خودم خیره شدم. مثل کاسب های ورشکسته بودم و چیزی نداشتم. و معلوم نبود مرا برای چه به آن جا آورده اند و منظور دکتر عضدی از این که باید مدتی را پیش آن ها، یعنی در زندان های ساواک بمانم چیست؟

سلول، درِ تخته ای قدیمی داشت که بالایش به اندازهٔ یک قاب عکس

خالی بود که محل هواگیری حساب می شد. پشت سرم، بر بالای سکو نیز پنجرهٔ بسته ای بود که از بیرون، از پشت شیشه، درپوش چوبیِ کرکره ای ثابتی داشت که شیب کرکره هایش رو به بالا بود و به این خاطر نَمی شد از درزهای آن بیرون را دید. با این حال روی سکو دراز کشیدم و کوشیدم از شکاف های موازی کرکره ها چیزی را ببینم. اما بجز آسمان ابری خاکستری، چیزی دیگری از بین شکاف های کرکره دیده نمی شد. همان طور که دراز کشیده بودم دست هایم را زیر سرم گذاشتم و به سقف خیره شدم. هنوز از حال و هوای سلول سه نفری در اوین و بچه ها بیرون نیامده بودم. در آن یکی دو هفته، بدجوری به آن ها عادت کرده بودم و جای خالی شان را به شدت احساس می کردم. آن چه که در آن شب تلخ اعدام خسرو و کرامت هم پیش آمده بود نیز از نظرم محو نمی شد. سعی می کردم به صحنه های ناجور فکر نکنم. ولی تصویرها خود به خود از اعماق ذهنم، از آن جا که انگار انباره ای از تصویرها و تصورها چون تودهٔ فشرده ای بر هم خوابیده بود ورقه ورقه کنده می شد و پیش می آمد تا من یک به یک صحنه ها را از لحظهٔ جدا شدن خسرو و کرامت، تا رفتن به پادگان چیتگر که مَحل اعدام بود ببینم و بسته شدن آن ها را به تیر اعدام شاهد باشم و فرمان آتش را در سحرگاه، درست در همان لحظه ائی که ما دیگر از شدت خستگی و سوزش چشم ها بیهوش می شدیم، بشنوم و مثل آن که از رؤیا بپرم به خود آیم و ندانم، آن چه همان دم دیده ام و فریادی که شنیده ام، خوابی در شب کابوسی پیش بوده است و یا خیالی در همان لحظهٔ موجود.

بلند شدم و روی سکو نشستم و پاهای بی جورابم را مالش دادم. واقعیت این بود که شب پیش حکم اعدام را در بارهٔ خسرو و کرامت اجرا کرده بودند و با تمام این ها، من نمی توانستم باور کنم که در آن لحظه که بر سکو نشسته ام، و هنوز چیزی از طراوت و تازه گی وجود زندهٔ دیروز آن ها نگذشته است، آن ها دیگر در این دنیا نیستند. از تصور این که آن ها در آن دم زیر خاک خفته باشند بر خود لرزیدم. اما پاسخم، تنها سوت سکوتی بود که در گوشم می پیچید و سر پایان گرفتن نداشت. انگار هوای ابری از درز کرکره ها در جسم و جانم نفوذَ می کرد و من می دیدم که این جهان به سختی تلخ است.

فکر می کردم که تنها علت اعدام گلسرخی و دانشیان جز آن نبود که آن ها از عقیدهٔ خود دفاع کردند. زیرا آن ها همان کارهائی را کرده بودند که ما کرده بودیم. خسرو طفلک حتی آن کارها را هم نکرده بود. ولی دفاع شجاعانه هردوی شان رژیم را به وحشت انداخت. و رژیم حتی نتوانست بیان عقیدهٔ دوتا آدم را در دادگاه های خود تحمل کنند. و این یک واقعیت است که انسان را در طول تاریخ، همواره به خاطر بیان عقایدش به دار کشیده اند، سر بریده اند، دست و پا قطع کرده اند و در آتش سوزانده اند. و این قصه هم چنان سر دراز دارد و انسان های بسیاری پس از این نیز هم چنان بر بالای دار خواهند رفت و

به شکل های دیگر به خاطر بیان اندیشهٔ خود جان خواهند باخت. پس تنها یک راه بیشتر پیش پای من نبود. مبارزهٔ مداوم برای تغییر دادن این جهان پهناور و شرایطی که انسان در آن به خاطر بیان اندیشه و دفاع از آرمانش جان می بازد.

با تمام این وجود، زندگی ادامه داشت. برخاستم تا رخوت را از تنم دور کنم. به هر دلیلی که مرا به آن زندان آورده بودند، نمی بایست بگذارم که اندوه و مرگ رفقایم مرا از خود بی خود و نومید کند. باید ورزش می کردم و سر حال می آمدم. باید برای خودم برنامه می ریختم. درست بود که نه کتاب داشتم و نه رادیو و نه تلویزیون؛ ولی دست داشتم، پا داشتم و مهم تر از همه مغز برای فکر کردن هم داشتم و در طول همان مدتی که در سلول های اوین انفرادی کشیده بودم یاد گرفته بودم که با همین این ها هم می شود کلی سرگرم شد و برای خود برنامه داشت.

اولین برنامه ای که برای خودم ریختم، ورزش مرتب و مداوم روزانه بود. حساب کردم که معمولاً از ساعت هفت که بیدار می شوم و صبحانه می خورم، تا ساعت ده شب، چیزی حدود پانزده ساعت وقت دارم که باید بدون فکر کردن به چگونگی گذشتن آن گذراندنش. بنابراین نیم ساعتِ اول را برای صبحانه گذاشتم. بعد برنامهٔ قدم زدن شروع می شد. به تجربه دریَافته بودم که نباید در سلول که هوای کافی برای تنفس به هنگام ورزش را فاقد است دست به ورزش های سنگین که نیاز به هوای فراوان دارد زد. از این رو قدم زدن بهترین ورزشی بود که می توانست مرا ساعت ها بدون آن که به زمان فکر کنم به خود مشغول دارد، و افزون بر این، سبب تمرکز در تفکرم شود. طبعاً این قدم زدن باید چیزی حدود چهار ساعت یعنی تا ساعت یازده و نیم، دوازه طول می کشید. بعد به نیم ساعت رفع خسته گی به حالت نشسته و یا دراز کش نیاز داشتم تا نهار بدهند. و بعد از غذا هم معمولاً به دستشوئی و استراحت به حالت نشسته نیاز داشتم که حدود یک ساعت برای آن در نظر گرفتم، بعد دوباره راه پیمائی شروع می شد و تا ساعت شش بعد از ظهر که وقت شام بود ادامه می یافت. بعد هم آن قدر خسته می شدم که طبعاً دیگر توانی برای فکر کردن برای گذراندن وقت نداشتم. و بعد از شام و دست شوئی هم بهترین کار دراز کشیدنِ زیر پتو و فرورفتن به دنیای شیرین تخیل بود تا خوابم ببرد.

حساب کردم که ببینم به این ترتیب روزی چند کیلومتر در آن سلول کوچک راه پیمائی خواهم داشت. طول سلول چهار قدم، یعنی دو متر می شد و من این چهار قدم را به طور متوسط در شش ثانیه طی می کردم، بنابراین در یک ساعت حدود یک کیلومتر و خورده ای، و در ده ساعت ده تا دوازده کیلومتر راه می رفتم. این کار، در صورت طولانی شدن مدت انفرادی، کمک شایانی به سلامت من نیز بود. غیر از این، مسلماً ضعف جسمانی می توانست روحیه مرا نیز تضعیف کند و کار دستم بدهد.

به این ترتیب شروع به قدم زدن کردم و ذره ذره ریتم و حالت یک نواختی گرفتم که نوعی مستی و سرگیجهٔ لذت بخش پیش می آورد. می رفتم و می آمدم، می رفتم و می آمدم و با خود سخن می گفتم. سخن گفتن با خود نیز در تنهائی های مدام شکل و شمایل ویژه به خود می گیرد. گاهی می ایستادم و مانند استادی که در کلاس درس با دانشجویان خود سخن می گوید برای اشباح سلول استدلال می کردم و سخنم را به حجت های گونا گون می آراستم. و گاه مانند شاهان نمایشنامه های شکسپیر قدم های بلند و کشیده برمی داشتم و با دستانی که به روبرو، رو به مخاطبینم دراز می شد، با کلماتی فاخر سخن می گفتم. گاه در صحنه نقش بازی می کردم و صدای پیرزن ها را از خود در می آوردم. و گاه دست به کمر می زدم و خستگی ام را با تماشای منظرهٔ کوهی که داشتم از آن بالا می رفتم در می کردم. کوه ها و دره های برف پوش زمستانی براستی در آن منظرهای گسترده چه شکوهی داشت. تمام کوه و دره زیر برفی که می بارید، خفه و خاموش به نظر می رسید و هوای برفی چندان سرد نبود. و من چوبدستی ام را در برف های تازه فرو می کردم و صدای تنفسم در شال گردنم می پیچید و گوزنی را که لحظه ای در سرگشته گی آن برف ایستاده بود تا مرا بنگرد نمی رماندم.

یک روز که نقش یک پیرزن هاف هافو را که صدای بسیار زیری داشت در صحنه بازی می کردم، غافلگیر شدم و به شدت خجالت کشیدم. نگهبان پشت دریچهٔ سلول ایستاده بود و می خندید. گوئی مدتی بود به من نگاه می کرد و من را در حال وراجیِ پرهیاهو و پر جنجال پیرزنانه ام زیر نظر گرفته بود. از تصور این که فکر کند دیوانه ام، تمام گل و گردنم خیس عرق شد. اما او سری به چپ و راست تکان داد و خندید و دریچه را که آرام گشوده بود بست و رفت.

چند لحظه بعد به کشف و کنکاش دست زدم. سلول های مجاورم خالی از سکنه بود و من از این وضع به شدت دلخور بودم و هرچه مُرس می زدم جوابی نمی آمد. دریچهٔ سلول هم درزی برای نگاه کردن نداشت و نمی شد بیرون را دید زد. از این بابت نیز شدیداً دلخور بودم. اما، روز دوم یا سوم بود که به کشف تازه ای رسیدم که به شدت مرا شاد کرد. به فکر افتاده بودم که هر طور هست خودم را به قاب خالی بالای در ورودی برسانم و از آن جا بیرون را دید بزنم. اما قدم نمی رسید و در هم صاف بود و نمی شد پا را به سجاف های تخته ای آن که چند میلیمتری بیرون زده بود گیر داد و بالا رفت. همان طوری که به یک دیوارهٔ کنار در تکیه داده بودم و فکر می کردم که چطور بالا بروم، پاهایم را به دیوار طرف دیگر تکیه دادم و راه بالا رفتن را کشف کردم. عرض در سلول بیش از هفتاد هشتاد سانتی متر نبود، و در دو طرف خود دو جرز آجری داشت که می توانستم باتکیه دادن پاها به این دو جرز، بالا بروم و آن بالا، به یکی از جرزها تکیه بدهم و هر دو پا را به جرز روبروی آن بند کنم و بنشینم.

جای راحتی بود و به دلیل نزدیک بودن فاصلهٔ دو جرز، چندان فشاری به پاهایم نمی‌آورد. حتی می توانستم ساعت ها آن بالا بمانم و هر که را که می آمد و می رفت ببینم. خوشبختانه روبروی سلولم نیز یک فرورفته گی وجود داشت که ظرف های آشغال در آن جا داشت. روزهای اول از بودن آشغال دانی در آن جا احساس ناراحتی می کردم. زیرا همیشه بوی ترشیده گی و نا، تا توی سلولم می‌آمد. اما بعد که راه ارتباط با دیگران را یافتم، از قرار داشتن ظرف آشغال در آن جا خیلی هم خوشحال بودم. زیرا همهٔ زندانیان بعد از خوردن غذا به آن جا می‌آمدند تا آشغال و ته ماندهٔ غذای شان را دور بریزند. فرو رفتگی محل آشغال ها آن قدر زیاد بود که آن ها می توانستند وقتی آن تو بودند بدون آن که به وسیلهٔ نگهبان دیده شوند برگردند و مرا ببینند و حرف بزنند. به این ترتیب من بعد از غذا بی درنگ می پریدم آن بالا و می نشستم و هرکه را می آمد، صدا می زدم و با او گفتگوی کوتاهی می کردم.

آشنائی با زندانیان بند از این طریق، مرا در جریان خبرهای بیرون نیز قرار داد. برخی از بچه ها که ملاقات داشتند، می آمدند و خبرهای بیرون را می دادند. یواش یواش بچه ها را به نام شناختم. آصف رزم دیده از کارگران عضو حزب توده، محمد دهقانی، و یکی دو نفر دیگر را که نام شان را فراموش کرده ام در آن بند دیدم. به ویژه از دیدن محمد دهقانی که کارگر زحمت کشی بود که خیلی هم او را زده بودند خیلی خوشحال شدم. دیدن او مرا فوراً به یاد برادر و خواهرش بهروز و اشرف دهقانی و کرامت دانشیان انداخت. کرامت به اشرف و بهروز عشق عجیبی می ورزید، و چه در خارج، و چه در داخل زندان هر وقت سرحال بود، ترانه ای به زبان ترکی می خواند که متن آن را از یاد برده ام؛ ولی معنی فارسیِ اولین بیتش این بود که؛ «اشرف تو ستارهٔ سرزمین منی، خلق به تو نگاه می کند...»

به این ترتیب با همهٔ بچه های آن بند آشنا شدم. سلولم از محل استراحت نگهبان که کنار بخاری، در بغل در ورودی بند بود فاصله زیادی داشت که سبب می شد نگهبان نتواند متوجه اعمال ما بشود. و اگر هم احتمالاً چیزی می شنید، تا می آمد به سلول من برسد، فرصت می کردم که از محل دیدبانی ام پائین بپرم و بروم روی سکو دراز بکشم.

راه دیگری هم برای تماس با بچه ها یافته بودم که برایم چندان قابل توجه نبود. دفتر نگهبانی، گاهی به بچه ها هوا خوری می داد و می گذاشت آن ها در محوطهٔ پشت سلول ها قدم بزنند. و من که گاهی سایهٔ آن ها را هنگام عبور از پنجره دیده بودم، یکی دو بار کوشیدم صدای شان بزنم و موفق هم شدم. آن ها می ایستادند و با صدای آهسته از پشت پنجره با من صحبت می کردند. اما وقتی می توانستم از طریق قاب بالای در با بچه ها تماس بگیرم دیگر نیازی نداشتم که ریسک کنم و از پشت پنجره با آدم هائی که نمی دیدم شان حرف

بزنم. البته من دیگر نمی ترسیدم و اگر هم در ضمن گفتگو گیر می افتادم، یاد گرفته بودم که چگونه از زیر مسئله در بروم. و در صورتی که هیچ چاره ای نداشتم، می گفتم که حوصله ام سر رفته و با بچه ها حرف زده ام. اما هواخوری بچه ها مرا به این فکر انداخت که از این امکان استفاده بکنم. پیش از آن، از درخواست هواخوری امتناع داشتم؛ زیرا می خواستم تا آن جا که شده از هر گونه خواسته ای چشم بپوشم تا ساواک فکر نکند که من از ماندن در انفرادی خسته شده و یا روحیه ام را باخته ام. اما در صحبت کوتاهی با یکی از بچه ها در جلوی آشغالدانی، که بامن دربارهٔ رفتن به هواخوری و این که این یکی از حقوق زندانیان است کرد، به این نتیجه رسیدم که برای حفظ سلامتم از این امکان استفاده کنم. از این رو، یک روز که سرهنگ وزیری به دیدار از سلول ها آمده بود در بارهٔ مقررات هواخوری از او سئوال کردم. وزیری که از گردن گذاشتن به حقوق زندانیان دل خوشی نداشت، گفت که هیچ قاعده ای وجود ندارد و هواخوری فقط به تشَخیص بازجوها و یا رئیس زندان داده می شود. و هر زندانی می تواند تقاضائی در این مورد بدهد تا مورد بررسی قرار گیرد.

من که از طرح مسئله پشیمان شده بودم، تقاضائی ندادم و موضوع گذشت. بعد شروع به قدم زدن کردم. چنان تند راه می رفتم که گوئی می خواستم جبران نرفتن به هواخوری و دلخوری از مطرح کردن چنین مسئله ای را بکنم. گرد و غباری که از راه رفتنم به هوا بلند شده بود در نور آفتاب دیده می شد. نوارهای نازک آفتاب از شکاف های موازی کرکره به درون می تابید، و مانند صفحه های کلفت فلزی که جزئی از بنا باشند به نظر می رسید. انگار ستون های شیب دار آفتاب، دیوار را از فرورختن باز می داشت و ارزش های نجات بخش طبیعت را در کم نوری آن سلول به اثبات می رساند.

دو هفته بعد، یک روز نگهبان در سلول را باز کرد و مرا به هواخوری فرستاد. بیرون هوا صاف و آفتابی و سرد بود. بعد از یکی دو ماه اولین باری بود که در هوای آزاد قرار می گرفتم و می توانستم به راستی ارزش های زندگی را دریابم و از هوای تمیز لذت ببرم. نفس های عمیق کشیدم و دور و برم را که مرا به دوران های قدیمی می برد نگریستم. دور ساختمان قزل قلعه را دیوارهای بلند کاهگلی می پوشاند. ارتفاع ساختمان چهارگوش زندان از سه متر بیشتر نبود. در وسط این ساختمان چهارگوش، یک حیاط بزرگ بود که در ضلع شمالی اش دو اتاق بزرگ عمومی هریک به گنجایش حدوداً چهل زندانی، در ضلع جنوبی آن اتاق نگهبانی، اتاق بازجوئی و شکنجه و اتاق ملاقات و اتاق های مسئولین زندان قرار داشت. سلول های انفرادی نیز در دو سوی شرقی و غربی حیاط واقع شده بود.

در قزل قلعه دیگر از کسی بازجوئی نمی کردند؛ بلکه آن جا زندانی بود که در آن زندانیانی که محکومیت شان مشخص شده و قرار بود همچنان زیر نظر

ساواک باشند نگه داری می شدند.

در محوطهٔ عریض و خاکیِ قدم می زدم و طول راه را می رفتم و می آمدم. گاهی نیز جلوی پنجرهٔ کرکره ایِ یک سلول می ایستادم، ولی موفق نمی شدم با کسی صحبت کنم. ردیف نحس سلول ها که به اندازهٔ یک محله دراز بود، از بیرون مثل بیمارستانی به نظر می رسید که دیوانه ها را در آن نگه می دارند. به فاصلهٔ پنج متر از این ساختمان چهار گوش، دیوارهای بلند خشتی تا ارتفاع چهار متر بالا می رفت که آن بالا نازک می شد و سر پیچ های نود درجه ای اش یک استوانهٔ کوچک گلی کار گذاشته بودند. و من که هوای تازه قدرت تخیلم را به حرکت درآورده بود، از بالا، مجموعهٔ ساختمان را می دیدم که به ماکت های گِل بازی بچه ها شباهت داشت و آدم هایش مثل مورچه در بین دیوارها حرکت مَی کنند و زنگی نواخته می شود و ناقوس ها به صدا در می آیند.

ایستادم و گوش دادم، واقعاً صدای ناقوس کلیسا می آمد. و حدس زدم که آن نزدیکی ها باید کلیسائی، چیزی باشد.

عید نزدیک می شد و من هنوز نمی دانستم برای چه مرا به قزل قلعه آورده اند. اگر قرار بود که هر زندانی را بعد از مشخص شدن میزان محکومیتش به زندان عمومی شهربانی منتقل کنند، پس باید برای نگه داشتن او در حالت بلاتکلیف و در انفرادی دلیلی ارائه دهند. به فکر افتادم که به بودنم در سلول انفرادی و در زندان ساواک اعتراض کنم. اما نمی دانستم مواد مورد اشارهٔ قانونی چیست و موضوع را چگونه می توان مطرح ساخت که صورتی منطقی داشته باشد. عاقبت فکری از خاطرم گذشت و به نگهبان گفتم که می خواهم رئیس زندان را ببینم. روز بعد سرهنگ وزیری به دیدارم آمد. او جلوی در سلول ایستاد و از من خواست علت درخواست ملاقات با او را بگویم.

گفتم:

«من مطمئنم که شما مرا به منظور اعدام به این محل آورده اید. در واقع، حکم اعدام من تغییری نکرده و شما مرا به این جا آورده اید تا موقع مناسب اعدامم برسد.»

وزیری که از چنین حرفی تعجب کرده بود گفت:

«باور کنید آقای سماکار، این طور نیست. من حاضرم به شما اثبات کنم که محکومیت شما از اعدام به حبس ابد تقلیل پیدا کرده است.»

پرسیدم:

«پس برای چه مرا مثل بقیه به زندان قصر نمی فرستید. من قانوناً باید به زندان شهربانی منتقل شوم. غیر از این است؟»

وزیری نگاهی به من انداخت و گفت:

«شما قانوناً می بایست اعدام می شدید. ولی اعلیحضرت شما را بخشید.

ولی این به این معنی نیست که ساواک دست از سر شما برداشته باشد. شما باید بمانید تا تکلیفتان روشن شود.»

«چه تکلیفی؟ اگر حکم اعدام من تغییر کرده، چه تکلیف دیگری برای من باید روشن شود؟»

«شما باید بمانید تا زمان بگذرد. گذشت زمان خیلی چیزها را حل می کند. حرارت شما هم در این مدت پائین می آید. شما با کاری که در دادگاه دوم کردید نشان دادید که یک شورشی هستید. باز هم می توانید شورش کنید. پس به نفع خودتان است که مدتی در سلول بمانید.»

«تا کی؟»

«این را من تعیین نمی کنم. ساواک باید روی شما نظر بدهد. دستور از بالا می آید. آقای دکتر عضدی مسئول کل پروندهٔ شماست و او هم هست که تصمیم می گیرد.»

در دیداری که پس از آن با صانعی داشتم اعلام کردم که می خواهم دکتر عضدی را ببینم. صانعی که برای سرکشی به وضع من از اوین به قزل قلعه آمده بود، نگاهی به من انداخت و گفت:

«به نفعت نیست که این کار را بکنی. آقای عضدی نظر خوشی نسبت به تو ندارد. دادرس خیلی سعی کرد تا توانست نظر موافق او را جلب کند و تو را نجات بدهد. حالا بگذار یک مدتی آب ها از آسیاب بیفتد.»

به ناچار برگشتم و دوباره به گشت و گذارها و کوهنوردی و راهپیمائی و تئاتر و درس دانشگاهم رسیدم و این بار حتی به سخنرانی در متینگ های پر جمعیت هم دست زدم. اما هر وقت نقش پیرزن ها را بازی می کردم مواظب بودم که نگهبان مرا نبیند.

عید نوروز

یک شب به عید مانده، سرهنگ وزیری به بازدید از سلول‌ها آمد. او مثل همیشه با صدای بلند با زندانی‌ها حرف می‌زد و یکی دو نفر هم دنبالش بودند و من شنیدم که دارد بین بچه‌ها به عنوان عیدی سیگار پخش می‌کند. از چنین بخشش‌هائی دل خوشی نداشتم. به همین منظور تصمیم گرفتم از گرفتن سیگار خودداری کنم. زیرا از یک طرف می‌دانستم که این کار او بیشتر به منظور تحقیر زندانیان صورت می‌گیرد، تا به منظور دادن امکانات به آن‌ها در شب عید؛ و از سوی دیگر یک بار در زندان اوین شاهد بودم که او یک جعبه شیرینی برای ما به سلول آورد و وقتی ما آن را گرفتیم، فهمیدیم که کلک خورده‌ایم و او آن شیرینی را به منظور روز چهار آبان، روز تولد شاه به ما داده است. ما که در مقابل عمل انجام شده قرار گرفته بودیم سعی کردیم به روی خودمان نیاوریم که متوجه موضوع شده‌ایم؛ ولی سرهنگ وزیری که آدم هفت خطی بود، مجبورمان کرد رجز خوانی‌هایش را در مقابل بچه‌هائی که حاضر نشده بودند شیرینی‌های او را به خاطر چهارم آبان قبول کنند نیز بشنویم. در واقع این او بود که برای ما شرح داد که برخی از زندانیان در برابرش مقاومت کرده و نخواسته‌اند در جشن چهار آبان شرکتی داشته باشند. و ناخودآگاه به ما نیز حالی کرد که اولاً موضوع

چیست، و هم چنین می شود در مقابل زندانبان به این نوع مقاومت ها هم دست زد. وزیری که گویا نتوانسته بود بر آن ها پیروز شود، به ما می گفت: «به شان گفتم؛ اگر روی تان را زیاد کنید، همه تان را توی همین سلول به رگبار می بندم.» و این حرف را با چنان خشمی حیوانی ادا کرد که نشان می داد نتوانسته است شیرینی چهار آبان را به آن ها بخوراند. البته از او بعید نبود که دست به چنان دیوانگی هائی هم بزند و بچه ها را در همان سلول ها بکشد. زیرا چند سال بعد، همین حیوان بود که به همراه دو ساواکیِ آدم کش دیگر، ۹ نفر از زندانیان سیاسی، از جمله بیژن جزنی و یارانش را دَر تپه های اوین به رگبار بست.

وزیری وقتی به جلوی سلول من رسید، خندید و گفت:

«خُب آقای سماکار، شب عید را چه می کنید؟ تنهائی خوش می گذرد؟»

با قامت سیخ و استوار توی صورت او نگاه کردم و پاسخ دادم:

«بله، زندان است دیگر.»

گفت:

«سیگار چه می کشید؟»

نگاهی به جعبه ای که در دست استوار نگهبان بود کردم و دیدم که بسته های سیگار وینستون در آن است. گفتم:

«من از این سیگارها نمی کشم.»

خنده ای کرد و گفت:

«چرا، چون آمریکائی ست؟»

گفتم:

«میل ندارم این سیگارها را بکشم.»

وزیری مثل کسی که کنف شده باشد یکی از پاکت ها را باز کرد و سیگاری در آورد و با یک فندک طلائی رنگ و سنگین آن را آتش زد و بعد با صدای خفه ای گفت:

«می بینید؟ سیگار خوبی ست. آمریکائی ست. ولی فکر می کنم سیگارهای روسی را نشود کشید.»

پاسخش را ندادم و او هم در را بست و به سوی سلول بعدی رفت. وقتی کارش با همهٔ سلول ها تمام شد دوباره به جلوی در سلول من آمد و گفت:

«سیگار را که نگرفتید. نمی خواهید هم که کسی را برای شب عید پیش تان بفرستم؟»

گفتم: «برایم فرق نمی کند.»

«در هر صورت اگر بخواهید، می توانم یکی از هم پرونده های تان را چند روزی از عمومی پیش شما بفرستم.»

چه کسی از هم پرونده های من ممکن بود در قزل قلعه باشد؟ در حالی که داشتم فکر می کردم گفتم:

«مگر دوستان مرا به قصر نفرستاده اید؟»
«چرا، ولی این یکی را شما هنوز ندیده اید.»
و چون سکوت مرا دید گفت:
«در هر صورت اگر خواستید به نگهبان اطلاع بدهید.»
و در را بست و رفت.

به شدت کنجکاو شده بودم که بدانم این هم پرونده ایِ من که وزیری می گفت کیست. با این حال چیزی به نگهبان نگفتم. ولی دلم می خواست که خودشان تصمیم بگیرند و بدون آن که من حرفی بزنم او را به سلولم بفرستند.

شب بعد، پس از شام و پیش از ساعت تحویلِ سال، در باز شد و نگهبان یک زندانی جوان را که یک پتو در دست داشت به سلول من فرستاد و در را بست و رفت. من که داشتم آماده دراز کشیدن در زیر پتو و آماده کردن مقدمات یک سفرهٔ بزرگ هفت سین در سفر نوروزی دانشجوئی مان در بندر عباس می شدم، از جا پریدم و با خوشحالی با تازه وارد دست دادم و خودم را معرفی کردم. او هم خود را به نام ایرج یوسفی معرفی کرد.

هردو روی سکوی سلول نشستیم و او که مرا خوب می شناخت و با پرونده و موضوع کار ما آشنا بود توضیح داد که یکی دو ماه پیش دستگیر شده و در دادگاه به زندان ابد محکوم شده است. بعد موضوع پرونده اش و نوع کاری را که می خواسته اند با چند تن دیگر بکنند برایم شرح داد و گفت:

«من قبلاً با خسرو گلسرخی رابطه داشتم و با هم در یک گروه مطالعاتی کتاب می خواندیم. وقتی خسرو در بهار سال گذشته دستگیر شد، سراغ من هم آمدند. ولی چون نبودم، جلوی خانه در انتظارم کشیک می دادند تا بیایم و دستگیرم کنند. من هم که بی خبر از همه جا داشتم به خانه برمی گشتم، سر کوچه با خواهرم روبرو شدم. او در آن جا به انتظار من ایستاده بود تا خبرم کند. با اشاره به من فهماند به طرف خانه نروم. دنبالش راه افتادم. چند خیابان آن طرف تر ایستاد و موضوع را برایم شرح داد. مقداری هم پول همراه خودش آورده بود. پول را گرفتم و از همان جا جیم شدم و یک کله رفتم سنندج. به یک کافه رفتم و شام خوردم. بعد رفتم طرف مرز. شب سردی بود و من لباس مناسبی برای آن منطقه به تن نداشتم و هیچ جا را هم نمی شناختم. ولی بطور حسی جهت درستی را انتخاب کرده بودم و به سوی مرز عراق می رفتم. رفتم و از کوه و کمر گذشتم و آخر سر به یک جادهٔ مرزی رسیدم. مسیر جاده را که خاکی بود گرفتم و پیش رفتم. یکی دوبار چراغ ماشین گشتی ها را از دور دیدم و در فرورفتگی های کنار جاده مخفی شدم تا آن ها بگذرند. بعد باز به راهم ادامه دادم. حدود صبح که هوا تا اندازه ای روشن شده بود به یک شهرک رسیدم. در خیابان های خلوت همه نگاهم می کردند. تا این که یک جیپ پر از سرباز آمد و مرا دستگیر کرد و به زندان برد.

من با تعجب به قیافهٔ جوانِ ایرج نگاه می کردم و از شجاعت او که آن همه خطر را در آن مسیر ناشناس پذیرفته تا خودش را از دستگیری نجات دهد خوشم آمده بود. با هیجان پرسیدم:

«برای چه بردند زندان؟»

«برای عبور غیرمجاز از مرز. و به عنوان جاسوس.»

«جاسوسِ کی؟»

«جاسوسِ دولت ایران.»

«خُب می خواستی موضوع را بگوئی که برای چه آمده ای.»

«گفتم، ولی کسی باور نمی کرد. مرا بردند به زندان و چند بار از من در حضور یک مترجم بازجوئی کردند. بلاتکلیف بودم. زندان کثیف و ناجوری بود. ما را در سلول های ده پانزده نفره ریخته بودند و نهار و شام به ما دال عدس می دادند. یک سطل هم گوشهٔ اتاق بود که باید کارمان را در آن می کردیم. روزی یک بار که نوبت دست شوئی بود می توانستیم سطل را خالی کنیم.

زندان پر بود از فلسطینی ها و عراقی ها که همه متهم بودند که یا برای دیگر کشورهای عربی جاسوسی کرده اند، و یا علیه رژیم بعث دست به فعالیت زده اند. تا این که یک روز آمدند و همه ما را از زندان به محوطه بیرون آوردند و شروع کردند به تقسیم ما به زندان های دیگر و آن زندان را هم روی هم کوبیدند. خیلی ها را هم آزاد کردند. و ما فهمیدیم که رئیس سازمان امنیت عراق که قصد کودتا داشته دستگیر شده و رئیس تازه ای آمده که این تغییرات و رسیده گی ها هم به خاطر او ست. من به زندان بغداد روانه شدم و در آن جا امکان اینِ را یافتم که بفهمم می توانم با نوشتن نامه به ژنرال پناهی که در عراق به سرمی بُرد از زندان رهائی یابم. همین کار را هم کردم و در کمال تعجب دیدم که مر از زندان آزاد کردند و پیش پناهی فرستادند.

«همین طوری بدون هیچ دلیلی آزادت کردند؟»

«در واقع بردند پیش پناهی، و من ماجرا را برای او شرح دادم و او هم گفت که مرا آزاد کنند.»

«خب بعد؟»

«بعد همین طور بودم و این طرف و آن طرف می رفتم. ولی یک محدوده بود که نمی بایست از آن خارج شوم. یک عده از بچه های دیگر هم آن جا بودند که با رادیو بغداد همکاری می کردند. و یکی شان به من پیشنهاد کرد که با آن ها همکاری کنم و یا این که بروم در اردوگاه های نظامی دورهٔ عملیات چریکی ببینم. در فکر بودم که چه کار کنم که یک هو دیدم شماها دست گیر شده اید و خسرو گلسرخی هم جزو شماست. باور نمی کردم. چطور ممکن بود که خسرو هم در زندان باشد و هم با شما دستگیر شده باشد. موضوع را با پناهی در میان گذاشتم. پناهی پیشنهاد کرد که اگر بتوانم به ایران بیایم و در این باره تحقیق

کنم، و بعد برگردم و از رادیو بغداد ماجرا را شرح دهم. مقداری پول و یک اسلحه به من دادند و مرا نزدیک مرز ایران ول کردند که به داخل بیایم. آمدم و در تهران مخفی شدم. مدتی این ور آن ور گشتم ولی راهی برای تحقیق پیدا نکردم. کسی از پروندهٔ شما اطلاع نداشت.»

«به خانواده ات هم سر زدی؟»

«بله، سر زدم. و چون دیدم که دیگر دنبالم نیستند، همان جا ماندم. بعد از یکی دو ماه خواستم برگردم عراق. رفتم سر مرز. اوضاع ایران و عراق بحرانی بود و مرزها به شدت کنترل می شد. در شهرکی که بودم، به یک قهوه خانه رفتم. وقتی شام می خوردم دیدم یکی دو نفر مواظبم هستند. شب که بیرون آمدم که به طرف مرز بروم حس کردم که تعقیب می شوم. از همان جا برگشتم تا اوضاع آرام تر شود. ولی اوضاع همان طور خراب بود و من حدس می زدم که مرزها کنترل می شود. به همین دلیل به فکر افتادم که از اسلحه برای کارهای چریکی استفاده کنم. با یک گروه که می خواست عملیات چریکی کند تماس گرفتم و شروع به فعالیت کردم.»

«چه گروهی بود؟»

یک گروه چریکی بود که می خواست با سازمان چریک های فدائی تماس برقرار کند. سه چهار نفر هم عضو داشت.»

«کی ها بودند؟»

«فکر نمی کنم بشناسی شان. به هر حال چند نفری بودیم و می خواستیم با آن اسلحه یک کارهائی بکنیم. و قرارهائی هم گذاشته بودیم. ولی یک هو دستگیر شدیم.»

«چطور دستگیر شدید؟ مگر کاری را شروع کرده بودید که لو رفته باشد؟»

«نه هنوز. ولی قصدش را داشتیم. اما به خاطر این نبود که دستگیر شدیم. فکر می کنم که به ما خیانت شد. احتمالاً جاسوس توی مان بود.»

وقتی صحبت های ایرج تمام شد من در حیرت فرو رفته بودم. نگاهی به او انداختم و گفتم:

«عجب! پس تو آمده بودی که در بارهٔ ما تحقیق کنی. ولی خودت هم الان پیش مائی.»

خندید و گفت:

«خُب مبارزه است دیگر. زندان هم جزوش است.»

حدس می زدیم که پاسی از شب گذشته و چنان گرم صحبت بوده ایم که گذشت زمان را متوجه نشده ایم. وقتی برای گرفتن یک زیلو و یا پتوی اضافی در زدیم نگهبان با قیافه ای خواب آلود روبروی ما ایستاد و با اخم گفت:

«چی شد که یک هو نصفه شبی به فکر گرفتن پتوی اضافی افتادید؟» گفتم:

«خب نمی‌شود که روی زمینِ لخت خوابید. حداقل یک زیلو به ما بدهید که بتوانیم زیرمان بیاندازیم.»

ولی او بدون آن که جوابی بدهد، در را به هم زد و چفت کرد و رفت. ایرج به ناچار با همان یک پتو روی زمین خوابید و من هر چه اصرار کردم که جایم را به او بدهم قبول نکرد.

گفت:

«پیرمرد، درست نیست که من روی تخت بخوابم و تو روی زمین.»

خندیدم و گفتم:

«اولاً که پیرمرد خودتی. من تازه بیست و هفت سالم است و تو بیست و شش سال. بعدش هم این کجایش تخت است؟ منظورم این است که روی زیلو بخوابی نه روی زمین لخت.»

گفت:

«خودت روی زیلو بخواب.»

بعد یادمان افتاد که راستی سال تحویل شده و ما اصلاً حواس مان نبوده است. از زیر پتوها در آمدیم و عید را به هم تبریک گفتیم و روی هم را بوسیدیم و دوباره به زیر پتوها رفتیم. اما باز هم نخوابیدیم. ایرج مزه ریختنش گل کرده بود و مرتب جوک می‌گفت و ما یواشکی زیر پتو کِرکِر می‌خندیدیم و سعی می‌کردیم که نصفه شبی صدای مان بیرون نرود.

روز بعد، به من ملاقات دادند و با شیرینی و میوه‌ای که خانواده‌ام آوردند، روز عید را یک جشن مفصل گرفتیم. اما خوشی ما چندان نپائید و چند روز بعد ایرج را بردند و من دوباره تنها شدم.

باز روزها از پی هم می‌آمدند و می‌رفتند. و شب می‌شد و روز می‌شد و هربار اولین نرمه‌های نور صبح از درزهای باریک کرکره به درون می‌تابید و به من می‌گفت که روزی گذشت و روز دیگر نیز خواهد گذشت. و من دوباره به سراغ قاب بالای در می‌رفتم و مدت‌ها در آن بالا به انتظار رفت و آمدها می‌نشستم و با این و آن گپ می‌زدم. دیگر هوا داشت رو به گرمی می‌رفت و من حس می‌کردم به هوای تازهٔ بیشتری نیاز دارم و هربار که قدم می‌زنم بیشتر عرق می‌کنم.

یک روز که حوصله‌ام خیلی سر رفته بود و داشتم برای سرگرمی به قفل در ور می‌رفتم، به کشف مهمی رسیدم. چارچوب تخته‌ای در سلول، در محلی که زبانهٔ چفت به آن فرو می‌رفت کمی ترک برداشته بود. کمّی با دُم قاشق ترک تخته را دست کاری کردم و ناگهان با تعجب دیدم که آن تکه تخته ور آمد و چفت در که در چارچوب فرورفته بود کاملاً نمایان شد. بطور طبیعی، در فقط از بیرون باز و بسته می‌شد. اما با کنده شدن آن تخته، توانستم با اهرم کردن دُم قاشق و فشار دادن به زبانهٔ چفت، آن را به عقب برانم و در را باز کنم. بعد سرم

را با احتیاط از در بیرون بردم و دیدم که نگهبان در راهرو نیست. با خوشحالی در را دوباره بستم و چفت را با فشار دم قاشق سر جایش برگرداندم و تکه تختهٔ کنده شده را روی آن چسباندم. از کهنگی چوب زیر تخته معلوم بود که کسی که قبلاً آن‌جا بوده آن را کنده تا بتواند در را از داخل باز و بسته کند.

این کشف جدید بدون آن که امتیاز ویژه‌ای داشته باشد و تفاوتی در نوع ارتباط من پدید آورَد موجب خوشحالی من شده بود. در واقع این خوشحالی ناشی از آن بود که حس آزاد بودن و اختیار داشتن را به من منتقل می کرد. و من، از آن به بعد، هر وقت دلم می خواست می توانستم درِ سلولم را باز کنم و ببندم. به همین دلیل، چند بار در هوا مشت کوبیدم و بی صَدا هورا کشیدم و شادی کردم. مسلماً به این وسیله نمی توانستم از آن‌جا خارج بشوم. اما همین که حس می کردم دیگر مثل گذشته اسیر آن چهار دیواری نیستم، از نظر روانی به شادی بی پایانی دست یافته بودم. دیگر می توانستم مانند یک آقا به سفرهای دور و درازم بروم. مشایعین من، آن چهره های خاموش و لبخند به لبی که هروقت مرا می دیدند، در سکوتی غریب برایم هورا می کشیدند و مثل اشباح برایم دست تکان می دادند، از قدرت جدیدم به شعف آمده بودند و برایم کف می زدند و من، با فروتنی، مانند شعبده باز شنل به دوشی، با پشت دست شنلم را به عقب می انداختم و با حرکت قوسیِ دست دیگر، جلوی شان دولا و راست می شدم و به ابراز احساسات شانَ پاسخ می گفتم.

«ما همیشه در صحنه های زندگی نیز مانند صحنه های تئاتر، ذهن مان پر از پست و بلندی‌ها ست. می شود آواز خواند، می شود نقش بازی کرد، می شود به پرواز درآمد و یا غیب شد و ناگهان از میان آتش به بیرون جهید و غرور و شادی انسان را به هزار شکل و چهره به نمایش گذاشت و از بودن و نقش بازی کردن و داشتن امید و تلاش احساس افتخار کرد. ما همان دم که پیش دیگرانیم نیز جز این نیستیم و نقش‌های تمرین شده در تنهائی‌هامان را که سرچشمه هایش در اعماقِ پنهانِ ذهن ماست بازی می کنیم.»

کمیِ به جملاتی که برای توضیح کشف نگره پردازی هنری تازهٔ خود گفته بودم اندیشیدم و دیدم مال چندانی نیست. به همین دلیل فراموش شان کردم. اما باید راهی برای ثبت لحظه های خود پیدا می کردم. مسلماً می توانستم با تمرین در ذهنیاتم به نوعی پختگی برسم، و از درون شان نه الزاماً نوعی نقد نظری، بلکه داستانکی دست و پا کنم. و این فقط با نوشتن ممکن بود. میل به نوشتن در من می جوشید و شدت می گرفت. حس می کردم اگر وسیله ای برای نوشتن نداشته باشم در دم خواهم مرد. اما هرچه می کوشیدم نمی مردم. و فکر کردم بد نیست با همهٔ عواقب تحقیرآمیزش، درخواست یک خودکار و کاغذ کنم. اما خدا قلم و کاغذ را از غیب رساند و شادی مرا تکمیل کرد. دیگر کارم شده بود نوشتن. روی دیوار، روی کاغذ سیگار. حتی پشت پارچهٔ پیراهنم نیز

می نوشتم. مرتب کاغذ پیدا می کردم و می نوشتم. خودکار را از نگهبان کش رفتم. وقتی خواب بود از روی صندلی اش برداشتم. شب وقتی همه خوابیدند میل غریبی مرا به حرکت واداشت. در را باز کردم و بیرون را دید زدم. کسی نبود. یکی دو بار آهسته در زدم. صدائی نیامد. یواش آمدم بیرون و به سمت صندلی خالی نگهبان پیش رفتم. داشتم فکر می کردم که حتی می شود فرار کرد. اگر فرار می کردم چه پیش می آمد؟ درِ یک سلول باز بود. متوقف شدم و دیدم ممکن است نگهبان کسی را به دستَشوئی فرستاده و خودش به اتاق نگهبان ها رفته باشد. هر آن ممکن بود برگردد. به صندلی خالی او که خودکاری رویش بود نگاه کردم. اما جرأت پیشروی بیشتر نداشتم. خودکار را برداشتم و به سرعت به اتاقم برگشتم و دیدم نگهبان در اتاق من خوابیده است. تا وارد شدم بلند شد و لبخند زد و گفت؛ خوب گیرت آوردم. از وحشت سرجایم خشک شده بودم. بیدار شدم و دیدم به شدت عرق کرده ام و نفسم تنگ شده است. نشستم و خوشحال شدم که فقط خواب دیده ام. خنده ام هم گرفته بود. گفتم آدم چه مزخرفاتی در خواب می بیند. بعد از آن، بدون آن که خودکاری گیربیاورم، دیگر موضوع و میلِ به نوشتن در من مرد و دیدم که خودم نمردم.

یک روز، برای اولین بار از زندان عمومی صدای آواز آمد. یک نفر با صدای رسا و گیرائی ترانه می خواند و بارها هم ترانه هایش را تکرار کرد. یکی از ترانه هائی که به نظرم خیلی قشنگ آمده بود این بود:

«شب که می شه، پاورچین، پاورچین می رم از پله بالا، بی سر و صدا روی بوم می شینم،

با کمند بلند خیالم، می رم تو آسمونا، تو کهکشونا ستاره می چینم،

تا بیارم برات هدیه ای، هدیهٔ خواستگاری...»

البته تا به بند آخر که موضوع خواستگاری و این حرف ها بود می رسید به نظرم دیگر شعر لطف خودش را از دست می داد و بازاری می شد. با این حال آن دو بند اول خیلی به دل من نشسته بود و هر وقت که او می خواند، من هم این دو بند را با او می خواندم و وقتی به بخش خواستگاری می رسید، می کوشیدم کلمات دیگری جای آن بگذارم که موفق نمی شدم. تا این که بالاخره مرا به عمومی بردند و من با خوانندهٔ معروف ترانه ام آشنا شدم، و چند بار هم کوشیدم که با او آن ترانه را در آن جا که بازاری می شد نجات بدهیم که باز موفق نشدیم.

وقتی به عمومی رفتم، اواخر خردادماه سال پنجاه و سه بود. اولین چیزی که توجهم را در آن جا جلب کرد جمعیت نبود؛ بلکه درخت بید مجنونی بود که بر بالای یک حوض کوچک در وسط حیاط قرار داشت و تصویری در ذهن من می ساخت که شباهت غریبی به تصویر بید مجنونی داشت که من از بوف کور صادق هدایت در ذهن داشتم.

عده ای از بچه ها که از طریق ایرج یوسفی از بودن من در انفرادی مطلع شده بودند، با دیدنم به سویم آمدند و خوش آمد گفتند. تابستان بود و بچه ها در هوای گرم با لباس های سبک و پیراهن و شلوار حرکت می کردند. عده ای دور حوض که آب داشت و شاخه های آویزان بید تا روی آن می رسید نشسته بودند و با آب بازی می کردند. ایرج دیگر آن جا نبود، و من چهرهٔ آشنائی در میان بچه های آن جا نمی دیدم. ولی محیط برایم خودمانی بود. من هم برای آن جمع ظاهراً خودمانی جلوه کرده بودم. زیرا من آدم شناخته شده ای بودم که جمع می توانست بی درنگ به من اعتماد کند و اعتمادش را هم به صورت بیان مخفی ترین روابط موجود، در گفتگوهای مختلفِ دو نفری بیان دارد و حس خوش آیندی از روابطی دوستانه و متقابل در من بوَجود آوَرَد. مسلماً بچه هائی که شناخته شده نبودند به سرعت از این مرحلهٔ زندان عبور نمی کردند و برای جلب روابط معتمدانهٔ متقابل نیاز به طی یک دوره داشتند. در واقع، همیشه می توان به جمع اعتماد کرد. ولی این فرد است که باید قابل اعتماد بودن خود را به جمع اثبات کند. من، ظاهراً به طی این دوره نیاز نداشتم و به سرعت اجازه یافتم از پنهان ترین روابط موجود سردرآورم و در نتیجه، به سرعت به نوعی تعادل و حس خودمانی بودن که سبب اعتماد به نفس هر انسانی می شود دست یابم. این اولین تجربهٔ من در زندان عمومی، مرا به درک موقعیت خطیری که داشتم نیز واقف می کرد. و من از همان جا، به این موضوع فکر کردم که در برابر چنین حالتی چه رفتار و موضعی باید در قبال جمع پیش بگیرم.

از بچه های معروفی که در آن جا شناختم، یکی هادی جفرودی از کنفدراسیون جهانی دانشجویان بخش آلمان و دیگری منوچهر نهاوندی از «سازمان رهائی بخش خلق ایران» بود. خیلی های دیگر هم بودند که نامی از آن ها در بیرون از زندان نشنیده بودم. ولی گشتم و فوراً خوانندهٔ ترانهٔ مورد علاقه ام را پیدا کردم. او جوان بلند بالا و هیکل داری بود که بعدها در کمال گمنامی بسیاری ترانه های دیگری را هم خواند و هنوز هم کسی او را به نام نمی شناسد و من قصد دارم فیلمی از او تهیه کنم و تا او دربارهٔ ترانه های بسیار معروفی که خوانده و ورد زبان بسیاری از مبارزان بعد از انقلاب شده است حرف بزند، و او را در فرصتی که اکنون پیش آمده معرفی کنم. در واقع، رفقای سازمانی ما او را به نام «داود» یا «داود شراره ها» می شناسند و او هنوز هم دوست دارد که به همین نام خوانده شود. داود، در یکی از روزهای بعد از انقلاب به همراه زنده یاد منوچهر کلانتری به ستاد سازمان چریک های فدائی در خیابان میکده آمد و یک سر سراغ مرا که مسئول کمیتهٔ فرهنگی- هنری سازمان بودم گرفت. او با خود نواری آورده بود که وقتی آن را از ضبط صوت کوچکی که همراه داشت پخش کرد، من برای اولین بار ترانهٔ «سراومد زمستون» را شنیدم. او می خواست که این نوار را برای کمیتهٔ هنری سازمان تکثیر و پخش کند. در واقع او که پس از رهائی از

زندان، به اروپا رفته بود، با تأسیس نهاد «هنر و ادبیات بالنده» در لندن، مجموعهٔ ترانه سرودهای زندان را به نام «شراره های آفتاب» منتشر می کند. و سپس، در سفری به آمریکا، به یاری گروهی از موسیقی دانان جوان اجرای جدیدی از «شراره های آفتاب» را تهیه و منتشر می سازد. و در آن لحظه که به ستاد آمده بود، می خواست که با پیوستن به «گارگاه هنر ایران» که زیر نظر کمیتهٔ فرهنگی سازمان کار می کرد و بخش های مختلف سینما، تئاتر و عکاسی داشت، اجرای تازهٔ «شراره های آفتاب» را با همان نام «هنر و ادبیات بالنده» منتشر سازد. و من در پاسخ او، همان طور که نگاهم می کرد و منتظر بود گفتم:

«خُب چرا معطلی؟»

گفت:

«چکار کنم؟»

گفتم:

«فوراً برو و نوار را تکثیر و پخش کن.»

گفت:

«آخر چه جوری؟ اجازه ای چیزی نمی خواد بگیرم؟»

گفتم:

«اجازهٔ چی بگیری؟ وقتی می گویم برو تکثیر کن، برو تکثیر کن دیگر.»

«پول و وسائل را از کجا بیاورم؟»

«ببین قیمت دستگاهای تکثیر چقدر است، همین الان برو بخر. می گویم پولش را بچه ها بدهند. نوار هم بخر. این بغل یک اتاق خالی است که می توانی دم و دستگاهت را در آن علم کنی. هر چقدر هم که دلت خواست از این بچه ها بکار بگیر. می بینی که دم در پر از هوادارانی ست که دل شان می خواهد یک کاری برای سازمان بکنند.»

داود بلافاصله رفت و شروع کرد و من یک باره دیدم که مردم در کوچه و خیابان ترانهٔ «سراومد زمستون» را می خوانند و میلیون ها تومان پول به سوی سازمان سرازیر شده است.

داود، علاوه بر خواندن ترانه ها، تنظیم موسیقی، و گاهی هم سرودن برخی از اشعار نوار ها، با سازماندهی خوبش کارها را ردیف کرد و من یک هو دیدم که در درون «کارگاه هنر»، یک «کارگاه صدا» هم تشکیل شد که کلی دم و دستگاه ویژه برای خودش داشت. داود هم چنین، همواره از ذکر نام ها در این ترانه سرودها خودداری می کرد. او نه تنها نام سرایندهٔ اشعار و آهنگ سازان و نوازندگان ترانه ها را نمی گفت، بلکه خودش را هم به عنوان فرد اصلی سازمان دهندهٔ این کار پنهان می کرد. زیرا معتقد بود که اعلام نام ها می تواند مورد سوء استفاده قرار گیرد و شخصیت هائی بسازد که به جنبش صدمه بزنند. البته در این جا لازم است بگویم که برای من روشن نبود که سرایندهٔ شعر ترانهٔ «سراومد

زمستون» از مجموعهٔ «شراره های آفتاب» چه کسی ست؛ حتی داود هم چنین شاعری را نمی شناخت. (این اواخر، درست پیش از آن که این کتاب زیر چاپ برود، از مینا اسدی شنیدم که گویندهٔ شعر «سر اومد زمستون» سید علی صالحی ست. شمارهٔ تلفن سیدعلی صالحی را از او گرفتم تا در این مورد تحقیق کنم. ولی متأسفانه گویا شماره درست نبود و نتوانستم با او تماس بگیرم و کتاب زیر چاپ رفت.) در آن زمان، ما فقط می دانستیم که سعید سلطان پور این شعر را بازسازی کرده و آن را برای اجرا در اختیار داود گذاشته است. اما داود حتی از ذکر نام سعید که سرایندهٔ برخی از دیگر ترانه های کارگاه صدا، و از اعضای اصلی سازمان بود هم خودداری کرد و تا پایان، به قانون خودش وفادار ماند. بعداً هم، وقتی اوضاع در جمهوری اسلامی خراب شد، او توانست به خاطر همین پنهان کاری، به صورت رسمی و با هواپیما از ایران خارج شود. البته آن زمان که من داود را به عنوان خوانندهٔ ترانهٔ محبوبم در قزل قلعه دیدم هرگز گمان نمی کردم که چنین آدم با دیسیپلین و کارآمدی باشد. فقط دیدم که آدم خوش صدائی ست. و موسیقی را هم خوب می گیرد . او مهندس شیمی و فارغ التحصیل دانشگاه صنعتی آریا مهر بود که پس از تحصیل چند سالی را به مدیریت یکی دو کارخانه گذراند و در سال ۱۳۵۰ به زندان افتاد. و ما با هم دوستان صمیمی ای شدیم که این دوستی تا کنون نیز ادامه دارد.

یکی دیگر از بچه هائی که به شدت روی من تاثیر گذاشت، کسی بود که بچه ها او را «عامو مصلا نژاد» صدا می زدند.. او اهل جهرم، از هواداران چریک ها، و فارغ التحصیل رشتهٔ اقتصاد بود و یواشکی به بچه ها درس اقتصاد مارکسیستی می داد. اما برجسته گی او در خصوصیات اخلاقی، سرزنده گی و بی آلایشی اش بود. تا جان داشت در ورزش های دسته جمعی که عصرها اجرا می شد می دوید و نرمش می کرد و آخر سر هم همان طور که یک شورت مامان دوز به پا داشت، با بدن عرق کرده و لاغر داد می زد: «کولی ملی، کولی ملی!» و اگر کسی می خواست کولی بگیرد، مصلا نژاد او را بر دوش می گرفت و دو سه دور دور حیاط می دوید و باز یکی دیگر را سوار می کرد و دور می زد و با این کار کلی بچه ها را بعد از ورزش می خنداند و سرحال می آورد. در واقع، تو می دیدی که در زندان چه شور و نشاط و توانی در جریان است و زندگی چقدر شکوفا و زیبا و پیش رونده است. و این به لطف وجود همین بچه ها و گل های مبارزه ممکن بود.

در همین جا بود که من فهمیدم که بیشتر بچه های زندان دوران بازجوئی را پشت سر گذاشته و به دادگاه رفته اند و ترکیب اکثریت بچه های زندان قزل قلعه بیشتر حول و حوش هواداری از مشی چریکی (سازمان فدائیان و سازمان مجاهدین) می چرخد و تک و توکی افراد منفرد، توده ای و کنفدراسیونی نیز در این میان یافت می شوند.

زندان قصر

ورود به زندان قصر برای من یک تحول بزرگ در ذهنیت و نحوهٔ تفکرم بود. زندان قصر شلوغ، پر جمعیت و پر سر و صدا بود، و از بارزترین خصوصیاتش این بود که زندانیان در آن جا دیگر با پلیس سیاسی ساواک سروکار نداشتند؛ بلکه با پاسبان وشهربانی چی جماعت روبرو بودند که نه در هوشیاری سیاسی و ملاحظات به پای ساواکی ها می رسیدند و نه اختیارات آن ها را داَشتند. پلیس زندان قصر، هم با زندانیان عادی مثل قاچاق چی ها، دزدها، قاتل ها و خلاف کاران کوچک و بزرگ روبرو بود، و هم با زندانیان سیاسی. از همین رو، زندان این دو نوع زندانی را از هم جدا کرده بودند که یکی از مهم ترین علت هایش َجلوگیری از تاثیر گذاری زندانیان سیاسی بر زندانیان عادی بود.

وقتی از مینی بوس ساواک پائین آمدم و شلوغی و ازدحام زندان موقت قصر را دیدم بی درنگ به تفاوت محیط آن جا با زندان های ساواک پِی بردم. مرا به ساختمانی که انگشت نگاری می کردند و عکس شماره دار از روبرو و از نیم رخ می گرفتند بردند، و بعد در صفی قراردادند که مخصوص تراشیدن موی سر بود. زندانیان عادی، توی دست و پای پاسبان ها می پلکیدند و نقش

خدمت کار آن ها را داشتند. یک پاسبان به یکی از آن ها که بدو بدو می کرد و خودش را خیلی زبر و زرنگ نشان می داد با تشر گفت؛ «بپر وکیل بند سه را بگو بیاید زیر هشت، جناب کارش دارد.» و زندانی مثل فرفره رفت تا دستور را انجام دهد. هوا گرم بود و یک پنکهٔ سقفی زیر تاق بلند و قدیمی زیر هشت آهسته می چرخید و باد بی جانی را پائین می فرستاد. یکی از زندانی های عادی که موهای کم پشتش را از پشت گردن به روی پیشانی آورده بود تا کچلی هایش را بپوشاند به پاسبانِ آرایشگر التماس می کرد که موهایش را نزنند. پاسبان هم می خندید و او را مَسخره می کرد. ولی او دست بردار نبود و مرتب با صدائی فروخورده تقاضایش را تکرار می کرد. عاقبت پاسبان آرایشگر از دست او عصبانی شد و بصدا در آمد: «آخر ننه جندهٔ کچل، تو چه موئی داری که می ترسی بتراشند؟»

و او با شنیدن این حرف خجالت کشید و دست از اصرار برداشت و پاسبان شروع به تراشیدن موهایش کرد. من و عده ای از زندانیان سیاسی دیگر که از زندان های مختلف آمده بودند در نوبت سلمانی ایستاده بودیم و در سکوت به این صحنه نگاه می کردیم.

بعد ما را با سرهای تراشیده و انگشت های مرکبی که در انگشت نگاری آلوده شده بود به حیاط زندان عادی بردند تا برای بردن به بند موقت ثبت نام شویم. لای انگشت های مرکبی ام عرق کرده بود و من هرچه می گشتم، کاغذی چیزی در حیاط پیدا نمی کردم که انگشتانم را پاک کنم. حیاط زندان عادی، دارای پنجره های بلندی بود که متعلق به بندهای مختلف بود. ساختمان همهٔ بندهای دور حیاط، آجری و کهنه و سیاه بود و به پادگان های قدیمی شباَهت داشت. چهار باغچهٔ بزرگ گُل کاری شده قرینهٔ هم در کف حیاط درست کرده بودند که نیمه آجرهای نمناک کپک زده ای در خاک آن ها فرورفته و دورشان را دندانه دار می کرد. از زمان خدمت سربازی به بعد از چنین محیط هائی متنفر بودم.

چند سرباز که لباس آبی نظامی پاسبانی تنشان بود، با گترها و یقه های باز و کلاه های بالا زده و دست های گچی آمدند رد شدند و با بیَ تفاوتی به ما نگاه کردند. هوا کمی خنک تر از زیر هشت بود. از توی حیاط، اتاق های پشت میله ها تاریک به نظر می رسید، و عده ای از زندانی ها مرتب خود را بالا می کشیدند تا ما را توی حیاط دید بزنند. سر و صدای جمعی از زندانی ها از یک فضای باز نیز بگوش می رسید و به نظر می آمد که حیاط آن بندها پشت آن ساختمان ها باشد.

سروانی به همراه یک پاسبان آمد و نام های روی ورقه ای را یکی یکی خواند و ما را روانهٔ بند موقت کرد. به محض ورود به بند موقت سیاسی، حس کردم که فضا عوض شد و دیگر از آن غریبه گی پادگان وار خبری نیست. بچه ها

قیافه های شاد و سرحال داشتند و لباس های سبک پوشیده بودند. خیلی ها به سراغ ما آمدند و به سرعت در همهٔ بند پیچید که یکی از هم پرونده ای های گلسرخی به آن جا آمده است. مرا در یکی از اتاق ها جا دادند که لطف الله میثمی در آن بود. قبل از رفتن به آن اتاق برایم شرح دادند که او هم پروندهٔ دختری ست به نام سیمین که سال گذشته در جریان انفجار بمبی که قصد داشته اند پای مجسمهٔ ۲۸ مرداد در میدان مخبرالدوله کار بگذارند و جشن ۲۸ مرداد را به هم بزنند چشمانش کور و یک دستش هم از مچ قطع شده است. وقتی میثمی را دیدم از روحیهٔ جنگده اش خوشم آمد. چیزی را نمی دید و فقط قادر بود با دست چپش که سالم بود کارهایش را انجام دهد. با این حال مثل آن بود که همه چیز را می بیند و قادر به هرکاری با هر دو دست خود هست. عده ای از مجاهدین هم مرتب دور و برش می پلکیدند و هوایش را داشتند. ولی او به هیچ کدام اجازه نمی داد که کارهایش را انجام دهند و خودش انجام هرکاری را هرقدر هم که مشکل بود به عهده می گرفت. او آشکارا رهبر آن چند تا مجاهد بند بود و طوری حرف می زد که گوئی فرماندهٔ نظامی آن ها ست و همهٔ آن ها مثل سرباز حرفش را می خواندند. بعد از یک سال که از انفجار بمبی که او را زخمی کرده بود می گذشت، هنوز زیر پوست تمام صورتش پر از تراشه های آهن بمب بود. ساواک از هرگونه امکان جراحی و مداوای صورت او خودداری کرده بود، و او مرتب می کوشید از تیزی تراشه های آهنی در درون پوستش استفاده کند و با فشار دادن آن ها پوست را جر بدهد و بیرون شان بکشد. به همین دلیل صورتش پر از زخم بود. میثمی، کلی از خسرو گلسرخی و کرامت دانشیان تعریف کرد. و گفت که از دفاعیهٔ دادگاه دوم من هم خوشش آمده است. در تمام مدتی که آن جا بودم، هر روز راجع به مسائل مختلف سیاسی و مسائل بند و غیره با هم گفتگو می کردیم.

بند موقت سیاسی خیلی شلوغ بود و ما در اتاق های کوچک تنگ هم می لولیدیم. آن قَدر جا کم بود که حتی عده ای شب ها توی راهرو می خوابیدند. و روزها همه مرتب در راهروها و حیاط در حال رفت و آمد بودند. زند گی در بند موقت رنگ موقت هم داشت. از این رو، کمتر دیدم که مانند قزل قلعه، کسی به فکر سازماندهی امور مبارزاتی باشد. واقعیت این بود که غیر از سازماندهی امور تقسیم غذا و جا و تمیزکردن بند، انواع دیگر سازماندهی های مبارزاتی نمی توانست در آن جا دوام داشته باشد. زیرا هر کس فقط برای مدت کوتاهی مهمان آن بند بود و تا افراد می آمدند هم را بشناسند و یا دست به نوعی سازماندهی مخفی بزنند، از آن جا به بندهای دائمی منتقل می شدند. از این رو بچه ها هر وقت که نوبت کارگری بند نداشتند، به بازی و ورزش و شلوغ کردن کردن در حیاط می پرداختند. درخت توتی هم در حیاط کوچک و پرجمعیت آن بند وجود داشت که بچه ها با بی ملاحظه گی دم پائی هایشان را

برای ریختن توت ها به سوی شاخ و برگش پرتاب می کردند. این حرکت، جدا از آن که کمی بچه گانه می نمود، به خاطر خوردن دم پائی ها به بچه های دیگر سبب ناراحتی می شد. من از این کار بچه ها دلخور بودم، ولی آن را بروز نمی دادم و هروقت از زیر درخت رد می شدم عمداً قدم هایم را کند می کردم و یا حتی می ایستادم تا کفشی به من بخورد و من با نگاهی خیره به پرتاب کنندهٔ کفش، انتقادم را از این کارها نشان بدهم. یک روز که همان طور ایستاده بودم، یکی از بچه ها به من نزدیک شد و با لحن دوستانه ای گفت؛ «کمی بیا این ورتر که کفش به ات نخورد.» من با دلخوری حرف او را گوش کردم و کنار آمدم. و او با لبخند گفت؛ «جوانند دیگر، شور و شر دارند.». با شنیدن این حرف یک باره متوجهٔ موضوع مهمی شدم. دریافتم که او در واقع با این حرف به من نشان داد که گاهی آدم بی خود و بی جهت ادای پیرمردها را در می آورد. البته قبل از زدن این حرف دیده بودم که چندبار به من نگاه کرده و مواظبم بوده است. دریافتم که فهمیده است که من بی خود با بازی و سرحالی بچه ها از سر عناد درآمده ام. از هوشیاری او خوشم آمد. بعد، از حالت خودم خنده ام گرفت و کلی با او گپ زدم. وقتی خودش را معرفی کرد دیدم که نسیم خاکسار است. از آشنائی با او کلی خوشحال شدم و از برخورد رندانه اش که با ظرافت مرا متوجهٔ تغییری در اخلاقم کرده بود خوشم آمد.

مرا زیاد در بند موقت نگه نداشتند. یک هفته بعد در یک دستهٔ ده نفری به زندان شماره یک قصر منتقل شدم. فاصلهٔ بین دو زندان عادی تا سیاسی بیش از پانصد متر نبود. و در این فاصله ما از زیر سپیدارهای بلندی گذشتیم که کهن سال به نظر می آمدند. در سمت راست ساختمان زندان شمارهٔ یک هم دیوار بسیار بلندی وجود داشت که معلوم بود دیوار اصلی زندان است. خود ساختمان شماره یک هم از بیرون مثل یک دژ به نظر می رسید. با یک نمای دو طبقه و محکمی که روکش سیمانی داشت و در ورودی اش باریک و آهنی بود و جلوی شیشه هایش میله های عمودی و افقی کلفتی کشیده بودند و از داخل به انواع و اقسام قفل و بندها مجهز بود. در سمت راست ساختمان نیز یک اتاقک دراز از همان جنس سیمانی و چسبیده به ساختمان وجود داشت که به پنجره ای یکسره و افقی با میله های کلفت فلزی مزین بود که بعداً فهمیدیم اتاق ملاقات است.

محل اداری زندان که درهایش به بندهای مختلف باز می شد، یک هشتی قدیمی با سقف بلند بود. رئیس زندان، سرهنگ زمانی ما را در دسته های دو سه نفری به اتاقش خواست. پشت میزش نشسته بود و ما را مانند برده دارانی که می خواهند برده بخرند برانداز می کرد. بعد نطق کوتاهی در بارهٔ مقررات زندان ارائه داد و مرخص مان کرد. ابتدا همگی به بند دو رفتیم. مرا در یک اتاق جلوی درجا دادند و بعد از چند ساعت، وقتی هوا رو به تاریکی می رفت،

صدا زدند و باز به زیر هشت آورند. یک سروان به نام حبیبی جلو آمد و با من دست داد و خودش را معرفی کرد و گفت:

«آقای سماکار، شما را نزد دوستانتان به بند چهار می فرستم. خواهش می کنم مقررات بند را رعایت کنید و هر وقت مشکلی و یا کاری داشتید بگوئید که می خواهید با من صحبت کنید. بفرمائید.»

بعد به پاسبانی که آن جا ایستاده بود اشاره کرد و که مرا به داخل بند ببرد. وارد بند چهار که شدم خودم را در یک راهروی دراز دیدم که دو طرفش پر از تخت های دو طبقه و سلول هائی با درهای بسیار کلفت آهنی که باز بود یافتم. بند خالی بود و حتی یک نفر هم در آن دیده نمی شد. ولی آثار حضور و زندگی زندانیان به شکل لباس ها و اشیائی که کف اتاق ها و روی تخت ها قرار داشت دیده می شد. در واقع مرا به هنگام سرشماری که همهٔ زندانیان را به حیاط زندان می بردند به بند آورده بودند. از جلوی یک دستشوئی که گذشتیم، پاسبان مرا به یک سلول در باز راهنمائی کرد و گفت:

«جناب سروان دستور داده که در همین سلول بمانی و به حیاط نروی تا دیگران بیایند.»

ماندم تا بچه ها بازگشتند. و یک مرتبه دیدم رضا علامه زاده، طیفور بطحائی، فرهاد قیصری و مرتضی سیاه پوش که از آمدن من خبردار شده بودند به درون سلول آمدند. ما با شادی همدیگر را در آغوش کشیدیم. بچه ها طوری به من نگاه می کردند که انگار تازه از بستر بیماری برخاسته بودم. سراپایم را برانداز می کردند و از مسائلی که در آن مدت پشت سر گذاشته بودم می پرسیدند. بخصوص می خواستند بدانند که چرا مرا در این مدت در زندان ساواک نگه داشته اند. و من پاسخ روشنگرانه ای نداشتم که به آن ها بدهم و فقط گفتم که فکر می کنم مرا برای اذیت کردن در قزل قلعه نگه داشته بودند. و شرح ماجراهای مختلفی را که از سر گذرانده بودم برایشان دادم. بچه ها هم شرح دادند که چگونه وقتی آن ها را به زندان قصر آورده بودند، برای مدتی در حالت قرنطینه در همان سلولی که تویش بودیم، به صورت در بسته نگه داشته اند تا یواش یواش زندان به وجود آن ها عادت کند. آن ها در شرایطی به قصر آمده بودند که موضوع پرونده و دادگاه و اعدام بچه ها داغ بود و جزو مسائل روز به شمار می آمد. رضا شرح داد:

«وقتی آمدیم، حتی نگهبان ها سرک می کشیدند که ببینند ما چه شکل و شمایلی داریم. بچه ها هم برای دیدن ما بی تابی می کردند و سرهنگ از ترس ایجاد شور و هیجان خاص در زندان، تماس زندانی ها را با ما ممنوع اعلام کرده بود. در واقع، ما در یک بند عمومی به حالت انفرادی به سر می بردیم، و خودِ همین قضیه، مسئله را بدتر داغ می کرد و به اشتیاق بچه ها برای دیدار و گفتگویِ با ما و با خبر شدن از حقیقت ماجراها و چگونگی طرح و برنامهٔ ما دامن می زد.»

گفتم:

«پس بگو. مرا هم زمانی به بند آوردند که هیچ کس در بند نباشد.»

آن شب بعد از گفتگوهای فراوان از مسائل گوناگون، در فرصتی که پیش آمد با رضا به گفتگو در بارهٔ نحوهٔ زندگی در آن زندان پزداختم. رضا برایم گفت که آن ها در کمون در سفرهٔ عمومی زندان زندگی نمی کنند. گفت:

«البته از روزی که آمدیم، سرهنگ زمانی مانع حضور و زندگی فعال ما در میان جمع بود. به ما گفته بودند که حق نداریم به کمون زندان یا زندگی جمعی آن بپیوندیم. ولی این موضوع بی خود بود و ما در این مورد با زمانی صحبت کردیم که این محدودیت را بردارد و او هم قبول کرد. ولی خودمان ترجیح دادیم که بیرون از کمون زندگی کنیم. در همان مدت اولیه که بیرون بودیم برخی از روابط موجود در کمون را نمی پسندیدیم. بخصوص من این طور بودم. تو مرا می شناسی و می دانی که نسبت به برخی مسائلِ دستور دادنی و دستور گرفتنی و روابط خشک تشکیلاتی حساسم. و حدس می زدم که نمی توانم در داخل این گونه مناسبات زندگی کنم. تو هم مثل منی. شاید هم نباشی. طیفور این طوری نیست. او آن روابط را دوست دارد. به همین دلیل هم درست یک روز قبل از این که تو بیائی به جمع زندان پیوست. ولی قبلاً در این اتاق بود و با ما زندگی می کرد. به هر حال تو باید تصیمت را در این مورد بگیری که آیا می خواهی با ما زندگی کنی و یا با جمع؟»

من در جواب سکوت کردم. اطلاعاتی که او به من داد و مسائلی که پیش کشید آن قدر مفصل بود که نمی توانستم فوراً و بدون آشنائی با آن فضا درباره شان تصمیم بگیرم.

رضا پرسید:

«سرهنگ زمانی که به تو در مورد زندگی در کمون و یا با ما حرفی نزد!»

گفتم:

«نه چیزی نگفت.»

رضا گفت:

«پس تصمیم با خودت است. البته زندگی خارج از کمون به معنی بیگانگی با مسائل مشترک زندان و تماس با بچه ها نیست.»

پرسیدم:

«شما با بچه ها در مورد مسائل زندان حرف می زنید؟»

«معلوم است. هر مسئله ای که پیش بیاید و هر تصمیم جمعی که قرار باشد گرفته شود، بچه ها با ما مشورت می کنند و نظر ما را هم می خواهند.»

پرسیدم:

«کی ها توی کمون هستند؟»

«یعنی چی کی ها؟ منظورت سازمان ها ست؟»

«آره، چه سازمان هائی در کمون هستند؟»

«خیلی ها، چریک ها، مجاهدین، توده ای ها، دمکرات ها، و منفردین. بعضی ها هم نیستند. جمع های کوچک مذهبی و غیرمذهبی و افرادی هم هستند که جدا زندگی می کنند. البته، باید گفت که بچه های کمون، در مجموع نسبت به کسانی که با جمع زندگی نمی کنند نظر خوشی ندارند. به هر صورت من پیشنهاد می کنم که تو در تصمیم گیری عجله نکنی. چند روز بمان، همه چیز را بسنج، با هرکس هم که می خواهی مشورت کن، بعد تصمیم بگیر.»

تصمیم گرفتم که ضمن داشتن تماس با بچه های کمون، تا مدتی با بچه های اتاق مان زندگی کنم. رضا درست می گفت؛ من هم مثل او طاقت تحمل نظم های مزاحم را نداشتم. لازم بود برای خودم برنامهٔ مشخصی بریزم و مدتی دست به مطالعه بزنم. آگاهی از مسائل زندان و اطلاع از تاریخچهٔ فعالیت سازمان ها و تجربیات و حرکات شان از جمله مسائلی بود که دلم می خواست از آن ها اطلاع پیدا کنم. ولی این کار در ابتدای ورود من به زندان می توانست حساسیت پلیس را برانگیزد. از این رو، آن را برای بعد گذاشتم و یک برنامهٔ مطالعاتی در دو عرصه برای خودم در نظر گرفتم. اول فراگرفتن کامل زبان فرانسه برای مراجعه به متون اصلی و بعد مطالعات عمومی در عرصهٔ فلسفه، تاریخ و ادبیات و هنر.

تشکیلات و امکانات زندان

سه بند مشترک چهار و پنج و شش، دارای کتابخانه ای بود که توسط خود بچه ها به به وجود آمده و کتاب هایش به صورت دسته بندی شده در اتاق های مختلف بند چهار قرار داشت. هر دسته از کتاب ها، مثلاً از جمله ادبیات و یا کتاب های اقتصاد، تاریخ، جامعه شناسی و غیره در یک اتاق جای داشت. جلوی لیست کتاب ها هم جدولی بود که ساعات مطالعهٔ هر کتاب را در روز به شش تا دو ساعت تقسیم می کرد. مطالعه از ساعت هشت صبح آغاز و منهای یک ساعت نهاری، تا ساعت نه شب ادامه می یافت. هر کس می توانست یک کتاب را فقط برای دو ساعت در روز داشته باشد و موظف بود بعد از پایان آن دو ساعت، کتاب را به نفر بعدی که اسمش در لیست کتاب ها بود تحویل بدهد. گاهی برای برخی کتاب ها، ترافیک سنگینی ایجاد می شد و متقاضیِ مطالعهٔ آن ها گاهی می بایست ماه ها صبر کند تا نوبتش برسد.

من دسته ای از کتاب ها را برای بعد از ظهرها انتخاب کردم تا بترتیب مطالعه کنم. و برای صبح ها هم روزی چهار ساعت مطالعهٔ سیستماتیک زبان فرانسه در نظر گرفتم. و با توجه به ورزش صبح گاهی و ساعات های صرف غذا، از تمامی ساعات روز فقط دو ساعت را برای قدم زدن و گفتگو با بچه های

مختلف گذاشته بودم و بقیه کاملاً پر بود. بطوری که احساس می کردم در ساعات شبانه روز وقت کم می آورم. گاهی که اعضای خانواده ام در ملاقات ها دربارهٔ چگونگی گذراندن ساعات روز از من سئوال می کردند و مثلاً برادرم حسین می پرسید که آیا در زندان احساس بی حوصله گی و کسالت و بطالت نمی کنم؟ پاسخ می دادم که من وقت ندارم که حتی سرم را بخارانم، بنابراین کجا می رسم که حوصله ام سر برود؟ و او می خندید و فکر می کرد شوخی می کنم. ولی وقتی یک بار برایش برنامهٔ روزانه ام را شرح دادم و البته آن دو ساعت تماس با بچه ها را هم به دلیل گوش ایستادن پاسبان به حرف هایم سانسور کردم و جزو ساعات مطالعه اعلامش کردم، برادرم با حیرت و هیجان سری تکان داد و گفت: واقعاً جالب است. پس با این حساب ما باید منتظر بیرون آمدن تو نمانیم. چون تو آن قدر خودت را گرفتار کرده ای که اگر آزادت هم بکنند وقت نمی کنی از زندان بیرون بیائی.

و واقعیت این بود که من برای مدتی چنان سرگرم مطالعات شدم که یک هو دیدم شش ماه از آمدنم به قصر گذشته و من اصلاً متوجهٔ گذشت این زمان نبوده ام. این زمان با آن حالت کُند و یک نواخت زندان انفرادی در قزل قلعه اصلاً قابل مقایسه نبود. و من فکر می کردم پیش از آن، یعنی در زمان آزادیم چه وقت های گران بهائی را که می توانستم صرف مطالعه کنم از دست داده و به بطالت گذرانده ام. در واقع مطالعهٔ با برنامه و زمان بندی شده نوعی نظم فکری و جهت حسی به من می داد و در منش ها و عادت های من چنان تغییرات آرام و در عین حال متداومی به وجود می آورد که براستی برایم تجربهٔ تازه ای بود و اگر مسئله ورزش در کار نبود، چه بسا فکر می کردم ظرف گذراندن یکی دوسال در آن حالت، به صورت یک آدم عینکی، و ریشوی زودپیر شده درمی آمدم. چیزی که مهم بود و ورزش هم نمی توانست در آن تغییری به وجود آورد از دست دادن دنیای تخیلات و رؤیاهای شیرینی بود که بخصوص در قزل قلعه به آن عادت کرده بودم. حضور قاطع جمع، حرکت در هیاهوی بچه های پر شر و شور، برنامهٔ مشخص مطالعاتی و گفتگو با افراد واقعی، درِ تخیل را بروی من بسته بود. تخیلات تنهائی قزل قلعه، هرچند در طولانی مدت می توانست از من یک آدم خیال باف بسازد، ولی این مطالعات مستمر و بی انقطاع، امکان هرگونه لذت حسی را از من بریده بود و من حس می کردم که براستی نیاز دارم که مدتی را به بی خیالی و استراحت کامل بزنم تا مغزم یک هو پوک نشود.

شب ها پس از آن همه ورزش و مطالعهٔ و راه رفتن، مثل یک فرد زحمت کش خسته می شدم و از پا درمی آمدم و از ساعت ده شب تا ساعت شش صبح که طبق برنامه باید برمی خاستم، یک تیغ می خوابیدم. دیگر نه بیرون رفتن از زندانی در کار بود و نه گشت و گذاری در آن کوه های برف پوش، و نه استراحت پای آبشارهای بلندی که آب تا بیاید از ارتفاع بلندشان به زمین برسد به غبار

تبدیل می شود.

تابستان بود و ما حیاط خوابی داشتیم. و تا زمانی که خواب مان ببرد نیم ساعتی با این و آنی که دور و برمان بود گپ می زدیم.

فرهاد قیصری که رختخوابش را در حیاط کنار من می انداخت، یک شب نگاهی به پاسبان هائی که بالای بام ایستاده بودند و نورافکن های شان را به حیاط زندان انداخته بودند و نگهبانی می دادند کرد و گفت:

«راستی خوب شد ما موفق نشدیم شاه را بزنیم ها.»

پرسیدم:

«چطور مگر؟»

«هیچی، چون آلان این پاسبان ها این جا راحت خوابیده بودند و ما باید آن بالا به جای آن ها کشیک می دادیم. چون، من و تو را که وزیر و کیل نمی کردند. می گفتند شماها انقلابی هستید، نورپردازی هنری تان هم خوب است. بروید بالای بام و پروژکتور بیندازید روی زندانی ها و کشیک بدهید.»

بعد با خنده پتو را تا زیر گلویش بالا آورد و نفس بلند کشید.

من هم خندیدم و نفس بلندی کشیدم و رفتم زیر پتو. هوا خنک و آسمان تا دوردست ها صاف بود. دیدم مدت هاست که حتی موقع خواب هم به آسمان خیره نشده ام. زندان، خشن و بی آسایش و پرهیاهو و مزاحم، پیش رویم بود و تخیلم را مختل می کرد. دلم می خواست باز توی آن سلول های قزل قلعه باشم. چشمانم را بستم و خنکای شب و عمق کهکشان را در غباری پر از نقره و رویا روی پوست صورتم حس کردم و نفهمیدم که جادوی شب کِی مرا به چاه خواب انداخت؛ فقط، احساس کردم که هوا روشن شده است و صَدای آرام برخاستنِ بچه ها از رختخواب بگوش می رسد. باید برمی خاستیم تا در صف حیاط به ورزش دسته جمعی بپردازیم. هر روز از ساعت شش صبح، بی درنگ بعد از برخاستن از خواب، در یک صفِ دو ردیفهٔ دویست سیصد نفری، نیم ساعت دور حیاط می دویدیم و بعد نیم ساعتَ هم نرمش می کردیم. نرمش ها هم اسم داشت و اسم ها هم همه مال مبارزان جنبش بود. سردستهٔ ورزش، روبروی بچه ها می ایستاد و با اعلام اسم حرکت (مثل حرکت وارطان، همایون «کتیرائی»، و غیره) به نرمش می پرداخت و هر حرکت را ده بار انجام می داد و بقیه از او تبعیت می کردند. پلیس هم هرگز به انگیزهٔ نام گذاری حرکت های ورزشی پی نبرده بود. و ما به این وسیله نه تنها نام مبارزان را زنده نگه می داشتیم؛ بلکه با تکرار آن در هر بامداد، ذهنیت تازه ای به عنوان سرمشق مبارزاتی برای خود فراهم می ساختیم. بعد از ورزش، اگر تابستان بود بچه ها به ردیف هر کدام سی ثانیه ای زیر دوشی که توی حیاط بود می ایستادند و خودشان را می شستند و اگر زمستان بود همان طور با بدن عرق دار لباس می پوشیدند تا نوبت حمام برسد و بتوانند خودشان را بشویند. البته بودند کسانی که در زمستان یخ بندان

هم بعد از ورزش زیر دوش آب یخ می رفتند. من وقتی از آن ها تقلید کردم دیدم که عجب چیز جالبی ست. بدنم که در اثر ورزش داغ شده بود در تماس با آب سرد گز گز می شد و نه احساس سرما؛ بلکه نوعی خارش و سوزش ناگهانی به آدم دست می داد که ضمن آن که بدن را کمی می لرزاند، ولی در عین حال بسیار لذت بخش بود.

من حتی جمعه ها هم برنامه مطالعاتی داشتم. و فقط در روزهای کارگری کمی استراحت می کردم. یعنی در واقع مغزم کمی استراحت می کرد نه بدنم. و بقیهٔ روزها هم چنان مانند یک ماشین به پیش می رفتم و گذشت زمان را نمی فهمیدم. بچه های دیگر هم همین طور بودند. همه چنان با مطالعه و فعالیت سازمانی سرگرم می شدند که زندان کمتر به آدم نمود می کرد. تنها مسئله ای که در این مدت، برای مدتی فکر مرا به خود مشغول کرد، مسئله فشاری بود که سرهنگ زمانی یک باره بر بچه های مذهبی وارد آورد. سرهنگ زمانی، یک روز به ناگهان یک بازی تازه راه انداخت و اعلام کرد که از این پس کسی اجازه ندارد پیش از ساعت پنج صبح برخیزد و نماز بخواند. برای این ممنوعیت هم هیچ دلیلی ذکر نکردند. ولی عده ای زیر بار نرفتند و طبق معمول صبح پیش از طلوع آفتاب برخاستند و نماز خواندند. پلیس هم خیلی از آن ها را به زیر هشت برد و کتک زد و اذیت شان کرد. در واقع، پلیس داشت بهانه جوئی می کرد که زندان را در کنترل خود در آورد و از این رو روی حساس ترین مسائل انگشت گذاشته بود. پیش از سال پنجاه دو، وضع زندان به صورت دیگری بود که بچه ها از آن به عنوان دوران پادشاهی خود یاد می کردند. در آن دوره بچه ها به شکل های مختلف و بدون در نظرگرفتن هرگونه امکان سرکوب به حرکاتی افراطی و تند دست زده بودند که وضع را به هم زده و بعد از آن سرکوبی پیش آمده بود که سختی آن روز زندان را به دنبال داشت. بخصوص، با حضور سرهنگ زمانی در رأس مدیریت زندان سیاسی، بیشترین امکانات موجود از بچه ها گرفته شده بود. اما علت واقعی سرکوب زندان، رشد مبارزات چریکی در جامعه بود که که عرصه را روز به روز بر رژیم تنگ می کرد. از این رو، رشد این مبارزات و انباشته شدن زندان ها از یک نیروی جوان و پر حرارت، ساواک را به اندیشه در بارهٔ شرایط موجود انداخت و زندان را سرکوب کرد تا ریشه های تغذیهٔ جنبش را از درون زندان ها قطع کند. از آن پس، هرچه بچه ها با احتیاط و دوراندیشی بیشتر و با در نظرگرفتن توان واقعی خود حرکت می کردند، پلیس همچنان پیش می آمد و می خواست یک سره بر زندان سلطه یابد. طبعاً بچه ها هم در آن شرایط می کوشیدند که هیچ بهانه ای به دست ندهند و کمتر حرکت افراطی بی موردی به عمل آورند. اما این حرکت های دوراندیشانه به این معنی نبود که زندان تسلیم خواست ها و سیاست پلیس شود. از این رو، مقاومت بر سر مسائل اساسی، همواره صورت می گرفت و

بچه ها دست از مبارزات و فعالیت های خود برنمی داشتند و بیکار نمی نشستند.

با پیش آمدن این ممنوعیت تازه نیز، تشکیلات زندان تماماً در پی مقاومت برآمد. زیرا مسئله فقط به زندانیان مذهبی ختم نمی شد. درست بود که کسی از میان ما نماز نمی خواند؛ ولی، دفاع از حق نماز خواندن، دفاع از حقوق همگانی به شمار می آمد و حمله پلیس در صورت توفیق، به مثابهٔ گرفتن دیگر امکانات ما بود. عاقبت پس از این که عده ای را مرتب بردند و زدند و اذیت های مختلف کردند، اعتراض هائی به صورت دسته جمعی صورت گرفت و پلیس را متوجه حضور و دفاع همگانی در زندان ساخت. سرهنگ زمانی که فکر می کرد از طریق فشار آوردن روی بچه های مذهبی، ابتدا می تواند آن ها را به تنهائی زیر ضرب بگیرد و کارشان را بسازد و سپس به سراغ دیگران بیاید؛ از واکنش عمومی در مقابل این مسئله، هم عصبانی شد و هم به وحشت افتاد. به دنبال آن، یک روز دیدیم که رفت و آمدهای پلیس زیاد شد و مراقبت های ویژه به عمل آمد و بند در یک حالت غیرعادی فرو رفت. حدس زدیم که احتمالاً سرکوبی در میان است. و خبر آمد که گویا حملهٔ گارد ضدشورش شهربانی در کار است. ظاهراً، خود پلیس این شایعه را راه انداخت تا ترس ایجاد کند. ولی بچه ها بازرنگی شایعه را پخش نکردند که کسی نترسد.

علی رغم این، ما دیدیم که ناگهان پاسبان ها به بند ریختند و دستور دادند که همه به حیاط بند شش بروند. آن ها بچه ها را هول می دادند و حتی نمی گذاشتند کفش هایشان را بپوشند. وقتی همه به حیاط رفتیم، یکباره از توی بند سر و صدای «هو هو» و کوبیدن پای گارد ضدشورش شهربانی را که به حالت نیمه دو گام می زدند شنیدیم و بعد دیدیم که پاسبان های گارد در دسته های چند نفری، و غرق در تجهیزات به حیاط هجوم آوردند و قسمت شرقی را کاملاً در اختیار خود گرفتند و مدتی پا کوبیدند و «هو هو» کردند و عاقبت یکباره به دستور فرماندهٔ خود خبردار و آماده ایستادند. همهٔ آن ها کلاه خودهائی تلق قوسی محکم در جلوی صورت بر سر داشتند و مجهز به سپرهای بلند تلقی بودند و باطوم های شان را به حالت آماده در دست داشتند. برخی از جاسوس هائی که نزدیک آن ها بودند، و برخی از بچه های دیگر که رعب برشان داشته بود خود را آرام آرام از دسترس آن ها دور کردند و به قلب جمعیت فرو رفتند.

بعد، سرهنگ محرری شروع به صحبت کرد و رجز خواند و با بیان این گفته که «کشتی بان را سیاستی دگر آمد»، آشکارا اعلام داشت که مقررات جدید، به معنی سیاست پلیس برای سرکوب زندان است. بعد سرهنگ زمانی حرف زد و هارت و پورت کرد.

در پاسخ آن ها، ما مدتی ساکت بودیم. تا این که ابتدا مسعود رجوی و بیژن جزنی سخن گفتند و بعد پاک نژاد در پاسخ به محرری که گفته بود «شماها همه نادم هستید»، با لحن تندی حرف زد و تهدید کرد که؛ «من نادم نیستم. و اگر

این سیاست ادامه داشته باشد از جانب زندانیان هم واکنش نشان داده خواهد شد.»

سرهنگ زمانی که دید به جای ترساندن بچه ها، بدتر آن ها را به مقاومت بیشتر برانگیخته است، جا زد و از سکویش پائین آمد و دیگر سخنی نگفت.

در تمام مدتی که سرهنگ محرری و زمانی حرف می زدند، پاسبان های گارد ضدشورش هم با حالتی خشمگین ایستاده بودند، تکان نمی خوردند و به بچه ها خیره نگاه می کردند و نشان می دادند که با اولین فرمان به سوی ما هجوم خواهند آورد. تمام وجود پاسبان ها، حتی لباس های شان خشن و از جنس خاصی بود که محکم و درشت به نظر می رسید. اما با پائین آمدن سرهنگ زمانی از چارپایه، انگار باد آن ها هم خوابید. بعد بساط شان را جمع کردند و رفتند.

به این ترتیب، زندان دوباره روال عادی به خود گرفت. البته زندان هرگز روی آسایش کامل به خود نمی دید. جاسوس ها و پاسبان ها مرتب در حال شکار آدم بودند و هر چند وقت یک بار یکی دو تا را به بهانهٔ فعالیت های سازمانی، حرف زدن با زندانیان بندهای دیگر که برای رفتن به حمام از بند ما می گذشتند، نوشتن نامه با عنوان و آدرس «زندان سیاسی» و خودداری از نوشتن عنوانِ «زندان ضدامنیتی»، گذاشتن روزنامه هائی با عکس شاه و یا سران مملکتیَ زیر زیلو و نشستن روی آن، بردن نام «چای ملی» و یا «میوهٔ ملی» به جای «چای و یا میوهٔ اضافی»، ایستادن تو روی پاسبان، و داشتن برنامهٔ گفتگوی مرتب با هم و غیره، می بردند، می زدند و یا برای مدتی به انفرادی می انداختند. در واقع جاسوس ها، و بخصوص پاسبان هائی مثل «ستار مرادی» و «کشائی» مرتب در کمین بچه ها بودند تا یکی را شکار کنند و زیر شلاق و باطوم بفرستند و او را کباب و جوجه کباب کنند. آن ها حتی از تلویزیون نگاه کردن بچه ها ایراد می گرفتند و برنامه های تلویزیون را به میل خود سانسور می کردند و اجازهٔ تماشای برخی از برنامه ها را به ما نمی دادند. حتی روزنامه ها هم سانسور می شدند و خبرهائی را با تیغ از آن می بریدند و روزنامه را سوراخ سوراخ به بند می دادند. یک روز شعری (فکر می کنم) از یدالله رویائی در کیهان با این مضمون چاپ شده بود که:

«شنبه سوراخ، یک شنبه سوراخ، دو شنبه سوراخ، سه شنبه و چهارشنبه و پنج شنبه هم سوراخ و جمعه تعطیل است.»

بچه ها با خواندن این شعر می خندیدند و می گفتند:

«شاعر کلک زده است. او ماجرای سانسور را در زندان فهمیده، و سربسته به سانسور و سوراخ های روزنامه در روزهای مختلف اشاره کرده است. و طبعاً جمعه هم که تعطیل است روزنامه ای در کار نیست که سوراخ باشد.»

یک روز هم که نشسته بودیم، دیدیم پاسبان «ستار مرادی» که مأمور دیوانه

و مردم آزاری بود و همه را مرتب می چزاند و به کتک می انداخت، آمد و داد زد: «مجید تماشا بیاید زیر هشت.» بچه ها هم که چنین نامی را نمی شناختند به او حالی کردند که چنین کسی را در زندان نداریم. بعد کاشف به عمل آمد که افسر کشیک بند برای سانسور کردن برنامه های تلویزیونی از او خواسته بود که به بند برود و «مجلهٔ تماشا» را به زیر هشت بیاورد. و او هم آن دسته گل را به آب داده بود.

در واقع، زندگی و هستی بچه های زندان زیر نظر یک مشت پاسبان احمق، و چندتا افسر عقده ای و چاقو کش مثل ستوان ژیان پناه و سروان صارمی و سرهنگ زمانی بود که خیال می کردند هر کار دلشان بخواهد می توانند بکنند. و اگر مقاومت ها نبود، آن ها به راستی از زندان جهنمی می ساختند.

من فقط برای دیدن اخبار و گاهی هم که دیگر حوصله ام از خواندن سرمی رفت، برای دیدن یک برنامهٔ تفریحی تلویزیون تماشا می کردم. البته بعضی از بچه ها، بخصوص نادمینی بودند که سرگشته و گیج، نه حوصله مطالعه داشتند و نه با کسی حرف می زدند؛ بلکه کارشان این بود که یا جاسوسی کنند و یا بعد ازظهرها یک سره پای تلویزیون بنشینند و آخر شب هم، بقول بچه ها برنامه ها را T بکشند و بروند بخوابند.

یک شب که داشتیم اخبار نگاه می کردیم، چند خبرنگار خارجی شاه را در یکی از سفرهای خارجی اش در مورد پروندهٔ ما، و اعدام خسرو گلسرخی و کرامت دانشیان سئوال پیچ کردند. و شاه هم برای فرار از ماجرا با وقاحت و دروغ بی شرمانه ای اعلام کرد که هیچ کس را به خاطر اقدام علیه حکومت و سلطنتش اعدام نکرده و حتی کسانی را که می خواسته اند او را بکشند نیز بخشیده است.

بعد از این برنامه خیلی از بچه ها می خندیدند و به شوخی به ما می گفتند که «در واقع شما همه بخشیده شده و دیگر در زندان نیستید، نه؟». و اصغر فتاحی هم که بچهٔ شیرین و با مزه ای بود، می گفت:

«روزهائی که شماها را تازه به قصر آورده بودند و نمی گذاشتند کسی ببیندتان، ما هِی سرک می کشیدیم و نگاه می کردیم، که ببینیم این ها هم مثل ما دست دارندَ، پادارند، غذا می خورند، و نفس می کشند و یا شکل دیگری هستند. بعد که دیدیم تان، گفتیم اِ، پس این ها هم آدم هستند.»

بعد با صدای بلند هارهاری اشَ می خندید و دندان های درشتش بیرون می زد. او واقعاً بچهٔ باَمزه ای بود که هر وقت ماجرای پرونده اش را برای ما تعریف می کرد از خنده روده بر می شدیم. با چندتای دیگر مثل اصغر داوری و مرتضی ملک محمدی و غیره رفته بودند یک بانک را مصادره کنند و دستگیر شده بودند. می گفت: «اسلحه ما فقط یک میله بود که توی پارچه پیچیده بودیم.» و باز همان طور می خندید.

چند روز بعد از ماجرای مصاحبهٔ شاه، ما را به زیر هشت بردند. صانعی بازجوی ساواک آمده بود تا با ما صحبت کند. من، طیفور بطحائی و رضا علامه زاده را به اتاق سرهنگ زمانی بردند و در حضور او، صانعی با ما گفتگو کرد و گفت که اگر ما فقط چند خطی بنویسیم و در خواست بخشش کنیم، شاه ما را خواهد بخشید و از زندان آزاد خواهیم شد. گویا فشارهای بین المللی و مبارزات کنفدراسیون رژیم را در تنگنا قرار داده بود و آن ها می خواستند با آزاد کردن ما شاه را از یک هجوم بین المللی و مبارزات کنفدراسیون جهانی دانشجویان ایرانی در خارج کشور نجات دهند. گویا حدس می زدند که این ماجرا سر دراز داشته باشد و شاه هربار در سفرهای خارجی اش با پرسش های مشابهی روبرو شود. و همین طور هم بود. حتی تا سه سال بعد هم، ما می دیدیم که خبرنگاران خارجی در سفرهای شاه به اروپا و آمریکا، مدام و مرتب از او در مورد اعدام گلسرخی و دانشیان و پروندهٔ ما سئوال می کنند. در واقع ساواک دیگر با کسانی مثل منوچهر مقدم سلیمی و ایرج جمشیدی که ندامت کرده و دیگر مطرح نبودند کاری نداشت و چانه نمی زد و علی رغم کوتاه آمدن شان، آن ها را هم چنان در زندان نگه داشته بود. تاریخ مصرف آن ها دیگر گذشته بود. ولی از ما می خواستند که کوتاه بیائیم تا آزادمان کند. احتمالاً ساواک می خواست با آزادی همگانی و ناگهانی اعضای گروه ما دست به یک بازی بزرگ و پر سر و صدای تبلیغاتی بزند. طبعاً هیچ کدام از ما سه تا، یعنی طیفور بطحائی، رضا علامه زاده و من نیز چنین پیشنهادی را نپذیرفتیم و به بند برگشتیم و دوباره مشغول کارهای خود شدیم.

در این زمان، مبارزات بیرون از زندان طوری بود که بسیاری از بچه هائی که متاثر از مشی چریکی بودند، حتی بدون آن که عملیات خاصی انجام داده باشند، فقط بخاطر مشکوک شدن ساواک به نوع لباس پوشیدن رزمی و کفش کتانی به پا داشتن آن ها و این جور مسائل دستگیر می شدند و به زندان می آمدند و بعضاً محکومیت های سنگین هم می گرفتند. به همین خاطر زندان کاملاً شلوغ شده بود و بچه ها از زندان های مختلف اوین و قزل قلعه و کمیته خبر می دادند که هیچ جا جا نیست. «کمیته» عنوانَ اختصاری زندانی بود که توسط ساواک و شهربانی و به منظور هماهنگی بین این دو نهاد ایجاد شده و در واقع نوعی دل خوش کنک برای مأموران شهربانی بود. والا رهبری همهٔ امور آن در دست ساواک قرار داشت و فقط یک ریاست اسمی از سوی شهربانی در رأس آن گذاشته بودند که سرتیپ زندی نام داشت. زندان کمیته و قزل قلعه و تمام بندهای زندان قصر، بخصوص بند یک و هفت و هشت، که مخصوص زندانیان محکومیت پائین بود از جمعیت موج می زد. بند دو و سه و حتی بند چهار و پنج هم بیش از ظرفیت زندانی داشتند و فقط بند شش که زندانیانش غالباً محکومان به حبس ابد بودند، تعداد متعادلی زندانی داشت.

بخصوص در فصل تابستان که حیاط خوابی در زندان‌های شهربانی باب بود، زندانیان تازه‌ای به بندهای چهار و پنج آورده بودند که من در میان آن‌ها ایرج یوسفی و یوسف آلیاری را نیز دیدم. آن‌ها هر دو سالم و سرحال بودند و جنگنده به نظر می‌رسیدند. با شلوغ شدن بندها، فعالیت سازمان‌ها و تشکیلات مخفی درون زندان نیز افزایش یافته بود. اکثریت زندانیان را طرفداران مشی چریکی و مبارزات مسلحانه، اعم از طرفداران سازمان چریک‌های فدائی و یا سازمان مجاهدین تشکیل می‌دادند. به خصوص با افزوده شدن زندانیان تازه به آن‌ها، این دو سازمان، رگ و ریشهٔ رهبری زندان را در دست گرفته و عملاً بیش از هشتاد درصد زندانیان را پشت سر خود داشتند. البته سازمان فدائی درصد هوادار بیشتری نسبت به مجاهدین داشت و بعد از آن‌ها، به ترتیب حزب توده، و گروه‌های کوچک دیگر و دسته‌های دو سه نفری قرار داشتند. زندان قصر در این زمان یک کمون بیشتر نداشت که اکثریت زندانیان عضو آن بودند و رهبری آن و گرداندن امور صنفی و رسیدگی به رُفت و روب و تقسیم غذا و میوه و سیگار و لباس و غیره، به تناسب نیرو از سوی سازمان‌ها و گروه‌ها تعیین می‌شد. بقیه، سفره‌های کوچک مذهبی و غیرمذهبی را تشکیل می‌دادند. ما در امور میوه و چای و پول دریافتی از خانواده و خرج سیگار و غیره با کمون مشترک بودیم، ولی فقط غذای‌مان را در اتاق خود می‌خوردیم و در رابطهٔ تنگاتنگ تشکیلاتی با آن‌ها قرار نداشتیم.

من از وقتی که به قصر آمده بودم دیگر عملاً با طیفور و رضا کاری نداشتم. هرکدام از ما سرگرم کارهای خود بودیم. در واقع ما آن قدر با مسائل و نظرات هم در بیرون از زندان آشنائی داشتیم که در آن جا دیگر چیزی برای گفتن به هم نداشته باشیم. از این رو بیشتر با بچه‌های دیگر گفتگو می کردیم. ولی در عین حال، نوعی رابطه و پیوند خودمانی و قوم و قبیله‌ای بین ما برای همیشه شکل گرفته بود که در مواقعی که دچار مشکل و بحران در امور شخصی و خانوادگی و مسائل خصوصی می شدیم، تنها به همین رابطه‌ها رجوع می کردیم. و هروقت هم که موضوع بر سر ادبیات و قصه، و نوشتن متن و مطلبی دور می زد باز همین رابطهٔ قدیمی و آشنا بود که برای ما کارسازی داشت. البته نویسندگان و هنرمندان دیگری هم در زندان بودند که ما با آن‌ها هم مبادلهٔ فکری، بخصوص در بارهٔ داستان‌ها و مطالبی که می نوشتیم داشتیم. اغلب بچه‌های نویسنده و هنرمند، برخلاف ما به خاطر نوشته‌ها و یا کارهای هنری‌شان به زندان افتاده بودند. علی اشرف درویشیان، نسیم خاکسار، حسن حسام، محمد رضا زمانی، ناصر رحمانی نژاد، سبزعلی جمال، نصرالله کسرائیان، و چند نقاش و هنرمند دیگر هم در آ نجا بودند. یک پسر بلوچ هم بود که با خود کارهای رنگی، نقاشی‌های فوق‌العاده زیبائی می کشید. قد بلند و لاغر بود و اخلاق بخصوصی داشت. با هیچ کس دَم خور نبود و فقط به نقاشی‌های خودش می پرداخت. سعید

سلطانپور هم در بند ۲ و۳ بود که فقط موقع رفت و آمد به حمام که در بند ما قرار داشت او را می دیدیم. ما متقابلاً داستان ها و نوشته های مان را بین هم رد و بدل می کردیم. رضا داستان هایش را به من و چندتای دیگر می داد و من هم داستان هایم را به درویشیان، و علامه زاده و ناصر رحمانی نژاد و خاکسار می دادم که بخوانند و نظر بدهند. اما تشکیلات و یا روابط مشخص سیاسی بین نویسندگان و هنرمندان زندان به عنوان یک صنف وجود نداشت. ضرورتی هم برای این کار نبود. زیرا در آن جا نمی شد کار صنفی و دمکراتیک کرد. هرکدام از ما سرش به جا و نظر و سازمان خاصی بند بود. ما جزو طرفداران مشی چریکی به شمار می آمدیم و در امور مربوطه مورد مشورت قرار می گرفتیم.

اما در میان بچه های نویسنده، حسن حسام از همه شوخ تر و سرزنده تر بود. او داستان دستگیری و شکنجه شدن و برخوردش با یکی از نگهبانان همشهری اش در کمیته را که ظاهراً مرید پدر او آیت الله حسام بود تعریف می کرد و می گفت:

«یک روز که در اثر شکنجه حالم خیلی خراب بود و به علت زخم پاهایم نمی توانستم راه بروم و داشتم روی زمین می خزیدم که به دست شوئی بروم، یک نگهبان مرا دید و بسویم آمد و پرسید؛ اسمت چیست؟ گفتم؛ حسن حسام. گفت؛ تو پسر آقا آیت الله حسام نیستی؟ گفتم: چرا! گفت؛ ایِ من بَه قربان کَلَهٔ اون پَدَرَت بَرَوَم. آخَر چرا تو این جوری شدی؟ چرا این بلا را بَه سرت آورده ن؟ مگَر چه کرده ای؟

خلاصه یارو چنان به من دلداری داد که در آن شرایط سخت پس از شکنجه، مثل این بود که دنیا را به من داده اند. بعد به من نصیحت کردَ که؛ خُب حرفتَ بزَنَ پَدر جان، نذار این طوری کتک بخوری. گفتم؛ آخه من که کاری نکرده م. چیزی ندارم بگویم.

یک باره ترش کرد و به جای آن حرف هائی که تا آن وقت از سر مهربانی زده بود گفت؛ خُب حرفتَ بزَنَ دیگه، پدر جان. اَی بَه کَلَهٔ آن پَدَرَت ریدم. دِ آخَر حرفتَ رِ بزَنَ پَدَر سگ.»

حسن حسام می گفت؛ «یک مرتبه چنان از این تغییر حالت طرف جا خوردم که حد نداشت.»

بعد، باز آن فحش های آبدار را با صراحت و به شکلی عادی طوری تکرار می کرد که انگار خودش هم از آن ها خوشش آمده بود. و ما را کلی می خنداند. حسن حسام اصولاً آدم بذله گو و سرحالی بود که همیشه از شوخی های خودش کیف می کرد و چشم هایش در چین های صورتش فرومی رفت و دماغ چاقش گُنده تر می شد و غش غش می خندید. می گفت: «پدَر سگ انگار مجبور بود با مان حرف بزَنَد.» ما می گفتیم «حسن رشتی چاخان نکن.» و او جواب می داد: «بِه جان عباس، بَه جان این رَضای خوار فلان شده دروغ نمی گم.»

ما می گفتیم؛ «حسن، فحش نده، این بچه هائیِ که ترا نمی شناسند می گویند عجب آدم لمپنی ست.» و او می گفت «این بَچه ها گُه می خورند با جناب عالی.». حسن حسام پیش همه محبوب بود. او رفیقی شیرین، آتشین مزاج و مبارزی سرسخت بود که بیش از هرچیز صداقت خود را نشان می داد. او هرگز مرعوب جو و اخلاقیات منحط حاکم نبود، و اولین نفری بود که من دیدم با لهجهٔ غلیظ رشتی حرف می زند و نمی کوشد لهجهٔ خود را پنهان کند؛ بلکه حتی در به کار بردن لهجه اش عمد هم دارد. و این اتکاء به نفس جزو صفات برجستهٔ او و درسی برای من بود.

یکی از مسائلِ اساسیِ دیگری که ما در زندان قصر گاهی به دنبالش بودیم، ساختنِ می، یعنی آن حقیقتِ ناب بود. و هر وقت هم که می توانستیم، که متأسفانه دفعات آن از سه چهار بار در مجوع تجاوز نکرد، خمره هامان را به راه می انداختیم. ماجرا هم به این شکل بود که یکی دو کیلو انجیر یا کشمش و یا هر کوفت و زهرمار دیگری از این دست را که، به همراه مقداری شکر قابلیت تبدیل به حقیقت ناب را از خود نشان می داد، به همراه مقداری آب در یک دبهٔ پلاستیکی می ریختیم، و هر چند وقت یک بار هم می زدیم و بعد از بیست، بیست و پنج روز ترتیبش را می دادیم. یعنی اول از صافی می گذراندیم و معجونی را که باقی می ماند و معمولاً مثل آب غوره، کدر و ترش بود، در لیوان ها می ریختیم و دماغمان را می گرفتیم و در دو ضرب آن را بالا می فرستادیم و ده دقیقه بعد، سرمان گیج می رفت و لب هایمان بی جهت به خنده ای شُل و ول گشوده می شد. در واقع ما زمان بین دو بازرسی را که معمولاً یک ماه بود برایَ انداختن شراب انتخاب می کردیم و بی درنگ، بعد از بازرسی شروع و پیش از بازرسی بعدی، یعنی ظرف بیست و پنج روز ماجرا را تمام می کردیم.

اما، یک بار که پانزده روز از انداختنِ می در ابریق مان می گذشت، و هنوز قُوَتِ می نمی توانست دبه پلاستیکی ما را پَاره کند، ناگهان بر خلاف رسم معمولَ، وسط برج آمدند بازرسی و ما را پیش از آن که فرصت کنیم دبهٔ نازنین را در دستشوئی خالی کنیم به حیاط فرستادند و ما ماندیم با دلهرهٔ لو رفتنِ عرق کشی مان.

ترَس ما فقط از این نبود که پلیس به رمز و راز مان پی ببرد. بلکه بدتر از آن، می ترسیدیم که بچه های مذهبی از موضوع خبردار شوند و جار و جنجال راه بیندازند و بعد هم سرکوفت بچه های خودمان که ما را به خاطر شکم کاردخورده مان سرزنش می کردند نصیب مان بشود. البته بچه هائی که در پیاله زنی با ما شریک بودند و معمولاً چند نفری بیش تر نمی شدند، با ما همدردی می کردند؛ ولی بقیه که از ماجرا خبرنداشتند، مسلماً ما را به خاطر این ماجراجوئی ها محکوم می کردند. اما چه می شد کرد؟ ما شکمو و آنارشیست بودیم.

به هر حال من و رضا، ضمن این که همان طور با هول و ولا داشتیم در حیاط قدم می‌زدیم، به فکر چاره بودیم و حداقل دلمان می‌خواست با کسی در این باره مشورتی کنیم و در واقع بیشتر پشتیبانی کسی را نسبت به خود جلب کنیم تا اگر لو رفتیم، در مقابل حملاتی که از جانب خودی‌ها و غیرخودی‌ها می‌شد چندان تنها نمانیم. ولی جرأت نکردیم در این باره به کسی چیزی بگوئیم و همانطور ماندیم تا بازرسی تمام شد و بعد فهمیدیم که خوشبختانه ابریق می‌مان لو نرفته است.

ذهنیت حاکم در عرصه مبارزاتی زندان

در این دوران من به برخی مطالعات در بارهٔ مشی های مختلف دست زده بودم. از جمله با برخی از توده ای ها در بارهٔ درستی و غلطی مشی چریکی ویا خط مشی حزب حرف می زدم. یکی از بچه های توده ای که شرح پرونده و کار گروه مان را برایش شرح داده بودم، در رد مشی چریکی استدلال می کرد که وقتی کسی مثل تو با آن همه علاقه و پشت کار و تلاش نتوانسته است با سازمان چریک ها تماس بگیرد، و اعضاء و رهبران چنین سازمانی عملاً در ذهنیت عمومی آدم های غیرقابل دسترس و ماورای زمینی هستند، مشی چریکی چگونه می خواهد مردم و بخصوص توده های کارگر را بسیج کند و به آن ها رهنمودهای تشکل یابی و مبارزاتی و غیره بدهد؟ من در مقابل می گفتم؛ «مگر حزب توده در این شرایط می تواند با کسی تماس برقرار کند، و اصولاً تا کنون چقدر توانسته کارگران را پشت سر خود ردیف کند؟ حزب توده فقط مروج بی عملی ست. و از همین رو هم در مقابل مشی چریکی احساس رقابت می کند و برابرش قد علم کرده است.»

اما واقعیت این بود که ته دلم نمی توانستم استدلال او را رد کنم. یک چیز مسلم بود. چیزی که او نمی توانست بفهمد؛ و آن، روانشناسی اجتماعی مبارزه و آن شور و شری بود که جوان ها در مقابل ستم عریانی که جامعه را شلاق می زد

و به آتش می کشید ابراز می داشتند. آن ها می خواستند در مقابل بیداد موجود کاری کنند؛ ولی حزب توده در پی استدلال برای رد تئوریک مشی مسلحانه بود و اصولاً به آن شور مبارزاتی که در تن و جان جوان ها نهفته بود توجه نداشت و بی اعتنا به تنگی شرایط و دشواری مبارزهٔ حزبی، شعارهای قدیمی خود را بدون دادن رهنمود عملی مشخصی برای گشایش مبارزه تکرار می کرد. و این شعارهای خشک و خالی نمی توانست ما را از شور مبارزاتی چریکی بازدارد. در واقع، بی عملی حزب در مقابل بحران آتشین موجود در جامعه، هرگونه اعتماد را از آن سلب کرده بود. رهبری حزب توده به دلیل دوری و قطع ارتباطش با اندام های زندهٔ مبارزه، از درک روانشناسی بحران عاجز بود و بدون توجه به تنش موجود، دو دستی به فرمول هائی چسبیده بود که قاب و چارچوب های سنت و بوروکراسیِ اردوگاه به او دیکته می کرد و او را در محافظه کاری فلج کننده ای می پیچید. از این رو، استدلالات تئوریکش نمی توانست از پس شور مبارزاتی چریکی برآید و به بحران حزب پاسخ بگوید و آن را در آن شرایط بحرانی به حزبی کارساز و زنده بدل کند. در مقابل، جنبش چریکی، با تمام بی تجربه گی و ندانم کاری هایش راه خود را در آن جهنم سوزان، از دل آتش و خشم و خون و خفقان می جست و پیش می رفت و به آرمان طلبی های رمانتیکش دل خوش می داشت. مبارزات چریکی در غیاب تکان زلزله وار توده های رنج و کار، به خاطر روی کرد نسل جوان به آن پیش می رفت و با سازمان و بدون سازمان، هم چون شهابی دنباله دار دانشجویان و روشنفکران و نویسندگان و هنرمندان را به دنباله خود می کشید. حزب توده در مقابل، فقط از مشی انتقاد می کرد، ولی جانشینی عملی برای آن نمی داد. بوروکراتیسم حاکم بر حزب توده، آن را منزوی می کرد و مشی چریکی را از هرگونه گوش سپردن به نصایح پدربزرگانه اش باز می داشت. حزب در زندان، حتی ده در صد نیروهای موجود را هم نمی توانست پشت سر خود بسیج کند. البته توده ای ها شخصاً آدم های شریفی بودند و در کمال سلامت زندان می کشیدند. و حزب توده در هر حال بخشی از تاریخ مملکت ما راتشکیل می داد. جامعهٔ ما با ادبیات و هنر نوین و با دیدگاه های جدید در مسائل اجتماعی و سیاسی از طریق حزب توده آشنا شده بود و همین ها هم سبب می شد که این حزب علی رغم کمیت ناچیزش در زندان نقش مهمی بازی کند. نیروهای کوچک دیگر به پای حزب توده هم نمی رسیدند. نقطه نظرات خط سه ای، یا به عبارت دیگر سوسیال امپریالیستی نیز از پس مشی چریکی بر نمی آمد. آن ها از دو زاویه با مشی چریکی در تضاد بودند. یکی مانند حزب توده با غیرتوده ای بودن آن، و دیگر از زاویه مسئلهٔ شوروی. در مورد مسئله اول، یعنی جدا از توده ها بودن مشی مسلحانه، خط سه، چیزی بیش از حزب توده نداشت که بگوید. افزون بر این، این جریان اصولاً دارای تشکیلات منسجمی در ایران نبود که بتواند مسئله را به صورت جدی و معتبری مطرح

کند.

در زمینهٔ مقابله با شوروی نیز حرف آنان برای طرفداران مش چریکی چندان خریدار نداشت. زیرا مشی چریکی گرچه مانند حزب توده سر سپردهٔ اردوگاه شوروی نبود، ولی مقابله اش با این بورکراسی از دیدگاهی پیشرو و بر اساس مبانی اصولی سوسیالیستی صورت نمی گرفت؛ بلکه این مقابله، بیشتر جنبه های اخلاقی داشت و بر مبنای شوری رمانتیک روی می داد. از این رو، طرفداران خط سه نمی توانستند از این مقابله سود بجویند و چریک ها را به راه خود، یعنی مخالفت کامل با مناسبات موجود در شوروی و سیستم حاکم بر آن بکشانند. به ویژه، سیاست آن ها در قبال شوروی به عنوان دشمن اصلی نسبت به آمریکا، آن ها را نیز از درک روانشناسی بحران موجود غافل می ساخت. آن ها قدرت و روشن بینی سیاسی آن را نداشتند که بفهمند، وقتی رژیم آمریکا با تمام قدرت از شاه دفاع می کند و در ذهنیت عمومی عامل اصلی خفقان و سرکوب موجود است، دیگر کسی نظر آن ها را برای مبارزه با شوروی به عنوان دشمن درجه یک نخواهد پذیرفت. تنها آنان که در غرب زندگی کرده و متاثر از جو تبلیغاتی و فضای زندگی غربی بودند می توانستند دشمنی با شوروی را به مثابهٔ وظیفهٔ درجهٔ اول تلقی کنند. ولی در جامعه ایران و به ویژه در زندان، که همواره با حمایت سیاسی و اسلحه و باطوم برقی آمریکائی و اسرائیلی سرکوب می شد، این حرف ها خریداری نداشت و منطق ساده مشی چریکی آن ها را نیز به گوشه رینگ می راند و بی اثر می ساخت. در واقع این تنها حزب توده بود که در آن مقطع می توانست با یک سیاست زنده و روشن در جامعه با مشی چریکی بجنگد. اما چون فاقد این سیاست بود، مشی چریکی بر ذهنیت مبارزاتی نسل جوان سلطه یافته بود.

در سطح بین المللی نیز احزاب سوسیال دمکرات، که در چپاول و سرکوب و جنگ شریک بورژوازی بودند، آن رزمندگی و جذابیت را نداشتند که تودهٔ جوانان شورشی را بسوی خود بکشند و آنان را از آرمان خواهی تحریک شدهٔ بعد از پیروزیِ «نمونهٔ کوبا» دور نگه دارند. به همین دلیل، بی خود نبود که میلیون ها دخترِ و پسر در سراسر جهان عاشق و شیدای آن جوان خوشگل آمریکای لاتینی، دکتر ارنستو چه گوارا شدند که دست از وزارت و صدارت کشید و در قلب جنگل های آمریکای جنوبی به مبارزه پرداخت و به ندای وجدان شورشگر نسلی از جوانان جهان پاسخ داد و همچون یک اسطوره و ناخدای قرن برای دو دهه خواب راحت را از مستبدین جهان ربود.

در واقع، به تعبیری، جدال نظری مخالف مشی چریکی در خلاء انجام می شد و شکلی انتزاعی و ناب داشت که برای پیاده شدن در زمین شکلی بخود نمی گرفت و بدون آن که خونی در تار و پودش جاری باشد و بتواند گرمائی بر ذهنیت نسل جوان بتاباند هدر می رفت. نبود یک حزب رزمنده و خوش نام

کمونیستی، در سطح ملی و بین‌المللی، سبب می‌شد که منطق استدلال جریانات مخالف جنبش چریکی نادیده گرفته شود و تلاش انتزاعی آن‌ها زمینه‌ای برای رشد نیابد. و ما همواره در این مناظره، نداشتن پایگاه توده‌ای از سوی احزاب و سازمان‌های ضد مشی چریکی، و همچنین شکست مبارزاتی و سیاسی حزب توده را به جای نادرستی خط و مشی آن‌ها می‌گذاشتیم. نظرگاه‌های استراتژیک حزب توده نیز زیر ضرب رفته بود و دفاع بی بروبرگردش از شوروی و حزب کمونیست این کشور، و اشتباهات اساسی شوروی در مورد کشورهائی مثل ایران، و نیز نقطه نظر جدید روس‌ها در رابطه با رژیم شاه قابل پذیرش نبود. دیگر سازمان‌ها، مثل حزب دمکرات و یا گرایشات جبههٔ ملی نیز رنگی نداشتند. بخصوص جبهه ملی با سازش کاری سیاسی‌اش عملاً هیچ بود و کسی از آن سخنی به میان نمی‌آورد.

توطئه ی شوم ساواك

ذره ذره تابستان به پایان رسید، پائیز آمد و بعد زمستان شد و زندان تقریباً با همان آهنگ و برنامه به پیش می رفت. اما دست حادثه بیکار نبود و نقشه های ساواک برای شکستن اوضاع هم چنان چیده می شد.

آخر زمستان سال پنجاه و سه، ساواک توطئهٔ تازه ای علیه مبارزان و زندان چید. درست روزهای قبل از عید نوروز عدهٔ زیادی از زندانیان را از بندهای چهار و پنج وشش دست چین کردند و به زندان اوین بردند. آن ها حدود پنجاه شصت نفر می شدند. با رفتن آن ها که بیشترشان از رهبران و فعالین زندان بودند و گروه جزنی هم جزوشان بود، تفسیرهای گوناگون شروع شد. چیزی که همه در آن وحدت نظر داشتند، مسئلهٔ تغییر اوضاع به ضرر ما بود. یکی دو روز بعد، چوپان زاده از گروه جزنی را هم از زندان آبادان آوردند و به زندان اوین بردند. قبل از او، بعضی از دیگر بچه های گروه جزنی هم را از شیراز آورده و به اوین برده بودند. جمع کردن این افراد از شهرهای مختلف به شدت نگران کننده بود و ما شنیده بودیم که این رشته سر دراز دارد و تعداد دیگری را هم قرار است از قصر و دیگر زندان ها جمع کنند و به اوین ببرند. ساواک طرح شومی ریخته بود تا در یک حمله، ضربه ای اساسی به مبارزین بیرون و داخل

زندان بزند. سازمان چریک ها در بیرون از زندان سرتیپ زندی رئیس کمیتهٔ مشترک ساواک و شهربانی را اعدام کرده بود و ساواک هم که دستش به آن ها نمی رسید، می خواست انتقامش را از درون زندان بگیرد. ولی مسئله فراتر از این ها بود. ساواک در مجموع قصد داشت با یک حملهٔ سراسری جنبش درون و بیرون زندان را از رهبران درجه اولش محروم سازد. تشکیل حزب رستاخیز نیز نشانهٔ چنین سیاستی بود. رژیم هنوز در شادی و سرور ناشی از افزایش ناگهانی قیمت نفت به سر می برد و با برخی اقدامات رفاهی در بخش معیینی از جامعه و افزودن بر حقوق کارمندان و ایجاد کار، و سرمایه گذاری در بخش های غیرمولد گمان می برد که پایگاه اجتماعی مستحکمی یافته و موقع زدن ضربه به جنبش مبارزاتی و در درجه اول جنبش چریکی فرا رسیده است. هرچند چندی بعد فرارسیدن بحران و شکست های پی در پی سیاسی و اقتصادی، رژیم را از ادامهٔ چنین سیاستی باز داشت، ولی در آن مقطع سبب شد که در تاریخ سی فروردین ۱۳۵۴، نُه تن از بهترین فرزندان این سرزمین را به بالای تپه های اوین ببرد و همه را ناگهان به مسلسل ببندد. عامل اجرای این طرح هم سرهنگ وزیری رئیس زندان های ساواک، بازجوهائی مثل منوچهری و رسولی بودند.

وقتی عصر روز ۳۱ فروردین ماه ۱۳۵۴ روزنامه به داخل زندان آمد، بندهای زندان قصر ناگهان از صدا افتاد و ما، همه، سوت سکوتی را که همه جا، در همهٔ بندها، در تمام زندان قصر، در خیابان های اطراف زندان و در شهر تهران، در شهرهای دیگر، در تمام ایران و جهان و در تمام کائنات پیچید شنیدم و نفس ها برای چند روز پیاپی در سینه ها حبس شد و برای مدتی به راستی کسی نفس نکشید و زندان با تمام شر و شور و زندگی و حرارتش ناگهان مرد و خاموش شد ودر هم فرو رفت.

کسی خبر را باور نمی کرد. همه با چشمان گشاد و در سکوتی مطلق نگاه می کردیم، و مثل اشباح از کنار هم رد می شدیم. زندان از صدا افتاد، از حرکت افتاد، از ورزش افتاد، و از غذا و مطالعه افتاد. کسی نمی دانست چه باید گفت و چه کار باید کرد. نه اعتصاب ملاقات فایده داشت و نه اعتصاب غذا فایده داشت و نه اصلاً کاری به نظر کسی می رسید که بکنند تا پاسخی به این جنایت وحشیانه باشد. حتی اگر همه می دویدیم و نعره های جگرخراش می کشیدیم هم آرام نمی شدیم. همه بدون اینکه حوصلهٔ حرف زدن و مشورت با هم را داشته باشیم در حیاط می ایستادیم و خیره به نقطه ای چشم می دوختیم و بعد می رفتیم می خوابیدیم و کابوس می دیدیم. روز بعد یک عده را به اوین بردند، و هفته بعد باز هم این کار را کردند.

بار دیگر من به یاد آن شب شوم زندان اوین که گلسرخی و دانشیان را برای اعدام بردند افتاده بودم و حس می کردم آخر مگر می شود که دنیا این قدر

بی حساب و کتاب باشد که چند نفر را که در زندان به سر می برند و سال ها از کشیدن زندان شان می گذرد و برخی از آنان حتی در آستانهٔ آزادی هستند ببرند و ناگهان جلوی لوله های مسلسل قرار دهند و توی بدنشان سرب داغ خالی کنند و بعد با خیال راحت بیایند و اعلام کنند که آن ها در حال فرار کشته شده اند. ساواک هرگز در این گونه ماجراجوئی های سیاسی به مردم جامعه ایران فکر نمی کرد. و بی توجه به روحیه و درک جامعه، فقط برای آن که به مبارزان اعلام جنگ کرده باشد، آدم می کشت و می گفت می خواسته اند فرار کنند. و همین ها هم عاقبت کلکش را کند و شاه اش را مجبور کرد بگوید؛ «من صدای انقلاب شما را شنیدم.»

زندان ناچار بود این درد را هم تحمل کند و زندگی را از سر بگیرد. برای پر کردن جای زندانیان منتقل شده و در ادامهٔ سیاست های تازهٔ ساواک، سرهنگ زمانی به نقل و انتقالات بزرگی در بندها دست زد. همهٔ زندانیان زیر پنج سال را به بندهای یک و هفت و هشت برد. زندانیان محکوم به پنج سال تا ده سال زندان را در بندهای دو و سه قرار داد، و از ده سال به بالا را در بند چهار و پنج و شش گذاشت و در واقع، بیش از همه، بند شش، به زندانی تبدیل شد که عمدهٔ زندانیان ابدی در آن جای گرفتند. این سیاست برای محروم ساختن جوانان از تجربهٔ زندانیان قدیمی و با تجربه، و هم چنین برای محروم کردن زندانیان با تجربه از دیدار و شور و شوق زندانیان جوان بود. ترکیب زندانیان با هم، می توانست انرژی و تجربیات مبارزاتی خود را بهتر به کار گیرد تا به این شکل جدا از هم. به خصوص فشار رژیم در درجهٔ اول روی زندان های پائین که غالب زندانیان آن تازه، جوان و کم تجربه بودند متمرکز شد.

اما چیزی نگذشت که علی رغم این تغییرات زندان دوباره روالی عادی به خود گرفت. هوا رو به گرمی رفت و عصرها درازتر شد و شب ها آبِ توی حوضِ بند، زیر نور برق می زد و به نظر سیاه و گرم می رسید.

تابستان قبل از این که بیاید، طلایه هایش از خودش قشنگ تر بود. بوته های اطلسی عصرها در باغچه گل می‌دادند و بوی علف تازهٔ ساق و برگ تُرد گیاه سکرآور بود. تابستان سال ۵۴ آمد و ساواک باز به این فکر افتاد که کلیهٔ زندانیان را به ندامت بکشاند و آن ها را به شرکت در جشن های فرمایشی ۲۸ مرداد و غیره وادار سازد. طرحی برای ۲۸ مرداد آن سال تهیه شده بود تا اولاً بندهای یک و هفت و هشت را که زندانیان زیر پنج سال در آن بودند تماماً به جشن ببرند و بکوشند از بندهای دیگر هم بخش هائی از زندانیان را جدا کنند و به جشن ببرند. در ضمن، ساواک در اجرای این طرح در نظرگرفته بود که زندانیان باسابقه را هم به نوعی به این جشن ها بکشد تا اولاً جو جشن مملو از نادمین جلوه نکند و افزون بر این نوعی جنگ اعصاب با بقیه راه بیندازد.

در جریان این جشن، ادارهٔ زندان تمام کوشش خود را به خرج داد. تمامی

بندهای پائین را به جز چند استثنا به جشن کشید و از زندان های ما هم اسامی بسیاری را خواند تا همه را تحریک و عصبی کند. من و چند نفر دیگر از هم اتاقی هایم جزو همین آدم های نام برده بودیم. ولی هیچ یک از ما به جشن نرفتیم و کوشش های رئیس زندان را خنثی کردیم.

در آن زمان، من به بند شش منتقل شده بودم و در اتاق هفت به همراه، علی پاینده، بهزاد نبوی، ایرج جمشیدی، یک زندانی دیوانه به نام سیسیان، و یک زندانی عراقی به نام عبدلعلی عُوده که علیه همه بد جوری گزارش می داد زندگی می کردم. رضا علامه زاده هم در اتاق شماره یک با مسعود رجوی، منوچهر مقدم سلیمی، موسی خیابانی و یک زندانی نادم مذهبی به نام کشباف که مسئول فروشگاه زندان بود زندگی می کرد. سرهنگ زمانی، در هر اتاق حداقل یک جاسوس گذاشته بود تا خبر و گزارش آن اتاق را به زیر هشت ببرد. در دیگر اتاق ها هم تقریباً وضع به همین منوال بود و همه عملاً زیر نظر بودند. من ضمن این که به برنامهٔ قدیمی خودم عمل می کردم، و زبان فرانسه را بعد از یک سال و نیم مطالعهٔ مداوم کنار گذاشته بودم زبان انگلیسی می خواندم و هم چنان مطالعات دیگرم را ادامه می دادم. با فرارسیدن زمستان مشکل تازه ای برایم در آن اتاق پیش آمده بود. زیرا به خاطر سرما، دیگر نمی توانستم در حیاط بند به مطالعاتم ادامه بدهم و ناچار بودم در اتاق بنشینم. اما اتاق ما دارای یک لامپ بسیار ضعیف بود که نگهبانی به هیچ وجه حاضر نبود آن را عوض کند. و من چون ساعات مطالعه ام بالا بود، چشمم در آن نور کم درد می گرفت. به همین منظور مجبور شدم جایم را در اتاق طوری تغییر بدهم که نور بیشتری به کتابم بیفتد. اما برای این منظور رختخوابم را به دیواری از اتاق تکیه می دادم که تکیه دادن به آن ممنوع بود. زیرا پشت این دیوار محوطهٔ بیرونی زندان قرار داشت و نگهبانی زندان از ترس این که کسی دیوار را برای فرار نکَند، و از رختخواب پوششی برای این کار نسازد، بارها از من خواست که رختخوابم را از جلوی آن دیوار بردارم. من هم هربار در پاسخ می گفتم که شما لامپ را عوض کنید تا من هم رختخوابم را بردارم. عاقبت یک روز سرهنگ زمانی شخصاً به بند آمد و جلوی اتاق ما ایستاد و خطاب به من که در حال مطالعه بودم گفت:

«آقای سما کار، نگهبانی چند بار به شما تذکر داده است که رختخواب تان را از دیوار بردارید. چرا توجه نمی کنید؟»

گفتم:

«به خاطر این که لامپ اتاق ما ضعیف است و اگر من در جای دیگری بنشینم نور چراغ روی کتابم نمی افتد و چشم هایم درد می گیرد.»

زمانی گفت پس رختخواب تان را از آن جا بردارید. ولی خودتان می توانید به دیوار تکیه بدهید.»

گفتم:

«من هر روز مدتی طولانی می نشینم و کتاب می خوانم. اگر رختخواب را بردارم پشتم زود خسته می شود و نمی توانم به مطالعه ام ادامه بدهم.»

سرهنگ زمانی که تا آن زمان مجبور نشده بود به کسی این قدر امتیاز بدهد و کوتاه بیاید، گفت:

«ولی شما باید رختخواب تان را از آن جا بردارید. این جزو مقررات زندان است.»

گفتم:

«تا لامپ را عوض نکنید، رختخوابم را برنمی دارم.»

سرهنگ زمانی، دیگر به بگو مگو با من ادامه نداد؛ بلکه، به حالت عصبانی از آن جا رفت و من دریافتم که یا همان دم مرا به زیر هشت خواهد خواست و حسابی به کتکم خواهد داد و یا انتقامش را به شکل دیگری خواهد گرفت. و همین طور هم شد. چند روز بعد، بهانه ای پیدا کرد که مرا به زندان عادی بفرستد و در چند نوبت به شدت کتکم بزنند و نفسم را بگیرد.

تا آن زمان ملاقات زندان برای اعضای خانواده، مثل پدر مادر و زن و فرزند و خواهر و برادر آزاد بود. اما ناگهان اعلام کردند که از این به بعد ملاقات خواهر و برادر ممنوع است. به دنبال اعلام چنین سیاستی، زندان باز به بحران فرو رفت. در جستجوها، دریافتیم که گویا یکی از مجاهدین، به نام «مراد نانکلی»، هنگام رفتن به بهداری، سرهنگ زمانی را موقع سوار شدن به ماشینش در جلوی زندان می بیند و شماره ماشین او را از بر می کند و بعد این شماره را به اطلاع خانواده اش می رساند. اما گویا این موضوع کشف می شود و نانکلی را می برند و می زنند و از او می خواهند که علت اصلی دادن شمارهٔ ماشین سرهنگ زمانی را بگوید. و او هم چون چیزی نداشته است بگوید پس از تحمل شکنجه های طاقت فرسا می میرد. و زندان هم به این بهانه، ملاقات خواهر و برادر را قطع می کند. ما در پی این بودیم که به این سیاست تازهٔ زندان که در واقع در پی قطع و از میان بردن امکانات زندان بود اعتراض کنیم. اما نوع اعتراض و شدت آن هنوز برای مان روشن نبود. من و رضا علامه زاده که هنوز در بیرون از کمون زندگی می کردیم بر آن شدیم که منتظر حرکت عمومی نمانیم و خودمان دو تا دست به اعتصاب ملاقات بزنیم. در آن زمان طیفور در زندان قصر به سرنمی برد و در آن تسویهٔ بزرگ به اوین رفته بود.

وقتی ما این موضوع را با بچه های کمون در میان گذاشتیم، آن ها گفتند که چون فعلاً توان عمومی زندان را برای انجام یک اعتصاب ملاقات و یا کاری در این ردیف مناسب نمی بینند، فعلاً بهتر است که ما دو نفر اعتصاب کنیم تا بتوان به نوع واکنش پلیس پی برد و آن وقت اگر مناسب بود، یک اعتصاب همگانی راه خواهد افتاد. من و رضا علامه زاده هم این کار را کردیم و به هنگام ملاقات بعدی به نگهبانی اطلاع دادیم که به خاطر اعتراض به قطع ملاقات

خواهر و برادر اعتصاب ملاقات کرده ایم. و یک نامه هم به دادرسی ارتش نوشتیم و در آن از این تصمیم مدیر زندان مبنی بر قطع ملاقات با خواهر و برادر زندانیان شکایت کردیم.

صبح روز بعد، پاسبان کشائی آمد و با خوشحالی موذیانه ای به من گفت که وسائلم را جمع کنم و دنبال او بروم. او همواره دنبال فرصتی می گشت که کتک خوردن مرا ببیند. و چون بارها با او درگیری های کوچک پیدا کرده بودم و زورش به من نرسیده بود و نتوانسته بود به کتکم بیندازد، از پیش آمدن این موقعیت آشکارا شاد شده بود.

من وسائلم را که عبارت بود از یک تشک نازک ابری به کلفتی دو سانت، یک پتوی کلفت زمستانی، ملافه و مسواک و خمیردندان و یک حوله بود توی هم لوله کردم و مثل یک کیسه خواب کوچک به دوش گرفتم و راه افتادم. ما موقع انتقال به زندان های دیگر مجبور بودیم لباس زندان بپوشیم. لباس زندان زمستانی و تابستان عبارت بود از یک پیراهن و یک شلوار نازک از جنس پارچهٔ نخی که دقیقاً مثل پیژامه بود و ما اکثراً از آن به عنوان لباس خواب استفاده می کردیم و یا آن را در مواقع کارگری دادن می پوشیدیم. پاسبان کشائی که دید من هنوز پلیور و شلوار جین به تن دارم، تذکر داد که باید لباسم را عوض کنم و لباس زندان بپوشم. لباس زندان پوشیدم و دم پائی پلاستیکی ای را که حکم کفش زندان را داشت نیز بپا کردم و راه افتادم. رضا علامه زاده که در این فاصله توسط بچه ها خبر شده بود، خودش را جلوی درِ زیر هشت به من رساند و با نگرانی خداحافظی کرد. وقتی به زیر هشت رَسیدم کشائی نگاهی به جوراب های من انداخت و گفت:

«جوراب هم جزو لباس های زندان نیست. آن را هم باید در آورید.»

جوراب هایم را هم در آوردم و توی بستهٔ رختخوابم فرو کردم. بعد به من دستبند زدند و از زندان بیرون بردند. بیرون، باد می آمد و هوا ابری و به شدت سرد بود. اما شاخه های بلند و بدون شاخ و برگ درخت ها در بادی که می آمد تکان نمی خورد. با پرسشی کوتاه از پاسبانی که همراهم بود فهمیدم که به زندان عادی منتقل می شوم. سرهنگ زمانی، برای تنبیه زندانیان سیاسی آن ها را برای مدتی به زندان عادی که دارای شرایط بد زیستی و بهداشتی بود می فرستاد تا به این وسیله آن ها را اذیت کند و از برنامه هایشان باز دارد. برای رسیدن به زندان عادی باید مسافتی را حدود پانصد شش صد متر طی می کردیم و از میان درختان برگ ریخته و سیاه شده زمستانی می گذشتیم. قشر نازکی از پودر یخ برگ های پوسیدهٔ باغچه را پوشانده بود و این جا و آن جا کپه هائی از یک برف قدیمی به چشم می خورد و سوز هوا، تنم را زیر آن لباس نازک می لرزاند. پاهای بدون جورابم هم در آن دم پائی های پلاستیکی خیس شده و یخ کرده بود. با تمام قوا کوشیدم از لرز بدنم جلوگیری کنم تا باز پاسبان

همراهم مانند آن نگهبان زندان اوین تصور نکند که ترسیده ام. اما چنان کاری ممکن نبود و آشکارا می لرزیدم.

وقتی وارد نگهبانی زندان عادی شدیم، آن تصویر قدیمی که در تابستان سال قبل دیده بودم تکرار شد. منتهی این بار همه چیز از سرما حکایت داشت و توی نگهبانی و زیر هشت هم سرد بود و به همین دلیل همه لباس های کلفت پوشیده بودند. کلی طول کشید تا بدن من در حرارت داخل ساختمان که کمی بیش از بیرون بود توانست بر لرزش خود غلبه کند. پس از آن که سرم را از ته تراشیدند، مرا به یکی از بندهای عادی بردند و در گوشه ای از راهرو جا دادند و پاسبان بند خطاب به زندانیان عادی با صدای بلند اعلام کرد:

«هر کس با این زندانی ضدامنیتی حرف بزند می رود زیر هشت. فهمیدید؟»

کسی از آن ها جواب نداد، ولی این حرف سبب شد همهٔ آن ها به من نگاه کنند و نوع نگاهشان به من نسبت به لحظهٔ پیش از آن تغییر یابد. آن ها اگر این موضوع را نمی فهمیدند با توجه به آن لباس درب داغان و سرِ تراشیده و حوله ای که به آن بسته بودم محال بود که حتی نیم نگاهی هم به من بیندازند. زیرا زندان عادی نیز، قوانینِ زندگی در بیرون را داشت و هر زندانی که فاقد لباس مرتب و توان مالی و سر وضع درست و حسابی بود، از سوی دیگران تحویل گرفته نمی شد. ولی زندانیان عادی تا فهمیدند من زندانی سیاسی هستم، حالت نگاه شان تغییر کرد و با دور شدن پاسبان از آن محل، چندتای شان آمدند و لبخند زدند و یواشکی مشت شان را به نشانهٔ هم بستگی تکان دادند. شهربانی و ساواک همواره از ارتباط جمعی زندانیان سیاسی با زندانیان عادی وحشت داشتند و از این کار جلوگیری می کردند. ولی هیچ کدام از آن ها فکر نمی کردند که ما به حالت فردی هم در میان زندانیان سیاسی قهرمان به حساب می آئیم و مورد استقبال و پشتیبانی آنان قرار می گیریم. آن ها فکر می کردند همین که بگویند نباید کسی با ما تماس بگیرد، خطر تاثیرگذاری ما بر روی زندانیان عادی از بین می رود.

داخل بند به شدت سرد بود و نه تنها در آن جا بخاری پیدا نمی شد، و در محل اقامت من که در محلی روبروی مستراح بود و بوی گند و بوی نافذ و تند شاش از آن به مشام می رسید، بر سقف بلند بند، دو نورگیر گلخانه ای شکل قرار داشت که شیشه هایش شکسته بود و هوای سرد از آن جا به درون می آمد و مرا به لرزیدن وامی داشت. اما زندانیان عادی به هر شکلی که بود خودشان را در انواع لباس ها پوشانده بودند و بیشترشان مثل گداهائی که در گوشهٔ خیابان و زیر سرپناه های پلاستیکی زندگی می کنند چند پیراهن و چند پیراهن کش روی هم به تن داشتند و روی آن ها هم یک کت پوشیده بودند که دکمه هایش به زور بسته می شد.

در همان گوشه که نشسته بودم وسائلم را باز کردم و تشکم را به صورت

سه‌لا زیرم انداختم و پتو را دورم پیچیدم تا از سرما نجات پیدا کنم. زندانی‌ها اکثراً نگاهی می‌انداختند و سرشان را به علامت همبستگی مخفیانه تکان می‌دادند و رد می‌شدند. من هم نشسته بودم و فکر می‌کردم و نمی‌دانستم چه بکنم. نه پول داشتم و نه سیگار، و با دیدن زندانیانی که سیگار می‌کشیدند شدیداً هوس سیگار کرده بودم.

ظهر پاسبان نهار را در همان‌جا که نشسته بودم آورد و جلویم گذاشت و رفت. نهار را خوردم و پتو را سفت‌تر به خودم پیچیدم و در گرمائی که در اثر خوردن غذا در بدنم ایجاد شده بود چشمانم گرم شد و خوابم گرفت. همان‌طور نشسته چرت زدم. وقتی بیدار شدم دیدم یک وری افتاده‌ام و گردنم درد گرفته است. حوله‌ام هم از سرم باز شده و دماغم از سرما گرفته است. برخاستم و گردنم را مالیدم و درست نشستم و دوباره پتو را دور تنم مرتب کردم. کشیک پاسبان قبلی عوض شده بود و پاسبان جدید که گویا ماجرای مرا نمی‌دانست با من کاری نداشت و مواظب رفتار دیگران با من نبود. وقتی پاسبان به حیاط رفت، یکی از زندانیان، که جوان بلندبالا و خوشروئی بود آمد کنار دست من نشست و با لبخند سلام و احوال‌پرسی کرد و گفت:

«ما نوکر هرچی زندانی سیاسیِ با معرفتیم.»

من هم با او خوش و بش کردم و گفتم:

«ما هم نوکر شما هستیم. ما به خاطر مردم به زندان افتاده‌ایم.»

بعد او نگاهی به اطراف انداخت و بسته‌ای را که در دست داشت کنار من گذاشت و گفت:

«قابل شما را ندارد.»

تا آمدم بپرسم که این بسته چیست؟ رفیقش که جلوی در حیاط ایستاده بود به او علامت داد و او فوراً برخاست و به سرعت از کنار من دور شد. با رفتن او، پاسبان نگهبان، از حیاط وارد بند شد و باز بدون آن که به من نگاهی بکند بی‌تفاوت از کنارم گذشت. در فرصتی که پیدا کردم بسته را در زیر پتو باز کردم. و دیدم یک بسته سیگار زر، یک بسته کبریت، یک اسکناس پنج تومانی، چندتا آب‌نبات، یک سیب و یک پرتقال در آن است. سیگار را برداشتم و یکی آتش زدم و بعد یک آب‌نبات در دهان گذاشتم و بقیه را دوباره بستم. هر چه نگاه می‌کردم دیگر از آن جوانک خبری نبود. در فرصتی رفتم و سری به حیاط زدم. حیاط کوچک سه گوشی بود که یک درخت کج و کوله داشت و برف‌های کهنه در گوشه و کنارش مانده بود و زندانی‌ها راه نمی‌رفتند، بلکه گُله گُله ایستاده بودند و از سرما، مرتب روی برف پا می‌کوبیدند. و برف‌های کپه شدهٔ زیر پای‌شان لیز و براق شده بود.

تا شب با دارائی ارزشمندم در آن تنهائی کلی حال کردم. آن جوانک را یک بار دیگر، شب، وقتی همان نگهبان پیش از ظهر دوباره آن‌جا بود دیدم که

این بار از ترس پاسبان به من نزدیک نشد. فقط سیگار و پول برایم باقی مانده بود. بعد از شام یکی دو سیگار دیگر روشن کردم و ساعت نه که وقت قانونی خواب بود و پاسبان ها داد زدند و همه را به اتاق هایشان فرستادند، من تشکم را روی همان سطح کثیف راهرو، پهن کردم و ملافه را روی آن کشیدم و به زیر پتو رفتم. اما هوا آنقدر سرد بود که مجبور شدم زیر پتو چمبله شوم تا خودم را گرم کنم. اما هنوز بدنم گرم نشده بود که دیدم همان پاسبان آمد و گفت:

«پا شو و وسائلت را جمع کن بیا.»

بلند شدم و لحاف و تشکم را جمع کردم و بستم و دنبال او راه افتادم. مرا به دفتر نگهبانی برد. افسر کشیک که گویا تازه برای سرکشی به آن جا آمده بود نام و مشخصات مرا پرسید و روی یک ورقهٔ کاغذ چیزهائی را یادداشت کرد و گفت:

«یک پتو بدهید به این.»

خوشحال شدم که یک پتوی اضافه خواهم داشت و با آن می توانم راحت بخوابم. بعد به پاسبان گفت که مرا به بند برگرداند. وقتی خواستم وسائلم را بردارم و برگردم، پاسبان مانع من شد و گفت:

«آن ها را بگذار زمین.»

وسائل را به زمین گذاشتم. گفت

«جورابت را هم در آر و با حوله ات بگذار توی وسائلت.»

بعد مرا با همان یک پتوی سربازی به بند برگرداند و جلوی مستراح که رسید، درست در محلی که از رفت و آمد زندانی ها خیس و لجن بود، و بوی تند شاش می‌داد ایستاد و گفت:

«همین جا بخواب.»

گفتم:

«این جا که خیس است. بالایش هم که باز است. من این جا تا صبح از سرما می میرم.»

با تشر گفت:

«بگیر بخواب حرف نزن.»

دیدم اگر به اعتراض ادامه بدهم ممکن است در آن سرما کتک هم بخورم. ناچار سرپا، طوری که بدنم با کثافت و خیسی آن جا تماس پیدا نکند نشستم و پتو را دور تن و سرم کشیدم. چند لحظه بعد دوباره پاسبان آمد و گفت:

«مگر نگفتم بخواب؟»

بلند شدم و در حالی که پاسبان براندازم می کرد پتو را روی زمین خیس پهن کردم و روی آن دراز کشیدم و نیمهٔ دیگرش را رویم انداختم. از لج پاسبان اصلاً به سرما محل نگذاشتم و بدون آن که بدنم را جمع کنم، صاف دراز کشیدم و حتی به ساق پاهایم که از زیر پتو بیرون مانده بود بی‌اعتنا ماندم. پاسبان چند

بار رفت و آمد و هربار به من نگاه کرد و عاقبت به نگهبانی رفت و دیگر در نیامد. وقتی رفت، مدتی به بند خالی که رفت و آمدی در آن به چشم نمی خورد نگاه کردم و دیدم کمرم بد جوری دارد از سرما می شکند. به ناچار در خودم جمع شدم و پتو را سفت دورم پیچیدم. ولی فایده نداشت. آن پتو به هیچ وجه نمی توانست مرا گرم کند. بیشتر از همه سرم که به نداشتن مو عادت نداشت یخ کرده بود و درد می کرد و دماغم هم به شدت کیپ بود. هر چه از این دنده به آن دنده می شدم بدتر سردم می شد و سرمای زمین خیس از اعماق سیمان سختی که زیرم بود به بدنم نفوذ می کرد و طاقت مرا می برید. بلند شدم و نشستم. و شروع کردم به مالیدن پاها و بدنم. کمی که آرام گرفتم دوباره رفتم زیر پتو و سر و کله ام را پوشاندم.

صبح، سری دردناک، دماغی به شدت کیپ، صورتی از سرما کرخ شده، بدنی لهیده و کوفته و چشمانی سرخ و سوزان داشتم و گلویم می سوخت. انگار گلویم به خاک آلوده بود و هرچه آب دهانم را فرو می دادم حالتش برطرف نمی شد. حالم به شدت بد بود. حتی روده هایم درد می کرد و نای حرکت نداشتم.

وقتی پست بند عوض شد، آن جوانک آمد و برایم یک لیوان بزرگ چای آورد که در آن لحظه مانند نوشدارو بود. با سر و کلهٔ گرفته و صدائی خفه از او تشکر کردم و خواستم که یکی دو قرص سرما خوردگی به من برساند. گفت «چِشم» و بی درنگ غیبش زد. و چند لحظه بعد با دوتا قرص و یک لیوان آب گرم به سوی من برگشت. قرص ها را گرفتم و خوردم و از او خواستم اگر می تواند یک پلیور و دو جفت جوراب برایم بیاورد. رفت و فوراً یک پلیور و یک شلوار گشاد مردانه و دو جفت جوراب کلفت آورد و به من داد. لباس ها را پوشیدم و پتو را دورم پیچیدم و کنار دیوار نشستم. او باز برایم چای، سیگار، آب نبات، پرتقال و بیسکویت آورد. بعد از او خواستم که اگر می تواند یک کاغذ و یک خودکار به من برساند. گفت که کاغذ در بند پیدا نمی شود. ولی خودکار دارد. برای گرفتن کاغذ باید به نگهبانی رجوع می کرد. ولی گفتم که نیازی به این کار ندارد.

در فکر بودم که به هر صورت که شده به وضعی که برایم به وجود آورده بودند اعتراض کنم. و باید اعتراض می کردم. به فکرم رسید که بروم و عینکم را که در وسائلم بود به بهانهٔ این که چشمم جائی را نمی بیند بگیرم، شیشه اش را بشکنم و رگ دستم را با آن بزنم و به این وسیله به آن وضعیت اعتراض کنم. زیرا راه های دیگر به نظرم غیرعملی و بی فایده می آمد. اعتصاب غذا را می توانستند با کتک زدن بشکنند، و نوشتن نامه به دادرسی ارتش هم نمی توانست تاثیر فوری داشته باشد. در همین فکرها بودم که یک پاسبان آمد و مرا به نگهبانی برد. در آن جا دوباره وسائلم را تحویل دادند و مرا از آن بند به بند موقت سیاسی بردند. همین که به آن جا رسیدم، مثل غریقی بودم که از دریا

به ساحل نجات رسیده باشد. بچه ها فوراً دورم را گرفتند و با انواع چای و آب گرم و لباس های پشمی و جوراب و کلاه پشمی و غیره حالم را جا آوردند و در انبوهی از پتو مرا خواباندند و با قرص و شربت و داروهای دیگر حالم را خوب کردند.

روز بعد دوباره سرحال بودم و با بچه ها گپ می زدم و شرح ماجراها را می دادم و به دنبال شکل اعتراضی مناسب می گشتم. عاقبت به این نتیجه رسیدم که به دادرسی ارتش نامه بنویسم و به این رفتار مسئولین زندان به شدت اعتراض کنم.

نامه ای نوشتم و به نگهبانی دادم و حدس هم زدم که بزودی مرا می برند و حسابی می زنند. و بلافاصله حدسم درست از آب درآمد. بعد از ظهر آمدند سراغم و دوباره مرا با لباس نازک زندان و دم پائی و بدون جوراب به زیر هشت و از آنجا به آسایشگاه پاسبان ها بردند.

آسایشگاه پاسبان ها بزرگ و تاریک و پر از تخت های دو طبقهٔ تیره و پتوهای سیاه بود و تنها راهروهای باریکی بین تخت ها وجود داشت. اما جلوی پنجرهٔ بلند سمت حیاط، یک محوطهٔ چهار گوش باز بود که مرا به آن جا بردند. بعد دو پاسبان گردن کلفت آمدند و یکی شان پرید پشتم و دست هایم را از پشت پیچاند و آن یکی با یک دستبند آن ها را از پشت کتف به هم رساند و دست بند قپانی زد. قبل از آن، خیلی در بارهٔ دستبند قپانی و درد وحشتناک آن شنیده بودم، ولی در آن لحظه به راستی دریافتم که چنان درد وحشتناکی به هیچ وجه قابل تحمل نیست. برخی از بچه ها به دلیل باز بودن مفاصل کتف ها و بازوها، دست هایشان به سادگی از پشت به هم می رسید و در حالت دست بند قپانی درد چندان زیادی را تحمل نمی کردند.

ولی ساختمان استخوانی و مفصلیِ کتف ها و بازوهای من طوری بود که در اثر زدن دست بند قپانی فشار طاقت بُری بر آن ها وارد می آمد و حس می کردم کتفم دارد از پشت می شکند و مفصل هایم می خواهد زیر فشار از هم جدا شود. در همان حال مرا به زمین کوبیدند و پاهایم را به در حلقهٔ طنابی که به صورت نیم دایرهٔ کوچکی وسط یک چوب کلفت تعبیه شده بود انداختند و با چرخاندن چوب، حلقه را تنگ کردند و چوب را آن قدر بالا کشیدند که تنها کتف های بسته ام روی زمین ماند. مانند یک گوسفند آویخته شده بودم و زیر فشار وزن بدنم قدرت تکان خوردن نداشتم. حتی نمی توانستم زانوهایم را خم کنم و کف پاهایم را زیر ضربه های آتشین باطوم ها حرکت بدهم. چند پاسبان، بی رحمانه و با غیظ مرا می زدند. باطوم های شان را پشت سر هم و بدون انقطاع و با چنان ضربی می کوبیدند که در همان دقیقهٔ اول کف پاهایم ترکید و خون راه افتاد و فریاد مرا به آسمان رساند. یکی از پاسبان ها که نمی دانست من که هستم و چه کار کرده ام، از تخت پائین آمده بود و به من لگد می زد. چند پاسبانِ عرق گیر

به تن هم روی تخت‌ها نشسته بودند و می خندیدند.

وقتی ولم کردند نعش بی حرکتی بودم که حتی نمی توانستم بلند شوم تادستبند قپانی‌ام را بگشایند. با باز شدن دستبند، استخوان‌های کتفم نمی پیچید و مثل آن که خشک شده باشد، بازوهایم به جای خود باز نمی گشت. به واقع، تنها کسانی که ساختمان استخوانی و مفصلی کَت و کول شان مثل من خشک و چِقر باشد، می فهمند که چنین دردی چه معنی‌ای دارد. درد مفصل ها آن قدر شدَیَد بود که درد باطوم بر کف پایم در مقابل آن نمودی نداشت.

بعد مرا از پشت، به صورت معمولی دست بند زدند، و به بیرون از محوطه زندان بردند. یک سرگرد شهربانی که بعداً فهمیدم یحیائی نام دارد، و رئیس قرارگاه زندان قصر و در واقع رئیس نیروی ضد شورش و رئیس نگهبانی هاست در حیاط ایستاده بود. تا مرا دید، بدون آن که سخنی بگوید، چپ و راست چند سیلیِ محکم کوبید توی صورتم و بعد گفت:

«حالا به دادرسی ارتش شکایت می کنی؟ نفست را می گیرم.»

گفتم:

«من از حقوقم دفاع کرده‌ام.»

گفت:

«حالا می بینیم دفاع از حقوق یعنی چه! ببریدش!»

مرا به زندان انفرادی قصر بردند. اتاق نگهبانی عبارت از فضای خالیِ‌ای بود با یک نیمکت و چند صندلی. همین که وارد شدم دیدم دو پاسبان یُقُورِ نخراشیده آن جا منتظر من هستند. آن ها چهره های کریه و پر از چاله چوله و لکَ و پیس داشتند و تا مرا دیدند به خنده گفتند:

«به به. بالاخره آقا را آوردند!»

و یکی شان محکم زد تخت سینه‌ام و مرا به زمین کوبید و آن یکی، فوراً چوب فلکی را که آماده کنار دیوار گذاشته بود برداشت و پاهای مرا به چالاکی در حلقهٔ طناب انداخت، و با چرخاندن چوب، طناب را سفت کرد و پاهای مرا بالا کشید و ضربه های باطوم شروع به فرودآمدن کرد. باز کف پاهای من شروع کرد از درد سوختن و من باز نعره می کشیدم و به خود می پیچیدم.

خوب که مرا زدند، لباس هایم رادر آوردند و تمام تنم را بازرسی کردند و یکی شان دستش را بر پشتم گذاشت و با فشار مرا خم کرد، لمبرهایم را از هم گشود و توی سوراخ پشتم را نگاه کرد و بعد همان طور لخت چند ضربهٔ باطوم به پر و پایم زدند و مرا دواندند و بعد ولم کردن که لباس بپوشم. از سرما و التهاب، و کتکی که خورده بودم می لرزیدم، ساکت بودم و نفرتم را در دل انبار می کردم.

مرا به سلولی انداختند که تنها یک زیلوی خیس کف آن بود. یک پتوی شق و رقِ بی پشم و پیله هم که پر از لکه های خون و کثافت بود به عنوان رو انداز

به من دادند و در را بستند.

تا مدتی گیج بودم. سرم، تنم، پاها و دست‌هایم و حتی حس ها و جان و وجودم درد می کرد. سردم بود. چیزی را نمی دیدم. تاریک بود. تنها از سوراخِ بالای در نور اندکی بدرون می تابید. حالم خوب نبود. ولی روحیه ام را اصلاً نباخته بودم. برای اولین بار احساس می کردم دیگر از کتک های آن ها وحشت ندارم. برای اولین بار احساس می کردم دیگر از هیچ چیز وحشت ندارم. حالا دیگر تنها رنج تن را می فهمیدم و نفرت و انزجاری را که در وجودم ورم می کرد. و ناسزا بود که به زمین و زمان و هر چه حکومت و هرچه شاه و هرچه وزیر و وکیل می‌دادم. از درد و سرما بدبخت شده بودم. ولی، داشتم سوراخ عالم را پاره می کردم. این یک تحول بود. بی آن که در تمام طول این مدت متوجه اش شده باشم، دیدم که قادر شده ام حتی در شرایط تلخ و طاقت فرسا نیز خودم را پیدا کنم. دیدم آن همه عشق ورزیدن، آن همه تلاش، آن همه دویدن و کتک خوردن و تنهائی کشیدن و همدلی کردن و خواندن، عاقبت از من آدم دیگری ساخته است. من بودم، و می دیدم که «طاقت داشتن» چیزی نیست که از اول در تن و جان آدم نهفته باشد. می فهمیدم که می شود حتی خدا بود. و من داشتم بالا می‌رفتم و شعله می کشیدم و سلولم را به هیچ می گرفتم، و دیگر نه در و نه دیوار و نه سرمای هوا و نه تن پوش حقیر و نازکی که داشتم، مانعی برای پروازم نبود. تب کرده بودم و فکر می کردم دارم می میرم. در آن دم می مردم و باز زاده می شدم. خواب نبودم، ولی می دیدم تنم دارد می سوزد و دیوارها نازک و شفاف شده اند. سرد بود. بدجوری سرد بود. خودم را در رشته های انبوه امواج نوری می‌دیدم که تنم را می سوزاند و از همهٔ وجودم می گذشت. مثل شیشه بودم. می‌دیدم تن آدمی به جانش شریف است، و شعر تار و پودم را در می نوردد.

نمی دانم چقدر طول کشید. نمی دانم خواب بودم یا بی هوش. فقط احساس کردم بیش از حد قدرت دیدم را از دست داده ام و شبی تاریک در پیش چشم دارم. نگهبان ظرف غذا را توی سلول انداخته و رفته بود. تازه فهمیدم که برای چند ساعت از حال رفته ام و سردی هوا بیدارم کرده است.

برخاستم و دیدم نمی توانم از سرما شام بخورم. برنج یخ زده ای توی کاسه بود که وقتی آن را کج کردم نریخت. سلولم جهنمی بود که از سرمایش می سوختم. از سوراخ روی در نگاهی به بیرون انداختم. کسی در راهرو نبود. یک پنجرهٔ سراسری بر بالای دیوار روبروئی راهرو وجود داشت که به حیاط باز می شد و آن ها عمداً تمام دریچه های آن را باز گذاشته بودند تا هوای سلول ها سرد شود. پتو را دورم پیچیدم و به دیوار تکیه دادم. اما سرمای دیوار سیمانی به تنم نفوذ می کرد و مجبورم می ساخت که از آن فاصله بگیرم. تمام اندامم می لرزید. شروع کردم به درجا زدن. زیلوی زیر پایم یخ زده بود و مزاحمم می شد. کف پایم مجروح بود و می سوخت. زیلو را کنار زدم وبر کف سرد و سیمانیِ سلول درجا

دویدم. در تاریکی و هوای منجمد، حتی بخار از دهانم بیرون نمی آمد. سلول های دیگر از شدت سرما در سکوتی مرگبار فرورفته بودند. شاید هم کسی در آن ها نبود. و من فقط صدای هو هوی نفس و پا کوبیدن خودم را در آن سکوت می شنیدم. درجا زدن نیز گرمم نمی کرد. اماچاره ای نبود. اگر تسلیم می شدم و می خوابیدم ممکن بود یخ بزنم و بلائی به سرم بیاید. بنابراین درجا زدم و دویدم، درجا زدم و دویدم. درجا زدم و دویدم. یک سربالائی را گرفتم و هِی رفتم و آمدم، رفتم و آمدم. ثانیه ها و گام هایم را شمردم. دویدم و آن قدر در یک آهنگ یک نواختِ گرم کننده دویدم و رفتم و آمدم که بیش از دو ساعت گذشت و مَن خیس عرق شدم.

وقتی ایستادم دیگر نه زیلوی یخ زده ام سرد بود و نه دیوار و نه حس می کردم که اصلاً زمستان است. داغ بودم و اگر روی زیلو می نشستم یخش آب می شد. با خیال راحت نشستم و غذایم را خوردم. باید غذا می خوردم. باید هر ذرهٔ انرژی را برای گرم نگه داشتنم بکار می گرفتم. در آن حالت آن قدر گرمم بود که حتی می توانستم پاهایم را دراز کنم. ولی این کار را نکردم. به ذره ذرهٔ گرمای بدنم نیاز داشتم و باید آن را ذخیره می کردم. می دانستم همین که بدنم سرد شود دوباره ماجرا شروع خواهد شد. به همین دلیل بعد از خوردن غذا خودم را با پتو پوشاندم و رفتم لای زیلوی خیس. زیلو با آن که خیس بود، ولی به هر حال می توانست در دراز مدت مرا گرم کند و گرما را نگه دارد. زیر پتو و زیلو، تحت تاثیر گرمای بدنم و غذائی که خورده بودم پلک هایم سنگین شده بود. خسته بودم و اگر خوابم می برد خیلی خوب بود. از گرمائی که زیر پتو و زیلو در بدنم پیچیده بود لذت می بردم و هر چند نگران بودم که چیزی طول نخواهد کشید که دوباره سردم بشود، ولی آن دم غنیمت بود. با کیف در خودم جمع شدم و از خوشی از درون و بیرون به خودم فشار آوردم و کوشیدم بخوابم. تمام آن مدتی که در قصر بودم هرگز فرصت نیافته بودم که در دنیای خیالات غوطه ای بزنم. و در آن لحظه می دیدم که در آن تنهائیِ دوباره، فرصت آن را یافته ام که از شلوغیِ بیش از یک سالی که در میان جمع گذرانده بودم فاصله بگیرم و به قضاوت در باره خودم، حاصل کارهایم و شرایطی که در آن بودم بیندیشم. آدم وقتی در شرایط شلوغ و پر رفت و آمد و پر مشغله قرار می گیرد، فرصت و فراغت ارزیابی وضع خودش را نمی یابد. ولی در آن دم، فرصت آن را یافته بودم کَه به ارزیابیِ تمام مدتی که در زندان قصر بودم دست بزنم. به ارزیابیِ پیش از آن نیز دست به زنم و به ارزیابی تمام مدتی که در زندان بودم بپردازم، یاد کرامت و خسرو یک دم بیاید و از ذهنم بگذرد و به همان چند روز نگاه بیندازم و حاصل کارم را از آن اعتصاب ملاقات هم ارزیابی کنم. حتی یاد آن پاسبان که به من لگد می زد افتادم و فکر کردم او چه شناختی از من می توانست داشته باشد و چه می دانست که من چه کار کرده ام که به آن شکل وسط استراحت

بین نگهبانی اش از تخت پائین آمده بود و به من لگد می زد؟ او که حتی موقع استراحت نمی توانست شلوار و پوتینش را هم درآورد، از این نظام چه دیده بود که چنین نفرتی نسبت به زندانیان ابراز می کرد؟ و اصلاً آن پاسبان ها چطور می توانستند در آسایشگاهی به سر ببرند که محل شکنجه زندان هم بود؟

از خواب بیدار شدم و دیدم دوباره سردم شده است. کمی در خودم جمع شدم و کوشیدم دوباره بخوابم. اما نمی شد. تمام سوراخ سمبه ها را پوشاندم که سرما به زیر زیلو و پتویم نیاید، ولی باز سرد بود و از درد کمر و درد استخوان نمی شد خوابید. بیش از آن خسته بودم که بلند شوم و دوباره بدوم. سربالائی ای هم که پیش رو داشتم و باید در آن می دویدم رغبتی در من به وجود نمی آورد. اما باز داشتم همان جا زیر پتو در آن می دویدم. همان زیر به پر و پایم دست کشیدم که گرم شوم و دوباره در خودم جمع شدم و خوابیدم. اما باز بیدار شدم و حس کردم بیش از چند ثانیه نخوابیده ام. باز خوابیدم و باز بیدار شدم. خیلی خسته بودم و دیگر حتی نا نداشتم از جایم برخیزم. ولی دیدم نمی شود. بلند شدم و در زدم. در باز بود. در را هول دادم و آمدم بیرون. رفتم و از یک در وارد شدم و دیدم پشت آن جا یک هتل است. هتل کاملاً آشنا به نظرم می رسید. اما هرچه می کردم نامش به یادم نمی آمد. هوای سالن ورودی هتل گرم و دلپذیر بود. روی یک مبل نرم و راحت نشستم. آدم های زیادی می آمدند و می رفتند ولی کسی به من کار نداشت. به نظر می آمد جشن عروسی باشد. ولی از عروس و داماد خبری نبود. از گارسونی که یک سینی می گرداند یک لیوان ویسکی گرفتم و آرام شروع به نوشیدن کردم. یک هو دیدم، برادرم حسین سماکار، و ابراهیم فروزش، رئیس قسمت سینمائی کانون پرورش فکری و چندتا دیگر از کارمندان و دوستان اوهم آن جا هستند. ابراهیم فروزش تا مرا دید به سویم آمد. بچه های دیگر هم دورم جمع شدند. همهٔ آن ها ایستادند و مرا که روی مبل نشسته بودم نگاه کردند. فروزش گفت؛ «ا، تو که در زندان بودی، چی شد آمدی بیرون؟» تا این حرف را زد، دیدم رنگش پرید. رنگ آن های دیگر هم پرید. رنگ در و دیوار و اثاثیهٔ آن جا هم پرید. همه چیز رنگ خود را از دست داد و یواش یواش سفید و سرد شد. از خواب پریدم و دیدم از سرما دارم می لرزم.

صبح باز حالم خراب بود. به هزار بدبختی توانسته بودم، با یک لحظه خواب و یک لحظه بیداری شب را به صبح برسانم و خوش حال بودم که بالاخره شب گذشته بود و اندکی هوا گرم تر به نظر می رسید و گرچه باز نمی توانستم بخوابم، ولی می توانستم زیر پتو بمانم و نلرزم.

ده روز در آن سلول ماندم. از روز دوم به بعد، یا هوا گرم تر شده بود و یا من عادت کرده بودم. در هر صورت دیگر مثل آن شب از سرما عذاب نمی کشیدم. یکی دو روز بعد زیلو هم خشک شد. پاسبان ها عمداً زیلو را خیس کرده بودند که مرا اذیت کنند. اما با خشک شدن آن و گرمتر شدن هوا، دیگر آن ناراحتی ها

به سراغم نیامد. به خصوص که بیش از نیمی از روز را به حالت درجا می دویدم و چنان خودم را خسته می کردم که بتوانم راحت بخوابم. وقتی خوابم تنظیم شد و بدنم به سرمای سلول عادت کرد و اندکی وضعم بهبود یافت، به فکر افتادم که باز به آن وضع اعتراض کنم. منتهی این بار با احتیاط بیشتری باید حرکت می کردم که زیاد کتک نخورم و یا اذیت نشوم. تنها کاری که در آن شرایط می شد کرد اعتصاب غذا بود. ولی امکان داشت که به محض اطلاع از اعتصاب غذا مرا ببرند بزنند و اعتصابم را بشکنند. از این رو، از روز چهارم تصمیم گرفتم که غذا نخورم؛ ولی بعد از پانزده روز اعتصابم را اعلام کنم. زیرا حدس می زدم که در این مدت آن قدر ضعیف می شوم که آن ها نمی توانند مرا بزنند و اعتصابم را بشکنند.

از ظهر روز چهارم اعتصاب را شروع کردم. ظهر که غذا را آوردند نخوردم. ولی نمی بایست می گذاشتم بفهمند که چیزی از آن غذا را نخورده ام. به همین خاطر با قاشق غذا را زیر و رو کردم که خورده شده به نظر آید و موقع رفتن به دست شوئی آن را بردم و خالی کردم و ظرفش را هم با آب سرد شیر شستم. روزهای دیگر هم همین کار را کردم. ولی در واقع نیازی به ظاهرسازی نبود؛ زیرا نگهبانان توجهی به من نداشتند و تنها در فکر این بودند که پس از فرستادن ما به دست شوئی فوراً به دفتر نگهبانی که گرم بود برگردند و در آن هوای سرد در راهرو نمانند.

ده روز از اعتصاب غذایم گذشت و من روز به روز ضعف بدنیم را بیشتر حس می کردم و برای روز موعود آماده تر می شدم. صبح روز دهم نگهبان آمد و مرا به دفتر نگهبانی برد. سرهنگ زمانی، به همراه معاونینش سروان حبیبی و سروان صارمی و پاسبان کشائی و نگهبان ها آن جا بودند و زندانیان همهٔ سلول ها هم در یک صف در برابرشان قرار داشتند. من در ابتدای صف زندانی ها ایستادم و سرهنگ زمانی که داشت جملهٔ آخر صحبتش را با آن ها تمام می کرد می گفت:

«پس قبول دارید که مقررات زندان را نقض کرده اید!»

کسی در پاسخ او چیزی نگفت و سرهنگ زمانی به سوی من برگشت و گفت:

«آقای سماکار، شما اینجا چکار می کنید؟»

گفتم:

«چرا از من می پرسید؟»

گفت:

«چه کسی گفت شما را به این جا بیاورند؟»

«جناب سرگرد یحیائی.»

«چرا؟»

«چون من یک نامه به دادرسی نوشتم و از دست ایشان شکایت کردم. مرا

در سرمای زیر صفر درجه، مجبور کردند که تمام شب با همین لباس روی زمین خیس و کثیف جلوی دست شوئی بخوابم. بعد هم مرا زدند و آوردند این جا، و این جا هم زدند و الان دو هفته است که در سلول هستم.»

سرهنگ زمانی نگاهی به افسرهایش انداخت و گفت:

«من واقعاً نمی فهمم زندانی به این باسوادی و با هوشی که زبان فرانسه و زبان انگلیسی را در ظرف دو سال در زندان یاد گرفته و به این زبان ها کتاب می خواند، برای چه از این کارها می کند؟ ایشان واقعاً زندانی با هوشی ست - بعد رو به من ادامه داد- ولی آقای سماکار، من به شما توصیه می کنم از این به بعد هر مشکلی دارید بهتر است قبل از اعتراض و اعتصاب بیائید و با من در میان بگذارید. هیچ مشکلی نیست که حل نشود. البته، من موضوع زدن شما را پی گیری می کنم ببینم چه کسی دستور آن را داده است. حق نداشته اند زندانی مرا بزنند. من فقط شما را فرستاده بودم آن جا که مدتی از زندان شماره یک دور باشید.»

بعد به پاسبان کشائی گفت:

«همین الان بروید بگوئید ایشان را به شمارهٔ یک برگردانند.»

در سکوت به حقه بازی سرهنگ زمانی گوش دادم و جرأت نکردم بگویم؛ «پفیوز فاشیست، تو خودت همهٔ این دستورها را داده ای.». در ضمن دریافتم که تمام آن دو سال، او دقیقاً حرکت مطالعاتی مرا زیر نظر داشته و حتماً از روی لیست کتابخانه می داند که من چه کتاب هائی را خوانده ام.

مرا به جای بردن به زندان شماره یک، به بند عادی بازگرداندند. این بار پتو هم نداشتم و مجبور بودم در راهرو تند تند راه بروم که گرمم شود. توی اتاق ها را نگاه می کردم تا ایرج، آن آشنای دفعهٔ پیش را پیدا کنم. از جلوی راهروئی که به حیاط می رفت گذشتم و دیدم دارد می آید. تا مرا دید خوشحال جلو آمد و سلام کرد و سرک کشید ببیند نگهبان بند در آن نزدیکی نباشد. بعد به سرعت رفت و یک لیوان چای و یک پاکت سیگار برایم آورد. چای را گرفتم و سیگاری روشن کردم. پرسید:

«شما چرا این قدر لاغر شده اید؟»

گفتم:

«داستانش مفصل است.»

گفت:

«اعتصاب غذا کرده اید؟»

«نه، نه.»

«چرا! من که می دانم. شنیدم که شما را برده اند زیر هشت در اتاق نگهبانی زده اند. یکی از سینی کش ها دیده بود. همه را همان زیر هشت می زنند. ولی شما را حتماً برای آن که کسی نبیند برده اند اتاق نگهبان ها.»

گفتم:

«که این طور.»

تا پاسبان پیدایش شد، ایرج غیبش زد. بعد در یک فرصت دیگر یک پلیور، یک شلوار گرم کن و یک جفت جوراب کلفت برای من آورد. از محبتش واقعاً شاد شدم و تشکر کردم. لباس ها را پوشیدم و قبراق شدم. دیگر سردم نبود، ولی دوست داشتم همان طور قدم بزنم. به شدت گرسنه ام نیز بود. نگهبان مرا دید و متوجه لباس تازه ام هم شد، ولی چیزی نگفت. حدس زدم که دستور خاصی راجع به من به او نداده اند. به همین دلیل رفتم طرف نگهبانی و به یک استوار که آن جا بود گفتم:

«قرار است بیایند و مرا به زندان شماره یک ببرند. شما خبر ندارید کِی می آیند؟»

استوار در چهرۀ من دقیق شد و پرسید؛

«اسمت چیست؟»

«سماکار.»

توی دفتری را نگاه کرد و گفت؛

«مال شماره یکی؟»

«بله.»

«این جا که چیزی ننوشته.»

برگشتم به راهرو و باز قدم زدم. ایرج آمد و یک بسته به من داد و گفت:

«بچه ها این را برای شما درست کرده اند.»

تشکر کردم و گفتم:

«واقعاً راضی به زحمت شما نیستم.»

بسته را باز کردم ودیدم با نان بربری، مرغ پخته و خیار شور و کره و تخم مرغ یک ساندویچ فوق العاده خوشمزه برایم درست کرده اند. واقعاً پس از آن ده روز بی غذائی بهترین چیزی که می توانست نصیبم بشود همین ساندویچ بی نظیر بود. تمام ساندویچ را با آرامش و یواش یواش جویدم و خوردم که دلم درد نگیرد. بعد یک چای داغ رسید و بعد هم خرما. دیگر داغ شده بودم. ایرج آمد و گفت:

«اگر ریش تراش می خواهید بیاورم که ریشتان را بزنید؟»

دستی به ریش دوهفته نتراشیده ام کشیدم و خنده ام گرفت و گفتم:

«نه. واقعاً از لطف و محبت شما متشکرم. به بچه ها سلام مرا برسان و بگو که واقعاً از همۀ شما متشکرم و این محبت ها را هرگز فراموش نخواهم کرد.»

ایرج سر حال خندید و گفت:

«ما نوکر شمائیم.»

یکی از زندانیان عادی که از کنار من رد می شد، آهسته و به طوری که من

بفهمم گفت:

«ای توی آن ت تاجت ریدم!»

و بعد به من نگاه کرد و خندید. فوراً یکی دیگر از زندانی ها آمد و کنار من نشست و در حالی که وانمود می کرد با من کاری ندارد آهسته گفت:

«گول فحش هائی را که به شاه می‌دهد نخورید، مادرجنده آدم فروش است.»

از حرف او خنده ام گرفت. از او تشکر کردم و او بلند شد و خوشحال از من دور شد.

ساعت پنج بعد از ظهر آمدند که مرا به زندان شماره یک ببرند. برای لحظه ای رفتم به دست شوئی و لباس های ایرج را در آوردم و جلوی اتاقش به او دادم و تشکر کردم. طفلک، نمی‌دانست چه بگوید آرام لباس ها را به من برگرداند و گفت:

«این ها را از ما یادگار داشته باشید.»

لباس ها را گرفتم و با نگهبان به زیر هشت آمدم و به زندان شمارهٔ یک برگشتم.

مرا این بار به جای بند شش به بند پنج بردند و یک جا در اتاق شمارهٔ سه بین نسیم خاکسار و شهاب لبیب به من دادند. بعد از رفتن نگهبان، بچه ها به دورم ریختند و حسابی حال و احوال کردیم. بعد قرار شد موضوع را برای یک نفر بگویم تا او برای بقیه تعریف کند.

شب که روی تشک نرم و گرم و زیر پتوی ملافه کردهٔ تمیز خوابیدم، از احساس خشنودی و گرمای مطبوعی که بعد از آن مدت در تنم پیچیده بود غرق لذت شدم. پیش از آن نیز آن جای گرم و نرم را داشتم، ولی زندگی به همین چیزهایش می ارزد که هر از چندگاه انسان بتواند خود را شایستهٔ آن‌چه دارد ببیند.

سرهنگ زمانی، علامه زاده را در این مدت خواسته و به او گفته بود که دادن ملاقات به برادر و خواهر غیرممکن است. زیرا این تصمیم او نیست، بلکه ساواک در این مورد تصمیم گرفته است. و پیشنهاد کرده بود که با گرفتن یک ملاقات حضوری اعتصاب را بشکنند. ولی رضا در پاسخ گفته بود که؛ «شما سماکار را برده اید و حالا از من می خواهید که اعتصابم را بشکنم؟»

سرگرد هم به او گفته بود؛ «سماکار را به بند برمی گردانم. ولی، بردن او برای اعتصاب ملاقات نبوده، بلکه به این خاطر بوده که او مقررات زندان را با گذاشتن رختخوابش در جای ممنوعه نقض کرده بود.»

رضا گفت:

«سرهنگ می گفت؛ تو با او بد حرف می زنی.»

گفتم:

«کِی بد حرف زده‌ام؟ او می خواهد کتک زدن مرا توجیه کند.»

در هر صورت سرهنگ زمانی آدم هوشیاری بود، طوری وانمود کرد که مرا نزده است، تا به این ترتیب زمینه را برای شکستن اعتصاب ملاقات ما فراهم کند. او مطمئن شده بود که حالا دیگر اگر هم یک امتیاز کوچک به ما بدهد، سبب نخواهد شد که بقیهٔ زندان فکر کنند می شود امتیاز گرفت و آن ها هم دست به اعتصاب بزنند.

به رضا گفتم:

«راستش من دیگر حوصله کتک خوردن سر این مسئله را ندارم. و فکر می کنم که تلاش مان را هم کرده ایم. خوب همیشه که آدم به نتیجهٔ دلخواه نمی رسد.»

رضا هم با من هم عقیده بود و بنابراین با یک امتیاز کوچک اعتصاب مان را شکستیم.

بعد از این اعتصاب بود که یک روز هنگام قدم زدن با یوسف آلیاری در حیاط بند ۵، به کشف جاسوسی امیر فتانت و چگونگی دستگیری مان رسیدیم. البته ضمن پخش این خبر بین بچه ها، مواظب بودیم که ساواک متوجهٔ منبع پخش خبر نشود. زیرا ممکن بود بخواهد در مقابل این افشاگری انتقام بگیرد. یکی دو هفته بعد از این ماجرا، از بیرون زندان خبر رسید که بچه ها امیر فتانت را در شیراز دیده اند که با خیال راحت با مادرش در خیابان راه می رفته و بعد هم سوار یک ماشین شیک که احتمال می دادیم ساواک در اختیارش گذاشته، شده است. دیگر شکی برای ما باقی نمانده بود که او جاسوس کثیفی بوده که دو تن از بهترین فرزندان این مملکت را به کشتن داده و عدهٔ دیگری را هم به شکنجه و زندان کشیده است. اما علی رغم تمام این توطئه ها، خوشبختانه روز به روز وضع رژیم در میان مردم بدتر می شد و از این جا و آن جا مرتب خبر اعتراضات توده ای در مقابل سرکوب ها و زورگوئی ها به گوش می رسید. پس از یک رونق اقتصادی در اثر گران شدن ناگهانی قیمت نفت، و غره شدن رژیم شاه به خودش، اوضاع برگشت و اولین نتایج بحران و عواقب سیاست های مخرب شاه در نوع سرمایه گذاری ها در صنایع وارداتی و بخش بازرگانی و گسترش یک قشر وسیع نظامی و بوروکرات، نتایج خود را نشان داد و سبب شد زحمت کشان و اقشار محروم روستائی که جذب پروژه های فصلی اقتصادی شده و به شهرهای بزرگ روی آورده بودند، در حاشیهٔ شهرهای بزرگ اقامت گزیدند و خواهان کار، برخورداری از خدمات رفاهی و زندگیِ شهری، و همان امتیازاتی شوند که در سطح شهرهای بزرگ به تازگی مرسوم شده بود. اما رژیم بحران زده و نادان و تا دندان دیکتاتور، به جای یافتن راه حل، تنها با تصویب مقررات تازهٔ شهرنشینی می کوشید تا عرصه را بر این حاشیه نشینان تنگ کند و آن ها را به روستاها بازگرداند.

نتیجه این بود که حاشیه نشینان مقاومت کردند و رژیم با سرکوب آن ها، با خراب کردن آلونک ها بر سر ساکنین بی دفاع شان، و با سرکوب هر ندای اعتراض دیگری که نسبت به این وضع ابراز می شد زمینه های رشد بحران را آبیاری کرد و با یک تغییر در سیاست امریکا که می خواست با چهرهٔ جدید و دفاع ظاهری از دمکراسی و حقوق بشر، شکست، و ننگ و نفرت شرکت در جنگ ویتنام را از چهره بشوید و به ناتوانی های اقتصادی خود پاسخ دهد، ارکان دیکتاتوری رژیم به لرزه درآمد.

طلایه های تغییر اوضاع این جا و آن جا به چشم می خورد. رژیم هراسان شده بود. مردم در مقابل هر چیز که نشانه ای از زورگوئی رژیم را در خود داشت مقاومت می کردند. تغییر تقویم هجری به تقویم شاهنشاهی مورد تمسخر مردم قرار گرفته بود. حتی عقب کشیدن ساعات روز در فصل تابستان و زمستان نیز به مسخره گرفته می شد. حزب فرمایشی رستاخیز با بن بست روبرو شده بود و یواش یواش گرانی تازه ای از راه می رسید که رژیم می کوشید بـا تـزریق سوبسید های دولتی از بروز آن و دامن زده شدن به بحران موجود جلوگیری کند. در زندان نیز عواقب این نوع اوضاع اندکی سبب باز شدن فضا شده و ما احساس آزادی بیشتری می کردیم. ساواک عده ای را می برد و می آورد تا با نوشتن ندامت نامه آزادشان کند. سرهنگ زمانی حتی کوشید شخصاً نیز در زندان دست به جلب محبت بزند و می کوشید با امتیاز دادن به برخی از زندانیان آنان را نرم کند و حتی کوشید با صحبت با دکتر مرتضی محیط، که پیش از زندانی شدنش رئیس بیمارستان جندی شاپور و یک پزشک مجرب و دارای درجات بالای علمی بود و مانند بقیهٔ زندانیان می دوید و کار می کرد و ظرف می شست و غذا می آورد و می برد، او را به نوشتن عفونامه ترغیب کند.

او که دیده بود مرتضی محیط، مثل بقیهٔ زندانی ها در موقع کارگری دادن نوبتی، سینی های غذا را روی سرش می گیرد و از جلوی آشپزخانه به درون بند و به سر سفرهٔ همگانی می برد، به او گفته بود؛ «آخر مناسب نیست که شما به عنوان کسی که دکتر متخصص و دارای درجهٔ بالای علمی ست، مثل زندانیان عادی سینی کشی کنید.» برای سرهنگ، «سینی کشی» عمل ناشایستی بود که مانند رسم زندان عادی فقط باید از سوی فقیر بیچاره ها و آنان که دست شان به دهان شان نمی رسد به انجام برسد تا از این طریق پولی برای ادامهٔ زندگی در زندان به دست بیاورند. او نمی توانست همبستگی و عدم حضور هرگونه سیستم امتیازدهی و امتیازگیری را در زندان درک کند. از این رو با همان معیارهای رایج در زندان عادی، حرف زده بود و می خواست دکتر محیط را با این گونه حرف ها از ما جدا کند. ولی محیط هم جواب دندان شکنی به او داده بود. اگر سرهنگ زمانی درجهٔ علمی و مقام مرتضی محیط را داشت سوراخ آسمان را پاره می کرد. ولی او فقط یک سرهنگ بود و لباس شهربانی و واکسیل های سفید و

قپه های روی شانه اش تمام هستی او را تشکیل می داد. اگر آن لباس را از تن او درمی آوردند می مرد. و همین طور هم شد. سرهنگ زمانی مُرد. نه بعد از انقلاب که تیربارانش کردند؛ بلکه در همان زندان، و ایرج یوسفی، همان هم پروندهٔ ما که رفته بود عراق او را کشت. و این کار را هم با یک سیلی کرد. ایرج درس خوبی به او داد، هم به شهربانی و ساواک و هم به ما . نشان داد که در اوج آن موقعیت ظاهراً بی دفاع، ما خیلی هم قدرت مندیم. و ماجرا هم این طور شروع شد که بازرسی بود. در بازرسی ها هم از هر اتاق یک نفر در بند باقی می ماند تا بر بازرسی همان اتاق نظارت داشته باشد. پاسبان ها، نمی دانم چه کار می کنند که ایرج یوسفی اعتراض می کند. گویا یکی از آن ها کتاب و یا چیز دیگری را بی جهت پاره می کند و در مقابل اعتراض ایرج یوسفی به این عمل، با او بد حرف می زنند. در این وقت سر و کلهٔ سرهنگ زمانی در بند پیدا می شود. او جلوی اتاق ها می ایستد و کار پاسبان ها را کنترل می کند. وقتی به جلوی سلول یوسفی می رسد، ایرج از کار پاسبان شکایت می کند. ولی سرهنگ به جای رسیدگی به این موضوع و حتی پرسش از پاسبان، فحشی به ایرج می دهد و می خواهد برود که ایرج یوسفی چنان می کوبد توی گوش او که کلاهش دومتر آن طرف تر پرتاب می شود.

این را یکی از همان بچه ها که در بازرسی حضور داشت دیده بود. او می گفت؛ «سرهنگ گیج شد و از ترس به سوی در دفتر زندان فرار کرد.» بعد، پاسبان ها از اتاق های دیگر می ریزند سر یوسفی و او را با مشت و سیلی و لگدهایِ سنگین پوتین به زیر هشت می برند. بعد هم همهٔ پاسبان های زندان می ریزندَ و بچه های باقی مانده در بند را به حیاط می فرستند و می افتند به جان اسباب و اثاثیه ما و هر چه را به دستشان می رسد می شکنند و پاره می کنند و با خود می برند.

ما توی حیاط بودیم که یک هو دیدیم بچه های ناظر بازرسی را از توی بند بیرون انداختند و آن ها هم ماجرا را با هیجان و آب و تاب برای ما تعریف کردند. با پیش آمدن این ماجرا، زندان فوراً حالت آماده باش بخود گرفت و بچه ها آمادهٔ مقابله با حمله های احتمالی پلیس شدند. همه التهاب داشتند و با چشمانی باز و نگاه های طولانی به هم خیره می شدند و در سکوت شان هزارها قرار و مدار نهفته بود.

وقتی به بند برگشتیم با یک فاجعهٔ کامل روبرو بودیم. اتاق ها مثل مناطق زلزله زده بود. همه چیز شکسته و داغان بود. کتاب ها را پاره کرده بودند. وسایل شخصی بچه ها، مثل مسواک و قوطی صابون و قاب های مقوائی عکس ها را شکسته و پاره کرده بودند. عکس فرزندان زندانیان را پاره کرده بودند، حتی تشک ها و ملافه ها و لباس ها را جرداده و پاره کرده بودند و تا آنجا که توانسته بودند خشم خود را در اثاثیهٔ بی دفاع ما خالی کرده و اتاق ها را به مخروبه ای

بدل ساخته بودند که ما را به حیرت وامی داشت.

ما جلوی تل آشغال ها ایستاده بودیم و نمی دانستیم با آثار آن خشم حیوانی چه بکنیم. ولی این ها مهم نبود، مهم تر از هرچیز، سرنوشت ایرج یوسفی و بلائی که پلیس بر سر او می آورد بود که همه را به شدت نگران می کرد و وجدان های همبستهٔ زندانیان را عذاب می داد. هر کس خود را جای او می گذاشت و انتقام وحشیانه ای که خشم حیوانی پلیس بر او وارد می ساخت را در ذهن مجسم می کرد.

عده ای به جمع و جور کردن اتاق ها مشغول شدند و عده دیگری از بچه ها به مشورت با هم پرداختند. در مقابل اقدام پلیس باید اقدامی هم از سوی ما صورت می گرفت و ما نمی توانستیم ناظر بی دفاع و خاموش ماجرا باشیم و بنشینیم و منتظر وقایع بمانیم. بیم از بین رفتن ایرج یوسفی همه را نگران می کرد و یا حداقل ترس مان از این بود که او را به شدت آزار دهند و دست و پایش را بشکنند و یا زیر شکنجه ای طولانی بلای دیگری به سرش بیاورند. عاقبت رأی زنی جمع بر آن شد که همان روز که روز ملاقات هم بود، به طور سربسته موضوع را به ملاقاتی ها برسانیم و به آن ها بگوئیم که پلیس احتمالاً ایرج یوسفی را کشته است. و از آن ها بخواهیم که این شایعه را همه جا بپراکنند. در درون بند هم بیکار ننشستیم. شایعه را به شکلی به گوش جاسوس های سرهنگ رساندیم. می دانستیم که او بزودی از ماجرا خبردار خواهد شد.

بعد از ظهر، در ضمن ملاقات، زندان با اقدامات شدیداً امنیتی پلیس روبرو بود. پلیس سعی داشت به هر ترتیب شده از انتقال شایعهٔ قتل ایرج یوسفی به بیرون از زندان جلوگیری کند. ولی بچه ها بالاخره کار خود را کردند و نتیجهٔ این کار بی درنگ بعد از ملاقات نمودار شد. سرهنگ زمانی یکی از بچه ها را بی دلیل به زیر هشت فراخواند و ضمن صحبت با او، ایرج یوسفی را نیز که به دفتر خود آورده بود به او نمایش داد. او که فکر نمی کرد شایعهٔ پراکنده شده از سوی ما یک حقهٔ سیاسی باشد، خواسته بود به ما حالی کند که ایرج یوسفی کشته و یا ناقص نشده است.

با شنیدن این خبر، ما بار دیگر بیشتر به قدرت تاثیر فشار افکار عمومی مردم و اتحاد مبارزاتی خودمان پی بردیم و دیدیم که می توانیم پلیس را با همهٔ تجهیزات و سلاح هایش پس بزنیم و او را به زانو درآوریم. و حدس می زدیم که با این شایعه، ایرج یوسفی را حداقل از یک شکنجهٔ وحشتناک و احیاناً نقص عضو نجات داده ایم.

فردای آن روز، سرهنگ زمانی در موقع سرشماری که هر روز عصر صورت می گرفت و به همین خاطر همه در حیاط زندان بودیم به میان ما آمد. یکی دو پاسبان و افسر دنبالش بودند و او مثل کسی که مبارز بطلبد، صاف و خیره توی چشم بچه ها نگاه می کرد و می کوشید هر کس را که جرأت چشم دوختن به او را پیدا کند، به کتک بیندازد و به این ترتیب بگوید که از کتک خوردن خود

نترسیده ام و بعد از این هم همچنان همان سرهنگ زمانی هستم که توانست زندان را سرکوب کند و اوضاع را به نفع رژیم تغییر دهد. اما هیچ یک از بچه ها بهانه ای به دست او ندادند. همه می دانستند که در این حالت او مثل مار زخمی ست و نباید سربه سرش گذاشت. اما همه در عین حال می فهمیدند که او به شدت آسیب دیده است که دست به این کارها می زند. در مواقع دیگر، او نیازی نداشت قدرت خود را اثبات کند. ولی در آن لحظه، او می کوشید با تمام قوا آب رفته را به جوی بازگرداند. اما فایده نداشت. او دیگر از نظر سیاسی مرده بود و طبعاً دیگر جایش در آن زندان نبود. همین طور هم شد. یک هفته نکشید که سرهنگ زمانی از زندان ما رفت و جای او را آدم دیوانه و بیماری مثل یحیائی، همان سرگردی که مرا در حیاط زندان عادی زد و رئیس قرارگاه پلیس زندان بود گرفت.

با آمدن یحیائی مقررات زندان عوض نشد، ولی او هرگز نتوانست مثل زمانی اعمال قدرت کند. البته او هم به سرنوشت سرهنگ زمانی دچار شد و با سیلی محکمی که از دست یک دانشجوی بلند قد و هیکل دار که فقط به خاطر سیلی زدن به استاد ساواکی اش در دانشگاه به حبس ابد محکوم شده بود خورد، از زندان سیاسی رفت و جای او را سرهنگ خندان گرفت. البته من در این جا یکباره زیادی جلو رفتم و به یک سال بعد از آن ماجرا، یعنی به زمانی که پس از تبعید به زندان آبادان و اهواز، به زندان قصر برگشته بودم پریدم. ولی، همین جا از فرصت استفاده کنم و بگویم که طفلک این دانشجو که حبس ابد گرفته بود، آن قدر زیر فشار بود و چنان بار سنگینی را به دوش می کشید که من واقعاً دلم به حالش می سوخت. او یکی از پاک ترین جوان هائی بود که گاهی، قربانی ندانم کاری های ما می شوند. من هر وقت به او فکر می کنم، به یاد فرهاد قیصری و آن ماجرای لو دادن خودش در اوین می افتم که می خواست خودش را از فشار پلیس برای کشیدنش به جاسوسی نجات دهد. این جوان دانشجو هم همین وضع را داشت. یکی دوبار که دیده بودم در خودش فررفته است، با او صحبت کرده بودم. با شرمندگی بی نظیری می گفت؛ «ما که کاری نکرده ایم که زندان ابد بگیریم و در کنار آدم هائی مثل شما باشیم. شما می خواستید شاه را بکشید. ولی من فقط زده ام توی گوش استادم و حبس ابد گرفته ام. حالا پیش شما احساس شرمندگی می کنم.» و من مدتی طولانی در سکوت به او فکر کرده بودم و واقعاً با او احساس هم دلی می کردم. خیلی سعی کردم با حرف زدن با او از این فکرهای بیهوده درش بیاورم. ولی فایده نداشت و او در یک اندوه مداوم به سر می برد. قد بلندی داشت و وقتی راه می رفت، فکر می کردم می تواند دیوار را از جا تکان بدَهد، ولی روحیه اش را بی خود باخته بود. پلیس زندان هم که نمی دانم از چه طریق پی به ضعف روحی او برده بود، می کوشید اذیتش کند. هر چند وقت یک بار، بیهوده او را به زیر هشت صدا می زد و باز برش

می گرداندند. و او وقتی برمی گشت نمی توانست دلیل فراخوانده شدنش به زیر هشت را برای دیگران توضیح بدهد. در زندان رسم بود که فقط جاسوسان پلیس «مدام و بی جهت» به زیر هشت می رفتند و برمی گشتند. به همین دلیل شایعهٔ ظالمانه ای پشت سر او راه افتاده بود که عاملش پلیس و بی خردی ما بود. از این رو، یک روز که سرگرد یحیائی به حیاط زندان آمد، او جلویش را گرفت و جلوی همه پرسید؛ «برای چه مرتب و بدون دلیل مرا به زیر هشت صدا می زنید؟»

سرگرد یحیائی که یک افسر و دو پاسبان همراهی اش می کردند، از این حرف و از چهرهٔ برافروختهٔ او جا خورد و احساس کرد که لحظهٔ کتک خوردنش فرا رسیده است. به همین دلیل به «مِن و مِن» افتاد و رنگش پرید. و آن دانشجو هم نامردی نکرد و چنان کوبیدَ توی گوش سرگرد که کلاهش مثل سرهنگ زمانی دو متر آن طرف تر پرت شد.

من خودم شاهد این صحنه بودم. پاسبان هائی که پشت سر سرگرد یحیائی بودند خواستند به سوی دانشجوی زندانی حمله کنند، ولی افسرِ همراه یحیائی عقل به خرج داد و با حرکت دست جلوی آن ها را گرفت و فوراً سرگرد را که گیج شده بود و آبرویش رفته بود و رنگ به رخسار نداشت از در حیاط بند سه بیرون بردند. بعد یک پاسبان برگشت و با عجله کلاه سرگرد را که مثل تاجی بر روی اسفالت کف حیاط بند پنج می درخشید برداشت و برد و فوراً دوتای دیگر هم آمدند و آن جوان رعنا را بردند.

ما که حیرت زده شده بودیم، هنوز همان طور سرپا روی زمین نشسته بودیم و تکان نمی خوردیم. فقط آن لحظه ای که پاسبان ها حرکتی نشان دادند و می خواستند به رفیق ما حمله کنند، نیم خیز شده بودیم که با دخالت آن افسرِ همراهِ سرگرد، موضوع منتفی شده بود.

بهَ هر حال سرگرد یحیائی آمد و کوشید که بازی نقش زمانی را ادامه دهد، ولی نتوانست. اما کرم کُشی کرد. بخصوص وقتی کوشش های ساواک نتیجه داد و قرار شد عده ای را در تاریخ ششم بهمن سال پنجاه و پنج آزاد کنند، که این عده بعداً به زندانیان «سپاس» معروف شدند و منوچهر مقدم سلیمی نیز در برنامهٔ تلویزیونی ای که به همین منظور برگزار شد سخنران جلسه و رهبری آن ها را به عهده گرفت، کوشید همهٔ زندان را بسیج کند و همه را به ظاهر در یک جشن شرکت دهد. ولی کوشش او بی نتیجه بود. و مراسمی که به مناسبت آزادی این عده برپا کرد در کمال سکوت و سردی برگزار شد.

از جمله افراد سرشناس دیگری که در طی برنامهٔ سپاس آزاد شدند، عسگر اولادی مسلمان و حاج انواری و حاج مهدی عراقی از پروندهٔ معروف قتل منصور بودند. آن ها که در این برنامهٔ «سپاس آریامهرا!» شرکت کردند، نه زیر فشار قرار گرفته بودند و نه هیچگاه در زندان کتک خورده بودند. ساواک که

کوشیده بود یکی و دو نفر دیگر از چهره های معروف زندان را در این برنامه بگنجاند، موفق نشده بود و به همان عده رضایت داد. ولی نمی دانم خاصیت این برنامه ها چه بود که به جای آن که کسی را در جامعه و حتی در زندان به فکر پشیمانی از عمل و آزادی از زندان بیندازد، موجب نفرت همگانی می شد و فقط سبب شرمندگی افراد نادم و پشیمان را فراهم می آورد. به همین دلیل هم، ما در زندان، به جای تبعیت از این آدم ها به فکر مبارزهٔ بیشتر با رژیم افتادیم و در نامهٔ اعتراضی خود که برای اولین بار پس از حدود دو سال و نیم که از سرکوب زندان می گذشت، به دادرسی ارتش، از روابط موجود در زندان و اقدامات خودسرانهٔ مسئولین آن شکایت کردیم. این اقدام از آن رو مهم بود که نقطه عطفی در روابط زندانیان با هم و با زندانبانان به شمار می آمد. برای اولین بار، زندان بعد از سرکوب تابستان ۵۲، توان جمعی پیدا کرده بود که به نوشتن یک نامهٔ مشترک علیه روابط موجود در زندان دست بزنند و بیش از چهارصد زندانی از مجموع پانصد و خرده ای زندانیِ بندهای مختلف زندان قصر آن را امضاء کنند.

آغاز تبعیدهای تازه به زندان‌های دیگر

نامهٔ اعتراضی ما، روز چهاردهم اسفند سال پنجاه و پنج به دادرسی ارتش نوشته شد، و همان روز ۹ نفر از ما را صدا کردند. این عده عبارت بودند از دو زندانی مذهبی به نام‌های جواد منصوری و حسن فرزانه، و هفت زندانی غیرمذهبی به نام‌های شهاب لبیب، رضا علامه زاده، عباس سماکار، عنایت غفاری، عزیز غفاری و محمد کچوئی (نه آن محمد کچوئی که بعد از انقلاب رئیس زندان اوین شد) و یک نفر دیگر که نامش را فراموش کرده‌ام.

مینی بوسی که ما را به زندان کمیته می‌برد سر راه خود، «سلامت رنجبر» را هم از زندان انفرادی قصر برداشت و به این ترتیب تعداد ما تبعید شدگان را به ده نفر رسید. وقتی «سلامت» را دیدیم از تعجب شاخ درآوردیم. او مثل دوک باریک و خشک شده بود و سر و صورت و دست‌هایش پوست چروکیده‌ای پیدا کرده بود که رگ‌های زیر آن مثل طناب برجسته به نظر می‌آمد. او هژده روز اعتصاب غذای خشک کرده بود. با شنیدن این خبر چشم‌های همگی ما گشاد شد و به او خیره شدیم. هژده روز غذا نخوردن چیزی نبود، ولی این که او چگونه توانسته بود هژده روز آب هم نخورد در مُخیله ما نمی‌گنجید. دکترهای بند، یعنی زندانیانی که ما دانش پزشکی آن‌ها را قبول داشتیم می‌گفتند که مطابق آزمایش‌های پزشکی کسی که آب نخورد بعد از سه روز آب بدنش تمام

می شود و می میرد. ولی این آزمایش پزشکی در این مورد صادق نبود و ما با موجودی روبرو بودیم که بعد از هژده روز آب نخوردن زنده بود. البته، به احتمال قوی، آدمی که بدون انگیزه تشنگی بکشد، چه بسا خودش را خیلی زود از دست بدهد و بمیرد. ولی یک زندانی سیاسی که عاشق زندگی ست، و می خواهد زندگی را به بهائی شرافتمندانه ادامه بدهد، قدر مسلم انگیزه و قدرت بسیار بیشتری برای مقاومت و زنده ماندن دارد و می تواند مثل مورد سلامت رنجبر، حتی هژده روز آب نخورد و زنده بماند. اما این را هم می توانستیم بگوئیم که از سلامت رنجبر چیزی باقی نمانده و حکایت او، دقیقاً حکایت نامش شده بود. یعنی واقعاً با رنجبر بودن و زجر کشیدن در آن هژده روز هنوز سلامت بود. او فقط پوست و استخوان و عصب آسیب دیده و موجود آسیب دیدهٔ در لحظهٔ مرگی بود که مسلماً اگر همراه ما نمی فرستادندش تا اعتصابش را بشکنند، ظرف یکی دو روز بعد از آن می مُرد. اعتصاب غذای خشک سلامت رنجبر در اعتراض به ماندن بی دلیلش در سلول انفرادی، و بعد از ده روزِ اعتصاب غذای تَر رخ داده بود. یعنی او در آن لحظه ضمن هژده روز آب نخوردن، ۲۸ روز هم غذا نخورده بود.

ما را یک سر از زندان قصر، به زندان کمیتهٔ مشترک ساواک و شهربانی بردند. در کمیته کت های زندان را روی سرمان کشیدند و به صف در یک راهرو نگه مان داشتند. بعد رسولی، شکنجه گر دیوانه و همیشه گی کمیته آمد و یکی یکی کت ماها را بالا زد و با ما سخن گفت و رفت و ما را هر کدام به یک اتاق انداختند. پیش از آن، من دربارهٔ وضع ناجور زندان کمیته خیلی شنیده بودم؛ ولی در آن شرایط وضع عوض شده بود و کف اتاق ها را موکت کرده بودند. اتاقی که در آن بودم خیلی بزرگ بود و تقریباً گنجایش بیست نفر زندانی را داشت. ولی در آن لحظه من در آن اتاق تنها بودم و نمی دانستم به چه دلیل آن اتاق خالی ست و بقیهٔ زندانی ها را به کجا برده اند؟ حدس می زدم که بچه هائی که همراه من به کمیته آمده اند را نیز مثل من به تنهائی در اتاق های مشابه بزرگ گذاشته باشند. حالت اتاق من با سلول این تفاوت را داشت که، در سلول که اندازهٔ محیط برای قرار داشتن یک زندانی در آن طبیعی است، آدم احساس طبیعی نیز دارد. ولی تنها بودن در آن اتاق بزرگ، حالت ویژه ای برای من داشت و مثل این بود که همه به مرخصی رفته و من در آن جا تنها مانده ام. تنها کاری که می توانستم در آن اتاق بزرگ بکنم این بود که قدم های بلند بردارم و مثل شاه لیر در صحنهٔ بزرگ تئاتر شکسپیر راه بروم و به خاطر از بر نداشتن متن نمایشنامه، کلمه های قلمبه سلمبهٔ چرت پرتی توی هوا ول کنم. اما در عین حال مواظب بودم که کسی از سوراخ در اتاق مواظب حرکاتم نباشد. وقتی خسته شدم و نشستم، به بازرسی نقاط مختلَف اتاق پرداختم و پنج سیگار اشنوی ویژه در زیر یکی از زیلوهائی که کف اتاق را پوشانده بودند کشف

کردم. معمولاً بچه هائی که در زندان کمیته و اوین بودند، به دلیل محدودیتی که زندانبان در مورد مقدار سیگار مصرفی زندانیان ایجاد می کرد، حتی اگر سیگاری نبودند هم، جیرهٔ سیگار خود را می گرفتند و آن را به بچه های سیگاری می‌دادند و یا اگر کسی پهلویشان نبود، آن را زیر زیلو، توی دستشوئی و هرجای دیگری که امکان داشت زندانیان دیگر در اثر جستجو پیدایش کنند قرار می‌دادند. من بعد از یافتن آن سیگارها، به جستجویم ادامه دادم و دوازده سیگار دیگر هم پیدا کردم. آنقدر از این کشف و یافتن این سیگارها خوشحال شده بودم که اگر آن ها را به صورت معمولی به من می‌دادند این طور خوشحال نمی‌شدم. مانند گنجینه ای به سیگارهای یافته شده نگاه کردم و حساب کردم که اگر روزی پنج تا بکشم، با احتساب سیگارهائی که از آن به بعد روزی یک دانه می گرفتم، تا سه روز سیگار حسابی در اختیار خواهم داشت. اما وقتی در زدم وچندتا از آن ها را کشیدم، و حرص و ولعم خوابید، به این موضوع فکر کردم که چرا بچه ها سیگارها را در نقاط مختلف اتاق پنهان کرده اند. منطقی که در لحظهٔ اول به نظرم رسید این بود که به خاطر این که نگهبان ها نتوانند آن ها براحتی پیدا کنند. ولی بعداً دریافتم که در واقع این نوع پنهان کردن گنج های همبستگی، به منظور استفادهٔ بچه های مختلفی در نظر گرفته شده که در نوبت های مختلف به آن جا می آیند و ممکن است فقط یکی از گوشه های اتاق را بگردند. از این رو، بی درنگ آن دوازده سیگار بعدی را که یافته بودم، سرجاهاشان گذاشتم تا زندانیانی که بعد از من به آنجا می‌آیند نیز بتوانند گنجینه ها و نشانه های عاطفی و همبستگیِ رفقای خود را بیابند.

بعد از کشیدن سیگار دراز کشیدم و به علت آورده شدن‌مان به زندان کمیته اندیشیدم. علت این مسئله برایم روشن نبود. این که ما را به عنوان عوامل مُخل نظم و تحریک بچه های دیگر به نوشتن نامه به دادرسی به آن جا آورده باشند، کمی بعید به نظر می رسید. چون در آن صورت ما را به موقت قصر می برند. ولی آوردن ما به کمیته، و کتک نزدن ما و قراردادن‌مان در اتاق های به آن مرتبی و بزرگی کمی غیرعادی جلوه می کرد. هر چه بود ما آن جا بودیم و باید می ماندیم تا تکلیف‌مان روشن شود.

روز بعد ما را به اوین بردند. این نقل و انتقال عجیب بود. ما را درست به سلول هائی بردند که در سال ۵۳، آخرین روزهای بعد از دادگاه را در آن ها گذرانده بودیم. همان سلول هائی که خسرو گلسرخی و کرامت دانشیان آمدند و جلوی آن ها از ما خداحافظی کردند و بعد از آن به میدان چیتگر برده شدند تا جلوی جوخه های مرگ بایستند.

تمام نگهبان ها آشنای قدیمی، همان ها که در آن روزهای بحرانی با ما همدلی کرده بودند عوض شده و افراد ناشناسی جای آن ها را گرفته بودند. بخصوص، یکی از آن ها نگاه خیلی خصمانه ای داشت. راهرو سلول ها هم بسیار

خفه و دست شوئی ها کثیف تر و مأیوس کننده بودند و در هر چیز آثاری از آن غیبت چندسالهٔ ما از آن جا دیده می شد. وقتی که به آن راهروی تاریک نظر انداختم، یک هو دیدم که کرامت و خسرو، بعد از آن همه سال هنوز آن جا ایستاده اند و دارند از ما که دیگر در آن سلول ها نبودیم خداحافظی می کنند. من طبعاً آدم ایده آلیستی نیستم، ولی این صحنه واقعیت داشت و من دیدم که آن ها همچنان جلوی آن سلول ها ایستاده اند و دارند علی رغم گذشت تمام طول آن سال های تلخ هم چنان با ما وداع می کنند.

ما همان یک شب را در اوین گذراندیم و روز بعد، دوباره ما را به زندان کمیته برگرداندند و این بار در سلول های کوچک جای دادند که کف آن ها را هم موکت و دیوارهای شان را رنگ کرده بودند. بوی رنگ و بوی چسب موکت ها نشان می داد که این اقدامات کاملاً تازه اند. بعدها فهمیدیم که این اقدامات به دنبال تحولاتی ست که پس از روی کار آمدن کارتر در آمریکا و بازدید مأموران صلیب سرخ از زندان های ایران روی داده است. با روی کار آمدن کارتر، شاه پیام تبریکی برای او فرستاده بود که کارتر بسیار دیر به آن جواب داد. وقتی حزب دمکرات آمریکا پیروز شده بود، ما هرشب اخبار تلویزیون را تعقیب می کردیم و می دیدیم که کارتر به همه پاسخ داده است الی به شاه. علت دیر پاسخ دادن او به شاه، تنها در این نبود که شاه جزو آن دسته از رهبران کشورهای دیکتاتور بود که می بایست سیاست آمریکا در بارهٔ آن ها مورد تجدید نظر قرار گیرد؛ بلکه بیش از آن، این بود که شاه با اختصاص مبالغ هنگفتی کمک مالی به مخارج انتخاباتی رقیب کارتر، یعنی فورد موجب خشم دمکرات ها را فراهم کرده و آن ها را به ترشروئی با شاه واداشته بود. آخر سر هم که کارتر به شاه پاسخ داد، جوابش سردستی و سرد بود که فقط می توانست سبب تضعیف روحیهٔ او باشد. و ما از این موضوع کیف کرده بودیم و به خامی شاه که نتوانسته بود اوضاع آمریکا را بعد از جنگ ویتنام محاسبه کند و به اهمیت شعارهای حقوق بشری کارتر پی ببرد می خندیدیم.

شب عید پنجاه و پنج که رسید، بر خلاف سنت زندان کمیته که مطابق نقل قول بچه ها آزار و اذیت بود، یکی از بازجوها به نام جوان آمد و در سلول ها را گشود و نفری پنج شش سیگار وینستون به رسم هدیهٔ نورزی به بچه ها داد. من از گرفتن این سیگارها خودداری نکردم. زیرا اولاً مدت ها بود که ذخایر گران بهای سیگارم تمام شده بود، و در ثانی، دادن این سیگارها را جزو امتیازاتی می شمردم که رژیم ناچار از دادن آن ها شده است. به همین دلیل سیگارها را گرفتم و با کشیدن یک باره اولین سیگار کامل، سرم گیج رفت و کیف کردم. زیرا پیش از آن، به خاطر محدودیت جیرهٔ سیگار، مجبور بودم که تنها سیگار روزانه ام را در سه نوبت در روز بکشم. یعنی، بعد از صبحانه و بعد از نهار، و شب نیز آخرین قسمت کوتاه شده و بدبوی آن را به عنوان تنها بخش قابل

کشیدن روشن کنم و دو سه پک باقی مانده را فرو بدهم، و بعدش بروم زیر پتو که خیالات خوش شبانه را پی بگیرم.

یکی از موضوعاتی که در آن چند روز ماندن در انفرادی کمیته برایم پیش آمد و از آن کیف کردم، اطلاع از وجود یک دختر مبارز در سلول بغلی ام بود. یک روز که حس کردم یک زندانی جدید به سلول بغلی من آوردند، بعد از رفتن نگهبان، چند ضربه به دیوار زدم که بلافاصله پاسخ آن به صورت ضربه های مشابه آمد. از این موضوع کاملاً خوشحال شدم. زیرا نفر قبلی که در آن سلول بود هرگز به ضربه های مورس من پاسخ نمی‌داد. ولی زندانی جدید با شنیدن پیام من، بلافاصله یک پیام درود مخابره و بر شادی من افزود. فهمیدم که رفیق خوب و مقاومی ست که بی مهابا مرس می زند. ادامه دادم و نامم را مخابره کردم و او هم نامش را زد و با کمال تعجب دیدم که او یک دختر است و شهرهٔ جناب نام دارد. از این موضوع هم خیلی تعجب کرده بودم و هم خیلی خوشحال بودم. زیرا از یک طرف فکر نمی کردم که دخترها را هم در همان سلول های ردیف ما نگه دارند و هم این که بعد از چند سال حرف نزدن با یک دختر، یک باره با یکی از آن ها در سلول برخورد کردن، آن هم با کسی که سر موضع بود و کلی با او خبر رد و بدل کردم باعث کیف تازه ای بود. متأسفانه فردایش مرا از آن سلول بردند و در یک سلول دیگر گذاشتند و بعد هم به زندان موقت قصر منتقل شدیم. منتها این بار من در قصر با وضع تازه‌ای روبرو شدم.

مسئولین زندان موقت زندان قصر، بعد از این که دستور دادند سر ما را بتراشند، ما را در حیاط زندان جمع کردند و اعلام داشتند که وقتی به بند زندانیان عادی می رویم اجازه نخواهیم داشت که با کسی حرف بزنیم و یا از اتاق خارج شویم. بعد، ما را به بندهای مختلف بردند و هرکدام را در یک اتاق جای دادند. من حوله ام را به کلهٔ بی مویم پیچیده و به قول رضا علامه زاده، با لباس زندان شبیه کارگران کوره پزخانه که سر و کلهٔ خود را می پیچند در آمده بودم. یک پاسبان مرا به بند سه برد و در اولین اتاق جای داد و به ساکنین آن جا اعلام کرد که این زندانی جایش در این جا ست و رفت. دم پائی هایم را در آوردم و همراه کیسهٔ کوچکی که داشتم در کنار در قرار دادم و نشستم. اتاق جمع و جوری بود که گنجایش حدود پنج زندانی را داشت. روبروی من، دو نفر زیر پتو خوابیده بودند و یک نفر نشسته بود. آن که نشسته بود مرد چاق اخموئی بود که داشت مرا برانداز می کرد. بعد از مدتی که خوب به من و به سر و وضع و دم پائی ها و کیسهٔ کوچکم که فقط یک مسواک و خمیردندان در آن بود نگاه می کرد گفت:

«شما می دانی که ظرفیت این اتاق تکمیل است و هر آدم جدیدی که بیاید فقط اسماً در این اتاق است، ولی شب ها را در راهرو می خوابد. روزها را هم باید به حیاط برود. مگر این که حسین آقا اجازه بدهد که بماند. شما از حسین

آقا اجازه گرفته ای؟»

با چهرهٔ بی دفاعی پاسخ دادم:

«من حسین آقا را نمی شناسم. اگر او را ببینم اجازه می گیرم.»

او که از این جواب من جا خورده بود و گویا انتظار این حد کوتاه آمدن مرا نداشت، دوباره در سر و وضع من دقیق شد و گفت:

«شما، دادگاه رفته ای؟»

گفتم:

«بله.»

«چند سال توی کیسه ات گذاشته اند؟»

«ابد.»

او کمی در جایش جابجا شد و آب دهانش را فروداد و گفت

«چند سال گفتی؟»

«ابد.»

سری تکان داد و گفت:

«مگر چه جرمی داشتی؟ قتل؟»

«نه.»

«مواد؟»

«نه، من زندانی سیاسی هستم.»

او با شنیدن این حرف صاف نشست و گفت:

«ا...، آن جائی که نشسته اید خوب نیست، بفرمائید این بالا.»

و بلافاصله در کنار خود جائی برای من باز کرد.

گفتم:

«نه، همین جا خوب است. راحتم.»

زود پاکت سیگار وینستونی در آورد و یکی به من تعارف کرد. نگرفتم.

گفت:

«قابل ندارد.»

گفتم:

«سیگاری نیستم.»

خودش یکی آتش زد و پاکتش را جمع کرد. یکی از آن دو نفر که خوابیده بودند سرش را از زیر پتو در آورد و به من سلام کرد و مرتب نشست و به آن اولی گفت:

«ببخشید جناب، یکی هم بده من.»

جناب یک سیگار به او داد و با لحنی که می خواست نشان بدهد که قصد فضولی ندارد از من پرسید:

«ببخشید...، شما چه کار کرده اید که ابد داده اند؟ چون ما شنیده ایم که

آدم اگر یک اعلامیه هم داشته باشد ابد می‌دهند.»

گفتم:

«من فعال سیاسی بوده‌ام و موضوع پرونده‌ام بیش از یک اعلامیه است.»

آن که تازه از زیر پتو درآمده بود نگاه دقیقی به من کرد و ناگهان گفت:

«ا... من شما را می‌شناسم. توی تلویزیون دیده‌ام. با... با... گلسرخی. درستَ است؟»

گفتم:

«بله.»

او با شنیدن این حرف کفی زد و گفت:

«نگفتم!»

نفر سوم روبروئی های من که هنوز زیر پتو خوابیده، و در واقع همان «حسین آقائی بود که باید از او اجازه می گرفتم»، از شنیدن این حرف ناگهان بلند شد و نشست و گفت:

«سلام عرض می کنم.»

بعد بلند شد و به زور مرا از جائی که نشسته بودم بلند کرد و برد پیش خودشان نشاند. من هرچه می گفتم که جایم خوب است، او گوش نمی‌داد و می گفت:

«مگر می شود، ما نوکر شمائیم.»

او جوان خوشرویِ سر و زبان داری بود. وقتی کنار دست‌شان نشستم، آن مرد چاق اولی گفت:

«من واقعاً شرمنده‌ام که اولش آن‌جوری با شما حرف زدم.»

گفتم:

«مانعی ندارد.»

او ادامه داد:

«نه واقعاً شرمنده‌ام. بخدا این حسین آقا می‌داند که من اهل این حرف ها نیستم. ولی چه می شود کرد. ماها عادت کرده‌ایم که هرکس که سر و وضعش مرتب نباشد، فکر کنیم که چیزی هم بارش نیست. این طوری بار آمده‌ایم.»

گفتم:

«مهم نیست. خودتان را ناراحت نکنید.»

حسین گفت:

«این جناب سروان ما راست می گوید. بخدا آدم لوطی مسلکی ست.»

پرسیدم:

«شما سروان هستید؟»

با فروتنی جاهل منشانه‌ای سرش را خم کرد و گفت:

«بله، با اجازه شما. البته نه از این شهربانی چی هاش. مال ارتشِ. سروان

ارتشم. ولی روزگار ما را به این جا کشانده.»

پرسیدم:

«مگر چه شده؟ چکار کرده اید؟»

«هیچی، یک چیز ناقابل. به ما اختلاس بسته اند.»

«یعنی چه اختلاس بسته اند؟»

«هیچی، گفتند آقا شما هفده میلیون تومان بلند کرده اید. آخر مگر می شود؟ همه اش پانصدهزار تومانش به ما رسید. بقیه اش را خود تیمسار سررشته داری با بالاتری ها خوردند، آن وقت ما باید پانزده سالش را بکشیم.»

«از کجا فهمیدند؟»

«می دانستند. منتها، بدبختی ما این بود که خوردیم به تور این بازی های تازه که سازمان بازرسی شاهنشاهی راه انداخته. این ها هم که دیدند اوضاع پس است، ما را جلو انداختند و خودشان را کشیدند عقب. میلیون ها را آن ها خوردند، سرکوفت دزدی اش را ما. ولی ما که اسم این را نمی گذاریم دزدی. این اختلاس است.»

بعد خندید.

«این طور نیست؟»

«چه عرض کنم.»

سروان باز یاد رفتار اولش با من افتاد و گفت:

«در هر صورت می بخشید که آن حرف ها را زدم. می دانید؟ آدم اصلاً نمی تواند تصور کند که آدمی مثل شما یک همچون لباس و سر وضعی داشته باشد.»

گفتم:

«از نظر خود من این چیزها مهم نیست. متأسفانه توی زندان فقط به کسی که سر و وضعش مرتب باشد احترام می گذارند.»

سروان با دستپاچه گی گفت:

«بله دیگر. ما هم عادت کرده ایم. البته باید به همه احترام گذاشت، ولی خوب دیگر نمی گذارند، ما هم عادت کرده ایم نگذاریم.»

از آن روز به بعد ساکنین اتاق نه می گذاشتند من دست به سیاه و سفید بزنم و نه می گذاشتند که غذای زندان را بخورم. بلکه هر روز از فروشگاه مرغ پخته و یا دیگر خوراکی های آماده را می خریدند و مرا هم در غذای خود شریک می کردند. و بزور روزی یک پاکت سیگار وینستون هم به من می دادند. و من هرچه می گفتم که سیگار نمی خواهم و یا حداقل به من سیگار زر بدهید، گوش شان بدهکار نبود. واقعیت این بود که سیگار وینستون به من مزه نمی داد؛ ولی آن ها چون خودشان سیگار وینستون می کشیدند دادن سیگار زر را به من، بیحرمتی می دانستند.

ضمن این که بد نمی گذشت ولی از آن وضع معذب بودم. هر وقت هم که می خواستم از خوردن غذا با آن ها خودداری کنم، چنان اصرارهای عجیب و غریبی می کردند که من از گفتهٔ خود پشیمان می شدم و بناچار با آن ها غذا می خوردم. اما در مورد محل نشستن در اتاق تسلیم نظر آن ها نشده بودم و هم چنان همانجا کنار در می نشستم.

یکی دو روز بعد کشف کردم که رضا علامه زاده در بند چهار است. این بند، در ورودی مستقل نداشت؛ بلکه تنها راه رفت و آمد به آن، یک درگاهی در درونِ همان بند سهٔ ما بود. این بند هیچ پنجره و منفذی هم به بیرون و به هوای باز نداشت. یک راهروی پهن و دراز بود که اتاق هم نداشت و تمام زندانی ها در کنار هم مثل بیمارستان های زمان جنگ، در کثافت و هوای مانده می خوابیدند و از سر و روی آن بدبختی می بارید. این بند که به نام شیره کش خانه معروف بود همیشه بو می داد و محل اقامت زندانیانی بود که به دلیل بی پولی و بدبختی دست شان به دهانشان نمی رسید و توان اعتراض به اقامت در آن آشغال دانی را نداشتند. افغانی های زندانی را هم که در آن زمان که به عنوان کارگر مهمان در ایران به سر می بردند در آن بند نگه می داشتند.

در فرصتی که پاسبان نگهبان بند در حیاط بود، رفتم و رضا را دیدم. او از دیدن من بسیار خوشحال شد و گفت که پدرش در آن بند درآمده و تمام تنش از کثافت آن جا شپش گذاشته است. وقتی پاکت سیگارم را به او دادم، کلی خوشحال شد و گفت:

«این را از کجا آوردی؟»

«عادی ها داده اند.»

«بابا وضعت خیلی درست است. این جا این بدبخت بیچاره ها خودشان سیگار ندارند که بکشند چه برسد که به من بدهند.»

از آن به بعد وضع رضا هم در آن بند بهتر شد و بچه های اتاق من وقتی فهمیدند او هم در آن جا ست توسط «حسین آقا» آذوقهٔ لازم را به او می رساندند. حسین آقا که مکانیک بود، بچهٔ بسیار زرنگی بود و خیلی هم با نمک حرف می زد. هر وقت کسی چیزی می گفت که او نمی فهمید، می گفت: «بابا چرا اینقدر تاریک حرف می زنی یک کبریت بکش ببینیم چه می گوئی.» او که از بودن من در آن اتاق به هیجان آمده بود می خواست هر طور شده ثابت کند که به فکر زندانیان فقیر بیچارهٔ زندان است. از این رو، یک روز که زندانیان افغانی در اعتراض به کم بودن مقدار غذای شان دست به اعتصاب زده بودند، از همهٔ بند غذا جمع کرد و به اتفاق چند نفر دیگر یواشکی به آن ها رساند. در زندان عادی رسم بود که اگر کسی اعتصاب غذا کند، بقیه یواشکی به او غذا برسانند که بخورد. از این رو زندانیانی که دست به اعتصاب غذا زده بودند و می خواستند ثابت کنند که واقعاً غذا نمی خورند، لب های خود را با نخ و

سوزن می دوختند. مسئولین زندان که زندانیان افغانی را آدم های بی سر و صدائی یافته بودند از جیرهٔ غذائی آن ها می دزدیدند و به همین دلیل غذائی که به آن ها می دادند بسیار کم بود. ولی در اثر این اعتصاب، مجبور شدند که به خواست های آن ها رسیدگی کنند. زیرا در آن شرایط از سازمان بازرسی شاهنشاهی که به تخلفات سازمان های دولتی رسیدگی می کرد می ترسیدند. با بهبود وضع غذای بند شیره کش خانه، وضع غذای رضا هم در آن بند بهتر شده بود. اما مسئلهٔ اصلی ما در آن بندها غذا نبود، بلکه نداشتن اجازهٔ استفاده از هواخوری در حیاط و نداشتن امکانات بهداشتی و روزنامه بود. تا این که یک روز که در اتاق نشسته بودم و داشتم با سروان و حسین مکانیک صحبت می کردم یک مرتبه دیدم آن ها ساکت شدند و از جای خود برخاستند و به حالت احترام ایستادند و یک نفر از پشت سر گفت:

«سلام آقای سماکار.»

برگشتم و دیدم سروان حبیبی که زمانی معاون سرهنگ زمانی در زندان شماره یک بود پشت سرم ایستاده است. بلند شدم و من هم متقابلاً سلام کردم. سروان حبیبی که همیشه نسبت به ما حساسیت داشت و اگر می توانست دور از چشم سرهنگ زمانی به ما کمک می کرد و بسیاری از بچه های زندان سیاسی را هم بارها از کتک خوردن نجات داده بود، با من دست داد و از بودن من در آن محیط ابراز تاسف کرد، و گفت که معاون رئیس زندان عادی ست و وقتی نام مرا در دفتر زندان دیده به سراغم آمده است تا از علت بودنم در آن جا مطلع شود.

برایش توضیح دادم که ما یک نامهٔ دست جمعی در اعتراض به شرایط ناجور زندان شمارهٔ یک به دادرسی ارتش نوشته ایم و سرگرد یحیائی هم ده نفر از ما را به عنوان عوامل تحریک زندان به این محل فرستاده است. در ضمن برایش شرح دادم که در آن جا هیچ گونه امکان هواخوری و استفاده از حمام و یا امکانات بند را نداریم و در وضعیت بدی از نظر لباس به سرمی بریم. او قول داد که بی درنگ به وضع ما رسیدگی کند و تغییراتی در آن به وجود بیاورد.

با رفتن سروان حبیبی، زندانیان عادی که تا آن زمان خود به خود تحت تاثیر من قرارگرفته بودند، بیشتر به هیجان آمدند و با نوعی افتخار برای دیگران تعریف می کردند که در اتاق ما زندانی ای هست که معاون زندان آمده و به او سلام کرده است. برای آن ها که در زندان، حتی یک پاسبان قدرتی خدائی داشت، چنان رفتاری از سوی معاون زندان، نشانه قدرت فوق العادهٔ ما محسوب می شد.

از آن به بعد، من دیگر از دست آن ها آسایش نداشتم و هر وقت می خواستم کاری انجام دهم یکی می دوید جلو که آن کار را برای من انجام دهد. و من هرچه اصرار می کردم و حتی هرچه اعتراض می کردم که مخالف چنان رفتارهائی

هستم فایده ای نداشت و مواظبت مداوم آن ها از من، به عذابم آورده بود.

دو روز بعد، سروان حبیبی همهٔ ما ده نفر را در بند پنج عادی که بند نوساز و تمیزی بود جمع کرد، یک اتاق به ما اختصاص داد و گذاشت خانواده ها به ملاقات مان بیایند و برای مان پول و میوه و لباس بیاورند و به شکل مرتبی هم برنامهٔ هواخوری در حیاط بزرگ عمومی را برای مان تنظیم کرد.

از آن به بعد وضع همهٔ ما خوب شد. با پولی که از خانواده ها می گرفتیم امکان خرید از فروشگاه را هم پیدا کردیم. و مهمتر از همه اجازهٔ خریدن روزنامه بود. با به دست آوردن روزنامه، بعد از آن یک ماه و خرده ای بی خبری، دیدیم که اوضاع بسیار تغییر کرده و صلیب سرخ جهانی به بازدید از زندان های سیاسی ایران دست زده است. این خبر امیدوار کننده بود. در واقع سیاست جدید دولت آمریکا در سطح بین المللی تغییراتی در سوی رعایت برخی از حقوق اجتماعی مردم و گشایش سیاسی را سبب شده و در همهٔ کشورها صحبت آزادی زندانیان سیاسی موضوع روز بود. ما امکان این را داشتیم که در آن بند فارغ از حضور نگهبان، به شکل جمعی به گفتگو دربارهٔ مسائل بپردازیم. زیرا، رئیس زندان عادی که یک سرگرد بود، نه تنها مشکلی برای ما پدید نمی آورد، بلکه گاهی همراه حبیبی، با ما گپ می زد و کلی درد دل می کرد. سروان حبیبی تعریف می کرد که یک روز واقعاً از دست سرهنگ زمانی که حاضر نبوده بگذارد یک زندانی که می خواسته از زندان آزاد شود حتی پنج ریال پول با خودش ببرد که بتواند سوار اتوبوس بشود و خود را به خانه اش برساند عصبانی شده و در دل کلی به او بد گفته است. می گفت که سرهنگ زمانی به شکلی بیمارگونه به زندانیان سیاسی کینه می ورزید. سرگرد رئیس زندان هم می گفت: «آقا جان بعضی ها اصلاً کرم دارند. بابا چکارشان داری؟ هرچه مقررات می گوید انجام بده و بقیه اش را ول کن دیگر. آدم که نمی تواند بدون روغن سرخ کند. من یکی که اصلاً حالش را ندارم وقتی دارم سر بند عرقم را می خورم، یکهو چریک ها بیایند مسلسل را ببندند به تخمم. حوصله داری؟ کار خودم را می کنم، خیالم هم از همه چیز راحت است. حالا سر موقع درجه ات را ندهند. مگر آسمان به زمین می آید؟»

در واقع فشار بر زندانیان سیاسی به قدری غیرانسانی و زیاد بود که هر فردی در درون رژیم را که اندکی از شرف و انسانیت بو برده بود به واکنش منفی می کشاند. با این حال دستگاه جهنمی رژیم می خواست، علی رغم آن وضعیت نامساعد بین المللی و اعتراض های داخلی، هر جا که بتواند اوضاع را به همان شیوهٔ گذَشته به پیش ببرد.

بهار بود و در هوای بهاری، شاخه های نازک درختان پر از جوانه های قهوه ای رنگ بود که نُک های رسیده شان کورک های سبز داشت و جوانه های درشت سرشاخه ها شکاف برداشته و برگچه های نازکی مثل پر سبز شته ها از شان بیرونَ

زده بود. وقت اندکی که برای هواخوری در حیاط بزرگ زندان داشتیم، بهترین فرصتی بود که می شد پای باغچه های مدور لبه آجر کنگره ای به تماشای نو شدن جهان ایستاد و در آفتاب دل چسبی که مَی تابید زندان را از یاد برد.

بازدید صلیب سرخ از ما

ما حدود دو ماه در آن زندان ماندیم. یک روز سروان حبیبی و سرگرد و سرهنگ یحیوی که رئیس کل زندان عادی بود به اتاق ما آمدند و گفتند که روز بعد صلیب سرخ به دیدار ما خواهد آمد. سرهنگ یحیوی که مرد موقری بود از ما خواهش می کرد که به صلیب سرخی ها چیزی نگوئیم که موجب دردسر شود. او از ساواک واهمه داشت و وانمود می کرد که اگر ما برای صلیب سرخی ها افشاگری کنیم، ساواک این را از چشم او خواهد دید و وضعش بد خواهد شد. ما به او گفتیم که مسلماً حرف بی ربطی به صلیب سرخی ها نخواهیم زد، ولی از او خواهش کردیم که با مهربانی خودش ما را در محذور اخلاقی قرار ندهد و مجبورمان نکند که حقیقت را کتمان کنیم.

سرهنگ که ناامید شد، مسئله را به خود ما واگذار کرد و رفت، و روز بعد در دیدار با نمایندگان صلیب سرخ تاریخچهٔ مفصلی از شکنجه ها و کشتارها و رفتار غیرانسانی ساواک و پلیس را در میان گذاشتیم. آن ها به ما اطلاع دادند که بیش از دو ماه است که زندان به زندان می روند و از زندانیان مختلف، وضعیت و نحوهٔ رعایت حقوق بشر را مورد پرسش قرار می دهند. در ضمن گفتند که پلیس زندان و ساواک، زندانیان بسیاری را از دید آن ها مخفی کرده و با انتقال مداوم آن ها از یک زندان به زندان دیگر مانع از دیدارشان شده

است. ولی زندانیان دیگر، این نقل و انتقالات را به آن ها اطلاع داده و سبب شده اند که آن ها با مراجعه به مسئولین زندان ها و پرسش در مورد چنین زندانیانی، عاقبت آن ها را بیابند و ملاقاتشان کنند. ما نیز جزو آن دسته از زندانیانی بودیم که مأموران صلیب سرخ مدتی به دنبال مان گشته بودند و در آن روز در حیاط زندان عادی با ما ملاقات می کردند. در این صحبت ها، شهاب لبیب که خیلی خوب به انگلیسی سخن می گفت مترجم گروه ده نفری ما بود. ما همه مطالب مان را می گفتیم و او آن را ترجمه می کرد.

بعد از گفتگو مرا به زیر هشت صدا زدند و در آن جا دیدم که رسولی، بازجوی ساواک در دفتر زندان نشسته است و می خواهد با من در بارهٔ گفتگوهای مان با صلیب سرخی ها صحبت کند. او در ابتدا شرحی در مورد موقعیت حساس کنونی داد و گفت که رژیم زیر فشار قرار گرفته، و ظاهراً خواست مرا مطمئن کند که ساواک در موقعیتی نیست که بتواند به ما به خاطر افشاگری های مان در برابر صلیب سرخی ها آسیب برساند. بعد از من خواست که همه چیز را بگویم. ضمن این که من هم می دانستم که ساواک در موقعیت هجوم نیست؛ ولی از گفتن همه چیز به او خودداری کردم و فقط آن مسائلی را از صحبت های مان بازگو کردم که حدس می زدم موردی همگانی باشد. او در مورد مترجم هم سئوال کرد و گفت که آیا شهاب لبیب توانسته است خوب صحبت های ما را ترجمه کند و چیزی از آن را تغییر نداده است؟ و بعد سئوالش را تکمیل کرد و گفت: «اصلاً تو خودت انگلیسی بلد هستی؟» گفتم «تا حدودی، و شهاب به درستی صحبت های ما را ترجمه و از خودش چیزی اضافه نکرده است.». بعد از من هم شهاب لبیب را خواست و از او هم درهمین موارد پرسید.

ارزیابی ما این بود که بزودی تغییراتی در سطح زندان ها پدید خواهد آمد و ما از امکانات بیشتری برخوردار خواهیم شد. اما اوضاع ما بدتر شد و با تبعید ما به زندان های شهرهای مختلف و به ویژه با فرستادن من به زندان عادی آبادان، دورهٔ دیگری از فشار و درگیری با مسئولین زندان جدید برایم آغاز شد.

زندان سوزان آبادان

زمانی که ما را تبعید کردند هوا کاملاً گرم شده بود. اواسط خرداد ماه بود که من و شهاب لبیب را باهم سوار یک اتوبوس کردند و به سوی آبادان راه افتادیم. با هر کدام از ما سه ژاندارم همراه بود؛ دوتا مسلح به اسلحهٔ ژ۳ و یکی هم مسلح به اسلحهٔ کلت. و دست هر یک از ما را به دست یک ژاندارم مسلح به ژ۳ دستبند زده بودند. ما با هم به گاراژ ایران پیما رفتیم و همراه بقیهٔ مسافران سوار شدیدم و راه افتادیم. مسافران اتوبوس از دیدن کسانی که لباس خاکستری یک دست به تن داشتند و توسط مأموران مسلح ژاندارمری همراهی می شدند کمی تعجب می کردند و به سرعت درمی یافتند که موضوع بر سر انتقال زندانی هاست. ولی پیدا بود که کسی متوجه نشده است که ما زندانیان سیاسی هستیم و در تمام طول راه ما هیچ نگاه حمایت گری را از سوی مسافران اتوبوس متوجه خود ندیدیم. حتی موقعی که بین راه برای نهار پیاده شدیم نیز کسی به ما توجه نمی کرد. ما که بعد از ظهر راه افتاده بودیم، ساعت ده صبح به اهواز رسیدیم. شهاب را در اهواز از من جدا کردند، و اتوبوس به راهش ادامه داد و ما حدود ظهر به زندان آبادان رسیدیدم.

با قدم گذاشتن به فضای بستهٔ نگهبانی زیر هشت زندان آبادان، تازه متوجهٔ گرمای هوا شدم. تمام درهای آهنی و دیوارهای سیمانی زندان داغ بود. البته من

همیشه گرمای هوا را بیشتر از سرما دوست دارم، ولی هوای آن جا هنوز به ظهر نرسیده به راستی داغ بود.

رئیس زندان یک سرهنگ درشت هیکل خنگ بود که از ابتدا و تا لحظهٔ پایانی فرستادن من به داخل زندان بر همه چیز نَظارت می کرد. او که حضورش در انجام کارهای مربوط به تحویل گرفتن زِندانی بیهوده به نظر می رسید، با سماجتی که برای بودنش در آن جا از خود ابراز می کرد، نشان می داد که در مسائل مربوط به زندانیان سیاسی آدم نپخته ای ست و از حضور من در زندان عادی اش هول شده است. و من مسلماً بعداً در هر موردی با او مکافات خواهم داشت.

بعد از آن که انگشت نگاری و مراسم تراشیدن موی سر به پایان رسید، سرهنگ سینه اش را صاف کرد تا سخنرانی اش را آغاز کند و مقررات زندان را برای من بازشمارد. من با بی حوصله گی ایستاده بودم و دلم می خواست هرچه زودتر به درون بند بروم. ولی او فکر می کرد ذکر آن نکات می تواند مرا به رعایت مقرراتی که از همان لحظهٔ اول رعایت برخی از آن ها را غیرممکن دیدم وادارد. از جمله مقرراتی که در آن زندان وجود داشت اجبار به حضور زندانیان در صبح گاه و شام گاه بود. و من چون نمی دانستم چنین پدیده ای در زندان چه معنی ای می هد در آن دم سکوت کردم تا بعد دربارهٔ موضوع فکری بکنم.

سرهنگ عاقبت بعد از کلی سفارش و امر و نهی گفت:

«در ضمن، شما را به بهترین اتاق زندان می فرستم.»

و به نگهبان دستور داد که مرا بدرون زندان ببرد. درِ آهنی و داغی باز شد و من وارد حیاطی شدم که بزرگ و لخت و بی درخت بود و از شدت داغی آفتاب به نظر می آمد که در حال سوختن است. هوا بقدری داغ بود که من زیر دمپائی لاستیکی ام گرمای موزائیک های کف حیاط را حس می کردم.

در نگاه اول دیدم که چند زندانی در قسمت های سایه دار حیاط ایستاده اند و ورود مرا نظاره می کنند. نگاه ها همه کنجکاو بود. دو ردیف اتاق در سمت غربی و جنوبی حیاط قرار داشت. و سمت دیگر، یک دستشوئی دراز با شیرهای برنجی در هوای آزاد ساخته بودند. به همراه نگهبان به سوی اتاق های جنوبی رفتم و وارد راهرو خنکی شدم که در دو طرف خود اتاق داشت. نگهبان، اتاقی را نشان داد و گفت که آن جا اتاق من است و رفت. وارد شدم و کیسهٔ کوچک و دمپائی های لاستیکی ام را کنار در گذاشتم و سلام کردم و نشستم. اتاق کوچکی بود که دو طرفش را تخت دو طبقه زده بودند و در مجموع شش نفر در آن زندگی می کردند. چند مرد جوان و مسن روی تخت های طبقهٔ اول نشسته بودند که فقط با حرکت سر جواب سلام مرا دادند. یکی از آن ها که جوان بلندبالائی بود که موی از ته تراشیده داشت سرش پائین بود و به من نگاه نمی کرد.

یکی از آن ها که پیرتر از بقیه بود با لهجهٔ عربی- آبادانی گفت:

«من ناخدا عقیل هستم. خوش آمدید. بفرمائید روی تخت بنشینید.»
تشکر کردم و گفتم:
«همین جا خوب است.»
ناخدا خندید و برق دندان طلا توی دهانش پیدا شد. گفت:
«مال آبادان نباید باشید.»
گفتم:
«از تهران می‌آیم. مرا به این جا تبعید کرده‌اند.»
پرسید:
«دادگاه رفته اید؟»
«بله رفته‌ام. حبس ابد دارم.»
جوان مو تراشیده با شنیدن این حرف نگاه کوتاهی به من کرد و دوباره سرش را پائین انداخت. باز یکی دیگر از زندانیانی که در آن‌جا بود در چهرهٔ من دقیق شد و گفت:
«ا... من شما را می‌شناسم. شما زندانی سیاسی هستید.»
اینَ بار نیز جوان موتراشیده نگاهی به من کرد و باز سرش را پائین انداخت. آن یکی به صحبتش ادامه داد و گفت:
«شما با گلسرخی نبودید؟»
نام گلسرخی مثل اسم رمز بود؛ تا مطرح می‌شد فضا تغییر می‌کرد و آن‌ها، که گوئی خاطره‌ای خوش را با آه و افسوس به یاد می‌آوردند نسبت به من رفتاری دیگر می‌یافتند. جوان مو تراشیده هم با شنیدن نام گلسرخی و دریافت ارتباط من با او، ناگهان از جا برخاست و با حالی پریشان از اتاق بیرون رفت. بعد از رفتن او از اتاق، برای مدتی سکوت شد. گوئی همه از موضوعی پنهان رنج می‌بردند. پرسیدم:
«این دوست ما چرا بیرون رفت؟ مثل این که از چیزی ناراحت شد، نه؟»
ناخدا عقیل گفت:
«وَلله چه بگویم. قبل از آمدن شما، جای او در این اتاق بود. مثل این که ناراحت است که جایش عوض شده.»
من از شنیدن این حرف مبهوت بر جاماندم. بعد برخاستم و از اتاق بیرون آمدم و آن جوان را که گوشهٔ راهرو ایستاده و داشت گریه می‌کرد پیدا کردم. چند لحظه ایستادم تا حالتش عادی شود و بعد به سویش رفتم. تا مرا دید، آرام شد، و خواست روی پاهایم بیفتد که نگذاشتم. بازوهایش را گرفتم و بلندش کردم. با صدائی بغض‌آلود گفت:
«من واقعاً آدم کثیفی هستم که در مورد کسی مثل شما آن فکرهای ناجور را کردم.»
گفتم:

«موضوع چیست؟»

گفت:

«این اتاق بهترین اتاق زندان است و من قبل از آمدن شما در آن بودم. ولی گفتند که یک زندانی دیگر به اینجا می آید و تو باید به یک اتاق دیگر بروی. تنها فکری که کردم این بود که شما پارتی بازی کرده ای و یا پول داده ای که جای من به این اتاق بیائی. به همین دلیل می خواستم وقتی آمدی، شما را با چاقو بزنم و کاری کنم که دیگر جای کسی را در زندان نگیری. ولی وقتی فهمیدم که شما زندانی سیاسی و رفیق خسرو گلسرخی هستی، واقعاً از این که دربارهٔ شما این فکرها را کرده ام خجالت کشیدم و ناراحتم. امیدوارم که شما مرا ببخشی.»

نگاهش کردم و دیدم او واقعاً مثل یک بچه است و بچه گانه فکر می کند. او هم چنان سرش را پائین انداخته بود و خجالت می کشید به روی من نگاه نمی کرد. بازویش را گرفتم و گفتم:

«این حرف ها که می زنی خیلی بچه گانه است. خجالت چیست؟ خوب خواسته ای از حقت دفاع کنی.»

گفت:

«آخر شما...»

«آخر شما ندارد. برو وسائلت را بردار بیار به اتاقت. من به یک اتاق دیگر می روم. برای من که فرق ندارد.»

تقریباً به حالت پرخاش به سوی من برگشت و گفت:

«چی؟ شما هنوز فکر می کنی که من می خواهم به آن اتاق برگردم؟ من از این که آن فکرها را کرده ام ناراحتم و شما به من می گوئی به آن اتاق برگردم؟ اگر لازم باشد کاری می کنم که تمام آن های دیگر هم از آن اتاق بیرون بیایند که شما بتوانی در آن جا راحت باشی.»

گفتم:

«خیلی خوب، خیلی خوب، هر طور که راحتی رفتار کن. ولی بدان که از این به بعد تو یک رفیق خوب منی.»

از شنیدن این حرف چنان خوشحال شد که دست مرا گرفت و بوسید. او را به زور از خودم دور کردم و گفتم:

«دیگر هم از این کارها نکن. این کارها مال ارباب و رعیت هاست.»

خجالت زده جلوی من ایستاد و باز به زمین نگاه کرد.

گفت:

«هر کاری که شما بگوئی می کنم. شما فقط دهن باز کن. نامردم اگر بگوئی خودت را بکش نکشم.»

خنده ام گرفته بود. گفتم:

«حالا برو به کارت برس. من هم بروم یک استراحتی بکنم. بعد می‌آیم در حیاط قدمی بزنیم. راستی، اسمت چی بود؟»

با شتاب جواب داد:

«اسم من، رضا ست.»

پرسیدم:

«کُردی؟»

«نه، مال چهارمحال بختیاری هستم.»

وقتی رفت از پشت نگاهش کردم. قدش دو متر می‌شد و بر و بازو دار و یقور بود. برگشتم به اتاقم و بدون آن که دربارهٔ رضا حرفی بزنم، دربارهٔ زندان و روابط موجود در آن با هم اتاقی‌هایم به گفتگو نشستم.

زندان آبادان زندان کوچکی بود که تنها زندانیانی را در آن نگه می‌داشتند که محکومیت‌شان زیر سه سال بود. شهربانی آبادان، زندانیان بالای سه سال را به زندان اهواز می‌فرستاد، و تنها استثناء، من و ناخدا عقیل، و یک پاسبان سابق شهربانی به نام قاسم جوادی بودیم که مرتکب قتل شده بود و پنج سال زندانی داشت.

پائین بودن مدت محکومیت زندانیان آن جا سبب شده بود که رئیس زندان هرکاری که دلش می‌خواست می‌کرد و شَرایط عجیب و غریبی در آن جا برقرار کرده بود. اما برای اولین بار می‌دیدم که در آن زندان عادی، از مواد مخدر خبری نیست. و این امری بی سابقه بود. زیرا تا آن لحظه، نه دیده و نه شنیده بودم که در زندان‌های عادی شهربانی جائی پیدا شود که در آن از مواد مخدر خبری نباشد. زندان آبادان در مجموع دارای چهارصد زندانی و دو بند عمود بر هم بود که از داخل به هم راه نداشتند. بندی که من در آن بودم در سمت غرب قرار داشت و دارای یک راهرو با اتاق‌های کوچک در دو طرف بود. در انتهای راهرو نیز یک نمازخانه بود که هیچ وقت از آن استفاده نمی شد. اتاق نگهبانیِ داخل زندان، و اتاق سلمانی نیز در همین بند بود.

آن بند دیگر عبارت بود از دو سالن بسیار بزرگ که در هر یک بیش از هشتاد زندانی در تخت‌های فلزی سه طبقه جاگرفته بودند و یک راهرو کوچک نیز بین آن‌ها بود. روبروی این بند هم آشپزخانه و یک فروشگاه کوچک قرار داشت که درهایشان به حیاط باز می‌شد.

بعد از نهار به دستشوئی رفتم و با صف درازی در آن جا روبرو شدم. توالت‌ها که تعدادشان چهارتا بود و ظاهراً کفاف آن همه جمعیت را نمی‌داد، همگی دارای درهای کوتاهی بودند که حدود بیست سانتیمتر از سطح زمین فاصله داشت و از بالا آن قدر کوتاه بود که حتی در حالت نشسته هم، سر و گردن آدم از بیرون پیدا بود. درهای فلزی و دیوارهای تیرهٔ سیمانی و فضای دستشوئی و حمام هیچ منفذی به بیرون نداشت، و هوای ماندهٔ، محیطی بویناک و خفه از آن

می ساخت که در آن گرمای تابستان آبادان همیشه پر از بخار بود.

همین که به درون محوطهٔ دستشوئی وارد شدم و در صف ایستادم، تمام زندانیان که از آمدن من به زندان مطلع شده بودند، با من سلام و علیک و حال و احوال کردند و مرا خارج از نوبت و به زور به دستشوئی فرستادند. و من، همین که نشستم دریافتم که نشستن در آن جا برایم غیرممکن است. زیرا تمام نگاه ها به من که تا گردن از بالای در دیده می شدم دوخته شده بود و هر کس هم که از در وارد می شد با من سلام و علیک می کرد، و من در حالی که به فکر موضوع خلاص کردن خودم بودم باید در همان وضع دولا و راست می شدم و جواب احساسات او را می دادم. به این ترتیب دریافتم که به مکافات عظیمی دچار شده ام و آن وضعیت، پدرم را درخواهد آورد و مرا دچار یبوست خواهد کرد. افزون بر این، به جای آفتابه، یک شیلنگ لاستیکی به شیر آب وصل و سر دیگرش روی کثافت های زمین افتاده بود. طبعاً نمی شد خود را با چنین لولهٔ آلوده ای بدون ابتلا به بیماری ها شست و شو داد.

بدون آن که کاری کرده باشم، وبدون آن که دست به شیلنگ و آب بزنم، برخاستم و قبل از این که با برخاستن تمام جانم پیدا شود، دولا دولا، شلوارم را بالا کشیدم و از دست شوئی بیرون آمدم. به هوای آزاد حیاط که رسیدم، تازه فهمیدم که در آن هوای دم کرده و خفقان چقدر عرق کرده ام. به طرف ردیف شیر آب که پای آن یک چالهٔ بلند دیواره دار قرارداشت رفتم که دست هایم را بشویم. ولي در آن هوای گرم بعداز ظهر فقط آب داغ باریکی مانند نخ از شیرها بیرون می آمد که باید کف دست را مدتی زیر آن نگه می داشتم تا پر شود.

عصر هم با مسئلهٔ «شامگاه»ی که سرهنگ از آن حرف زده بود آشنا شدم. قبل از شام، حدود ساعت شش بعد از ظهر که آفتاب پرید، همهٔ زندانیان را در حیاط جمع کردند، و بعد سرود نواخته شد و به همراه آن پرچمی بالا رفت و زندانیان، به تبعیت از یک دعاخوان، به خواندن دعای شکرگزاری به درگاه خدا و در حفاظت از جان شاه و خاندان پهلوی پرداختند.

من در گوشه ای از حیاط ایستادم و در این عملیات محیرالعقول شرکت نکردم. رئیس زندان هم که مسلماً توسط جاسوسانش مواظب هر حرکت و رفتار من در زندان بود، نسبت به شرکت نکردن من در مراسم واکنش نشان نداد؛ ولی برای من، همان ایستادن در حیاط و اجبار به شاهد چنین مراسمی بودن نیز سنگین و غیرقابل تحمل بود.

بعد از مراسم شامگاه هم سرشماری به عمل آمد و یک ساعتی به ما فرصت دادند که شاممان را در بند بخوریم و بعد دوباره به حیاط برگردیم در حیاط بخوابیم. زیرا خوابیدن در آن هوای گرم در آن اتاق ها امکان نداشت و واقعاً آدم را دچار تنگی نفس می کرد. در واقع از ساعت هفت شب به بعد ما باید اجباراً از بند بیرون می آمدیم و تمام چهارصد نفر در یک حیاط کوچک در کنار

هم قرار می گرفتیم. وقتی همهٔ زندانیان در حیاط بودند دیگر جائی برای قدم زدن باقی نمی ماند و ما مجبور بودیم که کنار هم در حیاط و بر روی موزائیک هائی که هنوز داغ بود بنشینیم. شب هم که همه رختخواب ها را پهن کردند، فقط راه باریکی برای قدم زدن نگهبان باقی ماند و تمام سطح حیاط یکسره پوشیده از رختخواب شد.

صبح ساعت شش هم بیداری بود و بعد صبح گاهی مانند همان شام گاه اجرا شد که باز من در آن شرکت نکردم و بعد، به مدت یک ساعت اجازه دادند که در اتاق ها بمانیم و بعد باز ما را به حیاط فرستادند و درها را بستند و ما بودیم و سطح موزائیکی حیاط و آفتابی که ذره ذره از دیوارها پائین می خزید که تا ظهر همه جا را فرا گیرد.

در یک ارزیابی سریع از شرایط زندان، دیدم که محیط و فضا و مقررات صبح گاه و شامگاه و ماندن های اجباری در حیاط و در جمعیتی که مدام با هم حرف می زدند و شوخی می کردند و کَل و کشتی می گرفتند، و تحمل آن دستشوئی دم کرده و کثیف و خفقان آور، و نداشتن روزنامه از جمله مسائلی ست که آن زندان را برای من غیرقابل تحمل می سازد. با ممنوع بودن حضور روزانه در اتاق، هرگز تمرکز لازم برای مطالعه و یا انجام برنامهٔ دیگری را در شلوغی حیاط که باید تقریباً تمام روز را در آن بسر می بردم نمی یافتم. باید چاره ای می اندیشیدم تا آن وضع را تغییر بدهم. اما چگونه؟ آن جا زندانی بود که سال ها به این مقررات عادت داشت و بیش از چهارصد زندانی در آن بود که همه بدون ابراز کلمه ای در مخالفت این مقررات و شرایط را تحمل می کردند و دم نمی زدند.

برای لحظاتی اندیشیدم که با عده ای از زندانیان حرف بزنم و یک اعتراض و شورش همگانی را در مقابل این مقررات سازمان بدهم. ولی از این کار ترسیدم. زیرا از یک سو به کسی چندان اعتمادی نداشتم و برآوردی از میزان مقاومت و قدرت اعتراضی کسانی هم که احتمالاً می توانستند با من همراه شوند نداشتم. افزون براین، حتی در صورت پیروزی، ساواک و شهربانی چون می دانستند که تمام این ماجرا زیر سر من است به نوعی انتقام خود را از من می گرفتند و ممکن بود بلائی به سرم بیاورند.

بنابراین تنها راه، مقاومت فردی در مقابل مجموعه و کل این ماجرا بود و هرچه زودتر، و قبل از این که مقررات موجود از سوی من امری پذیرفته تلقی شود، می بایست این کار را انجام می دادم. از این رو تصمیم گرفتم دست به اقدام بزنم. اما تغییر در شرایط یک زندان از سوی یک زندانی امر بسیار دشواری به نظر می رسید که نیاز به پیشبردن یک نقشه داشت. بهتر بود که خواست هایم مورد به مورد و کاملاً جدا از هم و تا آن جا که می شود به تعداد زیاد بر روی کاغذ می نوشتم و تمام آن ها را به اطلاع مسئولین زندان می رساندم. این طوری

آن ها را در مقابل مجموعه ای از مسائل قرار می دادم که حتی اگر بخشی از آن ها را می پذیرفتند نیز برای من پیروزی به شمار می آمد و سبب می شد که راحت تر بتوانم در آن جا زندان بکشم. در ضمن برای جلوگیری از شکست، لازم بود آن ها را در مقابل یک کار انجام شده هم بگذارم. زیرا تغییر دادن مقررات زندان از سوی یک زندانی تنها، نیاز به اعمال فشار داشت. از این رو تصمیم گرفتم مدت پانزده روز به اعتصاب غذایَ مخفی دست بزنم و بعد با اعلام این که در این مدت غذا نخورده ام آن ها را در وضعی قرار بدهم که نتوانند با زدن من، اعتصابم را بشکنند و مجبور به پذیرش خواست هایم شوند.

اما دست زدن به اعتصاب غذای مخفی در آن جا کار بسیار دشواری بود. زیرا همهٔ زندان، به هر کاری که من می کردم به دقت خیره می شد تا حرکات مرا از نزدیک دیده باشد. وقتی راه می رفتم، همه از سر راهم کنار می رفتند که در آن محیط تنگ به من نخورند. وقتی به مستراح می رفتم نمی گذاشتند در صف بایستم و بزور مرا خارج از نوبت به توالت می فرستادند. وقتی غذا می گرفتم بهترین نوع غذا را به من می دادند. و وقتی کاسه ام را جلویم می گذاشتم همه منتظر بودند ببینند من چگونه قاشق به دهان می گذارم و غذایم را می جوم. حتی وقتی در حیاط می خوابیدم نیز همه دقت داشتند ببینند من چگونه می خوابم. خُرخُر می کنم یا نه، چمبله می شوم و یا صاف می خوابم. ملافه دارم و یا نه. لگد می اندازم یا نه. در وضعیتی بودم که هر حرکتم با نگاه های فراوان تعقیب می شد و من باید در زیر آن همه نگاه و مراقبت و مهرورزیِ مزاحم، مخفیانه غذا نمی خوردم. بدتر از همه مسئلهٔ مراقبت دائم رضا از من بوَد که مثل پروانه دور و برم می گشت. هرجا می رفتم و هر کار که می خواستم بکنم او پیش دستی می کرد و آن را به جای من انجام می داد.

چاره را در این دیدم که او را کنار بکشم و بگویم:

«ببین، من در این زندان بیش از همه به تو اعتماد دارم. و به همین خاطر هم هست که این حرف را فقط به تو می زنم. دلم هم نمی خواهد آن را به کسی بگوئی. زیرا نمی خواهم کسی در این زندان از دست من ناراحت شود.»

رضا با چشمان گشاده و با اشتیاق منتظر بود که من چه رازی را می خواهم برای او افشا کنم. گفتم:

«ببین، من خیلی معذبم که همه این طور به من توجه دارند. من نه راحت به توالت می روم و نه می توانم خودم را در دستشوئی راحت کنم، و نه راحت غذا بخورم. و نه حتی بخوابم. هر کاری که می کنم همه مواظب من هستند و این، مرا اذیت می کند. باید با بچه ها از طرف خودت حرف بزنی و بگوئی که این قدر به من توجه نداشته باشند. و بگوئی که مرا راحت بگذارند.»

رضا سرش را در تائید حرف های من چنان تکان می داد که تمام بدنش در اثر آن تکان می خورد.

گفتم:
«البته مواظب باش که فکر نکنند من می خواهم به کسی فخر بفروشم.»
با حرارت گفت:
«نه نه، مواظبم. من درستش می کنم.»
از چند لحظه بعد دیدم که دارد با این و آن صحبت می کند و آن ها هم هی برمی گردند به من نگاه می کنند. البته مسئله به این سادگی ها نبود که آن ها با دوتا کلمه حرف که از رضا می شنیدند دست از سر من بردارند. ولی بعد از چند روز، دیدم که کمتر به من تعارف می کنند و رفتارشان عادی تر شده ودیگر در توالت آن طور به من خیره نمی شوند و تا حدودی از زیر مراقبت شبانه روزی آن ها درآمده ام.
اما خود رضا دست از سرم برنمی داشت و همه جا تعقیبم می کرد. او خود را آن قدر خودی می دانست که شامل حال مقرراتی که وضع کرده بودم نداند. به همین خاطر نگران بودم که اگر در مورد رفتار خودش هم به او تذکر بدهم از من ناراحت بشود. ولی چاره ای نبود. زیرا می ترسیدم اگر به موضوع اعتصاب غذای من پی ببرد بخواهد که خودش هم با من اعتصاب غذا کند و یا آن قدر مواظبتش را از من شدت بدهد که دیگران به وضع غیرعادی من پی ببرند. او در رفتار معمولی چنان می کوشید از من تقلید کند که غالباً از حرکات او خنده ام می گرفت. می کوشید مثل من راه برود، و همان طور که من عادت داشتم، دست هایش را از پشت به هم قفل کند و سرش را به نشانۀ فکر کردن پائین بیندازد، و مثل من به اخبار رادیو که تا آن وقت به آن توجهی نداشت با دقت گوش کند، و حتی مثل من با این و آن سلام و احوال پرسی کند و حرف بزند. او خودش را آن قدر نزدیک به من می دید که ظهرها نهارش را برمی داشت و به اتاق من می آمد تا در کنار من بنشیند و با من غذا بخورد. و درست همین موضوع دقیقاً همان مکافاتی بود که من نمی دانستم چگونه از شرش خلاص بشوم و به اعتصاب غذایم ادامه بدهم. عاقبت به او گفتم:
«من برای پانزده روز از تو می خواهم وقتی در اتاق غذا می خورم به اتاق ما نیائی. و از من هم نپرسی که برای چه چنین چیزی را از تو می خواهم و به هیچ کس هم در این مورد حرفی نزنی. من بعد از ده روز ماجرا را برایت شرح خواهم داد.»
رضا، در حالی که با پرسشی در چشمانش به من خیره شده بود، چند بار «چَشم، چَشم» گفت و قول داد که این کار را بکند و به این ترتیب از دست مراقبت او در موقع غذا خوردن رها شدم. وقتی ناهار را می گرفتم، آن را می بردم تو اتاق و در گوشه ای می گذاشتم. اگر کسی در بارۀ غذایم چیزی می پرسید، می گفتم که بعداً می خورم، و بعد در یک فرصت مناسب آن را می بردم و در ظرف آشغال خالی می کردم.

یک روز از قاسم جوادی، همان پاسبان قاتلی که هم اتاقم بود شنیدم که قبل از آنکه سرهنگ فعلی رئیس زندان شود، سرگردی به نام درخشانی رئیس زندان بوده که به زندانیان می رسیده است. در واقع همین سرگرد توانسته بود به کمک خود زندانیان، مسئلهٔ مواد مخدر را از زندان جمع کند. جوادی می گفت؛ من آن موقع هنوز زندانی نبودم، و در همین زندان خدمت می کردم. یک روز سرگرد درخشانی همهٔ ما پاسبان ها را جمع کرد و گفت «بیائید یک کاری بکنیم که از خودمان نام نیک باقی بگذاریم. من می خواهم ریشهٔ مواد مخدر را از زندان بکَنَم و برای این کار، قبل از همه به همکاری شماها نیاز دارم.» و وقتی از همکاری ما مطمئن شد، چندتا از سردستهٔ زندانی ها را هم صدا کرد و مسئله را با آن ها هم در میان گذاشت و به آن ها قول داد که اگر همکاری کنند و ریشهٔ مواد مخدر را بکنند، برایشان عفو خواهد گرفت. ولی اگر همکاری نکنند، کاری می کند که بعد از آزادی باز به زندان برگردند. آن ها هم قول همکاری دادند و مواد مخدر از زندان جمع شد. در زمان این سرهنگ هم هنوز کسی جرأت نمی کند دوباره آن را راه بیندازد. قاسم جوادی هم از جمله کسانی بود که نمی بایست می گذاشتم به موضوع اعتصاب غذایم پی ببرد. او نقش دوگانه بازی می کرد. به دلیل ارتباطش با پاسبان ها که هنوز او را همکار خود می دانستند، می توانست از تمام چیزهائی که زیر هشت می گذرد با خبر شود. و با دادن این اطلاعات به من، می کوشید اعتماد مرا جلب کند؛ و از طرف دیگر، از من هم خبرهای دست اول گیر بیاورد و به رئیس زندان بدهد. همیشه هم اصرار داشت که اگر من خبرهای او را جائی بازگو می کنم، منبع به دست آوردن آن را برملا نسازم. و من مطمئن بودم که او واقعاً نقش یک جاسوس دوجانبه را بازی می کند. زیرا اگر رئیس زندان درمی یافت که او تمام اطلاعات زیر هشت را به من می رساند، بلای بزرگی سرش می آورد. اما حُسن مسئله این جا بود که او کمتر در اتاق می ماند و غالباً به زیر هشت می رفت و یا در دفتر نگهبانی داخل بند مشغول صحبت با پاسبان ها بود. دردسر اصلی من برای مخفی نگه داشتن اعتصاب غذا، همانا باز رضا بود. گرچه او به حرفم گوش کرده بود و دیگر موقع غذا خوردن مزاحمم نمی شد؛ ولی در دیگر مواقع، مثلاً وقتی که در حیاط بودیم، او سعی می کرد که چیزی خوردنی برای من بیاورد. و من هرچه به شکل ها و بهانه های مختلف از زیر تعارفاتش درمی رفتم فایده ای نداشت. من هم در مقابل می کوشیدم که با مشغول کردن او به حرف های مختلف، سرش را گرم کنم و نگذارم مدام چیزی تعارفی برایم بیاورد. یک روز هم دربارهٔ علت زندانی شدنش از او سئوال کردم.

صاف توی چشمان من نگاه کرد و گفت:

«قتل.»

با تعجب نگاهش کردم. از موجود حساسی مانند او بعید بود که آدمی به

دستش به قتل رسیده باشد. گفتم:

«جدی می گوئی؟»

از نگاه و حالت من خجالت کشید و گفت:

«من قاتل نیستم. از شرفم دفاع کرده ام.»

بعد ماجرائی را برایم شرح داد که مرا به حیرت فروبرد. گفت:

«من ژاندارم بودم. در اهواز خدمت می کردم. در گروهانی بودم که در ساحل نگهبانی می‌دهند و مأمور اداهٔ گمرک اند. ما مواظب بودیم که کسی قاچاق نکند. یعنی بدون حق و حساب قاچاق نیاورد. ناخداهائی که قاچاق می‌آوردند حق و حسابشان می‌رسید و ما هم ردشان می کردیدم. بعد، یک شب...»

چشمش به یک نفر افتاد و ادامهٔ داستانش را قطع کرد و گفت:

«مواظب این یارو باش. از اون مادرسگ های بی ناموس است. جلوی چشم همه آدم می فروشد.»

پرسیدم:

«کی؟»

«این رشتی اِ. همان که کچل است. آن قد کوتاهه را می گویم.»

گفتم:

«آهان، ولی این که آدم بدبختی است.»

«بدبخت؟ من بدبختم. یک مادرسگی ست که دومی ندارد.»

گفتم:

«ولش کن، بقیه اش را بگو.»

گفت:

«کجا بودم؟... آهان، یک شب یک لنج آمد و ما گرفتیمش. حق و حساب نداده بود و پر از جنس بود. یک ساعت نکشید که سرهنگ آمد. سرهنگ رئیس قرارگاه و رئیس کل ژاندارمری بود.»

«رئیس کل ژاندارمری؟»

«رئیس پادگان ما بود. آمد گفت؛ این را ول کنید برود. ما گفتیم؛ قربان کلی جنس دارد. گفت؛ می گویم ولش کنید. ما هم ولش کردیم. ولی معلوم بود همهٔ حق و حساب را خودش گرفته و خورده است. همیشه یک پنجم حق و حساب ها به نگهبان های همان شب می رسید. ما هم برای این که دعوا نشود، هرچه می گرفتیم بین خودمان، بین همهٔ آن هائی که نگهبانی داشتند و یا نداشتند تقسیم می کردیم. بچه ها گفتند؛ دیوس همهٔ پول ها را گرفته و حق ما را هم بالا کشیده است. گفتیم؛ اعتراض کنیم. ولی هیچ کدام شان خایه نداشتند جلویش درآیند. توی پادگان، وقتی داشت رد می شد، گرفتمش و گفتم جناب سرهنگ حق ما را نداده اید. هیچی نگفت. ترسید و تند تند رفت. فردا صبحش

مرا از صف بیرون کشید و گفت؛ می خواهم یک درجه دار خاطی و بی انضباط را معرفی کنم.

من که می دانستم موضوع سر چیست بیرون آمدم و جلوی همه توی پادگان گفتم، جناب سرهنگ، خاطی کسی ست که حق دیگران را می خورد. من همیشه با انضباط بوده ام. سرهنگ عصبانی شد و گفت، یک هفته بازداشت. بعد هم تحویل دادگاه نظامی. من هم گفتم بی ناموسم اگر نکشمت. فوراً دژبان ها ریختند و مرا بردند و زدند. یک هفته هم بازداشتم کردند. بعد هم مرا از خدمت بیرون کرد. گفت؛ دیوانه است. یکی دو تا دکتر نامرد هم پیدا شدند و تائید کردند که من دیوانه ام و لیاقت خدمت در ارتش را ندارم. من هم گفتم؛ مادر سگ، خدمتت می رسم. داد زد گفت؛ این زن جنده را از این جا ببرید.»

در این جا رضا مکثی کرد. نگاهش را به مکان های نادیدنی دوخته بود و رنگش برافروخته بود. گفتم:

«حالا خودت را اذیت نکن، هر وقت دوست داری بقیه اش را برایم بگو.»

گفت:

«نه نه. خودم را اذیت نمی کنم. رفتم تو نخ خودش با خانواده اش. آن قدر کشیک کشیدم تا فهمیدم که هر چند وقت یک دفعه خانمش با دخترش می روند خانهٔ پدر مادرش چند روز می مانند. من هم گذاشتم یک روز که تنها بود رفتم سراغش. از دیوار پریدم توی خانه . می دانستم که عادت دارد بعد از ظهرها می خوابد. مثل مار رفتم تو. زیر کولر خنک خوابیده بود. کتم را درآوردم و آویزان کردم که اگر کار به جای باریک کشید خونی نشود. یک جفت دست کش لاستیکیِ ظرفشوئی هم پوشیدم. و بعد رفتم زدم به جناق سینه اش. با وحشت بلند شد و نشست. خواست با زرنگی کلتش را از زیر بالشش بردارد. محکم با لبهٔ دست زدم زیر گلویش. درجا بیهوش شد. برش گرداندم و دست هایش را از پشت بستم. پاهایش را هم بستم. حساب همه چیز را کرده بودم. کمی پارچه و نخ پرک با خودم برده بودم که اول پارچه را دور دست و پایش بستم و بعد نخ پیچش کردم. این طوری در اثر تقلا، هیچ اثری از نخ پرک روی دست و بالش نمی ماند. قصد داشتم با یخ بکشمش. توی دوره ای که دیده بودیم.، توی زندان قصر به ما یاد دادند که اگر کسی را طوری ببندند که نتواند تکان بخورد و بعد روی سرش یخ بمالند، بعد از مدتی خون سرش از حرکت می ایستد و می میرد. من هم می خواستم همین طور بکشمش تا کسی نفهمد که به قتل رسیده است. اما دیدم نمی شود. به هوش آمد و شروع کرد به التماس. گفتم؛ من زن جنده ام، نه؟ فهمید که می خواهم بکشمش. به التماس افتاد. گفت؛ غلط کردم. گه خوردم. گفتم؛ عمرت تمام است. فقط بگو که چقدر از یارو پول گرفتی. گفت؛ هرچه پول بخواهی به ات می دهم. فقط مرا نکش. گفتم؛ ترا نکشم که بعداً پدرم را درآوری؟ گفت؛ به شرفم قسم می خورم که اصلاً کاریت نداشته باشم. گفتم؛

تو اگر شرف داشتی آن معامله را با من نمی کردی. من دیوانه ام، نه؟ من زن جنده ام، نه؟ گفت ترا بخدا مرا نکش. گفتم چقدر از یارو پول گرفتی؟ گفت دویست هزار تومن. پرسیدم جنسش چی بود که این قدر زیاد داد؟ گفت؛ یک چیزی بود که نمی شود گفت. دستور از بالا آمده بود که درجه دارها بو نبرند. سرش فریاد زدم که، چه بود؟ با ترس و لرز گفت؛ تریاک. ولی ترا بخدا جائی نگوئی. گفتم؛ تو که رفتنی هستی از چه می ترسی؟ گفت؛ نه، مرا نکش. هرچقدر پول بخواهی به ات می دهم. تمام زندگی ام مال تو. گفتم؛ چه کسی دستور داد مرا دیوانه معرفی کنی؟ گفت؛ بخدا همان بالائی ها. گفتند اگر رویش را زیاد کند هم سرش را زیر آب می کنیم. برو آن ها را بکش. من بی گناهم. من فقط به دستور رفتار کرده ام. تو خودت نظامی بودی می دانی دستور یعنی چی. گفتم؛ بله می دانم. من هم دارم دستور را اجرا می کنم. دستور شرفم را که به باد رفته. گفت؛ نه،... گوش ندادم. دهانش را بستم و برش گرداندم و با کارد زدمش. ده پانزده ضربهٔ چاقو در تنش فروکردم. مرد. برش گرداندم و سرش را هم بریدم بردم گذاشتم جلوی میز توالت زنش. موهایش را هم با شانهٔ از وسط فرق باز کردم. بعد دست و رویم را شستم. دقت کردم که هیچ اثری از خودم باقی نگذاشته باشم. همه چیز را طوری تمیز کردم که به هیچ وجه نفهمند من او را کشته ام. کولر را خاموش کردم. و یک بخاری علاالدین و یک کتری هم از آشپزخانه آوردم روشن کردم و کتری آب را روی آن گذاشتم. نفت بخاری بقدری بود که نتواند بیشتر از هفت هشت ساعت روشن باشد. بعد رفتم کتم را پوشیدم و از در بیرون آمدم.»

من که در حیرتی عظیم فرورفته بودم با چشمانی گشاد و نگاهی ناباور به رضا خیره شده بودم. هرگز فکر هم نمی کردم که در آن انسان مهربان، چنین وجود مخوفی نهفته باشد. پرسیدم:

«برای چه بخاری روشن کردی؟»

گفت:

«برای این که در تعیین ساعت وقوع قتل اشتباه رخ دهد. می دانستم که اگر بدن مقتول به طور مصنوعی گرم بماند، نمی توان زمان واقعی قتل را تعیین کرد و معمولاً این زمان چند ساعت بعد از زمان واقعی قتل حدس زده می شود.»

«برای چه کتری روی بخاری گذاشتی؟»

«برای این که وجود بخاری در اتاق در آن هوای گرم طبیعی جلوه کند. این طوری وانمود می شد که خود مقتول بخاری را برای درست کردن چای روشن کرده است.»

«همهٔ این ها را در زندان قصر یاد شما می دادند؟»

رضا نگاهی از روی کمال سادگی به من کرد و گفت:

«بله. موقع بیرون آمدن هم، با کف پا روی فرش کشیدم تا اثر مشخص

جای پایم را در روی آن از بین ببرم. چون می دانستم که می توانند از روی اثر پا و فشاری که بر روی فرش ایجاد می کند، اندازهٔ پا و وزن قاتل را هم حساب کنند. ولی من تمام آثاری را که به شناسائی من منجر می شد از بین بردم. بعد هم سریع آمدم روی پل و کاردم را بوسیدم و پرت کردم در آب شط و رفتم فوراً سوار قطار شدم و به سوی تهران رفتم. در قطار هم سعی کردم که کسی را ببینم و طوری با او حرف بزنم که بعداً بتواند تائید کند که من در آن ساعت در قطار بوده ام. چون کافی بود زمان وقوع قتل دو سه ساعت بعد حدس زده شود. یعنی درست در زمانی که من در قطار و در راه تهران بودم.

از شانسم، زد و مددکار اجتماعی ای را که بعد از اخراجم از ارتش مرا خیلی یاری کرده بود در قطار دیدم. او زن مهربانی بود که بعد از آن که برای من پروندهٔ دیوانگی درست کردند، از سوی بهداری تعیین شده بود که به وضع من و خانواده ام رسیدگی کند. او از دیدن من خوشحال شد و از وضعم و زن و بچه ام پرسید. و من هم بعد از آن که مفصل شرح دادم، و گفتم که هنوز به دنبال کارم هستم که شاید بتوانم برگردم، از او تاریخ روز و ساعت را پرسیدم که دقیقاً یادش بماند که مرا آن روز در ساعت معینی دیده است. او زن مهربانی بود که من تمام ماجرای دزدی سرهنگ و علت واقعی اخراجم از ارتش را برایش تعریف کرده بودم و او دلش برای من خیلی می سوخت و در پی آن بود که هرطور می تواند کمکم کند.

رضا ساکت شد و سرش را برای مدتی پائین انداخت. چیزی نگفتم تا دوباره سر حال بیاید و تعریف کند. در وجود او موجود دوگانه ای می دیدم که یک روی آن به شدت مخوف و وحشی و روی دیگرش به شدت دارای حساسیت های انسانی بود و حس می کردم که یک زندگیِ عادلانه می توانست از توان و انرژی چنین کسی موجود سازنده و مفیدی بسازد.

رضا گفت:

در تهران در روزنامه ها خبر قتل سرهنگ را خواندم و دیدم که مرا هم به خاطر آن که او را در پادگان تهدید به قتل کرده ام قاتل دانسته اند. فوراً با در دست داشتن روزنامه، به ادارهٔ آگاهی شهربانی رفتم و خودم را معرفی کردم و گفتم که قاتل نیستم و به اعلام این موضوع هم اعتراض دارم. فوراً مرا گرفتند و سرم را تراشیدند و تمام بدنم را لخت بازرسی کردند که شاید اثری از خراش ناخن مقتول بر بدن من پیدا کنند. ولی چیزی پیدا نکردند. بعد شروع کردند به سئوال و جواب که روز فلان ساعت فلان کجا بودی؟ ومن دیدم ساعتی را که ذکر می کنند درست چهار ساعت پس از وقوع قتل است. در حالی که در آن موقع ما حتی از اهواز هم گذشته بودیم و طبعاً آن ها نمی توانستند ادعا کنند که من در آن ساعت در آبادان و در محل قتل بوده ام.

من هم گفتم که در آن ساعت در قطار بوده ام و بلیطم را هم نشان دادم. باور

نکردند. گفتند بلیط را از کسی گرفته ای. شاهد آوردم و آن خانم مدد کار شهادت داد که مرا در ساعت پنج در قطار بین اهواز و تهران دیده است.

شهربانی مانده بود که چه بگوید. از یک طرف اصرار داشتند که مرا قاتل معرفی کنند، و از طرف دیگر نه تنها مدرکی نداشتند، بلکه حتی من مدارکی دال بر بی گناهیم در دست داشتم. آن ها بعد از دو ماه که مرا نگه داشتند، می خواستند آزادم کنند. ولی نمی دانم چه شد که یکی از روسای شهربانی با آزادی من مخالفت کرد. به همین دلیل باز مرا در زندان نگه داشتند. همان خانم مددکار به زنم کمک کرده بود که برایم وکیل بگیرد. از طریق وکیلم تقاضا کردم که یا مرا آزاد کنند و یا حداقل به زندان آبادان بفرستند که به زن و بچه ام نزدیک باشم. مرا به این جا فرستادند.

بعد، یک روز همانطور که روی تخت درازکشیده بودم و فکرمی کردم... جایم درست روی همین تختی بود که شما روی آن می خوابید...- به من نگاه کرد و لبخند زد و بعد ادامه داد- دیدم که؛ ا... کُتی که به تن دارم مال من نیست. خوب به کتم که چهار خانه بود نگاه کردم و دیدم که بله این کت با این که چهارخانه و کاملاً شبیه کت خودم است، ولی مال من نیست. از ترس لرزیدم. فهمیدم که احتمالاً این کت مال سرهنگ بوده که من اشتباهاً آن را از چوب لباسی برداشته ام و تنم کرده ام.»

رضا با چشمان گشاد به من نگاه می کرد، اما نگاهش پیش من نبود. معلوم بود همان صحنهٔ درازکشیده بر روی تخت را تماشا می کند. همان طور که چشمانش نگاه نداشت ادامه داد:

«چند بار گفتم کتم را ببخشم به یکی از این زندانی ها که آزاد می شوند، ولی این کار را نکردم. کت را نگه داشتم و هر وقت در تخت دراز می کشیدم از غیظ آستر آن را با دندان پاره می کردم. تا این که عاقبت یک روز ریختند و همهٔ اثاث مرا زیر و رو کردند و کت را برداشتند و مرا هم به زیر هشت بردند. فهمیدم که اوضاع برگشته و آن ها بوئی برده اند. مرا در یک اتاق نگه داشتند و کت را به اتاق دیگر بردند. بعد زنم، زن سرهنگ و چند مأمور آگاهی شهربانی با هم وارد شدند. کت سرهنگ و کت واقعی من هم دستشان بود. مأموران ادارهٔ آگاهی به زنم گفتند که بدون نگاه کردن به شوهرت، آن چه را در اتاق پهلوئی دربارهٔ این دو کت گفته ای بازگو کن. و او هم گفت که کت سالم متعلق به شوهرم است. و زن سرهنگ هم گفت که کت پاره شده متعلق به شوهر اوست.

دیدم که همه چیز نابود شده و من از دست رفته ام. گفتم؛ قبول. من سرهنگ را کشته ام. ولی بخاطر آن که او به من فحش ناموس داده بود. به زنم گفتم: من به خاطر تو او را کشتم. زنم گریه کرد و رفت.

بعد مرا بردند بازجوئی، بازپرسی و از این جور چیزها. وقتی همه چیز را پرسیدند، آخر سر بازپرس گفت؛ چرا سر سرهنگ را جلوی آینهٔ میز آرایش

زنش گذاشتی و برای او از وسط فرق باز کردی؟

گفتم؛ این را دیگر نمی گویم چرا. این رمز کار من است.»

پرسیدم:

«واقعاً نگفتی؟»

«نه.»

«چرا؟»

«نگفتم دیگر.»

گفتم:

«به من هم نمی خواهی بگوئی چرا برای او فرق باز کردی؟»

مکثی کرد و گفت:

«چرا به تو می گویم. می خواستم شکل زن ها بشود.»

بعد نگاهی به من انداخت و گفت:

«می دانی به رئیس دادگاه چه گفتم؟»

«چه گفتی؟»

«وقتی مرا به اعدام محکوم کرد، گفتم آقای رئیس، وقتی زور از در وارد می شود، قانون از آن پنجرهٔ پشت سر شما فرار می کند. رئیس دادگاه که از حرف من جاخورده بود به پشت سرش نگاه کرد و دید پنجره ای وجود ندارد. و من فوراً گفتم. دیدید؟ اگر شما قانون را رعایت کرده بودید، پس چرا برگشتید که ببینید پشت سرتان پنجره هست یا نیست؟»

باز نگاهی به من انداخت و در پیِ گرفتن تائید از من پرسید:

«خوب به اش گفتم، نه؟»

گفتم:

«آره. خوب گفتی.»

بعد از جا بلند شدم و خستگی در کردم. سرم گیج می رفت و بعد از پنج روز غذا نخوردن، نه تنها گرسنه ام نبود، بلکه معده ام سنگین بود و حالم داشت به هم می خورد. رضا واقعاً موجود عجیبی بود. نگاهش که می کردم می دیدم بیش از بیست و پنج سال ندارد و سرشار از نیرو و حرکت است. وقتی می پذیرفت که در خدمت چیزی باشد، دیگر نمی شد جلویش را گرفت. از آن موجوداتی بود که بر اساس احساس مطلق، رابطه اش را برقرار می کرد و تنها چیزی که در ذهنش وجود نداشت، حسابگری بود. اگر با کسی رفیق می شد به نظر می رسید که تا پای جان پیش می رود، و اگر دشمنی می کرد، موجود بسیار خطرناکی بود. در هر صورت، تمام شب را خواب یک سر بریده دیدم و روز بعد با ضعف از خواب برخاستم.

پانزده روز از اعتصاب غذای مخفیانه ام می گذشت و من دیگر موقع را مناسب دیدم که طی نامه ای به رئیس دادرسی ارتش، اطلاع بدهم که نمی توانم

شرایط موجود در زندان را که خلاف شرایط معمولی زندان های دیگر است تحمل کنم. نامه را نوشتم و خواهان تغییراتی به شرح زیر شدم:

۱- نرفتن به صبح گاه و شام گاه

۲- دریافت روزنامه

۳- لغو اقامت اجباری ماندن در حیاط طی روز، و آزادی اقامت در اتاق ها

۴- ایجاد هواکش در دست شوئی و رعایت بهداشت محیط آن از طریق گذاشتن آفتابه و جمع کردن شیلنگ های لاستیکی

۵- امکان استفاده از کتاب خانهٔ زندان

همچنین اعلام کردم که چون قبلاً به در خواست من در این موارد ترتیب اثر داده نشده، مدت پانزده روز اعتصاب غذا داشته ام که اکنون آن را اعلام می کنم و تا تحقق خواست هایم به نخوردن غذا ادامه خواهم داد.

دو ساعت بعد از سپردن نامه به نگهبانی مرا به زیر هشت خواستند. سرهنگ به همراه معاونش پشت میز نشسته بودند و از من می خواستند که در بارهٔ تمام خواست هایم توضیح بدهم. سرهنگ پرسید:

«بهتر است از مهم ترین موضوع صحبت کنیم. شما به چه دلیل نمی خواهی در صبح گاه و شام گاه شرکت کنی؟ شما مگر مسلمان نیستی، و دوست نداری به خاطر حفظ جان رهبر این مملکت دعا کنی؟»

گفتم:

«من مارکسیستم و اعتقادی به مذهب ندارم. بعد هم من به خاطر مخالفت با رژیم در این زندان به سر می برم. آن وقت شما می خواهید که من در مراسم دعا شرکت کنم؟»

سرهنگ که فکر می کرد اگر روی موضوع دعا به جان شاه پافشاری کند مرا در موضع ضعف نگه می دارد گفت:

«ولی شما جواب ندادید که آیا مخالف خواندن دعا برای حفظ جان اعلیحضرت همایونی هستید یا نه؟»

گفتم:

«به من مربوط نیست که شما می خواهید دعا بخوانید یا نه. من برای حفظ جان هیچ تنابنده ای چنین کاری را نمی کنم. عقیده ام هم هرچه هست مربوط به خودم است و شما اجازهٔ تفتیش عقاید مرا ندارید.»

سرهنگ که آشکارا از جواب من جا خورده بود با لحن تهدید کننده ای گفت:

«بسیار خوب. پس شما مخالف رژیم سلطنتی و شخص اعلیحضرت هستید.»

گفتم:

«مثل این که شما از موضوع پروندهٔ من اطلاعی ندارید.»

«چرا دارم. ولی اقدام به تبلیغ در زندان و مخالفت با شخص اعلیحضرت

موضوع دیگری ست.»

گفتم:

«شما مرا برای حل مسئله به این جا آورده اید و یا این که می خواهید برایم پروندهٔ تازه ای باز کنید؟»

عصبانی شد و می خواست چیزی بگوید که معاونش دخالت کرد. معاون سرهنگ دارای ابروهای پهن و شکسته و دماغ عقابی بود و چشمان سیاه برآمده ای داشت که تابتا به نظر می رسید و وقتی به حالت معمولی هم نگاه می کرد، انگار که به مخاطبش خیره شده بود. همان طور که خیره به من نگاه می کرد گفت:

«جناب سرهنگ، اجازه بدهید من نکته ای را عرض کنم.»

سرهنگ گفت:

«بفرمائید.»

سروان خطاب به من ادامه داد:

«این مواردی که در نامه تان نوشته اید هیچ کدام قابل اجرا نیست. مثل این که شما نمی دانید که مقررات یک زندان چهارصد نفری را نمی توان به خاطر یک زندانی تغییر داد.»

گفتم:

«این ها مسئلهٔ شما ست. اگر فکر می کنید که من به درد این زندان نمی خورم مرا به جای دیگر بفرستید.»

سروان گفت:

«دارید کاری می کنید که شما را برای همیشه در انفرادی نگه داریم.»

با دندان، پوسته ای از لبم کندم که جایش سوخت. گفتم:

«انفرادی برای من بهتر از تحمل این شرایط است.»

«در انفرادی هم مجبورتان می کنیم که به صبح گاه و شام گاه بیائید.»

«نمی توانید این کار را بکنید. این کار غیرقانونی ست.»

سرهنگ با عصبانیت گفت:

«بِه، ما را باش که چه کسی از قانون برای مان حرف می زند. شما برخلاف قانونِ مملکت رفتار کرده اید و به همین دلیل هم به حبس ابد محکوم شده اید. آن وقت از رعایت قانون برای ما حرف می زنید.»

«ولی شما که خلاف قانون رفتار نکرده اید چرا نمی خواهید به قانون عمل کنید؟»

«کدام قانون؟ می خواهید ما به قانونی کمونیستی زندان را کنترل کنیم؟»

«نه. به قانونی که همه جای دنیا در مورد یک زندانی عمل می کنند. چرا شرایطی که در این جا حاکم است در هیچ زندان دیگری دیده نمی شود؟ این نشان می دهد که این ها غیرقانونی ست.»

سرهنگ باز عصبانی شد و پشت دستش را چند بار در هوا تکان داد و به

پاسبانی که دم در ایستاده بود حالی کرد که مرا از اتاق بیرون ببرد و گفت:
«ببریدش آقا.»

پاسبان فوراً وارد شد و دست مرا گرفت و با خشونت از دفتر سرهنگ بیرون کشید و دستبند زد و به یک سلول برد. سلول آن قدر تنگ بود که امکان نشستن در آن وجود نداشت. اندازهٔ کف سلول چهل در چهل سانتیمتر بود، و ارتفاعش به دو متر می رسید و تماماً از مَیله های کلفت سیاه رنگ و زنگ زده تشکیل شده بود. در واقع مرا به یک قفس انداخته بودند.

چند ساعتی که در قفس ماندم خسته شدم و سعی کردم بنشینم. ولی واقعاً نمی شد نشست. زیرا زانوهایم به میله ها گیر می کرد و درد می گرفت. بخصوص چون دستم را از پشت بسته بودند، نمی توانستم راحت به میله ها تکیه بدهم. در اثر اعتصاب غذا نیروی بدنیم آشکارا کاهش یافته بود و با همان فشار چند ساعته، احساسی از خستگی مفرط به من دست داد.

ساعتی بعد سروان آمد و گفت:

«من از جناب سرهنگ تقاضا کرده ام که شما را ببخشد و اجازه بدهد که شما را به یک سلول معمولی ببریم.»

بعد دستور داد که دست مرا باز کنند و به یک سلول معمولی که در ابعاد دو در یک و نیم متر بود بردند و من روی یک تشک دراز کشیدم. غذا هم که آوردند نخوردم. نگهبان بعد از چند ساعت آمد و ظرف غذا را برد و باز عصر آن را پر از غذا کرد و به سلول آورد. باز هم نخوردم و وقتی به دست شوئی رفتم آن را جلوی در سلول گذاشتم.

به این ترتیب شمارش معکوس آغاز شده بود و من داشتم حساب می کردم که حداقل باید یکی دو ماه در حال اعتصاب به سر ببرم تا کارم درست شود. قدر مسلم چنین کاری دشوار بود، ولی از بچه های قصر شنیده بودم که اعتصاب های تک نفره کمتر از یکی دو ماه موثر واقع نمی شود. به همین دلیل از هرگونه حرکتی خودداری می کردم و همواره دراز می کشیدم که انرژی ام را برای یک اعتصاب غذای طولانی ذخیره کنم. زیرا قصد نداشتم که به خاطر تغییر آن شرایط، خودم را به کشتن دهم. بلکه می دانستم که یک مقاومت طولانی آن ها را به اندازهٔ کافی برای بخش قابل ملاحظه ای از خواست های من زیر فشار خواهد گذاشت. کافی بود خبر به بیرون درز کند. طبعاً روی آن ها فشار می آورد و به پذیرش تغییراتی مجبورشان می ساخت. نکتهٔ جالب این جا بود که بعد از اعلام اعتصاب غذا، حالت من تغییر کرده بود. به این معنی که تا پیش از اعلام اعتصاب اصلاً گرسنگی را احساس نمی کردم و تمام فکر و ذکرم مخفی کردن اعتصاب بود. اما با اعلام آن، تازه احساس گرسنگی ای که تمام آن مدت در من جمع شده بود خودش را نشان می داد و هجومش را به من آغاز کرده بود.

یکی دو بار پزشک یار زندان آمد و فشار خون مرا اندازه گرفت و بدون

آن که به من چیزی بگوید رفت. و هر بار بعد از آن، می دیدم که سرهنگ و یا معاونش می آمدند و نگاهی به من می انداختند. به نظر می آمد که آن ها تجربه ای در این مورد ندارند و تا آن لحظه شاهد یک اعتصاب غذا نبوده اند. دو روز در همان حالت گذشت و از یک پاسبان شنیدم که سرهنگ برای دو هفته به مرخصی رفته است. از معاون او هم دیگر خبری نبود. من خودم را آماده کردم که تا دو هفتهٔ بعد از آن کسی به سراغم نیاید. ولی روز بعد، یک سرگرد به همراه یکی از افسران زندان که ستوان جلالی نام داشت و چند بار هم سعی کرده بود به من نشان دهد که نسبت به من نظر خوشی دارد، در سلول مرا باز کردند. من همان طور که دراز کشیده بودم حرکتی به خودم ندادم. سرگرد از ستوان پرسید:

«ایشان مریض است؟»

ستوان جواب داد:

«نه اعتصاب غذا کرده است.»

سرگرد گفت:

«بفرستیدش به دفتر من.»

و رفت. چند لحظه بعد آمدند و مرا به دفتر رئیس زندان که این سرگرد تازه وارد در آن جا بود بردند. سرگرد با من دست داد و خودش را معرفی کرد:

«من سرگرد درخشانی هستم و در حال حاضر به عنوان جانشین رئیس زندان که به مرخصی رفته است زندان را اداره می کنم.»

گفتم:

«حتماً اسم مرا هم می دانید. من سماکار هستم.»

سرگرد با احترام خاصی گفت:

«بله بله، شما را خوب می شناسم. بفرمائید بنشینید.»

و فوراً زنگ زد که چای بیاورند. و ادامه داد:

«خُب، مشکل شما چیست؟ چرا اعتصاب غذا کرده اید؟»

گفتم:

«خواست های من مشخص است. همه را برای رئیس زندان نوشته ام.»

گفت:

«ولی من دوست دارم خودم بدانم. شاید توانستیم مسئله را حل کنیم. در ضمن برای تان بگویم که من قبلاً رئیس همین زندان بوده ام، و با امور این زندان آشنا هستم.»

گفتم:

«بله، می دانم. از زندانی ها در بارهٔ شما خیلی شنیده ام. خیلی از شما راضی بوده اند.»

لبخندی زد و گفت:

«پس امیدوارم بتوانم موجب رضایت شما را هم فراهم کنم. من می دانم که

یک زندانی طبعاً ناراحتی‌هائی دارد که اگر به آن نرسند، مشکلات دیگری به وجود می‌آورد. به همین دلیل هم آماده‌ام که مشکلات شما را بدانم.»

تمام مشکلاتی را که داشتم برایش شمردم. او با دقت گوش داد و آخر سر گفت:

«در مورد دستشوئی و ماندن در اتاق و نیامدن به حیاط و این حرف‌ها که مسئله‌ای نیست. حل می‌شود. اما در مورد نیامدن به صبح‌گاه و شام‌گاه، باید بپرسم که شما به چه دلیل نمی‌خواهید در آن شرکت کنید؟»

گفتم:

«ببینید جناب سرگرد؛ من یک زندانی سیاسی هستم که بارها ساواک از من خواسته است که فقط دو سه کلمه بنویسم که دیگر از این کارها نخواهم کرد تا مرا آزاد کند و من حاضر به این کار نشده‌ام؛ آن وقت، شما از من می‌خواهید که هر روز صبح و شب بروم سر صف دعا بخوانم؟»

سرگرد لبخندی زد و گفت:

«می‌فهمم. البته با شما موافق نیستم، ولی حرف‌تان را می‌فهمم. بسیار خوب. نیازی ندارید به صبح‌گاه و شام‌گاه بیائید. دیگر حرفی هست؟»

در حالی که تعجب کرده بودم که به این آسانی مسائل حل شده است گفتم:

«نه، متشکرم. فقط یک مسئله باقی مانده‌است. مسئلهٔ روزنامه.»

سرگرد گفت:

«این یکی دیگر نمی‌شود. من همه چیز را قبول کردم. حتی مسئلهٔ به آن مهمی مثل نیامدن به صبح‌گاه و شام‌گاه را. ولی این یکی را نمی‌توانم قبول کنم. چون این دستور رئیس شهربانی ست. می‌دانید -صدایش را پائین آورد- همین زندانی‌های هم بند شما می‌خواستند با روزنامه‌ای که به زندان می‌آمد زندان را آتش بزنند. به همین دلیل هم رئیس شهربانی دستور داده است که ورود هرگونه روزنامه به زندان قدغن است.»

گفتم:

«اگر قرار به آتش زدن باشد، زندانی‌ها می‌توانند با آتش زدن پتو و تشک‌های خودشان هم همه جا را به آتش بکشند. ولی من به شما قول می‌دهم که تا وقتی من در این زندان باشم چنین اتفاقی نخواهد افتاد.»

«ولی این دستور رئیس شهربانی ست.»

«خواهش می‌کنم از قول من به ایشان بگوئید که مطمئن باشد که هیچ اتفاقی نخواهد افتاد. اصلاً می‌توانید هر روز روزنامهٔ روز قبل را تحویل بگیرید و روزنامه بعدی را بدهید. به این ترتیب روزنامه‌ای باقی نمی‌ماند که کسی بتواند با آن زندان را به آتش بکشد.»

سرگرد خنده‌ای کرد و گفت:

«معلوم است که شما می‌خواهید به هر شکلی شده به تمام خواست‌های

خود برسید. ولی به عنوان یک آدم سیاسی باید در مقابل امتیازهای گرفته شده کمی هم نرمش نشان داد.»

بی‌درنگ جواب دادم:

«اصلاً این طور نیست. اصرار من بر روی روزنامه فقط به این خاطر است که این موضوع واقعاً برای من مهم است. من حاضرم رادیو را از من بگیرید تا فکر نکنید من به هیچ وجه نمی‌خواهم کوتاه بیایم. ولی در مقابل به من روزنامه بدهید.»

سرگرد باز خندید و گفت:

«من قول نمی‌دهم. ولی سعی خودم را می‌کنم که رئیس شهربانی را به این کار راضی کنم.»

از جا برخاستم و گفتم:

«من هم از شما به خاطر حسن نیت تان متشکرم. کاش شما رئیس این زندان بودید. آن وقت من فکر می‌کنم که هیچ مشکلی در این جا نداشتم. زیرا همه چیز را می‌شود با گفتگوی با شما حل کرد.»

سرگرد گفت:

«ولی قبل از این که بروید، اجازه بدهید یک موضوع را هم حل کنیم. من الان زنگ می‌زنم که شیر بیاورند و شما اعتصاب تان را بشکنید و بعد به زندان بروید.»

گفتم:

«با این که با خودم عهد کرده بودم که تحت هیچ عنوان در زیر هشت غذا نخورم، ولی برای این که به شما نشان بدهم که من هم می‌توانم متقابلاً چیزی را بپذیرم، بسیار خوب، اعتصابم را همین جا می‌شکنم.»

و یک قند از قندانی که روی میز بود برداشتم و در دهان گذاشتم. سرگرد خندید و بلند شد با من دست داد و مرا به درون زندان فرستاد.

همین که وارد شدم انبوهی از زندانی‌ها دورم جمع شدند. پاسبان‌ها فوراً آمدند و آن‌ها را به عنوان این که مزاحم من هستند دور کردند و مرا به اتاقم بردند. ولی بچه‌های اتاق همه آمدند و همین که نگهبان رفت، رضا و هاشم گورانی و چندتای دیگر هم آمدند. رضا که با شادی بی‌نظیری به من چشم دوخته بود کنار من نشست و آهسته گفت:

«همه چیز را می‌دانم. قبل از این که به بند بیائی پاسبان‌ها همه چیز را برای قاسم پاسبان تعریف کرده‌اند و او هم همه را به من گفت.»

گفتم:

«بسیار خوب بعداً در این باره با هم حرف می‌زنیم.»

رضا گفت:

«حالا چی می‌خوری؟ حالا دیگر نمی‌توانی بگوئی برو پانزده روز دیگر بیا

که همه چیز را برایت بگویم. همین الان باید بگوئی چه می‌خوری که بروم بیاورم و جلویت هم بایستم که حتماً بخوری.»

خندیدم و گفتم:

«هیچی، هر چه که شام همیشه گی ست.»

گفت:

«نه، مگر می‌شود. بچه ها می گویند که فقط باید شیر بخوری. می دانی چند روز است غذا نخورده ای؟ پانزده روز!»

گفتم:

«تو از کجا می دانی؟»

خندید و گفت:

«می دانم دیگر.»

از آن روز به بعد، در بند به خاطر من باز ماند. البته صبح ها نمی گذاشتند کسی بجز من در بند بماند. زیرا همیشه فکر می کردند که ممکن است یکی از مقامات شهری به بازدید از زندان بیاید. ولی، بعد از ظهرها نتوانستند در مقابل فشار بقیهٔ زندانی ها مقاومت کنند. و همه اجازه پیدا کردند که بعد از شامگاه تا هنگام خاموشی که حیاط خوابی شروع می شد در بند بمانند. به همین خاطر خیلی از جاشوها که نماز می‌خواندند، می‌آمدند و مرا دعا می کردند که سبب شده ام که آن ها بتوانند بعد از غروب آفتاب در بند باشند و بتوانند نمازشان را در نمازخانهٔ بند بخوانند و ثواب بیشتری ببرند. و من در دلم به نتیجهٔ کارم می‌خندیدم و با خود می گفتم؛ نگاه کن، به جای هر چیز دیگر، این ها مرا دعا می کنند که در نمازخانه شان را بروی شان گشوده ام.

مسئلهٔ صبح گاه و شام گاه هم حل شد و یک هفته بعد هم اولین روزنامه را به داخل زندان دادند. غیر از روزنامهٔ من، دو روزنامهٔ دیگر هم به زندانیان دیگر می‌دادند و روز بعد هم همه را جمع می کردند تا روزنامه های جدید را در مقابلش تحویل بدهند.

وضع بهداشت دستشوئی هم روبراه شد و همراه با آمدن آفتابه به آن‌جا و جمع کردن شیلنگ های لاستیکی، یکی از شیشه های نورگیر بالای سقف را برداشتند تا هوای دست‌شوئی بتواند عوض شود.

از آن به بعد، دیگر حتی پاسبان ها هم نوع دیگری با من برخورد می کردند و احتیاط لازم را به عمل می‌آوردند که من ایرادی از آن ها نگیرم.

رئیس زندان از مرخصی که برگشت، خبر شدم که ظاهراً هارت و پورت کرده است که چرا شرایط زندانش را در غیاب او تغییر داده اند. این خبرها را خود پاسبان ها به داخل زندان آوردند. ولی من از قاسم پاسبان شنیدم که این موضوع سیاه بازی بوده و حتی رئیس زندان برای حل مسئله به مرخصی رفته تا در غیاب او موضوع حل شود و خود او مجبور نباشد کوتاه بیاید.

هاشم گورانی هم که سردستهٔ تیغ کش‌های زندان و کسی بود که همه از او حساب می‌بردند، یک روز در حیاط با من هم قدم شد و آهسته به من گفت:

«آقا، می‌خواستم موضوعی را با شما در میان بگذارم.»

گفتم:

«بفرمائید هاشم خان.»

گفت:

«اولاً بچه‌ها انتظار داشتند که شما ما را در جریان بگذارید که مجبور نشویم از دیگران بشنویم که اعتصاب غذا کرده‌اید. چون اگر خدای نکرده بلائی به سر شما می‌آوردند، ما فقط دست‌مان را روی دست گذاشته بودیم و فقط نگاه می‌کردیم. ولی اگر آدم از قبل بداند، یک کاری می‌کند.»

گفتم:

«معذرت می‌خواهم که به شما چیزی نگفتم. این موضوع به ذهنم نرسیده بود.»

گفت:

«ولی موضوعی که می‌خواستم بگویم، این نبود. موضوع سر این است که از روز ورود شما، رئیس زندان پنجاه تا جاسوس برای شما گذاشته که بیشترشان آمدند و خودشان پیش من اعتراف کردند. چون نه می‌خواستند که این کار را بکنند و نه از ترس ماها جرأت این کار را داشتند. ولی چندتای‌شان هستند که هنوز نیامده‌اند چیزی بگویند. البته حساب آن‌ها را خواهیم رسید. فقط می‌خواستم بگویم بچه‌ها همگی آماده‌اند که هر وقت شما ناراحتی‌ای چیزی داشتید بگوئید که ما اگر توانستیم حل کنیم. اگر هم لازم شد شلوغ می‌کنیم.»

از او خیلی تشکر کردم و گفتم احتیاجی به شلوغ کردن نیست. خیلی از کارها را باید با سیاست انجام داد. مثلاً همین موضوع، اگر با شرکت دیگر زندانی‌ها انجام می‌شد شانس موفقیت کمی داشت. البته منظورم این نیست که شما ها نمی‌توانید اعتصاب کنید و یا درست نیست که اعتصاب کنید. ولی شماها می‌توانید خودتان، جدا، هرکاری که می‌خواهید بکنید و مطمئن باشید که من با تمام قوا از شما پشتیبانی می‌کنم. منتهی نباید اجازه داد که رئیس زندان بتواند با دادن عنوان تحریک زندانیان عادی توسط یک زندانی سیاسی پای ساواک را به میان بکشد و همه را بترساند و اعتصاب را بشکند.»

هاشم گورانی که انگار به این موضوع فکر نکرده بود، گفت:

«بله. مسلماً ما اگر بخواهیم کاری بکنیم حتماً با شما در میان می‌گذاریم. ولی حالا در مورد این جاسوس ها چه کار باید بکنیم؟»

گفتم:

«احتیاج نیست کار خاصی بکنید. فقط اگر می‌توانی به آن‌هائی که موضوع را برایت تعریف کرده‌اند، بگو که خودشان بیایند وموضوع را به من هم بگویند.

این مسئله مهم است و من بعداً می توانم از آن استفاده کنم.»
هاشم گفت:
«چشم آقا، حتماً این کار را می کنم.»
از آن روز به بعد، چند تا از زندانی ها آمدند و پیش من اعتراف کردند که سرهنگ می خواسته از آن ها به عنوان جاسوس علیه من استفاده کند. ولی آن ها هیچ گونه گزارشی علیه من نداده اند. من هم آن ها را دلداری دادم و ازشان تشکر می کردم و گفتم که اگر سرهنگ باز هم چیزی پرسید، بگوئید که هیچ چیز بخصوصی دربارهٔ من نمی دانید.»

رضا هم که از آن به بعد مراقبت از من را افزایش داده بود، گفت که واقعاً از این که در آن مدت نتوانسته به اعتصاب غذای من پی ببرد دچار حیرت شده است. زیرا خودش را با توجه به دوره ای که در زندان قصر دیده بود کلی آدم هوشیار و زرنگ تصور می کرده که براحتی می تواند به همهٔ رمز و رموز پی ببرد. و واقعاً هم آدم با هوش و تیزی بود. ولی از این غافلگیری به این نتیجه رسیده بود که آدم های سیاسی زرنگ ترند و آدم اگر بخواهد یک موجود زرنگ و کامل باشد، باید سیاسی شود. و از من می خواست که رمز و راز سیاسی شدن را با او در میان بگذارم و بگویم چه کتابی را باید بخواند. من هم چند کتاب تاریخ مشروطیت را که در کتابخانه دیده بودم به او معرفی کردم که بگیرد و بخواند و با مسائل جنبش مشروطه، که برایش می توانست شیرین هم باشد آشنا شود. یکی دو کتاب داستان هم معرفی کردم که بعد از آن بخواند. تا وقتی که در زندان آبادان بودم می دیدم که کتاب را می گیرد و زور می زند و چند ورقی می خواند و باز سرجایش می گذارد و بعد به بازی و تفریح و ورزش می پردازد. البته پشت کار و پی گیری داشت و هر روز چند صفحه ای می خواند. به این علت به او فشار نمی آوردم و گذاشته بودم که خودش آرام آرام کتاب خوان شود. اما قول داده بودم که بعد از خواندن کتاب بیاید که در بارهٔ آن حرف بزنیم.

بعد از این حوادث، ستوان جلالی یک شب به بند آمد و در دفتر نگهبانی نشست و مرا صدا کرد و یک چای جلویم گذاشت و شروع به گپ زدن کرد. دفتر نگهبانی بند طوری بود که به حیاط پنجره داشت و زندانی ها می توانستند کسانی را که آن جا نشسته بودند ببینند. از این رو من چندان راضی نبودم که در دفتر نگهبانی چای بخورم و در جلوی زندانیان رفتاری داشته باشم که آن ها فکر کنند می توان با افسران و مسئولین زندان خوش و بش کرد. من واقف بودم که هر رفتار من، به شکل های مختلف مورد تقلید واقع می شود و سبب توجیه حرکات دیگر خواهد شد، و نمی خواستم چای خوردن و خوش و بش کردن با مسئولین زندان در میان زندانیان امری عادی جلوه کند. از این رو، خوردن چای در آن جا خوداری کردم. ولی ستوان اصرار می کرد که من چایم را

بخورم و ظاهراً می خواست با من خودمانی بشود. و حتی از موضوع فرار یکی از افسران زندان ساری که با یکی از چریک ها از زندان فرار کرده و به آن ها پیوسته بود، موضوع را به شکل جدیدی مطرح سازد. او آنقدر احمق بود که نمی توانست به رو بودن حقه ای که می خواست بزند پی ببرد.

از همین رو دفعهٔ بعد که به بند آمد و خواست باز با من در دفتر نگهبانی به گفتگو بنشیند، نپذیرفتم و گفتم اگر با من کار دارد و یا می خواهد موضوعی را در میان بگذارد، یا مرا به دفتر زندان فرا بخواند و یا در حضور بقیهٔ زندانی ها حرف هایش را بزند. به این ترتیب او از این بازی دست برداشت و بجز یک مورد دیگر سراغ مرا نگرفت.

یک روز نگهبانی داخل بند مرا خواست و به من اطلاع داد که برایم از زندان اهواز مبلغ دویست تومان پول آمده است. اما نام فرستندهٔ پول را به من نگفتند. بی درنگ دریافتم که شهاب لبیب، یعنی تنها کسی که در زندان اهواز از بودن من در زندان آبادان خبرداشت آن پول را فرستاده است. اما این که چگونه توانسته بود این کار را بکند، برایم روشن نبود. چون چنین امری، یعنی فرستادن پول از سوی زندانیان سیاسی برای یک دیگر بی سابقه بود و در زندان های سیاسی همیشه از آن جلوگیری می کردند. زیرا این کار نشانهٔ همبستگی زندانیان با هم به شمار می آمد و سبب تقویت روحیهٔ مبارزاتی آن ها می شد. در هر صورت از آمدن پول خیلی خوشحال شدم زیرا تا آن زمان، به دلیل بی پولی از کشیدن سیگار خودداری کرده بودم. ولی از آن پس می توانستم با خیال راحت سیگار بخرم و یا گاهی یک نوشابهٔ خنک، که بارها در گرمای خفه کنندهٔ آبادان در فروشگاه زندان دیده و هوس کرده بودم بگیرم. من شکمو بودم و همیشه دلم می خواست نوشیدنی و خوردنی های لذیذ به بدن بزنم. و در آن هوای گرم نوشیدنی خنک و شیرین خیلی می چسبید. بعضی روزها، هوای آبادان چنان گرم و شرجی می شد که واقعاً نفس کشیدن با دشواری توأم بود. زیرا در اثر ازدیاد درجهٔ حرارت و رطوبت هوا، در صد اکسیژن پائین می آمد و نفس کشیدن سخت می شد. بخصوص گرما تمام پوست صورت، زیر گلو و پیشانیِ مرا ملتهب می کرد و به عرق کردن وامی داشت، و بر اثر پاک کردن مداومِ عرق، پوستم جوش می زد و قرمز می شد. در چنین روزهائی، از ظهر به بعد، به شدت عرق می کردم و علاوه بر نشستن زیر پنکه باید حتماً خودم را جداگانه هم باد می زدم تا عرق نکنم. و به این ترتیب نمی توانستم به کار و مطالعه ام بپردازم. و حتی نمی توانستم بخوابم. زیرا به محض به خواب رفتن چنان از عرق خیس می شدم که از خواب می پریدم. همان روز که برایم پول آمد، پدر و مادرم نیز از تهران به ملاقاتم آمدند. آن ها چون زمان ملاقات را نمی دانستند، آخر هفته به آبادان رسیده و مجبور شده بودند تا دوشنبه منتظر بمانند تا روز ملاقات فرابرسد. و در این مدت مجبور بودند در هتل اقامت

کنند. مادرم می گفت؛ «روز پنج شنبه هرچه التماس کردیم به ما ملاقات ندادند. گفتیم، بابا ما هزار کیلومتر راه آمده ایم. آخر خدا را خوش نمی آید که در این شهرِ غریب تا دوشنبه در هتل بمانیم تا بتوانیم ملاقات کنیم. گفتند اگر یک ساعت زودتر رسیده بودید می شد، ولی حالا ملاقات تمام شده است.». مادرم اصرار داشت که حتماً ماهی یک بار به ملاقاتم بیاید. ولی من از آن ها قول گرفتم که هر دو ماه یکبار زودتر نیایند. زیرا یک مسافرت دوهزار کیلومتری در هر ماه، جدا از مخارجی که داشت، می توانست به سلامتی او و پدرم که هردو مریض احوال بودند صدمه بزنند. بعد هم گفتم که اگر یک بار دیگر آمدید و وقت ملاقات نبود، بروید شهربانی، یا دادگستری اعتراض کنید و ملاقات بگیرید.

آن روز، ملاقات را زودتر از معمول قطع کردند و مرا به بهانهٔ این که به خانواده ام راهنمائی های ناجور کرده ام مورد مواخذه قرار دادند. به همین خاطر بعد از بگو مگو با معاون رئیس زندان عصبانی بودم و داشتم تند تند در حیاط قدم می زدم که کمی آرام شوم. یکی از زندانی ها آمد و با من هم قدم شد و گفت:

«آقای سماکار، عرض مختصری داشتم.»

گفتم:

«بفرمائید.»

گفت:

«من یک زندانی هستم که زن و بچه دارم و اکنون که به زندان افتاده ام خانواده ام در گرسنگی به سر می برد.»

فکر کردم که چون فهمیده است که من ملاقات داشته ام حتماً می خواهد تقاضای کمک مالی کند. گفتم:

«من هر کمکی که بتوانم به خانواده ات می کنم. آدرس و یا شمارهٔ تلفنی از آن ها بده تا به خانواده ام بگویم که به آن ها کمک کنند.»

گفت:

«نه نه. منظورم کمک این جوری نیست. من یک مشکل دارم... مرا به اتهام قتل به زندان انداخته اند. ماجرا هم این طوری بود که یک شب من و دوستم داشتیم سوار بر موتور می رفتیم که نزدیک آبادان چند نفر جلوی ما را گرفتند. ما پیاده شدیم و آن ها ریختند سر ما و لختمان کردند و در رفتند. خوشبختانه موتورمان را نبردند. ولی هرچه داشتیم از ما گرفتند. ما یکی از آن ها را شناخته بودیم. به دوستم گفتم بیا برویم از او شکایت کنیم. ولی او گفت که نه این کار را نکنیم. گفتم چرا؟ گفت، برای این که او فامیل ما ست. من هم به خاطر او شکایت نکردم. ولی گفتم که برود پیش او و پول ها و ساعت مرا پس بگیرد. و الی شکایت خواهم کرد. دوستم رفت و چند روز پیدایش

نشد. بعد یکهو یک روز از شهربانی ریختند و مرا گرفتند و گفتند که تو آن یارو را کشته ای. من هم که ترسیده بودم، انکار کردم که اصلاً چنین کسی را نمی شناسم. ولی همان دوستم آمد و ماجرا را تعریف کرد و گفت که من به او گفته ام که بالاخره فامیل شان را خواهم کشت. بعد مرا زدند. خیلی زدند که به قتل اعتراف کنم. جوجه کباب کردند. جوجه کباب می دانید که چه طوری ست؟ من هم گفتم بله او را کشته ام. اما دو هفته پیش، همان دوستم به یک جرم دیگر به زندان آمد و وقتی آه و نالهٔ مرا دید و فهمید که زن و بچه ام دارند گرسنه گی می کشند، پیش من اعتراف کرد که خودش فامیل شان را کشته است. من که از شنیدن این حرف از خوشحالی بال در آورده بودم، از او خواستم که مردانگی کند و پیش شهربانی اعتراف کند. او هم همین کار را کرد. ولی ادارهٔ آگاهی قبول نکرد. گفتند شما تبانی کرده اید.»

نگاهش کردم و با تعجب پرسیدم:

«یعنی چه که تبانی کرده اید؟»

«والله نمی دانم. بچه ها می گویند چون آگاهی با کتک از من اعتراف گرفته است حالا نمی خواهد کوتاه بیاید.»

گفتم:

«خوب به دادگستری شکایت کن.»

گفت:

«کرده ام. فایده ندارد. حرفم را قبول نمی کنند.»

گفتم:

«خُب، از دست من چه کاری برمی آید؟»

با مِن و مِن گفت:

«بچه ها می گویند اگر شما شکایت کنید شاید خبری بشود. چون این ها از شما می ترسند.»

نگاهش کردم. نمی دانستم چه بگویم. اصلاً نمی دانستم داستانش تا چه حد واقعیت دارد. و اگر هم واقعیت داشته باشد، من چه کاری می توانم بکنم؟ سر و صدا کردن روی این موضوع از طرف من، شاید کار او را بدتر هم می کرد. برای یک لحظه هم فکر کردم که نکند این موضوع اصلاً ساخته و پرداختهٔ رئیس زندان باشد که مرا درگیر یک ماجرا کند تا ساواک بپذیرد که من در زندان تحریک می کنم و زندانی ها را به کارهای عجیب وامی دارم. با توجه به تمام این مسائل گفتم:

«حالا بگذار من کمی در این مورد فکر کنم. بعد خبرت می کنم. در ضمن اسم آن دوستت را هم به من بگو.»

گفت:

«اسمش علی پاشائی ست.»

ماجرا را برای هاشم گورانی نقل کردم و از او خواستم در این باره تحقیق کند ببیند موضوع چقدر صحت دارد. او هم فوراً ته و توی قضیه را در آورد و به من گفت که فکر می کند که ماجرا واقعیت دارد. من هم گفتم سعی خودم را خواهم کرد که برای او کاری بکنم. ولی اول باید جوانب قضیه را بسنجم.

در این میان، رئیس زندان که نتوانسته بود حرفش را در مورد من به کرسی بنشاند، به آزارش به زندانی ها افزوده بود که از تبعیت آن ها از من جلوگیری کند. او در پی این بود که با فشار بیشتر روی آن ها و با بهانه های مختلف برخی از آنان را به زیر هشت بکشد و به همکاری وادارد. بخصوص پس از آن که جاسوسانی که برای من گذاشته بود، به جز یکی دو مورد، بقیه از همکاری سر باز زده و خبری از من به او نمی دادند، می خواست هرطور شده قدرتش را در زندان نشان دهد. و در این راستا رفتار پاسبان ها با زندانیان تغییر کرد و این جا و آنجا آن ها را به فحش می کشیدند. یک شب، که حدود نیم ساعتی از موقع خاموشی گذشته بود و زندانیان مثل همیشه هنوز بیدار بودند و با هم حرف می زدند، پاسبان نگهبان شروع کرد به بد و بیراه گفتن به زندانی ها و با تشر از آن ها خواست که بخوابند. این رفتار که تا آن زمان از هیچ پاسبانی دیده نشده بود به من گران آمد. او بار دیگر و بار دیگر توهین هایش را به زندانیانی که حرف می زدند تکرار کرد تا این که صدای مرا در آورد و من خطاب به او با صدای بلند گفتم:

«چرا این قدر داد می زنی و توهین می کنی؟ مگر نمی بینی که نیم ساعت از خاموشی گذشته و ما خوابیده ایم؟»

پاسبان که از صدای بلند من جا خورده بود گفت:

«خُب تقصیر این ها ست که نمی خوابند.»

گفتم:

«من می پرسم که چرا داد می زنی؟ اگر می خواهی کسی را ساکت کنی می توانی آهسته به او تذکر بدهی. ولی وقتی داد می زنی، دیگرانی را هم که خوابند بیدار می کنی. علاوه بر این چرا توهین می کنی؟»

پاسبان گفت:

«من توهین نکردم.»

«چرا کردی. این همه آدم شنیدند دیگر.»

پاسبان که کمی ترسیده بود رفت و از سوراخ در آهنیِ زندان افسر نگهبان را از بیرون صدا زد. افسر نگهبان که همان ستوان جلالی بود آمد پشت سوراخ، و او موضوع را برایش گفت. جلالی هم از پشت سوراخ خطاب به من گفت:

«آقای سماکار، شما اگر از سر و صدا ناراحتید بروید در اتاق بخوابید.»

گفتم:

«در اتاق گرم است. کولر بگذارید تا من بروم در اتاق بخوابم.»

گفت:

«مگر این جا هتل است؟»

گفتم:

«نه، زندان است، ولی شکنجه گاه نیست.»

دریچه را بست و رفت و پاسبان هم ساکت شد و دیگر داد نزد.

صبح ساعت حدود ده بود که قاسم پاسبان به من اطلاع داد که از پاسبان ها شنیده است که یک نفر را از ساواک آورده اند که ناظر صحبت من و رئیس زندان باشد. زیرا رئیس زندان به ساواک گفته است که من هر وقت که با او حرف می زنم علیه رژیم شعار می دهم.

مرا به زیر هشت صدا زدند و به دفتر سرهنگ بردند. یک نفر با لباس شخصی آن جا نشسته بود که سرهنگ او را پسرخالهٔ خود معرفی کرد. من که موضوع را می دانستم، از این حرف در دلم خندیدم. احمق نمی توانست بفهمد که حتی اگر من از طریق قاسم پاسبان هم نفهمیده بودم که این فرد ساواکی ست، از طریق معرفی او می فهمیدم؛ زیرا پسر خالهٔ هیچ رئیس زندانی اجازه ندارد در گفتگوی یک زندانی سیاسی با رئیس زندان حضور داشته باشد.

جلوی مأمور ساواک با لحن خیلی نرم با سرهنگ صحبت کردم. ولی سرهنگ با لحن خشنی از من راجع به ماجرای شب گذشته و این که من زندانی ها را علیه پاسبان تحریک کرده ام سخن گفت. ولی من در کمال خونسردی حرف او را رد کردم و گفتم که می تواند زندانیان را به زیر هشت بخواهد و از آن ها در مورد آن چه پیش آمده سئوال کند. اگر از صحبت آن ها معلوم شد که تحریکی در کار نبوده، پس معلوم است که نگهبان ها گزارش خلاف واقع داده اند.

سرهنگ این کار را نکرد ولی، کوشید مرا عصبانی کند تا حرف تندی بزنم و او بتواند علیه من من چیزی را به ساواک اثبات کند. عاقبت «پسرخالهٔ» رئیس زندان گفت:

«آقای سماکار، البته من اگر جای شما بودم، به جای این که به نگهبان بگویم که ساکت باشد، از زندانی ها می خواستم که ساکت باشند و سبب نشوند که پاسبان داد بکشد.»

فوراً گفتم:

«من هنوز با زندانی ها حرف نزده، این ها می گویند تحریک کرده ای. چه برسد که با آن ها حرف هم بزنم. در آن صورت فوراً برایم پرونده می سازند که خواسته ام زندانی ها را سازماندهی کنم.»

مأمور ساواک که یادش رفته بود که باید همچنان نقش پسرخاله را بازی کند و خود را وارد گفتگوی ما نسازد، گفت:

«بله، حق با شما ست.»

ولی بعد ناگهان مثل این که متوجهٔ خطای خودش شده باشد گفت:

«البته من به این امور وارد نیستم. می بخشید که دخالت کردم.»

نتیجهٔ گفتگو، بی آنکه سرهنگ بتواند ادعایش را در مورد تحریک های من به ساواک ثابت کند این بود که مرا دوباره به بند برگرداندند و پاسبان ها هم ناچار شدند از آن پس نه تنها مواظب حرف زدن شان با من باشند، بلکه با زندانیان دیگر هم بدون داد و فریاد صحبت کنند.

اما مدتی نگذشت که باز رئیس زندان یک ماجرای تازه پدید آورد. در آن زمان دولت سیاست صرفه جوئی اعلام کرده و از همهٔ ادارات خواسته بود که در مخارج خود رعایت بودجهٔ عمومی را بکنند. رئیس زندان هم در تبعیت از این سیاست، فوراً دستور داد که پنکه ها را خاموش کنند و ما را در عرق ریزان گرمای داغی که به قول محلی ها به «تَش باد» معروف بود بدون ذره ای نسیم که خنک مان کند رها کرد. سیاست دولت در آن شرایط به خاطر فساد گسترده و ولخرجی های بی حساب و به دلیل رشد یک بوروکراسی بی در و پیکر، و همچنین به خاطر بالا رفتن قیمت واردات مختلف در مقابل افزایش قیمت نفت بود، و ظاهراً می خواست در درجهٔ اول به بحران سیاسی موجود و بعد به بحران اقتصادی پاسخ بگوید. اما رئیس زندان ما پنکهٔ زندان را که بدون باد آن واقعاً نشستن در گرمای شرجی اتاق ها غیرممکن بود، به عنوان کمک به صرفه جوئی دولتی قطع کرد. طبعاً این من بودم که باز می بایست در آن زندان اعتراض می کردم و باز این رئیس زندان بود که شروع به کلنجار رفتن در این مورد کرد و حاضر نشد دوباره پنکه ها را به راه بیندازد. از نظر من او موجود احمقی بود که به ابتدائی ترین و بی منطق ترین شیوه های ممکن می خواست زندانی ها را آزار بدهد و بلد هم نبود چکار کند. از این رو من ناچار شدم این بار نیز برای راه انداختن دوبارهٔ پنکه ها اعتصاب غذا کنم. برداشتم و نامه ای خطاب به رئیس ادارهٔ ساواک آبادان نوشتم و از او تقاضای ملاقات کردم و ذکر کردم که چون معمولاً به حرف های من ترتیب اثر داده نمی شود، تا ملاقات با شما اعتصاب غذا خواهم کرد.

چند روزی گذشت و خبری نشد. عاقبت روز چهارم مرا به زیر هشت خواستند و همراه هشت پاسبان و سروان معاون رئیس زندان و در دو ماشین اسکورت به ساواک بردند. پاسبان ها را مانند آن که بخواهند به میدان جنگ بفرستند غرق اسلحه و فشنگ و نارنجک کرده بودند و مرا در محاصرهٔ آن ها توی ماشین نشاندند و به سوی ساواک براه افتادند.

در ساواک، یک سرهنگ با لباس شخصی آمد و خود را معاون رئیس ساواک آبادان معرفی کرد و گفت:

«چون تیمسار ریاست در مرخصی به سرمی برد من شما را خواسته ام تا از مسائل تان با خبر شوم.»

بعد رو به سروان معاون زندان کرد و از او خواست که دست بند مرا باز

کند. سروان دست بند مرا باز کرد و خواست همراه ما به اتاق سرهنگ بیاید. ولی سرهنگ به او گفت:

«لطفاً شما همین جا بمانید، من با آقای سماکار تنها صحبت خواهم کرد.»

سروان که قیافه اش نشان می داد از این حرف جاخورده و بور شده است، پا به هم کوبید و خبردار ایستاد تا ما دور شویم.

سرهنگ مرا به اتاقش برد و دستور داد چای بیاورند. و از من خواست اول اعتصابم را بشکنم. گفتم:

«چون اعتصاب من برای ملاقات با شما بوده، بنابراین دیگر نیازی به ادامه دادن آن ندارم و چایم را می خورم.»

سرهنگ پرسید:

«خُب آقای سماکار مشکل شما چیست؟ مثل این که شما مرتب با رئیس زندان درگیری دارید.»

گفتم:

«من دیگر واقعاً از دست ایشان ذله شده ام. من یک زندانی سیاسی هستم که می خواهم آرام زندانم را بکشم و مطالعه و برنامهٔ خودم را اجرا کنم و از این فرصت زندان استفاده ببرم و چیزی بیاموزم. ولی تمام انرژی و اعصاب من باید صرف پس زدن مشکلاتی شود که مدام در این زندان برای من پیش می آید. شما مسلماً در جریان تمام مسائلی که تا به حال بر من گذشته هستید. من دیگر سرتان را در این مورد درد نمی آورم تا همه را بازگو کنم. ولی همین آخرین مورد را هم که بگیرید، خودتان می فهمید که وضع من چگونه است. آخر شما قضاوت کنید که در این گرمای طاقت فرسا آیا ممکن است که آدم در اتاق بی پنکه بنشیند و بتواند مطالعه هم بکند؟ تنها بهانهٔ مسئولین زندان هم این است که دستور داده اند که صرفه جوئی کنیم. آخر مگر یک پنکه که در اتاق من روشن باشد در طول حتی روز چقدر برق مصرف می کند که مسئلهٔ صرفه جوئی بخواهد مطرح شود. علاوه براین، صرفه جوئی برای جلوگیری از حیف و میل است. این جا چه حیف و میلی دارد اتفاق می افتد. واقعاً عمد در ناراحت کردن زندانی در این کارها دیده نمی شود؟ می دانید؟ متأسفانه، افسران شهربانی نمی دانند که با زندانی سیاسی چگونه باید رفتار کنند. آن ها تجربه و دانش سیاسی شما را ندارند.»

سرهنگ که در سکوت به من خیره شده بود و گوش می داد لبخندی زد و پرسید:

«دیگر چه مشکلی دارید؟»

گفتم:

«من نمی دانم که هر لحظه چه مشکل تازهٔ دیگری سر راه من قرار خواهد گرفت. ولی این را بگویم که وقتی رئیس زندان برای من پنجاه جاسوس گذاشته

تا هر حرکت مرا گزارش کنند، همین موضوع باعث تشنج مداوم نخواهد شد؟»

سرهنگ با تعجب گفت:

«پنجاه جاسوس؟ شما از کجا می‌دانید؟»

«بیشتر آن‌ها خودشان آمده‌اند و برای من گفته‌اند که رئیس زندان از آن‌ها خواسته هر حرکت مرا گزارش کنند. آن‌ها گفتند که حدود پنجاه نفر بوده‌اند که سرهنگ باهاشان صحبت کرده است.»

«شما چند نفرشان را می‌شناسید؟»

«بیش از چهل نفرشان را.»

سرهنگ لبخند زد و گفت:

«خُب، جالب است. دیگر چی؟»

«همین... البته در ضمن می‌خواستم درخواست یک زندانی را هم به اطلاع شما برسانم.»

با تعجب گفت:

«چه درخواستی؟»

یکی از زندانیان آمد پیش من و به طور خصوصی موضوعی را در مورد پرونده‌اش مطرح کرد. او گریه می‌کرد و قسم می‌خورد که بیگناه است، ولی به او تهمت قتل زده‌اند. می‌گفت در ادارهٔ آگاهی آن قدر او را زده‌اند تا به قتل اعتراف کرده است. در حالی که این موضوع واقعیت ندارد. بعد هم می‌گفت که قاتل واقعی پیدا شده و به یک جرم دیگر به همین زندان آمده و پیش او هم اعتراف به قتل کرده. و حتی خودش را به ادارهٔ آگاهی هم معرفی کرده. ولی آن‌ها به خاطر این که نمی‌خواهند قبول کنند که به ضرب کتک از متهم اولی اعتراف گرفته‌اند، به او گفته‌اند که بی خود سعی نکند که با این کار قاتل اصلی را نجات دهد. و حرف او را نپذیرفته‌اند.

حالا این زندانی از من خواسته است که صدایش را بدون آن که ادارهٔ آگاهی متوجه شود به گوش کسی برسانم که بتواند به او کمک کند. و من هم شما را شایسته‌ترین شخص برای این دادخواهی تشخیص داده‌ام و به همین دلیل هم موضوع را به شما می‌گویم و امیدوارم که فرصت تحقیق در این مورد را داشته باشید. زیرا واقعاً حیف است که یک انسان بی گناه به جرم قتل بالای دار برود.»

سرهنگ گفت:

«اسم این زندانی چیست؟»

«غلامرضا کیانی.»

«اسم آن نفر دوم چیست؟»

«نمی‌دانم. با او صحبت نکردم.»

«فکر می‌کنید که این شخص راست می‌گوید؟»

«والله نمی دانم. در ضمن من به او هیچ قولی هم ندادم. ولی از شما خواهش می کنم برایش کاری بکنید.»

سرهنگ سری تکان داد و گفت:

«حتماً رسیدگی می کنم. خب دیگر مشکلی نیست؟»

گفتم:

«نه، متشکرم.»

گفت:

«امیدوارم مشکلات شما هم حل بشود. من در تمام این موارد با تیمسار صحبت خواهم کرد.»

همین که به زندان برگشتم، ستوان جلالی همان زیر هشت می خواست با چرب زبانی از کم و کیف گفتگوی من و معاون رئیس ساواک مطلع شود. ولی او را تحویل نگرفتم و گفتم که دربارهٔ برخی از مسائل مربوط به پرونده ام صحبت کرده ام. بعد رئیس زندان مرا خواست و او هم دربارهٔ صحبت های من در ساواک سئوال کرد. گفتم:

«من در زندان شما ناراحتی هائی داشته ام که آن ها را با مقامات امنیتی آبادان در میان گذاشته ام.»

گفت:

«نمی خواهید با خود من در مورد این ناراحتی ها صحبت کنید؟»

«شما از این ناراحتی ها اطلاع دارید.»

«نه من اطلاعی ندارم.»

«من قبلاً همه چیز را به اطلاع شما رسانده ام.»

«بسیار خوب. بفرمائید بروید توی بند.»

به بند برگشتم و قبل از همه چند کلمه با غلام رضا کیانی حرف زدم و به او حالی کردم که دربارهٔ پروندهٔ او با ساواک صحبت کرده ام. اما از او خواستم که کلمه ای از این موضوع به کسی نگوید، و گفتم: «حتی اگر آزاد هم شدی هم صلاح نیست با کسی در این باره صحبت کنی؛ زیرا، ادارهٔ آگاهی می تواند از تو انتقام بگیرد و به یک بهانهٔ دیگر دوباره تو را به زندان بکشد.» او با خوشحالی چند بار حرف مرا تائید کرد و قول داد که در این باره با کسی حرف نزند.

به هاشم گورانی هم اطلاع دادم که با ساواک دربارهٔ جاسوس ها صحبت کرده ام و از او خواستم که با همهٔ آن ها صحبت کند و بگوید که اگر ساواک در این باره چیزی پرسید، نترسند و واقعیت را بگویند.

بعد هم چند کتاب از کتاب خانه گرفتم و خودم را برای مدتی به مطالعه مشغول کردم.

شب موقع خواب در حیاط، باد شبانه ای می وزید و در دوردست تاریک آسمان، ابرها به سرعت در حرکت بودند و در هم فرومی رفتند. تابستان دیگر می رفت که تمام شود و اولین طلایه های انقلاب پائیز داشت خود را نشان می داد. در دورها آسمان می غرید. بعضی ها سرشان را از زیر ملافه ها در می آوردند و به بالا نگاه می کردند. بادی که می آمد کمی گرد و خاک با خود داشت و گاهی ملافه ها را از روی رختخواب ها می ربود. چند قطرهٔ درشتِ باران هم بارید. اما وضع طوری نبود که نیاز باشد در بندها را باز کنند. کمیَ بعد هوا آرام شد و تنها، خنکیِ دلچسبی که کمی بوی خَاک می داد و در شب های گرم آبادان سابقه نداشت باقی ماند. ملافه را تا زیر گلویم کشیدم و به آسمان که حرکت ابرهایش آرام تر شده بود خیره شدم. آن همه درگیری با مسئولین زندان واقعاً تمام ذهنیت مرا به خود مشغول داشته بود و نمی گذاشت روی مسائل مطالعاتی ام متمرکز شوم. تصمیم گرفتم که بعد از آن، یک روال مطالعاتی برای خودم معیین کنم و بدون توجه به آن چه در زندان پیش می آید آن را ادامه بدهم. یکی دو روز بعد که فرصت بیشتری داشتم که در آرامش روی مسائلی که در آن مدت بر من گذشته بود بیندیشم، با خود می گفتم که یا این ها در مقابل من کوتاه می آیند و یا می زنند پدرم را در می آورند. در هر حال هرچه بشود بهتر از یک جنگ اعصاب مداوم است. چون هر چیزی اندازه ای دارد. در واقع من به جائی رسیده بودم که دیگر جریان حوادث را نمی شد تغییر داد. هر گونه عقب نشینی نه تنها مساوی بود با از دست دادن همهٔ امتیازهائی که تا آن زمان گرفته بودم، بلکه عقب نشینی، مساوی با از دسَت دادن خودم نیز بود. در واقع این بازی خطرناکی بود که هر دو طرف می خواست تا آخرین شانس خود را در آن آزمایش کند و کوتاه نیاید. عاقبت من پیروز شدم. اما در واقع شانس آوردم؛ زیرا آن طوری که بعداً در زندان اهواز فهمیدم، جلسه ای علیه من از سوی شهربانی، ساواک، دادرسی ارتش آبادان و یکی از مسئولین زندان سیاسی اهواز تشکیل شده بود که به خیر می گذرد و من به اهواز منتقل می شوم.

زندان اهواز، منطقه آزاد شده

یک هفته بعد از دیدار با مسئول ساواک آبادان، مرا به اهواز منتقل کردند. هنگام ورود به بند سیاسی زندان اهواز، با صحنه ای روبرو شدم که به هیچ وجه انتظار آن را نداشتم، درست مثل آن بود که به منطقه ای آزاد شده پا گذاشته باشم. تمام بچه های زندان برای استقبال از من دو طرف راهروی بند صف کشیده بودند. شهاب لبیب جلوتر از همه ایستاده بود و با من دست داد و روبوسی کرد و خوش آمد گفت و بعد، من با تمام بچه های دیگر که به ترتیب خود را معرفی می کردند یکی یکی دست دادم و روبوسی کردم و تا پایان بند که به شکل حرف L بود رفتم. آخر سر هم به اتاقی رفتم که بقول بچه ها «پدر محمود»، در آن نشسته بود. و من که انتظار داشتم در آن جا با یک پیرمرد روبرو شوم، به جوانی هم سن و سال خودم برخوردم که با لهجهٔ غلیظ رشتی حرف می زد و تند و تیز و کوتاه قد بود و بدنی عضلانی داشت. محمود به من خوش آمد گفت و از این که به آن زندان آمده بودم ابراز خوشحالی کرد.

من فقط در مقابل این وضعیت دچار حیرت بودم و هرچه چشم می گرداندم اثری از نگهبان در بند نمی‌دیدم. برای من که پیش از آن شاهد کتک خوردن شدید بچه های زندان قصر به خاطر روبوسی و یا دست دادن به صورت انفرادی با زندانیان تازه وارد بودم، مشاهدهٔ این استقبال جمعی که آشکارا حکایت از

نوعی سازمان دهی دقیق روابط درونی زندان را داشت واقعاً حیرت آور بود. به ویژه که هیچ نگهبانی هم در بند نبود و ظاهراً بچه ها هر کار دلشان می خواست می کردند.

بعد شهاب مرا به اتاقی که خودش در آن اقامت داشت برد تا جای مرا نشان دهد. اتاق نسبتاً کوچکی بود که دو تخت خواب فلزی دو طبقه در دو طرف آن قرار داشت و بین آن ها فضائی به عرض یک متر و نیم باز بود. غیر از او، دو نفر دیگر نیز در آن اتاق اقامت داشتند که با من مجموعاً چهار نفر می شدیم. بطور طبیعی چنین به نظر می رسید که آن دو نفر دیگر ساکن اتاق هم در آن لحظه باید به رسم مهمان نوازی در اتاق باشند، ولی از غیبت آن ها دریافتم که به زندانی پا گذاشته ام که نوعی سازمان دهی حساب شده برای همه چیز دارد. و بعداً دیدم که واقعاً هم همین طور است. آن دو نفر، در آن لحظه ما را تنها گذاشته بودند تا شهاب که تنها آشنای پیشین من در آن بند بود فرصت آن را داشته باشد که در خلوت دو نفره، تمام رمز و راز بند را با من در میان بگذارد.

شهاب گفت:

«اینجا کویته.»

با حیرت و خوشحالی از آمدن به چنین زندانی گفتم:

«واقعاً قضیه چی ست که نگهبانی در بند پیدا نمی شود؟»

شهاب توضیح داد که داستانش مفصل است. فقط سربسته بگویم که ما در زندانی هستیم که یک رئیس بند خوب به نام «سروان ورهرام» دارد. بعداً برایت می گویم که موضوع چیست، ولی فعلاً توضیح بدهم که ما نگهبان در بند نداریم و آزادیم که به هر شکل که می خواهیم بچه ها را در اتاق ها جمع کنیم و برنامه داشته باشیم. در ضمن محمود محمودی، که بچه ها «پدر» صدایش می کنند، عملاً همه کارهٔ بند است. و واقعاً بچه ها حرف او را گوش می کنند. وقتی او به این زندان آمده، از صد و بیست نفر زندانی بند، نود نفرش، سر مسائل بچه گانه با هم دشمن بوده اند. ولی محمود می تواند با حرف زدن با تمام آن ها موجبات اتحاد دوباره شان را فراهم آورد، و بعد از مدتی، دست به چند اعتصاب غذا و اعتراض جمعی و قاطع بزنند و نهایتاً امتیازات زیادی را از زندان بگیرند و وضعی پیش بیاید که شاهد آن هستی.

البته سن محمود نسبت به بچه های این جا که اکثراً جوان دانش آموز و یا دانشجو هستند، زیادتر است و علاوه بر این، تجربه و سابقهٔ مبارزاتی او که از بچه های سیاهکل است سبب اعتبار خاصی شده که توانسته به اضافهٔ قدرت سازماندهی و روحیهٔ بالای مبارزاتیش، زندان را به چنین مرحله ای برساند.

من در سکوت به حرف های او گوش کردم و بسیار خوشحال بودم که از آن زندان مزخرف نجات پیدا کرده و به جائی آمده ام که نه تنها زندان سیاسی ست، بلکه دارای امکانات ویژه ای ست که من در خواب هم نمی توانستم ببینم. به

قول شهاب، براستی آن‌جا «کویت» بود. پرسیدم:

«راستی از کجا می‌دانستید که من می‌آیم که برنامهٔ استقبال را ترتیب دادید؟»

شهاب گفت:

«می‌دانستیم دیگر. خوب، حالت چطور است؟ شنیدم که حسابی درد سر داشتی.»

گفتم:

«از کجا می‌دانی؟»

«ما این‌جا همه چیز را می‌دانستیم. و اطلاع داشتیم که تو در چه وضعیتی به سر می‌بری. از اعتصاب‌ها و ملاقاتت با رئیس ساواک هم اطلاع داشتیم. از همه چیز، از صبح‌گاه، شام‌گاه و دعواهایت با رئیس زندان و غیره.»

«از کجا این‌ها را می‌دانستید؟»

از طریق سروان ورهرام. اصلاً او سبب شد که به این‌جا بیائی. دو سه روز بعد از آن که با رئیس ساواک آبادان ملاقات داشته‌ای، یک جلسه در شهربانی آبادان تشکیل می‌شود که راجع به تو تصمیم بگیرند. رئیس ساواک، رئیس شهربانی، رئیس دادرسی ارتش، و رئیس زندان آبادان در این جلسه شرکت داشته‌اند. از سروان ورهرام هم به عنوان کارشناس امور زندان سیاسی اهواز می‌خواهند که در این جلسه شرکت کند. پیشنهادهای مختلف هم راجع به تو می‌دهند. می‌خواسته‌اند تو را تنبیه کنند. یکی می‌گفته شش ماه ممنوع‌الملاقاتش کنیم، یک دیگر پیشنهاد دیگری می‌کرده و می‌خواسته بلای دیگری به سرت بیاورند؛ ولی سروان ورهرام می‌گوید اصلاً نیاز به این کارها نیست. او را به زندان اهواز بفرستید، من درستش می‌کنم. من صد و بیست زندانی سیاسی دارم که فهمیده‌ام با آن‌ها چه کار کنم که دست از پا خطا نکنند، این یکی هم روی آن‌ها. و آن‌ها هم قبول می‌کنند که تو را به این‌جا بفرستند.

آن شب موقع شام، وقتی سر سفرهٔ همگانی بند نشستم، حس می‌کردم به خانواده‌ام برگشته‌ام. سفره کمون در طول راهرو بند که به شکل اِل بود انداخته شد و بچه‌های هر اتاق جلوی اتاق خود سر سفره نشستند.

روز بعد سروان ورهرام برای بازدید به بند آمد. او هم ورود مرا به آن زندان خوش آمد گفت. رفتارش بر خلاف تمام رؤسای زندانی که تا آن زمان دیده بودم بسیار خوب بود و طوری حرف می‌زد که گوئی با ما خودمانی‌ست. محمود برایم تعریف کرد که پس از مقداری زد و خورد که در ابتدا با مسئولین زندان داشته‌اند، مسائل مربوط به زندان سیاسی به سروان ورهرام واگذار می‌شود و او هم که آدم دمکرات و خوبی بوده، به این فکر می‌افتد که با دادن چند امتیاز به زندانیان، و مهم‌تر از آن، با اذیت نکردن آن‌ها بگذارد در آرامش زندان

بکشند؛ ولی در مقابل از شلوغ کردن خودداری کنند. در واقع او نمونهٔ خیلی خوب همان سرگرد درخشانی، رئیس سابق زندان آبادان بود. و عملاً توانسته بود شرایطی فراهم آورد که بچه ها راضی باشند و آرام زندان بکشند و شلوغ نکنند. در مقابلِ این وضع، موقعیت خود او هم در شهربانی اهواز بالا رفته بود و دیگران به او به چشم یک کارشناس مسائل زندان سیاسی نگاه می کردند و هر وقت هر مشکلی در این زمینه پیش می آمد از او نظر می خواستند و عملاً دست او را در بیشتر کارهائی که می خواست به عمل آورد باز گذاشته بودند. البته یکی از علل پذیرش چنین وضعیتی از سوی مقامات شهربانی، تاثیر مبارزات مردم در خارج از زندان و مسئلهٔ سیاست «حقوق بشر» حزب دمکرات آمریکا بود. ولی در همان موقعیت مدیران دیگری در زندان های دیگر وجود داشتند که نه تنها سیاست حقوق بشر و این حرف ها حالی شان نبود؛ بلکه در پی آن بودند که به هر شکلی شده زهرشان را به زندانیان بریزند. به این خاطر، بچه ها شدیداً متوجه خصلت های نیکوی سروان ورهرام و خصائل انسانی او بودند و برای این که موقعیت او تضعیف نشود و اوضاع زندان به هم نخورد، دقت می کردند که زیاده روی نکنند و اگر لازم باشد، در مقابل امتیاز گرفتن امتیاز هم بدهند. یعنی اگر مسئله ای پیش می آمد که لازم بود اعتراضی شود، ابتدا به سروان ورهرام رجوع می شد، و در صورتی که او نمی توانست کاری بکند، و اختیاراتش اجازهٔ برآوردن آن خواست ها را نمی داد و بالادستی ها با موضوع موافقت نمی کردند، آن وقت شیوه های تند و قاطع اعتراضی صورت می گرفت و همه در حرکت یک پارچه نشان می دادند که قدرت دفاع از خود و گرفتن حقوق شان را دارَند.

در این بین، با توجه به شرایط مساعدی که در بند موجود بود، من به فکر برگزاری کلاس های علنی برای بچه ها افتادم. البته کلاس هائی موجود بود که توسط شهاب لبیب و محمود محمودی و یکی دو نفر دیگر که اطلاعاتی در بارهٔ مسائل سیاسی و مبارزاتی داشتند برگزار می شد؛ ولی این کلاس ها به دلیل مخفیانه بودن خود، دارای محدودیت آموزشی از نظر تعداد شرکت کننده بودند و وقت زیادی می گرفتند. در حالی که به نظر من می شد کلاس هائی با پوشش دیگر ایجاد شود که تعداد زیادی شرکت کننده بتوانند هم زمان در آن شرکت کنند. حسن اساسی این کلاس های جمعی در آن بود که پرسش های مطرح شده توسط افراد مختلف، سبب می شد دقت به موضوع درس افزایش یابد و مهم تر از آن، حضور جمع، رابطهٔ محدود و دو نفرهٔ شاگرد و معلمی را که می توانست به رابطهٔ مرید و مرادی تبدیل شود تغییر دهد و آن را واقعاً به یک رابطهٔ آموزشی مبدل سازد. اما، در ابتدا محمودی به دلیل آن که ممکن بود برگزاری این کلاس ها مورد ایراد مقامات زندان واقع شود و اوضاع را به هم بزنند با آن مخالف بود، ولی وقتی من توضیح دادم که نوع مطلبی که من برای تدریس

انتخاب کرده ام بسیار عادی جلوه می کند و حساسیت برانگیز هم نیست این پیشنهاد از سوی او و دیگران مورد قبول واقع شد، و من کلاس هائی به عنوان بررسی تاریخ هنر را شروع کردم که از ابتدای زندگی بشر تا کنون را در بر می گرفت و امکان آن وجود داشت که ضمن بررسی انگیزه ها و زمینه های تغییردهندهٔ دیدگاه های هنری به تغییر شرایط تاریخی و اجتماعی اشاره کرد و عملاً تاریخ تحولات فکری و اجتماعی را ضمن بررسی تاریخ هنر برای بچه ها باز گفت. اما چند روزی از شروع کلاس ها نگذشته بود که این بار از سوی برخی از بچه های مذهبی به من ایراد گرفته شد که در این کلاس ها به تبلیغ نظریهٔ تاریخ مارکسیستی می پردازم و چون بچه های آن ها هم در این کلاس ها شرکت می کنند، این کار درست نیست و بهتر است من کلاس هایم را قطع کنم. تا آن زمان، من با پدیدهٔ ایجاد محدودیت برای بچه مذهبی و نهی آنان از خواندن کتاب هائی که رنگ و بوی مارکسیستی داشتند تا حدودی آشنا بودم؛ ولی اصلاً فکر نمی کردم که رهبران مذهبی بچه های زندان بخواهند با این صراحت، تفکر سانسورگر خود را اعمال کنند. از این رو در پاسخ آن ها گفتم: «من کلاس های علنی تشکیل می دهم. هرکس که دلش بخواهد در این کلاس ها شرکت می کند و هر کس هم که نمی خواهد شرکت نمی کند. هیچگونه اجباری هم در این کار نیست. ولی اگر شما نگران شرکت بچه های خودتان در این کلاس ها هستید و نمی توانید آن ها را از این حرکت بازدارید، می توانید خودتان هم در این کلاس ها شرکت کنید و هرجا که احساس می کنید بحث جنبهٔ مخالف نظریات شما را به خود می گیرد، استدلال مقابل آن را طرح کنید و سبب شوید که ذهن همه راجع به مسائل باز شود.»

کسی که با من در این باره سخن می گفت از شنیدن این حرف ها خنده اش گرفت و گفت:

«این حرف ها فقط روابط ما را خراب می کند.»

پرسیدم:

«چرا؟»

«برای این که ما باید یک دیگر را رعایت کنیم. والا همکاری های مبارزاتی ما با دشواری مواجه خواهد شد.»

از این همه گستاخی در تهدید آشکار به خاطر سانسور حیرت کردم و گفتم: «اگر قرار است که ما به خاطر همکاری های مبارزاتی خود سانسور را بپذیریم، بهتر است که این مبارزه اصلاً انجام نشود. چون اولین اصل مبارزهٔ ما در درجهٔ اول با سانسوری ست که در همهٔ زمینه های جامعهٔ ما رسوخ کرده است.»

در مقابل پاسخ قاطع من، طرف چاره ای جز سکوت نداشت و من دیدم که همین شخص، بعدها در بحرانی که در زندان به وجود آمد چه نقش منفی و مخربی بازی کرد. ولی در آن روزها هنوز این حالت را بروز نمی داد و در حل

مشکلی که در رابطه با زندان پیش آمد با ما همکاری داشت.

برای گرفتن یکی از خواست‌ها مجبور شدیم که با مسئولین زندان درگیر شویم. غذای زندان، بر اساس بازدید صلیب سرخی‌ها بهبود یافته بود و مسئولین زندان ضمن تغییر کیفیت مواد، با بی‌توجهی نسبت به پخت غذا، این تغییر را به ضد خود تبدیل کرده بودند. از این رو ما درخواست کردیم که از آن به بعد یکی از ما در آشپزخانه به پخت غذا نظارت کند. ولی حضور یک زندانی سیاسی در آشپزخانهٔ زندان که گوئی چندان حفاظی هم نداشت، مورد قبول واقع نشد و ما پس از مذاکره با سروان ورهرام به این نتیجه رسیدیم که باید اعتراض مشخصی انجام بدهیم. به این دلیل، اعلام اعتصاب غذا کردیم و حدس زدیم که در آن شرایط فوراً برای مذاکره به سراغ ما بیایند. از این رو محمودی، در گفتگوی محدودی با من و شهاب و چند نفر دیگر پیشنهاد کرد که اگر رئیس زندان برای مذاکره آمد، ما از پیش باید برای برخورد با او آماده باشیم. به همین دلیل برای این که یک آدم خاص به عنوان محرک معرفی نشود، و همه حرف بزنیم و در عین حال حرف هائی هم که می‌زنیم حساب شده باشد ابتدا موضوع را بررسی کردیم و پس از جمع بندی همهٔ استدلال ها، هفت هشت نفر تعیین شدند که در جاهای مختلف در میان ما بایستند و هرکدام در مقابل مخالفت رئیس زندان با درخواست ها، نظر بچه ها را اعلام کنند. به این ترتیب، هم تاثیر حرف بیشتر می‌شد و هم تمام زندانیان حرف زده بودند. و حتی قرار گذاشتیم که آخر سر، وقتی که همهٔ پیشنهادهای رئیس زندان را رد کردیم، در مقابل پیشنهاد سروان ورهرام که قدر مسلم برای نجات مذاکرات از بن بست پیشنهاد بهتری می‌کرد کوتاه بیائیم تا هم امتیاز بیشتری بگیریم و هم موقعیت او را مستحکم‌تر کنیم. همین طور هم شد. بعد از مذاکره که به صورت حضور جمعی ما در حیاط زندان و با شرکت سروان ورهرام و رئیس زندان صورت گرفت، ما آخر سر، در مقابل پیشنهاد سروان ورهرام که نزدیک به خواست خودمان بود کوتاه آمدیم و مسئله حل شد.

به دنبال این مسئله، یک شب محمود محمودی یکی از افسران معاون ورهرام را به صرف شام در بند و سر سفرهٔ ما دعوت کرد. این موضوع که تا آن وقت سابقه نداشت، مورد اعتراض یکی دو نفر از بچه ها، از جمله احمد صبوری واقع شد. این بچه ها اعتراض داشتند که حضور یک افسر زندان سر سفرهٔ ما، رابطه با پلیس را امری عادی جلوه می‌دهد و ممکن است دست‌آویز کسانی که می‌خواهند با پلیس همکاری کنند واقع شود. این حرف درست بود. ولی در آن موقعیت، زندان سیاسی اهواز عملاً زیر سیطرهٔ محمود قرار داشت و در واقع این او بود که همه چیز را تعیین می‌کرد. مسلماً سابقهٔ مبارزاتی و مبارزه جوئی و شجاعت و کاردانی او، سبب چنین موقعیتی شده بود، ولی شیوهٔ او افراطی بود و عملاً به کسی اجازه نمی‌داد که خلاف حرفش حرفی بزنند. البته او تنها در این

مسئله سهم نداشت، بلکه ما نیز تا حدی در این رابطه مقصر بودیم و باسکوت مان سبب می شدیم که او همچنان یکه تازی کند. در واقع، حمایت جمعی از محمود محمودی، سبب می شد که من و شهاب هم با این که بارها بین خودمان از روش یک جانبهٔ محمود انتقاد کرده بودیم، در حضور دیگران به او ایرادی نگیریم و و در مقابلش کوتاه بیائیم.

کوتاه آمدن و تن دادن ما دو نفر، و یا اگر نخواهم کس دیگری را در جرم شریک کنم، تن دادن من به روش های غیردمکراتیک محمود، سبب رشد نگرانی ها و اشاعهٔ یک روش چاپلوسانه در میان برخی از بچه ها که روحاً مساعد این روش ها بودند می شد، و نهایتاً نارضایتی ها را انبار می کرد تا در لحظهٔ معینی منفجر شوند و اوضاع زندان را در هم بریزند.

در این مورد خاص هم، ما با سکوت خود سبب شدیم که صبوری و دوستانش در اعتراض خود در اقلیت قرار گیرند و افسر زندان سر سفرهٔ ما حاضر شود. البته آن شب صبوری به عنوان اعتراض سر سفره نیامد و در موارد دیگر هم بچه ها به همین شکل اعتراض خود را نشان می دادند. مسئلهٔ سیگار هم که بعدا با حضور جمع تازه ای از بچه های زندان های دیگر بُعد بحرانی پیدا کرد نیز از همین دست مسائل و در ادامهٔ کاربرد همین شیوه ها بود.

روزی که من وارد زندان اهواز شدم، شهاب به من اطلاع داد که در آن جا بچه ها فقط روزی سه تا سیگار می کشند. وقتی علت را پرسیدم، توضیح داد که چون پولی که ملاقاتی ها برای بچه ها می آورند، کفاف خریدن سیگار بیشتر را نمی دهد، ما ناچار از محدود کردن مقدار سیگار مصرفی هستیم. البته، برای من کم کردن مقدار سیگار چندان دشوار نبود. وقتی بودجهٔ کمون توان خرید سیگار بیشتری را نداشت چاره ای جز پذیرش مسئله نداشتم. در زندان قصر هم وضع همین طور بود. بچه ها بیش از روزی ده تا سیگار نمی کشیدند؛ ولی، بعداً شهاب برایم توضیح داد که موضوع محدودیت سیگار الزاماً به خاطر محدودیت توان مالی کمون نیست؛ بلکه چون محمود معَتقد است که کشیدن سیگار یک امر اعتیادی ست و ما باید بتوانیم با اعتیاد خود مبارزه کنیم، از این رو تعداد سیگار را محدود کرده است.

از شنیدن این موضوع به شدت جا خوردم؛ چون معتقد بودم که مسئله ای مثل سیگار کشیدن در ردیف مسائل شخصی هر فرد است و هر کس خودش در درجهٔ اول باید تصمیم بگیرد که زیاد سیگار بکشد و یا کم. البته می شود به دیگران در هر زمینه ای پیشنهاد داد و راهنمائی کرد، ولی مسئله اساسی این است که تحمیل نظر به دیگران کار جالبی نیست. و موضوع محدودیت سیگار چنین بود. از این رو، اول تصمیم گرفتم که با چنین تصمیمی مخالفت کنم. ولی بعد حساب کردم که این کار درست نیست و به آن تن دادم.

یک ماه بعد، در اثر تغییراتی که بازدید صلیب سرخی ها از زندان های ایران

به وجود آورده بود، زندانیان سیاسی شهرستانی را که عمدتاً در تهران و شیراز بودند، به زندان شهرهای محل اقامت شان فرستادند. در اثر این تغییرات، حدود چهل نفر از بچه های زندان های دیگر که محل زندگی خانوادگی شان، اهواز، آبادان، مسجد سلیمان و یا شهرهای نزدیک بود به زندان اهواز آمدند. با ورود این عده، وضع زندان تغییر کرد. دیدن چهره های تازه، و انبوه مسائل و خبرهای تازه ای که بچه ها با خود داشتند، همه سبب شد که زندان اهواز مدتی به خود مشغول شود و افراد مرتب با یکدیگر به گفتگو بنشینند و مسائل تازه برای مدتی تمام روال گذشتهٔ زندان را به هم بزنند. از جمله مسائلی که مورد اعتراض افراد جدید واقع شد، مسئلهٔ محدودیت سیگار بود. آن ها ضمن این که از شرایط زندان کاملاً راضی بودند و از این که ما می توانستیم بدون هراس از کتک خوردن، و بدون ترس از عواقب فعالیت و تماس با دیگران، به انجام برنامه های سازمانی و تشکیلاتی بپردازیم ابراز خوشحالی می کردند؛ ولی در مقابل مقررات جدید از خود واکنش داشتند و به شکلی جمعی نسبت به محدودیت مصرف سیگار معترض شدند. چند تن از بچه های زندان اهواز نیز که قبلاً خود را توانا به اعتراض نمی دیدند، با حضور جمع جدید، جان گرفتند و در این زمینه فعال شدند. برخی از آن ها، که پیشتر به خاطر در اقلیت کامل بودن، جرأت هیچ گونه چون و چرائی را در روابط موجود نداشتند، در پی آن برآمدند که روابط موجود را به هم بزنند. حتی کسانی نیز در میان آن ها بودند که تمایل چندانی به همکاری های مبارزاتی نداشتند، ولی خودشان را در آن لحظه پشت این مسئلهٔ سیگار مخفی کردند تا با شکستن روابط حاکم در زندان، امکان آن را پیدا کنند که در موارد دیگر هم روابط زندان را بشکنند. فضائی که برای نوشتن عفونامه پدیدآمده بود و نوید آزاد شدن از زندان را با نوشتن یک نامهٔ کوچک امکان پذیر می ساخت، برخی از آنان را وسوسه می کرد. از این رو با معترضین جدید هم صدا شدند تا بتوانند بعداً خود را از شر کل ماجرا رها سازند.

اما محمود در آن لحظات گوشش به این حرف ها بدهکار نبود. ولی بعد یک عدهٔ دیگر از در مخالفت با این موضوع برآمدند. من و شهاب و نسیم خاکسار که همراه بچه ها به زندان اهواز آمده بود نیز که هم خطر از هم پاشیده شدن روابط مستحکمی را که سبب آسایش همگانی و امکان مبارزاتی بود در نظر داشتیم، و هم از نوع روابط حاکم خشنود نبودیم، با سکوت خود به سرکوب اعتراضات جدید کمک کردیم.

در واقع، مسئله ای که ما آن را در نظر نمی گرفتیم این بود که معترضین یک جمع بودند. این را به تجربه دریافته بودم که همیشه فرد در برابر جمع، حتی اگر محق هم باشد مرعوب است. ولی یک جمع، به آسانی در مقابل جمع دیگر، حتی اگر قدیمی و دارای روابط مستحکم باشد نیز به آسانی سر تسلیم فرود

نمی‌آورد. بخصوص که مسئلهٔ محدودیت سیگار، بر استدلال قابل قبول همگانی متکی نبود و افزون بر آن، چون امر شخصی افراد به حساب می‌آمد نمی‌شد چنین تصمیمی را به کسی تحمیل کرد. در واقع، بدون ذره‌ای تردید، باید به واقعیت مسئله توجه می‌کردیم و با از میان برداشتن محدودیت سیگار، کسانی را که با انگیزه‌های ضدمبارزاتی پشت این موضوع پنهان شده بودند افشا می‌کردیم. بخصوص نقش من و نسیم و شهاب که در آن شرایط مورد پذیرش عمومی بودیم، می‌توانست در این زمینه کارساز شود و با برقراری یک رابطهٔ کاملاً دمکراتیک، و با سپردن تصمیم‌های شخصی به خود افراد، سبب اعتلای روحیهٔ همگانی را فراهم می‌آوردیم. ولی، ما در این زمینه به مسئولیت‌مان توجه نکردیم و سبب شدیم که با عقب راندن معترضین، در آینده‌ای نزدیک زندان به دو پاره تقسیم شود.

البته من بعد از این واقعه زیاد در زندان اهواز باقی نماندم و بر خلاف میلم به زندان تهران منتقل شدم. مرا شبانه با قطار از اهواز آوردند و ظهر در تهران بودیم، و از تمام طول سفر تنها ماه را به خاطر دارم که شبانه در آسمان صاف و عمیق با درخششی خیره کننده می‌تابید و تمام راه دنبال قطار ما می‌دوید و غمگین بود.

زندان قصر منطقه ی آزاد شده ی دوم

به محض ورود به زندان قصر دریافتم که آن جا نیز به نوعی منطقهٔ آزادشده است. تمام روابط پیشین تغییر کرده بود و بچه ها بدون بیم از کتک خوردن به استقبال من آمدند. البته روابط طوری نبود که آن ها مثل زندان اهواز صف ببندند. و این موضوع بیشتر از آن ناشی می شد که نوع نگاه به مسائل و سازماندهی مبارزاتی مانند زندان اهواز نبود. بخصوص که تغییرات به روابط زندان و زندانبان محدود نمانده و به گستره های دیگر نیز سرایت کرده بود. البته همان ابتدا نتوانستم فوراً موضوع را دریابم؛ بلکه فقط همین قدر فهمیدم که بند بوی خاصی می دهد. چیزی در تار و پود زندان تغییر کرده بود. برخورد پاسبان ها با سابق فرق می کرد؛ «سرهنگ خندان» رئیس زندان سیاسی شده بود. بچه ها در دسته های بیست سی نفری در اتاق ها جمع می شدند و فعالیت و سازماندهی سیاسی امر آشکاری بود. این ها، گرچه امکانات فوق العاده تازه ای به شمار می آمد؛ اما چیزی که تغییر کرده بود ماوراء و فرای این حرف ها بود. چیزی در درون وجود خود بچه ها تغییر کرده بود. در نگاه و حرکت تک تک آن ها. حتی در نگاه و حرکت بچه هائی که به مشی مسلحانه اعتقادی نداشتند. و دریافتم که تغییراتی در پذیرش مشی مبارزهٔ مسلحانهٔ چریکی پیش آمده است. و در واقع، همین تغییر موضع در مقابل مشی مسلحانه، به معنی تغییر اساسی و

انکارناپذیر در همهٔ روابط زندان بود. تقریباً همه چیز نشان می داد که اعتقاد به مشی مسلحانه و چریکی سست شده است؛ چون، بچه ها طور دیگری حرف می زدند، قضاوت ها، فرق کرده بود، و من می دیدم که نوعی احتیاط در همه چیز هست. نوعی بازنگری در دیدگاه و نگرش و حتی در رفتارهای روزمره. واقعیت چنین بود. و زندان می رفت تا مشی چریکی را کاملاً رد کند. و این امر دیگر مثل سابق در محدودهٔ یک عده آدم بریده و یا در محدودهٔ توده ای ها و کنفدراسیونی ها خلاصه نمی شد. رهبرانِ تئوریک زندان داشتند مشی مسلحانه را رد می کردند. بخشی رد کرده بودند وَ بخش دیگری در حال مطالعه بودند. حالا دیگر جمع حاکم، داشت با جمع برخورد می کرد. در واقع، رهبران زندان، آن هائی که تا مدت ها زندان را با همین مشی هدایت کرده بودند، از بدنهٔ تئوریک آن کنده شده بودند. و این یعنی همه چیز. زیرا در زندان دو نوع رهبر وجود داشت. رهبر سیاسی و مبارزاتی و رهبر تئوریک. رهبران سیاسی، آژیتاتورهای سیاسی، ضمن رهبری عملی، همیشه مغلوب رهبران تئوریک بودند. و رهبران تئوریک بسیار محدود بودند. سر و ته شان را می زدی از چهار پنج تا تجاوز نمی کردند. وحالا، رهبران تئوریک جنبش چریکی مشی را رد کرده بودند و رهبران سیاسی را به دنبال خود می کشیدند. گرچه رهبران تئوریک طرفدار مشی چریکی، همگی به سازمان چریک های فدائی تعلق سازمانی نداشتند. ولی به شدت دارای اعتبار بودند و می توانستند بخش قابل توجهی از زندان را به دنبال خود بکشانند. و مهمتر این که آن ها در این مورد به صورت جمعی حرکت می کردند. یعنی هم جمع بودند، هم قدرت تئوریک داشتند و هم داشتند رهبران سیاسی را به دنبال خود می کشیدند. و طبعاً بدنه های سازمانی مشی چریکی نیز به دنبال ماجرا می دویدند.

در واقع، این خصلت عمومی و جهانی و تا کنونی هر جنبشی است که وقتی رهبران تغییر عقیده می دهند، بدنه هم اتوماتیک مقاومتش از بین می رود و تغییرعقیده می دهد. و این رهبران جدید، خط چهاری ها نام گرفتند. و به نام مشخص، در درجهٔ اول می توان در میان آن ها از افرادی مانند؛ محمد شالگونی، روبن ماکاریان، هدایت سلطان زاده، دکتر ابراهیمی و نقی حمیدیان یاد کرد که این دوتا آخری از چریک ها بودند و بقیه جزو گروه فلسطین به شمار می آمدند. در اوین نیز کسانی مثل جمشید طاهری پور، و نریمان رحیمی که به عنوان تنها چریک گلوله خورده و زندهٔ فدائی از اهمیت زیادی در میان طرفداران مشی چریکی برخوردار بود، و تعدادی دیگر، مشی مسلحانهٔ چریکی را رد کردند. این رهبران که خود از دل همین مبارزات برمی آمدند، و آلوده به بی عملی حزب توده هم نبودند، و دقیقاً به روانشناسی بحران موجود هم آشنائی داشتند، و خود در گسترهٔ همین مبارزه همکاری کرده، عرق ریخته و شلاق خورده بودند و می دانستند که با چه زبانی باید سخن بگویند که شور و وجدان چریکی را

زخمی نکنند؛ می دانستند چگونه استدلال کنند که پایه های مشی چریکی در مستحکم ترین دژهایش نیز لق شود و جانشین اش هم به وجود آید. آن چه آن ها می گفتند، نه انتقاد و نفیِ آن شور و التهاب رمانتیک؛ بلکه، جهت دادن آن در راستای یک دیدگاه سوسیالیستی و نو بود. بنابراین سازماندهی و جهت یابی حزبی این حرکت، به سرعت تمامی پایگاه های پولادین مشی مسلحانه را درنوردید، و حتی در ذهنیت آنان که متاثر از طوفان و شور انقلابی ای موجود در جامعه آن را نمی پذیرفتند نیز، جائی برای خود گشود تا بی درنگ پس از انقلاب به آن گردن نهند.

این بار دیگر در مقابل استدلال اینان، کسی نمی توانست با انگ «شما بی عمل ها» و «شما گوشه نشین ها» از مشی مسلحانه دفاع کند و آن را از دستبرد دانش و گرایش نو محفوظ دارد. این بار روانشناسی بحران از دل خود راهی به بیرون می جست.

البته، زمینه های سیاسی و اجتماعی در داخل و بیرون زندان انگیزه های تغییر این نظرات را فراهم آورده بود. جنبش چریکی، در دو حرکت ناگهانی و ظرف حدود یک سال، بخش قابل توجهی از رهبران خود در زندان و تقریباً تمامی رهبران خود را در خارج از زندان از دست داده بود. یکی ترور گروه بیژن جزنی در زندان و دیگری کشته شدن حمید اشرف و دیگر اعضای کمیتهٔ مرکزی سازمان چریک های فدائی در خارج از زندان. مجاهدین هم مانند چریک ها ضربه های مشابهی خورده بودند. و عنصر چریک دیگر عملاً نمی توانست در عرصهٔ مبارزاتی جامعه ایران دست به عملیات مشخصی بزنند. و این درست در لحظاتی اتفاق افتاد که طلایه های جنبش توده ای به چشم می خورد. و در این مقطع، ضعف جنبش چریکی برای هماهنگی و تاثیر بر روند خیزش توده ای و سازماندهی یک اعتلای مبارزاتیِ تازه، بیش از پیش آشکار می شد.

از این رو همه چیز در زندان تغییر کرده بود و در عین حال همه چیز هم سر جایش بود. موضوع مهم این بود که توفان انقلاب نزدیک می شد و نمی گذاشت توفان رد مشی مسلحانه، به تندی زندان را درنوردد و همه چیز را از اساس دگرگون کند. کسی نمی دانست با تغییر این مشی چه خواهد شد و سرنوشت مبارزه به کجا خواهد کشید. بیم و وحشتی وجود داشت که نمی خواست تغییر مشی، به انفعال در زندان منجر شود. چندنفری هم بودند که رد مشی مسلحانه را دست آویزی برای انفعال خود ساخته و به مبارزه در برابر پلیس پشت کرده بودند. اما بچه های رد کننده مشی هوشیاری نشان می دادند که این امر دست آویز کسی برای رد مبارزه نشود. آن ها تنها در سایهٔ چنین سیاستی می توانستند نگره پردازی تازهٔ خودرا به پیش ببرند. و از همین رو هم بود که گوئی در برابر این توفان تئوریک کسی را دیگر یارای مقاومت نبود. در واقع، تنها عاملی که این حرکت نظری را برای مدتی کُند کرد انقلاب بود. اما همین

نگره پردازی های درون زندان بود که عاقبت زمینهٔ لازم را پدید آورد که بعد از انقلاب، به سرعت برق، بیشتر افراد و سازمان های طرفدار مشی مسلحانه خط خود را عوض کنند و بجز عده‌ای که با سرسختی و شوری عاشقانه، و بدون تفکری انتقادی، به مشی مسلحانه چسبیدند، کس دیگری هوادار آن نباشد.

جدا از این تحول نظری، همانگونه که شرح دادم، تغییرات دیگر در زندان به این صورت بروز کرده بود که بچه ها آشکارا سازماندهی منظمی در میان خود به وجود آورده بودند و آشکارا جمعی عمل می کردند. برخی از زندانیان تازه نیز از زندان های دیگر مثل شیراز و یا مشهد آمده بودند. ولی پدیدهٔ از همه جالب تر، ظهور دستهٔ جدیدی به نام «فالانژ» ها بود. این نام را بچه ها از روی فالانژ لبنان گرفته بودند و حکایت از آن داشت که آن ها، همگی آدم های خشکَ و متعصبی هستند که شدت عمل شان کمتر سویهٔ مبارزاتی داشت و عمدتاً پلیس را نشانه نمی گرفت؛ بلکه برخورد تند آن ها متوجهٔ زندانیان دگراندیش بود. فالانژها که بعداً حزب الهی ها نام گرفتند، نه تنها با کمونیست ها بد بودند، و آن ها را نجس می دانستند و با آن ها سلام و علیک نمی کردند؛ بلکه دیگر گروه های مذهبی مانند مجاهدین را هم دشمن می دانستند و با آن ها زندگی مشترک در یک کمون نداشتند. در آن زمان زندان به چندین کمون و یا سفره تقسیم شده بود. کمون چپ ها، کمون مجاهدین، کمون مذهبی های غیرفالانژ، و کمون فالانژها که سر دستهٔ آن ها آدمی بود به نام محمد کچوئی که بعداً رئیس زندان اوین شد و توسط مجاهدین به قتل رسید. او موجود عجیبی بود. من در اتاقی در بند پنج افتاده بودم که کچوئی در یک طرفم و در طرف دیگرم دکتر فردوس جمشیدی و فرج کاظمی ممبینی بودند. به این ترتیب من در طول روز که افراد زیادی از فالانژها به حضور «آقا» یعنی کچوئی می رسیدند، به تدریج و ناخواسته با مسائل فالانژها آشنا می شدم. آن ها ابا نداشتند که جلوی من بلند بلند راجع به همه بدگوئی کنند. کچوئی همهٔ مسائل هوادارانش را حل و فصل می کرد و در هر زمینه ای به آن ها رهنمود می داد. او حتی به آن ها می گفت که با چه کسی سلام و علیک کنند و به چه کسی جواب سلام بدهند و یا ندهند. او برای شان آداب پاسخ دادن به سلام را درس می داد و فرضاً می گفت باید ببینید که کسی که به شما سلام کرده است آیا قابل جواب سلام هست یا نه؟ اگر از ظالین (کمونیست ها) و یا منافقین (مجاهدین) بود، مسلم است که نباید پاسخ سلام او را داد.

آن ها حتی در حیاط، بند رخت جداگانه ای بسته بودند که رخت های شان را بعد از شستن روی آن پهن کنند. زیرا معتقد بودند که بند رخت کمونیست ها نجس است. چند نفر در میان آن ها بودند که از فالانژها هم فالانژتر بودند و حتی روی طناب فالانژها هم رختشان را پهن نمی کردند. یکی شان به نام حسینی که یک موجود دیوانه بیش نبود، در گوشهٔ اتاق ما زندگی می کرد و بالای

سرش در زاویهٔ دیوار برای خودش بندی بسته بود و پیراهن و جوراب و شورتش را آنجا آویزان می کرد. و هرچه بچه ها به او اعتراض می کردند که با این کار اتاق را بدمنظره می کند گوش نمی کرد. او نیمی از ماه را در حال روزه به سرمی برد و همیشه لبانش در حال تکان خوردن بود و اوراد نامفهومی از آن بیرون می آمد که مسلماً برای دور کردن شیطان نبود؛ بلکه برای در امان ماندن از شر دیگر زندانیان بود.

اما با تمام این ها، کچوئی خودش رفتار دیگری داشت و به تناسب موقعیت با ما هم سلام و علیک می کرد. و این بستگی به وضعیت مبارزاتی بیرون داشت. هر وقت سر و صدای مبارزات بیرون رنگ و روی مذهبی داشت، او با ما کاملاً بد بود و هر وقت می دید که مبارزات سمت و سوی مشخص مذهبی ندارد، با ما سلام و علیک می کرد.

در این بین، سر و صدای نامه نوشتن و آزاد شدن نیز بالا گرفته بود و کسانی بودند که روزشماری می کَردند که شاید صدای شان کنند و از آن ها بخواهند که ندامت نامه ای بنویسند و آزاد شوند. گروهی هم بودند که در این وحشت به سر می بردند که برای نامه نوشتن صدای شان کنند. زیرا نمی خواستند با نوشتن نامه به گذشته مبارزاتی خود پشت کنند و در عین حال دوست هم نداشتند با ساواک سر این موضوع سرشاخ شوند. در واقع بیشتر زندانیان از این رده بودند. و به جز معدود آدم های بریده، بقیه می خواستند به هر شکل که شده به مبارزاتشان ادامه بدهند.

اقدامات رفاهی ای نیز برای سهل تر کردن شرایط زندان به وجود آمده بود. از جمله وسائلی به درون زندان داده بودند که بچه ها بتوانند نقاشی کنند و یا امکان نوشتن کتاب داشته باشد. در ضمن به تقاضای بچه ها برای راه انداختن یک حوض در حیاط بند پنج هم پاسخ مثبت داده بودند، و ما چون فضا را مناسب دیدیم از بنائی که حوض را می ساخت خواستیم که به جای نیم متر، حوضی به عمق یک متر بکند که ما در آن بتوانیم آب تنی کنیم و خودمان را بعد از ورزش بشوئیم. زیرا حمام تنها دو روز در هفته بروی ما گشوده می شد و ما مجبور بودیم بقیهٔ روزها را با بوی عرق بدن سر کنیم. بنا هم که از زندان عادی آمده و محو روابط درونی زندان ما شده بود قبول کرد؛ ولی از ما خواست که خودمان زمین را بکنیم. ما هم بلافاصله داوطلبین را صدا زدیم و فوراً ده ها نفر برای کلنگ و بیل زدن آماده شدند و چنان به سرعت همه چیز را کندیم و آماده کردیم که عملاً بنا کنار رفت و دیگر نیامد و ما خودمان، به رهبری اصغر فتاحی، همان پسر خنده روئی که خواسته بود با چندتای دیگر با یک میلهٔ باندپیچی شده بانک بزنند، بنائی را به عهده گرفتیم. معمار حوض ساز و شوخ و درشت دندان ما، که فیلسوف هم بود، دستش را به کمر می زد، شکمش را به جلو می داد، از دور خم و راست می شد، دیواره ها را دید می زد و حوض را برانداز می کرد

وآخرش جلو می‌آمد و از کج و کوله بودن دیوارهای سیمان شده توسط ما ایراد می‌گرفت و می‌خواست تا سیمان سخت نشده، آن را بتراشیم و صاف تر ماله بکشیم. بالاخره، بعد از یک هفته، یک حوض نُقلی چهار در پنج متری و به عمق یک متری ساختیم که یک استخر واقعی بود و در همان هوای سرد قبل از بهار شروع کردیم خودمان را تویش شستن.

با آمدن عید، نه تنها هوا بهتر شد، بلکه گرما و باد مبارزات مردم هم به تن ما وزیدن گرفت و خبرهائی که از بیرون می‌آمد، سبب می‌شد که ما هنگام ورزش تندتر بدویم، و تمام هوش و حواس مان بیرون از زندان باشد و بعد باز بپریم توی حوض تا خودمان را بمالیم و بشوئیم و از رنج ناامیدی پاک کنیم و خنک شویم.

اوایل فروردین ماه سال ۵۷ مبارزات بیرون از زندان اوج گرفت. در اعتراض به کشتارهای ارتش از مردم، مبارزات، به شکل برگزاری مراسم چله به چله صورت می‌گرفت و مردم در یادبود جان باخته گان رویدادهای آذرماه سال پنجاه و شش، پس از چهل روز به اعتراض و تظاهراتَ گوناگون دست زدند و باز کشته های تازه ای از خود باقی گذاشتند تا در چهل روز بعد دوباره بیرون بیایند و در یادبود آن ها دست به تظاهرات بزنند. رژیم هم باز از مردم می‌کشت و انگیزهٔ تظاهرات بعدی را فراهم می‌ساخت.

با اوج گرفتن این نوع مبارزات، ما هم به فکر افتادیم دست به اعتصاب غذا بزنیم. این بار، هرچند خواست های ما در محدودهٔ صنفی خلاصه می‌شد، ولی هدف از این اعتصاب همراهی و حمایت از مبارزات مردم و دامن زدن به جو مبارزاتی بیرون از زندان بود. به همین خاطر خواسته ها را طوری انتخاب کردیم که اگر برآورده می‌شد کلی به نفع ما بود و اگر با آن ها مخالفت می‌شد، دست به یک اعتصاب یک پارچه می‌زدیم. خواست های ما عبارت بود از داشتن رادیوی ترانزیستوری در زندان، بهبود وضع غذا و بهبود وضع بهداشت و امکان ملاقات با خواهر و برادر که از بهار سال ۵۵ به بعد قطع شده بود.

به دنبال اعلام این خواست ها، مسئولین زندان به ما پاسخ دادند که برآورد آن ها ممکن نیست و به همین خاطر ما دست به اعتصاب غذا زدیم. جمعیتی که در اعتصاب شرکت کرده بود چشم گیر بود. تحت شرایط جدید ما موفق شدیم که از طریق ملاقاتی ها و از راه های دیگر تصمیم مان به اعتصاب غذا را به آگاهی بندهای دیگر زندان سیاسی برسانیم و آن ها را هم در این مبارزه با خود همراه کنیم. در مجموع بیش از چهارصد نفر در اعتصاب غذا شرکت کردند. و این در شرایطی بود که وسوسهٔ آزاد شدن از زندان، برخی از بچه ها را نسبت به مبارزه بیگانه کرده بود.

بازتاب حرکت ما در خارج از زندان بسیار آنی و موثر بود. خبر به سرعت از طریق ملاقاتی ها به بیرون درز کرد و خانوادهٔ بچه ها به شدت در این رابطه فعال

شدند و دست به اعتراض زدند. به ویژه مادران جمعیتی غیررسمی برای خود تشکیل داده بودند که در همکاری با هم توانائی بسیاری در پیشبرد مبارزات از خود نشان دادند و هر بار در ملاقات، با شجاعت خاصی اخبار را بدون واهمه از حملهٔ پلیس برای ما می گفتند و سبب تقویت روحیه و ادامهٔ مبارزهٔ ما می شدند. ما می خواستیم به هر شکلی که شده در این اعتصاب غذا به پیروزی برسیم.

زندان در اثر اعتصاب غذا وحدت خاصی پیدا کرد. بچه ها به شدت مواظب هم بودند. حتی آن ها که در اعتصاب شرکت نداشتند، در خفا غذا می خوردند تا بقیه را اذیت نکنند، و مراقبت می کردند که اگر کسی در اثر ضعف جسمانی افتاد بی درنگ به یاری اش بشتابند. آن ها حتی به جای دیگران کارگری می دادند و چای را فراهم می کردند و بخشی از نظافت بند را هم به عهده گرفته بودند.

از پانزده روز به بعد ضعف جسمانی در برخی از بچه ها پدیدار شد. البته جوان ها به خوبی قادر بودند اعتصاب غذا را تحمل کنند و دم برنیاورند، ولی موضوع برای مسن ترها واقعاً سخت بود. و ما که هرگز نمی خواستیم در این اعتصاب غذا تلفات بدهیم، نگران برخی از بچه ها بودیم که به دلیل بالا بودن سن و یا ضعف جسمانی و بیماری قادر به ادامهٔ اعتصاب نبودند. ورزش صبح گاهی انجام نمی شد. قدم زدن های روزانه بعد از ده روز عملاً متوقف شده بود. بچه ها تمام نیروی خود را جمع می کردند که بتوانند به اعتصاب غذا ادامه بدهند. بعد از دو هفته، خانواده ها به فعالیت خود در بیرون از زندان شدت داده بودند و مدام جلوی دادگستری و دادرسی ارتش جمع می شدند، تظاهرات می کردند و خواستار دیدار با مقامات کشوری برای حل مسئله بودند. کار ما هم در زندان، انتظار کشیدن، ذخیرهٔ نیرو و بیشتر از همه تماشای تلویزیون، خواندن و حرف زدن بود. در بارهٔ ادامهٔ اعتصاب غذا و احتمالات صحبت می کردیم و می خواستیم قوای فکری خود را متمرکز کنیم تا ببینیم چگونه می توانیم بهتر مبارزه کنیم. با گذشت زمان احتمال آن را می دادیم که مذاکراتی بین مسئولین زندان و ما به عمل آید. و این نشانهٔ اولین پیروزی بود. زیرا بعد از سال ها مسئولین زندان قصر مجبور می شدند که با ما بر روی خواست هایمان که تا آن زمان پامال شده بود مذاکره کنند. بعد از سه هفته، برخی از بچه ها هنگام بلند شدن از جلوی تلویزیون، به دلیل ضعف جسمانی تعادل شان را از دست می دادند و بزمین می افتادند. و این فقط مربوط به پیرها نمی شد و شامل جوان ها هم بود. از این رو نگرانی روز به روز افزایش می یافت. این خبرها که به بیرون می رسید، خانواده ها را جری تر می کرد و بسیاری را برآن می داشت که در اعتراض به این شرایط و نگران از سلامتی بچه های شان دست به اقدامات تندتری بزنند.

عاقبت مسئولین زندان کوتاه آمدند و بعد از بیست و پنج روز اعتصاب

غذای همگانی، در حالی که بیم تلفات می رفت حاضر شدند تن به مذاکره بدهند.

عصر یک روز شنبه، معاون رئیس زندان که یک سروان بود به داخل بند آمد و من و فرج کاظمیِ ممبینی و دو نفر از مجاهدین به نام جلال سیاهپوش، و کس دیگری را که نام اوَ را فراموش کرده ام صدا زد و به زیر هشت برد. بعد ما را به دفتر سرهنگ محرری رئیس کل زندان قصر بردند تا با او مذاکره کنیم. ما که از قبل می دانستیم چه بگوئیم روی خواست های مان پافشاری کردیم. ولی سرهنگ محرری خواست های ما را نپذیرفت و فقط حاضر بود برخی امتیازهای جزئی بدهد. طبعاً ما هم قبول نکردیم و برگشتیم.

به محض ورود به بند، بچه ها دور ما را گرفتند تا از نتیجه گفتگوها آگاه شوند. نزدیک به چهار هفته اعتصاب غذا اعصاب همه را تحریک کرده و طاقت برخی را بریده بود. بعضی از بچه ها در حالت جسمانی خوبی به سر نمی بردند و روانهٔ بیمارستان شده بودند. طبعاً ما خبر خوشی برای آن ها نداشتیم و باز هم باید مقاومت می کردیم تا پیروز شویم. ماجرا را شرح دادیم و قرار شد همچنان مقاومت کنیم. اما برای این که دور مذاکرات را سرعت بدهیم و مسئولین زندان را زیر فشار بگذاریم، از طریق ملاقاتی ها به فشار از بیرون افزودیم.

چند روز بعد، من و فرج کاظمی را به عنوان محرک دیگران به اعتصاب غذا، به زندان عادی تبعید کردند و در بیمارستان آن جا در یک اتاق نگه داشتند. در واقع دوباره تبعید شروع شد و من دریافتم که باز مرا به یک شهرستان دیگر خواهند فرستاد. در بیمارستان، از طریق پاسبان ها شنیدیم که مذاکرات دیگری بین بچه ها و مسئولین زندان انجام شده و سرهنگ محرری با بخش زیادی از خواست ها موافقت کرده و بجز دادن رادیو ترانزیستوری به داخل بند، که به جای آن قرار شده صدای رادیو در ساعات مختلف از بلندگوی زندان پخش شود، بیشترخواست ها را پذیرفته است.

بعد از پایان یافتن اعتصاب عمومی در زندان شمارهٔ یک، یکی از افسران زندان عادی به بیمارستان آمد و از من و فرج کاظمی هم خواست که اعتصاب غذایَ خود را بشکنیم. ولی ما با این که به شدت گرسنه بودیم و برای پایان اعتصاب غذا روزشماری می کردیم، نپذیرفتیم و اعلام کردیم که تا وقتی به بند خودمان برنگردیم به اعتصاب غذا ادامه خواهیم داد. در آن مدت ما واقعاً لاغر شده بودیم و توان آن را نداشتیم که زیاد مقاومت کنیم. ولی عاقبت بعد از سی و پنج روز اعتصاب غذا توانستیم به زندان سیاسی بازگردیم.

بازگشت به زندان سیاسی و خوردن غذا در همان دم، خوش ترین واقعهٔ زندگی بود. ابتدا باید همه چیز را با احتیاط می خوردیم. و هرچه که می خوردیم گوئی همان دم نیست و نابود می شد و نیم ساعت بعد باز گرسنه بودیم. بچه های دیگر که این موضوع را چند روز قبل از ما تجربه کرده بودند و بخصوص

دکترهای بند و دکتر فردوس جمشیدی که جایش در اتاق بند پنج بغل دست ما بود، مدام هشدار می‌داد که مواظب باشید، در خوردن زیاده روی نکنید، همه چیز را خوب بجوید و آهسته بخورید. و دستور پشت دستور بود که صادر می کرد. ولی ما یواشکی هم که شده مرتب می لمباندیم تا جبران آن همه غذا نخوردن را درآوریم.

بعد از گرفتن امتیازهای تازه و باز شدن بیشتر فضا، فعالیت ها در زندان در راستای مبارزات بیرون، روز به روز سازمان دارتر و استوارتر می شد. به هنگام ملاقات، پاسبان ها زیاد سخت نمی گرفتند و بچه ها می توانستند خبرهای بیرون را بگیرند و خبرهای درون زندان را به راحتی بیرون بدهند. زندان کشیدن در آن شرایط گوئی دیگر ناراحتی چندانی نداشت. فضای سیاسی کاملاً شکسته و ورق برگشته بود. و این احساس به آدم دست می داد که گوئی ما جمعی داوطلبیم که در یک جزیرهٔ دور دست به زندگی مشغولیم. ولی شادی من دیری نپائید و همین که هوا گرم و تابستانی شد و آمدم از گل های درشت صد برگ که در باغچهٔ زندان می کاشتیم و می روئید لذت ببرم و عصرها بعد از فوتبال، در آب حوضی که ساخته بودیم تنی به آب بزنم، و خودم را بمالم و بمالم و زیر آب، با چشم بسته در دنیائی سورئالیستی غوطه بزنم، اول تیر ماه به زندان کرمانشاه تبعید شدم. فرج کاظمی نیز هم‌زمان با من به زندان کرمان منتقل شد.

زندان کرمانشاه یك جهنم تازه

شب، وقتی به زندان کرمانشاه رسیدیم، بعد از ساعت کار دفتر زندان بود و افسر نگهبان مرا تحویل گرفت ولی گوئی اجازه نداشت همان دم به داخل بند بفرستد. به هیمن خاطر مرا در راهرو، دست بند و پا بند زدند و با یک پتو روی زمین خواباندند.

از همان لحظهٔ ورود، از روی تُرش افسر نگهبان و از دست بند و پابندی که در داخل بند به من زده بودند می شد فهمید که به زندان جالبی وارد نشده ام. در داخل زندان و پشت میله های آهنی و با حضور نگهبان من چگونه می توانستم بگریزم که آن ها به من دست بند و حتی پابند که در هیچ زندان دیگری حتی اسم آن را هم نشنیده بودم بزنند؟

روز بعد هم سرم را تراشیدند و روانهٔ بند کردند. رئیس زندان سرهنگی بود که همان روز اول خودش را نشان نداد و به جای او معاونش که سرگردی بود به نام وکیلی و کرمانشاهی بود به من توضیح داد که مرا به بند سیاسی زندان می فرستد. و مقررات زندان را به حالت خشکی یادآور کرد و با حرف زدن به این لحن نشان داد که روابط ما بعد از آن خشک و رسمی خواهد بود. به شدَت از چنین شرایطی جا خورده بودم و فکر نمی کردم که اصلاحات بعد از صلیب سرخی ها به آن جا نرسیده باشد. بعداً دیدم که مسئولین این زندان اصولاً

با پدیدهٔ زندانی سیاسی به کلی بیگانه اند و دچار این توهم اند که گوئی می توان با زندانی سیاسی نیز مانند زندانی عادی رفتار کرد و فحش داد و یا بدرفتاری های رایج را کرد. خودم را برای یک درگیری حسابی که احتمال می دادم بزودی پیش خواهد آمد آماده کردم و در دل به شانس بدم که سبب این همه تبعید و به این زندان و آن زندان افتادن بود فحش دادم. تنها خوشحالیم این بود که آن جا بند سیاسی دارد.

وقتی وارد بند شدم، با استقبال یحیی رحیمی که او را از زندان قصر می شناختم روبرو شدم. یحیی بچه فوق العاده خوبی بود که روابط محکمی با او داشتم. اما از وقتی به بند سه منتقل شده بود دیگر او را ندیده بودم. او کرمانشاهی بود و به همین خاطر هم بعد از دیدار صلیب سرخی ها، به زندان کرمانشاه، یعنی محل اقامت خانوادگی اش منتقل شده بود. غیر از او، بند ما دارای پنج زندانی دیگر بود. در واقع بند کوچکی بود که شش اتاق چهار تخته داشت. و هر دو نفر با هم یک اتاق گرفته بودند و یحیی در یک اتاقِ تنها زندگی می کرد. او مرا به اتاق خودش برد و تخت روبرویش را به من داد. من غیر از یحیی، تنها یکی دیگر از بچه های آن بند را که حیدر نام داشت می شناختم. حیدر، جوان کردی بود که زیر شکنجه و در اثر ضربهٔ وارده به سرش تعادل روانی خود را از دست داده بود و گاهی حالش بد می شد و روزها غذا نمی خورد و یا به صدای بلند به همه، حتی به شاه فحش می داد. تا وقتی در بند پنج زندان قصر بود، موقعی که حالش بد می شد، بچه ها فوراً اورا به اتاقی می بردند تا پلیس فحش دادن او را به شاه نشنود. زیرا بارها او را به خاطر همین فحش ها کتک مفصلی زده بودند و هرچه بچه ها توضیح می دادند که او تعادل روانی ندارد، باز پلیس دست بردارد نبود و می گفت؛ «اگر دیوانه است. چرا به لنین فحش نمی دهد؟». یحیی، برایم توضیح داد که حیدر چند بار به خاطر فحش دادن هایش در آن جا هم کتک خورده است و پلیس زندان کرمانشاه بدتر از پلیس زندان قصر با او رفتار می کند. بقیهٔ چهار نفر بچه های بند هم دو نفر مذهبی با سه سال محکومیت، و دو نفر غیرمذهبی با چهار و پنج سال محکومیت بودند. آن ها هرچهار نفر بچه های ساده ای بودند که چندان در امور مبارزاتی تجربه نداشتند. بخصوص آن دو نفر مذهبی، تحت تاثیر جو مذهبی ای که در مبارزات مردم رشد کرده بود با ما زیاد گرم نمی گرفتند.

از روزی که وارد شدم تا روز پنجم که یک درگیری بین من و پلیس پیش آمد و کتک وحشتناک سختی خوردم، روزهای خسته کننده و بی حاصلی را می گذراندم. بند ما هیچ امکاناتی نداشت. نه کتاب خانه ای در کار بود و نه حیاطی. تنها یک تلویزیون در بند وجود داشت و روزی یک ساعت هم هواخوری می دادند. امکان پخت و پز نداشتیم و خرید از فروشگاه زندان نیز به سختی انجام می گرفت. روزها فقط به گفتگو با یحیی و یا تماشای تلویزیون می گذشت.

بچه های دیگر به آن وضع عادت کرده و بیشتر توی خودشان بودند و حیدر هم آن قدر حالش بد شده بود که هرچه آشنائی می دادم مرا نمی شناخت. با یحیی در مورد مسائل بند صحبت کردم و او هم از آن وضع ابراز نارضایتی کرد. مطابق دستور جدید، باید به بند ما کتاب و وسائل سرگرمی می دادند. ولی از این وسائل هم خبری نبود. به همین دلیل با یحیی تصمیم گرفتیم تا در اولین فرصت مناسب به آن وضعیت اعتراض کنیم. روز سوم ورودم، از زندانیان عادی که بندشان نزدیک بند ما بود و گاهی موقع رفتن به حمام از جلوی میله های بند ما می گذشتند، شنیدیم که یکی از افسران زندان با لگد زده گوش یک زندانی را جر داده است.

■ **درگیری با پلیسِ هار**

روز پنجم ورودم که مصادف بود با نوزده تیرماه سال پنجاه و هفت، هنگام عصر، به تنهائی در راهرو بند روی یک زیلو دراز کشیده بودم و تلویزیون تماشا می کردم. بقیهٔ بچه ها در اتاق های شان بودند. بلندگوی زندان وقت سرشماری را اعلام کرد و چند لحظهٔ بعد یک پاسبان برای سرشماری به داخل بند آمد. در زندان های ایران رسم است که هر روز عصر زندانیان را می شمارند که نکند کسی از آنان کم شده باشد. پاسبانی که برای سرشماری آمده بود، بعد از گذشتن از جلوی دو سه اتاق، و شمردن بچه ها، هنگامی که از کنار من رد می شد، گوئی از دراز کشیدن من، و از این که جلویش از جا برنخاسته بودم دلخور شد و یک لگد به من زد و گفت:

«مثل آدم پا شو بایست!»

همان طور که دراز کشیده بودم مچ همان پایش را که به من لگد زده بود گرفتم و به سوی خودم کشیدم. او که انتظار این کار را از جانب من نداشت، از وحشت فریاد کشید و از بند فرار کرد و رفت. یحیی و بچه های دیگر از اتاق ها بیرون پریدند و علت سر و صدا را جویا شدند. برای شان گفتم که چه پیش آمده است. لحظاتی بعد یک افسر زندان، به همراه ده دوازده پاسبانِ باتوم به دست ریختند پشت در میله ای بند ما و مرا صدا زدند. من به طرف دَر رفتم و یحیی هم بی درنگ پشت سرم آمد.

افسر زندان که یک ستوان دوم جوان بود، از پشت میله ها دست انداخت و یقهٔ پیراهن مرا گرفت و کشید و گفت:

«پاسبان می زنی، هان؟ بیا بیرون تا حالیت کنم.»

گفتم:

«پیراهنم را ول کن و دستت را بکش و درست حرف بزن.»

دوباره داد زد:

«بیا بیرون.»

البته در قفل بود و او باید اول پیراهن مرا ول می کرد و بعد در را باز می کرد تا من بتوانم بیرون بروم. ولی انگار هول شده بود و نمی فهمید که دارد حرف مسخره ای می زند. باز همان طور که پیراهن مرا گرفته بود داد زد:

«می گم بیا بیرون.»

یحیی گفت:

«ما این طوری بیرون نمی آئیم. اول پیراهنش را ول کن.»

افسر گفت:

«به تو ربطی ندارد. تو خودت را داخل ماجرا نکن.»

یحیی گفت:

«خیلی هم ربط دارد.»

پاسبان ها در سکوت و در حالی که باتوم های شان را در دست داشتند پشت سر افسر ایستاده و به این صحنه نگاه می کردند و منتظر زدن ما بودند.

افسر پیراهن مرا ول کرد و گفت:

«حالا بیا بیرون.»

تا من خواستم حرف بزنم، یحیی پیش دستی کرد و گفت:

«ما این جوری نمی آئیم. شما بروید پائین، ما خودمان می آئیم.»

افسر گفت:

«ما با تو کاری نداریم. بی خود خودت را وارد ماجرا نکن. فقط این باید بیاد پائین»

یحیی پاسخ داد:

«ما دو نفریم. و با همدیگر می آئیم پائین.»

افسر گفت:

«در را باز می کنم و می برم تان پائین.»

من گفتم:

«اگر می توانی باز کن. ما هم از خودمان دفاع می کنیم.»

پاسبان ها دل دل می کردند که در را باز کنند و بریزند تو. افسر نگاهی به آن ها کرد و گفت:

«برویم پائین. -و رو به ما ادامه داد- فوراً می آئید پائین.»

رفتند. بازوی یحیی را گرفتم و گفتم:

«متشکرم یحیی جان. ولی خواهش می کنم تو خودت را به کتک نینداز. من خودم تنهائی می روم پائین.»

یحیی گفت:

«چی را تنهائی می روم؟ بچه شده ای؟ تنهائی تکه تکه ات می کنند.»

و همراه من راه افتاد.

وقتی در راه پله ها پائین می رفتیم، دیدم که در واقع از آن همه پاسبان باطوم

به دست به وحشت افتاده بودم و واقعاً دلم می‌خواست که یحیی با من بیاید. هوشیاری او واقعاً نجات دهنده بود. و من از شجاعت و پشتیبانی قاطع و بی‌درنگ او واقعاً قوت قلب گرفته بودم.

افسر بند و پاسبان‌ها در زیر هشت که منطقهٔ قدرت نمائی شان بود با خشونتی آشکارتر منتظر ایستاده بودند. تا ما رسیدیم، یک نیم دایره دورمان ساختند و ما را بدرون خود گرفتند. افسر با یک خوشحالیِ دوزخی گفت:

«نمی‌آمدید پائین، نه؟ -و رو به من ادامه داد- مگر روز اول وقتی وارد شدی جناب سرهنگ نگفت که باید در این زندان آدم باشی.»

مشتم را بردم عقب و گفتم:

«اگر یک دفعهٔ دیگر...»

بلافاصله مچم را از عقب گرفتند و ضربه‌های باطوم پشت سر هم بر سر و روی من و یحیی فرود آمد. پاسبان‌ها بدجوری بی ملاحظه می‌زدند و ما دیدیم که ممکن است سر و دست‌مان زیر ضربهٔ باطوم‌ها بشکنند. من فریاد زدم: آی سرم. و خودم را به زمین انداختم. یحیی هم افتاد. فوراً ریختند و حلقه‌های طناب چوب فلک هائی را که آماده کرده بودند در پاهای ما انداختند و ضربه‌های باطوم‌ها بر کف پاهای ما باریدن گرفت. پاسبان هائی که در اثر ازدحام باطوم‌ها نمی‌توانستند به کف پای ما بزنند، از پهلو به ما لگد می‌زدند. من فحش‌های ناموسی به آن‌ها می‌دادم. ولی یحیی فحش‌های سیاسی می‌داد و فقط کلماتی مثل: «فاشیست‌ها، عقده‌ای‌ها، دیکتاتورها، بزنید، جوابتان را مردم می‌دهند!» از دهانش بیرون می‌آمد.

آن قدر زدند که بی‌هوش شدیم. وقتی به هوش آمدم دیدم آب سرد روی ما ریخته‌اند. تا به هوش آمدیم دوباره شروع به زدن کردند و باز آن قدر زدند و ما آن قدر فحش دادیم که باز بی‌هوش شدیم. دفعهٔ بعد تا ما را به هوش آوردند، من فهمیدم که می‌خواهند باز بزنند. به همین دلیل پیش دستی کردم و قبل از آن که شروع کنند، من شروع به فحش دادن کردم تا دق دلم خالی شود. و آن‌ها هم شدیدتر زدند و این بار هم بی‌هوش شدیم.

نمی‌دانم چه مدت در زیر هشت افتاده بودیم که دوباره به هوش آمدیم. گوئی دیگر به روی ما آب نریخته بودند که با به هوش آمدن شروع به فحش دادن کنیم. و هیچ کس دور و بَر ما دیده نمی‌شد. نگاهی به یحیی کردم و خنده‌ام گرفت. گفتم:

«باد کرده‌ای.»

او هم خندید و گفت:

«تو هم باد کرده‌ای.»

واقعاً تمام بدن و سر صورت‌های‌مان گرد و قلبمه و بادکرده بود. و همه جای‌مان درد می‌کرد. حتی وقتی خندیدم لب‌های بادکرده‌ام درد گرفت.

یک پاسبان آمد و ما را برد کنار یک در و دست های مان را با دستبند به بالای میله های آن بست و ما را به حالت نیمه آویزان درآورد و رفت.

نیم ساعتی در همان وضع بودیم. و حدس می زدیم که ممکن است ما را جدا از هم در انفرادی نگه دارند. از این رو قرارهای مان را گذاشتیم که تا انجام خواست های مان در حالت اعتصاب غذا به سر ببریم. و چهار خواست اصلی هم عنوان کردیم:

یک- محاکمهٔ پاسبان مسبب درگیری.

دو- محاکمهٔ افسر نگهبانی که دستور زدن ما را داده بود.

سه- قطع شکنجهٔ زندانیان عادی و سیاسی و بهبود وضع غذا و هواخوری.

چهار- انتقال ما دو نفر به زندان تهران.

ولی آن شب ما را به بند خودمان برگرداندند. ما هم بی درنگ کاغذ و قلم برداشتیم و یک شکایت نامهٔ مفصل به دادرسی ارتش نوشتیم و ضمن شرح ماجرا، خواست های مان را هم در آن گنجاندیم و آخر سر هم اعتصاب غذای مان را تا تحقق تمام آن خواست ها اعلام داشتیم.

صبح روز بعد، انتظار داشتیم که سرهنگ رئیس زندان و یا سرگرد وکیلی ما را بخواهد و با ما صحبت کند. البته این انتظار بی خودی نبود. آن ها باید ماجرائی را که پیش آمده بود از زبان خود ما هم می شَنیدند. ولی چنین نکردند. و ما تا پانزده روز در همان حالت گذراندیم. در آن مدت فهمیده بودیم که زندان به روال مرسوم خود می خواهد بگذارد که مدتی طولانی غذا نخوریم و رنج ببریم تا بعد از آن که روحیه مان ضعیف شد با ما مذاکره کنند. ولی ما قصد کوتاه آمدن نداشتیم و تصمیم گرفته بودیم تا آن جا که جان داریم در این اعتصاب به پیش برویم و برای همهٔ عمر به آن ها درس بدهیم که با زندانی سیاسی نمی توانند شوخی کنند. و عملاً به روندی وارد شدیم که به ناچار باید هشتاد و شش روز اعتصاب غذا را تحمل کنیم.

یک هفته بعد، هم من و هم یحیی ملاقات داشتیم. ولی ما حماقت کردیم و به ملاقات نرفتیم. استدلال مان هم این بود که اگر به ملاقات نرویم، خانواده ها می فهمند که ما در حالت ناجوری هستیم و برای مان فعالیت خواهند کرد. ولی به این موضوع توجه نکردیم که آن ها به این سادگی قادر نخواهند بود که متوجه موضوع بشوند و نخواهند دانست برای چه مسئله ای باید دنبال کار ما بروند و شکایت کنند.

روز بعد، سرگرد وکیلی یحیی رحیمی را خواست و به او گفت که دست از اعتصاب غذا بکشد و در مقابل، بهبود وضع غذا، هواخوری، و گرفتن رادیوی ترانزیستوری را به او قول داد. البته سرگرد در صحبت هایش عمداً حرفی از من نزده بود که روحیه ام را ضعیف کند. گوئی تنها یحیی اعتصاب غذا کرده و من اصلاً در آن زندان وجود نداشتم. یحیی هم گفته بود که؛ البته ما دونفریم. و

سرگرد گفته بود من با سماکار جدا حرف خواهم زد.

طبعاً یحیی پیشنهادها را نپذیرفته و به بند برگشته بود. مدتی گذشت و خبری نشد. ما که دیدیم نرفتن به ملاقات خطا بوده، کوشیدیم که از طریق زندانیان عادی ماجرا را به گوش خانواده های خود برسانیم. به این خاطر شمارهٔ تلفن خانواده های خودمان را به آن ها دادیم تا خانواده های شان بتوانند از این طریق با خانواده های ما تماس بگیرند و ماجرا را بگویند. زندانیان عادی خیلی خوشحال شده بودند که ما در خواست هایمان قطع شکنجه زندانیان عادی و بهبود وضع غذا و هواخوری همهٔ زندان را گنجانده ایم.

اعتصاب غذای ما هفته به هفته پیش می رفت و ما دیگر روزها را نمی شمردیم و در آغاز هر هفته می گفتیم که ممکن است این هفته برای مذاکره ما را صدا کنند.

از سی و پنج روز که گذشت، ما ذره ذره احساس ضعف بدنی می کردیم. و از چهل روز به بعد، مرتب روی تخت دراز می کشیدیم تا نیروی خود را ذخیره کنیم. بعد از چهل و پنج روز، سرگرد وکیلی خودش به بند آمد و ما را که روی تخت دراز کشیده بودیم دید و گفت:

«مطمئن باشید که دو تا از خواست های شما قابل اجرا نیست. محال است که ما افسران و پاسبان های خودمان را به خاطر زندانی سیاسی محاکمه کنیم. هم چنین، تا سه ماه نگذرد هیچ زندانی ای نمی تواند از تبعید برگردد. قانون دادرسی ارتش و قانون زندان های شهربانی حکم می کند که هر زندانی حداقل باید سه ماه در محل تبعید خود بماند. به همین خاطر مسئلهٔ انتقال شما به زندان تهران بعد از سه ماه قابل طرح خواهد بود. ولی دو خواست دیگر شما برآورده می شود و وضع هواخوری، و غذا بهتر شده و شما رادیو ترانزیستوری هم می گیرید و دیگر از این به بعد هم هیچ زندانی در زندان کتک نخواهد خورد. و این نه بخاطر شما، بلکه دستور از بالاست که زدن را در زندان قدغن کرده است. حالا با توجه به این وضع بی خود به خودتان گرسنگی ندهید و غذای تان را بخورید و من هم افسر و درجه داری را که با آن ها درگیر شده اید به بندتان می فرستم، رو بوسی کنید و با هم دوست باشید و آرام زندانتان را بکشید. قبول؟»

گفتم:

«جناب سرگرد، خواسته های ما غیرقانونی نیست و می تواند اجرا شود و تا وقتی که این خواست ها برآورده نشوند ما غذا نخواهیم خورد. در واقع ما در این زندان دیگر غذا نخواهیم خورد. حتی اگر قرار باشد بمیریم.»

سرگرد از یحیی پرسید:

«شما چه می گوئید؟»

یحیی پاسخ داد:

«حرف من هم همان حرف سماکار است. ما غذا نخواهیم خورد تا خواسته های مان برآورده شود.»

سرگرد سری تکان داد و گفت:

«بسیار خوب... می بینیم.»

خانوادهٔ یحیی که از ماجرا اطلاع یافته بودند به ملاقات آمدند و یحیی رفت و موضوع را به آن ها گفت و خواست که به دادگستری، دادرسی و هرجای دیگر که می توانند بروند و شکایت کنند.

و از آن به بعد ما وارد دور تازه ای از اعتصاب غذا شدیم. ذره ذره میل به خوردن در ما رشد می کرد. ما به شدت لاغر شده بودیم. از پنجاه روز به بعد، احساس می کردم که دلم می خواهد واقعاً غذا بخورم. از روز شصتم به بعد، حس می کردم همه چیز را می شود خورد. به روزهای خوشی فکر می کردم که مرغ می خوردم. به روزهائی فکر می کردم که گوشت می خوردم، نان می خوردم، میوه می خوردم، شیر، ماست، پنیر و هرچیز که نام غذا داشت می خوردم و برای خوردن، هیچ محدودیتی وجود نداشت و من انسان آزادی بودم که اجازه داشتم هرچه می خواهم بخورم. در خاطره ام مزه و طعم غذاها نه تنها فراموش نشده بود؛ بلکه، عطر و بوی غذاها به شدت و جلای هرچه بیشتر در فضا و در فاصله ای قابل دسترس می درخشیدند. منِ شکمو، از خودم تعجب می کردم که چگونه آن همه مدت را طاقت آورده ام و َغذا نخورده ام. بچه ها، در بند رعایت ما را می کردند و غذای خود را در خفا می خوردند و غذای ما را هم که پاسبان ها هر روزه به بند می آوردند و جلوی در اتاق مان می گذاشتند، برمی داشتند و پشت در بند می گذاشتند. ولی من دوست داشتم، وقتی غذا نمی خورم حداقل آن را ببینم. ولی جرأت نداشتم به بچه ها بگویم که غذا را از جلوی اتاق مان برندارند. تنها کاری که می کردم این بود که تا غذا را می آوردند، به بهانهٔ رفتن به دست شوئی نگاهی به آن می انداختم و حظ بصری ام را می بردم. ولی یحیی گوئی از سنگ بود و احساس نداشت. از وقتی غذا را می آوردند، تا وقتی می بردند، چشمانش را هم می گذاشت و می خوابید. ولی معلوم بود که خواب نیست. او واقعاً انسان مقاومی بود و وقتی از پرونده اش و کتک هائی که خورده بود تعریف می کرد می دیدم که آرزوی من است که شجاعت او را می داشتم و مانند او انسانی قاطع بودم. او نزدیک به سه ماه در کمیتهٔ مشترک ساواک و شهربانی روزانه جیرهٔ پنجاه ضربهٔ شلاق را پشت سر گذاشته بود. تصور تحمل چنین شکنجهٔ مداومی در ذهن من هم نمی گنجید. یحیی هوادار مشی چریکی و پیرو خط احمد زاده بود و با شدت تمام از مشی چریکی دفاع می کرد و حاضربود برای آن به سختی بجنگد. ولی در عین حال به سخنان من که نگاهی نیمه انتقادی به مشی مسلحانه یافته بودم گوش می داد. از دیگر خصوصیت های برجستهٔ او این بود که در مورد مشی مسلحانه و از هرچه در این باره نوشته شده

بود آگاهی کافی داشت. تاریخچهٔ سازمان چریک ها و تمام عملیات آن را به طور کامل می دانست و تمام بچه های جانباختهٔ سازمان را به نام و با شرح حال می شناخت. بیشتر روزها او برای من از تاریخچهٔ سازمان و خصلت های رفقای جان باخته سخن می گفت و در مقابل من که ظرف دو سه روز تمام ماجرای خودمان را برایش شرح داده بودم، یک تاریخچهٔ به واقع وسیع از همه چیز برای من شرح می داد. و من برای اولین بار در این سطح وسیع با مسائل سازمان چریک های فدائی آشنا می شدم.

یک روز عصر، وقتی داشتیم مروری بر روزهائی که گذشته بود و شیوه های عمل خودمان می کردیم یحیی گفت:

«می توانم یک انتقاد از تو بکنم؟»

با تعجب نگاهش کردم و گفتم:

«چه انتقادی؟»

گفت:

«منظورم آن روزی ست که ما را زیر هشت می زدند.»

«خُب.»

«می دانی؟ شایسته نیست که ماها فحش ناموسی بدهیم. البته باید در مقابل پلیس همیشه مقاومت کرد و نشان داد که از کتک هایش نمی ترسیم. این برای دراز مدت خیلی خوب است و پلیس را مجبور به رعایت موازین و مقررات می کند. ولی به نظر من، دادنِ فحشِ ناموسی خوب نیست. ما همیشه در هر حالتی که هست باید فرهنگ خَودمانَ را نشان بدهیم.»

من که این مسئله را به کلی فراموش و از بازگوئی آن به وسیلهٔ یحیی جا خورده بودم، در سکوت به حرف های او گوش کردم و بعد گفتم:

«حق با توست. ولی، می دانی، من که تو این جور حالت ها تجربه نداشتم. وقتی می زدند از خودم بی خود شدم و طبعاً ناخودآگاه شروع به فحش دادن کردم. باور کن آن فحش ها ارادی نبود و بیشتر تحت تاثیر تربیت بچه گی که در مقابل کتک خوردن صورت می گرفت از دهانم بیرون می آمد. ولی سعی می کنم دفعه بعد مواظب باشم و مثل تو فحش های آبدار سیاسی بدهم.»

یحیی خندید و گفت:

«البته امیدوارم ناراحتت نکرده باشم.»

گفتم:

«نه نه. به هیچ وجه. من هرگز از دست آدمی مثل تو ناراحت نخواهم شد.»

و براستی هم چنین بود. در واقع بعد از کرامت دانشیان، تنها آدم دیگری که از نظر شخصیتی و خصوصیت ها و خصائل انقلابی به شدت روی من تاثیر گذاشت او بود. او واقعاً یک کادر برجستهٔ کمونیست و رفیق نازنینی بود که من شیفته اش شده بودم. حیف که بعد از انقلاب زندگی اش چندان نپائید و

خلخالی جلاد در کشتارهائی که در کردستان انجام داد، در بیست و هشتم مرداد ماه سال پنجاه و هشت، یعنی کمی بیش از ده ماه بعد از آن اعتصاب غذا، او را جزو اولین دستهٔ قربانیان جمهوری اسلامی جلوی دیوار گذاشت و تیرباران کرد.

چندی بعد، خانوادهٔ من نیز که از ماجرا اطلاع پیدا کرده بود به ملاقات آمد. ولی رئیس زندان به عنوان این که ما در ملاقات حرف های ناجور می زنیم و به خانواده های مان دروغ می گوئیم از دادن ملاقات خودداری کرد و آن ها مجبور شدند به تهران برگردند و به شدت به فعالیت بیفتند. رئیس زندان تنها قبول کرده بود که وسائل و میوه هائی را که برای من آورده بودند بگیرند و به من بدهند.

بعد از شصت و پنج روز اعتصاب غذا، در اثر فشارهای وارده، به یحیی که مثل تریلی اعتصاب غذایش را تحمل می کرد و پیش می رفت پیشنهاد کردم که در این باره فکری بکنیم و ماجرا را از آن حالت یک نواخت در بیاوریم و پلیس را ناچار از واکنش سازیم. یحیی پیشنهاد اعتصاب غذای خشک داد.

گفتم:

«آیا فکر می کنی ما بعد از این مدت توان کشیدن یک اعتصاب غذای خشک را داریم؟»

یحیی نگاهی به من کرد و گفت:

«تو که سُر و مُر و گنده ای. باز من را بگوئی یک چیزی. ولی من هم به هوای تو می آیم. برو برویم توی اعتصاب غذای خشک.»

گفتم:

«بهتر است در این مورد کمی با احتیاط پیش برویم. آب نخوردن در این حالت واقعاً سخت است. فکر کنم دو سه روز بعد چشم های هردوی مان خشک بشود و دیگر نتوانیم به هم نگاه کنیم. همین الانش من هر وقت روی تخت خوابیده ام، بیش از ده ثانیه نمی توانم کجکی به تو نگاه کنم. چشم هایم فوراً خسته می شود و درد می گیرد. حالا با اعتصاب خشک بلا ملائی به سرمان نیاید خوب است.»

یحیی گفت:

«پس می گوئی چه بکنیم؟ هر چه تو بگوئی همان کار را خواهیم کرد.»

لب هایم را از بلاتکلیفی به هم فشردم و گفتم:

«البته چاره ای هم جز اعتصاب غذای خشک نداریم. هر کار دیگری که بکنیم نمی توانیم این ها را بترسانیم.»

بنابراین از روز شصت و ششم اعتصاب غذا، نوشیدن آب را هم کنار گذاشتیم و به زندان اطلاع دادیم که حربهٔ جدیدی علیه شان بکار گرفته ایم.

روز اول قابل تحمل بود. ولی از روز دوم تشنگی فشار آورد. گلو خشک

می شد و همین که از خواب می پریدم در می یافتم که تشنه ام و اجازه ندارم آب بخورم. در حالت اعتصاب غذای تر این طور نبود. یعنی بعد از بیداری بلافاصله آدم به این فکر نمی افتاد که گرسنه است. زیرا معده در خواب در حالت استراحت بود و چیزی تحریکش نمی کرد. باید ساعاتی از روز می گذشت تا ارگان های بدن به کار بیفتند و معده به حرکت در آید و دیدن و شنیدن و فکر کردن آن را تحریک کند و گرسنگی خود را نشان دهد. ولی در اعتصاب خشک، انسان همواره با احساس تشنگی شدید از خواب بیدار می شود.

روز چهارم اعتصاب غذای خشک، پاسبانی که با من درگیر شده بود به بند آمد و از من پوزش خواست و تقاضا کرد که از شکایت از او صرف نظر کنیم. ما نپذیرفتیم. پاسبان به التماس افتاد و گفت که واقعاً دادرسی ارتش او را خواسته و مورد بازپرسی قرار داده و موعد دادگاهش را هم تعیین کرده است. به او گفتیم که برود و چند ساعت بعد بیاید. وقتی رفت با همدیگر در مورد او بحث کردیم و قرار شد به خاطر آن که حساب پاسبان ها را از آن افسر جدا کنیم، او را ببخشیم،. به همین دلیل وقتی دوباره آمد به او اطلاع دادیم که می بخشیمش. و او بلافاصله کاغذی آورد که ما در آن بخشش خود را اعلام کنیم و بعد از گرفتن رضایت نامه و امضای ما، کاغذ را با خوشحالی برد.

روز بعد افسر بند هم آمد. و خواست که او را هم ببخشیم. ولی ما گفتیم که به هیچ وجه این کار را نخواهیم کرد. مگر آن که تمام پاسبان هائی را که ما را زده اند جمع کند و جلوی آن ها بگوید که اشتباه کرده است. و او با عصبانیت بند ما را ترک کرد.

روز پنجم دیگر داشت اعتصاب غذای خشک غیرقابل تحمل می شد. تشنگی مثل غولی بود که هر آن کمین می کرد و خودش را روی ما می انداخت و مانند یک بختک حضور مداوم و عذاب آورش را نشان می داد. نخوردن غذا سبب بی حالی می شد و در حالت بی حالی آدم نمی فهمید که گرسنه است. ولی نخوردن آب، حتی وقتی آدم را بی حال می کرد با شدت بیشتری خود را نشان می داد. گلویم چنان خشک می شد که هرچه آب دهانم را فرومی دادم خشکی برطرف نمی شد. زیرا دهانم آبی نداشت و غلظت بزاق دهانم به حدی بود که نمی توانستم تف کنم. آن شب، خواب دیدم که زیر یک آبشار آب خنک ایستاده ام و آب مانند کوهی از قطره های غبار شده پائین می ریزد. ولی هرچه دهانم را باز می کردم قطره ای از آن آب در آن نمی ریخت. از خواب پریدم و دیدم بدجوری تشنه ام. مغزم و تمام پوستم از تشنگی داغ شده بود. یحیی را صدا کردم و گفتم:

«حالم خیلی بد است.»

او با نگرانی نشست و به من نگاه کرد و گفت:

«حال من هم خوب نیست. می خواهی خودمان را به بیهوشی بزنیم که بیایند ما را به بیمارستان ببرند. مسلماً آن جا در حالت بیهوشی به ما سرم می زنند.»

گفتم:

«نه. تحمل می کنیم.»

در واقع همین که فهمیدم یحیی هم مانند من بی تاب است، به خودم مطمئن و مسلط شدم و دیدم تشنگی ام را فراموش کرده ام. هر دو خوابیدیم و صبح باز با احساس خفه کننده ای از تشنگی بیدار شدیم. آن حالت دیگر غیرقابل تحمل بود. چاره را در آن دیدیم که رگ دست خود را بزنیم که بترسند و ما را به بیمارستان ببرند. اما برای این کار تیغ و چاقوئی در اختیار نداشتیم. تنها امکان ما «تیزی» بود. تیزی، جسم بُرنده ای بود که ما از درِ قوطی تُن ماهی ساخته بودیم. چند قطعه از در قوطی را شکسته و آنقدر سائیدهَ بودیم که به صورت تیغ درآمده بود. و این قطعات را در نقاط مختلف بند که قابل کشف شدن نبود پنهان کرده بودیم.

با تیزی ها به دست شوئی رفتیم و قبلاً به بچه ها هم ندا دادیم که تا ما رگ دستمان را زدیم به زیر هشت خبر بدهند. اما در دست شوئی من هرچه می کوشیدم نمی توانستم رگم را بزنم. زیرا رگم آن قدر کم خون بود که هرچه بازویم را با نخ پرک می بستم و فشار می دادم بیرون نمی زد. به هر مکافاتی بود بالاخره رگم را زدم و بعد از آن که بیرون آمدم دیدم کلی خون از دست یحیی که خیلی قبل از من رگش را زده بود رفته است. بچه ها فوراً دویدند و پاسبان ها را خبر کردند. ولی قبل از آن که آن ها سر برسند، هر دوی ما از حال رفتیم و بیهوش شدیم.

بعد از آن که به هوش آمدیم، دیدیم که به ما سرم وصل کرده اند. با آن که شدیداً بدن مان به چنین چیزی نیاز داشت، بی درنگ سرم ها را بیرون کشیدیم. دکتر زندان که آن جا حضور داشت ترسید و گفت که فشار خون ما در حدود سه است و این واقعاً برایمان خطرناک است. او مصرانه از سرگرد وکیلی می خواست که ما را در آن بهداری که دارای امکاناتی نیست نگه ندارد و به بیمارستان بیرون از زندان بفرستد. خودش حاضر نبود مسئولیت جان ما را بپذیرد. سرگرد وکیلی هم حسابی دست پاچه شده بود. ولی از فرستادن ما به بیمارستان خودداری کرد.

آن شب ما را در بهداری نگه داشتند و عصر روز بعد ما را به دفتر رئیس زندان بردند. مردی با لباس شخصی نیز در اتاق سرگرد حضور داشت که خودش را (نامش را فراموش کرده ام. چیزی مثل علوی بود) معاون دکتر باهری وزیر وقت دادگستری معرفی کرد و گفت که از تهران برای رسیدگی به وضعیت اعتصاب غذای ما آمده است. ما ماجرای خودمان را بطور مفصل برای او شرح دادیم. و گفتیم که چگونه کتک خورده ایم و اکنون بعد از هفتاد و دو روز اعتصاب غذا، شش روز است که آب هم نخورده ایم.

علوی گفت:

«من از همه چیز اطلاع دارم و تمام خواست های شما هم برآورده شده و تنها

انتقال شما به تهران باقی مانده است که آن هم پس از طی مراحل اداری‌اش به عمل خواهد آمد. او اطلاع داد که حتی افسر زندان نیز محاکمه شده و به شش ماه تاخیر در دریافت درجه محکوم شده است. و از این موضوع هم خبر داشت که ما شکایت مان را از پاسبان بند پس گرفته ایم. آنگاه در پایان از ما خواست که اعتصاب غذای مان را بشکنیم. حتی در این زمینه آن قدر اصرار کرد که ما دچار تعجب شدیم. او گفت:

«آقای باهری گفته است که از قول او دست های شما را ماچ کنم و بخواهم که اعتصاب غذای تان را بشکنید.»

روشن بود که مبارزات مردم در بیرون از زندان وضع را به رژیم بسیار تنگ کرده که آن ها به این روز افتاده اند. در غیر این صورت به آسانی می گذاشتند که ما در اثر اعتصاب غذا بمیریم و صدایش را هم در نمی‌آوردند. ما هم می دانستیم که چگونه از موقعیت استفاده کنیم. در مقابل پافشاری او گفتیم که اعتصاب مان را در صورتی می شکنیم که از زندان بیرون برویم.

علوی باز اصرار کرد و وقتی دید فایده ای ندارد، از ما خواست که حداقل آب بخوریم و به اعتصاب غذای تر ادامه بدهیم. او شرفش را گرو گذاشت و قول داد که اگر ظرف یک هفته به کار ما رسید گی نشد و به تهران منتقل نشدیم هر کار که دلمان خواست می توانیم بکنیم. ما هم که شدیداً تحت فشار طاقت فرسای تشنگی بودیم، پذیرفتیم و گفتیم که اگر در این مدت شما به قول خودتان وفا نکنید ما اقدام دیگری خواهیم کرد.

بلافاصله او دستور داد که برای ما چای بیاورند. ولی ما از خوردن چای خودداری کردیم و گفتیم که به بند خودمان می رویم و در آن جا آب خواهیم خورد.

وقتی به بند بر گشتیم، به سرعت خودمان را به دست شوئی رساندیم و مشت مشت آب خوردیم. یحیی به من هشدار داد که در نوشیدن آب افراط نکنم. ولی من دلم می‌خواست سرم را زیر شیر بگذارم و تا آن جا که می توانم آب بنوشم. زیرا هرچه آب می نوشیدم، احساس تشنگی‌ام از بین نمی‌رفت. تشنگی مثل جدار خشکی به دیوارهٔ گلو و تار و پود وجودم چسبیده بود و با آب خیس نمی شد و از بین نمی‌رفت. بعد از آن که علی رغم همهٔ هشدارها کلی آب خوردم با شکم بادکرده و اندکی دردناک آمدم و روبروی یحیی که دراز کشیده و دستش را روی چشمانش گذاشته بود بر تختم افتادم. و احساس کردم سیر شده‌ام و دلم می‌خواهد بخوابم. و خودم را به دست خواب رها کردم تا عاقبت بعد از آن کابوس های تشنگی مرا در خود بپیچد و از آن جا ببرد.

وقتی دوباره چشم گشودم، دیگر تشنه ام نبود و بلافاصله به یادم آمد که اجازه دارم آب بخورم و از شادی در درونم جنبیدم. بعد از این همه مدت آب نخوردن، انگار تازه به فکر گرسنگی افتاده بودم. البته غذا از یادم نرفته بود؛

ولی زیر فشار تشنگی، گرسنگی نمودی نداشت و امری عادی به نظر می رسید. اما بعد از تشنگی، باز حس گرسنگی از اعماق وجود ما بر می آمد و خود را نشان می داد. گوئی غذا خاطرهٔ دور دستی بود که می شد غم آن را خورد. در واقع من به اسکلت شدن خودم عادت می کردم. این، ضمن آن که حالت تدافعی بدن در مقابل نخوردن غذا به شمار می آمد، نشانهٔ مرگ هم بود. مرگ را احساس می کردم که با گام های نامرئی به سویم می آمد و آرام آرام وجودم را از درون تنم می خورد تا عاقبت به مغزم برسد و آن را از کار بیندازد.

آن روز ما در اثر خوردن آب آن قدر نیرو یافتیم که بعد از هفت روز به حمام برویم. در حمام، وقتی لباسم را در آوردم، از دیدن خط های مورب استخوانی بر سینه ام که در پهلو ها برجسته می شد جا خوردم. پوستم نازک شده بود و دیگر از فشار دادن آن درد نمی گرفت. بازو و ساعد دست هایم به شدت لاغر و بی گوشت بود و کف پاهایم درازتر به نظر می رسید. چنان لاغر شده بودم که ساق دست و پاهایم به شدت آسیب پذیر به نظر می رسید. نگاهی به یحیی کردم و دیدم او بدتر از من است و حتی تعادل بدنی ندارد. او نشسته بود و لیف می کشید.

من هم وقتی چند بار لیف را بر بدنم کشیدم، برایم آشکار شد که نیرویم بیش از آن تحلیل رفته است که فکر می کردم. ساعد دست هایم ضعف می رفت و سبب می شد نفس هایم را به آرامی بیرون بدهم که بتوانم دوباره کیسه بکشم. تحمل وزنم بر روی پاها باری بود که مرا به نشستن وا می داشت.

شش روز دیگر را در همان حالت بی تابیِ ناشی از نخوردن غذا گذراندیم. هنوز هیچ نشانی از انتقال ما دیده نمی شد و ما درمی یافتیم که باز به ما کلک زده اند و شرف این یکی هم مثل شرف بقیه است. تصمیم گرفتیم که اگر تا روز بعد خبری نشد، اول وقت دوباره رگ های مان را بزنیم. همین کار را هم کردیم و روز بعد، برای بار دوم رگ زدیم و باز ما را به بهداری بردند. از قبل در نظر گرفته بودیم که حتی در بهداری هم یک بار دیگر رگ خود را بزنیم. برای این منظور، تیزی های کوچکی را که ساخته بودیم در کاغذ پیچیدیم و با چسب بهداری که بار قبل بلند کرده بودیم زیر آلت مردی خود چسباندیم. در بهداری، بعد از پانسمان، لختمان کردند و همه جای مان را گشتند. و بعد لباس بهداری به ما پوشاندند و در تخت خواباندند و یک پاسبان کشیک هم بالای سرمان گذاشتند که نتوانیم کاری بکنیم. ولی نتوانسته بودند تیزی ها را گیر بیاورند. ما هم قرار گذاشتیم که اگر تا دو روز بعد وضع به همان منوال گذشت و خبری نشد، بار دیگر زیر ملافهٔ سفید بهداری رگ دست مان را بزنیم و بگذاریم که خون ملافه را قرمز کند تا پاسبان نگهبانی که بالای سرمان نشسته متوجه موضوع بشود.

اما عصر همان روز آمدند و یحیی را بردند زیر هشت و وقتی او را برگرداندند

به من اطلاع داد که حکم انتقالش به تهران آمده و او را همان لحظه به زندان تهران خواهند برد.

یحیی از این که من تنها می‌ماندم و همراه او نمی‌رفتم خیلی ناراحت بود و به من سفارش کرد که مواظب خودم باشم و تنهائی رگم را نزنم و اگر دیدم وضعم ناجور است اعتصابم را خاتمه بدهم. او گفت که در هر صورت حتی با انتقال یک نفر هم ما پیروز شده‌ایم و می‌شود به این بهانه اعتصاب را شکست. ولی من به او اطمینان خاطر دادم که وضعم خوب است و نیازی به شکستن اعتصاب ندارم و تا آن‌جا که نیرو دارم به اعتصابم در تنهائی نیز ادامه خواهم داد.

بعد از رفتن یحیی، حس کردم که واقعاً تنها شده‌ام. در تمام آن مدت شدیداً به بودن در کنار او و تحمل اعتصاب غذا به همراه او عادت کرده بودم. و در آن لحظه که او آن‌جا نبود، واقعاً احساس کمبود می‌کردم و معنیِ داشتن یک رفیق را در اعماق وجود و با تمام احساسم درمی‌یافتم. با این حال، به خودم گفتم، زندگی و مبارزه همین است و همیشه شرایط مطابق دلخواه آدم نیست و باید در این حالت نیز اعتصابم را ادامه بدهم و مطمئن بودم که پیروز خواهم شد.

گذشت روزهای بیشتر و نبود یحیی در کنارم، سبب می‌شد که در هرروز تازه‌ای که می‌گذشت فشار بیشتر شود و احساس گرسنگی مرا بی‌تاب‌تر سازد. دیگر حس می‌کردم که واقعاً همه چیز را می‌شود خورد، و حتی اجسام نخوردنی مثل، خاک و گچ و چوب را هم می‌شود به آرامی جوید و فرو داد و سیر شد. وقتی چشمانم را می‌بستم احساس می‌کردم زندگی جدا از وجود من جریان دارد و من در حاشیهٔ آن یک نظاره گرم. امواج دریا پیش می‌آمد و مرا می‌ربود. بدنم روی ساحل گرم دریا افتاده بود و آب با آن بازی می‌کرد و مانند همان عروس‌های دریائی نیمه‌جان سواحل بندرعباس تکانش می‌داد. پوسیده و پوک بودم. آیا باید می‌گذاشتم که بمیرم؟ روزی که اعتصاب غذا را شروع کرده بودم، هرگز به این موضوع فکر نمی‌کردم. ولی به موقعیتی رسیده بودم که دیگر گوئی همه چیز ناگزیر، و از ارادهٔ من خارج بود. دیگر این خود من نبودم که تصمیم می‌گرفتم. وجودی فرای من فرمان می‌داد و جریان رویدادها بود که همه چیز را تعیین می‌کرد. در آن مدت بیش از پنجاه کیلو از وزنم را از دست داده و به سی و پنج کیلوگرم رسیده بودم.

وقتی بیدار شدم، به پهلو غلطیدم و دیدم قفسهٔ سینه‌ام از درون چنان خالی شده است که با غلت زدنم، معده‌ام به طرف دیگر سقوط می‌کند و به دنده‌هایم می‌خورد و تالاپ صدا می‌دهد، و این حس را در من به وجود می‌آورد که می‌توان در محراب خالی آن دوید و پژواک گام‌های اشباح ریز و درشت مرگ را زیر طاق‌های ضربی‌اش شنید.

چهار روز بعد، یعنی بعد از هشتاد و سه روز اعتصاب غذا به من ملاقات دادند. مرا روی دست به دفتر سرگرد وکیلی بردند و روی صندلی نشاندند. برادرم حسین سماکار آن‌جا نشسته بود و با حیرت مرا که یک اسکلت پوک بیشتر نبودم نگاه می کرد و نمی توانست حرف بزند. از شدت ناراحتی چند لحظه سرش را پائین انداخت و بعد گفت:

«من دیروز به ملاقات شهبانو رفته بودم. لیلی امیرارجمند وقت ملاقات گرفته بود و من به شهبانو گفتم، این چه زندانی ست که یک زندانی سیاسی باید به خاطر کتک خوردن در آن بیش از هفتاد روز اعتصاب غذا کند؟»

سرگرد وکیلی از شنیدن این حرف ها آشکارا ترسیده بود، و من می فهمیدم که برادرم عمداً دارد جریان دیدارش با فرح را به این صورت تعریف می کند. او ادامه داد:

«شهبانو گفتند که ماجرای اعتصاب غذای تو را از دکتر باهری وزیر دادگستری شنیده است، و حتماً به کارت رسیدگی می کنند. حتی خود ایشان دستور دادند که من امروز در این جا ملاقات حضوری داشته باشم. چون گفتم که قبلاً به پدر و مادر من ملاقات نداده و آن‌هارا به تهران برگردانده‌اند. به همین دلیل خواهش می کنم غذا بخور. من مطمئنم که تا دو و یا سه روز دیگر به تهران منتقل می شوی.»

نگاهی به او کردم و گفتم:

«تو خودت هم می‌دانی که من چنین کاری نمی کنم. در ضمن من هشتاد و سه روز است که غذا نخورده‌ام، نه هفتاد روز.»

برادرم که با نگرانی به من چشم دوخته بود صدای سوتی از دهانش بیرون آمد و گفت:

«هشتاد و سه روز؟ تو که می میری. پس خواهش می کنم هر طوری می توانی مواظب خودت باش. من اطمینان دارم که بیشتر از دو سه روز طول نمی کشد که به تهران می آئی.»

سرگرد وکیلی گفت:

«والله ما که هر چه به ایشان اصرار می کنیم غذا نمی‌خورد. حتی معاون آقای باهری این‌جا آمدند و گفتند که همهٔ خواست‌های شما برآورده شده و برای به تهران رفتن هم باید فقط کمی صبر کنید، ولی ایشان قبول نمی کند و نمی‌خواهد غذا بخورد.»

من نمی خواستم به حرف های سرگرد گوش بدهم. به همین خاطر رویم را به پنجره کرده بودم و حیاط را نگاه می کردم. ناگهان متوجهٔ چیز عجیبی شدم که از دیدن آن تکان خوردم. یک چوبهٔ دار در حیاط زندان قرار داشت که یک طناب کلفت از بالای آن حلقه شده و آویزان بود. چوبهٔ دار آهنی بود و از دو تیرآهن عمودِ جوش خورده به هم تشکیل می شد و حلقهٔ طنابش در باد تکان می خورد.

از دیدن چنین چیزی واقعاً جا خورده بودم و از تصور این که زندانیان محکوم به
اعدام را با همان طناب بارها خفه کرده و کشته اند تنم لرزید. حیرتم از این بود
که سرگرد چگونه می تواند هر روز از پنجرهٔ اتاق کارش ناظر این چوبهٔ شوم دار
باشد. مردم جلوی محل کار خود گل و گیاه و درخت می کارند و او چوبهٔ دار
کاشته بود. آشکارا می شد دید که چگونه شغل انسان می تواند او را از هویت
انسانی اش تهی سازد.

بعد از ملاقات، دیگر مرا به بهداری نبردند. بلکه دکتر به دیدارم آمد و
پس از معاینه اجازه داد که به بند برگردم. وقتی وارد بند شدم دیدم که یک
زندانی جدید که یکی از بچه های زندان شیراز بود به آن جا منتقل شده است.
او محمد سید احمدی نام داشت و به حبس ابد محکوم بود. از دیدن او خوشحال
شدم. و خوشحال بودم که به جای یحیی یکی دیگر به آن جا آمده است که
می توانم با او گپ بزنم. چون بچه های دیگر در آن مدت چنان از اعتصاب
غذای ما وحشت کرده بودند که می ترسیدند دیگر به من نزدیک شوند.

سه روز بعد، در روز هشتاد و ششم اعتصاب غذا، مرا به زیر هشت بردند و
سرهنگ رئیس زندان، ورقه ای را که در دست داشت جلوی من تکان داد و
گفت:

«تا یک لیوان شیر نخوری نمی گوئیم که در این ورقه چه نوشته است.»

با خنده گفتم:

«من در این زندان هیچ چیز نخواهم خورد.»

سرهنگ جلو آمد و ورقه را نشان من داد و گفت:

«ببین، این حکم انتقال است. پس خواهش می کنم یک لیوان شیر بخور و
به بند برگرد و وسائلت را جمع کن و بیا.»

گفتم:

«اگر قرار باشد چیزی بخورم در بند خواهم خورد.»

سرهنگ که دیگر کفرش درآمده بود گفت:

«خُب این حکم انتقال است دیگر. مگر غیر از این می خواستی؟»

گفتم:

«نه، ولی در بند خودمان می خواهم غذا بخورم، نه این جا.»

سرهنگ بدون آن که حرفی بزند از آن جا رفت و مرا به بند برگرداندند.
بچه ها تا شنیدند که من به تهران می روم از شادی هورا کشیدند و فوراً از زیر
هشت برایم شیر گرفتند و من برای اولین بار بعد از ماه ها بی غذائی، لیوان شیر
را با لذتی تصور ناپذیر به آرامی خوردم. شیر آنقدر غلیظ به نظرم می رسید که
واقعاً انگار خامهٔ سفت می خوردم. همان جا ساعتم را از توی وسائلم برداشتم و
به حیدر دادم. او بارها به ساعت من خیره شده و لبخند زده بود و من فهمیده
بودم که از ساعت من خوشش می آید.

حساب کردم و دیدم که از بهار تا آن زمان، که شش ماه بیشتر نمی‌گذشت، من بیش از چهار ماه در اعتصاب غذا بوده‌ام. یک بار در فروردین، در زندان قصر به مدت سی و پنج روز و بعد هم در آن‌جا به مدت هشتاد و شش روز.

چند لحظهٔ بعد وقتی می‌خواستم از در زندان کرمانشاه به همراه دو ژاندارم که کیسهٔ مرا که خودم نمی‌توانستم حمل کنم می‌آوردند خارج شوم، یک پاسبان بدو بدو آمد و یک کمربند دست باف نایلونی به من داد و گفت؛ این را حیدر به عنوان یادگاری برای شما داده است. آن قدر از این کار حیدر خوشحال شدم که حد نداشت. نه فقط به خاطر آن که دیدم یاد من است؛ بلکه بیشتر به این خاطر که او با این کار نشان داد که سلامتش را بازیافته و آدم حواس پرتی نیست و به مسائل و علایق و دوستی‌ها و همدلی‌های مبارزاتی دقیقاً توجه دارد. در واقع او از نظر روانی سالم بود؛ ولی فشارها، گاهی وضعش را نامتعادل می‌کرد. اما تغییر در این حالت‌های او باعث خوشحالی من شد. آن کمربند را هنوز هم دارم.

مقدمات آزادی

وقتی به زندان قصر برگشتم دیدم که اوضاع به کلی عوض شده و جنبش مردم که عملاً همه چیز را در دست داشت به شدت روی زندان تاثیر گذاشته است.

ما ساعت پنج صبح روز جمعه چهارده مهرماه به تهران رسیدیم. و چون هنوز در زندان باز نشده بود، به همراه ژاندارم‌ها به یک مغازهٔ کله پاچه فروشی رفَتیم؛ آن‌ها می‌خواستند صبحانه بخورند. به من هم اصرار می کردند که با آن ها غذا بخورم. اما می‌ترسیدم که چنان غذائی برایم سنگین باشد. به همین دلیل فقط اندکی آبگوشت بدون نان خوردم که به نظرم خوشمزه‌ترین غذای جهان آمد و دریافتم که براستی در آن مدت مزهٔ غذاها را فراموش کرده‌ام. پنج دقیقه از خوردن آبگوشت نگذشته بود که دیدم سرم گیج می‌رود و شنگول شده‌ام. غذا به راستی مرا مست کرده بود و بی‌اختیار لبخند می‌زدم. بیشتر از خوردن غذا، از این که اجازه داشتم غذا بخورم شاد بودم. بعد هم ژاندارم‌ها که خودشان هم جزو مخالفان رژیم شاه درآمده بودند گذاشتند که به خانه‌مان زنگ بزنم و به پدر و مادرم اطلاع بدهم که به زندان قصر بازگشته‌ام. مادرم از شنیدن صدای من پشت تلفن چنان ذوق زده شده بود که فکر می کرد من آزاد شده‌ام ولی نمی‌خواهم به او بگویم. به زحمت حالیش کردم که چنین نیست. دیگران

به زور گوشی را از دستش گرفتند و چند کلمه ای هم با آن ها صحبت کردم و بعد همراه ژاندارم ها، بدون داشتن دستبند کلی اطراف زندان قدم زدیم و مغازه ها را تماشا کردیم تا بالاخره در باز شد و ما به زندان وارد شدیم.

مرا طبق معمول، ابتدا به بند موقت قصر بردند تا از آن جا به بند سیاسی بفرستند. دیگر از تراشیدن موی سر در زندان خبری نبود. در حیاط عمومی زندان عادی، وقتی می خواستم وارد بند موقت شوم، به همان سرگردی که قبل از تبعید به زندان آبادان کلی به جمع ده نفرهٔ ما محبت کرده بود برخوردم. او که مرا بازشناخته بود با حیرت به من خیره شد و گفت:

«ا، آقای سماکار واقعاً شما خودتان هستید؟»

خندیدم و گفتم:

«بله.»

«مریض شده اید؟»

«نه، اعتصاب غذا کرده بودم. امروز از زندان کرمانشاه برگشته ام.»

سرگرد هم چنان که با حیرت براندازم می کرد گفت:

«مگر چند روز غذا نخورده اید؟»

«سه ماهی می شود.»

«سه ماه؟!»

«نه، هشتاد و شش روز.»

«هشتاد و شش روز؟ واقعاً هشتاد و شش روز غذا نخورده اید؟»

«بله.»

«آخر برای چه؟»

«داستانش مفصل است.»

«بسیار خوب، حالا وضع تان چه طور است؟ می خواهید به بهداری بفرستم تان؟»

«نه، متشکرم. توی بند معمولی بهتر است. فقط لطف کنید هرچه زودتر مرا به بند سیاسی بفرستید. آن جا بچه ها به من می رسند.»

تند جواب داد:

«حتماً، حتماً. می گویم که همین امروز همهٔ کارهای اداری انتقال را انجام بدهند که فردا بتوانید به آن جا بروید. الان هم اگر چیز بخصوصی احتیاج دارید بگوئید. پول که دارید؟»

در پاسخ خندیدم و سرگرد بی درنگ گفت:

«به فروشگاه بند می سپارم که هرچه احتیاج دارید بگیرید.»

«خیلی متشکرم، چیزی احتیاج ندارم.»

خندید و گفت:

«می دانم که معمولاً شماها چیزی از ماها قبول نمی کنید، ولی خواهش

می کنم در این وضعیت هرچه می خواهید از فروشگاه بگیرید، بعد به بند سیاسی که رفتید پولش را برای فروشگاه بفرستید.»

گفتم:

«نه، واقعاً به چیزی احتیاج ندارم.»

«غذا چی؟ مسلماً با این وضع نمی توانید غذای معمولی بخورید. دکتر بهداری را می فرستم که دستور غذائی برای تان به آشپزخانه بدهد.»

«از لطف شما خیلی متشکرم، ولی واقعاً احتیاجی نیست. کافی ست به من شیر بدهند. همین.»

«بسیار خوب می گویم شیر بدهند. دکتر را هم می فرستم.»

بند عادی نیز پر بود از زندانیان عادی تازه که در تظاهرات دستگیر شده بودند. معلوم نبود که چرا آن ها را به زندان سیاسی نفرستاده و در آن جا نگه داشته اند. تا عصر با بیش از سی چهل زندانی که در جریان ضد و خوردهای خیابانی دستگیر شده بودند برخورد کردم. عصر هم وقتی روزنامه آمد دیدم که در صفحهٔ اول برای اولین بار از زندانیان سیاسی نوشته و به اعتصاب غذای من، و ضعیت جسمی نامساعد لطف الله میثمی و آیت الله طالقانی اشاره کرده اند.

سرگرد پس از مطالعهٔ روزنامهٔ عصر و دیدن نام من در آن فوراً مرا به دفترش خواست و روزنامه را نشان داد و گفت:

«این را دیدید؟»

گفتم:

«بله خواندم.»

گفت:

«واقعاً روزگار عجیبی ست. شما فکر می کنید که اوضاع چطور خواهد شد آقای سماکار؟»

گفتم:

«والله چه عرض کنم. می بینید که تظاهرات سرِ تمامی ندارد. مردم دیگر از این وضع خسته شده اند. باید تغییرات اساسی صورت بگیرد. والا این وضع ادامه خواهد داشت.»

سرگرد سرش را تکان داد و گفت:

«من هم فکر می کنم که اوضاع خوب نیست. -بعد رو به افسری که کنار دستش نشسته بود ادامه داد- این طور نیست جناب سروان؟»

سروان هم سری تکان داد و گفت:

«بله اوضاع خوب نیست.»

سرگرد گفت:

«خُب، سیاست را ول کنیم. برای ما خطرناک است. ما می خواهیم کله پاچه سفارش بدهیم. می خواهیم شما را هم دعوت کنیم. و می دانیم هم که معمولاً

ابا دارید که پیش ما غذا بخورید. ولی این واقعاً یک دعوت دوستانه و فارغ از رابطهٔ زندانی و زندانبان است.»

گفتم:

«خیلی متشکرم. ولی من نمی توانم چنین غذائی بخورم. برایم سنگین است. و تازه هم شیر خورده ام.»

سرگرد گفت:

«ولی آب کله پاچه را که می توانید بخورید.»

گفتم:

«والله...»

«والله ندارد. اگر دوست دارید همین جا بنشینید، و اگر نمی خواهید توی بند باشید تا غذا را بیاورند، نیم ساعتی طول می کشد. همین که آماده شد، صدای تان می کنم.»

به بند برگشتم و نمی دانستم از این که قبول کرده ام با آن ها غذا بخورم کار درستی کرده ام یا نه؟ اگر کسی نمی فهمید به نظر خودم اشکال نداشت، ولی فکر می کردم که چنین کاری از دید دیگران پنهان نخواهد ماند. به همین دلیل بعد از این که نیم ساعت بعد کمی آبگوشت در دفتر سرگرد خوردم، به بهانهٔ خسته گی زود از آن جا بیرون آمدم و به بند برگشتم.

صبح روز بعد هم مرا به زندان سیاسی قصر فرستادند که در آن جا با همان دنیای تازه ای که نام بردم روبرو شدم. اولین کاری که کردم دیدن یحیی بود. و او هم از دیدن من بسیار خوشحال شد. شرایطِ تازه هم واقعاً متحول بود. روابط زندانبان با زندانی و هم چنین روابط درونی بَند هم متحول شده بود. اولین اقدام بچه ها فرستادن من به بهداری زندان برای یک کنترل کامل بدنی بود و بعد زیر نظر پزشک خودمان که کسی جز دکتر فردوس جمشیدی نبود قرار گرفتم و او برنامهٔ غذائی دقیقی برای من تعیین کرد و هشدار داد که اگر احتیاط لازم را نکنم، و برنامهٔ دقیق او را به اجرا در نیاورم در آینده دچار ناراحتی های بسیاری در اثر این اعتصاب غذا خواهم شد که می تواند یک عمر گرفتارم کند. به همین دلیل من هم با دقت دستورهای پزشکی او را به خاطر سپردم و مورد دقت قراردادم. دکتر جمشیدی در ضمن تاکید کرد که به هیچ عنوان اجازه نخواهم داشت که در اعتصاب غذای تازه ای که قرار بود بچه ها در دفاع از مبارزات مردم به عمل آورند شرکت کنم. و این علاوه بر دستور پزشکی یک دستور سازمانی نیز هست که بچه ها به اتفاق تصمیمش را گرفته اند. او تاکید کرد که هرگونه اعتصاب غذای مجدد از سوی من در آن شرایط خطر مرگ فوری را در بر خواهد داشت. زیرا بدن من به شکل شدیداً مبرمی نیاز به بازسازی دارد. در ضمن بچه ها در نظر گرفته بودند که چند نفر دیگر از جمله صفرخان را هم از اعتصاب غذا بازدارند. و برای این کار مرا مأمور کردند که با صفرخان در این

باره حرف بزنم. زیرا صفرخان خوشش نمی آمد که بچه ها در این جور کارهای او دخالت کنند. به همین دلیل خودشان جرأت نداشتند به او بگویند. اما می گفتند فعلاً عذر تو خواسته است و صفرخان ممکن است دعوایت نکند. توصیه هم کردند که موضوع را با احتیاط با او در میان بگذارم و اگر هم در پاسخ پرخاش کرد ناراحت نشو. پذیرفتم که همراه آن ها اعتصاب نکنم و رفتم که با صفرخان هم در این باره حرف بزنم. ولی صفرخان چنان روحیه ای از خود نشان می داد و چنان راجع به اعتصاب غذای من و اعتصاب غذائی که در پیش بود با هیجان حرف می زد که من ترسیدم موضوع را با او در میان بگذارم. برگشتم پیش بچه ها و گفتم؛ آقا جان، من نمی توانم. خودتان بروید با صفرخان موضوع را در میان بگذارید.

در عرض بیست روز بعد که دوران زندان من نیز پایان یافت، بیست کیلو بر وزنم اضافه شد. بچه ها در اعتصاب غذا به سرمی بردند و من بر خلاف میلم غذا می خوردم. آن شادی خوردن غذا، متاثر از آغاز اعتصاب غذای عمومی از بین رفته بود و من با ناراحتی وجدان و در خفا غذایم را می خوردم؛ اما هر سه چهار ساعت یک بار احساس گرسنگی می کردم. هرچه می خوردم، فوراً جذب بدنم که تشنهٔ مواد غذائی و آمادهٔ تامین کمبودهای خود بود می شد. و من باز دلم می خواست بخورم.

طیفور بطحائی نیز از زندان اوین به زندان قصر آمده و من، بعد از دو سال دوری، از دیدن او بسیار خوشحال شده بودم. او به شدت مشغول فعالیت های همیشگی و بخصوص سازماندهی اعتصاب غذای جاری بود. برای اولین بار اعتصاب غذای زندان، رنگ آشکار سیاسی داشت، و در دفاع از مبارزات مردم، اعتراض به کشتارهای عمومی، و بدون خواست های صنفی صورت می گرفت. از این رو، تعداد زیادی در آن شرکت کرده بودند. طبعاً این نوع اعتصاب سمبلیک، چون خواست صنفی معینی برای تحقق نداشت و به عنوان همدردی با جان باخته گان حوادث آن روزها و پشتیبانی از مردم به انجام می رسید، به ناچار می بایست زمانی پایان می یافت. به همین دلیل بعد از هفت هشت روز، به دنبال توصیهٔ فعالین سیاسی جنبش در بیرون از زندان، اعتصاب پایان یافت. فعالیت های سیاسی بیرون از زندان، هم چنان در راستای آزادی زندانیان سیاسی ثمر خود را نشان می داد. شعار «زندانی سیاسی آزاد باید گردد»، جدا از شعار مطرح در مبارزات و تظاهرات خیابانی، به صورت شعار نهادها و انجمن های دمکراتیک نیز درآمده بود و برای اولین بار در اواخر مهرماه در روزنامه ها هم بازتاب یافت و کانون نویسندگان ایران خواهان آزادی زندانیان سیاسی، بخصوص نویسندگان و هنرمندانی مانند، ناصر رحمانی نژاد، محسن یلفانی، طیفور بطحائی، رضا علامه زاده و من شده بود.

دو روز بعد، در دیدار با خانواده ام به هنگام ملاقات، برادرم اطلاع داد که

رضا قطبی او را خواسته و اطلاع داده است که شدیداً در حال فعالیت برای آزاد کردن ما سه نفر، یعنی رضا و طیفور و من است.

اخبار از کانال های دیگر هم رسید که چهارم آبان ماه، گروه بزرگی از زندانیان سیاسی آزاد خواهند شد. ولی ما، چون هنوز از ابعاد واقعی جنبش مردم اطلاع نداشتیم و حدس نمی‌زدیم که این جنبش تا آن‌جا پیش رفته باشد که آزادی زندانیان سیاسی به آن شدت در دستور روز باشد، طبق معمول این تبلیغات را جزو حرکات تبلیغاتی همیشگیِ رژیم تلقی کردیم.

سیر حوادث طوری بود که من احساس می کردم مدتی را به خاطر حضور در تنهائی زندان کرمانشاه، از حساس ترین لحظه های حیات سیاسی این مملکت را در خواب بوده ام. و وقتی دو روز قبل از آزادی، در روزنامه ها از موج بزرگ آزادی زندانیان سیاسی سخن می‌رفت، تقریباً بقیهٔ زندان هم به خاطر تماس نداشتن با بیرون، تصور می کرد که عده ای زندانی عادی و تنی چند از نادمین و بریده ها را به نام زندانی سیاسی آزاد خواهند کرد.

آخرین روز

سوم آبان سال پنجاه هفت، از صبح زود وضع زندان غیرعادی بود. مطابق خبرهائی که شب قبل داده بودند، قرار بود آن روز اسامی بیش از هزار زندانی سیاسی برای آزادی خوانده شود. تفسیرهای گوناگونی در این باره شده بود و همه انتظار داشتند که اولین اخبار به زندان برسد. پاسبان ها با قیافه های خندان آمد و رفت می کردند و گوئی دیگر مأمور زندان به حساب نمی آمدند؛ بلکه پست محله بودند.

از ساعت نه صبح، خواندن اسامی شروع شد و در اولین لیست خوانده شده ما نام چهار پنج نفر از بچه های مبارز زندان را شنیدیم و با تعجب در بارهٔ آن ها شروع به گفتگو نشستیم. لیست دوم و سوم هم که آمد، دریافتیم که موضوع واقعاً جدی ست و آزادی زندانیان سیاسی مثل همیشه فقط به زندانیان نادم محدود نمی شود و بسیاری از ما را در برخواهد گرفت. هر بار در هر لیست، اسامی ده بیست زندانی را می خواندند و هر یک ربع ساعت به یک ربع ساعت، لیست بعدی اعلام می شد. تا ساعت دو بعد از ظهر اسامی تعداد زیادی از بچه های بند را خواندند. هنوز کسی نمی دانست که ماجرا چگونه است و ترتیب آزادی افراد به چه صورت خواهد بود. اما این زمزمه وجود داشت که برخی از بچه ها می گفتند که حاضر نیستند از زندان بروند. و فقط در صورتی از آن جا خواهند

رفت که بقیهٔ بچه ها هم آزاد شوند.

از ساعت دو بعد از ظهر به بعد که ملاقات آغاز شد، برای دو ساعتی قرائت نام زندانیان سیاسی متوقف شد. در میان خانواده ها شور و انتظار خاصی به چشم می خورد و همه به ما به شکل دیگری نگاه می کردند. بسیاری از اعضای خانواده ها، همین که می فهمیدند نام فرزندانشان جزو آزاد شده گان است از شادی اشک می ریختند، وبرخی از آن ها نیز، شعاری در دفاع از آزادی زندانی سیاسی می دادند. بچه ها به خانواده ها اعلام کردند که در هر صورت آن روز کسی از زندان نخواهد آمد، و اگر هم قرار شود که بیرون بیایند این کار در روز بعد به انجام خواهد رسید. با این حال خانوادهٔ زندانیان و جمع بسیاری از مردم جلوی در زندان قصر ازدحام کرده و در انتظار آزاد شدن زندانیان سیاسی به سر می بردند.

بعد از ملاقات، بلندگوی زندان نام افراد تازه ای را خواند و اعلام کرد که آن ها، و زندانیانی که قبلاً نامشان خوانده شده آزاد هستند و می توانند وسائل خود را جمع کنند و به زیر هشت بروند تا به خانه هایشان فرستاده شوند. هم چنین اعلام شد که خواندن لیست زندانیان آزاد شده تا فردا ادامه خواهد داشت و همین که لیست های تازه به دست مسئولین زندان برسد اسامی تازه نیز اعلام خواهد شد.

اما در میان ما، یواش یواش این حرف قوت گرفت که هیچ یک از بچه های آزاد شده حاضر نیست از زندان برود، مگر آن که بقیهٔ زندانیان نیز آزاد شوند. زندان در اثر این تصمیم غیرجمعی و در عین حال جمعی، حالت التهاب خاصی به خود گرفته بود. همهٔ بچه های آزاد شده، به محض خوانده شدن نام شان، جزو کسانی درمی آمدند که اعلام کرده بودند حاضر نیستند از زندان بروند. این تصمیم یواش یواش شامل حال زندانیان نادم و یا کسانی که سابقهٔ هیچ گونه همکاری با دیگران نداشتند نیز شد و آن ها هم تحت تاثیر جو موجود از رفتن به بیرون از زندان خودداری کردند.

ما به این فکر افتادیم که در قبال این مسئله فکری بکنیم. در گفتگوئی که بین بچه های تشکل های مختلف انجام شد، به این نتیجه رسیدیم که تصمیم به ماندن در زندان غلط است و بچه ها باید فوراً بروند و به مبارزات مردم در خارج از زندان بپیوندند و از بیرون برای آزادی بقیهٔ زندانیان تلاش بکنند. البته در ظاهر قضیه هیچ علتی را نمی شد برای محدود شدن آزادی زندانیان سیاسی به تعداد معیین قائل شد. زیرا از هر نوع زندانی، از طرفداران پر و پا قرص مشی مسلحانه، تا زندانیان نادم در میان آزادی ها وجود داشت و نمی شد فهمید که معیار تعیین زندانیان برای آزاد شدن بر چه اساس بوده است. تنها تفسیر نزدیک به واقعیت این بود که رژیم قصد داشت که در چند نوبت زندانیان سیاسی را آزاد کند و از این رو آن ها را بدون در نظر گرفتن معیار خاصی، به

چند دسته تقسیم کرده است. به همین دلیل، ماندن بچه ها و پافشاری برای آزادی یک بارهٔ تمامی زندانیان سیاست عاقلانه ای به نظر نمی رسید و ما به این نتیِجه رسیدیم که هر سازمان به اعضای آزاد شدهٔ خود تکلیف کند که زندان را ترک کنند و در بیرون به سازمان های خود بپیوندند. این دستورهای سازمانی به بچه ها داده شد؛ ولی بچه ها به شکل ها و بهانه های مختلف از پذیرش آن در می رفتند. و نکتهٔ جالب در این بود که هر کدام از بچه ها، تا وقتی نام شان خوانده نشده بود از موافقان رفتن بچه های آزاد شده بودند؛ اما، همین که خودشان جزو آن ها قرار می گرفتند، جزو مخالفین در می آمدند. من و طیفور بطحائی هم جزو آزاد شدگان در آمدیم، و تا آن لحظه، بیشتر اعضای سازمان فدائی جزو آزاد شدگان بودند و آن هائی که می ماندند در اقلیت قرارگرفتند. و ما رأی دادیم که بچه ها بمانند تا همه آزاد شوند. اما بچه هائی که مانده بودند با این استدلال که کسانی که آزاد شده اند دیگر جزو تشکیلات زندان نیستند، دوباره اکثریت خود را تشکیل دادند و اعلام کردند که آزاد شدگان باید بروند.

این کشمکش ها عملاً تا ساعت هشت شب ادامه یافت و هنوز هیچ کس از بچه ها نرفته بودند. از ساعت نه به بعد هم حکومت نظامی در بیرون از زندان سبب می شد که بچه ها نتوانند از زندان بیرون بروند. به همین دلیل، بچه ها به من و طیفور بطحائی، گاگیک آوانسیان و دو نفر دیگر پیشنهاد کردند که به عنوان سمبلیک هم که شده همان شب از زندان برویم و به این ترتیب این زمینه را فراهم کنیم که روز بعد بچه ها بدون بحث و جدل از زندان بروند. به ویژه بچه های سازمان فدائی گفتند که اگر ما در آن موقعیت که زندانبان ها گیج ماجرا هستند برویم، بعید است که بازرسی دقیقی از وسائل مان به عمل آید، و به این ترتیب می توانیم بخشی از مدارک زندان را به بیرون از زندان منتقل کنیم. من پذیرفتم و بچه های دیگر هم راضی به رفتن شدند و تمام مدارک نیز در ته ساک من جاسازی شد و به این ترتیب ما آماده بیرون رفتن از زندان شدیم.

همین که خبر رفتن ما در زندان پیچید، تمام بچه های بند چهار و پنج و شش در حیاط بند پنج و در راهروها، تا جلوی در زیر هشت برای خداحافظی از ما صف کشیدند. و ما از حیاط شروع کردیم و یک به یک با بچه ها دست دادیم و روبوسی کردیم تا برای خروج به در بند رسیدیم. وقتی من و طیفور در کنار هم جلوی صفرخان رسیدیم، او ضمن این که ما را بوسید، با لبخند و شوخی گفت؛ شماها که آمده بودید ماها را آزاد کنید، خودتان آزاد شده اید و دارید می روید و ما را این جا تنها می گذارید؟

این حرف گرچه شوخی بود، ولی حقیقتی در آن نهفته بود که پای ما را سست کرد. اما صفرخان که متوجهٔ این حالت شده بود به پشت ما زد و گفت؛

شوخی کردم. بروید پسرها، بروید و به مبارزه در بیرون زندان برای آزادی ما ادامه بدهید.

ما خندیدیم و دوباره او را بوسیدیم و راه افتادیم. جلوی در زیر هشت که رسیدیم، همین که پای‌مان را آن طرف گذاشتیم بلندگو نام صفرخان را خواند و اعلام کرد که آزاد است. ناگهان هلهله‌ای از زندان برخاست و ما تا خواستیم دوباره برگردیم و در این شادی همگانی از آزادی سمبل مبارزات زندان شریک شویم، افسر نگهبان به التماس از ما خواست که این کار را نکنیم. زیرا تا چند دقیقهٔ دیگر حکومت نظامی برقرار می‌شد و ما باید فوراً زندان را ترک می‌کردیم. من لحظه‌ای به آن چه در ساکم جاسازی شده بود اندیشیدم، و همراه دیگران پذیرفتم که برویم.

در آن لحظه، برگشته بودم و به پشت سرم نگاه می‌کردم. هرآنچه در آن سال‌ها بر من گذشته بود مانند حبابی بلورین پشت سرم می‌درخشید و زندان و بچه‌هائی که هنوز در آن بودند، در هیاهوهائی دوردست می‌گداخت، و من پیش خود بر این اندیشه پا می‌فشردم که چگونه یک انسان می‌تواند از اعماق خیال‌ها، بر واقعیت مبارزه چنگ بیندازد و یقین را در ژرفای درونش به بنیادی بلند مبدل سازد. سپس، همراه رفقایم پایم را از زندان بیرون گذاشتم و مشتم را گره کردم و در ژرفای وجودم فریاد زدم:

«من یک شورشی هستم.»

شرح حال نویسنده

عباس سماکار نویسنده، شاعر و فیلم‌ساز است. او در سال ۱۳۲۵ شمسی در تهران به دنیا آمده و فارغ‌التحصیل رشتهٔ سینما و تلویزیون از مدرسهٔ عالی سینما در تهران است. سماکار در عین حال یک فعال سیاسی ست و در زمان شاه، در سال ۱۳۵۲، به خاطر شرکت در گروهی سیاسی که خسرو گلسرخی و کرامت دانشیان نیز در آن عضویت داشتند، به اعدام، و سپس به زندان ابد محکوم و همزمان با انقلاب آزاد شد.

او در زمان جمهوری اسلامی نیز مدت کوتاهی را در زندان به سر برد و سپس مخفیانه از ایران خارج شد و در حال حاضر ساکن آلمان است، و افزون بر فعالیت سیاسی و فعالیت‌های ادبی خود، اکنون عضو هیئت هماهنگی «جامعه هنرمندان ایران در تبعید»، و عضو هیئت دبیران « کانون نویسندگان ایران در تبعید» است.

از عباس سماکار تا کنون آثار زیر منتشر شده است:
* بختک‌های شریر (مجموعه داستان)
* خواب نقره‌ها و ستاره‌ها (دفتر شعر)
* تبعیدی‌ها (چهار گفتار دربارهٔ تبعید)
* چیزی در همین حدود (مجموعه داستان)
* درآمدی بر نقد ساختارهای زیبائی شناسی (نگره پردازی ادبیات و هنر)
* نقد آثار ادبی
* نقد آثار نمایشی
* یوانا (فیلمنامه بلند)
* نقره و رؤیا (دفتر شعر)
* من یک شورشی هستم (خاطرات زندان)

* * *
منتشر خواهد شد:
* آدم‌های کاغذی (رمان)

فهرست اعلام

انتشارات شرکت کتاب

انتشارات شرکت کتاب

شعر کلاسیک

دیوان کامل ایرج میرزا — به کوشش دکتر محمدجعفر محجوب

شاهین توراه — تورات مقدس به شعر — جلد گالینگور
سروده مولانا شاهین
به کوشش دکتر منوچهر خوبان

آیینه صفا — ا. دلنواز

رباعیات عمرخیام — به کوشش دکتر خوش کیش
(برای کسانی که فارسی صحبت می کنند ولی
نمی توانند فارسی بخوانند و بنویسند)

دین - عرفان و فلسفه

پیام عشق — پری حکمت

بیا به میکده و چهره ارغوانی کن — فریدون مکابی

در جستجوی حقیقت — دکتر هوشنگ ابرامی — زیر چاپ

مصور

اهالی هنر در اینسو — عباس حجت پناه
(تصویر هنرمندان ایران در خارج از میهن)

در باره ایران به زبان انگلیسی

An Introduction to Iranian Culture

(مقدمه ای بر فرهنگ ایرانزمین) — دکتر شهناز مصلحی

انتشارات شرکت کتاب

تاریخ و سیاست

توافق مصلحت آمیز روابط ایران و اسراییل (از ۱۹۴۸ تا ۱۹۸۸)	دکتر سهراب سبحانی ترجمه محمدعلی شاپوریان	
تاریخ یهود ایران تالیف حبیب لوی	به کوشش دکتر هوشنگ ابرامی	چاپ وپخش از شرکت کتاب
ترفندهای سیاسی (فاجعه مرگ ارتشبد خاتمی)	سرلشکر نعیمی راد	
پان ایرانیستها و پنجاه سال تاریخ	ناصر انقطاع	
کارل مارکس که بود؟	دکتر عبدالعلی مقبل	

داستان

در حضر	مهشید امیرشاهی	چاپ سوم
در سفر	مهشید امیرشاهی	چاپ اول
با قلب خود چه خریدم؟	سیمین بهبهانی	نسخه بدون سانسور
تنگسیر	صادق چوبک	تجدید چاپ
چراغ آخر	صادق چوبک	تجدید چاپ
سنگ صبور	صادق چوبک	تجدید چاپ
خیمه شب بازی	صادق چوبک	تجدید چاپ
روز اول قبر	صادق چوبک	تجدید چاپ
انتری که لوطیش مرده بود	صادق چوبک	تجدید چاپ

خاطرات

در کوچه پس کوچه های غربت	هما سرشار	۲ جلدی با جلد گالینگور
من سید اولاد پیغمبر نواده...	خاطرات پرویز عدل	
خاطرات سپهبد اسدالله صنیعی	به کوشش دکتر مرتضی مشیر	زیر چاپ
خاطرات آیت الله منتظری	متن کامل همراه با پیوست ها و مدارک	

انتشارات شرکت کتاب

آموزشی

فارسی اول دبستان	نسخه پیش از انقلاب	تجدید چاپ
فارسی دوم دبستان	نسخه پیش از انقلاب	تجدید چاپ
فارسی سوم دبستان	نسخه پیش از انقلاب	تجدید چاپ
فارسی چهارم دبستان	نسخه پیش از انقلاب	تجدید چاپ
فارسی پنجم دبستان	نسخه پیش از انقلاب	تجدید چاپ

حقوقی

طلاق در کالیفرنیا — دکتر عباس حاجیان

کودکان

گل اومد بهار اومد	نادره سالارپور	کامپکت دیسک
هفت پری		فارسی و انگلیسی

موسیقی

آن روزها	فرید فرجاد	نت موسیقی برای ویولون (۴ جلدی)
نت های ترانه های محلی ایران	سوسن کوشادپور	(برای پیانو)
نت های ترانه های ملی ایران	سوسن کوشادپور	(برای پیانو)
عاشقانه ها (کامپکت دیسک)	با صدای فریدون دائمی	برگزیده ای از اشعار عاشقانه

بازرگانی

یلوپیج ایرانیان	اطلاعات مربوط به مشاغل ایرانیان آمریکا
روز شمار	تقویم چهارگانه خورشیدی، قمری، میلادی و عبری
یلوپیج جیبی ایرانیان	فهرست مشاغل ایرانیان کالیفرنیای جنوبی همراه با تقویم چهارگانه خورشیدی، قمری، میلادی و عبری و دفتر تلفن

نشریه هفتگی

ایرانشهر — سیاسی، اجتماعی، فرهنگی — از نوروز ۱۳۷۵ – مارچ ۱۹۹۶

Man Yek Shooreshi Hastam:

Khaateraat-e Zendaan

I Am a Rebel:

The Prison's Momoir

Abbass Samakar

Spring 2001

ISBN: 1-883819-60-1 - © 2001, Copyright Ketab Corp.

Publisher: Ketab Corp.
Distributor: Ketab Bookstore
1419 Westwood Blvd.
Los Angeles, CA 90024 U.S.A.
Tel: (310) 477-7477
Fax: (310) 444-7176

Website: www.Ketab.com
e-mail: Ketab@Ketab.com

Abbass Samakar

I Am a Rebel:

A Momoir About the Prison

In the Memory of
Khosrow Golesorkhi, Karamat Daaneshiaan
and
the Twelve- person Group